U0062638

江南历史名人年谱丛刊（第一辑）

刘贝嘉 著

于敏中 年谱

复旦大學
出版社

本书由上海文化发展基金会图书出版专项基金资助出版

出 版 说 明

　　唐宋以来,江南一直是中国的经济中心和文化中心,名人辈出。了解江南历史人物的生平、学术与思想,年谱是必不可少的工具书。为此,我社将陆续推出"江南历史名人年谱丛刊",第一辑共收录江南地区清代历史名人年谱十二种。诸谱以时间为坐标、史实为切面,以编年的形式,真实而全面地叙述了谱主一生的行迹,保存了江南地区名人珍贵的历史文化遗产和思想学术资源,对谱牒学和江南区域文化的研究,具有重要的意义和价值。

　　由于各谱主生活时代不同,著作旨趣有异,因而各谱作者撰述方式亦各有侧重。为体现年谱的学术性,各谱自为凡例,自成体系,不强求体例统一。各谱作者长期致力于该人物的研究,有着较深厚的学术功底。此次集中将江南地区历史名人研究的新成果展示出来,以期继承和弘扬江南地区传统文化乃至中国传统文化。

复旦大学出版社

2020 年 11 月

目　　录

序

　　于敏中(1714—1779)系清代乾隆朝名臣,遍历兵部、刑部、户部,官至军机大臣、文华殿大学士,是清高宗弘历的得力助手。弘历继承顺治、康熙、雍正三朝之统治方略而加以发扬光大,极权在握,乾纲独断,武功极盛,以"十全老人"自号;在文治上也深谋远虑,举措频施,有力地促进了大一统帝国的疆域稳定、民族融合与文化认同。总体而言,乾隆朝政局平稳,生产发展,人口繁茂,是古代中国最为强盛的历史时期之一。弘历治下人才辈萃、干臣济济,于敏中即其中佼佼者。于氏早岁状元登第,后侍直禁近,佐赞机务,总裁方略、国史、三通、四库诸馆,"足焕一代文明之运,垂千载著述之模"(王杰语)。因此,考察于敏中一生之事行,不仅能于其人之学行事功有深切著明之了解,还能借以探究乾隆朝重大决策之背景、历程与效验,有助于深化对乾隆朝政治、军事、文化等重大论题之研究。

　　近来,学界对于敏中颇多注意,或讨论其政治作为与身后毁誉,或细读其书札而深入探析《四库全书》之纂修细节。相对于于氏实际地位与贡献而言,既有研究选题较窄,成果不够丰硕,尚缺乏对于氏一生仕进、事功的全面观照。刘贝嘉《于敏中年谱》此时告竣,在清学、四库学大张其帜、应者云集的当下,可谓欣逢其盛。

　　2016年,贝嘉君负笈南大,从我问学。贝嘉君本科毕业于黑龙江大学,曾因缘际会,在北京大学旁听有时,颇受沾溉,具有一定的眼界与学问基础。经过考量,我建议贝嘉君以"于敏中年谱"为题撰写硕士学位论文,以进一步夯实文献基础,加强学术训练,提高史学修养与动手能力。贝嘉君尊敬师长,颇有古风,且好学上进,勤奋不倦,具有扎硬寨、打硬仗的恒心,不仅将中国第一历史档案馆等处的史料搜罗几尽,而且还利用到台北大学交换的机会,倾力查阅各处档案。在资料占有方面,贝嘉君可谓已竭尽所能。

　　年谱系人物个体之史,编撰年谱属于历史编纂学的范畴。但年谱并不易作,非好学深思、沉潜文献者不能为。旁搜远绍、尽量占有第一手资料只是基本要求,如何解读史料、抽绎事行,才是具有难度的考验。事实上,学人对于年谱的诉求各不相同,一般而言,不仅要求在坚实的文献基础之上精心编缀事行,还要求能体现事行之间的内在联系、谱主本人与外部世界(包括各种人物)的行为互动。因此,在谱主事行、引据文献之外,编撰者还必须提供相应的解读与分析。一部高质量的年谱,通常具有涵括谱主事行、融会研究心得、便利读者查检的开放性结构。如何取舍材料,如何把握断语,如何采用具有学术张力的表现形式,都极费斟酌。以上种种思考,最后凝结成作为编纂准则的年谱体例。体例有显隐之分:显性的体例可归纳为"凡例",用作统率材料的一般原则;隐性的体例(诸如语境的营造、词语的选用、前后文本的呼应等等)则是因人而异的内在义例,通常有赖于撰者的匠心独运而无须言说。如何确定内在义例并一以贯之,往往是编撰者需要再三考量的问题。

　　南京大学古代文学学科一向有编撰年谱的学术传统,周勋初、卞孝萱、徐有富、严杰、程章灿等先生分别为高适、刘禹锡、郑樵、欧阳修、刘克庄等文化名人编有年谱;业师徐有富先生所编《程千帆沈祖棻年谱长编》,更是多达百余万言,允称鸿制。我为清初大家朱彝尊编纂年谱,多历年所,考索未已,深味其中甘苦。在如何编撰高质量年谱的问题上,我同贝嘉君颇多讨论。这种讨论,并不局限于微信弹指之间、邮件往返之时,也不局限于南大校园之内。北京的会议、台北的街道,都有我们师生切磋论学的足迹。

　　2019年,贝嘉君以二十多万字的《于敏中年谱》参加学位论文答辩,获评"优秀",并荣获当年的"程千帆奖学金"(巧合的是,我是该奖项的首届获得者),可见这部谱稿受到了诸位老师的肯定。同年,贝嘉君考入北京大学,师从文献大家安平秋先生攻读博士学位。

　　现在,经过增益的《于敏中年谱》业已告竣,即将出版,接受学界的检阅与使用。我十分高兴。相信贝嘉君此时一定记得筑牢根基、追求卓越的选题用意,记得在南大励学敦行的求知时光,记得在师生见面会上,老师们强调的程千帆先生"敬业、乐群、勤奋、谦虚"的谆谆教导。

　　　　　　　　　　　　　　　　　　　张宗友,辛丑深秋于南大启园。

凡　　例

一、本谱各条谱文由以下三部分组成：

（一）谱主事行。以叙谱主某一事行为主，间附以关系亲近师友之事行相关者。

（二）引证文献。即抽绎谱主事行之文献依据。以谱主著述、官方文书为主。

（三）按语。系对相关人物、事件之说明、考辨或补充。

二、本谱之编排，依时间为序。年、月、日均用农历。凡时间无考者，则置于可辨之月、季、年之末，或相关事件之下。

三、所引文献之版本、版次，详谱后所附《参考书目》。档案材料，均注明其藏所及档案号。

四、本谱所引文献，以能体现谱主事行、思想、性情及重要的政治、文化事件者为主。其余日常政务公文，如钱粮、刑名题本等，一般从略。

五、谱主交游人物生平可考者，择要略作介绍。人物生卒年份多据史传，并参以江庆柏《清代人物生卒年表》。谱后另附《人名索引》，以供查检。

六、除人名、地名等专名外，异体字一般改为规范字。

七、所引文献，凡原文空缺、漫漶者，均以"□"代之。

八、为省繁文，部分常用文献、机构均采用简称。计有：

（一）于德裕《皇清诰授光禄大夫太子太保经筵日讲起居注官文渊阁领阁事文华殿大学士兼户部尚书管理户部事务翰林院掌院学士世袭一等轻车都尉入祀贤良祠赐谥文襄显祖考耐圃府君行述》，简称《耐圃府君行述》。

（二）《清高宗纯皇帝实录》，简称《清高宗实录》。

（三）中国第一历史档案馆，简称"一史馆"。

金坛于氏世系表(一世至十六世)

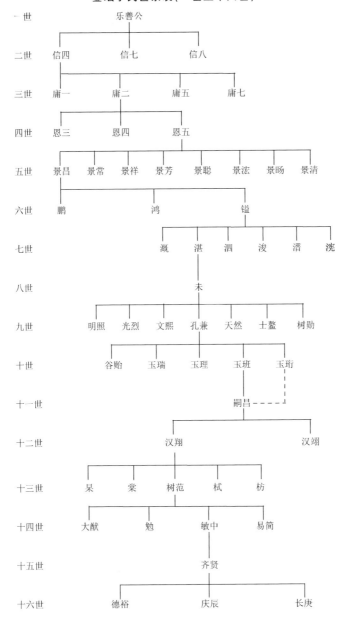

[说明]

(一)本表据清光绪六年(1880)于氏福谦堂本《于氏家乘》编制。

(二)虚线表示出继关系。

康熙五十三年　甲午(1714)　一岁

四月二十一日巳时,先生生于京师。

《皇清诰授光禄大夫太子太保经筵日讲起居注官文渊阁领阁事文华殿大学士兼户部尚书管理户部事务翰林院掌院学士世袭一等轻车都尉入祀贤良祠赐谥文襄显祖考府君行述》(以下简称《耐圃府君行述》):"府君生于康熙五十三年甲午四月二十一日巳时。"又:"康熙五十三年甲午,舫斋公以修书挈家居京师,偕张太夫人祷于右安门外之普济宫,俗所称中顶者也。感异兆而生府君。"

> 按:《耐圃府君行述》为于敏中孙于德裕作,藏北京大学图书馆。
> 乾隆四十四年刻本。白口,单蓝鱼尾,每页八行二十字。

先生讳敏中,字叔子,号耐圃,又号仲常、重常。

《耐圃府君行述》:"府君姓于氏,讳敏中,字叔子,号耐圃。"

齐召南《宝纶堂诗钞》卷三有《经史馆遇雪呈董浦葆青方来_{吴绂}仲常_{于敏中}》诗。董浦、葆青乃杭世骏与万松龄之号,则"仲常"亦当是于敏中之号。

金坛于氏后裔于汉(中国台湾地区)家藏先生书轴,系录《后汉书·杜诗传》之文以赠贾玉万。全文如下:"杜诗迁南阳太守。性节俭,政治清平。又修筑陂池,广拓土田,郡内比室殷足。南阳人以方召信臣,为之语曰:'前有召父,后有杜母。'书奉玉翁老先生清鉴。弟于敏中。"钤印二,一曰"于敏中印",一曰"重常",知先生又号"重常"。

> 按:《词林辑略》卷四:"于敏中,枋子,字重常,号耐圃,又号叔
> 子。"以重常为字,叔子为号,误。《清人室名别称自号索引》载其字仲
> 常,号重棠、耐园,亦非。

祖籍金坛。

《耐圃府君行述》:"世为金坛望族。"

始祖于显,一名于山,宋时为南阳教授阶宣教郎,宋、元间自杭州迁居金坛王母观村。

《于氏家乘》:"乐善公讳显,一名山,字必达,行安三,号乐善,仕宋为南阳教授阶宣教郎,宋、元间自杭州迁居金坛南乡王母观村,乐其风土,遂卜居焉。乡人朱公重其人,以女妻之。子三:信四、信七、信八。生卒年月

无考,朱孺人生卒年月无考,合葬孙庄坟。"

《于氏源流》:"于氏始自河南,由汉历宋。金人寇汴,家谱散遗,姑据钱塘原谱现存官称。一世祖仕于金,为汾州节度使。二世祖为延津令。三世祖为沁水令。俱失其名。后迁云中,又迁蓟。四世祖伯仪,元朝以经义中试,为礼部员外郎,进丞太常积阶朝列大夫,以孙九思仕累赠嘉议大夫、礼部尚书,追封河南郡侯。五世祖夔为元朝中书省,累迁为掾,以子九思仕累赠中奉大夫,行中书省参知政事,追封河南郡公。六世祖九思,元泰定天历间累官中奉大夫、湖广宣慰司都元帅、杭州路总管,致使欲北归。时张士诚据吴,道路梗绝,因居杭州,生子三:长曰溱,次曰渭,季曰泽。溱为元平江路同知,知吴江州事,生一子,名山。因遭元末兵火,自杭州而迁金坛,为金坛始祖。……大明崇祯庚午三年九月九日十七世孙玉理谨述。"(《于氏家乘》)

《于氏家乘》于凤韶跋:"宋传世系今不可考,惟据丙子《谱》凡例第一条云:旧谱以乐善公为始祖,而所自出则有节度公、延津令、沁水令三世,但存官称而轶其讳,俱世籍河南。沁水令生伯仪,伯仪生夔,夔生九思,九思生溱、渭、泽。……溱以父荫为承务郎平江路同知,生一子曰山,即迁金坛之乐善公也。"

《于氏家乘》董诰跋:"忆余在史馆时,随诸先达后过素余相国,闻相国称述其里居祖德,始识其由来焉。盖于氏之先,自东海而中州而蓟丘而杭州。因遭金元兵燹,谱牒散轶。自乐善公始迁金坛南乡之王母观村,至六世契元公再徙邑之东里,举成化甲午科为万载令。嗣是人文蔚起,科第连绵,保世滋大。"

《(民国)重修金坛县志》:"王母观,在横堰桥东,旧在县南十六都,明万历间改建今地。"

二世祖于茂、三世祖于纯、四世祖于润皆居本村,隐德不仕。

《于氏家乘》:"信四公讳茂,字子彬,号洮溪,行信四,乐善公长子,居王母观,娶朱氏。子四:庸一、庸二、庸五、庸七。生卒年月无考,朱氏生卒年月无考,合葬本村庙坟。"

《于氏家乘》:"庸二公讳纯,字□□,号芳洲,行庸二,信四公次子,居本村,隐德不仕,娶南庄蒋氏。子三:本、宁、润。生卒年月俱无考,葬本村庙坟。蒋氏生卒年月无考。葬合。"

《于氏家乘》："润，字明道，号月潭，行恩五，庸二公第三子。居本村。公隐德不仕，于畎亩则勤于耕凿，于子弟则严于训诲。娶谷城戴氏。子八：景昌盛、景常、景祥、景芳、景聪、景浤、景旸、景清。生卒年月无考。戴氏生卒年月无考。合葬河东坟。"

五世祖于盛，式化乡间，颇有贤名。

《于氏家乘》："盛，字景昌，号渔隐，恩五公长子。居本村。公生而德性纯实，襟度坦夷。居家以读书循理为要，教子以敦行力农为先。与人以信，持己以恭。贤称宗党，式化乡间。以孙湛仕，诰赠朝议大夫、都察院右副都御史。娶大亭尹氏，诰赠淑人。子三：鹏、鸿、鹍。"

六世祖于镒，始迁城中。历官至江西万载县知县，尤精理学。

《耐圃府君行述》："始祖契元公讳镒，明成化甲午举人，官江西万载县知县，以理学政事显于时。"

《于氏家乘》："镒，原名鹍，字南金，号契元。景昌公第三子。正统十三年戊辰三月十四日生于王母观祖居。自幼继外家大亭尹氏。……复姓后迁入城居邑东里，沿河巷茕然独立，闭户讲学，博极群书，尤精于《易》数。上公车不第，弘治癸丑就选江西万载县知县，省刑薄敛，敦尚礼教。将展其所学以施之政事，而卒不可得。乃奉身以退，静处一室，专心濂、洛、关、闽之学，穷理尽性，慨然以明道为己任。著《中说指归录》二卷，究圣贤之蕴，发天人之秘。世之学者称为契元先生。公生而顾硕修髯，音吐宏畅。事亲至孝，事兄甚恭。教子义方，御下宽整。处宗室乡党，曲有情礼。寿七十有九。以子湛仕正德，甲戌封承德郎武选司主事。丙子封奉政大夫职方司郎中。嘉靖改元，以恩诏同子加三品服。己丑赠中宪大夫、河南布政司参政。丁酉赠通议大夫、都察院右副都御史，崇祀乡贤祠。"

《诰赠通议大夫都察院右副都御史契元于公墓志铭》："先生姓于氏，字南金。契元其别号也。王大父纯号芳洲，大父润号月潭，父盛号渔隐，俱隐德不仕。母尹氏。世居金坛之王母观。先生始卜居县城之沿河街。先生生而颖异绝人，读书过目成诵。博极群书，能返说于约。理学深邃，尤深于《易》。不为口耳浮华之习所动。……年十九游邑庠，文声大振。成化甲午领乡荐。自是弃举子业，获专心濂、洛、关、闽之书。……弘治癸丑选授江西万载县知县，始至省刑薄税，敦尚礼教。凡其所以履之于素者,举将以一施之政事,以福吾民,然而卒不可得也。乃奉身而退,归于金坛。课农教子,怡然自得。……晚著《中说指归录》,凡二卷。发挥天人蕴奥,多其所自得。……生于正统戊辰,卒于嘉靖丙戌,享年七十有九。"(《于氏家乘》)

《于契元先生祠堂记》:"乐善府君暨洮溪府君、芳洲府君、月潭府君、渔隐府君五世皆居邑西南隅王母观。先中丞契元公始迁居邑城之沿河街。……不孝男于湛记。"(《于氏家乘》)

　　按:自乐善公于显(一名于山)迁居金坛王母观村以来,其后子孙皆居本村。至六世契元公于镒方迁居城中东里,别为一支。《于氏家乘》奉乐善公为始祖,以于镒为六世;《耐圃府君行述》称"始祖契元公讳镒",盖以于镒为城中始祖。同理,《耐圃府君行述》所谓"二世祖"者即对应《于氏家乘》之"七世祖",依此类推,不赘言。

七世祖于湛,明正德辛未进士。总督治水,卓有成绩,历官至户部侍郎。

《耐圃府君行述》:"二世祖素斋公讳湛,明正德辛未进士,历官户部侍郎。尝以都察院右副都御史总督河道治水,著有成绩,所筑堤人号曰'于公堤'。"

《于氏家乘》:"湛字莹中,号素斋,契元公嫡子。成化壬寅十月十二日生。居城。年十九游邑庠,督学司马垔以国士待之。中正德庚午乡试,辛未成进士。……初授武选司主事。甲戌考满晋阶承德郎。乙亥转车驾司员外郎。丙子升职方司郎中,晋阶奉政大夫。……在本兵十年,建白甚众。例得内擢,以与文选隙,出为陕西参议。寻调江西。嘉靖改元,擢贵州参政。丙戌入觐,便道过家,适丁艰,哀毁成疾。服阕,己丑复除河南参政。秋大旱,先期备赈活饥民以万计,晋阶中宪大夫。庚寅升山西右布政,寻转河南左布政。癸巳升都察院右副都御史,整饬苏州边备兼抚顺天。时彗星见东井,有诏纠劾大臣,因上疏自免。乙未以应天巡抚侯位荐举起抚陕西,修广惠渠,水利全陕赖之。工部具题奉旨钦赏,又以平靖等寨及河套奏捷,再膺钦赏。条筹边八事,上可其奏。适河决睢宁,奉敕总督漕河,开凿野鸡冈河口,黄河得复故道,陵寝无虞,又蒙钦赏。筑宝应诸湖堤,费省功倍,因上七事预严堤防以图永久,悉皆允行。丁酉晋阶通议大夫。戊戌太淑人年九十,陈请终养疏再上,乃允归侍慈颜。凡动息寒燠,躬自调护。承欢之余,手录《朱子纲目》一通。阅五载而太淑人即世。

年已望七，而哀毁踰礼。服阙，乙巳奉旨以原职总理河道。明年升户部侍郎。会郧阳饥，矿夫倡乱，改敕提督抚治湖广、河南、陕西三省，住札郧阳，总督三边。……戊申以穷治襄阳贪吏，忤湖广巡按贾大亨意，因诬奏误救月蚀，上书自辩。吏部查覆，钦依留用，遂恳乞致政而归。在仕籍三十九年，历官阶一十四任。居林下又七载，有疾，未尝伏枕易箦。时志虑精明，倦而就寝，遂终，寿七十有四。特恩加赠都察院右都御史，谕赐祭葬，崇祀名宦乡贤祠。所著有《素斋先生遗稿》六卷。……嘉靖乙卯九月初六日卒，葬东村。"

《明故抚治郧阳都察院右副都御史于公行状》："公讳湛，字莹中，号素斋、润之。……公生而广颡修髯，长身玉立，神采英毅。……少负其才，不屑逊志于学。及契元年老投闲，多不如意事。公愤然曰：'此人子之责也。亢宗荣亲，是在我矣！'遂屏居力学，至忘饥渴寒暑。久之蕴藉渊邃，天颖逸发，肆笔成文，若有所相。年十九补邑庠弟子。有司较艺，辄居公第一。……正德庚午领乡荐。辛未登进士，廷对极言时政不讳。……是年十二月，除授兵部武选司主事。十年，升车驾司员外郎。十一年升职方司郎中。在部十年，清慎勤恪如一日。……二十五年升北京户部，未任。会郧阳积荒民饥，矿徒乘机倡乱恣行劫杀，官兵屡挫，遂改敕公督抚郧阳。……公生成化壬寅十月十二日，卒嘉靖乙卯年九月初六日，享年七十有四。"（《于氏家乘》）

八世祖于未，敦尚气节，以孝廉家居，不应征召。

《耐圃府君行述》："三世祖励庵公讳未，以孝廉家居，敦尚气节。严分宜当国，欲招致之，不从。尝舍宅以建县仓。性好施予，有贷而不能偿者悉焚其券。"

《于氏家乘》："未字次公，号励庵，素斋公子。正德丙子十月十四日生。居城。由附生改入南雍，试辄首列。……壬子改业北雍。中乙卯顺天府魁。……幼年即警慧。九岁失恃，哀毁如成人。事大母、继母皆曲尽孝养，遇诸父昆弟有恩，每念芮、沈两外家，时周赡之。厚族睦乡，惠眚赒急，惟日不足。……所著《赉志稿》三卷。以子文熙仕，敕赠承德郎、户部主事，崇祀忠义孝悌祠。……隆庆庚午二月初七日卒，葬潘庄。"

《励庵公墓表》："君姓于氏，讳未，字次公。初号少素，后程祭酒先生器君曰：'以子之才，厚自勉励，足称国士。'遂号曰励庵，志不忘师训也。

君丰神秀朗,美须长髯,鸾停玉立,顾盼灿如,望之知其为翩翩佳公子也。……君读书渊解,作为文章,锵然有声,绝不为尘埃泊凑语。……试南雍,果首第。……北试……果第。……其后四黜于礼部。……君生正德丙子十月十四日,卒于隆庆庚午二月七日,享年五十有五。"(《于氏家乘》)

九世祖于孔兼,明万历庚辰进士,历官礼部仪制司郎中。以上疏申救赵南星,坐谪。弃官归家,杜门著书二十余年,乡里咸称之。

《耐圃府君行述》:"四世祖景素公讳孔兼,明万历庚辰进士,历官礼部仪制司郎中。神宗诏并封三王,公上疏力争,又抗言救赵南星,坐谪。天启中恤赠光禄寺少卿,事迹详《明史》本传。"

《于氏家乘》:"孔兼字元时,号景素,励庵公第四子。嘉靖戊戌九月初七日生。居城。辛酉举人。万历庚辰进士,授江西九江府推官,有'清霜满路,明月当空'之谣。入为礼部主事,再迁仪制司郎中。……赵南星坐京察削籍,公又疏救。……谪安吉判官。公投牒归,家居二十年,杜门著书,筑室西郊,颜其堂曰'志矩',名其亭曰'八卦亭',讲肄其中。一时名士翕然宗之。东林之会与其盟,而未尝轻至其地。……著有《春曹奏疏》《山居稿》《愿学斋亿语》,藏于家。天启中恤赠光禄寺少卿,谕祭一坛,崇祀九江名臣祠、本邑七贤祠、锡山东林书院。国朝康熙中纂修《明史》,与陈泰来合传。……万历乙卯三月廿八日卒,葬龙山。"

十世祖于玉班,无子,以弟玉珩次子嗣昌为嗣。

《耐圃府君行述》:"五世祖清卿公讳玉班,无子。六世祖襄垣公讳嗣昌,以清卿公弟子为之后。"

《于氏族谱》:"玉班字清卿,景素公第四子,万历丙戌九月廿九日生。居城。附生。以子嗣仕赠文林郎。娶常熟赵氏进士吏部侍郎讳用贤谥文毅公女,赠孺人。继子一:嗣昌,玉珩次子。崇祯乙丑二月廿九日卒,葬岳庄。"

《于氏家乘》:"玉珩字佩卿,行六,景素公第五子。万历庚寅正月初四日生。居城。例赠文林郎。娶常熟顾氏太仆卿讳大章公胞妹,例赠孺人。继娶宜兴万氏太子少保礼部尚书谥文恭公孙女,例赠孺人。子四:元锒、嗣昌,继玉班下。元钘、元镙,继玉理下。俱万氏所出。崇祯戊辰四月十四日卒,葬尧塘。"

曾祖于嗣昌，顺治辛卯进士，官至山西襄垣县知县。清介自持，颇有惠政。

《耐圃府君行述》："六世祖襄垣公讳嗣昌……顺治辛丑进士，官山西襄垣县知县，清介有惠政。"

《于氏家乘》："嗣昌字九扶，号毅庵，行二。清卿公子。万历己未七月十五日生。居城中。顺治辛卯科举人，辛丑科进士。选山西潞安府襄垣县知县。以子汉翔仕，诰赠中议大夫。以曾孙敏中仕，诰赠光禄大夫、文华殿大学士。……子二：汉翔、汉翊。……康熙壬子六月十一日卒，葬尧塘。"

祖父于汉翔，康熙壬戌进士，官至按察使司佥事。廉明公允，备受尊崇。

《耐圃府君行述》："高祖岸斋公讳汉翔，康熙壬戌进士，历官礼部仪制司郎中、提督山西学政、按察使司佥事。廉明公允，为晋人所尸祝。"

《于氏家乘》："汉翔字章云，号岸斋。毅庵公长子。顺治丁亥七月十八日生。居城中。康熙丙午科举人，壬戌进士，考授内阁中书。迁礼部仪制司主事、主客司员外郎中、提督山西学政。以孙敏中仕，诰赠光禄大夫、文华殿大学士。……子五：杲、棠、树范、栻、枋。……雍正壬子二月十二日卒，葬钱宝村。"

生父于树范，博学能文，康熙乙酉召试一等，入直武英殿。历官至浙江宣平县知县，廉洁自守，卓有清誉。

《于氏家乘》："树范，字司瀛，号舫斋。岸斋公第三子。康熙己酉十二月十七日生。居城郡。增生。康熙乙酉召试钦取一等，充武英殿纂修，编辑《康熙字典》《佩文韵府》《子史精华》等书。书成，议叙选浙江宣平县知县。莅任后迭遇荒年，赈饥事宜条陈上宪中丞嘉其善，下令两浙并以宣平为式。治宣十余年，廉俸外不名一钱。浙中有'典衣县令'之谣。解任归里，时士民越境泣送者数千人。迨丁巳岁，子敏中弱冠中状元。宣人闻之，喜曰：'此天之报施廉吏也。'乾隆癸酉行乡饮酒礼，举大宾。以子敏中仕，诰赠光禄大夫、文华殿大学士。……乾隆丙子正月十九日卒。……合葬盛家桥，迁葬岳阳村。"

生母张氏，于树范之妾。

《于氏家乘》："树范……娶吕氏太学生讳之镛公女，诰赠一品夫人。继娶太仓钱氏户部右侍郎葭湄公女，诰赠一品夫人。继娶袁氏，太学生坧彰公女，诰赠一品夫人。子四：大猷，袁夫人出。勉，姚夫人生。敏中，一品夫人张氏生。易简。姚夫人生。……吕夫人康熙庚戌五月十二日生,康熙辛未二月十六日卒。钱夫人康熙戊戌五月初二日生,康熙丁丑十月十一日卒。袁夫人康熙乙卯九月十九日生,康熙庚子九月廿五日卒。"

> 按:《于氏家乘·凡例》:"嫡庶之分,自古严之。今于嫡出则曰某氏出,庶生则曰某氏生,以示区别。"据此,知于树范有妻三人:吕氏、钱氏、袁氏,妾二人:姚氏、张氏。

长兄于大猷,袁氏生;季兄于勉,姚氏生。

《于氏家乘》:"树范……子四:大猷,袁夫人出。勉,姚夫人生。敏中,一品夫人张氏生。易简。姚夫人生。"

《于氏家乘》:"大猷,字东莱,号晓峰。舫斋公长子。康熙辛巳八月初二日生。居城中。雍正甲辰科举人,考取内阁中书,升山东登州府同知。娶王氏翰林院编修户部给事中虚舟公女,诰封宜人。子一:荫瑞。女四:长适苏州邑庠生钦勋。次适壬午科举人景人龙。三适武进任山西洪同县典史陈谦。四适河南议叙州同苏曰柄。乾隆丙申三月十七日卒,葬西庄。王宜人康熙丙戌五月十九日生,乾隆甲辰十月十五日卒,葬合。"

《于氏家乘》:"勉,字娄张,舫斋公次子。康熙壬辰八月初八日生。居城。太学生,例赠承德郎。娶虞氏太学生讳杰公女,例赠安人。子一:黄裳。女一:未嫁,卒。乾隆丙子闰九月初五日卒,葬袁家村。虞安人康熙丁亥六月初十日生,乾隆甲午九月十六日卒。葬合。"

康熙五十四年　乙未(1715)　二岁

是岁,陈孝泳生。

康熙五十五年　丙申(1716)　三岁

是岁,袁枚、陶元藻生。

康熙五十六年　丁酉(1717)　四岁

是岁,王际华、卢文弨、阿桂生。

康熙五十七年　　戊戌（1718）　　五岁

是岁，汪廷玙、刘星炜、程晋芳生。

康熙五十八年　　己亥（1719）　　六岁

是岁，庄存与、谢墉生。

康熙五十九年　　庚子（1720）　　七岁

幼颖异不凡，习读经书，皆能通晓大义。

《耐圃府君行述》："髫龀时即颖异不凡，授以经书，皆能通晓大义。"

立志阐扬族祖姑苦节。

《耐圃府君行述》："稍长，端重如成人。有族祖姑家贫守志，子嗣单弱，不能自达于有司，间与群从子弟相语而泣。府君方六七岁，闻之，蹙然曰：'姑勿悲，儿他日成名，当为姑阐扬苦节。'及府君贵显，卒为告于当事而旌之。人以知器识之夙成焉。"

是岁，钱维城、窦光鼐、刘墉生。

康熙六十年　　辛丑（1721）　　八岁

是岁，李中简生。

康熙六十一年　　壬寅（1722）　　九岁

十月二十四日，弟于易简生。

《于氏家乘》："易简。姚夫人生。"

《于氏家乘》："易简，字华平，号春圃。舫斋公第四子。康熙壬寅十月廿四日生。居城。太学生。礼器馆誊录议叙州同。历任山东布政使司布政使。娶丹徒钱氏贡生讳图南公女，诰赠夫人。子二：希贤、钱夫人出。齐韩，李安人生。女一：适常州丁丑进士安徽池州府知府讳雍昌公子太学生蒋。乾隆壬寅七月初十日卒。钱夫人雍正丙午六月二十日生,乾隆庚午八月廿六日卒,合葬顾龙山。"

过浙江兰溪。

《素余堂集》卷三〇《兰溪舟中听雨忆弟》:"昔年同泛兰溪道,我尚垂髫君襁褓。"

《(嘉庆)大清一统志》卷二九九:"衢江,亦名衢港,自衢州府龙游县流入,经汤溪县西北二十里,又北入兰溪县界,径县西南十五里为金台滩,又至兰阴山下与婺港合,统名曰兰溪,亦曰大溪,又名瀫水。"

按:《兰溪舟中听雨忆弟》诗题之"弟"即于易简,易简生于康熙六十一年十月二十四日,诗中称"我尚垂髫君襁褓",则约在本年。

是岁,奉宽生。

雍正元年　癸卯(1723)　十岁

十一月,癸卯恩科会试,族兄于振中式一甲第一名。

见《清朝进士题名录》"雍正元年癸卯恩科"。

于振(1690—1750),字鹤泉,号秋田,一号连漪。江苏金坛人。雍正元年状元,授翰林院修撰。雍正四年,督湖北学政,以误增学额贬秩。乾隆元年应博学鸿词科,列一等第四名,授编修。历官至侍读学士。著《清涟文钞》《清涟诗钞》《南楼诗草》等。传见《于氏家乘》、《(光绪)金坛县志》卷八等。

是岁,梁国治、袁守侗、戴震生。

雍正二年　甲辰(1724)　十一岁

十月,甲辰科会试,族叔于枋中式二甲第九名进士。

见《清朝进士题名录》"雍正二年甲辰科"。

《于氏家乘》:"枋,字小谢,号午晴。岸斋公第五子。康熙辛酉十一月廿七日生。居城中。康熙甲午科举人,雍正甲辰科进士。翰林院编修。己酉广西主考。乙卯山东主考。以归宗嗣子敏中仕贴赠光禄大夫、文华殿大学士。娶溧阳史氏康熙壬戌进士、詹事府詹事耕岩公女。"

《(光绪)金坛县志》卷九:"干枋,字小谢,号午晴。嗣昌孙,汉翔子。邑诸生。康熙乙酉圣驾南巡,随兄树范应召试六郡人才之诏,钦取一等。恩赐御书,召入内廷纂修诸书。冬,御赐蟒袍补服并天马裘及鱼鹿文雉诸品物。丙戌元旦,应上召,偕史馆纂修人员乾清宫朝贺。……取士极一时之选,乾隆庚午聘纂本邑县志。"

是岁,纪昀生。

雍正三年　　乙巳(1725)　　十二岁

是岁,王杰、赵文哲生。

雍正四年　　丙午(1726)　　十三岁

从父树范于宣平,协助赈济饥民。经画处置,井然有条。

《耐圃府君行述》:"年十三,从舫斋公于宣平。会有赈饥之役,舫斋公命遍历各厂。经画处置,井然有条,虽老胥猾吏皆悚息听命,不敢上下其手。舫斋公益奇之。"

　　按:时于树范任宣平县知县。

雍正五年　　丁未(1727)　　十四岁

学为制艺及诗古文辞,为老辈所惊服。

《耐圃府君行述》:"稍长,学为制艺及诗古文辞,辄为老辈所惊服。"

　　按:此段于《行述》中在"年十三"之后,姑系于此。

雍正六年　　戊申(1728)　　十五岁

于家祠读书。

《耐圃府君行述》:"先是,府君读书家祠。有芝二,本产庭下,光彩煜然,见者皆以为瑞。未几而府君登贤书,旋掇大魁,因颜其室曰'双芝书屋'。后凡简牍、款记及扈从行帐、旗帜、灯号皆绘双芝以志焉。"

"家祠"即"于契元先生祠堂",六世祖于镱所建。《于氏族谱》卷首有于湛撰《于契元先生祠堂记》,略云:"先中丞契元公始迁居邑城之沿河街。……爰出俸余拓地构祠于居第之左。前为祠门,累甓为屋,砻石为额,镌曰'于契元先生祠堂'。"

按:"登贤书"意谓乡试中式。先生以雍正七年中乡试,"读书家祠"事当在此之前,姑系于此。

是岁,钱大昕生。

雍正七年　己酉(1729)　十六岁

秋,应己酉科江南乡试,中式第七十二名。主考官黎致远、李清植,阅卷官王人雄。题目:"生而知之上也"一节,"征则悠远"一节,"汤执中,立贤无方"二句。

《耐圃府君行述》:"雍正七年己酉,府君年十六。初以太学生应本省乡试,中式第七十二名,房考为举人萧山王公讳人雄,座主则大理寺卿历官刑部侍郎长汀黎公讳致远,编修历官礼部侍郎安溪李公讳清植也。"

法式善《清秘述闻》卷五:"雍正七年己酉科乡试。……江南。……题:'生而知之上也''征则悠远'二节,'汤执中,立……'二句。"

黎致远(?—1731),字宁先。福建长汀人。康熙四十八年进士,选庶吉士。历官大理寺卿、奉天府府尹。传见《碑传集》卷五五。

李清植(1690—1744),字立侯,号穆亭。福建泉州人。李光地之孙。雍正二年进士,选庶吉士。后任武英殿总裁,历官至礼部侍郎。著《仪礼纂录》《湹嗳愚》等。传见《碑传集补》卷三、《国朝耆献类征初编》卷七六、《(乾隆)泉州府志》卷四五等。

王人雄,字健斋。浙江萧山人。举人。乾隆十九年任元氏县知县。著有《资治纲目偶见录前后集》《螺庄偶吟》等。传见《(乾隆)元氏县志》卷五、《(民国)萧山县志稿》卷三〇等。

计偕北上,舍于族叔于枋邸第。于枋爱先生英特,纳为嗣子,教督甚至。

《耐圃府君行述》:"府君公车北上舍午晴公邸第时,午晴公未有子,爱府君英特,因请于舫斋公嗣府君为子,教督甚至。"

《奏为生父树范在籍病故请改正归宗俾得终三年服制并可循例终养

生母折》:"因嗣父无子,先将敏中胞伯之子文骏为嗣,迨后敏中本生父又以敏中素为嗣父钟爱,并令承继。"(台湾史语所,168094—001号)

　　　　按:据《大清会典则例》卷六六,参与会试之考生均需于前一年秋冬季于各地起送。则先生此次"公车北上"之时间,当在雍正七年秋冬之际。

时钱陈群多与于枋往来,尤器重先生,亲为评乙课业,指授诗学津梁。

　　《耐圃府君行述》:"刑部尚书嘉兴钱文端公方官翰林,尝从午晴公往来,尤器重府君。"

　　《碑传集》卷三四有于敏中撰《诰授光禄大夫内廷供奉经筵讲官太子太傅刑部尚书晋赠太傅入祀贤良祠谥文端钱公陈群墓志铭》:"曩自孝廉计偕来京师,辱公奖许殊特,亲为评乙课业,暇辄指授诗学津梁。"

　　《素余堂集》卷二〇《题钱陈群所书诗册二首一韵》"犹悔当年问字疏"句,自注:"臣幼为陈群赏识,尝从其学诗。"

　　陈康祺《郎潜纪闻》卷四:"秀水钱文端公陈群有知人鉴。……金坛于文襄方为孝廉,来谒,公即大赏异之。"

　　钱陈群(1690—1774),字主敬,一字集斋,号香树。浙江嘉兴人。康熙六十年进士,选庶吉士。历官至刑部侍郎。卒,谥文端,入祀贤良祠。工于书法,同沈德潜并称"东南二老"。著有《香树斋全集》。传见《碑传集》卷三四、《国朝耆献类征初编》卷七五、《清朝先正事略》卷一五等。

是岁,朱筠、沈初、金士松、胡季堂生。

　　　　　　雍正八年　　庚戌(1730)　　十七岁

是岁,毕沅、周永年生。

　　　　　　雍正九年　　辛亥(1731)　　十八岁

是岁,朱珪、彭元瑞、姚鼐、陆费墀生。

　　　　　　雍正十年　　壬子(1732)　　十九岁

钱陈群因内侄俞光蕙贤淑,遂为先生议婚,以是年三月完婚。

《耐圃府君行述》:"时先祖母俞夫人在室为文端公内侄女,夙知其贤淑,遂为府君议婚,以壬子三月来归焉。……夫人明习诗礼,自来归之后,有无黾勉,相敬如宾,闺门以内从无间言。"又:"俞夫人……户部侍郎颖园公讳兆晟孙女,翰林院侍讲则堂公女。"

《于氏家乘》:"娶浙江俞氏户部左侍郎颖园公孙女、翰林院侍讲则堂公女。"又:"俞夫人康熙己丑正月初五日生,乾隆庚午正月初四日卒,合葬周庄。"

《(光绪)海盐县志》卷二二:"俞氏名光蕙。……性好画,年七岁,写折枝于壁,兆晟见而异之。长受法于陈书。笔致清颖古秀,布置亦极大雅。"

俞兆晟,字叔音。浙江嘉兴人。康熙四十五年进士,选庶吉士。历官至户部侍郎。因其子俞鸿图泄露考题亦坐革职。著《海树堂杂录》《荫华轩笔记》《静思斋文集》等。传见《(光绪)嘉兴府志》卷五六等。

俞鸿图(?—1734),字麟一。浙江海盐人。康熙五十一年进士。雍正十年选庶吉士,散馆授编修。历官侍读、河南学政。因纳贿营私被斩。传见《清秘述闻》卷四。

> 按:《两浙𫐐轩续录》卷五二:"俞光蕙,字滋兰,海盐人。户部侍郎兆晟女,大学士金坛于敏中室。"以俞光蕙为俞兆晟女,误。据《行述》及《家乘》,光蕙当系兆晟孙女。

雍正十一年　癸丑(1733)　二十岁

是岁,翁方纲生。

雍正十二年　甲寅(1734)　二十一岁

是岁,陆锡熊生。

雍正十三年　乙卯(1735)　二十二岁

计偕北上,至丹阳阻浅,因附运租船以渡。

《素余堂集》卷三〇有《和阶平二绝》,其一《丹阳阻浅》云:"细雨轻帆迹宛然,昔年曾趁运租船。"自注:"余乙卯计偕北上,至丹阳阻浅,因附秦邮米船渡江。"

是岁,金榜、曹文埴生。

乾隆元年　丙辰(1736)　二十三岁

二月,应丙辰科会试,不第。正考官鄂尔泰惋惜久之。

《耐圃府君行述》:"乾隆元年丙辰,大学士鄂文端公主春闱,得府君二场所试表,激赏不已。急索首场卷,则已缘他故乙置,惋惜久之。"

《乾隆帝起居注·元年二月》:"初六日庚午,礼部奏乾隆元年丙辰科会试,请钦点正考官、副考官一疏,大学士张廷玉奉谕旨:遣鄂尔泰、朱轼为正考官,邵基、张廷璐为副考官。"

法式善《清秘述闻》卷五:"乾隆元年丙辰科会试。……题:'君子笃于'一节,'五者天下……一也','欲为君尽……已矣'。会元赵青藜。"

鄂尔泰(1677—1745),锡林觉罗氏,字毅庵,号西林。满洲镶蓝旗人。国子祭酒鄂拜子。康熙三十八年举人,四十二年袭封佐领,授三等侍卫。历充国史馆、三礼馆、玉牒馆总裁,赐号襄勤伯。卒,谥文端,入祀贤良祠。著有《西林遗稿》《南都耆献集》等。传见《碑传集》卷二二、《国朝耆献类征初编》一六、《清朝先正事略》卷一三等。

朱轼(1665—1736),字若瞻,号可亭。江西高安人。康熙三十三年进士,选庶吉士。历官至兵部尚书,并先后兼会典馆、三礼馆总裁。卒,赠太傅,谥文端。工于古文,学宗横渠。著有《周易注解》《周礼注解》《仪礼节略》《历代名儒循吏传》等。传见《碑传集》卷二二、《国朝耆献类征初编》卷一三、《清史列传》卷一四。

邵基(1687—1737),字学址,号思蓼,又号岳愢。浙江鄞县人。康熙六十年进士,选庶吉士。历官至江苏巡抚,又兼《皇清文颖》馆副总裁。传见《广清碑传集》卷七、《国朝耆献类征初编》卷一六九。

张廷璐(1681—1764),字恒臣,一字思斋。安徽桐城人。礼部尚书张英子。雍正元年进士,选庶吉士。历官至内阁学士兼礼部侍郎。传见《碑传集》卷三一、《国朝耆献类征初编》卷七四、《清史列传》卷一四等。

四月初三日,子齐贤生,妻光蕙所出。

《耐圃府君行述》:"乾隆元年丙辰……是年我先考生。"又云:"生子一人,即我先考博宾公讳齐贤字荀伯。……俞夫人出。"

《于氏家乘》:"齐贤,字荀伯,号博宾,行一。文襄公子。乾隆丙辰四月初三日生。"

齐贤(1736—1770),字荀伯。于敏中之子。屡应乡试未中,乾隆三十年,蒙恩赏给荫生。历官刑部浙江司员外、刑部直隶司郎中。诰授朝议大夫。以子德裕仕,晋赠中宪大夫。传见《于氏家乘》。

四月,丙辰科会试,金德瑛中式一甲第一名进士,黄孙懋一甲第二名,秦蕙田一甲第三名。

见《清朝进士题名录》"乾隆元年丙辰科"。

金德瑛(1701—1762),字汝白,又字慕斋,号桧门。浙江杭州人。乾隆元年一甲一名进士,授翰林院修撰。历官礼部侍郎、都察院都御史。著有《桧门诗疑》《桧门诗存》。传见《广清碑传集》卷八、《国朝耆献类征初编》卷八一、《清史列传》卷二○等。

黄孙懋(1700—1744),字训昭,号泰斋。山东曲阜人。乾隆元年一甲二名进士,授编修。历官至内阁学士兼礼部侍郎。工书法。传见《国朝鼎甲征信录》卷三、《皇清书史》卷一七。

秦蕙田(1702—1764),字树峰,号味经。江苏金匮人。乾隆元年进士,授翰林院编修。历官工部尚书、刑部尚书。卒,谥文恭。精于"三礼",又好治《易》及音韵、律吕、算数之学。著有《五礼通考》《味经窝类稿》等。传见《国朝耆献类征初编》卷八一、《清史稿》卷三○四。

十月,丙辰博学鸿词科,刘纶列在一等第一名,陈兆仑列在二等。

见《清朝进士题名录》"乾隆元年丙辰科博学宏词"。

刘纶(1711—1773),字眘涵,号绳庵。江苏常州人。彭定求之孙。乾隆元年博学鸿词科第一名,授翰林院编修。历官户部尚书、吏部尚书、工部尚书,又兼四库馆总裁。卒,赠太子太傅,谥文定,祀贤良祠。擅古文辞。奉敕修《词林典故》。著有《绳庵内外集》。传见《国朝耆献类征初编》卷二六、《清史稿》卷三○二。

陈兆仑(1700—1771),字星斋,号句山。浙江钱塘人。雍正八年进士,以知县即用。乾隆元年荐举博学鸿词科,列二等,授翰林院检讨,官至太仆寺卿。卒,入祀贤良祠。精六书之学,尤长经义。著《蕺山课义》《紫竹山房文集》《紫竹山房诗集》等。传见《国朝耆献类征初编》卷八二、《清朝先正事略》卷四一等。

是岁,朱轼卒。

<h3 style="text-align:center">乾隆二年　丁巳(1737)　二十四岁</h3>

三月,应丁巳恩科会试。张廷玉、福敏为正考,姚三辰、索柱为副考,吕炽为房考。三场题目为:"既庶矣"两段,"君子之所不可及者"二句,"人皆有不忍人之心"合下二句。榜发,中试第三十三名。

　　《耐圃府君行述》:"丁巳会试,中式第三十三名,房师为编修历官副都御史吕公,座师为大学士张文和公,左都御史福文端公,吏部侍郎姚公,副都御史索公。"

　　《乾隆帝起居注·二年三月》:"初六日甲午……是日,礼部奏乾隆二年丁巳恩科会试请钦点正考官、副考官一疏,大学士鄂尔泰、徐本奉谕旨:遣张廷玉、福敏为正考官,姚三辰、索柱为副考官。……又奏请钦点会试同考官一疏,奉谕旨:这同考官着杨炳、邹升恒、李文锐、张灏、杨廷栋、吴华孙、吕炽、宋楠、雷铉、陈大受、朱续晫、潘安礼、陈兆仑、帅念祖、卢秉纯、刘芳霭、章有大、苏霖渤去。"

　　法式善《清秘述闻》卷五:"乾隆二年丁巳恩科会试。……题:'既庶矣,又……'二节,'君子之所……见乎','人皆有不……政矣'。会元:何其睿,字克思,江西赣州人。"

　　《大题观海初集·公孙下》有先生"人皆有不忍人之心"一题之考卷。详本谱"附录二"。

　　张廷玉(1672—1755),字衡臣,号砚斋,又号澄怀老人。安徽桐城人。康熙三十九年进士,选庶吉士。历官至大学士、军机大臣。卒,谥文和,配享太庙。著有《澄怀园全集》。传见《国朝耆献类征初编》卷一四、《清朝先正事略》卷一三等。

　　福敏(1673—1756),富察氏,字龙翰,号湘邻。满洲镶白旗人。康熙三十六年进士,选庶吉士。历官至工部尚书、翰林院掌院学士。卒,祀贤良祠,谥文端。奉敕辑有《八旗满洲氏族通谱》。传见《满名臣传》卷三七、

《碑传集》卷二二。

姚三辰（？—1737），字舜扬，号巽湖。浙江仁和人。康熙五十二年进士。雍正四年以大学士张廷玉荐，召对养心殿，充讲官。历官至吏部侍郎。二年充会试副总裁，是年以疾终。著有《重建太平县学记》。传见《国朝耆献类征初编》卷七二。

索柱，字海峰。满洲正红旗人。康熙五十四年进士。雍正十年，以额外学士署大理寺卿。累迁内阁学士、左副都御史、工部右侍郎。详《清代职官年表》。

吕炽（？—1778），字克昌，号闇斋，又号东亭。广西桂林人。雍正五年进士，选庶吉士。历官至左副都御史。著有《双桂轩存稿》。传见《国朝耆献类征初编》卷七六。

五月初一日，于太和殿应殿试。

《清高宗实录》卷四二："乾隆二年丁巳五月戊子朔，策试天下贡士何其睿等三百二十四人于太和殿前。制曰：奉天承运皇帝制曰：朕惟自古致治之隆，唐、虞为盛，而《虞书》言'敕天之命，惟时惟几'，又曰'兢兢业业，一日，二日，万几'，盖持盈保泰，若斯之难也。皋陶之陈《谟》曰：'在知人，在安民。'夫天工人代，非黜陟公明，何以能咸熙庶绩？至敷奏以言，则又曰'乃言底可绩'，言不可见诸施行，则无稽之言耳。若夫安民之本，则曰'食哉惟时'，言民事莫重于农，敦本计也。朕缵承大统，仰继祖宗重熙累洽之，惟以主敬存诚，孜孜自勉，以求保泰之道。宵衣旰食，不敢诿责臣工。然帝王建治于上，尤赖百官事辅治于下。敬修可愿，至诚感神者，为君之诚敬也。君臣交相咨儆，始可以迓麻和而绵泰运。大小臣工，何以精白寅恭，以恪襄至治欤？古称'任官惟贤，位事惟能'，以人事君者，大臣之职也。乃或阿其所好，而借以市恩；或猎取虚名，而不孚舆论。为国荐贤之谓何？良由私意淈于中，而偏见淆于外也，何以使赝荐举之任者，皆举能其官，而无用匪其人之失欤？言路开，则见闻广。但言必衷于理，事必举其当。若摭拾浮谈，有心迎合，或以迂疏悠谬之论，喋喋敷陈，所谓稽于众者，果若是欤？大有益于民生国计，是曰嘉谟。即纤缪绳愆，亦称谠论。有志建白者，何以无负悬鼗设铎之至意欤？我国家休养生息，民物滋繁，宜其户庆盈宁，蓄积饶裕。乃犹时廑匮乏之虞，其咎安在？将人多趋利逐末者众，而耕作者寡欤？食用奢靡，未能以礼以时，而不知撙节欤？其所以勤劝课而警游惰,可不讲欤? 夫都俞交儆,则可以持泰运于无疆。俊乂在官,则可以饬官方于有位。谟明弼直,则堂陛交;务本力田,则间阎裕。久安长治之道,无踰于此。多士其各摅所见,详著于篇。朕将亲览焉。"

《中国状元殿试卷大全》有《于敏中殿试卷》。详本谱"附录二"。

五月初四日,殿试策经读卷官拟定,列在第四。高宗以先生策语、字画俱佳,改置第一。

《乾隆帝起居注·二年五月》:"初四日辛卯……是日读卷官大学士徐本等进呈殿试策十卷,恭候钦定。申时上御养心殿,召读卷官,俱入,赐坐。上曰:'卿等拟定十卷,朕一一披览。所拟第四卷,策语、字画俱佳,可置第一。所拟第一卷改置第二。所拟第十卷亦佳,可置第三。所拟第二卷改置第四。所拟第八卷可置第五。所拟第三卷改置第六。其余诸卷依次更定。'命折弥封。第一卷于敏中,江南人。第二卷林枝春,福建人。第三卷任端书,江南人。第四卷孙宗溥,浙江人。第五卷冯祁,山西人。第六卷何其睿,江西人。上命大学士徐本照所定前后名次填写卷面毕,诸臣捧卷退出。"

王正功《中书典故汇纪》卷八:"殿试第三日,读卷例拟鼎甲三人及二甲前七名凡十卷进呈御览。往往有改易者,不尽依所拟名第也。……丁巳原拟林枝春为第一,上改为第二。而以原拟第四之于敏中为第一,原拟第十之任端书为第三。"

　　按:此次殿试读卷官,四月二十九日经高宗钦点,依次为:大学士徐本、协办大学士事务三泰、尚书甘汝来、左都御史福敏、侍郎程元章、吕耀曾、内阁学士索柱、汪由敦、詹事觉罗吴拜、李绂。

五月初五日,传胪,中式一甲第一名,赐进士及第。与族兄于振号为"大小状元"。

《耐圃府君行述》:"殿试列十卷进呈,蒙恩擢置第一甲第一名,赐进士及第。"

《清高宗实录》卷四二:"壬辰,赐一甲于敏中、林枝春、任端书三人进士及第,二甲孙宗溥等八十人进士出身,三甲谢庭瑜等二百四十一人同进士出身。"

《素余堂集》卷三〇《戏赠梁阶平殿撰》内自注:"余与清涟兄先后及第,同馆多以'大小状元'称之。"

林枝春(1699—1762),字继仁,号青圃。福建福州人。乾隆二年进士,授翰林院编修。历官至通政使司副史。传见《国朝鼎甲征信录》卷三、《国朝耆献类征初编》卷八二。

任端书(1702—?),字晋思,号念斋。江苏溧阳人。礼部尚书任兰枝之子。乾隆二年进士,授翰林院编修。乾隆十一年,丁父忧,不复出仕。著有《南屏集》。事见《(嘉庆)无锡金匮县志》卷三〇、《(江苏如皋)任氏族谱》等。

按:《清史稿》本传云:"于敏中……乾隆三年一甲一名进士。"误。

六月初二日,授翰林院修撰。

《耐圃府君行述》:"丁巳……授翰林院修撰。"

《清高宗实录》卷四四:"己未……授一甲一名进士于敏中为翰林院修撰,一甲二名林枝春、一甲三名任端书为翰林院编修。"

《大清会典》卷三"翰林院修撰"条:"从六品。《清通典》卷二三"翰林院修撰"条:"掌国史、图籍、制诰、文章之事。"

六月初六日,由张廷玉带领引见。

《乾隆帝起居注·二年六月》:"初六日癸亥……是日大学士兼管翰林院掌院学士事张廷玉等带领新科进士一甲三人并验看列一等者十七人、列二等者一百一人引见,奉谕旨候降旨。"又:"初八日乙丑……奉谕旨:新科一甲进士于敏中、林枝春、任端书已经授职。"

入翰林院,习读满文典籍。于谐音辨字,皆能研彻底蕴。虽凤诰翻译者,亦多自以为不及。

《耐圃府君行述》:"府君初入馆,分习国书,日夜讲贯。于谐音辨字皆能研彻其底蕴,以故剖析最精,虽凤诰翻译者,多自以为不及。"

遍借名人法帖,日夜临摹,指为之茧。风格近乎宋四家,而尤擅米芾。

《耐圃府君行述》:"既入翰林,遍借名人法帖日夜临摹,指为之茧。久而神明于规矩之外,大抵出入宋四家,而尤长于米老,纵横变化,不名一格。"

翰林院修撰任内,缮呈经史奏议。

《御览经史讲义》(以下称《讲义》)有署为"修撰臣于敏中"奏进之讲义五篇,分别为:《书经》"后克艰厥后,臣克艰厥臣,政乃乂,黎民敏德"句(卷一〇),《书经》"终始惟一,时乃日新"句(卷一一),《诗经》"磬无不宜,受天百禄,降尔遐福,维日不足"句(卷一五),《诗经》"昭兹来许,绳其祖武,于万斯年,受天之祜"句(卷一七),唐开元二十九年春正月立《赈饥法》制曰"承前饥馑,皆待奏报,然后开仓,道路悠远,何救悬绝! 自今委州县及采访使给讫奏闻"句(卷二八)。

《四库全书总目》卷九四:"《御览经史讲义》三十一卷。乾隆十四年奉敕编。……乾隆二年特诏翰林、詹事、六科、十三道诸臣轮奏讲义,或标举经文,下列先儒义疏而阐明其理蕴;或节取史事,下列先儒评品而辨析其得失,略如宋人故事之例。……积累既多,因敕大学士蒋溥等编为此帙,并以训谕改定者恭录简端。"

> 按:先生乾隆二年六月授为翰林院修撰,乾隆九年二月升授左春坊左中允,此五篇《讲义》俱署"修撰臣于敏中",则当系二年六月至九年二月间所作,姑系于此。

是岁,姚三辰卒。

乾隆三年　戊午(1738)　二十五岁

三月初二日,高宗至太学行临雍礼。有诗纪之。

《钦定国子监志》卷五八有先生《圣主临雍礼成恭纪》八首。其八曰:"微臣珥笔叨佳宴,窃附风谣纪太平。"

> 按:临雍礼,嘉礼之一种,皇帝诣国子监辟雍讲学之礼。直省在京之进士、举人、贡、监生,各学教习、肄业诸生、咸诣太学观礼。国子监祭酒司业拟经书篇目,撰讲章,豫进御览。见《钦定大清通礼》卷三四。

> 又按:《钦定国子监志》卷五八又有刘纶《圣主临雍礼成颂》,其序曰:"乃御极之三年春,既躬诣太学,行上丁释奠礼。三月癸丑朔,越二日甲寅……所司以成礼告。"则知高宗临雍讲学在乾隆三年三月初二日。

八月初六日,充顺天乡试同考官。

《耐圃府君行述》:"戊午充顺天乡试同考官。"

《乾隆帝起居注·三年八月》:"初六日丙戌……奏请钦点顺天乡试同考官一疏,奉谕旨:这同考官着于敏中、秦蕙田、林令旭、姚孔𫓩、朱桓、刘纶、彭启丰、邓时敏、林枝春、张为仪、徐以烜、张孝捏、汪士锽、储晋观、包祚永、刘藻、钟音、双庆去。"

法式善《清秘述闻》卷五:"乾隆三年戊午科乡试。顺天。考官:吏部尚书孙嘉淦……礼部侍郎吴家骐。题:'居敬而行一'句,'人道敏……政在人''规矩,方员……'一节。"

彭启丰(1701—1784),字翰文,号芝庭。江苏苏州人。雍正五年状元,授翰林院修撰。历官至兵部尚书。晚岁主讲紫阳书院。卒,谥文勤。著有《芝庭诗文集》。传见《国朝耆献类征初编》卷七八、《清朝先正事略》卷一六、《清史列传》卷一九。

钟音(? —1778),觉尔察氏,字闻轩。满洲镶蓝旗人。乾隆元年进士,选庶吉士。历官至闽浙总督、礼部尚书,并兼三通馆、四库馆副总裁。卒谥文恪。传见《满名臣传》卷四七、《国朝耆献类征初编》卷八一。

是岁,马国桢遗妻程氏卒。启兆合葬,邓钟岳为志其墓,金德瑛书丹,先生篆盖。

"中国历代墓志数据库"收录有哈佛大学燕京图书馆藏《马国桢及妻程氏墓志》拓片。内署"邓钟岳顿首撰文""金德瑛顿首书丹""于敏中顿首篆额"。其文曰:"公讳国桢……康熙五十九年庚子八月初七日亥时卒。……配程夫人……夫人以乾隆三年戊午四月十七日巳时终于内寝。"盖题:"皇清诰授通议大夫江南布政使司、分守江常镇道参议、加五级贞庵马公暨配诰封淑人程氏合葬墓志铭。"盖尾有篆书小字:"诰赠恭人侧室何氏附葬。"(种次号:hyl—01—076)

马国桢(1666—1720),字干臣,号贞庵,一号云鹤山人。奉天辽阳人,隶汉军镶红旗。康熙二十四年以太学生廷试优等,授河南安阳县知县。历官至分守江常镇江道御史。卒,从祀安阳名宦祠。传见《马国桢及妻程氏墓志》、《(乾隆)安阳县志》卷一○。

邓钟岳(1674—1748),字东长,号晦庐。山东聊城人。康熙六十年一甲一名进士,授翰林院修撰。历官至礼部左侍郎。工于书法。著有《寒香阁诗集》。传见《国朝耆献类征初编》卷一二一。

　　按:此墓志铭出土于今北京市海淀区玉泉山黑塔村,现藏辽宁省博物馆。《辽宁省博物馆藏碑志精粹》《北京大学图书馆藏历代墓志拓片目录》均有著录。

乾隆四年　己未(1739)　二十六岁

四月二十二日,翰林院散馆,钦定一等第一名。自是益肆力于古学,精研经史及唐宋人著作。

《耐圃府君行述》:"己未散馆,钦定一等第一名。自是益肆力于古学,抽插架诸书自经史以逮唐宋人著作,皆为探撷菁要,辨别源流,务穷极其根柢。"

《清高宗实录》卷九一:"戊戌……内阁翰林院带领丁巳科散馆修撰、编修、庶吉士引见,得旨:清书修撰于敏中已经授职。"

《大清会典》卷八四:"凡庶吉士教习三年期满,疏请散馆,试以诗赋,上亲定甲乙,越日引见留馆者。"

迎生母张氏及弟易简入京师。每夕与第易简共案诵读,督课勤恳。岁支俸金,以其半寄奉生父于树范。

《耐圃府君行述》:"时府君遣使迎舫斋公入京师,以乐乡园闲适,不果行,而令张太夫人视府君于邸第。府君承欢养志,暇即发箧研摩。每夕篝灯与叔祖春圃公共案诵读,张太夫人及俞夫人则各具针黹,分光操作,矻矻至丙夜不休。钱文端公见之,语府君曰:'秀才家登上第,乃能攻苦至此,成就殆未可量,子其勉之!'翰林官冷,岁支双俸百二十金,率以其半寄归奉舫斋公,而留其半为膏火费。孳孳力学,靡间寒暑,无异诸生时寒韰况味也。"又:"叔祖春圃公方十余岁,府君即挈以入京师,督课勤恳,推暖就寒,恩谊备至。叔祖亦事兄如师,相依者二十余载。"

按:此段《行述》载在"己未散馆"之下,姑系于此。

十一月初十日,内廷侍直至乙夜,宿卫者持烛送出东门。

姚孔铖《小安乐窝诗钞》卷七有《己未十一月初十日内廷执事漏下二鼓始峻禁门已扃内大臣遣宿卫者持烛送出东西阙门由东而出者于殿撰敏中黄检讨明懿由西而出者余与树彤相属各赋一诗以纪盛事》)。

姚孔铖(1700—1780),字范治,号三崧。安徽桐城人。雍正十一年进士,官编修。著有《小安乐窝诗集》。传见《姚开化阶州峡江传》(《桐城耆旧传》卷七)。

黄明懿,字秉直,号晋斋。广西临桂人。乾隆二年进士,选庶吉士,授翰林院编修。官江南化导使。致仕回籍,聘掌岳麓书院。后缘事遣吉林。著有《进呈合编黄太史稿》《楚江离绪》《岳麓芳言》。传见《(光绪)临桂县志》卷二九。

张若需(1710—1753)，字树彤，号中畯。安徽桐城人。张廷璐之子。乾隆二年进士，选庶吉士。历官至礼部侍郎。著《见吾轩诗集》《从迈集》。传见《词林辑略》卷四等。

乾隆五年　庚申(1740)　二十七岁

十一月初，带领引见于高宗，高宗有"中平""人似小聪明"之评。

《清代官员履历档案全编》："于敏中，江南人，年二十七岁。乾隆二年一甲进士。历俸三年五个月。"高宗批语："中平，中平，人似小聪明。"

　　按：先生于乾隆二年六月初二日授翰林院修撰。"历俸三年五个月"，则引见时间当在乾隆五年十一月。

充武英殿纂修官。

《耐圃府君行述》："寻充武英殿纂修。"

　　按："充武英殿纂修"事于《行述》中载在"己未散馆"之后、"辛酉复充顺天乡试同考官"之前，当在本年带领引见之后。

十二月二十四日，进呈校勘六经。

齐召南《宝纶堂诗钞》卷三有《十二月二十四日进呈校勘六经退直武英殿用朱子钞二南诗韵应杭董浦同年索赋兼呈同馆诸公》。诗题"诸公"下自注："陈侍郎大受、张阁学照、陈詹事浩、周学士学健、吕学士炽、朱庶子良裘、熊侍讲晖吉、赵编修青藜、沈编修廷芳、唐检讨进贤、闻编修棠、吴检讨泰、万检讨松龄、于修撰敏中、王编修会汾、李编修龙官并会。所校六经注疏，则《尚书》《毛诗》《仪礼》《礼记》《左传》及《尔雅》也。"

齐召南(1706—1768)，字次风，号一乾，又号琼台、息园等。浙江台州人。乾隆元年以副榜贡生荐举博学鸿词科，选庶吉士。历官至礼部侍郎。精于地理之学，又善书法。奉敕校勘殿本《十三经》《廿一史》，另著有《宝纶堂诗钞》《宝纶堂文钞》《宝纶堂集古录》《水道提纲》等。传见《清史列传》卷七一。

　　按：乾隆三年九月军机大臣以太学所贮《十三经注疏》《廿一史》"板片糢糊，难以修补"，奏请与写本《旧唐书》一并重加校刻。得旨："着交与庄亲王，于武英殿御书处等处查办。"(《清高宗实录》卷七六)

同年十二月十五日,张廷玉、福敏奏称:"重刊经史,必须参稽善本,博考群书,庶免舛讹。武英殿为内府藏书之所,就近校校阅,实为便易。今拟于编、检内选派六员咨送到殿,俾校勘、刊刻会于一处,则错误可免而书易成。"(方苞《望溪先生集外文》卷二《奏重刻十三经廿一史事宜札子》)然因武英殿库内存贮书籍"并无监板《十三经》《廿一史》",故未能使得"校勘、刊刻会于一处"。最终校勘处选在怡亲王允祥旧府,武英殿则专司刊刻。经史馆校勘之初始时间,据《奏为议奏经史馆办事之官员官柱等记录事》:"臣等奉旨校勘《十三经注疏》《二十一史》……于乾隆四年四月开局校对。"(一史馆,05—0084—002 号)故进呈校勘六经事当在此之后。又沈廷芳《十二月二十四日进呈校勘六经退直武英殿同大宗次风用朱子抄二南韵》用韵与齐召南全同,当为同时之作,其系于《隐拙斋集》卷一〇,该卷下注云"庚申",是为乾隆五年所作。故系于此。

十二月杪,雪中于经史馆同齐召南、杭世骏、吴绂啜茗校经。

齐召南《宝纶堂诗钞》卷三《经史馆遇雪呈董浦葆青方来吴绂仲常于敏中》:"石渠开处屋渠渠,朱邸谁曾此曳裾。桐叶旧封天子弟,芸窗今校古人书。"题下自注:"馆即怡亲王旧府也。园亭宏丽,并雍正年建造。雪中与诸公瀹茗校经。轩窗洞启,炉香馥郁,如坐瑶池蓬岛中。"

杭世骏(1696—1773),字大宗,号董浦,又号秦亭老民、智先居士。浙江杭州人。乾隆元年应博学鸿词科,列第一甲第五名,授翰林院编修,充武英殿纂修,后入三礼馆。晚岁主讲粤秀书院、端溪书院、安定书院。善写梅竹,长于史学、小学。奉敕校勘《十三经》《廿二史》。著《史记考证》《两浙经籍志》《石经考异》《道古堂集》等。传见《国朝耆献类征初编》卷一二六、《清朝先正事略》卷四一、《清史列传》卷七一等。

万松龄,字星钟,号葆青。江苏宜兴人。乾隆二年,应博学鸿词科,列第一,授翰林院检讨。历充《一统志》、《授时通考》及三通馆纂修。校对《御纂唐宋文醇》《十三经》《廿二史》《明史》等。著《思俭楼集》。传见《(嘉庆)重修宜兴县志》卷三。

吴绂,字方来,一字泊村。江苏宜兴人。乾隆二年进士,选庶吉士,授编修,后任湖南乡试正考官。传见《清秘述闻》卷五、六。

按:此诗于《宝纶堂诗钞》中系于《十二月二十四日进呈校勘六经

退直武英殿用朱子钞二南诗韵应杭董浦同年索赋兼呈同馆诸公》下，当系同年之作。

乾隆六年　辛酉（1741）　二十八岁

八月初六日，充顺天乡试同考官。

《耐圃府君行述》：“辛酉复充顺天乡试同考官。”

《乾隆帝起居注·六年八月》：“初六日戊戌……奏请钦点顺天乡试同考官一疏，奉谕旨：这同考官着明晟、德成格、明善、朱必坦、庄有恭、王会汾、林枝春、周长发、张若需、李兆钰、双庆、于敏中、秦蕙田、董邦达、沈慰祖、刘惪、邵铎、黄明懿去。”

法式善《清秘述闻》卷六：“乾隆六年辛酉科乡试。顺天。考官：内阁学士刘藻……工部侍郎许希孔。……题：‘一日克己’二句，‘夫微之显’一节，‘必有事焉……长也’。

董邦达（1699—1769），字孚存，号东山。浙江富阳人。雍正十一年进士，选庶吉士。历官至礼部尚书。卒，谥文恪。工绘山水，与董源、董其昌号为“古今三董”。作品多为《石渠宝笈》《秘殿珠林》收录。传见《国朝耆献类征初编》卷八〇、《国朝书画家笔录》卷一、《清史稿》卷三〇五等。

乾隆七年　壬戌（1742）　二十九岁

正月二十四日，书于振诗以赠于亭，并跋之。

见北京匡时国际拍卖有限公司2018年春季拍卖会古代书画专场。跋云：“清涟兄戊午典试江右，往返一百三十余日，得诗三百三首，凡途中所历名区胜迹及佳山水，留题殆遍，命之曰：西江于役吟。数年来脍炙人口，其中佳句，余亦多能记诵之，然全集未之见也。于亭表兄顷来长安，一见称绝，因以素册属余钞写，卷中名篇叠出，册幅有限，不能备书，随意录什之一以塞责于亭，即日归邗上。索之甚急，灯下信笔抄誊，不暇设计工拙，然藉此得以尽读家兄之诗，且余书或可藉诗以传，亦一快事也。于亭游兴甚豪，昨岁渡江而南，由吴门抵钱塘，历会稽湖山之胜，足迹所至，一一记载，时或系以短篇，集成一册，曰《吴越纪游》。他日山水缘深或作江

右之行,得此聊可为游助。昔韩昌黎将至诏州,先寄张端公借图经,诗云:
'曲江山水闻来久,恐不知名访信难,愿供图经将入界,每逢佳处便开看。'
此诗不更愈于图经乎? 古人又有以素壁张山水图为卧游者,如于亭倦于
游也,即以此为卧游也可。乾隆壬戌春正月二十有四日,双芝于敏中书。"
钤印三,一曰"敏中之印",一曰"耐圃",一曰"赐衣"。

　　按:拍卖时间为 2018 年 6 月 16 日。LOT 号:1321。尺寸 22×
13 厘米×24。

　　又按:清涟兄,即于振。跋中所云"清涟兄戊午典试江右",即乾
隆三年于振出任江西乡试副考官一事。

二月初六日,充会试同考官。

　　《耐圃府君行述》:"壬戌充会试同考官。"

　　《乾隆帝起居注·七年二月》:"初六日丙申……奏请钦点同考官一
疏,奉谕旨:这同考官着诸锦、涂逢震、闻棠、万年茂、夏廷芝、周煌、观保、
胡中藻、陈兆仑、阮学浩、任启运、双顶、秦蕙田、于敏中、任端书、龚学海、
黄明懿、白瀛去。"

　　法式善《清秘述闻》卷六:"乾隆七年壬戌科会试。考官:内阁大学士
鄂尔泰……刑部尚书刘吴龙……兵部侍郎汪由敦……副都御史仲永
檀。……题:'如保赤子……远矣''子击磬于'一节,'所过者化'二句。"

乾隆八年　癸亥(1743)　三十岁

**闰四月初三日,试于正大光明殿。翌日,试卷经高宗品定,同夏之蓉、朱荃
等十七人并列三等。**

　　《乾隆朝上谕档》:"乾隆八年闰四月初四日内阁奉上谕:昨于正大光
明殿考试翰林、詹事等官,朕亲加详阅,按其文字优劣分为四等。一等:王
会汾、李清植、裘曰修等三员;二等:观保、万承苍、于振、张若霭、周长发、
陈兆仑、沈德潜、秦蕙田、周玉章等九员;三等:夏之蓉、朱荃、宋楠、周煌、
董邦达、双庆、齐召南、金文淳、沈昌宇、张鹏翀、周礼、秦勇均、世臣、程恂、
于敏中、夏廷芝、于辰等十七员。"

　　《大清会典》卷八四:"凡读讲学士以下、编、检以上,间奉特旨考试,引
见便殿,亲定甲乙而进退之,俾木天储彦无滥员焉。"

王会汾(1704—1764),字苏服,号晋川。江苏无锡人。乾隆二年进士,选庶吉士。历官至大理寺卿。著《梁溪集》。传见《国朝耆献类征初编》卷八八五、《词林辑略》卷四等。

裘曰修(1712—1773),字叔度,一字诺皋,号漫士,一号灌亭。江西南昌人。乾隆四年进士,选庶吉士。历官礼部、刑部、工部尚书。乾隆三十八年,充四库全书馆总裁。卒,谥文达。治水疏河,著有成绩。兼工诗文、书法。著有《诺皋集》《灌亭诗钞》等。传见《碑传集》卷三三、《国朝耆献类征初编》卷八五、《清朝先正事略》卷一八等。

七月初八日,高宗幸盛京谒陵,自京师启跸。十月二十五日,返抵京师。先生嗣有《圣驾东巡盛京恭谒祖陵大礼庆成诗》,纪其始末。

《素余堂集》卷一有《圣驾东巡盛京恭谒祖陵大礼庆成诗》,题下自注:"柏梁体一百韵。"内云:"孟秋七月岁昭阳,吉日维戊辰维良。"

《清高宗实录》卷一九六:"戊子,上奉皇太后启銮。……谕:朕奉皇太后前往盛京恭谒祖陵,所有经过州县,不令丝毫扰累。"又卷二〇三:"甲戌,命接驾官员于午门前按翼排班,跪迎皇太后圣驾。上奉皇太后还宫。"

十一月初二日,以翰林院修撰兼日讲起居注官。

《乾隆帝起居注·八年十一月》:"初二日辛巳……翰林院奏请补充日讲起居注官一疏,上曰:于敏中着以原衔充日讲起居注官。"

《清高宗实录》卷二〇四:"辛巳……以翰林院修撰于敏中充日讲起居注官。"

《清通典》卷二三:"日讲起居注官,满洲八人,汉人十有二人,掌侍直起居,记言记动,均翰林、詹事、坊局官以原衔兼充。……凡皇上御门听政、朝会、宴飨、大典礼、大祭祀及每岁勾决重囚,皆以日讲官满洲、汉人各二人近前侍班。谒陵、校猎、巡狩、方岳则请旨扈从。凡侍直敬聆纶音,退而谨书之。具年月日及当直官姓名于籍,月成满、汉文各二帙,至次年按月编排,封镐于匮,送内阁尊藏焉。"

乾隆九年　甲子(1744)　三十一岁

二月初三日,补授左春坊左中允。

《耐圃府君行述》:"甲子二月升授左春坊左中允。"

《乾隆帝起居注·九年二月》:"初三日辛亥……是日吏部奏请补授左春坊左中允员缺开列职名进呈,奉谕旨:于敏中补授左春坊左中允。"

《大清会典》卷三:"左、右中允,正六品。"又《清通典》卷二三"翰林院左中允"条:"满洲、汉人各一人。汉人中允兼翰林院编修衔。……掌记注纂修之事,所职与翰林院讲、读、编、检同。"

左中允任内,进讲《书经》"敕天之命,惟时惟几"二句,并缮呈讲义。

《御览经史讲义》卷一一:"《书经》:'敕天之命,惟时惟几。'左中允臣于敏中。"

> 按:先生于乾隆九年二月初三日任左春坊左中允,乾隆十一年四月十九日任翰林院侍讲。此篇讲义既署"左中允",则当在乾隆九年二月至十一年四月间,姑系于此。

二月初十日至二十七日,连直起居注。

《乾隆帝起居注·九年二月》:"初十日戊午,是日起居注官赫瞻、沈德潜、于敏中、钟音。……十三日辛酉,是日起居注官世臣、于敏中。……二十三日辛未,是日起居注官阿林、于敏中。……二十七日乙亥,是日起居注官裴曰修、兴泰、于敏中、观保。"

七月十五日,充山西乡试正考官,侍讲双庆充副考。

《乾隆帝起居注·九年七月》:"十五日庚寅……礼部奏乾隆九年甲子科乡试恭请钦点河南、山东、山西三省正考官、副考官一疏,奉谕旨:……山西正考官着于敏中去,副考官着双庆去。"

《清高宗实录》卷二二〇:"己丑……以中允于敏中为山西乡试正考官,侍讲双庆为副考官。"

双庆(?—1771),瓜尔佳氏,字有亭,号西峰,又号云樵。满洲镶白旗人。雍正十一年进士,选庶吉士。历官礼部侍郎、太仆寺少卿。传见《国朝耆献类征初编》卷八〇、《词林辑略》卷三。

> 按:《实录》将此事载在十四日,误。

八月,典试山西。三场试题为:"子游为武城宰,子曰:女得人焉尔乎"句,"莫见乎隐,莫显乎微"二句,"善教得民心"一句。取士李凌云等六十人。

《耐圃府君行述》:"甲子……八月充山西正考官,得士李凌云等六十人。"

法式善《清秘述闻》卷六:"山西考官中允于敏中……侍讲双庆。……

题：'子游为武……尔乎''莫见乎隐'二句，'善教得民'一句。解元李凌云，榆次人，乙丑进士。"

李凌云，山西太原人，乾隆十年进士，官资阳知县。传见《(乾隆)太原府志》卷三八。

九月十三日，典试山西事竣，启程返京。十月二十六日，抵京谢恩，颇得嘉许。

《奏报钦命典试山西事竣到京日期及谢恩事》："日讲起居注官左春坊左中允兼翰林院编修臣于敏中、翰林院侍读臣双庆谨奏：臣等蒙皇上天恩，典视山西，今已事竣。于九月十三日自山西省起程，本月二十六日到京。理合缮折恭谢天恩，谨奏。乾隆九年九月二十六日。"（一史馆，04—01—12—0042—050 号）

　　　　按：此折"臣于敏中"旁有硃批："中明。妥当人。"

十月二十七日，高宗驾幸翰林院赐宴，命以张说"东壁图书府"五律字为韵赋诗。先生分得竭字，立成六韵以进。又赓续柏梁体诗一篇、奉和御制七律四章。蒙赐《乐善堂全集》《性理精义》及名茶文绮笺绢等。

《耐圃府君行述》："甲子……十一月圣驾幸翰林院锡宴，府君随掌院学士恭迎乘舆。命以张说'东壁图书府'五律字为韵，上赋'东'字、'音'字二首，抡诸臣三十八人各分一字赋诗。侍宴时皆列席堂上，府君预其数，分得竭字，立成六韵以进。又赓御制首倡柏梁体诗一篇，府君分赋成'王多吉士咸对扬'句。又和御制七律四章，蒙赐《乐善堂全集》《性理精义》各一部及名茶、文绮、笺、绢诸物。"

《乾隆帝起居注·九年十月》："二十七日庚午卯时，上幸翰林院谒先师孔子礼毕，御书匾额赐掌院大学士鄂尔泰、张廷玉。赐大学士以下翰、詹诸臣并科、道、部、寺之由翰林出身者筵宴。……其余各官俱命侍卫送酒宴毕，赐《乐善堂文集》、宫绸、芽茶、锦、笺有差。御制七言律诗四章以示群臣。"

《清高宗实录》卷二二七："庚午，幸翰林院。……鄂尔泰、张廷玉进署，以张说'东壁图书府'五律字为韵，赋东字、音字二首，敕诸臣各分一字赋诗。……又以人数为字所限，从臣、编、检、庶吉士皆不获与，复为柏梁体。御制首句曰'重开甲子文治昌'。……中允于敏中、董邦达……以次赓续成章。……赐《乐善堂全集》《性理精义》各一部及绮、绢、茶果有差。上起更衣复宣示御制七言律诗四章。"

《词林典故》卷一:"中允臣于敏中得'竭'字:'香浮白虎樽,云护苍龙阙。明良际泰阶,警跸传阳月。班依宝仗分,榜启银钩揭。恩光浃鼎台,宸咏联簪笏。题标丽正诗,盛纪蓬莱碣。宠荣被词臣,勉矢涓埃竭。'"又,奉敕联吟,有"王多吉士咸对扬"之句,其下注云"中允臣于敏中"。

《皇清文颖》卷八九有先生《恭和御制驾幸翰林院赐宴分韵联句后复得诗四首并示诸臣元韵》,内云:"堂陛情敦上下联,侍臣同咏柏梁篇。"

张应昌辑《国朝诗铎》卷二〇:"乾隆甲子,上幸贡院号舍,圣制七律四章有'志圣贤志须当立,言孔孟言大是难'句,一时馆阁大臣竞和'难'字。……于敏中云'若论观国非容易,语到知人哲最难。'"

　　按:《行述》称高宗"幸翰林院锡宴"事在十一月,误。据《起居注》《实录》,知在十月二十七日。

同日,翰林院宴毕,高宗驾幸贡院,赋七律四章。先生并有奉和。

《清高宗实录》卷二二七:"庚午,幸翰林院。……亲临赐宴。……宴毕……驾兴,随幸贡院。……并御制诗。"

《皇清文颖》卷九一有先生《恭和御制翰林院宴毕驾幸贡院七律四首元韵》。其一曰:"文运百年周甲子,秋期八月过庚辛。"

　　按:臣工奉和御制之作,其确切时间多难考知。就现有材料而言,和作情形复杂,且多无明显规律可循:有作于当日者,如重华宫茶宴"即席赓和"(《耐圃府君行述》);有隔数日而和者,如乾隆十七年正月十七日命和十五日之《上元灯词》(《香树斋诗文集》);有隔数月补和者,如乾隆三十五年十二月十二日命和《十月初九日雪》诗(《王文庄公日记》)。为求表述严谨,凡奉和御制之作,本谱首列高宗原作时间,次列臣工奉和事行,以备参考。

十二月初八日,奉命提督山东学政。

《耐圃府君行述》:"甲子……是年,奉命提督山东学政。"

《乾隆帝起居注·九年十二月》:"初八日辛亥……是日吏部奏请钦点提督福建、山东、湖北、广西、河南学政一疏,大学士鄂尔泰、张廷玉奉谕旨:……提督山东学政着于敏中去。"

《清高宗实录》卷二三〇:"辛亥……左春坊左中允于敏中提督山东学政。"

《奏为调任浙江学政恭谢天恩折》:"提督山东学政臣于敏中谨奏为恭

谢天恩叩请圣训事。……荷蒙皇上天恩,简畀视学山左。陛辞之日,仰承指示谆详,臣跪聆天语,敬谨铭心。"(台北故宫博物院,001428 号)

《大清会典》卷四:"学政……各带原衔品级。"又《清通典》卷三四"提督学政"条:"掌直省学校生徒考课黜陟之事。以岁、科二试巡历所属府州,进诸生而论文艺、程品行,升其贤者能者,斥其不率教者。……三年而代。"

十二月十八日,因本年典试山西滥行收录举子,为张廷玉参劾,处以销去纪录一次并罚俸三个月。

张廷玉《题为查议山西正考官兼翰林院编修于敏中等员滥行收录举子照例处分事》:"军机处交出大学士鄂尔泰等议奏山西巡抚阿里衮等具奏覆试举人一折。……臣等谨于午门内公同验拆卷封,逐卷悉心细加磨勘。……第三十六名宫全一卷语句有疵,臣等复将该生围中墨卷细加较对,文气、笔迹相符,无怀挟代倩等弊,但查《科场条例》内开举人试卷疵蒙谬累者,罚停会试二科。……应将……正考日讲官起居注左春坊左中允兼翰林院编修山东学政于敏中、副考官翰林院侍读双庆均照例罚俸九个月。……于敏中有纪录一次,应销去纪录一次抵罚俸六个月仍罚俸三个月。……乾隆九年十二月十八日。"奉谕旨:"依议。"(一史馆,02—01—03—04282—004 号)

是岁,李清植卒。

乾隆十年　乙丑(1745)　三十二岁

正月三十日,抵济南府,交接学政关防并吏书文卷。

《题报到任日期事》:"臣恭领敕书,于本年正月三十日抵山东济南府西关,准前任提督山东学政臣李治运交到钦颁雍字一百十号关防一颗、谕督学上谕一道、上谕二本、御制《朋党论》一本、《圣谕广训》一本、钦颁《大清律》一部、上谕一部、钦颁《四书讲义》一部、钦颁《大清会典》一部、钦颁《吏部则例品级考》一部、上谕十本、钦颁《春秋解义》一部、《学政全书》一本、《刑部律例》一部、《中枢政考》一部、《督捕则例》一部、《吏部则例》一部。臣恭设香案,望阙叩头谢恩祗受。……乾隆十年二月初三日。日讲官起居注左春坊左中允兼翰林院编修提督山东等处学政臣于敏中。"(一

史馆,02—01—03—04289—017 号）

二月初一日,履任山东学政。

《题报到任日期事》:"于二月初一日在济南府驻札衙门开印任事。"
(一史馆,02—01—03—04289—017 号)

二月初三日,奏报到任日期。

《题报到任日期事》:"日讲官起居注左春坊左中允兼翰林院编修提督
山东等处学政臣于敏中谨题为恭报微臣到任日期事。窃臣一介庸愚,学
识浅陋。……兹复简畀山东学政。……惟有夙夜黾勉,永矢冰兢,实力奉
行,振兴教化,以期仰副皇上君师教育之至意。……一切学政应行事宜,
容臣次第举行外,所有微臣到任日期理合恭疏题报,伏乞皇上睿鉴施行。
为此具本,专差提塘官王国泰赍捧谨具奏闻。乾隆十年二月初三日。"(一
史馆,02—01—03—04289—017 号)

学政任内,同知县郑燮互有酬赠。

郑燮《郑板桥全集》卷三有《和学使于殿元枉赠之作诨敏中》四首。其
二有句云:"潦倒山东七品官,几年不听夜江湍。"其三云:"三百人中最后
生,玉堂时听夜书声。知君疗得嫦娥渴,不为风流为老成。"

郑燮(1693—1765),字克柔,号板桥,又号理庵、樗散。江苏兴化人。
乾隆元年二甲进士。历官山东范县、潍县知县。又先后居扬州卖画,为
"扬州八怪"之一。工诗、书、画。著有《板桥集》。传见《国朝耆献类征初
编》卷二三三、《清朝先正事略》卷四三、《清史列传》卷七二等。

> 按:诗中有句云:"潦倒山东七品官。"郑燮乾隆七年至十八年先
> 后任山东范县、潍县知县,先生则于乾隆十年二月初一日莅山东学政
> 之任,则此诗当作于十年二月之后。又先生于十一年四月初九日升
> 授翰林院侍讲,而诗题称"学使于殿元",疑当在升授侍讲之前,即十
> 年二月至十一年四月间,姑系于此。

是岁,鄂尔泰、张照卒。

　　　　　乾隆十一年　　丙寅(1746)　　三十三岁

二月,高宗临钱选《观鸢图》。先生嗣为之题。

《石渠宝笈续编》著录有"《御临钱选观鸢图》一卷"。御款作"丙寅二

月,重华宫御识"。后附先生题识:"轩亭清旷水云涵,闲玩鹅群契静参。会意爱他浮乙乙,回波悟到折三三。换来黄素归兰渚,貌得丹青记玉潭。生面别开传墨妙,天机活泼个中谙。臣于敏中敬题。"

春,傅王露以《蓬山望阙图》属题。因将校士登莱,未暇顾及。

《素余堂集》卷三〇有《题蓬山望阙图》。其序云:"丙寅春,傅玉笥先生以《蓬山望阙图》属题。时将校士登莱,携之箧中,未暇也。"

傅玉笥,即傅王露,字良木,号玉笥,又号阆林。浙江会稽人。康熙五十四年探花,授翰林院编修。历官至左中允。奉敕编《西湖志》,另著《玉笥山房集》。传见《两浙辀轩录》卷一五、《四库全书总目》卷七六。

四月十九日,补授翰林院侍讲。

《耐圃府君行述》:"丙寅四月升授翰林院侍讲。"

《乾隆帝起居注·十一年四月》:"十一年四月十九日,奏请补授翰林院侍讲员缺一疏,奉谕旨于敏中补授翰林院侍讲。"

《大清会典》卷三"翰林院侍讲"条:"从五品。……满、汉各三人。"其职掌与修撰同。

夏,登蓬莱阁,睹海市有怀,因题《蓬山望阙图》卷后以志。

《素余堂集》卷三〇《题蓬山望阙图》序云:"丙寅春,傅玉笥先生以《蓬山望阙图》属题。……夏日登蓬莱阁,观海上诸山,因睹所谓海市者,洪涛蒙顶间,蜃气虚无,神山离合,曩者图中所见仿佛似之,即事有怀,用题卷后。"其诗曰:"幼读《十洲记》,缅怀海上山。……玉笥谪仙人,进止何雍娴。……中年谢朝侣,归卧镜水湾。……兹来东海壖,访胜乘余闲。……须臾海市见,蜃涵气潆濎。……笑语曼倩生,图存记可删。"

七月二十一日,缮折奏谢擢授翰林侍讲之恩。

《奏为蒙恩擢授翰林院侍讲恭谢天恩》:"乾隆十一年四月十七日题本月十九日奉旨:于敏中补授翰林院侍讲,钦此。钦遵札行到臣,臣随即恭设香案,望阙叩头谢恩讫,伏念臣一介庸愚,学识谫陋。……蒙恩简界山东学政。……莅任一载有余。……兹复蒙特恩,擢授臣翰林院侍讲。……惟有益加黾勉,永矢冰兢。遵圣训以励人才,饬士习以兴学校。用期仰报高厚之恩于万一耳。……为此具本专差提塘官王国泰赍捧谨具奏。……乾隆十一年七月二十一日。"(台湾史语所,026115—001号)

九月初十日,同于易简登览千佛山。

《素余堂集》卷三〇有《重阳后一日同弟华平登城南千佛山》。

《(嘉庆)大清一统志》卷一六二:"历山,在历城县南五里。……又名千佛山。"

> 按:"华平"即于易简。此诗于集中系于《题蓬山望阙图》之下,当是同年作所。

冬,历下晤方观承,同品珍珠泉。

方观承《述本堂诗续集》卷五《于耐圃侍讲将按试衢州枉过论诗》"珠泉香得似"句,自注云:"丙寅,历下同品珍珠泉。"

方观承(1698—1768),字遐谷,一字宜田,号问亭,又号开宁。安徽桐城人。雍正十年,应定边大将军福彭之举,蒙赐中书衔。历官至直隶总督,加太子太保。卒,谥恪敏,入祀贤良祠。著有《述本堂集》《宜田汇稿》《问亭集》《燕香集》《燕香集二集》《二方诗钞》等。传见《碑传集》卷七二、《国朝耆献类征初编》卷一七五、《清朝先正事略》卷三〇、《清史列传》卷一七。

《大清一统志》卷一六三:"历下故城在今历城县治西。"又卷一六二:"珍珠泉有南北二泉。南泉在府城内。……北泉在白云楼前。"

> 按:诗中自注云"丙寅",其时当在乾隆十一年。据《清高宗实录》卷二七五,知方观承于十一年九月二十九日奉命署理山东巡抚,则二人相晤当在十月之后。

是岁,张若霭卒。

乾隆十二年　丁卯(1747)　三十四岁

正月初七日,同于易简等以"人日"为题联句。

《素余堂集》卷三〇《彩胜联句》有句云:"翦彩逢人日东熙,韶华又一年。春光开岁首华平,令节数花前耐圃。"

> 按:诗中云"翦彩逢人日",人日即正月初七日。此诗于集中系于《重阳后一日同弟华平登城南千佛山》之下。据前谱,《重阳后一日同弟华平登城南千佛山》为乾隆十一年作,则此诗当作于乾隆十二年。

> 又按:华平为于易简。东熙,未详。

三月初六日,《十三经注疏》《二十一史》刻成,因曾与编校,交部议叙。

《清高宗实录》卷二八六:"丙申,《十三经注疏》《二十一史》刻成,议叙提调、编校、校录、监造,各官加级纪录有差。"

《武英殿十三经注疏》卷首有《校刻十三经诸臣职名》,"编校"一职下列有"日讲官起居注翰林院侍讲臣于敏中"。

> 按:《武英殿十三经注疏》卷首有弘昼、张廷玉等联名具奏之《十三经进表》,末署"乾隆十一年十二月十七日",知乾隆十一年冬已编刻完竣。

秋,丁卯科山东乡试。德保为正考,葛峻起为副考。

法式善《清秘述闻》卷六:"乾隆十二年丁卯科乡试。……山东。考官:侍讲德保……御史葛峻起。"

德保(?—1789),索绰络氏,字仲容,一字怀玉,号润亭,又号定圃、庞村。满洲正白旗人。乾隆二年进士,选庶吉士。历官礼部、吏部、兵部、工部等部尚书,都察院左都御史。卒,谥文庄。著有《乐贤堂诗文钞》,又奉敕纂办《音韵述微》《礼部则例》等。传见《国朝耆献类征初编》卷八二、《清史列传》卷二四。

葛峻起,字伯峰,号眉峰。河南虞城人。雍正十一年进士。由工部员外郎考选山东道御史,官至顺天府尹。传见《国朝御史题名》。

九月二十二日,山东巡抚阿里衮以不谙文墨,请令先生主试山东武闱乡试之论策。

阿里衮《奏为东省武闱乡试请令学政于敏中入闱主试内场事》:"惟念臣少侍内廷,粗知骑射,于外场弓马技勇尚能甄别优劣。至第三场考试论策,臣未学问,不谙文墨,未敢勉强从事,致有错误。……今科东省武闱乡试在迩,仰恳圣恩俟臣校阅外场之后,令学臣于敏中入闱主试内场,臣仍一同入闱监临其事。"(一史馆,04—01—38—0066—038号)

阿里衮(?—1769),钮祜禄氏,字松崖,又字云岩。满洲正白旗人。遏必隆之孙,丰升额之父。乾隆初,自二等侍卫授总管内务府大臣。十二年,任山东巡抚。历官至户部尚书、参赞大臣。卒,谥襄壮,入祀贤良祠。传见《国朝耆献类征初编》卷三一六、《清朝先正事略》卷一九等。

> 按:阿里衮时任山东巡抚,先生时官山东学政。

十月十九日，调补浙江学政。

《耐圃府君行述》："丁卯调任浙江学政。"

《乾隆朝上谕档》："乾隆十二年十月十九日内阁奉上谕：直省学政已届更换之期。……浙江学政着于敏中调补，山东学政着陈其凝调补。"

陈其凝，号秋崖。江苏上元县人。雍正八年进士，选庶吉士。历官至太仆寺少卿，并兼浙江、山东学政。因事革职，恩给编修衔。传见《国朝御史题名》。

十月二十八日，题报山东学政任内举黜优劣生员等事。

《题为举黜优劣生员等事》："臣于敏中谨题为请定学臣举黜优劣等事。案准礼部札开学臣每考一棚，即将生员优劣造册达部，于三年任满时具疏汇题等因；又准礼部札开议覆条奏举报优生，并限大省无过五六名，中省无过三四名，小省无过一二名等因；又准国子监咨议覆条奏各省学臣选举优生，亦必试以经义策问等因，各钦遵在案。……今届报满之期，理合具疏汇题。伏查报部优生统计八十七名，除中式举人三名、副榜一名、岁贡一名、援例捐纳一名及有事故未考者十名，所有曹蔼、魏起凤、王采、吕润蕃等四名实系文行兼优，应照原议升入太学。臣遵照部文确查优行实迹，取具府县官及儒学印结，并考试经策，出具考语，汇造清册，同原卷送部。俟部覆准日给与各生印照，送监肄业。其王朝民等六十七名均各循分自守，臣面加奖励，使益知奋勉，以待将来选录。劣行武生二名，颇知改悔自新，取有府县学印结存案，应钦遵定例，于册内开注，不必除名。倘开注后有复蹈前愆者，严核重处。除将优劣各生分别汇造清册，咨送部科外，理合缮疏汇题。……乾隆十二年十月二十八日。"（一史馆，02—01—005—022801—0035 号）

《学政全书》卷二七："各省学臣务细加查核，如果敦本尚实，行谊表著，即奖赏列荐送入国学；其行劣败伦者，即行黜革。……学臣报满日仍将任内举黜之数奏闻造册，报部查核。"

十一月初二日，缮折奏谢调任浙江学政之恩，并奏请进京聆训。

《奏为调任浙江学政恭谢天恩折》："提督山东学政臣于敏中谨奏为恭谢天恩叩请圣训事。窃臣才质庸愚，学识谫陋。……兹复蒙特恩，调任浙江学政。恭闻宠命，感悚弥深。伏念浙省江海名区，人文渊薮。责更要于齐鲁，地素重于东南。振文风恐臣浅学不能胜，励士习恐臣少年不能逮。……仰恳皇上圣恩,俯鉴微忱,准臣进京瞻仰天颜,祗聆圣训,再赴新任。俾臣有所遵循,或不致于贻误。……谨奏。十一月初二日。"(台北故宫博物院,001428号)

十一月初七日,高宗谕"不必来京",并以浙省文气浮华,嘱先生任上务须厘正文体。

《奏为调任浙江学政恭谢天恩折》:"乾隆十二年十一月初七日奉硃批:不必来京,汝在东省颇属安静,此则律己之道得矣。至于浙省文气浮华,汝当挽其流而示之的。此外更何训汝之有,钦此。"(台北故宫博物院,001428号)

　　　按:《实录》将此上谕载在十一月三十日,误。

十一月十六日,因自鲁赴浙途经丹阳,奏恳赏假半月,便道归省。

《耐圃府君行述》:"府君之由山左赴浙也,奏请便道归省。"

《奏为奉旨调补浙江学政请旨赏假于赴任途中回籍省亲事》:"提督山东学政臣于敏中谨奏为仰恳圣恩给假省亲事。窃臣……复奉特旨调补浙江学政。……臣惟有谨遵圣训,勉竭愚衷,以期仰报高厚,何敢以乌鸟私情上渎宸聪。惟是臣父在籍,久违温清,今臣自东赴浙,驿路必由丹阳县。臣本籍金坛,距丹阳七十里,仰恳圣主鸿慈,准给假半月,容臣便道回籍省视臣父,稍遂私情,仍由丹阳前赴新任。臣举家顶戴皇上隆恩于生生世世矣。……乾隆十二年十一月十六日。"(一史馆,04—01—01—0144—009号)

十二月初四日,《词林典故》纂辑告竣,列名分修之员。

《词林典故》卷首《进表》:"敕修辑《词林典故》告竣,恭呈睿览。臣等谨奉表恭进者。……官曹旧设,宜讨论其源流,载籍纷歧,应搜罗其事实。爰奉纂修之命,辑成典故之书。……谨奉表随进以闻。乾隆十二年十二月初四日。臣张廷玉、臣汪由敦、臣王会汾、臣刘纶。"又卷首《职名》,列分修官十三人,内有"日讲起居注官左春坊左中允今升侍讲加二级臣于敏中"。

《四库全书总目》卷七九:"《词林典故》八卷。乾隆九年重修翰林院落成,圣驾临幸,赐宴赋诗,因命掌院学士鄂尔泰、张廷玉等纂辑是书。乾隆十二年告成奏进。……凡八门:一曰临幸盛典,二曰官制,三曰职掌,四曰恩遇,五曰艺文,六曰仪式,七曰廨署,八曰题名。"

汪由敦(1692—1758),初名汪良金,自师茗,号谨堂,又号松泉。原籍安徽休宁,占籍浙江钱塘。雍正二年进士,选庶吉士。历官至工部、刑部、吏部尚书。卒，赠太子太师，谥文端。善书法，兼工篆、隶，力追晋、唐诸家。奉敕参编《盘山新志》《皇朝礼器图》。另著《松泉文集》《松泉诗集》等。传见《碑传集》卷二七、《国朝耆献类征初编》卷二二。

十二月十六日，自山东起程，归家省亲。

《题报到任浙江学政日期折》："臣遵于乾隆十二年十二月十六日自山东省起程。"（台湾史语所，056120—001 号）

十二月十八日，高宗敕令先生前往浙江提督各府州县学政。

《敕提督浙江学政翰林院侍讲于敏中特命尔前往浙江提督各府州县学政》："敕提督浙江学政翰林院侍讲于敏中：自古帝王治天下，率以兴贤育才为首务。稽察前制，学政用词臣督率之任至重也。近来士习未变，文事未彰，良由督学各官不能仰体朕意。今特命尔前往浙江提督各府州县学政，尔尚端轨仪、崇经术、勤劝刻、严坊刻。振维新之典，□积□之弊。毋炫华而遗实，毋避怨而审恩。俾士有真才，国收实用。南人人文所萃，尤宜加意作新，多方鼓舞，以称朝廷培植人才之至意。所属道、府、州、县及提调等官，凡关系学政者听尔据实考核。其礼部题准申饬事宜当著实举行。向有传谕，被禁考试情弊当恪奉遵依。至于本处督抚，各有攸司，不得互相干预。如遇公事交接暨文移往来，俱照平行。其布、按二司接见礼仪往来文书有干系学政者，俱照学院衙门旧例。尔受兹要任，务严绝情面，一秉虚公，振拔孤寒，澄汰污贱。教士有程，取文有法。俾士风丕变，时唯尔功。如或蹈常袭故，违命旷职，亦唯尔罚尔。乾隆十二年十二月十八日。"（台湾史语所，105026—001 号）

是岁，徐本卒。

乾隆十三年　戊辰（1748）　三十五岁

正月十五日，抵金坛，举家欢聚，怡怡一堂。

《耐圃府君行述》："遂迎舫斋公就养官廨。岁时伏腊，鞠膢拜庆，怡怡一堂，极家庭聚顺之乐。"

《题报到任浙江学政日期折》："臣遵于乾隆十二年十二月十六日自山东省起程，于乾隆十三年正月十五日抵臣本籍金坛，灯火传□□□，正斑衣家庆之时。天锡光荣，阖门顶祝。"（台湾史语所，056120—001 号）

正月二十七日,自金坛赴杭就任。

《题报到任浙江学政日期折》:"谨于正月二十七日自金坛起程。"(台湾史语所,056120—001号)

二月初九日,抵杭州,莅浙江学政之任。

《题报到任浙江学政日期折》:"二月初九日抵杭州府地方,准浙江巡抚暂署学政印务臣顾琮专委署杭州府通判赵骏烈赍送钦颁学政关防一颗、《圣谕广训》一本、上谕四道、御制《朋党论》一本、《钦定大清律》一部、上谕二十四本,钦颁《大清会典》一部、上谕一部、《吏部则例品级考》一部、《学政全书》二本、《律例》一部、《督捕则例》一部、《吏部处分则例》一部、《中枢政考》一部、《学政全书》一部、《续纂条例》二本、《校正条款》一本等书籍并文卷等项到臣。臣随于舟次恭设香案,望阙祗受。即于初九本日至省莅任。"(台湾史语所,056120—001号)

顾琮(1685—1754),伊尔根觉罗氏,字用方,一字玉山。满洲镶黄旗人。以监生录入算学馆,康熙六十一年授吏部员外郎。历官浙江巡抚、漕运总督。传见《碑传集》卷七〇、《清史列传》卷一六。

二月十三日,具折奏报赴任日期。

《题报到任浙江学政日期折》:"提督浙江等处学政日讲官起居注翰林院侍讲纪录三次臣于敏中谨题为恭报微臣到任日期,仰祈睿鉴事。……臣遵于乾隆十二年十二月十六日自山东省起程,于乾隆十三年正月十五日抵臣本籍金坛。……谨于正月二十七日自金坛起程,二月初九日抵杭州府地方。……即于初九本日至省莅任。……理合恭疏题报,伏乞皇上睿鉴,敕部查照施行,为此具本谨具奏闻。乾隆十三年二月十三日。提督浙江等处学政日讲官起居注翰林院侍讲纪录三次臣于敏中。"(台湾史语所,056120—001号)

二月,重刊陈宗夔本《通志》二十略,自为之序。

《通志略》卷首《通志序》:"夹漈郑先生《通志略》二百卷,明正德间御史陈宗夔刻,'氏族''六书'以下至'昆虫草木'二十略共五十一卷行于世。不及纪传、年谱、列传、载记诸卷。……先生推司马氏之书,谓六经后惟有此作,著其美,而深惜其所不足,爰自著此书。……我国家崇儒重道,钦定《易》、《诗》、《书》、《春秋》、《三礼》经传,日月光昭。皇上犹虑承学之徒见闻孤陋,命儒臣校定《三通》善本,俾海内外士子向风,以通经学古为要。

是刻之传世,其所系岂浅鲜哉!学者循是书而讲肆习熟,庸其视听,动其舞蹈,将研其思于至精而可以通天地万物之奥,守其气于至一,而阆略伟画,有以达乎天下国家,即进求之而六经之文具在。……爰重序行之,一谂世之君子。乾隆十有三年戊辰春仲,金坛于敏中书于武林试院之廉静堂。"

《邵亭知见传本书目》卷四:"《通志》二百卷。……明陈宗夔单刊《二十略》。于敏中重刊陈本,名《通志略》,五十一卷。"又《郑堂读书记》卷一八:"《通志略》五十二卷,金匮山房刊本。宋郑樵撰,明陈宗夔校刊。宗夔字少岳,通山人,正德中官巡闽御史。……少岳以《二十略》为夹漈自得之学,非寻常著述之比,因校而刊之,以广流传。冠以《通志总序》,前有正德庚戌三山龚用卿序,及国朝乾隆戊辰金坛于耐圃敏中序。案是本不分卷,数以《通志》全书所载二十略卷数计之,自第二十五至第七十六当为五十二卷,而龚、于二序俱称五十一卷,俱未及数明耳。"

三月二十九日,于杭州奉到孝贤皇后讣闻,哭临三日。

《奏为惊闻皇后仙逝恭请圣安事》:"窃臣于本年三月二十九日在杭州驻札衙门接准抚臣顾琮移咨到臣,钦奉上谕有大行皇后之丧。臣闻谕之下不胜号痛悲哀。"(一史馆,04—01—14—0014—056号)

《清高宗实录》卷三一一:"癸卯……今大行皇后崩逝,正四海同哀之日。应将钦奉谕旨誊黄,遣官颁下直省,令在外文武各官,于奉到日为始,摘冠缨,齐集公所,哭临三日。"

孝贤纯皇后(1712—1748),富察氏。满洲镶黄旗人。察哈尔总管李荣保之女。高宗第一任皇后。卒,谥孝贤。子二:永琏、永琮。传见《清史稿》卷二一四。

> 按:孝贤皇后之丧,见《乾隆帝起居注·十三年三月》:"十一日乙未,驾至德州登舟。先数日皇后偶感寒疾。是日疾甚。……夜半亥刻,皇后崩逝。"

四月初二日,具折请安,致悼慰之意。

《奏为惊闻皇后仙逝恭请圣安事》:"提督浙江学政臣于敏中谨奏为恭请圣安事。……虽缘职守所羁,远在两浙,而际此圣怀痛悼之时,不获诣叩阙廷,得从诸臣后恭慰天颜,微臣抚衷展转,寝食靡宁,为此具折恭请皇上圣安,臣无任瞻恋之至。谨奏。乾隆十三年四月初二日。"(一史馆,04—01—14—0014—056号)

五月,梁国治中试一甲一名进士。先生有诗贺之。

《耐圃府君行述》:"梁公复以戊辰为大廷首对,继府君后武,当唱第时,府君赋诗戏赠有'十年更得传衣钵,合让君称小状元'之句,谈者皆羡为科名佳话焉。"

《素余堂集》卷三〇《戏赠梁阶平殿撰》:"涂抹曾教姓氏喧,龙头老少数令原。十年更得传衣钵,合让君称小状元。"

梁国治(1723—1786),字阶平,一字承云,号瑶峰,又号梅塘。浙江会稽人。乾隆十三年一甲第一名进士,授翰林院修撰。历官至户部尚书,并兼四库馆副总裁。卒,赠太子太保,谥文定。著有《敬思堂诗集》《敬思堂文集》等。传见《碑传集》卷二八、《国朝耆献类征初编》卷二九、《清朝先正事略》卷一八等。

> 按:《清高宗实录》卷三一四:"乾隆十三年戊辰五月甲申朔……赐一甲梁国治、陈柟、汪廷玙三人进士及第。"又卷三一五:"甲辰……授一甲一名进士梁国治为翰林院修撰。"知梁国治于乾隆十三年五月初一日授状元,二十一日授修撰。此诗诗题称"梁阶平殿撰",诗中又云"合让君称小状元",当是就梁国治殿试夺魁一事而发。又《耐圃府君行述》并引此诗,称系梁国治戊辰登第时先生所赠。故系于此。

是岁,视学山阴,于戒珠寺右民舍厕间访得尊胜经幢。

《(嘉庆)山阴县志》卷二七:"唐戒珠寺尊胜经幢,会昌元年。右幢在戒珠寺后、蕺山书院前,大学士于敏中为翰林时视学至越,访得之寺右民舍厕间。时乾隆戊辰岁也。凡有二幢:此幢已中断,高今工部尺四尺五寸,周围五尺六寸。石凡八面,每面八行,通计六十四行,前刻行书序共十三行。"

乾隆十四年　己巳(1749)　三十六岁

春,将按试浙东诸郡,方观承招饮花下,煮茗论诗,互有酬赠。

《素余堂集》卷三〇有《余将校士浙东诸郡宜田中丞招饮花下已复煮茗论诗夜分乃散次日辱赠佳篇依韵奉答兼以志别》二首。其一云:"坐久灯重翦,谈深席未分。瓣香宗某某,品论诸前辈诗因诵警句兼述旧游。片羽述闻闻。风雨南朝寺,公常往来清凉山。关山北塞军,谈塞外山川。今朝春正好,尊酒对吴云。"其二云:"邈矣春江路,青山带绿芜。我行到东海,温台并海去省最远。客梦恋西湖。劲句才无敌,高怀兴不孤。归来结吟社,留待独探珠。昨有与阶平联句之约。"

方观承《述本堂诗续集》内《燕香集上》有《于耐圃侍讲将按试衢州枉过论诗》:"啜茗逢花下,论诗到夜分。珠泉香得似,丙寅历下同品珍珠泉。石鼎句重闻,为言方与梁阶平诸君联句竟爽。东海宜搴帜,王渔洋。南施亦张军,施愚山与宋荔裳齐名,时称南施北宋。蒹葭有遗咏,回望貌江云。荔裳题燕子矶僧寺五言四首,最爱其一联'不尽兼葭影,无多钟磬音'。惜未收集内。"

　　按:此为先生浙江学政任内所作。据《题报到任浙江学政日期折》,知先生于乾隆十三年二月抵浙。方观承诗题中称"于耐圃侍讲",据《上谕档》,先生于乾隆十四年五月二十六日由翰林院侍讲转补侍读,诗题既称"侍讲",则当作于乾隆十四年五月前。故与方观承啜茗论诗事当在十三年二月至十四年五月间。诗中有"今朝春正好"之句,故当作于春季。又此诗于集中系于《戏赠梁阶平殿撰》之后,梁国治于十三年五月中状元,故此诗当作于十四年春。

　　又按:据《起居注》,方观承于乾隆十三年三月至十四年七月间任浙江巡抚。

春,按试衢州,由富春江水路而下。

《素余堂集》卷三〇《富春道中和韵》:"兰舟轻荡入烟光,双橹声圆百尺长。春水绿波春草碧,子规何事唤人忙。"

《(嘉庆)大清一统志》:"富春江在富阳县西南,自桐庐经富春入钱塘。《水经》谓'浙江之源,西自严滩,东通海道'是也。"

　　按:此诗于集中系于《戏赠梁阶平殿撰》之后、《花朝春江舟中寄内》之前。花朝,一般在二月中旬。结合此诗"春水绿波春草碧"之句。可推定其时在十四年二月或稍前。此诗以下,又有《东关道中望严州》《兰溪道中》《縠溪道中》《过龙游》诸诗,考其行迹,盖由杭州府出发,经严州府、金华府,至衢州府。此诗以下至《盈川潭》皆此期间沿途之作。

泊芦茨源。

《素余堂集》卷三〇《鸬鹚原晚泊》:"朝发窄溪埠,暮宿鸬鹚原。……墟烟天末敛,渔火前溪繁。"题下自注云:"地为方干故里。"

同卷《过七里泷》,诗中自注:"鸬鹚一名白云村,入泷初经鸬鹚,至乌石滩即泷口也。"

> 按:鸬鹚原,一作"芦茨源"(《(民国)龙游县志》以为"芦茨源"作"鸬鹚"者系"同音而讹")。又名"白云源"。《(雍正)浙江通志》卷一九"桐庐县"条:"白云源,《严陵志》在县西南四十里,一名芦茨源。重山插天,林麓茂盛。乡民采薪为炭,供数州蒸爨之用。《名山胜概记》:'白云源与钓台对,乃唐处士方干之旧隐也。'"

经七里泷。

《素余堂集》卷三〇《过七里泷》:"入泷复出泷,俄瞬七十里。……春山翠欲滴,春江清且沚。峰回屏障合,路转岩扉倚。澄潭忽渟碧,平波或渺弥。……昔闻严陵濑,景物佳如此。……钓台杳莫攀,惭谢羊裘子。"

同卷《过乌石滩》:"七里泷前水十盘,竹篙绵软刺船难。"

《履园丛话》卷一八"严子陵钓台"条:"七里泷在严州府东北二十里。……其所谓钓台者甚高,台上有严公祠。……台下急流汹涌,怪石嵯峨,绿树青山,四围环绕。"

过乌石滩。

《素余堂集》卷三〇有《过乌石滩》二首。其一云:"粼粼乌石春流壮,记是严陵第一滩。"其二云:"桐江西去溪如束,胥口东来水似弦。"

《(雍正)浙江通志》卷一九:"乌石滩,《严陵志》:'在县东十五里。'……在东阳、新安二江会流之下沿入桐庐县界。"

经严州府。

《素余堂集》卷三〇《东关道中望严州》:"挂席春江外,烟云记客程。"

《(嘉庆)大清一统志》卷三〇一:"严州府在浙江省治西南二百七十里,东西距三百七十里,南北距一百七十五里。……领县六。"辖下六县分别为:建德县、淳安县、桐庐县、遂安县、寿昌县、分水县。

二月中浣,富春江舟中致札俞光蕙。

《素余堂集》卷三〇有《花朝春江舟中寄内》二首。内有"富春江外过花朝""梁燕双栖二月中"之句。

过石壁滩。

《素余堂集》卷三〇有《石壁滩》二首,其一云:"孤峰峭削出江滨,乍展屏风斧劈皴。"其二云:"石壁撑空翠可扪,波纹如织漱云根。"

按：浙江境内有两处"石壁滩"：一在云和县东二十里,属处州府(《(嘉庆)大清一统志》卷三〇五);一在东阳江之上,溯入兰溪县,属严州府(《(光绪)严州府志》卷三)。此诗于集中系于《东关道中望严州》之后、《兰溪道中》之前,则知先生沿东阳江而下,从严州府至金华府兰溪县。故此处之石壁滩当属严州府。

泊小洋滩。

《素余堂集》卷三〇《泊小洋滩》："山静月初白,江深春尚寒。重来上游地,偶泊小洋滩。"

《(光绪)严州府志》卷三"建德县"条："石壁滩、小洋滩、颜厈滩、鱼梁滩、黄沙滩、石塘猌滩、三河滩,以上七滩并在东阳江之上溯入兰溪县界。"

经兰溪县,怀弟于易简。

《素余堂集》卷三〇《兰溪道中》："城临岸口千樯插,寺抱峰腰一塔撑。"

同卷《兰溪舟中听雨忆弟》："昔年同泛兰溪道,我尚垂髫君褓裸。昨来送行牵我衣,江山渺渺思依依。"

又《毂溪道中》："滩路上更上,溪行湾复湾。"

《(嘉庆)大清一统志》卷二九九："兰溪县,在府西北五十里。东西距七十五里,南北距七十里。……属金华府。"卷三〇一："衢江源出江山县仙霞岭,流经西安、龙游二县北,又东北入金华府汤溪、兰溪二县界,即古谷水也。……《旧志》：'源出仙霞诸岭。……入兰溪县界,与婺港合,其水随地异称,而毂溪其总名也。'"

自兰溪沿衢江水路而行。

《素余堂集》卷三〇《村亭晚泊》："沙岸维舟稳,村亭到客稀。"

按：此诗于集中系于《兰溪道中》《毂溪道中》等诗之后、《过龙游》之前,则此诗当是从兰溪县至龙游县途次所作。

二月中浣,经龙游县,入境衢州府。

《素余堂集》卷三〇《过龙游》："毂溪寒食柳花时,舟向江城画里移。旗鼓云封姑蔑国,邑有旗鼓山。鸡豚春赛假王祠。松垂古洞飞蝙蝠,蒲漾新洲立鹭鸶。正是火前风日好,隔山听唱采茶词。方山、龙山并产茶充贡。"

《(嘉庆)大清一统志》卷三〇〇："龙游县在府东七十里,东西距五十七里,南北距一百五十五里。……属衢州府。"

按：据《近世中西史日对照表》，乾隆十四年清明在二月十八日。寒食在清明前一日，即二月十七日。《过龙游》有"縠溪寒食柳花时，舟向江城画里移"句，知先生于寒食左右行经龙游。

过盈川潭。

《素余堂集》卷三〇有《盈川潭》。题下自注云："地为盈川故治，唐杨炯尝令此。"

《(康熙)龙游县志》卷五："盈川潭在县西三十里。淳泓窈眇，深不见底。……唐初于此建治。华阴杨公炯出令兹土。"

五月二十六日，转补翰林院侍读。

《耐圃府君行述》："己巳五月转补翰林院侍读。"

《乾隆帝起居注·十四年五月》："二十六日，吏部奏请转补翰林院侍读员缺，开列侍讲蔡新等职名，恭候钦点，所遗侍讲员缺，请以裁缺之原任谕德罗源汉补授一疏，奉谕旨：翰林院侍读员缺着于敏中转补，所遗侍讲员缺着罗源汉补授。"

《大清会典》卷三"翰林院侍读"条："从五品。……满、汉各三人。"其职掌与侍讲同。

蔡新(1707—1799)，字次明，号葛山。福建漳浦人。乾隆元年进士，选庶吉士。历官工部、兵部、礼部、吏部尚书，并兼四库馆正总裁。卒，赠太傅，谥文端。著有《缉斋诗文集》《周易图说》《读史随笔》《文献通考随笔》等。传见《国朝耆献类征初编》卷二五、《清朝先正事略》卷一七、《清史列传》卷二六。

罗源汉(1707—1782)，字方城，号南川，一号静轩。湖南长沙人。雍正十一年进士，选庶吉士。历官至工部尚书。工诗文，善书法。著有《南川诗集》。传见《晚晴簃诗汇》卷六八、《皇清书史》卷一三、《词林辑略》卷三。

按：《清史列传》将此事载在八月，误。

六月下浣，按试台州府。

《题为奉旨转补翰林院侍读谢恩事》："乾隆十四年六月二十六日，臣按试台州府。"(一史馆，02—01—03—04693—005 号)

《(嘉庆)大清一统志》卷二九六："台州府在浙江省治东南五百七十七里。"

六月二十七日，具折奏谢转补侍读事。

《题为奉旨转补翰林院侍读谢恩事》："乾隆十四年六月二十二日，准吏部咨开文选司案呈所有翰林院侍读员缺。……奉旨：翰林院侍读员缺着于敏中转补。……臣随恭设香案，望阙叩头谢恩讫。……自调两浙以来，未有寸长之效。今者按行诸郡，当岁试之方周；乃忽遥奉恩纶，予官阶以特转。……惟有勉竭愚忱，敬敷睿训。导士风于醇厚，黜文体之浮华。庶几仰答圣主简拔鸿恩于万一。……乾隆十四年六月二十七日。"（一史馆，02—01—03—04693—005号）

九月十五日，奏请照《明史》所录齐泰等死于靖难之事者酌加赠谥。

《奏请照〈明史〉所录齐泰以下三卷死事之人择尤烈者酌加赠谥以表忠烈事》："提督浙江学政臣于敏中谨奏为请锡谥典以表忠烈事。窃惟人臣之大节，无过致身；盛世之殊恩，莫如追恤。盖易名之典，所以显微阐幽，表扬忠烈，上追百世而下垂万世者也。矧其劲节凛于风霜，鸿名光于日月。慷慨从容，同时并著；孤忠潜德，累世弗彰。久在圣明洞悯中者，如明臣齐泰、黄子澄、方孝孺、练子宁、铁铉诸人乎。明建文帝之事，人情共愤，直笔无闻。……至其一时死事诸臣如泰等。……若孝孺、子宁等，或谋参帷幄，或功在疆场，总皆祸被五刑，甚且诛沉十族。稽之史册，殆于未闻。臣今年岁试台州，道经宁海县孝孺故里。入祠展拜，见其木主祠额皆无谥号，及恭阅新修《明史》列传第二十九卷至三十一卷，齐泰以下同时死事者共载有三卷，皆谥法缺如。窃思齐泰诸臣之节，炳于天壤，乃并受阍门之祸，未邀两字之荣，岂非惠帝君臣久屈于明朝一代，忌讳之私而待伸于我皇上千秋藻鉴之神乎！可否恭请圣明，特颁谕旨，敕下廷臣照明史所录齐泰以下三卷死事之人，按其行事，考其本末，择其尤烈者酌加赠谥。则当年之孤忠以恤，圣朝之盛典以光，不惟显微阐幽远逾，泽及枯骨之仁而于纲常风化，亦万世有神也。臣言是否有当，仰祈皇上睿鉴。……乾隆十四年九月十五日。"（一史馆，04—01—14—0017—012号）

同日，因浙省生员多有远幕他省者，未能按期岁考，奏请将欠考三次之生员暂缓黜革，并据道里远近，立定程限，催令回籍补考。

《奏为远幕他省助理文武各官庶政生员并无归避情事请酌量远近立定程限回籍补考事》："提督浙江学政臣于敏中谨奏为请旨事。乾隆十年十二月二十六日奉上谕：直省文武生员三年岁考一次，若临场不到即行黜革。其游学、患病者皆取结开报，限三月内补考，违者分别降黜。……近闻各处士子有任意迁延屡次欠考者，江苏为尤甚。此风渐不可长，嗣后除无故临点不到即行黜革外，凡系病假生员其上届开报者，下届果系游学未归、患病未痊，该教官查验确实，再行详请展限，一俟病痊回籍即送补考。如欠至三次以外，俱不准展限，竟行黜革。倘有扶同捏报、不行详请展限，该学政严查将教官参处以专责成，钦此。……今蒙天恩，特调两浙。地方既大，积习尤深。其告游、告病展转迁延之弊，诚有如圣明所谕者。……惟是臣察核浙省士子中，欠至三考尚未赴补者，内中病痊无期、游学无所，此等皆迹涉规避，均应遵照谕旨竟行黜革。臣现在已列入开除报部。外，浙地士子更有一种习气异于他省者，文艺稍娴即留心幕务，章奏、书启、刑名、钱谷各有专门，仰事俯育皆出于此。上自督抚、提镇，下至府厅、州县，近则隔省邻封，远或滇、黔、川、广，所在聘请由来已久。是以在外作幕不能回籍、欠至三考者通计积有七十余名。其所在地方俱确有可据。臣于报部前期业经屡檄严催，无如道里辽远，一时音信不能遽通。或各衙门以襄助需人，留于署中，或本生病羁旅幕，又或先在某衙门，后复为别衙门所延致，并其家属尚未遽知其定所，各据本生家属纷纷赴臣衙门呈控，且有称现在差属赶回已至中途，不日可到者。然岁试事竣报部例有定限，势不能俟各生补考然后报部。第思此等游幕诸生学固不无久旷，事尚近于办公，与无故浪游迹涉规避者稍属有间。若竟行斥革，似非圣谕所指。既未便遽列开除，又不便再行展限，臣谨将浙省士子实在不能依限补考情由查明，据实陈奏，可否仰恳天恩，俯念此等士子实因远幕他省助理文武各官庶政，并无规避情事。酌量道里之远近，立定程限，容臣咨行游幕各该省，催令依限回籍补考。其中或有紧要幕务羁身，急切未能即归者，令所在衙门据实具文声明，仍一面严催，不准其欠至四考。若无故逗留，任意迁延，是甘心废业之生，臣查明即行斥革。如此则托名规避者不得行其私智，而实习幕者并得仰沐殊恩矣。除现在报部册内将各生注明请旨字样，俟奉到训谕遵照办理外，臣愚昧之见，是否可行仰祈皇上睿鉴，敕部议覆施行。……乾隆十四年九月十五日。"（一史馆，04—01—38—0067—029 号）

　　　按：《清史列传》本传："十四年……十一月，奏言浙省生员游幕在外，欠三考者七十余人，请定限咨催，回籍补考。"将此事系于十一月，非。十一月实为高宗批答之时间,非先生具奏时间。

九月,同闽浙总督喀尔吉善、浙江巡抚永贵立世宗御制碑于湖州。

《(同治)湖州府志》卷四七:"世祖章皇帝钦颁卧碑文。乾隆十四年九月浙督喀尔吉善、署抚永贵、学政于敏中同立。"

喀尔吉善(?—1757),伊尔根觉罗氏,字澹园。满洲正黄旗人。官至闽浙总督,加太子太保。卒,入祀贤良祠,谥庄恪。传见《清史列传》卷一七、《清史稿》卷三〇九。

永贵(?—1783),拜都氏,字心斋,一字以仁,号目耕。满洲正白旗人。自笔帖式授户部主事,历官吏部尚书、工部尚书、镶蓝旗满洲都统。卒,谥文勤。传见《国朝耆献类征初编》卷二五、《清史稿》卷三二〇、《清史列传》卷二一。

十一月初八日,前所奏请之为齐泰等酌加赠谥一事,经会议,为礼部所否。

傅恒《题为遵议浙江学政于敏中奏齐泰等酌加赠谥事》:"乾隆十四年十月初七日,内阁抄出提督浙江学政于敏中奏称:……可否恭请圣明,特颁谕旨,敕下廷臣照《明史》所录齐泰以下三卷死事之人……择其尤烈者酌加赠谥。……于乾隆十四年十月初五日奉硃批:大学士九卿议奏,钦此。抄出到部。该臣等会议。……谨按:明代成祖靖难之役,一时效节诸臣沉郁不彰,逮后数传,虽间有立祠表墓之举,然终明代,并无敢以建文谥号为言。即所旌方孝孺、卓敬等亦或挂一漏百,事迹究未能暴著于天下。洪惟我朝敕修《明史》,网罗故实。……今考特传中自齐泰以下所录三十七人,附传中自卢原质逮程济等八十余人,信者传信,疑者传疑,事实并垂昭千古。我皇上于《明史》告成,追谥建文为'恭闵惠皇帝',正其统绪。恭考御撰《资治通鉴纲目》,于齐泰、黄子澄、方孝孺、练子宁、卓敬、铁铉、景清诸人,书爵书杀,义例森然,所谓独揭大纲,符尼山之笔者也。夫既已正其为义死,而史册所传又章章如是,虽赠爵赠谥,何以加兹! 今学臣于敏中以齐泰等赠谥奏请,亦仰体皇上崇奖风化之意,不知朝廷信史所以表靖难诸人之潜德幽光以扶树纲常者,其义已备。况就《明史》所载,合百二十有余人,同时捐躯,著节亦难区别等差。臣等公同参酌,窃以齐泰等垂列简册,事迹既著,大义既昭,所请酌加赠谥之处应毋庸议,是否有当,伏候圣明训示。再此本系礼部主稿,合并声明。……乾隆十四年十一月初八日。"硃批:"依议。"(一史馆,02—01—005—022810—0050 号)

傅恒(1722—1770),富察氏,字春和。满洲镶黄旗人。户部尚书米思翰孙,高宗孝贤纯皇后之弟。乾隆五年充蓝翎侍卫,历官户部尚书、步军统领,兼五朝国史馆总裁。卒,赠太傅,谥文忠,入祀哈世屯祠、贤良祠。传见《国朝耆献类征初编》卷二九、《清朝先正事略》卷一八、《清史列传》卷二〇等。

十一月十三日,前所奏请之浙省生员欠考三次者暂缓褫革、催令回籍补考一事为礼部所否,然高宗念逾限士子尚属初次,特免于黜革,命勒限补考。

《乾隆帝起居注·十四年十一月》:"十三日戊午……礼部议浙江学政于敏中奏浙省生员三次欠考者,请暂缓褫革,咨行游幕地方,催令回籍补考之处,与例不符,应毋庸议一疏,奉谕旨:朕前降旨,生员岁考欠至三次以外者皆行黜革。今于敏中以浙省游幕在外欠至三考者通计有七十余名,请立定程限,咨催回籍补考,大学士会同该部议驳甚是。但朕念该省士子其逾限尚系初次,且有七十余人之多。伊等向来读书入泮,亦匪容易。若尽行除名,情有可悯。此七十余人着加恩免其黜革,以示朕格外矜全之意。着勒限催回补考一次,若仍藉端规避不赴考者,即行黜革,其如何勒限,着该部定议,嗣后如有三次欠考者依此议行。"

是岁,吴霖受知于先生,补博士弟子。

吴骞《愚谷文存》卷一〇《伯兄拙巢先生状略》:"兄讳霖,字西台,拙巢其别字也,姓吴氏。……金坛于文襄公校士浙中,得兄文奇之,立拔置案首,遂补博士弟子。"

乾隆十五年　庚午(1750)　三十七岁

正月初四日,妻俞光蕙以疾卒于杭州官舍。先生哀悼殊深,命子齐贤扶榇归里。时人有诗文悼之。

《耐圃府君行述》:"庚午正月,祖母俞夫人以疾终于官署。夫人明习诗礼,自来归之后,有无黾勉,相敬如宾,闺门以内从无间言,事迹具尚书梁公所作《行状》中。府君痛失贤助,哀悼殊深,因命我先考扶榇归里,府君旋亦报满。"

《于氏家乘》:"俞夫人……乾隆庚午正月初四日卒。……葬周庄。"

梁国治《敬思堂文集》卷六《祭诰封宜人于母俞夫人文》:"呜呼宜人!

承家毓德，禀气含灵。……组缋缤纷，丹青秘要。白云妍词，宫商绝调。来嫔南国，鸾凤其俦。……乃相夫子，荣名显亲。……吾师视学，吴越齐鲁。以劝以惩，以循以抚。校短衡长，形劳神苦。佐其内治，如车有辅。宜人族望，实繁浙右。私不累公，恩无昵授。乃戒弟昆，藏器待售。宜人始归，今十八年。……盖自昔者，始来登堂。今则奠莩，荐帛陈牲。有泪盈把，词以告哀，神无恫也。呜呼哀哉，尚飨！"

舒瞻《兰藻堂集》卷五《为于耐圃学使悼亡》："古调初弹别鹄吟，妆楼人去惜知音。"

舒瞻，他他拉氏，字云亭，号堑庙。满洲镶黄旗人。乾隆四年进士。历官桐乡、平湖、山阴、海盐等县知县，著有《兰藻堂集》等。传见《(光绪)平湖县志》卷一二。

三月，序濮启元《嘉禾百咏》。

胡琛《(乾隆)濮镇纪闻》卷三《嘉禾百咏序》："国家稽古右文，崇尚经术，敦本务也。而风雅诸体亦尝以甄别群材，广厉风俗，盖吟咏为学问之绪余，由所感发以窥其性情心术之微，本末表里固往往而合也。予膺命视学两浙正课外，历试古学，于桐庠得濮生名启元者，其文根柢深厚，若骈丽及古今诗无不备，亦无不醇。览其平日著作，有《嘉禾百咏》者，举由拳之风土人物而俯仰流连，以寓其褒讥法戒之意，盖作者之才识于斯略见矣。夫嘉郡为人文渊薮，若清江、当湖、竹垞、江村诸公，理学词章，灿烁海内，士生其间，沐浴既久，宜必有接踵而兴者。濮生殆其人欤！……是为序。乾隆十五年季春月，督学使者金坛于敏中书于携李官署。"

《两浙𫐠轩录补遗》卷六："濮启元，字显仁，号玉岩，桐乡人。乾隆癸未进士，官广西灌阳知县。……所著《嘉禾百咏》，舒云亭明府序而梓之，谓其斟酌旧闻，寓以风谕，当与竹垞太史《鸳湖櫂》歌并传。"

四月初九日，校士嘉、湖事竣，返至杭州，奉到皇长子永璜讣闻，具折悼慰。

《奏为惊闻皇长子薨逝恭请圣安事》："提督浙江学政臣于敏中谨奏为恭请圣安事。窃臣科试嘉湖事竣，于本月初九日抵杭州省城。接阅邸抄，惊闻皇长子薨逝，臣不胜骇愕哀惋。伏读圣谕，以礼节情。……惟是慈爱天心，根至至性，敬念圣怀必有不能遽释者。臣备员外省，不获随在廷诸臣诣阙恭慰，而犬马依恋微忱，实深展转靡宁。为此具折恭请圣安，仰祈睿鉴。臣无任瞻恋之至。谨奏。乾隆十五年四月初九日。"(一史馆，04—

01—14—0020—033 号)

永璜(1728—1750),爱新觉罗氏,高宗长子,哲悯皇贵妃富察氏生。子二:绵德、绵恩。乾隆十五年三月十五日卒,追封和硕定安亲王。传见《清史稿》卷二二一。

夏,山阴访知县舒瞻,赠以诗扇。

舒瞻《兰藻堂集》卷五《奉酬于耐圃学使见赠诗扇元韵》:"通家感元礼,款款话当年。"

> 按:据《(光绪)平湖县志》卷一二,知舒瞻先后任桐乡、平湖、山阴、海盐等县知县。《兰藻堂集》同卷有《喜瓯亭见访山阴署斋分韵》。则时舒瞻为山阴县知县。同卷又有《送耐圃学使还杭州》,内云:"轺车相送度烟坰,於越溪山次第经。"知先生返杭需行经於越。於越,即越国之古称。《(嘉庆)大清一统志》卷二九四:"绍兴府,……春秋时为越国。"则诗中"於越"即指绍兴府一带。该府领县有八,山阴即辖县之一,知二人晤于绍兴山阴县。又,舒瞻此诗系于同卷《青山五月自生寒》后、《闱中呈裘漫士同年四首》前,则当作于五月至八月间。

自山阴返杭。

舒瞻《兰藻堂集》卷五《送耐圃学使还杭州》:"轺车相送度烟坰,於越溪山次第经。得士已收东箭美,著书犹拥一毡青。早闻家世多威凤,定有诗名上御屏。簿领尘埃愧淹泊,清音暂向郢中听。"

> 按:此诗于《兰藻堂集》卷五中系于《奉酬于耐圃学使见赠诗扇元韵》后、《闱中呈裘漫士同年四首》前。据《清高宗实录》,裘曰修(漫士)于十五年秋主试浙省秋闱。则此诗当作于该年夏秋之际。

于易简计偕北上。濒行,为俞光蕙设奠。先生有诗送之。

《素余堂集》卷三一《送华平弟省试》:"槐花时节雁南飞,作赋谁当荐陆机。席帽翩然君好去,葛衫浣否妇同归。时兼携弟妇归宁。池塘此后思成梦,步障当年忆解围。弟濒行为先室设奠。廿载霓裳须续咏,余领乡荐距今廿二年矣。秋来来共戏老莱衣。"

> 按:诗中自注:"余领乡荐距今廿二年矣。""领乡荐"意谓乡试中举。据前谱,先生于雍正七年中举,二十二年后为乾隆十六年,即于易简此次会试之年。据《大清会典则例》卷六六,各省应会试者需视路程远近,于前一年秋、冬起送京师。又此诗于集中系于《七夕立秋》

之前，据《近世中西史日对照表》，立秋日在七月初七者为乾隆十五年，故此诗当作于乾隆十五年七月初七日前。

七月初七日，立秋，怀亡妻光蕙。

《素余堂集》卷三一《七夕立秋》："伯劳飞燕恨难论，况听秋声动耳根。已判工愁同楚客，不堪乞巧向天孙。"

按：据《近世中西史日对照表》，立秋日在七月初七者为乾隆十五年。

八月初六日，以举行册封皇后吉礼及加上皇太后徽号庆典，具折奏贺。

《奏为册封皇后及加上皇太后徽号庆典举行并欣逢万寿恭折庆贺事》："提督浙江学政臣于敏中谨奏为恭折庆贺事。臣恭阅邸抄，八月初二日举行册封皇后吉礼，初三日恭上皇太后徽号庆典。……臣远违螭陛，未随在廷拜舞之班；恭仰鸿禧，窃效率土欢呼之祝。为此缮折庆贺。臣无任踊跃欢忭之至。……乾隆十五年八月初六日。"（一史馆，04—01—14—0022—011 号）

《清高宗实录》卷三七〇："壬申……上御太和殿宣制，命大学士公傅恒为正使，大学士史贻直为副使，持节赍册、宝，册立摄六宫事皇贵妃那拉氏为皇后。"又："癸酉……午时，恭上皇太后徽号、册宝。……上徽号曰崇庆慈宣康惠敦和皇太后。"

秋，浙省乡试。裘曰修为正考，欧阳正焕为副考。先生亲至栅外弹压，应试诸生莫不敛约奉法。

裘曰修《裘文达公文集》卷四《浙江乡试录序》："岁在庚午……臣以浙江乡试至期上请。奉命以臣裘曰修、臣欧阳正焕典其事。……监临巡抚臣永贵、提调布政使臣王师等肃清内外，咸就条理乃进。学政臣于敏中所录士八千有余，分三场试之。"

永贵《奏为办理文武乡试并浙江学政于敏中考试声名事》："学臣于敏中……臣办理文闱之时，嘱其亲至栅外弹压，应试诸生莫不敛约奉法，内外寂然无声。……乾隆十五年九月三十日。"（一史馆，04—01—38—0068—042 号）

欧阳正焕（1709—1760），字淑之，一字竹泾，号瑶图。湖南衡山人。乾隆十年进士。由翰林院编修考选江西道御史。著有《竹泾文稿》。传见《国朝御史题名》、《（光绪）湖南通志》卷一八四。

按：乡试三年一届，通常在子、卯、午、酉四年中举行，故先生浙江
学政任内（乾隆十三年至乾隆十五年）所主持之乡试当在乾隆十五年
（庚午）。乡试考期通常在八月。

九月初九日，重阳，感而有赋。

《素余堂集》卷三一《九日》："秋气深难遣，天时晚故催。……大观高
可望，病久怯登台。"

按：九日即九月初九重阳节。此诗于集中系于《七夕立秋》之后，
则当在乾隆十五年七月之后。又《素余堂集》卷三二有《感悼》诗，题
下自注云："辛未三月廿二日。"此诗既系于《感悼》前，则当在乾隆十
六前三月前。故此诗所纪为乾隆十五年重阳。

九月三十日，在浙三载，政绩颇著。以试事已竣，即将交代进京，巡抚永贵
特将之表奏于上，称其"勇于任事，校试公勤"。

永贵《奏为办理文武乡试并浙江学政于敏中考试声名事》："学臣于敏
中在浙三载，臣与之同事二年有余。观其为人甚属勤慎，勇于任事，访询
各属，亦佥称校试公勤，留心士习，士子颇皆畏之。是以臣办理文闱之时，
嘱其亲至栅外弹压，应试诸生莫不敛约奉法，内外寂然无声。因各省学政
前奉谕旨，命臣等督抚留心查察，今学臣于敏中试事已竣，候新任雷铉到
日即将交代进京。就臣平日见闻所及一并缮折奏明。……乾隆十五年九
月三十日。"（一史馆，04—01—38—0068—042 号）

按：永贵时为署理浙江巡抚。

山东、浙江学政任内，岁、科二试，皆自书题于灯，传示士子，不假手胥吏。
左右号舍肃然，科场积弊廓而清之。嗣后永以为式。

《耐圃府君行述》："府君两持使节，首尾六年皆在文风极盛之地，而科
场积弊亦多。前使者极力振刷，终弗能止。府君曰：'是皆有囊橐之者，多
其人以察弊，乃益之弊也。'试日扃门毕，即坐堂皇，尽屏厮役、驺养，不令
出，甬道空无一人。试题及覆试榜皆自书，不以假胥吏手。天未明则书题
于灯，一卒擎下植楹际即退，左右号舍肃然。有纳卷者辄就坐甲乙之。候
诸生出号毕，试卷已阅定十六七。以故，事无纷扰而内外诸弊自然肃清，
诸生至今颂德，后来咸取法焉。"

方芳佩《在璞堂续稿》有《题灯》诗，题下注云："学使于耐圃先生试日
出题甚早，以题作灯传示士子。"

查虞昌《梧冈诗钞》卷二有《督学试士命题例书牌金沙于耐圃翰撰视学吾浙易为灯式如牌而便于观瞩因征题灯诗即以题灯字为韵》。

周春《耄余诗话》卷九："乾隆戊辰，于文襄公视学浙江，因五更命题苦暗，以意改牌为灯，四面糊纸，正面书题，燃烛于中，光明毕照，士子便之，并檄各学作七律二首，以题灯为韵。"

戴璐《吴兴诗话》卷六："题灯创自于文襄视学时，嗣后永以为式。"

十月二十二日，浙江学政任满，遵例题报剔除浙省科试十弊事。

《题报交印起程日期事》："日讲官起居注翰林院侍读提督浙江等处学政纪录三次臣于敏中……窃臣试竣任满，业于本年十月二十二日恭疏题报。"（02—01—03—04816—014 号）

《题报剔除科试十弊并任满事》："乾隆十五年十月二十二日日讲官起居注翰林院侍读提督浙江等处学政纪录三次臣于敏中谨题为遵例报满事。窃臣一介凡庸，学识浅薄。……复荷特恩，调任浙江学政。……受任以来，夙夜冰兢。祗遵谕旨，整饬士习，厘剔弊端。……伏查康熙十八年题覆宪臣魏象枢条奏《学政任满将剔除十弊开明题报》。今臣试周事竣，例应报满遵照原疏陈明：

一、文武童生必由提调册送收考，

一、所取童生俱照定额并无溢取，

一、每场点名先将坐号封发提调收贮，

一、考完一府即将红案印发，

一、按试各郡关防严密并无开单吓诈，

一、文武各童照定额选取并无以武改文，

一、各郡俱亲临按试并无调考，

一、各府属员不许私谒并无私通线索，

一、屏绝竿牍并无徇私，

一、取进文武各童悉遵定额报部项款可查并无溢取朦报。

凡此十弊，臣恪遵定例，剔除俱尽。至臣受恩深重，报称维艰。按考各属，先期敬宣列圣谟训，考竣发落，详为劝导，每见诸生宣扬圣德，勉以敦崇实学、屏黜浮华。又科场积弊，上廑宸衷，臣多方劝戒，动以天良，俾咸知洗涤恪守场规。……今届报满，谨将剔除十弊开明题报，伏乞皇上睿鉴施行，为此谨题请旨。"（一史馆，02—01—03—04819—021 号）

按:"剔除科试十弊"为清初考核学政之重要依据。《学政全书》
卷一〇:"康熙十八年议准向来岁科两考积弊有十。……嗣后学道考
核时俱注'剔除十弊'。……其考核疏内不注'剔除十弊'字样及未曾
剔除而注剔除者,或吏部察出,或科道纠参,督抚照不报劣员例降三
级调用。"

十一月初七日,遵例将学政关防并吏书文卷交予新任学政雷鋐。

《题报交印起程日期事》:"兹新任浙江学政雷鋐于乾隆十五年十一月
初八日抵浙莅任,臣于初七日谨将钦颁乾字二千二百三十一号浙江学政
关防一颗、圣训上谕等书籍并吏书文卷等项,专委杭州府通判董仁赍送新
任学政臣雷鋐收受。……所有微臣交印、起程日期理合恭疏题报,伏乞皇
上睿鉴,敕部查照施行,为此具本谨具奏闻。乾隆十五年十一月初七日。"
(一史馆,02—01—03—04816—014 号)

雷鋐(1697—1760),字贯一,号翠庭。福建宁化人。雍正十一年进
士,选庶吉士。历官左副都御史、浙江学政。学主程、朱。著有《经笥堂文
集》《自耻录》《闻见偶录》《读书偶记》《励志杂录》《翠庭诗集》等。传见《碑
传集》卷三〇、《国朝耆献类征初编》卷八〇、《清朝先正事略》卷一七、《清
史稿》卷二九〇。

十一月十一日,自杭州起程赴京。

《题报交印起程日期事》:"臣即于十一日起程星驰赴京。……乾隆十
五年十一月初七日。"(一史馆,02—01—03—04816—014 号)

是年任内,两浙士子献《两浙望幸赋》及《迎銮词》,先生约其大旨,撰为《两
浙望幸词》十首进呈御览。

《皇清文颖续编》卷八三有先生《两浙望幸词》。其序云:"两浙士子恭
闻圣天子俯允舆情。……各制为《两浙望幸赋》及《迎銮词》呈送臣试院。
臣评阅诗赋,虽巴词里曲,于应制体多有未娴,而书生忠爱之诚,感恩激
发,有流于笔墨间者,蔼蔼乎衢歌夏谚之意也。臣因于试士之余,约其大
旨,谨成七言律诗十首,一时山川名胜、风土人情,略可见焉。敬附以上呈
睿览,宣上德而达下情,亦小臣采风之职也。"诗中有句云:"圣主勤民诏省
方,吉维庚午岁初长。"

按:诗中云:"吉维庚午岁初长。"知为乾隆十五年事。据《清高宗
实录》卷三五六:"丙午……明岁即当南幸江浙。"知十五年正月即诏

举十六年之南巡。序中又云："制为《两浙望幸赋》及《迎銮词》呈送臣试院。……臣因于试士之余，约其大旨，谨成七言律诗十首。"知作于浙江学政任内。先生以十五年十一月离任，故于此诗当作于十五年正月至十一月间。

是年任内，荐秦锡淳入成均，并为邑庠生朱克绥题额。

戚学标《鹤泉文钞》卷下《故文林郎江西瑞金知县秦先生墓志铭》："先生讳锡淳。……先是督学长洲彭司马欲举先生优贡，闻先生客金陵，不果举。庚午金沙于公继至，正试外再试古学，皆冠场。喜曰：'今日吾门得一淮海矣！'是秋，先生与成均选。"

胡琢《(乾隆)濮镇纪闻》卷二："朱克绥，秀邑庠生，以孝义称。乾隆十五年同里具词申，学使者金坛于耐圃赠额曰'黄枕管床'。"

秦锡淳(1710—1786)，字执戕，号沐云。浙江临海人。乾隆二十一年举人，官至瑞金知县。著有《赓飚录》《江南集》《演极图说》等。传见《故文林郎江西瑞金知县秦先生墓志铭》(《鹤泉文钞》卷下)、《两浙輶轩录》卷三四、《四库全书总目》卷一一〇等。

朱克绥，字慰苍。浙江秀水人。诸生。授徒京师。尝以善行著称乡里。传见《(光绪)嘉兴府志》卷五三。

浙江学政任内，尝应杜甲之邀，同游浙中诸胜。又与汤大奎同游天台山。

《素余堂集》卷三〇有《补堂太守招游越中诸胜》二首。其一有句云："岩壑秋偏好，轻舟任往还。殷勤探禹穴，疑似说稽山。"其二有句云："为访空明寺，重移小艇还。雨添新稻水，云送夕阳山。"

汤大奎《炙砚琐谈》卷下："域中名胜因名人题咏附会得名者多矣。曩岁余偕于文襄公入天台山桃花洞口，一溪莹然。山人曰：'此惆怅溪也。'……余为题诗。……文襄公笑曰：'溪名附会，子更实之以诗。他日有好事者，当采入《天台志》矣。'"

杜甲，字补堂，号晚晴。江苏江都人。乾隆六年由贡生知通州，十二年擢浙江宁波府知府，后连调绍兴、杭州，官至直隶河间府知府。传见《(乾隆)通州志》卷六、《(嘉庆)甘泉县续志》卷六、《淮海英灵集·丁集》卷二。

汤大奎，字曾辂，号纬堂。江苏武进人。乾隆二十八年进士。官至凤山知县。著有《纬堂诗略》。传见《国朝诗人征略》卷四〇。

任内,题准为于谦增春、秋二祭。

德保《乐贤堂诗钞》有《于忠肃公墓》,内云:"赖有贤宗衮,隔代邀荣何。"自注云:"金坛于相国督学两浙时,题准增春、秋二祭。"

十二月,返抵京师,具折谢恩。

《耐圃府君行述》:"庚午……是年十二月回京。"

《奏为调补浙江学政内转补待读期满谢恩事》:"日讲官起居注翰林院侍读臣于敏中谨奏为恭谢天恩事。窃臣一介庸愚,学识谫陋。……乾隆九年十二月,蒙恩简畀山东学政,任内升补侍讲。乾隆十二年十月,又蒙特恩调补浙江学政。任内转补侍读。违侍阙廷,迄今六载。……今差满回京,谨缮折恭谢天恩。谨奏。""臣于敏中"旁有硃批:"妥当人。"(一史馆,04—01—13—0013—004号)

> 按:《奏为调补浙江学政内转补待读期满谢恩事》一折日期缺失,一史馆标注为"乾隆十二年",非。此折云:"乾隆九年十二月,蒙恩简畀山东学政。"又云:"违侍阙廷,迄今六载。"据前谱可知,先生九年至十二年间任山东学政,十二年十月转为浙江学政,即由济南经金坛而赴杭州就任,期间未曾返京。故折中云"违侍阙廷,迄今六载"即自"乾隆九年十二月"任山东学政始至今,以此计之,此折当作于乾隆十五年十二月,与《行述》所载相合。

十二月二十五日,赴宫门覆命,蒙询使事及地方情形。旋得旨,命在南书房行走。

《耐圃府君行述》:"庚午……是年十二月回京,以二月五日赴宫门复命,蒙召见垂询使事及地方情形,府君一一奏对。面奉谕旨:在南书房行走。府君久离阙廷,甫还朝列即蒙恩命选直禁林,仰受圣主格外殊知,盖自是而眷注弥渥矣。"

《乾隆朝上谕档》:"乾隆十五年十二月二十五日内阁奉上谕:于敏中着在南书房行走。"

《清高宗实录》卷三七九:"甲午……命翰林院侍读于敏中在南书房行走。"

> 按:《行述》:"以二月五日赴宫门覆命。……面奉谕旨在南书房行走。"疑文有误。由上谱可知,先生于十五年十二月返至京师,又据《上谕档》及《实录》,知先生已于十五年十二月二十五日奉命在南书

房行走,故《行述》中"二月五日"不应指十六年二月初五日,疑当作"二十五日"。

又按:《清史列传》本传:"十五年,入直上书房。"据《上谕档》,知先生直上书房为三十八年事,本年所直为南书房。二者方位、职能俱不同:南书房在乾清宫西南,为文学侍从值班之所;上书房在乾清宫东南,为诸皇子读书之所。《列传》偶混之。

十二月,高宗画《香山寺图》。为之跋。

《石渠宝笈续编》著录有"《御笔香山寺图》一卷"。御款作"时庚午嘉平望日也"。后附臣工跋略云:"岁庚午秋八月,上巡幸中州,道经伊阙,问香山之遗迹,缅白传之高风。即事挥毫,成五律二首。……兹几余追忆摹写为图,俯赐观览。……臣等盥手敬观,欢喜赞叹。……臣梁诗正、臣蒋溥、臣汪由敦、臣嵇璜、臣观保、臣裘曰修、臣董邦达、臣钱维城、臣于敏中恭跋。"

梁诗正(1697—1763),字养正,号芝林。浙江钱塘人。雍正八年一甲第三名进士,授翰林院编修。历官兵部尚书、吏部尚书。卒,赠太保,谥文庄。工于书法。著有《矢音集》,又奉敕编《石渠宝笈》《秘殿珠林》《西清古鉴》等。传见《碑传集》卷二七、《国朝耆献类征初编》卷二三、《清朝先正事略》卷一七、《清史列传》卷二〇等。

蒋溥(1708—1761),字质甫,号恒轩。江苏常熟人。户部尚书蒋廷锡子。雍正八年进士,选庶吉士。历官户部尚书、吏部尚书,又先后兼五朝国史馆、会典馆、文献通考馆、玉牒馆正、副总裁之职。卒,赠太子太保,谥文恪,入祀贤良祠。工绘花鸟,颇得家传。著有《恒轩诗钞》,又奉敕编《西清古鉴》《盘山志》等。传见《广清碑传集》卷八、《国朝耆献类征初编》卷二三、《清朝先正事略》卷一三、《清史列传》卷二〇。

嵇璜(1710—1794),字尚佐,号黼庭,一号拙修。江苏无锡人。吏部尚书嵇曾筠子。雍正八年进士,选庶吉士。历官工部、礼部、兵部、吏部尚书,并兼四库馆、国史馆、三通馆总裁。卒,赠太子太师,谥文恭。著有《治河年谱》《锡庆堂诗集》。传见《国朝耆献类征初编》卷二三、《清朝先正事略》卷一四、《清史列传》卷二一、《国朝书人辑略》卷四。

观保(1711—1776),索绰络氏,字伯容,号补亭,又号蕴玉。满洲正白旗人。乾隆二年进士,选庶吉士。历官礼部尚书、左都御史。卒,谥文恭。

传见《国朝耆献类征初编》卷八二、《皇清书史》卷一○。

钱维城(1720—1772),字幼安,一字宗磐,号纫庵、茶山,晚号稼轩。江苏武进人。乾隆十年一甲第一名进士,授翰林院修撰。历官刑部侍郎、浙江学政。卒,谥文敏。工绘山水,善书法。著有《茶山集》《茶山诗钞》《茶山文钞》《鸣春小草》等。传见《碑传集》卷三三、《国朝耆献类征初编》卷八八、《清朝先正事略》卷一五、《清史列传》卷二三。

是岁,为裘曰修题钱维城所画朱竹扇面。

《素余堂集》卷三一《为裘漫士宫詹题钱稼轩学士所画朱竹便面》:"会稽竹箭东南美,有美林立连云起。……钱君研露开生面,神妙直夺坡公垒。……西江宫相神仙人,心贮寒冰瞳翳水。诏下吴越罗名材,竹笏绯袍再奉使。宛委山高间可探,昨岁尝奉命祭告南镇。高迁亭古橡能指。……朱衣潜形管城拜,豹文龙角皆奇士。铁网网尽珊湖枝,吹律和鸣献天子。"

　　按:诗中自注:"昨岁尝奉命祭告南镇。"事见《清高宗实录》卷三四○:"癸卯……詹事府詹事裘曰修致祭南镇会稽山。"其时为十四年五月初二日。则此诗当作于乾隆十五年。诗中又云:"诏下吴越罗名材,竹笏绯袍再奉使。"即指裘曰修出任浙江乡试主考官一事。故此诗当作于是年秋冬之际。

乾隆十六年　辛未(1751)　三十八岁

正月初一日,直起居注。

《乾隆帝起居注·十六年正月》:"初一日,是日起居注官钱维城、于敏中、武极理、达麟图。"

正月初八日,预贺史贻直七十寿诞。

《素余堂集》卷三二《相国舅氏溧阳史公赐第东厅落成敬悬御书硕辅耆英匾额因成三十六韵》:"上寿原平格,天心为锡纯。计年知七十,询日豫初旬。……厦成来贺燕,筋进接振麟。宅相才殊愧,骈施感最亲。"自注云:"上知公今年七十,每询生辰,以时方南巡,先于初八日豫为公寿。"

史贻直(1682—1763),字儆弦,一字家弦,号铁崖。江苏溧阳人。康熙三十九年进士,选庶吉士。历官吏部尚书,兵部尚书,加太子太傅。卒,赠太保,谥文靖,入祀贤良祠。撰有《工部则例》《工部续增则例》《陕西通志》等。传见《碑传集》卷二六、《国朝耆献类征初编》卷一五、《清朝先正事略》卷一三、《清史列传》卷一五等。

>　按:诗中自注云"公今年七十",据汤右曾《太保文渊阁大学士溧阳史文靖公贻直墓表》:"公生于壬戌正月二十日。"(《碑传集》卷二六)知史贻直生于康熙二十一年,其七十岁值乾隆十六年。诗中又注云:"以时方南巡,先于初八日豫为公寿。"据《起居注》,知是年正月十三日启銮南巡,则"初八日"当为正月初八日。

正月初九日,直起居注。

《乾隆帝起居注·十六年正月》:"初九日,是日起居注官于敏中、德尔泰。"

正月十三日,直起居注,随驾南巡。自京师启跸,于黄新庄行宫,列坐观火戏。

《乾隆帝起居注·十六年正月》:"十三日,是日起居注官文保、于敏中、罗暹春、达麟图。"

《素余堂集》卷七《恭和御制元韵恭奉皇太后南巡启跸京师近体言志》:"重熙景运继轩辛,嘉祉还周冠带伦。……追呼不扰租全赐,启跸前诏免江浙租赋。供顿无烦令再申。初下诏南巡,即饬有司不许丝毫派累,去冬复遣大臣至江浙宣谕申警。……邕荐一诚天佑德,风和五日物同春。是日为立春后第五日。坛前立侍龙颜穆,臣备员讲幄得侍班坛下。郊外趋随卤簿新。是日设行驾卤簿,至黄新庄驻跸。簪笔小臣恭送辇,亲瞻盛事纪频频。"

同卷《良乡行宫作》四首,其四有"计程第一始畿南""随辇春光行处好"之句。

又《良乡行宫侍皇太后宴兼陈火戏》:"恩许小臣随宴末,荣沾湛露早春时。"

>　按:《乾隆帝起居注·十六年正月》:"十三日辛亥……奉皇太后南巡车驾发京师。"同日,"奉皇太后观烟火。……驻跸黄新庄。"据《日下旧闻考》卷一三三:"黄新庄行宫在良乡县北五里。臣等谨按:黄新庄行宫建自乾隆十三年,每岁为我皇上谒陵驻跸之地。"知《起居注》中"黄新庄"即良乡行宫。

>　又按:《素余堂集》卷七至卷二一均为奉和御制元韵诗,题中"恭和御制元韵"六字为行文便,后皆略之《恭和御制元韵恭奉皇太后南

巡启跸京师近体言志》为《素余堂集》卷七之首篇,该卷自此诗以下为乾隆十六年作。

正月十四日,高宗闻山东得雪,赋诗志喜。步韵和之。

《素余堂集》卷七《闻山东得雪》:"同云千里岱峰齐,嘉协天心入御题。"

> 按:此诗于集中系于《良乡行宫侍皇太后宴兼陈火戏》后、《上元前夕行营观烟火即事》前,故闻山东得雪事当在正月十三日至十四日间。又,《军机处随手登记档》正月十四日登载有顾琮所奏《雨雪折》,略云:"济宁州十二月十八日得雪六寸,正月初八日得雪七寸。"高宗硃批:"欣悦览之。"则高宗诗当作于正月十四。

同日,扈跸涿州,于行营观火戏。

《素余堂集》卷七《上元前夕行营观烟火即事》:"鞊鞨灯悬千月影,琉璃河映万霞光。"

《乾隆帝起居注·十六年正月》:"十四日壬子……奉皇太后观烟火,是日驻跸涿州北大营。"

正月十六日,扈跸赵北口行宫。

《素余堂集》卷七《赵北口行宫作》:"雪霁寒林表,烟霏社雨前。……畿南淳朴地,风景最移情。"

《乾隆帝起居注·十六年正月》:"十六日甲寅……是日驻跸赵北口行宫。"

正月十七日,经鄚州。

《素余堂集》卷七有《鄚州道中》四首。其四有"赵北燕南春入望"之句。

《(嘉庆)大清一统志》卷二二:"鄚县故城在任丘县北,本赵邑。……《明统志》:'鄚州城在任丘县北三十五里。'"

> 按:《南巡盛典》卷八〇:"自赵北口行宫起,三里十方院,五里枣林庄,十里鄚州,二里杜家营尖营,十里司马庄,五里香城铺,五里至八里屯尖营,二里罗各庄,六里南五里铺,十二里思贤村行宫,计程六十里。十六年、二十二年俱系设大营于关张村。"另据《起居注》,十六日驻跸赵北口行宫,十七日驻跸关张铺大营。鄚州既在赵北口与关张村之间,则经鄚州当在十七日。

正月十九日,燕九节,扈跸红杏园行宫,观烟火。

《素余堂集》卷七有《燕九日观灯》二首。其一云:"无边火树镕春雪,不断星球落晚风。"

《乾隆帝起居注·十六年正月》:"十九日丁巳,上奉皇太后观烟火。是日,驻跸红杏园行宫。"

正月二十日,拂晓自红杏园起程。

《素余堂集》卷七《晓行》:"远火如星月挂银,前旌晓指驿程新。烟含草树千村静,雪压沟塍万罫匀。"

按:《御制诗二集》卷二二有同题之作,编次于《燕九日观灯》之下。则此处之"晓行"当指二十日拂晓。

正月二十一日,过景州。

《素余堂集》卷七有《过景州》。

《乾隆帝起居注·十六年正月》:"二十一日己未,上幸景州开福寺拈香。"

入境山东,经德州,过济南,渡汶水。

《素余堂集》卷七有《入山东境》《过德州》《阅本》《恭依皇祖南巡过济南韵》《过泰山恭依皇祖诗韵》《望岱庙》《渡汶水》《喜晴》《望蒙山雪色再成》《雁》等诗。

《入山东境》有句云:"润含桑土先春社,暖入青郊见午烟。"

按:以上诸诗于集中系于《过景州》之后、《剡城道中》之前。

二月初三日,甫过剡城,旋入江南,经宿迁。

《素余堂集》卷七有《剡城道中》《入江南境》《宿迁道中作》《见新耕者》等诗。

《入江南境》:"刻玉游河恰仲春,乘时鸾辂记初巡。"

按:以上诸诗于集中系于《雁》之后、《惠济祠》之前。又《乾隆帝起居注·十六年二月》:"初三日辛未……大学士傅恒、协办大学士梁诗正奉谕旨:清跸所经,见兰山、郯城二县民气似逊他处,深为轸念。"则初三日当甫过剡城。

二月初八日,随驾至惠济祠。

《素余堂集》卷七有《惠济祠》。

《乾隆帝起居注·十六年二月》:"初八日丙子……上幸惠济祠、天妃闸阅下扫。"

随驾清江浦、钓鱼台等处。

《素余堂集》卷七有《赐沈德潜》《清江浦》《题钓鱼台》《示江苏学政庄有恭》等诗。

> 按:以上诸诗于集中系于《惠济祠》之后、《过淮安城》之前。

二月十四日,过淮安。

《素余堂集》卷七有《过淮安城》。

《乾隆帝起居注·十六年二月》:"十四日壬午……大学士傅恒奉旨:朕经过淮安,见城北一带内外皆水。"

二月十五日,沿水路至扬州,扈跸高旻寺行宫。

《素余堂集》卷七有《舟行》《维扬雨泛》《塔湾行宫恭依皇祖诗韵》等诗。

《舟行》有"水程次第记江南"之句。

《乾隆帝起居注·十六年二月》:"十五日癸未……奉皇太后幸扬州府。……是日,驻跸高旻寺行宫。"

> 按:《(嘉庆)大清一统志》卷九七:"高旻寺在江都县南三汊河西岸,有塔曰天中,其地为茱萸湾,亦名塔湾。本朝康熙二十八年恭建行宫。"则诗中"塔湾行宫"即高旻寺行宫。

二月十六日,随驾天宁寺,扈跸金山。

《素余堂集》卷七有《天宁寺小憩》《渡江驻跸金山》《初登金山得句》《登金山塔顶》等诗。

《乾隆帝起居注·十六年二月》:"十六日甲申……奉皇太后幸金山江天寺拈香。……是日,驻跸金山江天寺行宫。"

过润州。

《素余堂集》卷七有《润州道中作》。

二月十九日,扈跸常州府。

《素余堂集》卷七《过常州府城》:"往来都会州邻润,风物繁华俗近吴。"

《乾隆帝起居注·十六年二月》:"十九日丁亥……幸常州府天宁寺。"

二月二十日,高宗赋《寄畅园》《惠山寺》《惠山听松庵用竹炉煎茶因和明人题者韵即书王绂画卷中》《雨中游锡山》诸诗。有和作。

《素余堂集》卷七有《寄畅园》《惠山寺》,其下为卷八之《惠山听松庵用竹炉煎茶因和明人题者韵即书王绂画卷中》《雨中游锡山》。

《清高宗实录》卷三八三："戊子……奉皇太后至寄畅园进膳。"又《乾隆帝起居注·十六年二月》："二十日戊子……奉皇太后至秦园进早膳。幸惠泉寺。"

《(嘉庆)大清一统志》卷八七："寄畅园在无锡县惠山寺左。"又："惠山寺在无锡县西五里。""锡山在无锡县西五里惠山之支麓也。"

　　　按：《惠山听松庵用竹炉煎茶因和明人题者韵即书王绂画卷中》为《素余堂集》卷八之首篇，该卷自此诗以下为乾隆十六年作。

二月二十一日，嗣父于枋随在籍诸臣迎銮，蒙赏原衔，先生具折谢恩。

《奏为臣父于枋蒙恩赏给原衔谢恩事》："窃臣父原任翰林院编修于枋，罢职家居十载以来，时切就瞻之忱。恭逢我皇上銮辂南巡，不胜欣忭，随在籍诸臣跪迎圣驾。仰蒙圣慈赏给原衔，逾格栽培，恩同覆载。……乾隆十六年二月二十一日。"(一史馆，04—01—12—0080—061号)

二月二十一日，扈跸苏州。

《素余堂集》卷八《驻跸姑苏》。

《乾隆帝起居注·十六年二月》："二十一日己丑……是日驻跸苏州府行宫。"

二月二十二日，随驾虎丘。

《素余堂集》卷八有《奉皇太后游虎丘即景》。

《乾隆帝起居注·十六年二月》："二十二日庚寅，上奉皇太后幸虎丘。"

二月二十三日，扈跸灵岩。

《素余堂集》卷八有《驻跸灵岩》。

《乾隆帝起居注·十六年二月》："二十三日辛卯……驻跸灵岩山行宫。"

二月二十五日，随驾至报恩寺。同日，高宗宴准噶尔使臣及扈从诸臣，先生亦与其列。

《素余堂集》卷八有《宴准噶尔夷使》《再游支硎》。

《乾隆帝起居注·十六年二月》："二十五日癸巳……幸法螺寺、报恩寺。……赐准噶尔使臣并随从大臣等宴。"

《清高宗实录》卷三八三："癸巳……准噶尔使臣额尔钦等入贡觐于苏

州府行宫。”

按:《(嘉庆)大清一统志》卷七七:“报恩山一名支硎山,在县西南二十五里。”故《素余堂集》之《再游支硎》所纪即二十五日“幸法螺寺、报恩寺”一事。

二月二十六日,自苏州水路南下。

《素余堂集》卷八《舟发姑苏》有“桂棹转吴江”之句。

按:《乾隆帝起居注·十六年二月》:“二十五日癸巳……是日驻跸苏州府行宫。二十六日甲午……是日御舟驻跸南斗圩。”知当在二十六日于苏州启跸。

二月二十七日,入浙江境,扈跸嘉兴府。

《素余堂集》卷八有《入浙江境》《舟过嘉兴》。

《乾隆帝起居注·十六年二月》:“二十七日乙未……赐随从大臣并浙江大小官员等宴。……是日御舟驻跸嘉兴府北教场。”

三月初一日,升授翰林院侍讲学士。

《耐圃府君行述》:“辛未三月,升授翰林院侍讲学士。”

《乾隆帝起居注·十六年三月》:“初一日戊戌……吏部奏请补授翰林院侍讲学士二缺一疏,奉谕旨:励宗万、于敏中补授翰林院侍讲学士。”

励宗万(1705—1759),字滋大,号衣园,一号竹溪。直隶静海人。吏部尚书励廷仪子。乾隆六十年进士,选庶吉士。官至光禄寺卿。兼工书画,与张照齐名,号为“南张北励”。著有《京城古迹考》《衣园遗稿》《青箱堂集》等。传见《国朝耆献类征初编》卷六〇、《清朝先正事略》卷一三、《清史列传》卷一三等。

《大清会典》卷三“翰林院侍讲学士”条:“从四品。……满、汉各三人。”其职掌与侍读、侍讲同。

同日,出钱塘门,扈跸杭州圣因寺。

《素余堂集》卷八有《三月朔日车驾至杭州驻跸之作》《巡幸杭州恭依皇祖诗韵》《出钱塘门由段桥至圣因即境近体二律》《圣因行宫即景》《题西湖十景》《湖心亭》《天竺寺》《云栖》诸诗,皆其间作和。

《三月朔日车驾至杭州驻跸之作》:“蚕月初舒第一蓂,钱塘欣迓翠华停。……圣因行殿留天跸,奎画重摹十景亭。”

《乾隆帝起居注·十六年三月》:“初一日戊戌……是日驻跸圣因寺

行宫。"

> 按：诸诗于集中系于《净慈寺》之前。据《起居注》，是年三月初三
> 日驾幸净慈寺。又《清高宗纯皇帝实录》卷三八四："乾隆十六年辛未
> 三月戊戌朔……是日驻跸圣因寺行宫，至壬寅皆如之。"则上述诸诗
> 当奉和于圣因寺扈跸期间。

三月初三日，随驾净慈寺、敷文书院。

《素余堂集》卷八有《净慈寺》《题敷文书院》。

《题敷文书院》："臣忝此邦曾奉使，宣风犹愧未全敦。"自注云："御制
诗即命肄业诸生和。"

《乾隆帝起居注·十六年三月》："初三日庚子，上诣关帝庙、净慈寺拈
香。……幸敷文书院，登观潮楼。"

泛游西湖、小有天园。

《素余堂集》卷八有《西湖晴泛》《小有天园》。

> 按：此二诗于集中系于《题敷文书院》之后、《云林寺二十韵》
> 之前。

三月初四日，随驾至云林寺。

《素余堂集》卷八有《云林寺二十韵》。

《乾隆帝起居注·十六年三月》："初四日辛丑，上幸岳王庙、清涟寺，
至云林寺、天竺寺、理安寺拈香。"

三月初六日，渡钱塘江。

《素余堂集》卷八《渡钱塘江》有"海门潮上正春阳"之句。

《乾隆帝起居注·十六年三月》："初六日癸卯，驾临钱塘江祭毕，奉皇
太后渡江。"

三月初八日，陪祀禹陵，随驾至兰亭。

《素余堂集》卷八有《禹庙览古》《兰亭即事》。

《兰亭即事》："三月山阴道上行，禊游胜境望中生。"

《乾隆帝起居注·十六年三月》："初八日乙巳，上亲祭禹陵。……至
南镇，幸兰亭。"

三月初九日，自绍兴返杭，渡钱塘江，扈跸圣因寺行宫。

《素余堂集》卷八有《自绍兴一日渡江至圣因寺行宫》。

《乾隆帝起居注·十六年三月》："初八日乙巳……是日御舟驻跸绍兴

府西。初九日丙午,上奉皇太后回銮渡钱塘江至杭州。……是日驻跸圣因寺行宫。"

三月初十日,随驾至教场阅杭州旗兵,时随从大臣并浙江大小官员俱蒙赐饭。

《素余堂集》卷八有《阅杭州旗兵》。

《乾隆帝起居注·十六年三月》:"初十日丁未,驾至教场阅兵。……赐随从大臣、浙江大小官员等饭。"

三月中浣,闻河南得雨,高宗赋诗志喜。有和作。

《素余堂集》卷八《闻河南得雨喜志》:"清尘甘澍已随多,又报中州渥泽和。……驿使北来频送喜,从星箕毕验如何。"

据《军机处随手登记档》,十六日富勒赫折奏报河南雨雪情形,略云:"豫省于十二月内连得瑞雪。今春复屡降时雨,麦苗滋长,早秋丰成有望。"

> 按:此诗于集中系于《阅杭州旗兵》之后、《回銮至苏州驻跸》之前。据《起居注》,杭州阅兵事在三月初十日,回銮苏州事在三月十六日,则此诗当作于初十日至十六日间。

三月十六日,自杭返至苏州。

《素余堂集》卷八《回銮至苏州驻跸》:"吴江春欲暮,越峤跸初迥。"

《乾隆帝起居注·十六年三月》:"十六日癸丑,驾至苏州府。……是日驻跸行宫。"

三月二十二日,亡妻俞光蕙殁已年余,有诗怀之。

《素余堂集》卷三二有《感悼》四首,题下自注:"辛未三月廿二日。"其三云:"往事不堪频触拨,眼开终夜恨难消。"其四云:"枕上蝶魂疑或信,画中人影是耶非。"

高宗和沈德潜《山居杂诗》十首。先生步韵和之。

《素余堂集》卷八有《和沈德潜山居杂诗十首韵》。诗中自注云:"德潜有唐、明《诗别裁》及《古诗源》选本。"

沈德潜(1673—1769),字确士,一字碻士,号归愚。江苏苏州人。乾隆四年进士,选庶吉士。官至礼部侍郎。卒,谥文悫,入祀贤良祠。后因涉徐述夔案,罢祠削谥。其诗主格调之说,倡温柔敦厚。编选《古诗源》《唐诗别裁集》《明诗别裁集》《清史别裁集》等。著《归愚诗集》《归愚古文

集》《说诗晬语》等。传见《汉名臣传》卷二二、《国朝耆献类征初编》卷三
○、《清朝先正事略》卷一八等。

> 按：此诗于集中系于卷八《回銮至苏州驻跸》之后、卷九《江宁驻
> 跸恭依皇祖诗韵》之前。又《乾隆帝起居注·十六年三月》："二十三
> 日庚申……奉谕旨：致仕侍郎沈德潜著加恩照伊原官赏给本俸。"则
> 约此时所作。

三月二十四日，返抵江宁，随驾至报恩寺。

《素余堂集》卷九有《江宁驻跸恭依皇祖诗韵》《报恩寺六韵》。

《乾隆帝起居注·十六年三月》："二十四日辛酉，驾至江宁府。……
幸慈应寺、报恩寺拈香。……是日驻跸江宁府行宫。"

> 按：《江宁驻跸恭依皇祖诗韵》为《素余堂集》卷九之首篇，该卷自
> 此诗以下为乾隆十六年作。

三月二十五日，陪谒明太祖陵。

《素余堂集》卷九有《谒明太祖陵》《题太平箭》《阅兵》《登鸡鸣山即事》
诸诗。

《乾隆帝起居注·十六年三月》："二十五日壬戌，上躬诣明太祖陵致
祭。礼毕，奉皇太后阅兵。……幸机房，至鸡鸣寺、清凉寺拈香。"

> 按：诸诗于集中系于《报恩寺六韵》之后、《登陆》之前。

三月二十七日，随驾灵谷寺。

《素余堂集》卷九有《灵谷寺六韵》。

> 按：《乾隆起居注·十六年三月》："二十七日甲子……驾至灵谷
> 寺拈香。"

春，有咏《鸥》诗。

《素余堂集》卷三二有《鸥》三首。其二云："小桥流水带长堤，堤上人
家半枕溪。记得江乡曾见着，鸬鹚原北钓台西。"

> 按：此诗于集中系《相国舅氏溧阳史公赐第东厅落成敬悬御书
> 硕辅耆英匾额因成三十六韵》之后、《感悼（辛未三月廿二日）》之前，
> 是为乾隆十六年春所作。诗中所绘为江、浙一带景致，据《起居注》，
> 二月十五日抵扬州，则此诗或作于二月中旬至三月下旬间。

四月初十日，自顺河集登陆。

《素余堂集》卷九《登陆》有"乘辇乘舟随地利"之句。

按:《乾隆帝起居注·十六年四月》:"初九日丙子……是日御舟驻跸顺河集。"初十日即驻跸叶家庄大营,知登陆在初十日。

四月上浣,高宗临赵孟𫖯写意小册,仿得十纸,并录诗于右。嗣为之跋。

《石渠宝笈续编》著录有"《御笔书画合璧》一册"。御制序云:"行箧中适携赵吴兴写意小册,走笔戏仿得十纸。随录渡淮后近句于右,一时兴会不能自已。非欲与前人较工拙也。辛未南巡舟中御笔。"后附臣工跋文:"我皇上……岁正月南巡守,至于浙江,胜迹名山,留题殆遍。此为回銮时舟中之作。前幅临赵孟𫖯小景,后所录截句,皆吴越间近制也。……俯赐捧观,竟为额手。欢喜赞叹,不克自已。敬识数语于后。臣梁诗正、臣蒋溥、臣汪由敦、臣嵇璜、臣观保、臣裘曰修、臣董邦达、臣金德瑛、臣钱维城、臣于敏中拜手。"

按:高宗序云:"辛未南巡舟中御笔。"又跋云:"此为回銮时舟中之作。"据《起居注》,乾隆十六年四月初一至初九日水路回銮,高宗序当作于此时。而臣工跋文或回銮后作。

四月中浣,入山东境,渡沂水。

《素余堂集》卷九有《入山东境》《渡沂水》。

按:诸诗于集中系于《登陆》之后、《参岱庙》之前,则当为四月中旬事。

四月十九日,随驾至泰安岱庙瞻拜。

《素余堂集》卷九有《参岱庙》。

《乾隆帝起居注·十六年四月》:"十九日丙戌,驾至泰安府,幸东岳庙拈香。"又《清高宗实录》卷三八七:"丙戌,上至泰安府岱庙瞻礼。"

四月下浣,渡运河。

《素余堂集》卷九有《赋得麦浪》《渡运河即事》诸诗。

《赋得麦浪》有"农家四月秋先到"之句。

按:此二诗于《御制诗二集》卷二七中系于《谒岱庙》之后、《红杏园》之前。据《起居注》,四月二十六日驻跸红杏园行宫。则渡运河事当在四月十九至二十六日间。

四月二十九日,扈跸赵北口行宫。

《素余堂集》卷九《回銮赵北口驻跸》:"麦秋回法驾,瓜蔓续春流。……芳淀通沽水,长堤亘鄚州。"

《乾隆帝起居注·十六年四月》："二十九日丙申……是日驻跸赵北口行宫。"

五月初四日，随銮返至京师。嗣拟为《南巡圣德歌》十章，纪其始末。

《素余堂集》卷九《恭奉皇太后南巡回銮之作》其后半云："六时调膳征尧莆，五月迎薰叶舜弦。赓和分荣惭浅拙，吴愉勉赋奉华旃。"

《素余堂集》卷一有《南巡圣德歌十章》。其序云："辛未首春，诏举南巡之典，恭逢圣母皇太后六旬万寿。……臣生长江南，比复被渥恩，司两浙学政。凡昔圣祖仁皇帝驻跸之地，幸尝历睹仰读圣训及御制诗章。……古者天子巡狩，厥有太史采风陈诗。……臣自忖文辞谫陋，不足以宣雅正、美形容，而职在献纳，又奉侍内廷，不胜悾悾之愚，谨撰《圣德歌》十章，诚欲颂述皇帝法祖勤民，至仁大孝，以垂上则。……臣愚窃愿自附于长言之义，谨拜手稽首以献。"十章诗题依次为：《绳武》《祝禧》《览风》《观河》《阜民》《作人》《考政》《展祀》《行庆》《敦俗》。

> 按：《南巡圣德歌》第九章《行庆》小序云："自启驾至回銮，复职赐爵，赏赉兵民之诏凡数十下。"知此诗纪至回銮。据《起居注》，知五月初四日返抵圆明园。

五月初五日，高宗奉皇太后观竞渡，赋诗纪之。有和作。

《素余堂集》卷九有《午日侍皇太后观竞渡》。

《乾隆帝起居注·十六年五月》："初五日辛丑，上奉皇太后幸万方安和进早膳，蓬岛瑶台观竞渡。"

五月初八日至三十日，直起居注。

《乾隆帝起居注·十六年五月》："初八日，是日起居注官于敏中、德尔泰。……五月十五日，是日起居注官于敏中、陈大倫、达麟图、德尔泰。……五月十九日，是日起居注官于敏中、馨泰。……五月三十日，是日起居注官文保、钱维城、于敏中、胜保。"

五月，奉敕纂辑《西清古鉴》四十卷告竣，与梁诗正等联名跋尾。

《钦定西清古鉴》跋云："臣等于乾隆己巳冬奉敕纂辑《西清古鉴》，每一卷书成，辄恭呈。定阅二岁，岁在辛未夏五月，是编告竣，奉旨付剞劂氏。……今是书所录，上溯有殷，下逮唐室，至近者亦千有余年矣。其器具在，胪举于图，可不谓之大观者乎！于以上供乙览，传示来兹，将三代以来名物、象数咸型然于心目之中。……臣梁诗正、臣蒋溥、臣汪由敦、臣嵇璜、臣观保、臣裘曰修、臣董邦达、臣金德瑛、臣王际华、臣钱维城、臣于敏中谨跋。"梁诗正以下十一人,并见卷首《职名》所列"编纂"之员。

王际华(1717—1776),字秋瑞,号白斋,一号梦舫居士。浙江钱塘人。乾隆十年一甲第三名进士,授翰林院编修。官至户部尚书,兼四库馆正总裁。卒,赠太子太保,谥文庄。奉敕编《四库全书》《四库全书荟要》等。传见《国朝耆献类征初编》卷八八、《清史稿》卷三二一、《皇清书史》卷一六。

《四库全书总目》卷一一五:"《钦定西清古鉴》四十卷。乾隆十四年奉敕撰。以内府庋藏古鼎、彝、尊、罍之属案器为图,因图系说,详其方圆围径之制、高广轻重之等,并钩勒款识,各为释文。其体例虽仿《考古》《博古》二图,而摹绘精审,毫厘不失,则非二图所及;其考证虽兼取欧阳修、董逌、黄伯思、薛尚功诸家之说,而援据经史,正误析疑,亦非修等所及。……读是一编而三代法物恍然如睹。"

同月,奉敕纂辑《钱录》十六卷告成,与梁诗正等联名序之。

《钦定钱录》卷首序云:"臣等谨按:历代钱文……今单行于世,号为完书者,惟南宋洪遵《泉志》一编而已。……臣等奉敕纂辑《钱录》一书……参以诸家,若夫周秦而下,下逮有明,系年、系月、系日,数千余岁间班班可考。……又洪氏所志,不必原有是钱,今则内府之藏,周罗几席,按状成图,因文考事,此核实而有征,彼凭虚而独造相提并论,固自不侔。是书也始事于乾隆庚午之冬月。……越辛未夏仲始克告竣。为书十六卷,为钱五百六十有七枚,轮郭肉好、广狭、长短之制,形诸绘画,并如其真。篆籀分楷、行、草,一肖本文摹之。付之剞劂,用广流传。后之览者,无徒悦其古泽,等于器玩之末观。……臣梁诗正、臣蒋溥、臣汪由敦、臣嵇璜、臣观保、臣裘曰修、臣董邦达、臣金德瑛、臣钱维城、臣于敏中谨序。"

《四库全书总目》卷一一五:"《钦定钱录》十六卷。乾隆十五年奉敕撰。卷一至卷十三详列历代之泉布,自伏羲氏迄明崇祯,以编年为次;第十四卷列外域诸品;第十五、十六卷以吉语、异钱、厌胜诸品殿焉。……是编所录,皆以内府储藏得于目睹者为据,故不特字迹、花纹一一酷肖,即围径之分寸毫厘,色泽之丹黄青绿,亦穷形尽相,摹绘逼真,而考证异同,辨订真伪,又皆根据典籍。"

闰五月初一日至九月初三日,连直起居注。

《乾隆帝起居注·十六年闰五月》:"初一日,是日起居注官于敏中、达麟图。……闰五月十二日,是日起居注官文保、于敏中。……闰五月二十三日,是日起居注官于敏中、奉宽。……六月初四日,是日起居注官于敏中、武极理。……六月十五日,是日起居注官于敏中、胜保。……六月二十六日,是日起居注官于敏中、德尔泰。……九月初三日,是日起居注官于敏中、馨泰、胜保、金甡。"

奉宽(1722—1774),觉罗氏,字彰民,号栗斋,又号硕亭。满洲正蓝旗人。乾隆七年进士,选庶吉士。官至镶白旗满洲副都统,兼武英殿总裁、翰林院掌院学士。卒,赠太傅,谥文勤。传见《国朝耆献类征初编》卷八七、《八旗诗话》《爱新觉罗宗谱》戊一。

金甡(1702—1782),字雨叔,号海住。浙江仁和人。乾隆七年一甲第一名进士,授翰林院修撰。官至礼部侍郎。著有《静廉斋诗集》。传见《国朝耆献类征初编》卷八七、《清史稿》卷三〇五、《词林辑略》卷四。

作《赋得清露点荷珠》。

诗见《素余堂集》卷三二。

按:此诗于集中系于《感悼辛未三月廿二日》之下、《中秋》之前,疑亦乾隆十六(辛未)年作。

八月十五日,有诗感怀。

《素余堂集》卷三二《中秋》:"尘镜空余对影怜,不知今夕是何年。砧声作意催攴漏,水调无心付管弦。一半秋光如梦过,十分明月为谁圆。彩鸾容易随云化,自是书生骨未仙。"

九月初九日,重阳,陶元藻登陶然亭赋禁体诗,先生步韵和之。元藻昨岁入京,为先生延入府邸讲学。

《素余堂集》卷三二《和陶篑村九日登陶然亭禁体诗韵》:"今年九日好天气,且谈风月持双螯。吟肩寒瘦耸更苦,白战未敢矜雄豪。"

陶元藻《泊鸥山房集》卷二〇有《九日偕同人登陶然亭》。又卷二《来旸谷七十寿序》:"辛未岁,余北游讲学于耐圃少农之第,尝过旸谷寓,围炉烹茗,慷慨谈心。"

陶元藻(1716—1801),字龙溪,号篑村,晚号凫亭。浙江山阴人。贡生。工诗。著有《泊鸥山房集》《凫亭诗话》《越彦遗编考》《越画见闻》《香

影词》等,另辑有《全浙诗话》。传见《国朝耆献类征初编》卷四三三、《两浙
輶轩录》卷二二等。

> 按:陶元藻《泊鸥山房集》卷一七《山东道中作》:"乾隆庚午岁且
> 徂,担囊蹂躐之京都。"则陶元藻于乾隆十五年至京师,次年讲学于先
> 生府邸。《两浙輶轩录》卷二二:"篁村著述甚富,为于耐圃、梁瑶峰二
> 公所推重。"

九月十二日,充武会试副考官,李因培充正考。

《耐圃府君行述》:"辛未……九月充武会试副总裁。"

《清高宗实录》卷三九八:"乙亥……以兵部侍郎裘曰修为知武举,内
阁学士兼礼部侍郎李因培为武会试正考官,翰林院侍讲学士于敏中为副
考官。"

李因培(1717—1767),字其材,号鹤峰。云南晋宁人。乾隆十年进
士,选庶吉士。历官湖北、湖南、福建巡抚、四川按察使。后以湖南巡抚
任内瞒报仓谷亏空之事,被赐自尽。著有《鹤峰诗钞》。传见《汉名臣
传》卷二五、《国朝诗人征略初编》卷三二、《清史稿》卷三三八、《词林辑
略》卷四。

九月二十一日至三十日,连直起居注。

《乾隆帝起居注·十六年九月》:"二十一日,是日起居注官于敏中、馨
泰。……二十九日,是日起居注官文保、于敏中。……三十日,是日起居
注官钱维城、于敏中、奉宽、武极理。"

九月,高宗仿赵孟頫真、草二体以书《无逸》。与梁诗正等联名跋尾。

《石渠宝笈续编》著录有"《御书无逸真草二体》一卷"。御款作"乾隆
辛未秋九月御笔"。后附臣工跋云:"我皇上……于几暇仿赵孟頫作真、草
二体,书成此卷,并题长律于后。……臣等捧观之次……窃附数言于末,
以志深幸云。臣梁诗正、臣蒋溥、臣汪由敦、臣嵇璜、臣观保、臣裘曰修、臣
董邦达、臣金德瑛、臣钱维城、臣于敏中拜手敬识。"

十月初五日至十二月二十五日,连直起居注。

《乾隆帝起居注·十六年十月》:"初五日,是日起居注官文保于敏中、
胜保、金甡。……十月初七日,是日起居注官于敏中、武极理。……十月
十八日,是日起居注官于敏中、胜保。……十月二十九日,起居注官于敏
中、德尔泰。"又同年十一月,"初四日,是日起居注官于敏中、陈大晫、馨

泰、达麟图。……初十日,是日起居注官丁敏中、馨泰。……十九日,是日起居注官于敏中、武极理。……二十一日,是日起居注官于敏中、胜保、达麟图、罗暹春。……二十八日,是日起居注官于敏中、达麟图。"同年十二月,"初八日,是日起居注官于敏中、胜保。……十四日,是日起居注官于敏中、胜保、德尔泰、王太岳。……十五日,是日起居注官于敏中、胜保。"

十二月二十日,立春。高宗有《壬申春帖子词》。有和作。

《石渠宝笈三编》著录有"《高宗纯皇帝御笔岁朝图》一轴"。幅内御题云:"壬申春帖子词二首,并写《岁朝图》书之。"后附先生和章,内有"喜从岁德占云物,壬养金穰总可书"之句。

　　按:据《近世中西史日对照表》,壬申年立春在乾隆十六年十二月二十日。

十二月二十三日、二十八日,直起居注。

《乾隆帝起居注·十六年十二月》:"二十三日,是日起居注官于敏中、胜保。……二十八日,是日起居注官于敏中、胜保、德尔泰、张若需。"

十二月,奉敕书《御制金刚经塔》。

《秘殿珠林续编》著录"于敏中书御制金刚经塔"一轴。款作"乾隆辛未嘉平月,臣于敏中奉敕敬书"。

是岁,为嗣父于枋、嗣母史氏请封,并将本身应得封典貤封生父树范及生母张氏。

《奏为生父树范在籍病故请改正归宗俾得终三年服制并可循例终养生母折》:"敏中叨列仕籍,于乾隆十六年恭遇覃恩,曾为嗣父母请封,并将本身应得封典貤封本生父母在案。"(台湾史语所,168094—001号)

是岁,陈大受卒。

　　　　乾隆十七年　壬申(1752)　三十九岁

正月初一日,直起居注。

《乾隆帝起居注·十七年正月》:"初一日,是日起居注官于敏中、达麟图、德尔泰、王太岳。"

正月初,高宗应沈德潜之请,为题明人绘文征明像。另有诗赠顾栋高。先生有和作。

《素余堂集》卷九有《题文征明像》《赐顾栋高》。

顾栋高（1679—1759），字复初，一字震沧，号左畬。江苏无锡人。康熙六十年进士，乾隆十六年以经学入选，任国子监祭酒。著有《春秋大事表》《大儒粹语》《毛诗类释》及《续编》等。传见《文献征存录》卷五。

　　按：《御制诗二集》卷三一（壬申）俱有同题之作，系于《正月二日小宴廷臣》之后，《雪正月六日》之前。《题文征明像》题下高宗自注："沈德潜持明人画征明小像乞题句。征明，故正士也。怡然允之。"

　　又按：《素余堂集》卷九自《题文征明像》以下为乾隆十七年作。

正月初七日、十三日，直起居注。

《乾隆帝起居注·十七年正月》："初七日，是日起居注官于敏中、胜保、达麟图、张若需。……十三日，是日起居注官于敏中、胜保。"

正月十七日，刘统勋宣示御制《上元灯词》命和。先生脱稿最先，复取易之，研思良久，至四鼓方成，较前作顿为改观。钱陈群有诗纪之。

钱陈群《香树斋诗续集》卷一有《壬申正月十七日延清尚书宣示御制上元灯词八首典丽雅则超迈三唐篇末忧勤惕厉道合豳风义存蟋蟀心悦诚服各见恭和诗中时同人呈本约投弊斋及晨汇送御园东山董宗伯家稼轩阁学及拙诗已装入匣子于耐圃学士脱稿最先及阅同人诗有词义稍同者复取易之迟久未至辄遣长须走促至于再至于三未应及诗成则漏下四鼓矣急取读之焕若精华顿为改观钟太傅有云羲之学书池水尽黑使人耽之若是未必后之也欧阳率更观索靖碑至卧其下三日乃去康熙间新城王尚书奉使入粤适竹垞钝翁亦客于此翁山元孝药亭三人者方以诗笔雄长南服高会赋诗取南海庙前木棉花为题药亭诗早出及见渔洋竹垞诸人诗称疾辞去凡一昼夜得第二稿见者惊叹以为莫及翁山作诗赠之曰苦吟真一死得句即长生载药亭诗集序中余亦仿前辈遗事成二绝句以嘲耐圃且使后生末学知诗虽小道非殚力研思未能成就若是也》。

《素余堂集》卷九有《上元灯词》八首。其一云："通明殿外春光好，一片红云火树丰。"其五云："焰吐连盘酒匝巡，传柑宴进舞灯人。"

刘统勋（1700—1773），字延清，号尔钝。山东诸城人。雍正二年进士，选庶吉士。历官工部、刑部、吏部、礼部等部尚书，又兼国史馆、四库馆总裁。卒，赠太傅，谥文正，入祀贤良祠。著有《刘文正公集》。传见《碑传集》卷二七、《国朝耆献类征初编》卷二一、《清朝先正事略》卷一六、《清史列传》卷一八等。

> 按：《御制诗二集》卷三一(壬申)有《上元灯词》八首,用韵与此诗
> 全同,则《素余堂集》卷九之《上元灯词》八首即乾隆十七(壬申)年
> 所作。

正月十九日、二十五日,直起居注。

《乾隆帝起居注·十七年正月》："十九日,是日起居注官于敏中、馨泰。……二十五日,是日起居注官于敏中、武极理。"

正月,高宗画古干梅。为之题咏。

《素余堂集》卷二二《恭题御笔古干梅》："移植江南寺,持芳质独存。……和盐如可拟,应许佐清霏。"自注云："是日微雪。"

> 按：此诗并见《石渠宝笈续编》"《御笔画古干梅》一轴"(御款"乾隆壬申新春")后所附臣工题识,末署"臣于敏中敬题"。

二月初一日至十五日,连直起居注。

《乾隆帝起居注·十七年二月》："初一日,是日起居注官于敏中、德尔泰。……初五日,是日起居注官于敏中、胜保、德尔泰、王太岳。……初七日,是日起居注官奉宽、于敏中、胜保、陆嘉颖。……初八日,是日起居注官于敏中胜保。……十五日,是日起居注官于敏中、馨泰。"

二月下浣,高宗有《咏玉蝶》诗。有和作。

《素余堂集》卷九《玉蝶》："应手均调规有美,转圆温润巧由兹。"

> 按：《御制诗二集》卷三二(壬申)有同题之作,系于《清明》之后、
> 《仲春展谒东陵启跸之作》之前。据《近世中西史日对照表》,是年清
> 明在二月二十日。又据《乾隆帝起居注》,展谒东陵启跸事在二月二
> 十二日。则高宗此诗当作于二月二十日至二十二日间。

三月初六日至六月十七日,连直起居注。

《乾隆帝起居注·十七年三月》："初六日,是日起居注官于敏中、武极理。……十二日,是日起居注官于敏中、胜保。……十三日,是日起居注官于敏中、武极理、德尔泰、陈兆仑。……十五日,是日起居注官于敏中、胜保、馨泰、罗暹春。……十八日,是日起居注官于敏中、武极理。……二十四日,是日起居注官于敏中、胜保。……二十八日,是日起居注官于敏中、武极理、德尔泰、陆嘉颖。……三十日,是日起居注官于敏中、武极理。"同年四月,"十二日,是日起居注官于敏中、武极理。……十九日,是

日起居注官于敏中、德尔泰。……二十五日,是日起居注官于敏中、武极理、德尔泰、陆嘉颖。……二十七日,是日起居注官于敏中、胜保。"五月,"初五日,是日起居注官于敏中、胜保。……十四日,是日起居注官奉宽、于敏中。……二十四日,是日起居注官于敏中、武极理。"六月,"初五日,是日起居注官馨泰、于敏中。……十七日,是日起居注官德尔泰、于敏中。"

六月二十四日,试于正大光明殿。经高宗评定,同陈兆仑、朱珪等十二人并列二等。

《乾隆朝上谕档》:"乾隆十七年六月二十四日内阁奉上谕:昨于正大光明殿考试翰林、詹事等官,朕亲加详阅,按其文字优劣分为四等。一等:汪廷玙、窦光鼐、杨述曾等三员;二等:陈兆仑、朱珪、梁国治、刘星炜、于敏中、庄存与、陈大晫、积善、钱汝诚、金甡、奉宽、秦镬等十二员。"

汪廷玙(1718—1783),初名汪璇,字衡玉,号持斋。江苏太仓人。乾隆十三年一甲第三名进士,授翰林院编修。官至工部侍郎,并兼四库馆总阅官。卒,谥文定,晋授光禄大夫。嘉庆八年,入乡贤祠。著有《赐书堂集》。传见《广清碑传集》卷八、《国朝耆献类征初编》卷八九、《皇清书史》卷一八。

窦光鼐(1720—1795),字元调,号东皋。山东诸城人。乾隆七年进士,选庶吉士。历官礼部侍郎、都察院御史。精研经史,诗赋俱佳。著有《省吾斋集》《东皋诗文集》。传见《碑传集》卷三六、《清史列传》卷二四。

朱珪(1731—1806),字石君,号南崖,又号盘陀老人。直隶大兴县人。乾隆十三年进士,选庶吉士。历官兵部、吏部、户部等部尚书,并兼国史馆、会典馆总裁之职。卒,赠太傅,谥文正,入祀贤良祠。著有《知足斋诗文集》《皇朝词林典故》等。传见《碑传集》卷三八、《国朝耆献类征初编》卷二九、《清史列传》卷二八等。

刘星炜(1718—1772),字映榆,号圃三。江苏武进人。乾隆十三年进士,选庶吉士。历官至工部侍郎。著有《思补堂文钞》。传见《碑传集补》卷三、《国朝耆献类征初编》卷八九、《清史列传》卷二六等。

庄存与(1719—1788),字方耕,号养恬。江苏武进人。乾隆十年一甲第二名进士,授翰林院编修。历官至礼部侍郎,并兼四库馆纂修官。倡今文经学,精研《春秋》公羊之学,为常州学派代表。著有《味经斋遗书》。传见《碑传集补》卷三。

钱汝诚(？—1779)，字主敬，一字立之，号东农。浙江海盐人。刑部尚书钱陈群子。乾隆十三年进士，选庶吉士。历官至刑部侍郎，并兼四库馆、三通馆副总裁。精工诗、画。传见《国朝耆献类征初编》卷七五、《清朝先正事略》卷一五、《清史列传》卷一九。

六月二十六日，直起居注。

《乾隆帝起居注·十七年六月》："二十六日，是日起居注官奉宽、于敏中。"

七月初四日，直起居注。

《乾隆帝起居注·十七年七月》："初四日，是日起居注官国柱、于敏中。"

七月初七日，高宗画鸡冠花并题旧作于右。步韵和之。

《石渠宝笈三编》著录有"《高宗纯皇帝御笔画鸡冠花》一轴"。御题曰："秋卉绕阶，辄相像其意为之，并书旧作于右。壬申七夕。"后附先生和章："墨华秋洒艳于春，飞动关生妙入神。仿佛扶桑丽仙掌，一枝承露倚初晨。臣于敏中恭和。"

七月初九日，充本日起居注官。

《乾隆帝起居注·十七年七月》："初九日，是日起居注官国柱、于敏中。"

七月上浣，高宗赋《再咏玉蝶》诗。有和作。

《素余堂集》卷九《再咏玉蝶》："如弓宛转规成九，应手晶莹采有三。"

按：《御制诗二集》卷三五(壬申)有同题之作，系于《雨七月初九日》之下，则高宗诗当作于七月上旬。

七月十三日、十七日，直起居注。

《乾隆帝起居注·十七年七月》："十三日，是日起居注官德昌、于敏中。……十七日，是日起居注官文保、国柱、于敏中、汪廷玙。"

八月初四日，侍读学士员缺，列名充补之员。

达尔当阿《题为翰林院侍读学士员缺开列应转应升人员于敏中国玉章等员职名单请旨事》："臣达尔当阿等谨题为补授翰林官员事。翰林院侍读学士周长发员缺应补，查《品级考》内开'翰林院侍读学士由侍讲学士转'。……该臣等议得翰林院侍读学士周长发员缺。……相应开列职名具题,恭候皇上简用。……计开应转人员:日讲起居注官侍讲学士于敏中,江南进士。……乾隆十七年八月初四日。"(一史馆,02—01—03—04963—006号)

九月二十六日,转补翰林院侍读学士。

《耐圃府君行述》:"壬申九月转补翰林院侍读学士。"

《乾隆帝起居注·十七年九月》:"二十六日,吏部奏请补授翰林院侍读学士员缺一疏,上曰:于敏中转补翰林院侍读学士。"

《大清会典》卷三"翰林院侍读学士"条:"从四品。……满、汉各三人。"其职掌与侍讲学士同。

九月至十月,连直起居注。

《乾隆帝起居注·十七年九月》:"三十日,是日起居注官国柱于敏中、金姓、胜保。"同年十月,"初二日,是日起居注官于敏中、胜保、武极理、张若需。……十七日,是日起居注官德尔泰、于敏中、胜保、张裕荦。……十九日,是日起居注官德昌、胜保、于敏中、张若需。"

十一月初九日,补授詹事府少詹事兼翰林院侍讲学士。

《耐圃府君行述》:"壬申……十一月升授詹事府少詹事兼翰林院侍讲学士。"

《乾隆帝起居注·十七年十一月》:"初九日,吏部奏请补授詹事府少詹事员缺一疏,上曰:于敏中补授詹事府少詹事,兼翰林院侍讲学士。"

《大清会典》卷三"詹事府少詹事"条:"正四品。"又《清通典》卷二三"詹事府少詹事"条:"满洲、汉人各一人。汉人少詹事兼翰林院侍讲学士衔。掌经史文章之事凡充日讲官、纂修书籍、典试提学皆与翰林官同。凡遇秋审、朝审及奉旨下九卿、翰林、詹事、科道会议之事,咸入班预议焉。"

十一月至十二月,连直起居注。

《乾隆帝起居注·十七年十一月》:"十九日,是日起居注官武极理、于敏中。……三十日,是日起居注官胜保、于敏中。"同年十二月,"初十日,是日起居注官文保、于敏中。……二十日,是日起居注官于敏中、德尔泰。"

是岁,为子齐贤娶妇徐氏。

《耐圃府君行述》:"壬申……是年为先考娶我先母徐恭人。"又:"我母徐恭人,诰赠恭人,吏部尚书谥文敬徐公曾孙女,巡抚陕西兵部侍郎静谷公讳杞孙女，光禄寺署正公讳翼燕女。"

《于氏家乘》："徐恭人雍正甲寅正月十四日生。"

"文敬徐公"即徐潮(1647—1715)，字青来，号浩轩。浙江钱塘人。康熙十二年进士。历官户部尚书、吏部尚书。与修《三朝国史》《平定方略》《明史》《佩文韵府》。著有《愿学录》及《诗文集》。卒谥文敬，晋赠太子太保，太子太傅，东阁大学士，入祀贤良祠。传见《清朝先正事略》卷一〇。

徐杞，字集功，号静谷。浙江钱塘人。康熙五十一年进士，授翰林院编修。历官宗人府府丞，西安巡抚加三级，诰授资政大夫，晋光禄大夫。传见《通奉大夫例晋资政大夫宗人府府丞徐公墓表》(《道古堂全集·文集》卷四四)。

徐翼燕，浙江钱塘人。乾隆元年举人，光禄寺署正。敕授儒林郎。传见《光绪庚辰科会试徐琪硃卷》。

是岁，奉敕题青莲朵。

《素余堂集》卷二二有《奉敕题青莲朵》。

　　按：《御制诗二集》卷三一(壬申)有《青莲朵》。《素余堂集》将此诗系于《恭题御笔古干梅》之后、《癸酉春帖子词》之前。《恭题御笔古干梅》，《石渠宝笈续编》著录为乾隆十七年作；癸酉立春，在十八年正月初一日。此诗系于两者间，则当为乾隆十七年(壬申)作。

乾隆十八年　癸酉(1753)　四十岁

正月初一日，立春。有《癸酉春帖子词》。

《素余堂集》卷二二《癸酉春帖子词》："十雨五风征协应，早从东壁验农祥。"

　　按：据《近世中西史日对照表》，乾隆十八年立春日在正月初一。

　　又按：春帖子之制，据《国朝宫史》卷八："进春帖子。每岁立春之前，南书房翰林等恭进春帖子词。……交懋勤殿首领太监恭呈御览后，陈设乾清宫西暖阁温室内案上，将旧岁春帖子词换出，收贮懋勤殿。仍颁赐诸翰林福字笺暨笔墨、笺纸等物。"又《国朝宫史续编》卷四六："春帖子之制……自乾隆八年癸亥始吟此体，或五言，或七言，不拘首数，胪实成章。……臣工之内直者亦得藉抒吉语，骈颂新禧。"

其进呈时间，随立春日在新岁或旧岁而稍异。对此，诸家记载亦略有不同。《国朝宫史》卷八称："岁内立春者在二十日以前进，新岁立春者在二十日以后进。"《西清笔记》卷一则称："立春在新年，则于小除日进；在旧年，则于立春前三日进。"知春帖子词系因立春而作，但写作、进呈时间未必在立春当日。

正月初四日、初八日，充当日起居注官。

《乾隆帝起居注·十八年正月》："初四日庚申，是日起居注官于敏中、奉宽、金甡、胜保。……初八日甲子，是日起居注官文保、于敏中。"

正月初十日，奉命与茶宴，以"新正咏雪"为题联句。

《清高宗实录》卷四三〇："丙寅……召大学士及内廷翰林等茶宴，以新正咏雪联句。"

《御制诗二集》卷三八有《新正咏雪联句》。联句者自高宗以下依次为：傅恒、来保、史贻直、陈世倌、阿克敦、孙嘉淦、蒋溥、刘统勋、汪由敦、尹继善、嵇璜、介福、董邦达、嵩寿、钱维城、观保、裘曰修、德保、于敏中、庄存与。

《清通志》卷一一六：《新正咏雪联句》，乾隆十八年。……五言古。汪由敦奉敕正书。"

来保(1681—1764)，喜塔腊氏，字学图。满洲正白旗人。康熙中，自库使授侍卫。历官工部、刑部、兵部等处尚书，并兼律例馆、方略馆、诗经馆总裁之职。卒，赠太保，谥文端，入祀贤良祠。奉敕撰有《平定金川方略》《平定准噶尔方略》。传见《国朝耆献类征初编》卷一四、《清史列传》卷一五。

陈世倌(1680—1758)，字秉之，号莲宇。浙江海宁人。礼部尚书陈诜子。康熙四十二年进士，选庶吉士。历官兵部尚书、工部尚书，并兼玉牒馆副总裁。卒，谥文勤。著有《建中录》《训士学古录》《宋十贤传》等。传见《碑传集》卷二六、《国朝耆献类征初编》卷一六、《清朝先正事略》卷一〇。

阿克敦(1685—1756)，章佳氏，字仲和，一字立轩。满洲正蓝旗人。康熙四十八年进士，选庶吉士，授翰林院编修。历官至刑部尚书兼都察院左都御史。卒，谥文勤。著有《德荫堂集》。传见《碑传集》卷二六、《清史列传》卷六六。

孙嘉淦(1683—1753),字锡公,号懿斋,一号静轩。山西兴县人。康熙五十二年进士,选庶吉士,授检讨。历官至吏部尚书。传见《碑传集》卷二六、《清史列传》卷一五。

介福(? —1762),佟佳氏,字受兹,一字景庵,号野园。满洲镶黄旗人。雍正十一年进士,选庶吉士。历官至礼部侍郎,兼玉牒馆副总裁。传见《国朝耆献类征初编》卷四二、《词林辑略》卷三。

嵩寿(? —1755),字茂承,号云依。满洲正黄旗人。雍正元年进士,选庶吉士,授翰林院编修。历官至礼部右侍郎,兼汉军镶黄旗副都统。传见《清史稿》卷二三二。

按:重华宫茶宴,详《国朝宫史》卷七:"恭遇每岁新正,特召内廷大学士、翰林于重华宫茶宴联句。奏事太监预进名签。既承旨,按名交奏事官员宣召入宫,只俟届时引入。宫殿监预饬所司具茶果,承应宴戏,懋勤殿首领太监等具笔墨纸砚。诸臣俱以次一叩列坐。御制诗下,授简联赓。宴毕颁赏,诸臣跪领趋退。其恩赐之物,宫殿监临期恭候钦定,排列呈览。"而宴间诸臣之联句,亦非完全出于自撰。《御制诗四集》卷七七《重华宫茶宴内廷大臣翰林等题快雪堂帖联句并成二律》"捉刀无碍皆朝彦"句,自注云:"初年联句,于宴次授简,每即缮时刻。嗣后先成御制句,发交内廷翰林排次成什,非预宴诸人皆自撰也。"又《御制诗四集》卷四一《紫光阁锡宴联句召大学士并成功将佐及内廷翰林等至重华宫茶宴得诗二首》"联句何妨有捉刀"句,自注云:"至宴间联句,不妨人代为之。且迩年新正联句,皆预拟御制句成,其余则命内廷翰林以次拟就,临时填名,即外廷词臣亦非其即席自作也。"《恩福堂笔记》卷上亦载:"乾隆初年诸臣咸集宫阙,依次联吟,有方构思而上已代成者。后则南书房拟成,全首每四句下署一臣名,先期将大学士、尚书、侍郎衔名缮写绿头签,南书房行走者即写南书房翰林,共派二十八人。"知乾隆早年重华联句为臣工即席自撰,其后渐演变成由内廷翰林预先代拟,茶宴日诸臣只须按次于句下填名,非出己手,亦非作于当日。

正月十七日,充本日起居注官。

《乾隆帝起居注·十八年正月》:"十七日,是日起居注官德昌、于敏中。"

正月二十三日,子齐贤妻徐氏病卒,葬于南店。

《耐圃府君行述》:"先母徐恭人来归,未久得疾早世。"

《于氏家乘》:"徐恭人……乾隆癸酉正月廿三日卒。"

《素余堂集》卷三四《亡儿归殡有日诗以寄恸》:"只期南店月,双照妥归魂。"自注云:"儿初娶钱塘徐氏,先亡。今将合殡于南店。"

正月二十七日,充本日起居注官。

《乾隆帝起居注·十八年正月》:"二十七日,是日起居注官奉宽、于敏中。"

二月,长女生,妾张氏所出。

《耐圃府君行述》:"癸酉二月长姑母生。"又云:"女二人,俱张夫人出。"

三月初二日,充本日起居注官。

《乾隆帝起居注·十八年三月》:"初二日,是日起居注官武极理、于敏中。"

三月初四日,升授詹事府詹事兼翰林院侍读学士。

《耐圃府君行述》:"癸酉……三月升授詹事府詹事兼翰林院侍读学士。"

《乾隆帝起居注·十八年三月》:"初四日,吏部奏请补授詹事府詹事员缺一疏,上曰:于敏中补授詹事府詹事兼翰林院侍读学士。"

《清高宗实录》卷四三四:"庚申……以詹事府少詹事于敏中为詹事。"

《大清会典》卷三:"詹事府詹事,正三品。……满、汉各一人。"其职掌与少詹事同。

　　　　按:《清史列传》本传将此系于二月,非。

三月至五月,连直起居注。

《乾隆帝起居注·十八年三月》:"十二日,是日起居注官胜保、于敏中。"同年四月,"初一日,是日起居注官于敏中、德尔泰、武极理、金甡。……初五日,是日起居注官于敏中、德昌、金甡、胜保。……十三日,是日起居注官于敏中、胜保。……二十四日,是日起居注官武极理、于敏中。……二十八日,是日起居注官于敏中、德昌、胜保、汪廷玙。"五月,"十九日,是日起居注官德尔泰、于敏中、德昌、金甡。"

六月二十八日,以内阁学士员缺,列名充补之员。

傅恒《题报内阁学士员缺开列于敏中等应升人员职名请旨简用事》:

"该臣等议得内阁学士窦光鼐丁忧,员缺应补。应将詹事府詹事于敏中等职名开列具题。……乾隆十八年六月二十八日。""计开应升人员"内,有"詹事府詹事于敏中,江南进士"。(一史馆,02—01—03—05028—012号)

六月,高宗赋《习字诗》。同蒋溥、汪由敦等联名跋尾。

《石渠宝笈续编》著录《御笔习字诗》一卷。御款作"时癸酉六月也御笔"。附臣工跋语,末云:"臣等幸侍清秘,心殷钻仰。惟自愧樗谫,不克警奋,以仰副万一云。臣蒋溥、臣汪由敦、臣嵇璜、臣观保、臣钱维城、臣于敏中拜手恭跋。"

七月十一日,升授内阁学士兼礼部侍郎。

《耐圃府君行述》:"七月升授内阁学士兼礼部侍郎。"

《乾隆帝起居注·十八年七月》:"十一日甲子……吏部奏请补授内阁学士员缺一疏,上曰:于敏中补授内阁学士兼礼部侍郎。"

《清高宗实录》卷四四二:"甲子……以詹事府詹事于敏中为内阁学士兼礼部侍郎。"

《大清会典》卷三"内阁学士兼礼部侍郎"条:"从二品。"又《清通典》卷二三"内阁学士兼礼部侍郎"条:"满洲六人,汉人四人。掌敷奏本章,传宣纶绋。"

八月初二日,经筵侍班。

《清高宗实录》卷四四四:"甲申……举行仲秋经筵。……上御文华殿。讲官暨侍班之大学士、九卿、詹事等,行二跪六叩礼,分班入殿内序立。"

《素余堂集》卷九《经筵即事》:"谈经礼数宽,讲席盛峨冠。……即元仁足贵,则哲帝其难。"

> 按:据《实录》,是日蒋溥介福,嵇璜进讲。讲毕,上宣御论,有"知人则哲,惟帝其难""元足以包四德,而仁亦足以贯四端"之语。此诗"即元仁足贵,则哲帝其难"即檃栝高宗之语,故系于此。

> 又按:《素余堂集》卷九自《经筵即事》以下为乾隆十八年作。

八月初五日,高宗行祭孔礼,赋诗纪之。有和作。

《素余堂集》卷九有《释奠先师孔子》。诗中注云:"太学新立《御制平定金川碑》。"

按：《御制诗二集》卷四三（癸酉）有同题之作，其用韵与此诗同，故此诗亦当为乾隆十八（癸酉）年作。《乾隆帝起居注·十八年八月》："初五日丁亥卯刻，上诣先师孔子庙行礼。"

八月十五日，高宗赋《中秋帖子词》。有和作。

《素余堂集》卷九有《中秋帖子词六叠旧作元韵》四首。

按：此诗并见《石渠宝笈续编》内《御笔癸酉中秋帖子词》下所附臣工之和章，末署"臣于敏中奉敕敬书""内阁学士臣于敏中"，惟文句稍异。故为乾隆十八（癸酉）年作。

九月十六日，奉命提督山东学政。

《耐圃府君行述》："癸酉……复奉命提督山东学政。"

《乾隆朝上谕档》："乾隆十八年九月十六日内阁奉上谕：各省学政已届差满。……山东学政着于敏中去。"

九月二十六日，驰赴行在谢恩，跪聆圣训。高宗尤以齐鲁士风为嘱。

《题报到任山东学政日期折》："臣于九月二十六日驰赴行在谢恩，跪聆圣训指示周详。臣惟有益励冰兢，尽心董迪，期于士习文风稍有裨益，以仰副圣主乐育观成之盛意。"（台湾史语所，067208—001 号）

《题报到任山东学政日期折》："臣……于九月二十六日赴行在谢恩。仰承圣训指示周详，尤以齐鲁士风为念。"（台北故宫博物院，403004856 号）

十月初十日，自京起程赴山东就任。

《题报到任山东学政日期折》："臣于十月初十日自京起程，沿途所见，土润气和，秋麦遍野，民气安恬。"（台北故宫博物院，403004856 号）

十月二十一日，抵山东济南府西关。同前任学政金德瑛交接学政关防及《圣谕广训》等书籍文卷。望阙领受，即日莅任。

《题报到任山东学政日期折》："兹臣于十月二十一日抵山东济南府西关。准前任学政臣金德瑛檄委济南府学教授赵宪赍送钦颁乾字二千六十五号提督山东学政关防一颗、谕督学上谕一道、上谕二本、御制《朋党论》一本、《圣谕广训》一本、钦颁《大清律》一部、上谕一部。钦颁《四书讲义》一部、钦颁《大清会典》一部、钦颁《吏部则例品级考》一部、上谕十本、钦颁《春秋解义》一部、《学政全书》一部、《刑部律例》一部、《中枢政考》一部、《督补则例》一部、《吏部则例》一部、《刑部律例馆颁发续例》一部、《校正条款》一部、《清汉字上谕》各一本到臣。臣恭设香案，望阙叩头，谢恩祗受。

即于本日济南府驻劄衙门开印任事。"（台湾史语所，067208—001号）

赵宪，山东博山人。雍正八年进士。乾隆十四年，以东光知县任济南府学教授。传见《（道光）济南府志》卷三〇。

十月二十二日，先行缮折，题报到任日期。

《题报到任山东学政日期折》："臣于敏中谨奏：窃臣蒙皇上天恩，简畀山东学政。……兹臣于十月二十一日至山东省城接印任事。所有微臣到任日期一面照例题报，谨先行缮折奏闻。谨奏。乾隆十八年十月二十二日。"（台北故宫博物院，403004856号）

十月二十三日，题报到任及接印任事等情形。

《题报到任山东学政日期折》："伏念臣于乾隆九年曾蒙简任山东学政，竭蹶三载，未效寸长。兹复荷圣慈，再膺斯任，悚惶感激，倍切恒情。……除一切学政应行事宜，容臣次第举行。所有微臣到任日期理合恭疏题报，伏祈皇上睿鉴施行，为此具本专差提塘官史桂赍捧谨具奏闻。乾隆十八年十月二十三日。提督山东等处学政内阁学士兼礼部侍郎纪录五次臣于敏中。"（台湾史语所，067208—001号）

十二月十八日，命游学在外之东省士子回籍补考，并具折奏闻。

《奏报移咨奉天晓谕东省士子回籍折》："臣于敏中谨奏：窃臣蒙皇上天恩，简畀衡文之任，一应学政事宜次第实力办理。现已通行各府州县照例考录童生，计明年三月间臣即得依次按临岁考。至于山左士习，臣尤凛遵圣训，留心体察。东省今岁各属丰收，士子衣食有资，颇皆安分。即闻有轻去其乡，亦渐归就宁居。惟登莱二郡与盛京海道相接，向遇俭岁，即渡海谋食，习以为常。前岁登莱欠收，士子之游学糊口者较多于昔。臣以该郡今年丰稔倍常，自应各还故土，复其恒业。随严饬各学，催令速归补考。到者尚属寥寥，而远隔海疆，鞭长莫及。又恐无从约束，因移咨奉天尹臣转行所在州县，出示晓谕，令其回籍。如实系馆地羁身，未能即归者，亦令闭户守分，务期居者知警、游者思归，不敢稍弛整饬之责。现在东省米价平减，气象恬熙，且秋麦广种，十月杪各属俱已得雪，民情尤为悦豫。为此缮折奏闻，仰祈圣鉴。臣谨奏。乾隆十八年十二月十八日。"（台北故宫博物院，403005449号）

是岁，高宗撰《玉杯记》。同蒋溥、汪由敦等联名跋尾。

《石渠宝笈续编》著录有"《御笔玉杯记》一卷"。款作"乾隆癸酉御制并书"。后附臣工跋文,末云:"我皇上……因玉杯而为此记。睹微知著,即小见大。……臣等……附名简末,曷胜荣幸。臣蒋溥、臣汪由敦、臣嵇璜、臣董邦达、臣裘曰修、臣观保、臣钱维城、臣于敏中恭跋。"

是岁,张若需卒。

乾隆十九年　甲戌(1754)　四十一岁

二月初四日,擢兵部右侍郎。命即行来京供职。原山东学政一职由富德补任。

《耐圃府君行述》:"癸酉……复奉命提督山东学政。府君履任后,尚未开棚考试,甲戌二月奉旨:擢授兵部右侍郎,即来京供职。府君遂束装还朝。"

《乾隆朝上谕档》:"乾隆十九年二月初三日内阁奉上谕:……于敏中已有旨,补授兵部侍郎,即着来京供职。提督山东学政着富德去,钦此。"

《乾隆帝起居注·十九年二月》:"初四日甲申……吏部奏请补授兵部右侍郎员缺一疏,奉谕旨:于敏中补授兵部右侍郎。"

《清高宗实录》卷四五六:"癸未……以内阁学士于敏中为兵部右侍郎。"

《大清会典》卷三"兵部左、右侍郎"条:"正二品。"又《清通典》卷二五"兵部左、右侍郎"条:"满洲、汉人各一人。掌厘治戎政,以贰尚书。"

富德(?—1776),瓜尔佳氏。满洲正黄旗人。乾隆初自护军擢至三等侍卫。历官至参赞大臣。后坐罪被杀。传见《清史稿》卷三一四。

二月初九日,接阅调任兵部侍郎邸抄。翌日,具折谢恩。

《奏谢补授兵部侍郎折》:"臣于二月初九日接阅邸抄:二月初四日奉旨:于敏中补授兵部右侍郎,钦此。又奉上谕:于敏中已有旨,补授兵部侍郎,即着来京供职,钦此。"(台北故宫博物院,403005824号)

《题报交印日期事》:"提督山东等处学政臣于敏中谨题为恭报微臣交印日期事。窃臣仰荷圣恩,补授兵部侍郎,并蒙恩命即着来京供职,于接阅邸抄后即缮折恭谢天恩。"(一史馆,02—01—03—05106—002号)

《奏谢补授兵部侍郎折》:"臣于敏中谨奏为恭谢天恩事。……窃臣才识庸愚,叨尘禁近。……兹复蒙特恩授臣兵部侍郎……伏念兵部职司邦政侍郎荣列二卿,臣何人斯膺兹异数。……今闻恩召,神已先驰。专俟奉到部文,即交印抚。臣星趋赴阙,瞻近天颜,祇聆圣训。……谨缮折恭谢天恩。臣无任感激惶悚之至。谨奏。……乾隆十九年二月初十日。"(台北故宫博物院,403005824 号)

二月十一日,奉到部文。十三日,交接印抚,起程赴京。

《题报交印日期事》:"今于乾隆十九年二月十一日奉到部文。不及俟新任学臣富德到东交代,遵例于二月十三日谨将钦颁乾字二千六十五号学政关防一颗、谕督学上谕一道、上谕二本、御制《朋党论》一本、《圣谕广训》一本、钦颁《大清律》一部、上谕一部、钦颁《四书讲义》一部、钦颁《大清会典》一部、钦颁《吏部则例品级考》一部、上谕十本、钦颁《春秋解义》一部、《学政全书》一部、《刑部律例》一部、《中枢政考》一部、《督捕则例》一部、《吏部则例》一部、《刑部律例馆颁发续例》一部、《校正条款》一部、清汉字上谕各一本及一切卷案册籍等项,檄委济南府府学教授赵宪赍送抚臣杨应琚署理讫,臣即于是日束装就道,驰赴阙廷。所有微臣交印日期理合恭疏题报,伏祈皇上睿鉴施行,为此具本,专差提塘官史桂赍捧谨具奏闻。乾隆十九年二月十三日。"(一史馆,02—01—03—05106—002 号)

四月,高宗仿苏轼《偃松图》,并志以诗。为之题。

《石渠宝笈续编》著录有"《御笔仿苏轼偃松图》一卷"。御题云:"甲戌首夏雨后,几余偶拟苏轼偃松法,并志以诗。"后附先生题识:"云中三鬣五鬣,岭外高枝直枝。何似墨池风雨,横空鳞甲之而。老气九州横盖,盘根千尺旁罗。但觉画松松似,不知前有东坡。臣于敏中敬题。"

闰四月下浣,奉和御制《赋得红药当阶翻》。

诗见《素余堂集》卷九。

> 按:《御制诗二集》卷四八(甲戌)有同题之作,系于《雨闰四月二十日》之后、《夏至日有事》之前,则当作于乾隆十九年闰四月末。又题下高宗自注云:"试中书题。"

> 又按:《素余堂集》卷九自《赋得红药当阶翻》以下为乾隆十九年作。

闰四月,高宗仿唐寅《事茗图》,并以原韵题之。为之题识。

《石渠宝笈续编》著录"《御笔仿唐寅事茗图》一卷"。御题云:"甲戌闰夏,几余展阅,爱其清超,因摹其意,即用原韵题之。"附先生题识:"岩栖尘事清,茗碗娱朝夕。候火煮新泉,茶烟扬深碧。环居荫松竹,开径坐莓苔。

时有携琴客,相从斗茗来。诗画禅味深,闲参六如偈。冰雪与云烟,拈来总真谛。臣于敏中敬题。"

　　　　按:是年四月为闰月,故"闰夏"即闰四月。

夏,魏鼎会试不第,为先生延至府中,教授齐贤。

　　《素余堂集》卷三二《送魏夏初孝廉南归》,其序云:"夏初南宫既放留滞都下,因延之课儿,自夏徂秋。"

　　魏鼎,字夏初,号梯云。浙江慈溪人。乾隆十八年举人。历官至河东中场大使。著有《问月楼诗集》。传见《两浙辅轩录》卷二八、《(光绪)慈溪县志》卷三二。

　　　　按:据《送魏夏初孝廉南归》序,知魏鼎因会试不第,流落京师,而
　　　　为先生延聘。魏鼎为乾隆十八年举人,则其应会试当在十九年春。
　　　　序中又云"延之课儿,自夏徂秋",故系于本年夏。

七月初七日,怀亡妻有作。

　　《素余堂集》卷三二《七夕》:"鹊语蛩声总可怜,强将岁月记人天。匆匆乘鹤真仙骨,脉脉牵牛是俗缘。锦到断肠丝未灭,针成破鼻缕难穿。洗车雨续悲秋泪,潘鬓愁添又一年。"

　　　　按:此诗于集中系于《送魏夏初孝廉南归》之前一首,魏鼎于十九
　　　　年秋自北京回南(详下谱),此诗疑作于同年。

秋,钱维城以题画诗二首相赠,并送先生至滦河。

　　钱维城《钱文敏公全集》卷九有《题画二首赠耐圃司农即送之滦河》。其二云:"试参秋雨新凉味,何似春灯罢舞时。"

　　　　按:《钱文敏公全集》卷九所收为乾隆十九年(甲戌)所作诗。"试
　　　　参秋雨新凉味",知在是年初秋。

九月十三日,充本届武会试知贡举。

　　《耐圃府君行述》:"甲戌……九月奉旨充武会试知贡举。"

　　《乾隆帝起居注·十九年九月》:"十三日己丑……兵部奏请钦点武会试知武举官一疏,奉谕旨:知武举着于敏中去。"

　　《清高宗实录》卷四七二:"己丑……命兵部侍郎于敏中知武举。"

　　《大清会典》卷三一:"凡经理试事……会试知贡举以本部侍郎。"

九月二十三日,充本届武殿试提调官。

　　《乾隆帝起居注·十九年九月》:"二十三日己亥……奏请钦点武殿试

读卷官并执事各官一疏,奉谕旨:着有点者读卷,执事各官依照该部所拟用。"硃笔点出读卷官:陈世倌、介福、钱维城、蔡新。兵部拟定提调官:来保、李元亮、吴达善、于敏中。

《大清会典》卷三一:"凡经理试事……殿试提调以本部尚书、侍郎。"

李元亮(?—1761),汉军镶黄旗人。雍正中授直隶三屯营副将。历官兵部尚书、户部尚书。卒,赠太子太保,谥勤恪,入祀贤良祠。传见《清史列传》卷二三。

吴达善(?—1771),瓜尔佳氏,字雨民。满洲正红旗人。乾隆元年进士,授户部主事。历官至陕甘总督,加太子太保。卒,谥勤毅,入祀贤良祠。传见《满名臣传》卷四八、《清史列传》卷一七。

秋,魏鼎得家书,忽兴归思,濒行集唐句三十首以赠。先生亦有诗见酬。

《素余堂集》卷三二《送魏夏初孝廉南归》序云:"夏初南宫既放留滞都下,因延之课儿,自夏徂秋,忽兴归思,留既无策,别难为怀,短什赠行,聊以纪实。"诗中自注:"夏初比得家书。"又注云:"濒行集唐句三十首见投。"

　　按:据上谱可知,魏鼎于十九年夏为先生延聘。序中云"自夏徂秋",亦当是本年秋。

十月,题慎郡王胤禧山水册。

《红豆树馆书画记》卷七著录有《国朝慎郡王山水册》:"纸本高八寸九分,宽七寸,计十二页。郡王身处宗藩,心耽翰墨。……尤妙在层层皴擦,透入单微,自然深厚。其品诣从荆、关、马、夏损益而成,不仅取法元四家也。郡王自号紫琼道人。……画宗元人,诗宗唐人,品近河间、东平,而多能游艺,又间平昔所未闻也。"册内有汪由敦、蒋溥、金德瑛等诸人题诗。其第九页为于敏中题:"九页:……落日暮山半紫,秋风远水微波。北坨人家几许,□闻款乃渔歌。岚影回溪曲港,村烟疏树平桥。记得富春江路,轻舟曾趁寒潮。甲戌小春月,于敏中。"

"慎郡王"即胤禧。胤禧(1711—1758),号紫琼岩主人,又号春浮居士,康熙第二十一子,封慎郡王。卒,谥曰靖。能诗善画。著有《花间堂诗》《紫琼岩诗钞》《续钞》。传见《八旗诗话》《壬寅销夏录》《国朝书人辑略》卷一等。

　　按:"小春月"即农历十月。

冬,高宗绘《夷齐庙四景图》。为之题。

《素余堂集》卷二二《御笔夷齐庙四景》:"时巡此驻跸,凭眺宇宙宽。"

> 按:此诗并见《石渠宝笈续编》"《御笔夷齐庙四景图》一卷"后附臣工之题识,惟文句稍异,末署"臣于敏中敬题"。御题云:"乾隆甲戌冬,过滦州谒夷齐庙,因题四景,并为之图。"

是岁,为子齐贤继娶申氏。

《耐圃府君行述》:"甲戌……是年,以先母徐恭人来归未久得疾早世,因为先考继娶我母申恭人。"又:"继娶我母申恭人,诰封恭人,工部侍郎公讳大成孙女,直隶安州知州东溪公讳澍女。"

《申太恭人家传》:"太恭人姓申氏,世为江南扬州人。祖莲峰公,官工部侍郎。考东溪公,官直隶安州知州。……平时质重端凝,讷于言语。二十岁归金沙相公于文襄子齐贤,字博宾。其姑已前没,凡相国家事一委任之。太恭人处置得当,丰约中款。时文襄失内助久,又多傔值,不暇问中馈,臧获辈多鼠窃,至是始惮忌之。"(《于氏家乘》)

是岁,高宗巡幸盛京谒祖陵。先生赋诗以纪之。

《素余堂集》卷一《圣驾东巡恭谒祖陵礼成恭纪》,题下自注云:"五言律三十首。"其一云:"缔构思王业,勤劳绍祖功。十年诚再展,肸蚃契昭融。"其二云:"玉琯调端午,金根奉九重。清尘槐雨净,迎辇麦云浓。"其五云:"东顾程方始,秋行暑渐微。"其一二云:"江郭净尘氛,秋高简六军。"其二九云:"旋跸重关近,东来喜气添。"

> 按:据《起居注》,乾隆十九年五月初六日自京师启跸,往谒祖陵,十月十一日返抵京师。诗中既云"旋跸重关近",则此诗当成于十月之后。

乾隆二十年　乙亥(1755)　四十二岁

正月初七日,同钱维城、董邦达、金德瑛、钱汝诚等内廷诸臣分韵酬唱。

见中国嘉德国际拍卖有限公司 2005 秋季拍卖会中国古代书画专场。先生诗曰:"七叶蓂开气渐暄,联吟翙凤喜腾骞。头番佳节惟人日,次第春风到淑园。错采镂金诗竞胜,卖花挑菜市闻喧。升平乐事欣同赏,灯火笙歌接上元。分韵得元字。于敏中。"钤印二:"臣敏中印""忠孝一生心"。

　　按:拍卖时间为 2005 年 11 月 7 日。LOT 号:2752。尺寸:
24.8×30 厘米×12。

　　又按:钱维城、董邦达、金德瑛、钱汝诚、汪由敦、何国宗、蒋溥、观
保、刘纶、介福等十人俱参与此次分韵酬唱。蒋溥末款作"乙亥人日
分韵得三字"。

正月十四日,预宴正大光明殿,以"鳌山"为题联句,并奉敕正书。

　　《素余堂集》卷九有《上元前一日小宴廷臣》二首。其一有"月临三五
欲圆时""正对鳌山联鼎句"之语。

　　《御制诗二集》卷五四有《鳌山联句》。联句者自高宗以下依次为:傅
恒、史贻直、陈世倌、蒋溥、汪由敦、嵇璜、刘纶、裘曰修、介福、嵩寿、观保、
彭启丰、于敏中、董邦达、钱维城、金德瑛。

　　《清通志》卷一一六:"鳌山联句,乾隆二十年。……七言排律。于敏
中奉敕正书。"

　　按:《上元前一日小宴廷臣》有"正对鳌山联鼎句"之句,据《清高
宗实录》卷四八〇:"戊子……御正大光明殿,赐大学士尚书等宴,以
鳌山联句。"知此诗所纪为乾隆二十年事。

　　又按:《素余堂集》卷九自《上元前一日小宴廷臣》以下为乾隆二
十年作。

二月初九日,转补兵部左侍郎,原兵部右侍郎一职由李清芳补授。

　　《耐圃府君行述》:"乙亥二月转补左侍郎。"

　　《乾隆帝起居注·二十年二月》:"初九日癸丑……吏部奏请补授兵部
左侍郎员缺一疏,奉谕旨:于敏中转补兵部左侍郎。李清芳补授兵部右
侍郎。"

　　《清高宗实录》卷四八二:"癸丑……转兵部右侍郎于敏中为左侍郎,
以内阁学士李清芳为兵部右侍郎。"

　　李清芳(1700—1768),字同侯,号韦园。福建安溪人。大学士李光
地从孙。乾隆元年进士,选庶吉士。历官至兵部侍郎。传见《国朝御史
题名》。

三月十二日,张廷玉卒,年八十有四。

　　详《光禄大夫太保兼太子太保保和殿大学士致仕谥文和桐城张公廷
玉墓志铭》。(《碑传集》卷二二)

三月，与蒋溥、汪由敦等同跋《御刻墨妙轩法帖》。

《石渠宝笈续编》著录有"《御刻墨妙轩法帖》四册"。后附臣工跋云："乾隆岁次庚午，上以内府所藏晋唐以来诸墨迹，亲加甄录，命臣等排比次第，钩摹勒石，为《三希堂帖》，建阅古楼储之。越五载，复构墨妙轩于万寿山之惠山园，再出前人书，自唐褚遂良以下若有人，汇行草各体，刻石于两壁间。凡锌为四册，合之《三希堂帖》。……昔宋太宗刻《淳化帖》，今所传秘阁官本，已不多见。然议者谓标识多误。淳熙修内司本，则秘阁续帖也。或又讥其粗硬少风韵，良由鉴别未真，故决择无当，非尽摹勒之不善也。……曩代所聚讼纷挐，真赝莫定者，咸予以折衷，加之题品。……臣等叨与编摩，快夫先睹，庆幸之至。……乾隆二十年乙亥春三月。臣蒋溥、臣汪由敦、臣嵇璜、臣裘曰修、臣观保、臣于敏中、臣董邦达、臣钱维城、臣金德瑛、臣王际华、臣钱汝诚恭跋。"

春，以诗劝谕齐贤奋勉读书，考取科名。

《素余堂集》卷三二《春日率成示齐贤》："青春好励下帷心，咫尺秋风到桂林。时不再来惟弱冠，人尤当惜是分阴。少年科第吾滋愧，继世功名尔勉寻。珍重一经勤付与，倘应胜得满籝金。"

> 按：此诗于集中编次于《送魏夏初孝廉南归》之下，《次韵送介少宗伯赴浙江典试二首》之前。据前谱，魏夏初于乾隆十九年会试不第，滞留京师。而介福典试浙江事在乾隆二十四年。则此诗当作于十九年至二十四年间。诗中云："咫尺秋风到桂林。"所指为乡试（秋闱）。期间乡试之年为二十一年、二十四年。则此诗最早或作于二十年春。姑系于此。

七月初四日，以兵部左侍郎充经筵讲官。

《乾隆帝起居注·二十年七月》："初四日丙子……奏请补充经筵讲官一疏，奉谕旨：于敏中、王际华俱着以原衔充经筵讲官，该部知道。"

《清高宗实录》卷四九二："丙子……以兵部右侍郎雅尔哈善、刑部右侍郎书山、兵部左侍郎于敏中、工部右侍郎王际华充经筵讲官。"

《清通典》卷二三"经筵讲官"条："掌进读讲章，敷陈典训，以奉侍经幄，敬襄巨典。岁二月、八月两举。……汉人讲官以内阁学士、掌院学士、读、讲学士、詹事、少詹事、祭酒及尚书、侍郎、左都御史等官之由翰林升任者列名，以原衔兼充。"

十月十八日,准噶尔荡平,于午门观献俘。

《素余堂集》卷二有《圣谟广运平定准噶尔恭纪》,题下自注云:"七言律三十首。"其一六云:"赓歌盛事征千古,常武诗成乙亥年。"其二六云:"曈曈初日凤凰楼,乐合侏离奏献囚。衅鼓无濡尸逐血,藁街不斩郅支头。网罗直以汤仁解,干羽从知舜化优。系颈长缨徒殽鲦,泮林食葚愧诸酋。"

按:诗中云:"常武诗成乙亥年。"则此诗所纪为乾隆二十年事。诗中又云:"乐合侏离奏献囚。"为十月十八日事:"戊午……御午门楼,王公百官朝服侍班。……兵部堂官以解到俘酋达瓦齐、罗布扎、莽喀、图巴、敦多克、和通等,跪奏请旨。命达瓦齐等著免交刑部,俱交理藩院。理藩院堂官跪领旨,押俘出天安右门。"(《清高宗实录》卷四九九)

十月,次女生,妾张氏所出。

《耐圃府君行述》:"乙亥……十月次姑母生。"又云:"女二人……俱张淑人出。"

十二月二十八日,钱维城补绘乙亥人日图,为之题。

见中国嘉德国际拍卖有限公司 2005 秋季拍卖会古代书画专场。首帧为钱维城所绘,款作"乙亥小除夕补图,维城"。另有先生题识:"雪圃冰开菜甲红,仙家炊玉乳酥融。春盘七种挑人日,不羡山中有晚菘。敏中题。"钤印一,不可辨。

按:拍卖时间为 2005 年 11 月 7 日。LOT 号:2752。尺寸:24.8×30 厘米×12。

又按:后幅俱为先生同钱维城、董邦达诸人乙亥人日分韵酬唱。据"乙亥小除夕补图"款识,知首帧钱维城所绘非作于乙亥人日,而是在是年小除。首帧内先生题识亦或在小除之后。据《近世中西史日对照表》,知乾隆二十年(乙亥)小除在十二月二十八日。

十二月二十九日,恭题《御笔墨梅》四首。

《素余堂集》卷二二有《乙亥除夕恭题御笔墨梅四首》。

按:据《近世中西史日对照表》,乾隆二十年(乙亥)除夕在十二月二十九日。又《御笔墨梅》见著于《石渠宝笈续编》。御款"乙亥小除夕,写于坤宁宫"。

乾隆二十一年　丙子(1756)　四十三岁

正月初五日,立春。有《丙子春帖子词》。

《素余堂集》卷二二有《丙子春帖子词》,题下自注:"正月五日立春。"诗中有句云:"万国朝正庆履端,仗前颉利列衣冠。便看雪岭飞书捷,一路春风到杏坛。"

同日,预重华宫茶宴,以"立春日雪"为题联句。

《素余堂集》卷九有《立春日瀛台雪中春望》二首。诗中自注:"是日召大学士内廷翰林并至重华宫赐宴联句。"

《御制诗二集》卷六〇有《立春日雪与大学士内廷翰林等重华宫联句》。联句者自高宗以下依次为:傅恒、来保、陈世倌、蒋溥、汪由敦、介福、于敏中、董邦达、王际华、钱维城、金德瑛、庄存与、窦光鼐、周长发、钱汝诚、张泰开。

《清通志》卷一一六:"重华宫立春日雪联句,乾隆二十一年。……七言排律。钱汝诚奉敕正书。"

张泰开(1688—1774),字履安,号有堂,又号乐泉。江苏无锡人。乾隆七年进士,选庶吉士。历官至礼部尚书、左都御史。卒,谥文恪。传见《国朝耆献类征初编》卷八七、《清史列传》卷二四、《词林辑略》卷四。

> 按:《立春日瀛台雪中春望》,高宗《御制诗二集》卷六〇有同题之作,系于丙子年,则此诗所纪为二十一年之立春。据《近世中西史日对照表》,乾隆二十一年立春在正月初五日。是日,高宗"御重华宫,召大学士、内廷翰林等茶宴,以立春日雪联句"。(《清高宗实录》卷五〇四)

> 又按:《素余堂集》卷九自《立春日瀛台雪中春望》以下为乾隆二十一年作。

正月初,高宗赋《题元人雪霁捕鱼图叠旧作韵》。步韵和之。

《素余堂集》卷九《题元人雪霁捕鱼图叠旧作韵》:"披图即事悦心目,天机新藻一时齐赴豪端成。"

> 按:《御制诗二集》卷六〇有同题之作,系于《丙子春帖子》之后、《人日琼华岛》之前。则高宗此诗当作于乾隆二十一年正月初五至初七日间。

正月十五日,上元节观灯。

《素余堂集》卷九有《上元灯词》八首。其三云:"蹋歌谱得升平乐,都向灯前助藻思。"其五云:"西域灯轮添万丈,照平安火到燕然。"

按:《御制诗二集》卷六〇(丙子)有同题之作,用韵与《素余堂集》卷九所收《灯词》全同,先生当是据此奉和,故系于二十一年。

正月中浣,高宗赋《题君实玉印》《赵孟𫖯吹箫士女用宋濂韵》等诗。有和作。

诗俱见《素余堂集》卷九。

按:《御制诗二集》卷六〇有同题之作,系于《上元后一日小宴廷臣并许观灯火》之后、《燕九灯词》之前,则高宗此二诗当作于二十一年正月十六至十九日间。

正月十九日,生父于树范于金坛病故,年八十有八。

《耐圃府君行述》:"丙子正月舫斋公在籍捐馆舍,年八十有八。"

《于氏家乘》:"树范……乾隆丙子正月十九日卒。"

《奏为生父树范在籍病故请改正归宗俾得终三年服制并可循例终养生母折》:"敏中本生父树范于本年正月十九日在籍病故,例应请给假回籍治丧一年。"(台湾史语所,168094—001 号)

约正月末,高宗赋《春阴六韵》《夜雪》等诗。步韵和之。

诗俱见《素余堂集》卷九。

按:《御制诗二集》卷六〇有同题之作,系于《正月晦日瀛台》之后、《仲春经筵》之前。又《春阴六韵》诗中高宗自注云:"正月十四日得雪,及今将过半月。"据此,则高宗此二诗当作于二十一年正月末至二月初之间。

二月初六日,文华殿经筵,任直讲官,进讲《尚书》"敕天之命,惟时惟几"二句。

《乾隆帝起居注·二十一年二月》:"初六日甲辰,上御文华殿经筵。……介福、于敏中进讲《书经》'敕天之命,惟时惟几'二句。"

《素余堂集》卷九《仲春经筵》:"经函由绎慚何补,天语从容听不赊。"

按:《仲春经筵》于集中系于《夜雪》(卷九)之后、《皇太后南巡启跸京师叠辛未旧作韵》(卷一〇)之前。《皇太后南巡启跸京师叠辛未旧作韵》所纪为二十二年正月之南巡,则此处之《仲春经筵》当指二十一年二月之经筵。

二月二十一日，接生父树范讣闻，呼抢号哭，哀痛殊深。

《耐圃府君行述》："丙子正月舫斋公在籍捐馆舍，年八十有八。府君闻讣，擗踊号痛，勺饮不入口者三日。以舫斋公年跻大耋，定省久违，殁复不能亲视含敛，抢呼靡及。"

来保《奏为生父树范在籍病故请改正归宗俾得终三年服制并可循例终养生母折》："乾隆二十一年二月二十二日，据臣部汉左侍郎于敏中呈称：窃敏中于本年二月二十一日接到家信，敏中本生父树范于本年正月十九日在籍病故。"（台湾史语所，168094—001 号）

二月二十七日，以生父树范病故，而嗣父于枋已另嗣文骏，特具奏陈情，请归宗持服，更兼终养生母张氏。高宗许之。

《耐圃府君行述》："又张太夫人春秋已高，所生惟府君一子，而午晴公已有应嗣之人，因具折沥悃陈情，请归宗持服，且终太夫人养，得旨报允。"

来保《奏为生父树范在籍病故请改正归宗俾得终三年服制并可循例终养生母折》："大学士暂署吏部兼管兵部事务臣来保等谨奏为据情代奏事。……据臣部汉左侍郎于敏中呈称：……敏中本生父树范于本年正月十九日在籍病故，例应请给假回籍治丧一年。……惟是敏中哀切下情有不得不呈请代奏者：窃敏中本生父树范与嗣父枋系同胞兄弟。因嗣父无子，先将敏中胞伯之子文骏为嗣，迨后敏中本生父又以敏中素为嗣父钟爱，并令承继。……切念敏中嗣父枋原有嗣子文骏，现任湖南通道县知县，生子皆成立。敏中本生兄弟虽有四人而敏中系庶出。生母张氏惟敏中一子，若终出继，则敏中于本生生母子道终不克尽。……第以嗣父教育多年，未忍遽行陈请。今不幸本生父病故，不及此陈明，将来即难更正。况敏中生母年已八旬，现就养京师，精力羸惫，疾病日增，饮食药饵须敏中身自调视。今既回籍，将来终丧之日势不能复奉已过八旬之老母北上，又不能舍垂白之亲，怒然远出。惟有仰恳圣慈，准敏中改正归宗，俾得终三年服制并可循例终养生母。至敏中嗣父现在里居，晨昏菽水，仍得兼尽。……自惟年力尚壮，捐糜图报为日方长。而生母景薄桑榆，乌私迫切，为此沥陈下悃，恳祈转奏。则敏中哀切私情既得稍展，而生母迟暮余年亦荷生成之德矣等情，据此代奏。为此谨奏请。"乾隆二十一年二月二十七日奉旨："着照所请行该部知道，钦此。"（台湾史语所，

168094—001 号）

《乾隆帝起居注·二十一年二月》:"二十七日,兵部奏左侍郎于敏中本生父树范在籍病故,并称嗣父枋原有嗣子于文骏,仰恳圣恩准敏中改正归宗一折,奉谕旨:着照所请行。"

于文骏(1702—1784),字逢伯,号槐庭。于棠第三子,过继予于枋。乾隆二年进士。历官直隶唐县、湖南桃源通道县知县,诰封奉政大夫。传见《于氏家乘》。

四月,奉生母张氏自京师由水程南行,回籍治丧。

《耐圃府君行述》:"府君见星而奔,奉张太夫人由水程南行。"

庄有恭《题报兵部左侍郎于敏中在途接母丁忧日期事》:"敏中于乾隆二十一年二月二十一日在京闻本生父原任浙江宣平县知县于树范在籍病故,当即在部据实陈情,呈请转奏改正归宗终制,蒙圣恩允准,敕部知照,钦遵在案。敏中随于本月四月内由水程归里。"(一史馆,02—01—03—05328—009 号)

来保《奏为生父树范在籍病故请改正归宗俾得终三年服制并可循例终养生母折》:"敏中生母年已八旬,现就养京师,精力羸惫,疾病日增,饮食药饵须敏中身自调视。"(台湾史语所,168094—001 号)

庄有恭(1713—1767),字容可,号滋圃,广东广州人。乾隆四年状元,授翰林院修撰。历官至福建巡抚。工书法,尤擅行书。传见《碑传集》卷二七、《汉名臣传》卷二三、《国朝耆献类征初编》卷二八、《清史稿》卷三二三。

六月初九日,母张氏卒于徐州府沛县夏镇舟次。先生扶柩归里,并将母丧就近报明。

《耐圃府君行述》:"六月张太夫人复寿终于夏镇舟次。府君连遭大故,毁瘠见骨,时橐中装萧然无余。府君竭力摒挡,襄治丧礼,无不中节。"

庄有恭《题报兵部左侍郎于敏中在途接母丁忧日期事》:"舟至江南徐州府沛县夏镇地方,不幸生母张氏年八十岁,于六月初九日巳时病故。敏中例应丁忧,即日扶柩归里守制,理合就近报明。祈即据呈径报江苏抚院转题等情到县,据此拟合申报等情到臣。"(一史馆,02—01—03—05328—009 号)

七月初六日,返抵金坛。

庄有恭《题报兵部左侍郎于敏中在途接母丁忧日期事》:"于敏中……

今于七月初六日回籍。"(一史馆,02—01—03—05328—009号)

十月二十五日,庄有恭题报先生回籍日期并丁忧供结。

　　庄有恭《题报兵部左侍郎于敏中在途接母丁忧日期事》:"兵部左侍郎于敏中……合将回籍日期呈明,并同丁忧供结呈送伏候加结转报等情,并据呈送供结到县,据此相应加结详报,伏候具题等情到臣。……谨具题闻。乾隆二十一年十月二十五日。"(一史馆,02—01—03—05328—009号)

是岁,福敏卒。

乾隆二十二年　丁丑(1757)　四十四岁

六月初十日,奉命入京署理刑部侍郎事务。

　　《耐圃府君行述》:"丁丑六月奉旨:来京署理刑部左侍郎。"

　　《乾隆朝上谕档》:"乾隆二十二年六月初十内阁奉上谕:……于敏中现将服阕,着来京署理刑部侍郎事务,俟服阕后再行实授,钦此。"

　　《大清会典》卷三"刑部左、右侍郎"条:"正二品。"又《清通典》卷二五"刑部左、右侍郎"条:"满洲、汉人各一人。掌迪播祥刑,以贰尚书。"

八月初六日,于金坛接吏部咨文,治装赴京。翌日具折谢恩。

　　《耐圃府君行述》:"府君以八月到京供职。"

　　《奏为奉旨署理刑部侍郎事务谢恩事》:"乾隆二十二年八月初六日,臣于金坛本籍接淮江苏抚臣由司府转行吏部咨文一件,内开六月初十日内阁奉上谕:于敏中着来京署理刑部侍郎事务,钦此。……臣一面治装即当驰赴阙廷,廷祗聆圣训。"又:"臣于敏中跪奏为恭谢天恩事。……窃臣谫劣庸才,仰蒙皇上天恩,拔侍内廷。家居一载有余,清夜扪心,每滋惶疚。兹复蒙特恩,简署刑部侍郎事务,闻命之下,感悚弥深。伏念刑部职重事繁,岂臣愚陋所能胜任。……谨缮折恭谢天恩。臣无任感激惶悚之至。谨奏。乾隆二十二年八月初七日。"(一史馆,04—01—12—0086—047号)

十月十一日,奏请酌定巡查汛地之法,高宗敕部议覆。

　　《国朝耆献类征初编》卷二七:"于敏中……二十二年……十一月奏:村庄道路设汛分防,或以阻远偷安,或以偏隔生玩,请令防兵昼则瞭望稽查,夜则支更巡逻。往来络绎,击柝相闻,俾征途倚以无虞,奸宄望而敛迹。并责成汛弁按季轮巡,统辖之副参游都等员分年巡查,下部议行。"

《奏为请定巡查汛地之法以收实效事》:"臣于敏中谨奏为请定巡查汛地之法以收实效事。窃惟各省州县分设营汛,法制綦详,原以诘暴防奸,用资绥靖。……复钦派大臣分年查阅营伍。……惟是标营城汛……督抚提镇每年巡历,耳目易周。至于村庄道路,设汛分防,或以阻远偷安,或以偏隅生玩。……以致诘查保御,渐成具文。其在通衢、驿路、亭堠,尚属整齐。若荒村、僻径、支港、深蹊,则墩铺多有倾颓,兵卒几同虚设。……臣请嗣后凡设有防兵之处,无论地方冲僻,昼则了望稽查,夜则支更巡逻。……并责成专汛之千把总及协防之外委等官,不时访察,随事惩警。仍令该汛弁每季巡查一次,轻骑减从,遍历所属,据实考验。……如汛弁内有草率怠玩者,即行揭报纠参,照例议处。若统辖兼辖之员稽查不力,以及扶同狥庇,经该管上司查参,一并分别察议。各督抚提镇仍留心体察,不致日久废弛,于汛防似为有益。臣言是否可采,伏乞皇上睿鉴,敕部议覆施行。臣谨奏。"乾隆二十二年十月十一日奉旨:"该部议奏,钦此。"(一史馆,03—0462—066 号)

十月初一日,方观承撰《岫云寺新建安乐延寿二堂记》,先生为之书碑。

国家图书馆"中华古籍资源库"收录有《安乐延寿二堂记》拓片一张,尺寸 156×80+28×22(额)厘米。首题"岫云寺新建安乐延寿二堂记",额题"万古流芳"。末署"时大清乾隆二十二年岁次丁丑冬十月朔日,太子太保……金坛于敏中书"。(馆藏号:北京 6955)

按:原碑立于今北京市门头沟潭柘寺。

十月,余省绘《海西杂卉》。先生为撰说款。

《石渠宝笈续编》著录有《余省画海西杂卉》一册。款作"乾隆丁丑小春臣余省奉敕恭绘"。内有先生楷书说款:"第一,檀罗结,洋名巴通多罗,叶椭花正黄,似万寿菊而差小,蓓蕾萦结,浓郁不减鸡舌香;第二朝阳凤,洋名嘎不辛,叶圆如金丝荷叶,花鞓红,瓣末现赭黄色,蒂作凤头形;第三,瑞珠盘,洋名安尼麻尼不朗世,花如仰盂,淡红瓣,花心簇叠,珠琲累累,叶类牡丹而小;第四晓云酣,洋名安尼麻尼鲁日,叶亦类牡丹,花深红,比瑞珠盘较小,色香醖酿,烂若绛云;第五茜秋霞,洋名乌鲁农巨列鲁日,色如海红莲,圆瓣内厪,叶全类菊,惟柔条婀娜不同;第六镂金英,洋名乌鲁农巨列若尼,花如金莲,千叶,跗萼四垂,叶与茜秋霞仿佛;第七白香芸,洋名背的巴给里可不朗,丛生百茎,花作白瓣二,黄心,枝叶俱香,芬烈可爱;第八紫香芸,洋名背的巴给里可委也列,与白香芸同一种,惟蒂作紫色耳。"左幅署"臣于敏中奉敕敬书"。

余省(1736—1795),字曾三,号鲁亭。江苏常熟人。善写生,尤工花鸟。绘有《鸟谱》《写生花卉》《海西集卉》《瑞树图》《秋花》《嘉产荐馨》《东篱秀色图》《百蜻图》《鱼藻图》《海天群鹤》等。传见《清史稿》卷五〇四、《国朝书画家笔录》卷一等。

十一月初一日,高宗绘雪景,为之题。

《石渠宝笈续编》著录有"《御笔画雪景》一轴"。款作"丁丑冬至朔日雪"。后附先生题识,有"一阳开蓂叶,六出应花期"之语。

> 按:冬至月即农历十一月。

十一月初二日,高宗咏雪中梅竹。有和作。

《石渠宝笈三编》著录有"《高宗纯皇帝御笔画雪中梅竹》一轴"。御题曰:"丁丑仲冬朔,甘雪应时。翼晨至瀛台,即景成咏。是日复雪,明窗乘兴写此,以志占农同豫之意。"后附先生和章,有"瀛壶冰莹楼台迥,温室窗明翰墨宜"之句,末署"臣于敏中恭和"。

十一月初三日,前请定巡查汛地之法,经兵部议准,于各省施行。

《清高宗实录》卷五五〇:"辛卯……兵部议准刑部左侍郎于敏中请定巡查汛地之法,应通行各省,凡通衢驿路及荒村僻径、墩铺倾颓、兵丁缺少者,按额添整,仍饬专汛千把总等官按季巡查。从之。"

> 按:"巡查汛地之法"详本年十月十一日《奏为请定巡查汛地之法以收实效事》折(一史馆,03—0462—066 号)。

十二月二十六日,立春。有《戊寅春帖子词》。

《素余堂集》卷二二《戊寅春帖子词》:"渠搜万里朔新颁,次第春风度贵山。一路红旗飞报捷,朝来有喜奉天颜。"自注:"伊犁即入版图,其日出、晷刻、节气添列宪书,以戊寅年为始。"

> 按:据《近世中西史日对照表》,乾隆二十三年立春在二十二年十二月二十六日。

是岁正月,高宗奉皇太后南巡,至四月回銮。期间题咏,多有奉和。

《素余堂集》卷一〇至卷一二有"恭和御制元韵"诗凡一百五十首。目次如下:

卷一〇：恭和御制元韵(五十九首)：《皇太后南巡启跸京师叠辛未旧作韵》《驻跸良乡行宫作》《良乡行宫叠旧作韵》《汉昭烈庙》《赵北口行宫三首》《上元前夕赵北口行宫侍皇太后观灯火即席得句》《上元节赐随营诸臣食》《上元灯词八首》《日日》《瀛州南楼再和沈佺期韵》《红杏园再叠前韵》《过景州》《刘智社》《德州行宫示大小诸吏》《徒骇河》《雪三首》《再依皇祖南巡过济南韵》《驻跸方山》《灵岩寺》《灵岩寺西入石路用唐刘长卿韵二首》《过蒙山》《二月朔日入江南境六韵》《再依皇祖示江南大小诸吏韵》《雾八韵》《度永济桥作歌》《复降旨加赈江南被灾州县诗以示总督尹继善及地方大小诸吏》《柳三首》《阅中河》《渡黄河》《惠济祠》《恭依皇祖阅河堤诗韵》《洪泽湖恭依皇祖诗韵》《清江浦》《过淮安城》《阅淮安石堤诗以纪事》《车逻坝》《叠旧作韵赐沈德潜》《天宁寺》《天宁寺行宫作》《雨中游平山堂》《高旻寺》《塔湾行宫恭依皇祖诗韵》。

卷一一：恭和御制元韵(四十首)：《闻京师二月初七日得雨志喜》《自瓜洲放舟至金山》《登金山塔顶叠旧作韵》《金山叠旧作韵》《游金山寺再叠苏轼韵》《自金山放船至焦山再叠苏轼韵》《甘露寺北轩用杜牧韵》《登城霞阁二首》《过常州府城八韵》《射》《游寄畅园题句》《听松庵竹炉煎茶叠旧作韵》《汲惠泉烹竹炉歌叠旧作韵》《驻跸苏州》《观苏州城间阎之盛不减昔年既以慰怀兼成是什》《支硎山》《寒山别墅》《飞鱼峡》《戏题空谷》《寒山千尺雪》《听雪阁叠前韵》《游华山》《复闻京师得雨志喜二月十四日》《拈花寺》《邓尉山恭瞻皇祖题额松风水月四字各得八句以题为韵松、风、水、月》《邓尉香雪海歌叠旧作韵》《游天平山十六韵》《再游寒山别墅》《法螺寺》《初游石湖作》《观打鱼歌》《虎丘寺再和苏轼韵》《山塘策马》《降旨回銮时取道徐州视河工诗以纪事》《闻河南得雨》《晓发苏州》。

卷一二：恭和御制元韵(五十一首)：《入浙江境》《题烟雨楼》《至杭州行宫驻跸八韵》《题黄龙洞》《诣圣因寺》《题西湖十景叠旧作韵苏堤春晓、柳浪闻莺、花港观鱼、曲院风荷、双峰插云、雷峰夕照、三潭映月、南屏晚钟、断桥残雪》《题林逋诗帖真迹用卷中苏轼书和靖林处士诗后韵》《吟香别业》《清涟寺观鱼叠旧作韵》《飞来峰歌》《自苏堤跋马至圣因寺》《戏题虎跑泉》《观采茶作歌三月初二日》《阅海塘作》《观江潮作歌》《岳武穆祠》《再至云林寺》《登六和塔作歌》《杭州启跸回銮之作》《游狮子林》《诣文庙行礼》《过紫阳书院叠旧作韵》《若冰洞》《复闻京师得雨志喜》《春雨山房》《游摄山栖霞寺用尹继善沈德潜倡和韵》《登最高峰望江放歌》《泛舟后湖揽古》《秦淮歌》《题鸡鸣山》《石城歌》《麦苗》《草色》《过灵隐至韬光》《用韬光禅师答乐天诗韵》。

　　按:《素余堂集》卷一○至卷一二"恭和御制元韵"诗,据诗题可知,其行迹由北京经山东、江苏直至浙江,当是南巡沿途所作。卷一○首篇作《皇太后南巡启跸京师叠辛未旧作韵》。"辛未"即指乾隆十六年南巡,《素余堂集》卷七有诗纪之。考《素余堂集》卷一五、卷一七分别又纪乾隆二十七年、三十年南巡事。据此,则卷一○至卷一二当是纪乾隆二十二年之南巡。该年南巡自正月十一日于京师启跸,至四月二十六日返抵圆明园。然乾隆二十一年先生即因母丧,在金坛丁忧,二十二年八月方奉命来京,不当在扈从之列。故此部分诗应为事后补和,非出于先生之亲历。

乾隆二十三年　戊寅(1758)　四十五岁

正月二十五日,蒙赏海淀圆明园官房一所,与刘纶同院。

　　《耐圃府君行述》:"戊寅正月奉旨:赐海淀园房一所,同大学士刘文定公居住。"

　　《乾隆朝上谕档》:"乾隆二十三年正月二十五日奉旨:圆明园哈达哈房屋一所,着为官房赏给刘纶、于敏中居住,钦此。"

　　戴璐《藤阴杂记》卷四:"武进刘文定公……以总宪久直枢庭,门阈萧然。……大拜后园居于文襄同院,喧寂悬殊。"

正月二十七日,以"两次亲丧蒙混为一",为御史朱嵇所参,高宗以先生才力尚可造就,未予深究。

　　《乾隆朝上谕档》:"乾隆二十三年正月二十七日内阁奉上谕:御史朱嵇参奏侍郎于敏中两次亲丧蒙混为一,恝然赴任一折。前于敏中守制回籍,陈请归宗,原为伊本身生母起见,若非归宗,则于例不得受封,此亦人子至情。至于回籍后复丁母忧,伊闻命暂署刑部侍郎时,未经具折奏明,此一节原未免启人訾议,而该御史遽用张大其词,见之弹劾,污人名节,不无过当。……若于敏中才力尚可造就,非吕炽等比。刑部侍郎缺出,一时未得其人,是以降旨起用,凡遇宴会,不令预列。……若必谓在籍终丧方为尽孝,无论一切居乡守制人员,未必尽皆庐墓。即昔时筑室居庐之人借此钓名干进,徒滋物议者不一而足,于风教并无裨益。该御史又称梁诗正等准其告养,海内闻风向化。试思四海甚大,此数人得请家居即能浇风尽息,然耶? 否耶? 明季科道陋习,动以夺情视事交章争论,哓哓不已,徒启党援攻讦之端,于国是究属何补? 殊不思科道为朝廷耳目之官,如果政事有所阙失,官僚贪黩败检,即据实举劾,朕方深为嘉予,以风言路。若所陈不过如此,冀以博敢言之名,朕不取也。朱嵇折着还,钦此。"

《乾隆朝军机处随手登记档》"乾隆二十三年正月二十七日"登载有"朱嵇折一件,参奏于敏中两次亲丧蒙混为一,恝然赴任等因。""二十八日"又载"原折即交朱嵇领去。"

朱嵇(1714—1786),字又康,一字竹坪,号此筼。山东单县人。乾隆十六年进士,选庶吉士。历官至给事中。传见《皇清书史》卷四。

　　按:先生匿丧赴任一事,诸家所载互有出入。《清史稿》本传:"二十一年,丁本生父忧,归宗持服。逾年,起署刑部侍郎。二十三年,嗣父枋殁,回籍治丧。未几,丁本生母忧,未以上闻。御史朱嵇疏劾敏中两次亲丧蒙混为一,恝然赴官。"其"两次亲丧",盖指嗣父于枋、生母张氏之丧。《清史列传》本传:"二十一年,丁本生父忧,奏请归宗持服。……二十三年五月,以嗣父于枋在籍病故,奏请回籍治丧。二十四年正月,御史朱嵇劾敏中两次亲丧,朦混为一,恝然赴任。"未提及生母张氏,盖以"两次亲丧"指生父于树范、嗣父于枋之丧。清史馆传稿《于敏中列传》:"二十一年丁本生父忧,奏请归宗持服。旋丁本生母忧。二十二年起署刑部侍郎。明年以嗣父病故,乞归治丧。二十四年授刑部侍郎。调户部。御史朱嵇劾其迭遭三丧,忘亲贪位。"(清史馆传稿6745号)其称"迭遭三丧",盖指生父于树范、生母张氏、嗣父于枋三亲之丧。

　　据前谱可知,先生生父树范、生母张氏俱卒于乾隆二十一年。而嗣父于枋,据后谱可知,卒于乾隆二十三年,其事尚在朱嵇弹劾后。故朱嵇弹劾之"两次亲丧"实指生父于树范及生母张氏之丧,与嗣父于枋无关。故《清史稿》《清史列传》及清史馆传稿《于敏中列传》所载皆误。

　　又,《清史稿》称朱嵇弹劾先生之由,系"丁本生母忧,未以上闻"。然考《题报兵部左侍郎于敏中在途接母丁忧日期事》:"生母张氏年八十岁于六月初九日巳时病故。敏中例应丁忧,即日扶柩归里守制,理合就近报明。"(一史馆,档案号:02—01—03—05328—009)知生母张氏之丧,先生已然报明。故《清史稿》"丁本生母忧,未以上闻"之说,势难成立。朱嵇弹劾之真正原因,据二十三年正月二十七日上谕:"御史朱嵇参奏侍郎于敏中两次亲丧蒙混为一,恝然赴任一折。前于敏中守制回籍。……至于回籍后复丁母忧,伊闻命暂署刑部侍郎时,未经具折奏明,此一节原未免启人訾议。而该御史遽用张大其词,见之弹劾,污人名节,不无过当。"知实为先生丁忧期间"闻命暂署刑部侍郎时,未经具折奏明"。"暂署刑部侍郎",事在乾隆二十二年六月。据《大清会典则例》,汉臣丁忧期限一般为二十七个月,期间不可出任任何职务:"凡内外汉官丁忧承重者,具文报部以闻讣之日为始,不计闰二十七月。……官员短丧并闻伊父母祖父母丧仍行恋职者革职。……其丁忧未毕有出仕就考者与短丧同。"先生生父、生母俱卒于乾隆二十一年,二十二年奉命暂署刑部侍郎时,尚在丁忧期间,按例不应出仕。这一点亦可从高宗驳斥朱嵇之语中得以印证:"若必谓在籍终丧方为尽孝,无论一切居乡守制人员,未必尽皆庐墓。即昔时筑室居庐之人借此钓名干进,徒滋物议者不一而足,于风教并无裨益。"可见,朱嵇参劾之理由,实为先生于生母去世后丁忧不满二十七月即赴刑部侍郎任,未"在籍终丧",非《清史稿》所云之"丁本生母忧,未以上闻"。

三月,蒙赏兴化寺街宅一区。

《耐圃府君行述》:"戊寅……三月恩赐兴化寺街宅一区。"

三月,奉敕书《御制闲骟歌》。

《石渠宝笈续编》著录有"《郎世宁画佶闲骟》一轴"。内《御制闲骟歌》,款作"乾隆戊寅季春,臣于敏中奉敕敬书"。

郎世宁(1688—1766),字若瑟。意大利人。康熙五十四年来华传教,随入如意馆,为宫廷御用画师,并参与圆明园西洋楼之设计。历康、雍、乾三朝,卒,赠侍郎衔。郎世宁之画熔中西画法为一炉,绘有《写生花卉》《百骏图》《准噶尔贡马图》《阿玉锡持矛荡寇图》《聚瑞图》《白鹰》《东海驯鹿》《花底仙龙》《池莲双瑞》等。传见《清史稿》卷五〇四、《清代画史增编》卷二〇。

五月初一日,嗣父于枋于金坛病故。

《于氏家乘》:"枋……乾隆戊寅五月初一日卒。"

《乾隆朝上谕档》:"署刑部侍郎于敏中奏称嗣父于枋在籍病故。"

五月初八日,序秦锡淳《试帖笺林》。

《(民国)台州府志》卷八四:"《试帖笺林》八卷,国朝秦锡淳编,陈兆熊、三成、兴德参注。……是编因乾隆丁丑会试以首场经艺分作二场,增试帖八韵,罢去表判,以后乡会试遂沿为例。锡淳乃选唐人试帖并附近人作加以注释,以为应试者绳墨。乾隆戊寅刻于京师,首有金坛于敏中、江宁秦大士、钱塘周鼎三人序。今存原刻本。"

《唐试帖笺林》先生序云:"我皇上以诗学倡天下,凡春、秋闱二场,自丁丑会试始命限试帖八韵,海内人士蒸然向风。……秦子沐云……选唐试帖而笺注之,以详开后学应试之体。……时乾隆戊寅五月端阳后三日,金坛耐圃于敏中序。"钤印二,一曰"于敏中印",一曰"耐圃"。

五月二十七日,接嗣父于枋讣闻,哀痛欲绝。奏恩告假百日回籍治丧,待期年满日再行实授。高宗准其请。

《耐圃府君行述》:"戊寅……五月得午晴公凶问。府君怀恩勤教诲之德,哀恸几绝,即具疏请回籍治丧百日,并请期年满日再行实授,蒙恩允准,府君星驰归里庀事。"

《乾隆朝上谕档》:"乾隆二十三年五月二十七日内阁奉上谕:署刑部侍郎于敏中奏称嗣父于枋在籍病故,于例不得复报丁忧,请给假百日,回籍治丧等语。著照所请,即准其给假一百日,不必于木兰随围,即行回籍。其刑部侍郎原系署理,亦不必开缺。假满后即来京供职,仍按其期年满日再行实授,钦此。"

九月,假满回京当值。

《耐圃府君行述》:"戊寅……九月假满还朝趋直。"

九月,序李开先《周易六十四卦辨疑》。

《周易六十四卦辨疑》卷首序云:"易以断天下之疑者也,画前之易芒乎芴乎,莫可究已。……汉魏以来,专门名家后先相望。《隋·经籍志》所载凡六十九部,《唐·四库书目》增至八十八部,《宋志》乃有二百一十三部,注释疏解不可谓不详且备然。而谈名理者失之诬,语象数者失之凿,说愈纷而易道愈晦。……传一李先生,蜀之大儒也。隐居读《易》,多所心得,爱瞿唐来子"卦变错综"之说,惜其择不精、语不详,因为之折中订是,且欲正向者说《易》家之诬且凿,以解后学之惑也,乃著《辨疑》一书。……余昔视学山左,识先生曾孙复庵太守。……兹道经琅邪,复庵出是编示余属为序,而付诸剞劂氏。……因举其大凡而识之。……乾隆戊寅秋九月金坛于敏中撰。"

《四库全书总目·周易辨疑提要》:"《周易辨疑》,无卷数。……国朝李开先撰。开先字传一,长寿人。与嘉靖中太常寺卿李开先名姓偶同,非一人也。"又《清文献通考·经籍考》:"《周易辨疑》,无卷数,李开先撰。……臣等谨按:开先受《易》于其乡人来知德,故卷首列知德《太极图》及羲文、卦次、卦位、方圆诸图、卦变图、六十四卦错综图、每卦论辨卦象、爻画悉本师说居多。惟卦变之说与知德不合。又往往驳本义而不顾所安,故委曲迁合,语多不伦,则亦好为立异之流也。"

李希贤,字复庵。四川长寿县人。拔贡生。历任山东临淄、汶上知县、沂州府知府等,官至云南迤西道。传见《(嘉庆)四川通志》卷一五三。

十月,以刑科覆奏秋审各省应勾决罪犯,请旨定夺。

《乾隆帝起居注·二十三年十月》:"初六日己未巳刻,上御懋勤殿。大学士傅、史,协办大学士尚书鄂、蒋,刑部尚书秦蕙田,侍郎书山、勒尔森、于敏中、王际华,学士介福、富德、塔永阿、果尔敏、邹一桂、钱汝诚以刑科覆奏九卿、詹事、科道秋审广东、福建情实罪犯应勾决者共九十一人,请旨定夺。"

据《起居注》,嗣后本月覆奏之秋审勾决诸省罪犯依次为:十月初八日,奉天、陕西、湖广;初十日,浙江、江西、安徽、江苏;十四日,河南、山东;十六日,直隶、山西。二十三日,以刑科覆奏秋审朝审情实之应勾决罪犯。

十一月初五日,同哈萨克、布噜特使臣于京郊南苑预观大阅。礼成,蒙赐宴。

《素余堂集》卷二有《圣武远扬西域效顺大阅礼成恭纪》,题下自注"铙歌三十章"。其序云:"臣惟武功成则奏凯乐。凯者,歌以示喜也。……戊寅冬,大宛右部使入觐,会简阅八旗将士于南苑。时则士气奋厉,军旅整肃。……臣无文不足以揄扬盛烈,而远慕矢诗之雅,窃效奏凯之声,比类属辞,纪实书美。……谨依'铙歌体',作《铙歌三十章》以献。"其二〇章内自注云:"台上陈大次。上升黼座,王公、文武大臣侍从赐坐、赐茶。"又二九章内注云："礼成，赐卓兰等宴，王公大臣皆与。"

《素余堂集》卷二二有《奉敕赋南苑赐哈萨克布鲁特塔什罕回人等观烟火灯词》八首。其一有句云："庆丰灯宴柏冬开，为有人从月窟来。"其五云："百戏才过舞队陈，攒花结就万年春。"其八云："海户村民笑语闻，喜看职贡灿灯筵。"

　　按：《圣武远扬西域效顺大阅礼成恭纪》序云"戊寅冬"，是为乾隆二十三年。是年冬南苑大阅，事见《清高宗实录》卷五七四："戊子，上大阅，命右部哈萨克使臣卓兰等及布噜特诺起等从观。……大阅礼成。上御黄幄释甲胄。铙歌清乐作，奏《凯皇威》之章。"其时在十一月初五日。

　　又按：《奉敕赋南苑赐哈萨克布鲁特塔什罕回人等观烟火灯词》，《御制诗二集》卷八二（戊寅）有同题之作，为二十三年事，诗中自注云："时十一月初五日。"故南苑大阅与赐回部观烟火均在此日。

冬，高宗仿董其昌《石壁图》。为之题。

《石渠宝笈续编》著录有"《御笔仿董其昌石壁图》一轴"。御款"戊寅冬日"。后附先生题识，有"半壁天成峭倩，一峰意托萧闲"之语。

是岁，汪由敦卒。

乾隆二十四年　　己卯（1759）　　四十六岁

正月初四日，同董邦达、嵇璜、裘曰修、王际华、钱维城、钱汝诚等六人以蒋溥所绘《墨牛图》为题联句，并书之帧首。

见上海崇源艺术品拍卖有限公司 2006 年度大型经典艺术品拍卖会文苑英华专场。蒋溥自题曰："高斋风送市声来，介葛庐闻不用猜。豚栅鸡坶随暖律，郭椒丁栎定殊材。阴阳气协无须问，稼穑资深正待培。爆竹千门频报喜，列于率舞庆康哉。己卯春正四日待直南斋，同人分题，宗伯、嵇公以闻牛鸣命作，因成长句，适有宣纸并绘，恒轩蒋溥。"帧首为先生所书七大臣联句诗："湿湿末双牛，董邦达。尺幅表殊致。范土迎新韶，嵇璜。成图兆丰岁。情缘问喘殷，于敏中。兴以考牧寄。凤瞻珍迹五，文肃公有仿韩晋公《五牛图》卷，今藏内府，裘曰修。继见妙绘二。呼牟出豪端，王际华。角力透纸背。富准千头多，钱维城。工极一毛细。形非问奴得，钱汝诚。声竟彻盎似。

神来赴麾肱，达。术巧谬□臂。疑逢望月影，璜。想见饮池际。虚窗窥星精，中。短轴验地利。斜阳忽回照，修。横笛恍清吹。朝烟陇头轻，华。浅草堤外翠。稳知载竖还，诚。动欲引犊戏。谁通口中言，诚。宁隐腹内字。羁金曾托讽，达。披绣亦罕謦。海棠价空高，璜。牡丹名特异。擅场戴嵩推，中。标奇董逌备。寝讹关物情，修。点染重农事。海客漫乘槎，华。关尹早望气。木傅诸葛谋，城。火忆田单计。合作桃林看，诚。春来息烽燧。达。己卯春朝虞山相国以画牛见示。同人联句奉题属敏中书于帧首。"钤印二："臣敏中印""忠孝一生心"。

　　按：拍卖时间为 2006 年 8 月 14 日。LOT 号：1017。尺寸 42×97 厘米。

正月，高宗题玉镂鸳鸯屏。并为之题。

《素余堂集》卷二二《奉敕题玉镂鸳鸯屏》："联珍如接翼，合璧自成行。"

　　按：《御制诗二集》卷八三（己卯）有《题玉镂鸳鸯屏》，为乾隆二十四年作。高宗诗系于该卷《新正瀛台即景》之后、《己卯春帖子词》之前。己卯年立春在正月初七日。故高宗诗当作于正月初七日或稍前。

正月初七日，立春，题御笔《春蔬图》。

《素余堂集》卷一三有《人日立春》。题下注云："敬题御笔《春蔬图》。"

　　按：据《近世中西史日对照表》，立春在人日（正月初七）者为乾隆二十四年。

　　又按：《人日立春》为《素余堂集》卷一三之首篇，该卷自此诗以下为乾隆二十四年作。

正月二十九日，同蒙古王公、俄罗斯使臣等预宴山高水长幄次。

《素余堂集》卷一三《御园赐宴哈萨克苏尔统俄罗斯等即席得句》："大酺分与春台餐，同乐留看午夜灯。"

《乾隆帝起居注·二十四年正月》："二十九日辛亥，上御山高水长幄次，赐王公大臣、蒙古王公及俄罗斯苏尔统等宴。"

高宗赋《射八韵》。有和作。

诗见《素余堂集》卷一三。

　　按：《御制诗二集》卷八四（己卯）有同题之作，系于《御园赐宴哈萨克苏尔统俄罗斯等即席得句》之后、《仲春玉泉山》之前。

三月初三日，编校《御制乐善堂全集定本》告竣，同蒋溥、刘统勋等联名跋尾。

《御制乐善堂全集定本》卷末跋云："《乐善堂全集》自颁示海宇，凡在臣子操觚诵习训行近光。……近复以《全集》卷帙綦繁，命臣等重为厘定编节。……爰敬谨校阅数过……拟为三十卷恭呈乙览。上复亲加裁定，重付剞劂。较之全集，存者十之五六云。……臣等荣与编校，谨拜手稽首识于简末。乾隆二十四年岁次己卯上巳。东阁大学士兼管户部尚书臣蒋溥，协办大学士吏部尚书臣刘统勋，礼部尚书臣嵇璜，吏部左侍郎臣董邦达，户部左侍郎臣刘纶，户部右侍郎臣裘曰修，礼部左侍郎臣介福，兵部左侍郎臣观保，署刑部左侍郎臣于敏中、刑部右侍郎臣王际华、工部左侍郎臣钱维城、内阁学士臣钱汝诚恭跋。"

《国朝宫史》卷二四："《乐善堂全集定本》一部。皇上青宫典学时所著诗文，汇为《乐善堂全集》，乾隆二年刊刻成书。二十三年复亲加删订为《定本》三十卷。……奉旨校刊，颁赐中外。"

三月二十六日，吏部考绩，以任内勤恪，交部优叙。

《乾隆朝上谕档》："乾隆二十四年三月二十六日奉旨：吏部开具在京部院三品以上官，请旨甄别，以重察典。……协办大学士尚书鄂弥达、刘统勋，尚书李元亮、秦蕙田，侍郎署尚书苏昌，侍郎刘纶、于敏中，均服官勤慎，着一并交部议叙。"

春，同蒋溥、刘统勋等共跋郎世宁《八骏图》。并奉敕书《御制大宛马歌》。

《石渠宝笈续编》著录有"《郎世宁八骏图》一卷"。内载《御制大宛马歌》，末款"臣于敏中奉敕敬书"。后附臣工题识，款作"乾隆己卯春月臣蒋溥、臣刘统勋、臣嵇璜、臣董邦达、臣刘纶、臣裘曰修、臣于敏中、臣王际华、臣钱维城、臣钱汝诚恭赞"。

六月杪，高宗闻京师及河南等处甘霖普降，诗以志喜。有和作。

《素余堂集》卷一三有《喜雨》十首，曰：《雨阵》《雨云》《雨山》《雨田》《雨楼》《雨舟》《雨树》《雨荷》《雨蝉》《雨蜩》。

按：《雨树》诗中自注云："豫省奏亦于十二、三等日得雨。"查河南巡抚胡宝瑔二十四年六月二十七日《奏报豫省地方得雨情形》云："欣闻京师十二三等日天应甘霖，普周深渥。……豫省河北地方雨自北来，从前未经沾足之处，甘膏叠永。"（一史馆，04—01—25—0087—

005 号)知豫省于六月二十七日奏报十二三日得雨情形,京师闻报当在月底。

六月,服除。实授刑部左侍郎。

《耐圃府君行述》:"己卯六月期服阕,实授刑部左侍郎。"

按:上谕称:"仍按其期年满日,再行实授。"先生此前系署理刑部侍郎事务,尚未实授。

刑部侍郎任内,虚怀商榷,于意未安者,同尚书秦蕙田每多辨析。

《耐圃府君行述》:"在秋官时,尚书为无锡秦文恭,公明习律例。府君虚怀商榷,意有未安者必再四辨析,文恭公亦每为折服。"

按:乾隆二十二年八月,先生于金坛接署理刑部事务之咨文,二十四年闰六月复调补户部侍郎。故《行述》"在秋官时"即此期间。

闰六月十三日,介福奉命典试浙江。有诗赠行。

《素余堂集》卷三三有《次韵送介少宗伯赴浙江典试二首》。其一有句云:"皇华载拥使星装,越水吴山驿路长。"又"迟待霜花吟塞馆"句,自注:"公昔扈从秋狩,和韵有'霜花明似雪,石骨瘦于僧'句,极蒙睿赏,今将侍从木兰,复奉命典试,佳句且有待矣。"其二诗中自注云:"公自辛未至今,乡、会两试叠司文柄。"

按:《清高宗实录》卷五九〇:"辛卯……以礼部左侍郎介福为浙江乡试正考官。"知介福于乾隆二十四年闰六月十三日任浙江乡试正考官。另据《大清会典则例》卷六六:"(乾隆)三年……议准各省主考起程日期:……江南、江西、浙江、湖北、陕西以七日为限。……倘有逾限逗遛者,由部察实参奏。"知浙省主考官受命之后,当在七日内起程赴任。则此诗当作于闰六月二十日之前。

闰六月二十九日,奉命调补户部右侍郎。所遗刑部侍郎员缺由谢溶生补授。

《耐圃府君行述》:"己卯六月……甫踰月,调补户部右侍郎。"

《乾隆朝上谕档》:"乾隆二十四年闰六月二十九日内阁奉上谕……于敏中着调补户部侍郎,其刑部侍郎员缺着谢溶生补授。"

《大清会典》卷三"户部侍郎"条:"正二品。"又《清通典》卷二四"户部左、右侍郎"条:"满洲汉人各一人。掌审计国用,以贰尚书。……右侍郎兼管钱法堂事务。"

　　谢溶生，字未堂，号容川。江苏仪征人。乾隆十年进士。历官侍讲学士、内阁学士、刑部右侍郎、礼部侍郎。传见《(道光)济南府志》卷二九。

八月十五日，高宗赋《中秋帖子词》。有和作。

　　《石渠宝笈续编》著录有"《御笔己卯中秋帖子词》"，后附先生和章四首，末款"臣于敏中奉敕敬书"。

　　　　按：此诗又见《素余堂集》卷一三，题作《中秋帖子词九叠前韵》。

八月二十五日，奉敕同户部左侍郎吉庆督理京省钱法。

　　《敕谕户部左侍郎吉庆右侍郎于敏中督理京省钱法》："皇帝敕谕户部左侍郎吉庆、右侍郎于敏中：兹以佐计重任急需得人，特命尔等督理京省钱法，应行事务悉听督理。首在约束司属官吏匠役人等一遵法纪，不致作弊生奸。本原清正，职掌自举。务要稽核钱粮，慎计出入，省察工匠，验视物料，一切积蠹陋规，痛加厘格。凡解到铜铅，照例搭配称收公看镕化，毋令换和假低，致有亏折。各项杂件俱一一综核，使收发得宜，毋致虚冒。仍严督在局炉头、匠役人等，逐日鼓铸，关防严毖，不许怠玩、稽迟、作奸、盗窃，违者依律重治。所造制钱遵照节次题准事例，务要轮廓分明，字画精好，一照样钱式，不容粗疏薄恶，庶使永远流通，果能多方措处，广设炉座，听尔等酌量渐次增添。有应与堂司商议者，即与商议而行。应奏请者，奏请定夺。每年终将鼓铸事宜备造细册具奏。尔等受兹委任，须持廉秉公，兴利除弊，足国便民，如上下蒙蔽，因循误事，责有所归，尔等其慎之。故谕。乾隆二十四年八月二十五日。"(台湾史语所，105217—001 号)

　　吉庆(1753—1802)，觉罗氏。满洲正白旗人。由官学生补内阁中书。历官至两广总督。编有《广西通志》。传见《国朝耆献类征初编》卷三五、《清史稿》卷三四三。

十月二十三日，平定回部大功告成，捷音递至京师。先生有文纪之。

　　《素余堂集》卷二四《圣武远扬平定回部西隆永靖大功告成露布》略云："若回部者，默德遗墟，筠冲僻壤。……如霍集占兄弟者也，本以准噶尔之累因，甘为厄鲁特之奴隶。……乘阿逆之煽乱，竟党恶以为奸。……宜申伐叛之举，用兴问罪之师。……遂以闰六月十四等日入其两城，抚其众部。……拔达克山屹西极以作屏，素尔坦沙慕中华而向化，甫传尺檄于幕府，旋擒二竖于沙场。……以我神将往征，遣其都丸来献。奉书面内旁行,请付译鞮;悉属归藩匍伏,愿称臣仆。……是役也,隶版户增盈亿,奸渠绩奏逾年。……臣等忝膺阃节,幸禀庙谟。际希遘之昌期,迓非常之洪捷。……无任庆忭之至,谨奉露布以闻。”

《清高宗实录》卷五九九:“庚子……是日,定边右副将军富德等奏到巴达克山素勒坦沙献逆贼霍集占首级全部纳款捷音。谕:将军富德等奏报:巴达克山素勒坦沙奉檄拘禁逆贼霍集占等于柴扎布。……呈献霍集占首级。……驰送京师等语。前此大兵平定准噶尔。各部悉入版图。……独逆酋霍集占兄弟辜恩反噬,不得不兴师问罪。……今既捧檄自效,逆酋授首,从此边陲宁谧,各部落永庆安全,露布远闻。”

十月二十四日,回部既平,高宗撰《开惑论》,申伐叛绥远之义。为之跋。

《素余堂集》卷二六《恭跋御制开惑论》:“上既亲制《平定回部碑文》告成太学及勒铭叶尔奇木、伊西洱库尔淖儿之碑。……兹复荟萃全局,著为鸿篇。探天命人心之原,申伐叛绥远之义。……举不得已而用兵之深衷,明白众著于天下。是直为万世振聋聩、砭懦顽,讵惟开一时之惑云尔哉!……臣伏诵寻绎至于再三。……窃谓宜宣示中外,传之无穷。”

《清高宗实录》卷五九九:“辛丑……以西师成功始末,御制《开惑论》,宣示中外。”《开惑论》见《御制文初集》卷三。

> 按:《素余堂集》同卷又有《书刻御制开惑论恭跋》,题下注云:“节定旧作。”为《恭跋御制开惑论》之删定版。

十月,书《御制平定回部告成太学碑文》,并跋之。

《素余堂集》卷二六《御制平定回部告成太学碑文恭跋》:“回部既平,捷音至京师。上亲制碑文告成太学。……臣幸于给札侍从之下,得瞻御笔稿。……微臣蠡酌管窥,无能揄扬盛美,敬书册而寿诸琬琰,比于细壤涓流景向岱瀛之意云尔。”

> 按:此文并见《石渠宝笈三编》,题为《于敏中书高宗纯皇帝御制平定回部告成太学碑文》。末款“己卯冬十月,臣于敏中敬书恭跋”。

十一月初一日,高宗书《为君难》。同蒋溥、梁诗正等联名跋尾。

《石渠宝笈续编》著录有《御笔为君难跋》一册。御款作“乾隆己卯长至月初吉”。后附臣工跋文,末云:“臣等敬诵《御制为君难跋》一篇……窃愿勒诸贞石,永垂奕祀云。臣蒋溥、臣梁诗正、臣于敏中、臣介福恭跋。”

十二月十一日,京师得雪。有诗纪之。

《素余堂集》卷一三《雪》:"腊鼓声催花满树,春犁扶趁麦封田。"题下自注:"腊月十一日。"

十二月二十八日,立春。有《庚辰春帖子词》。

《素余堂集》卷二二有《庚辰春帖子词》:"一路春风先译鞮,云翘舞叶凯歌齐。东华晓上榑桑日,直照昆仑万国西。"又诗中自注:"立春日在甲午。"

按:据《近世中西史日对照表》,乾隆二十五年立春在二十四年十二月二十八日。

是岁,书御制诗中有关西师者勒石武成殿,并为之跋。

《素余堂集》卷二六《奉敕书武成殿刻石诗恭跋》:"西师既蒇事,诏图功臣像于紫光阁,命将作,因旧址葺新之,复规其后为武成殿,曲廊周环,属于阁焉。上亲制五十功臣赞书而藏诸阁中,又揭《御制告成太学碑文》,及《开惑论》于殿阁壁,且绘诸战图以识事实。……廊列眠石三十有三,敕臣编次御制诗篇之有关西师者,恭缮而镌之石。……谨自甲戌受降迄今,阁成宴落,计共录诗二百六十篇。……至若辞句涉及西师而附见他什,与宴赏联句臣工继赓者,并以限于庑石,未得备录云。"

又卷一四《紫光阁落成锡宴即席得句》内自注云:"阁后廊壁镌御制甲戌至辛巳诸篇,皆臣奉敕编次书石。"

《国朝宫史》卷一五:"武成殿……左右壁间张御制《西师诗》《开惑论》,左右两庑间石刻御制自乙亥军兴以来迄己卯成功诗二百二十四首。凡神谟睿断,午夜筹劳,备见于此,俱详载《御制诗二集》中。"

《清通志》卷一一七:"御制自乙亥军兴迄己卯成功共诗二百二十首并谕旨一通。乾隆二十四年嵌石武成殿正中及两庑。行书。"

是岁,励宗万、顾栋高卒。

　　　　乾隆二十五年　庚辰(1760)　四十七岁

正月初一日,蒙赐宴太和殿。

《乾隆帝起居注》:"乾隆二十五年岁次庚辰正月初一日丁未……巳刻,上御太和殿升座,赐王公文武大臣官员及外藩王公等宴。"

《素余堂集》卷一三《元正太和殿朝会庸作歌》："广殿筵陈上日仪,庆隆舞队引华旗。"

又卷二〇《元正太和殿赐宴纪事二律》"西蒙乐备陈鱼戏"句,自注云:"庚辰元会,适当平定回部,贡乐初至,即命陈于晏次,遂为岁例。"

按:《素余堂集》卷一三自《元正太和殿朝会庸作歌》以下为乾隆二十五年作。

正月初六日,预重华宫茶宴,以"新正重华宫锡宴"为题联句。

《清高宗实录》卷六〇四:"壬子……召大学士及内廷翰林等茶宴,以新正重华宫锡宴联句。"

《素余堂集》卷一三《重华宫曲宴御前藩王大臣侍卫及内廷翰苑诸臣即席得句》:"初旬预锡灯宵宴,四座联赓元会篇。"

《御制诗三集》卷一有《新正重华宫锡宴联句》,序云:"时也宜人序近,七种菜先挑几日。膏融祈谷辰过,九微灯预试一旬。"联句者自高宗以下依次为:傅恒、来保、史贻直、蒋溥、刘统勋、陈德华、刘纶、董邦达、裘曰修、于敏中、介福、金德瑛、观保、钱汝诚、王际华、钱维城、窦光鼐、张泰开、金甡、倪承宽。

《清通志》卷一一六:"重华宫赐宴联句,乾隆二十五年。……七言排律。钱汝诚奉敕正书。"

陈德华(1696—1779),字云倬,号月溪。直隶安州人。雍正二年一甲第一名进士,选庶吉士,授翰林院修撰。历官至礼部尚书。著有《葵锦堂诗集》。传见《国朝耆献类征初编》卷七六、《清史稿》卷三〇四。

倪承宽(1712—1783),字余疆,号敬堂。浙江杭州人。乾隆十九年一甲第三名进士,授翰林院编修。历官至太常寺卿。工诗文、书法。著有《春及堂诗集》。传见《碑传集》卷四二、《皇清书史》卷七、《词林辑略》卷六。

正月初十日,定边将军兆惠等函送霍集占首级并俘酋至京,行献俘礼。至是,回部荡平,先生具表以贺。

《清高宗实录》卷六〇四:"丙辰……定边将军兆惠等函送逆回霍集占首级并俘酋扪多索丕等至京。……押俘由长安右门入,进天安右门,至太庙街门外。北向跪,告祭大臣进太庙行礼。"

《素余堂集》卷二五《贺平定西域表》:"奏为天威远播西域永宁蕃部归

诚逆酋授首恭聆捷音同申贺恪事。……前此西羌底定,人金川早詟威棱;继之朔漠荡平,准噶尔咸称臣仆。大宛左右牵驹,归职贡新图;布露东西献贶,拜受降嘉宴。……蠢尔霍集占兄弟,向为厄鲁特累囚。赖我师克定伊犁,残躯幸脱;为彼境攻其伯克,旧部重归。岂期顿背雄盟,竟负恩而反噬;辄敢逞行狼跋,转构衅以跳梁。是稔恶之必诛,爰声罪而致讨。……诸蕃回面,尽率属以争迎;小丑寒心,遽闻风而远窜。捣穴已穷其三窟,取残遂抚其四城。……霍斯库鲁之以少胜多,辟易直教丧胆;阿尔楚尔之以奇济正,稽诛仅脱游魂。……惟此素尔坦沙势明顺逆,亦由两和卓木愤切神人。……既已歼厥二酋,用彰天伐;复乃悉其全部,愿隶王臣。……臣等星垣同附,露布欣闻。……臣等无任踊跃欢忭之至。"

兆惠(1708—1764),乌雅氏,字和甫。满洲正黄旗人。雍正九年,以笔帖式升授军机处章京。历官户部、兵部、刑部、工部等部尚书,加太子太保。卒,赠太保,谥文襄。传见《清史稿》卷三一三、《清史列传》卷二〇。

　　按:文中称"溯从乙亥藏功,岁月计五年之速",乙亥即乾隆二十年,依此推之,此文当作于乾隆二十五年。文中又称"献馘泮林,幸睹典章之大备",即二十五年正月初十日之献俘虏礼。

正月十三日,万寿山宴诸藩、回部,高宗赋诗纪之。有和作。

《素余堂集》卷一三《上元前二日万寿山赐亲藩及诸回部宴诗以纪事》:"鞮鞻掌备西戎乐,蒙汜来随上界官。次第宫壸颁列坐,从容天语问更端。"

《乾隆帝起居注·二十五年正月》:"十三日己未,上幸万寿山、大报恩延寿寺拈香。御勤政殿升座,布鲁特阿集必衣来使西拉噶斯等行三跪九叩礼。上召至御座前,亲加慰问,随命同蒙古王公台吉及拔达山、安集延等来使入宴。"

正月十六日,预宴正大光明殿。

《素余堂集》卷一三有《上元后一日曲宴廷臣》。其二云:"灯火连宵烛彩轮,坐联中外喜同春。才过华月三元夜,敢比凌烟廿四人。"自注:"是日与宴者凡二十四人。"

《乾隆帝起居注·二十五年正月》:"十六日壬戌……申刻上御正大光明殿升座,赐臣工等宴。"

正月,高宗赋《摘梅漫咏》,题所绘盆梅之上。又绘《五君子图》,并叠旧韵

题句。俱有和作。

《石渠宝笈三编》著录有《高宗纯皇帝御笔画古梅》一轴。御题："庚辰新春偶成《摘梅漫咏》,几暇适写盆梅,即书其上。"后附先生题识："春回古干交生香,瓦盆清供来江乡。……复以余事挥琳琅,化工在手生意滂。……臣于敏中敬题。"

《石渠宝笈三编》又有《高宗纯皇帝御笔五君子图》一轴。御题曰："庚辰新春,偶为《五君子图》,仍叠旧韵题句。"后附先生和章："轩然五友来何从,山泽之癯君子性。……敬惟游艺喻树人,五材作则黎庶政。臣于敏中恭和。"

二月初八日,随扈谒东陵,自京师启銮,扈跸烟郊行宫。

《素余堂集》卷一三有《二月初八日谒陵启程驻跸烟郊行宫作》《马上见耕者得诗四首》。

《二月初八日谒陵启程驻跸烟郊行宫作》有句云："告功法驾展晴朝,如砥新衢雾壒销。"自注："时朝阳门外石路新成。"

《乾隆帝起居注·二十五年二月》："初八日癸未,上恭谒东陵自京启銮。……是日驻跸烟郊行宫。"

二月初十日,扈跸隆福寺行宫。

《素余堂集》卷一三《驻跸翠云山房》："坐宜天半仙舟泛,吟及花前社燕还。"自注："行宫前杏花初开,御制诗纪之。"

《乾隆帝起居注·二十五年二月》："初十日乙酉……是日驻跸隆福寺行宫。"

> 按:高宗《御制诗文集》记隆福寺行宫六景,依次为:翠云山房、翠微室、碧巘丹峰、天半舫、挹霞叫月、翼然亭。知《素余堂集》中"翠云山房"在隆福寺行宫。

二月十一日,随驾谒孝陵、景陵,扈跸桃花寺行宫。

《素余堂集》卷一三有《恭谒孝陵》《恭谒景陵》《桃花寺行宫作》诗。

《乾隆帝起居注·二十五年二月》："十一日丙戌,上恭谒昭西陵、孝陵、孝东陵、景陵。……是日驻跸桃花寺行宫。"

二月十二日,扈跸盘山行宫。

《素余堂集》卷一三有《驻跸静寄山庄二律》《题澹怀堂》《云林石室》诗。

《驻跸静寄山庄二律》其一有句云："旋跸经临此憩留。"其二云："栾山寄兴署名园。"

《乾隆帝起居注·二十五年二月》："十二日丁亥……是日驻跸盘山行宫。"

按：《御制诗初集》卷三九有《盘山十六景》，静寄山庄为其一。故《驻跸静寄山庄》即盘山驻跸时作。

二月中浣，高宗驾幸古中盘、云罩寺等处，并有题咏。步韵和之。

《素余堂集》卷一三有《古中盘作歌》《千尺雪四首》《婉娈草堂作》《云起阁》《夕》《夜雨》《山中雨望》《赋得松湍流韵》《云罩寺叠前韵》《再题千尺雪》《泠然阁》等诗。《夜雨》题下注云："二月十三日。"

《乾隆帝起居注·二十五年二月》："十三日戊子，上幸少林寺、古中盘、云净寺拈香。……十五日庚寅，上幸天成寺、万松寺、盘谷寺、云罩寺、东竺庵拈香。"

二月十八日，返抵京师。

《素余堂集》卷一三《仲春含经堂》有"行时仗初回"之句。

《乾隆帝起居注·二十五年二月》："十八日癸巳……驾还至圆明园驻跸。"

按：含经堂，据《御制诗三集》卷七九自注："长春园在圆明园之东，内有含经堂。"

二月十九日，随驾安佑宫行礼。

《素余堂集》卷一三《清明日安佑宫行礼》："葳祀言旋待上陵，东风寒食柳初胜。"

《乾隆帝起居注·二十五年二月》："十九日甲午，上诣安佑宫行礼。"

二月二十一日，随扈往谒泰陵，自京师启銮。

《素余堂集》卷一三《二月廿一日恭谒泰陵启跸叠乙亥韵纪事》："春风易州道，翠华遵西陵。"

《乾隆帝起居注·二十五年二月》："二十一日丙申……是日上恭谒泰陵，自京启跸。"

《大清会典》卷四一："世宗宪皇帝陵曰泰陵，在易州永宁山，距京师二百八十里。"

二月二十三日，扈跸梁格庄。

《素余堂集》卷一三《永慕斋》:"村烟冷舍经心过,行漏清宵入听虚。"

> 按:《御制诗五集》卷九六《题永慕斋》题下注云:"梁各庄行宫内正殿名。"则永慕斋在梁各庄。据《清高宗实录》,是年二月二十三日,驻跸梁格庄行宫。

二月二十四日,谒泰陵。

《素余堂集》卷一三有《恭谒泰陵》。

《乾隆帝起居注·二十五年二月》:"二十四日己亥,上恭谒泰陵。"

二月二十七日,兆惠、富德等平定回部凯旋,于良乡城南举郊劳礼。赋诗纪之。

《素余堂集》卷一四《二月廿七日郊劳出征将军兆惠富德及诸将士礼成纪事》:"城南凯奏定西军,郊劳躬亲重策勋。"内自注云:"郊劳礼皆上所亲定。"

《清高宗实录》卷六〇七:"壬寅,辰刻将军兆惠、富德、参赞大臣明瑞、巴禄等,平定回部,振旅凯旋。上幸良乡城南行郊劳礼。……礼毕,上御黄幄,将军、参赞等行礼以次趋进御座前,行抱见礼。赐坐。将军、参赞等列坐西幄,在京王公满汉文武大臣列坐东幄。"

> 按:《二月廿七日郊劳出征将军兆惠富德及诸将士礼成纪事》为《素余堂集》卷一四之首篇,该卷自此诗以下为乾隆二十五年作。

三月初一日,兆惠、富德等凯旋将士于太和殿朝谒,先生及王公百官俱行礼。

《素余堂集》卷一四有《三月朔日御殿定边将军兆惠副将军富德等率成功诸将士朝谒诗以纪事》。诗中自注:"将军及成功诸将士皆于西班行礼。"又注云:"新附诸回部俱赐以冠带,并令随班朝谒。"

《乾隆帝起居注》:"乾隆二十五年岁次庚辰三月初一日丙午卯刻,上御太和殿受朝。"

《清高宗实录》卷六〇八:"凯旋将军兆惠富德率从征各官行庆贺礼。王公百官俱行礼。"

三月,励宗万将与妻黄氏合葬,陈兆仑为志其墓,董邦达篆盖,先生书丹。

"中国金石总录数据库"收录有《皇清诰授光禄大夫内廷供奉刑部左侍郎加三级光禄寺卿励公暨配诰封一品夫人黄夫人合葬墓志铭》。末署"钱塘陈兆仑顿首拜撰文""富阳董邦达顿首拜篆盖""金坛于敏中顿首书丹"。其文云:"乾隆二十有四年秋九月……竟不起。……公卒之明年三月,长君编修卜兆于五里之原,将奉公枢与黄夫人合窆,而徒跣款门属兆仑为志。"

春,奉敕撰《平定准噶尔回部紫光阁次五十功臣像赞》,并跋之。

《奉敕恭撰紫光阁次五十功臣像赞并跋》:"岁未五周,荡平准噶尔讫诸回部。……暨乎告庙策勋,上亲第其著绩尤赫者五十人图形紫光阁,御制序赞系之,重示褒异。其在事宣勤、效命有成、劳堪纪者,虽功以次及,而数亦如之,则敕臣等胪名摭实绩为之赞。……臣等轻陋下材,叨尘枢禁。兹获奉诏扬言,缀名简末,无任荣幸,无任惶悚。臣刘统勋、臣刘纶、臣于敏中恭跋。"(一史馆,03—0345—036 号)

> 按:此折日期原缺,一史馆将其系于乾隆二十八年,未知何据。考一史馆内现存之车木楚克扎布、闫相师、五福、巴岱、巴宁阿、扎尔善、伊萨穆、伍克什尔图、莫宁察、塔尼布、那木查尔诸人功臣像立轴,其赞语下均署作"乾隆庚辰春,臣刘统勋、臣刘纶、臣于敏中奉敕恭赞"。知当作于乾隆二十五年春。

> 又按:《清通志》卷一一三:"平定准噶尔回部五十功臣像赞。谨按:西陲底定,图大学士将军以下五十功臣于紫光阁。皇上亲御丹铅各系以赞,其后五十功臣则儒臣奉命缀辞。"此折所列平定西域后五十功臣,依次为:巴禄、福禄、和起、桑寨多尔济、车木楚克扎布、满福、闫相师、玉素富、查拉丰阿、瑚尔起、阿敏道、伍岱、观音保、五福、阿什默特、噶岱默特、艮音太、巴岱、布尔哈、纳兰图、巴宁阿、阿尔哈尔沁、萨垒、扎尔善、诺璊察、德尔森保、占颇图、伊萨穆、伍克什尔图、沙津察、扎敦察、莽喀察、齐里克齐、额讷慎、瑚集图、宁古礼、奎玛岱、特通额、莫宁察、那木查尔、塔尼布、玛格、达尔汉、恩特、伊达木扎布、茂汉、西尔库尔、拜达尔、喀拉、伊登古。

四月初二日,同刘统勋、刘纶等共阅试差考卷,评定等次。内有全首雷同诗二卷,未列等第,另粘签进呈。

《乾隆帝起居注·二十五年四月》:"初二日丙子,大学士傅恒、史贻直奉谕旨:昨于乾清宫考试差,内有主事周铭诒诗句与主事史珌第三首诗通首雷同。……乃史珌将自作草稿辄行给人阅看,而周铭诒则竟依样抄袭,深属无耻。史珌着交部议处,周铭诒着交部严加议处。"

《乾隆朝上谕档》:"臣刘统勋、刘纶、于敏中、观保谨奏:蒙发下试卷共九十九本,臣等公同阅看,谨拟一等十八卷,二等二十五卷,三等五十四卷,粘签进呈。外有全首雷同诗二卷,其一卷诗三首,用'贻''来''牟'三平字为韵,文理较优,一卷诗一首,与前卷第三首雷同,文理粗疏,臣等将此二卷未列等第,谨另粘签一并进呈。谨奏。"

　　　按:试差,即朝廷特派之乡试考官。雍正三年谕令,各省正副主考,需先试以文艺,入选者方可备差遣。乾隆三十三年曾中辍,三十六年仍恢复为考试简用。详《大清会典则例》卷六六。

四月上浣,高宗有《赋得王道荡荡》。步韵和之。

　　诗见《素余堂集》卷一四。

　　　按:《御制诗三集》卷四(庚辰)有同题之作,系于《孟夏时享太庙》之后、《四月八日万寿山延寿寺瞻礼》之前。

五月初四日,奉命充初五日殿试读卷官。

　　《乾隆帝起居注·二十五年五月》:"初四日……礼部奏乾隆二十五年五月初五日庚辰科殿试恭请钦点读卷官一疏,奉谕旨:着有点者去。"内硃笔点出者:来保、鄂弥达、富德、赫赫、程岩、董邦达、恩丕、于敏中、介福、观保、熊学鹏、王际华、秦蕙田、钱汝诚。

　　《清高宗实录》卷六一二:"丁未……以大学士来保,协办大学士鄂弥达,内阁学士富德、赫赫,吏部侍郎程岩、董邦达、恩丕,户部侍郎于敏中,礼部侍郎介福,兵部侍郎观保、王际华、熊学鹏,刑部尚书秦蕙田、侍郎钱汝诚为殿试读卷官。"

　　　按:《耐圃府君行述》称"庚辰四月充殿试读卷官",误。

五月初八日,奉命同户部右侍郎明瑞督理京省钱法。

　　《敕谕户部右侍郎一等承恩毅勇公明瑞右侍郎于敏中督理京省钱法》:"皇帝敕谕户部右侍郎一等承恩毅勇公明瑞、右侍郎于敏中:兹以佐计重任,急需得人,特命尔等督理京省钱法。……尔等其慎之。故谕。乾隆二十五年五月初八日。"(台湾史语所,105252—001 号)

　　明瑞(?—1768),富察氏,字筠亭。满洲镶黄旗人。一等忠勇公傅恒之侄。乾隆十四年授二等侍卫。历官至兵部尚书。与缅军交战中,自缢身死,谥果烈。传见《清史稿》卷三二七、《清史列传》卷二二。

五月十八日,奉派同吉庆查核经纪车户预支脚价银两事。

《乾隆朝上谕档》："乾隆二十五年五月十八日内阁奉上谕：户部议覆仓场侍郎双庆等具题'经纪车户预领脚价，请以辛巳年为始，分作十六年扣还'一折，此项预支脚价既积至十万七千七百余两之多，双庆等欲展限通融办理。……看来经纪等所欠脚价银两日积一日，顿扣则办运无措，不扣则帑项久悬。此中调剂得宜，非双庆等所能办理。……着派侍郎吉庆、于敏中前往会同方观承确查妥议具奏，钦此。"

五月中浣，高宗有《赋得和阗玉》《赋得南风之薰》。步韵和之。

诗俱见《素余堂集》卷一四。

> 按：《御制诗三集》卷五（庚辰）有同题之作，系于《雨五月十一日》之后、《夜雨五月廿八日》之前。

六月初三日，确查经纪车户预借脚价及北仓转运诸事，请旨将相应人员交部议处，并酌定章程四款。

《覆奏侍郎双庆等办理追归款不利请交部议处事》："臣吉庆、于敏中、方观承谨奏为遵旨查办事。臣等奉命查办经纪车户节年借动未清船价、布价并转运囤贮掣欠各项银两一事，抵通之日即调取历年借扣原案与部册逐一磨对。……臣等通盘筹画，应勒追归款核实着赔以清帑项者，有应酌量变通以纾役力者，逐一详查分别办理。……通计十年一应欠项俱可全数归款，较之双庆等所请分十六年之限为期既近，而每年所扣银两又属减少。如此办理，则帑项不致久悬，役力亦不至疲乏矣。……该仓场侍郎及前后承办之坐粮厅等种种办理不善，咎实难辞，相应请旨交部严加议处。所有各项酌定章程臣等另折具奏。……乾隆二十五年六月初三日。乾隆二十五年六月初三日奉旨：双庆等俱着交部严加议处，余着该部议奏，钦此。"（一史馆，03—0645—046号）

《奏议经纪车户预借脚价及北仓转运诸事事》："吉庆、于敏中、方观承谨奏为遵旨确查议奏事。臣等奉命前往通州，确查经纪车户预借脚价及北仓转运诸事。臣等查阅各款文卷，察询实在情形，悉心筹画，公同定议。……所有臣等酌定章程谨按款胪列，恭候钦定：

一、掣欠折银之例，宜另立科条也。……

一、排船扣价之限，宜稍为变通也。……

一、置备口袋之例，宜酌量更定也。……

一、北仓转运之例，宜斟酌筹办也。……

以上四条臣等俱就实在情形斟酌更定,是否允协,伏候皇上训示遵行。为此奏请旨。乾隆二十五年六月初三日奉旨:该部议奏,钦此。"(一史馆,03—1197—026号)

六月二十一日,因轿夫赌博,未能查察,高宗特免其罚俸。

《乾隆朝上谕档》:"乾隆二十五年六月二十一日奉旨:依议,于敏中日直内廷,轿夫自租房屋在外赌博,未及查察,着加恩免其罚俸。"

七月十五日,撰《楞严坛会记》。

《素余堂集》卷二七《楞严坛会记》:"楞严为华藏醍醐,功德不可思议。粤自经乘肇阐,即具坛仪。……潭柘寺名刹,自唐时开山以来,禅流持邬波罗律最为严净寺。旧有坛宣演首楞一如经旨,而道场香积之资时或不继,薰闻阙焉。爰有斗方善信,以众因缘共成胜果,岁裒金钱若干,供养法会。凡香华灯涂下及斋钟粥鼓,多所饶益。……会始于乾隆辛未年,愿力圆成,已阅旬甲。……董事者将砻石而识之,属余叙其缘起,并列会会众姓氏,于以告后之信乐福缘者。"

　　按:国家图书馆"中华古籍资源库"收录有《楞严坛会记》拓片一张(馆藏号:北京6921、6922),尺寸148×81＋25×22(额)厘米。原碑立于今北京市门头沟区潭柘寺。首题"楞严坛会记",额题"楞严老会",文与《素余堂集》所收基本相同,惟"信乐福缘者",碑文作"信乐大乘"。末署"乾隆二十五年岁在庚辰中元日,金坛于敏中撰并书"。

八月十三日,高宗五十初度。有文贺之。

《素余堂集》卷二六《恭庆皇上五十万寿文》序略云:"兹者恭逢圣寿五旬之辰。……臣情挚祝嘏,不揣弇陋,敬依雅诗九如之义,作《九征》一篇,设华衢叟、石渠文学问答之语,以庶几阐扬万一,协圣人福效之征云尔。"

八月十五日,高宗赋《中秋帖子词十叠前韵》。有和作。

《素余堂集》卷一四有《中秋帖子词十叠前韵》四首。其四云:"天上新词赓十叠,琅琊按节数从头。"

　　按:《御制诗三集》卷七(庚辰)有同题之作,是为乾隆二十五年(庚辰)中秋之作。高宗诗又见《石渠宝笈续编》,题为《御笔庚辰中秋帖子词》。

八月十八日,随扈热河,自圆明园启銮,扈跸南石槽行宫。

《素余堂集》卷一四《八月十八日恭奉皇太后木兰行围启跸之作》:
"行五十程扶辇吉,合千二众选徒昭。花门腰箭新随仗,蕃部衔镳恰
奉朝。"

同卷《石槽行宫即景》:"所过蠲租勤补助,十行早已沛纶言。"

《乾隆帝起居注·二十五年八月》:"十八日己丑,上秋狝木兰,奉皇太
后銮舆自圆明园启銮至南石槽。……是日驻跸南石槽行宫。"

> 按:《耐圃府君行述》载:"庚辰……七月扈跸秋狝木兰。"据《起居
> 注》,知本年秋狝八月十八日自京师启程,二十五日至避暑山庄,至九
> 月方至木兰行围。故不当在七月。

八月十九日,经怀柔县。

《素余堂集》卷一四《怀柔县东》有"香盘沿村纷拜跽"之句。

《乾隆帝起居注·二十五年八月》:"十九日庚寅,上幸怀柔县、祇园寺
拈香。"

出古北口。

《素余堂集》卷一四有《秋村》《出古北口得诗四首》。

《出古北口得诗四首》其二云:"旧部新蕃侍猎同,周陔漫诩上林中。"
其三云:"关外欢声比畿内,什三免赋诏随舆。"

《(嘉庆)大清一统志》卷九:"古北口关在密云县东北一百二十里。"

> 按:此二诗于集中编次在《怀柔县东》后、《滦阳别墅放歌》前,当
> 是此时所作。

八月二十四日,扈跸喀喇河行宫。

《素余堂集》卷一四《滦阳别墅放歌》:"塞山演迤濡水滙,兴桓右障趋
滦阳。山南水北别墅启,因高就迴观圜方。"

《乾隆帝起居注·二十五年八月》:"二十四日乙未……驻跸喀拉和屯
行宫。"

> 按:据《钦定热河志》卷四三:"喀喇河屯行宫,地本古兴州,治在
> 避暑山庄西南三十五里。……西上则滦阳别墅。"知滦阳别墅建于喀
> 喇和屯。

八月二十八日,木兰行围途次,奉命在军机处行走。

《耐圃府君行述》:"庚辰……于热河行在奉命在军机处行走。"又:"及

入直枢府兼供奉内廷,诸务填委。府君夙兴夜寐,勤力匪懈,仰蒙圣明垂鉴,委寄益深。"

《乾隆朝上谕档》:"乾隆二十五年八月二十八日内阁奉上谕:户部侍郎于敏中着在军机处行走。"

《清通典》卷二三:"军机大臣无定员,由满汉大学士及尚书、侍郎奉特旨召入。"

八月,奉敕书《金刚经塔》。

《秘殿珠林续编》著录有"于敏中书《金刚经塔》一轴"。款作"乾隆二十有五年,岁在庚辰万寿月。臣于敏中敬书"。

> 按:高宗生于八月十三日,故此处"万寿月"即八月。

驻札叶尔奇木大臣呈览改铸之回部钱文,高宗赋诗以纪之。有和作。

《素余堂集》卷一四《驻札叶尔奇木大臣呈览所铸乾隆通宝至因用排次回部钱文诗韵纪事》:"洗兵蒲海辑丰功,泉布兼随月轨通。……圜函定制堪垂久,铢两从宜与折中。"

> 按:《御制诗三集》卷八(庚辰)有同题之作,系于《热河启跸驻喀喇河屯行宫作》之后,《冬至斋居即事》之前。据《起居注》,高宗是年回銮驻跸喀喇河屯在十月十四日,冬至斋戒在十一月十二日,此诗当作于此期间。

十一月初四日,长孙德裕生,申氏所出。

《于氏家乘》:"德裕,字敦甫,行四,号益亭。博宾公长子。乾隆庚辰十一月初四日生。"又:"齐贤……子三:德裕、庆辰、长庚。俱申恭人出。"

于德裕(1760—1811),字敦甫,号益亭。乾隆四十四年举人。历官刑部主事、员外郎中、直隶顺德府、云南楚雄府、云南府知府,诰授朝议大夫。传见《于氏家乘》。

十一月,充方略馆副总裁。

《耐圃府君行述》:"庚辰……十一月充方略馆副总裁。"

十二月二十日,高宗咏《复雪》诗。有和作。

《素余堂集》卷一四《复雪》:"况报新疆盈尺瑞,阳春遍布许农夸。"

《御制诗三集》卷八(庚辰)有同题之作,题下注云:"腊月廿日。"

> 按:"况报新疆盈尺瑞"句,据《御制诗三集》卷八《微雪腊月十六日》诗中高宗自注:"新柱、海明奏至,叶尔奇木、哈什哈尔并于十一月初

得雪尺余。"

十二月二十九日,立春。有《辛巳春帖子词》。

《素余堂集》卷二二《辛巳春帖子词》:"更喜新疆盈尺瑞,绥丰不隔玉关遥。"自注:"岁前驻札叶尔奇木大臣等奏诸回城并得雪尺余,新屯沾渥。"

　　按:据《近世中西史日对照表》,乾隆二十六年立春在二十五年十二月二十九。

是岁,蒙赐玉桃。

《素余堂集》卷二二有《恩赐玉桃恭纪》。诗中自注:"夏日常蒙恩赐御园桃实。"

　　按:此诗于集中系于《庚辰春帖子词》之后、《辛巳春帖子词》之前,当为乾隆二十五(庚辰)年事。

是岁,奉敕赋《知时草》。

《素余堂集》卷二二有《奉敕赋得知时草》。

　　按:此诗系于该卷《庚辰春帖子词》《恩赐玉桃恭纪》之后、《辛巳春帖子词》之前。当是乾隆二十五(庚辰)年作。

是岁,蒋溥奏请将《御制诗二集》编校付梓。书成,联名跋之。

《御制诗二集》卷末跋云:"自《初集》成编,宣示中外。……戊辰以来,迄于己卯,越十有二年,鸿篇雅什盈积卷帙者较前倍富。……爰俯允臣等所请,综缉《二集》九十卷校录宣刻。臣等珥笔直庐,凡恭遇圣制,率先拜观。……臣等叨列校字,虽管窥锥指,拟议难名,而简末缀言,窃幸无溢美谀辞云尔。臣蒋溥、臣刘统勋、臣梁诗正、臣刘纶、臣嵇璜、臣金德瑛、臣董邦达、臣裘曰修、臣于敏中、臣介福、臣观保、臣王际华、臣钱汝诚、臣钱维城、臣窦光鼐、臣蒋楁拜手稽首恭跋。"

《四库全书总目》卷一七三:"乾隆十三年戊辰至乾隆二十四年己卯,计诗八千四百七十余首,编为《二集》。九十四卷,目录六卷。……大学士蒋溥所校刊。"

蒋楁,字作梅,一字伯钦。江苏常熟人。户部尚书蒋溥子。乾隆十六年进士。历官至兵部侍郎。工写花卉。传见《历代画史汇传》卷四八、《清秘述闻》卷六。

　　按:《国朝宫史》卷二四:"《御制诗二集》一部。……二十五年,大学士臣蒋溥恭请同内廷诸臣校录刊刻。"姑系之本年。

是岁,雷鋐卒。

乾隆二十六年　辛巳(1761)　四十八岁

正月初二日,预宴紫光阁宴。以"紫光阁落成赐宴"为题联句。

《清高宗实录》卷六二八:"壬寅……召大学士内廷翰林等茶宴,以紫光阁落成赐宴联句。"

《素余堂集》卷一四《紫光阁落成锡宴即席得句》:"列像图麟依将籍,分曹联鼎逮儒绅。"诗中又注云:"阁后廊壁镌御制甲戌至辛巳诸篇,皆臣奉敕编次书石。"

《御制诗三集》卷九有《紫光阁落成锡宴联句》。联句者自高宗以下依次为:傅恒、来保、史贻直、成衮札布、兆惠、富德、色布腾巴尔珠尔、扎拉丰阿、阿里衮、梁诗正、秦蕙田、永贵、裘曰修、于敏中、介福、观保、王际华、钱汝诚、钱维城、蒋炳、庄有恭、胡宝瑔、周琬、吴达善。

《清通志》卷一一六:"紫光阁落成锡宴联句,乾隆二十六年。……七言排律。钱汝诚奉敕正书。"

　　按:《素余堂集》卷一四自《紫光阁落成锡宴即席得句》以下为乾隆二十六年作。

紫光阁后武成殿壁间陈御制《西师诗》,为之跋。

《素余堂集》卷二六《书刻御制〈西师诗〉恭跋》:"粤溯西师之役,肇自乙亥,五阅月而犁庭扫穴,俘其名王,臣其四部,准噶尔悉平,嗣是哈萨克布鲁特之众闻风向化,款关内属。……上乃举厄鲁所由速戾及我师所以奠定者,亲制诗百有七韵,志其颠末。……今者《御制诗二集》宣播海内,藻炳书林,顾卷帙渊富,遐陬僻壤,或难家喻户诵而揄扬骏烈者,于斯篇尤争先睹之为快。微臣荣与给札,口诵心维,窃有厚幸。爰敬书镌勒,流布无穷,庶俾海隅日出,靡不涵泳圣涯云尔。"

《日下旧闻考》卷二四:"紫光阁后为武成殿。臣等谨按:武成殿……左右壁间张御制《开惑论》《西师诗》。"

　　按:高宗《西师诗》见《御制诗二集》卷七九(戊寅)。北京颐和园有《西师诗》碑,末款"乾隆戊寅夏六月之吉御制并书"。知其诗作于乾隆二十三（戊寅）年六月。

又按：先生跋云："今者《御制诗二集》宣播海内……于斯篇尤争先睹之为快。"则此跋作于《御制诗二集》刊行以后。乾隆二十五年，蒋溥等奏请将《御制诗二集》校录刊刻。则此跋作于乾隆二十五年后。姑系于此。

正月十六日，观回人绳伎，以之为题，同高宗、刘纶联句，并奉敕正书。

《御制诗三集》卷一〇《御制观回部绳伎联句》序云："绳伎，即古寻橦度索之遗而征信者。……献岁列部番觐，灯筵款侍，乃命回人缘高楔、跨修絙，前奏斯伎，以惬观听。……俾刘纶、于敏中联成五十韵以示志西域者，垂之副墨。"

《清通志》卷一一六："观回部绳伎联句，乾隆二十六年。刘纶、于敏中联句，五言古。于敏中奉敕正书。"

按：此诗于《御制诗三集》卷一〇系于《上元后一日曲宴廷臣》后、《燕九日作》前，知联句事在正月十六日至十九日间。御制序云："灯筵款侍，乃命回人缘高楔、跨修絙，前奏斯伎，以惬观听。"知绳伎于灯筵上演出。据《乾隆帝起居注·二十六年正月》："十六日丙辰……上御同乐园，召回部郡王霍集斯、叶尔奇木诸回城入觐，伯克萨里哈萨克罕阿布赍来使苏尔统卓尔波拉斯等观灯。"则观绳伎事当在正月十六日。

正月二十四日，史奕昂离京赴广东布政使之任。有诗赠行。

《素余堂集》卷三三有《送史奕昂奉命观察粤东》。诗中自注："数日前方于山庄引对，寻有是擢。"

史奕昂（1712—1791），字吉甫，号抑堂。江苏溧阳人。吏部尚书史贻直次子。历官至兵部侍郎。工书法。著有《张秋剑工志》。传见《国朝耆献类征初编》卷八五。

按：诗题中"观察粤东"即指史奕昂出任广东布政使一事。事见乾隆二十五年十月十一日上谕："广东布政使员缺，着史奕昂补授。"史奕昂《奏请陛见事》："臣拟于十一月二十八日自闽起身，星驰赴阙，敬聆圣训。……乾隆二十五年十一月二十二日。"（一史馆，04—01—14—0031—051号）又，《奏为擢用藩司复蒙恩准由京赴任谢恩并到任接印视事日期事》："臣于正月二十四日起程出京。……兹于三月初六日已抵广州省城接印视事。……乾隆二十六年三月初八日。"
（一史馆，04—01—12—0106—076 号）知史奕昂于乾隆二十五年
十一月二十八日自福建起程，往京陛见；于二十六年正月二十四日
离京赴任。先生此诗当作二十五年末至二十六年正月二十四日
之间。

三月初六日，充会试副考官。题目为："红紫不以"二句，"旅酬下为"四句，
"大夫曰何"一句，赋得贤不家食。得同字。取士陈步瀛等一百九十四人。

《耐圃府君行述》："辛巳三月充会试副总裁。得士陈步瀛等一百九十
四人，中正榜汤大选等四十人。"

《乾隆帝起居注·二十六年三月》："初六日乙巳……礼部奏乾隆二十
六年辛巳科会试恭请钦点正副考官一疏，奉谕旨：遣刘统勋为正考官，于
敏中、观保为副考官。"

《清高宗实录》卷六一九："乙巳……以刑部侍郎熊学鹏为会试知贡
举，协办大学士吏部尚书刘统勋为正考官，户部侍郎于敏中、兵部侍郎观
保为副考官。"

法式善《清秘述闻》卷六："乾隆二十六年辛巳恩科会试。考官：吏部
尚书刘统勋……兵部侍郎观保……户部侍郎于敏中。……题：'红紫不
以'二句；'旅酬下为'四句；'大夫曰何'一句；赋得贤不家食。得同字。会元
陈步瀛，字勤斋，江南江宁人。"

熊学鹏（1697—1779），字云亭，号廉村。江西南昌人。工部尚书熊
一潇孙。雍正八年进士，十二年授兵部主事。历官至广东巡抚。奉敕
撰有《幸浙盛典》等。传见《国朝耆献类征初编》卷一七四、《清史列传》
卷一九。

陈步瀛（1730—1789），字麟洲，又字勤斋、晴溪。江苏江宁人。乾隆
二十六年进士，选庶吉士。历官至贵州巡抚。传见《清史稿》卷三三一。

按：《清史列传》本传将充会试副考官事载在本年二月，非。

三月初七日，因本年会试其堂侄未行回避，为高宗深斥。其侄亦罚停会试
一次，以示儆戒。

《乾隆朝上谕档》："乾隆二十六年三月初七日奉旨：……熊学鹏查奏
应行回避士子则有总裁刘统勋之胞弟、胞侄二人，于敏中之堂侄一
人。……此次刘统勋、于敏中二人不令随驾，外间已揣其预典试事，而军

机处之人固不待言矣。……刘统勋、于敏中之授意与否姑不深究，然致属员之如此假言献媚，则二人亦不得谓无咎。其刘统勋、于敏中之弟侄应行回避者，概着罚停乡、会试一次，以示儆戒。"

《清通典》卷一八《选举》："乾隆元年正月议准会试与顺天乡试内帘主考、同考官，其有服之同姓与翁、婿、甥、舅皆令回避，如应回避之人不行开出者革职。又敕内外帘官子弟应回避者着另行考试。"

> 按：《起居注》《实录》所记均作"十一日"，非。盖"七"与"十一"形近而讹。

七月中浣，高宗题《皇清职贡图》。步韵和之。

《素余堂集》卷一四《题皇清职贡图》："舆地志兼踰戊己，勋臣赞共纪庚辰。"

> 按：《皇清职贡图》卷首有高宗《题皇清职贡图》诗，末款"乾隆辛巳秋日"。《石渠宝笈三编》亦著录《庄豫德等画职贡图》四卷，款作"乾隆二十有六年岁在辛巳，秋七月"。先生之和作约在此时。《素余堂集》将此诗编次于《七月十七日幸热河以雨泞命诚亲王恭扈皇太后驾俟路燥后行雨中登程跂马成什》前，则为七月中旬作。

七月十七日，随扈热河，自圆明园启銮，沿途雨泞。

《素余堂集》卷一四《七月十七日幸热河以雨泞命诚亲王恭扈皇太后驾俟路燥后行雨中登程跂马成什》："敕待营梁銮驭奉，试教跂淖锦骓便。"同卷《行潦》："眷彼沮洳乡，频遣飞章报。"

> 按：《乾隆帝起居注·二十六年七月》："十七日癸丑，上秋狝木兰，奉皇太后銮舆自圆明园启銮。"

七月二十日，经怀柔县，渡白河。

《素余堂集》卷一四《怀柔县东叠去岁诗韵》："白河纳潦声咽滩，涨痕泐似前秋宽，行人欲涉褰裳难。指挥既定奚阻艰，诏诸健儿前受言，若善泅马金曰然。……侍臣何幸随飞舻，安渡中流楫徐理，臣等蒙恩随御舟渡河，诚异数也。眷怀利济犹未已。上既渡，后命大臣侍卫于河干经理扈从骑装，俾无阻滞。"

《乾隆帝起居注·二十六年七月》："二十日丙辰，上至怀柔县，幸祇园寺拈香。"

《(嘉庆)大清一统志》卷七："白河，源出宣化府赤城县，自古北口西流入迳密云县西，又南与潮河合。"

出古北口关。高宗特遣侍卫督舟,护送先生仆马同渡潮河。

《素余堂集》卷一四有《出古北口即事四首》。其三:"新蓄迎辇奉常经,温语存询为少停。"自注云:"回人架雕鹰从,今年已再经矣。"其四:"潮河一舸自天来,稳涉湍流实幸哉。登岸喜应同筏喻,直教普渡到舆台。"自注云:"潮河惟两舟可渡,蒙念臣等后至,需渡必艰,特命侍卫督舟以俟臣等仆马并得同渡,益感恩顾。"

同卷《关外》:"迎銮庆惠年年拜,赋十之三诏又宽。"

《(嘉庆)大清一统志》卷七:"潮河,源出口外,自古北口流入密云县界西。"

> 按:《出古北口即事四首》《关外》二诗于集中系于《怀柔县东叠去岁诗韵》后、《七月廿四日常山峪行宫作》前。

七月二十四日,扈跸常山峪行宫。

《素余堂集》卷一四有《七月廿四日常山峪行宫作》。诗中自注:"是日处暑。"又"问安驰使报,计驻石槽营"句,自注云:"皇太后以是日驰诣问安。"

《乾隆帝起居注·二十六年七月》:"二十四日庚申……是日驻跸常山峪行宫。"

七月二十五日,扈跸喀喇和屯行宫。

《素余堂集》卷一四有《驻跸喀喇河屯行宫作》。

《乾隆帝起居注·二十六年七月》:"二十五日辛酉……是日驻跸喀喇和屯行宫。"

七月二十六日,扈跸避暑山庄。

《素余堂集》卷一四有《至避暑山庄即事》《创得斋》《诗思》《敞晴斋》《绘韵楼》《清绮书屋》《快情》等诗。

《至避暑山庄即事》:"节迟白露哨犹待,景畅清秋咏早成。"

> 按:《乾隆帝起居注·二十六年七月》:"二十六日壬戌……是日驻跸热河行宫。"又《清高宗实录》卷六四一:"壬戌,上驻跸避暑山庄,至八月庚寅皆如之。"则以上诸诗皆扈跸山庄奉和之作。

七月二十七日,闻甘省丰收,高宗诗以纪喜。步韵和之。

《素余堂集》卷一四《陕甘总督杨应琚奏报甘省丰收已定诗以志慰》:"西土昨大稔,绥丰答筹边。……督臣驰笺至,为报农功全。暑雨靡愆期,秋稼无旷田。……幸从振贷日,及此登盈年。"

　　　　按:《清高宗实录》卷六四一:"癸亥……陕甘总督杨应琚奏安西气寒,豆非地产。向由内地购运,路远费繁。今春令民试种,悉皆成熟,各处收成八分以上。既可省内地采买挽运之烦,并可将额征之粮改征豌豆。得旨:甚妥甚美之事。"至杨应琚此折于二十七日奏至。

七月三十日,迎皇太后驾至避暑山庄。

　　《素余堂集》卷一四《七月晦日恭迎皇太后驾至避暑山庄因成长句》诗中自注云:"是日,御山庄引东三省扈从行围人众校射,适报皇太后安舆将至,上即御天闲,诣广仁岭下祗迎慈辇。"

　　《乾隆帝起居注·二十六年七月》:"三十日丙寅,上诣广仁岭万寿亭恭迎皇太后驾至热河行宫驻跸。"

同日,河南巡抚常钧奏报河水漫溢等情形,高宗赋诗以纪之。有和作。

　　《素余堂集》卷一四《河南巡抚常钧奏报秋潦河涨漫溢大堤诸情形诗以志事》:"黄河北经南,豫州亘其际。……今秋雨积潦,灌河水时至。歘若沸釜溢,复值翻盆继。……守臣力捍卫,八告羽飞驿。……救灾及善后,襄董期共济。"又"毋贻素餐愧"句,自注云:"时常钧调任江西,恐其以五日京兆自诿懈于赈恤,屡传谕诫勉之。"

　　《乾隆帝起居注·二十六年七月》:"三十日丙寅……是日大学士傅恒、刘统勋奉谕旨:据常钧奏河南祥符等州县河水涨发,水与堤平,民舍田庐间有淹损,现在设法堵御等语。看来此番被水较重,着派侍郎裘曰修驰驿前往会同该抚常钧查勘一切抚恤并疏瀹诸务,俾灾黎均沾实惠,毋致失所。"

　　常钧(?—1789),叶赫那拉氏,字和亭,号可园。满洲镶红旗人。以翻译举人授内阁中书。历官湖南巡抚、喀什噶尔办事、哈喇沙尔办事。工于绘画。传见《国朝耆献类征初编》卷一七二、《墨香居画识》卷六。

山庄期间,奉和御制《塞山夕景》。

　　《素余堂集》卷一四有《塞山夕景》,诗中自注云:"山庄有夕佳楼。"

　　　　按:此诗于集中次于《河南巡抚常钧奏报秋潦河涨漫溢大堤诸情形诗以志事》后、《河南巡抚常钧奏报开封水消及河夺溜杨桥诸情形诗以志事》前。据《起居注》并《实录》,开封水消及河夺溜杨桥诸之奏报于八月初三日寄至热河,则此诗当作于七月末、八月初。

八月初三日,闻开封漫水消退,高宗有诗纪之。有和作。

《素余堂集》卷一四《河南巡抚常钧奏报开封水消及河夺溜杨桥诸情形诗以志事》:"开封前日飞急邮,河溢远崖蒸民愁。……越五日复驰奏牍,涨落不阻川涂修。……重臣衔命戴星莅,塞决揭盼抒嘉谋。"诗中又注云:"南河弁兵谙习椿扫,特敕选数十人赴中州襄事。""上阅河图,于可开引河处以硃笔标识,询示在事诸臣,及奏至,所议悉符指画,用是赴功倍速,可计日合龙矣。"

《乾隆帝起居注·二十六年八月》:"初三日己巳……据奏报:现在漫水日就消退,地方城郭可以无虞。"又《清高宗实录》卷六四二:"己巳……又谕曰:常钧奏报省城漫水消退,各缺口亦渐次断流,惟杨桥大坝一带连接大堤黄溜夺出杨桥,直趋贾鲁河,旧流淤浅等语。"

十一月初五日,闻杨桥决口合龙,高宗诗以志慰。步韵和之。

《素余堂集》卷一四《大学士刘统勋协办大学士兆惠等奏报杨桥决口合龙诗以志慰》:"回澜不使浊流侵,送喜朝来志慰深。"诗中又注云:"金云河工当俟霜降水落,上以漫口宜及时堵塞,传谕趣办,即于九月初一兴工,因得刻期竣事。"

《乾隆帝起居注·二十六年十一月》:"初五日己亥……是日大学士史贻直、傅恒奉谕旨:据刘统勋、兆惠等奏杨桥漫工于十一月初一日巳时合龙,是日天气晴朗,风恬浪静,大溜回旋顺轨等语。杨桥漫水夺溜工程重大,朕特派大臣前往督同堵筑。今大工告竣,为期迅速。"

十一月,转补户部左侍郎。

《耐圃府君行述》:"辛巳……十一月转补户部左侍郎。"

十二月初十,命管户部钱法堂事务。

《乾隆朝上谕档》:"乾隆二十六年十二月初十日内阁奉上谕:户部右侍郎钱汝诚现在兼管顺天府尹并署理刑部侍郎,所有户部钱法堂事务仍着于敏中管理。"

《清高宗实录》卷六五〇:"甲戌……以户部左侍郎于敏中兼管钱法堂事务。"

《清通志》卷六四:"户部……右侍郎兼管理钱法堂事务。"又:"钱法堂……以部之右侍郎掌之。"

同日,奉派纂办《国朝宫史》。

《国朝宫史》卷首《圣谕》:"乾隆二十六年十二月初十日奉谕旨:重办《国朝宫史》着添派于敏中,并着陈孝泳帮同校录,钦此。"

陈孝泳(1715—1779),字赓言。江苏娄县人。乾隆三十一年,由国子监助教升授户部广西司主事。历官至大理寺卿。工篆隶。参编《西清古鉴》。传见《(乾隆)娄县志》卷二六、《国朝御史题名》。

> 按:《国朝宫史》之编纂始于乾隆七年,是年十一月二十二日上谕:"朕近检阅宫中陈编,得《明朝宫史》一书,凡五卷。……朕意欲辑本朝宫史一编,首载敕谕诰诫,诸如宫殿、舆服、典礼、爵秩、经费,凡有关掌故者备识兼该。内廷大学士鄂尔泰、张廷玉、徐本率南书房翰林等详慎编纂。书成缮录三册,一贮乾清宫,一贮尚书房,一贮南书房。"(《国朝宫史》卷首)乾隆二十四年又因此前所修《宫史》"多草率缺略",因命蒋溥、裘曰修、王际华、钱汝诚校正增修。(《乾隆朝上谕档》)

十一月二十二日,预崇庆皇太后七旬万寿庆典。

《素余堂集》卷三有《恭庆圣母崇庆慈宣惠敦和裕寿纯禧恭懿皇太后七旬万寿》,题下注云:"敬拟圣舞雅乐九章。"其序略云:"岁辛巳冬十有一月,洪惟我圣母皇太后七旬万寿。……中外之人殷然欢忻,环集都下。……臣忝侍禁近,恭际盛仪,欢愉悃忱,非长言咏歌所能罄。敬按古介雅之义,依喜起舞,乐章之制,征实诠次,撰为《圣舞雅乐》九章以献。"

> 按:《清高宗实录》卷六四五:"礼部奏:本年十一月二十五日,皇太后七旬万寿,时值斋戒期内,请豫行庆贺礼。得旨:著于二十二日行礼。"又卷六四九云:"丙辰,上以二十五日诣南郊斋宫斋宿,豫行庆贺皇太后圣寿节,诣寿康宫行礼,王大臣于慈宁门、众官于午门行礼。"知崇庆皇太后寿辰本在十一月二十五日,因与冬至祀天斋戒时间冲突,故将庆典提前至十一月二十二日举行。

十二月十六日,以户部左侍郎兼经筵讲官。

《耐圃府君行述》:"辛巳……十二月奉旨:以原衔充经筵讲官。"

《清高宗实录》卷六五一:"乾隆二十六年辛巳十二月庚辰,以兵部尚书阿里衮、户部左侍郎于敏中充经筵讲官。"

十二月,高宗临仿倪瓒《树石画谱》。同刘统勋、梁诗正等联名跋之。

《石渠宝笈续编》著录有"《御临倪瓒树石画谱》一册"。御款作"辛巳嘉平御笔"。后附臣工题跋："兹以御临倪瓒画谱宣示。……臣等拜观仙藻，莫罄形容。谨跋数语，以志荣幸。臣刘统勋、臣梁诗正、臣刘纶、臣金德瑛、臣董邦达、臣于敏中、臣钱汝诚、臣观保、臣王际华、臣钱维城恭跋。"

十二月，序《祝阿马氏族谱》。

《(民国)齐河县志》卷三一《祝阿马氏族谱序》："家有谱牒，盖上溯宗派之由来，下纪子姓之蕃衍。承先启后，胥于是寄，所系亦重矣哉！夫人自受氏以来，时既绵邈，族多蔓延，又复散处四方，迁徙靡定，固难详其世系，乃若即所居梓里推厥肇迁于此者，以为始祖。时未甚遥，考稽较易，何以问及高、曾以上，多有不知其为谁何者，非由谱牒未立于前乎？又考诸礼，虽曰'四世服穷，六世亲竭'，而系姓缀食，究不等于异姓。今人于族属日远以疏久，且长幼莫辨。若苏子所谓相视如途人者，亦以谱牒不详于后故也。是故克知尊祖敬宗合族之义者，必兢兢纂订家乘，不敢阙略云。马君清源，族之白眉也。因旧有族谱，日久残缺，与其族弟兰圃并堂弟比部仲朴、民部季荀详加考订，分为四卷，其不忘尊祖敬宗合族之义为何如哉！余素闻祝阿马氏自始祖讳德公后代有潜德，数传至朝，才公以纯孝获邀旌表，并崇祀忠孝祠，子孙遂益炽昌。是谱既经详列，克扬先世之清芬，并启后昆之蕃硕。吾知其世世子孙将续纂于无穷，永传于未艾也，爰为之序。乾隆二十六年辛巳嘉平金坛于敏中撰。"

冬，余省、张为邦摹绘蒋廷锡《鸟谱》《兽谱》告竣。同傅恒、刘统勋等联名跋尾。

《石渠宝笈续编》著录有"余省、张为邦合摹蒋廷锡《鸟谱》十二册"。后附臣工跋云："右《鸟谱》十二册，为图三百有六十。内府旧藏故大学士蒋廷锡设色。本乾隆庚午春敕画院供奉余省、张为邦摹绘，并命臣等以国书译图说，系于各帧之左。迄辛巳冬竣事，装潢上呈乙览。凡名之讹者，音之舛者，悉于几余披阅举示。复详勘整正，并识其始末。……洵足为对时育物之资，博考洽闻之助矣。……并获纪自宸章，另图志实。……臣傅恒、臣刘统勋、臣兆惠、臣阿里衮、臣刘纶、臣舒赫德、臣阿桂、臣于敏中恭跋。"

《石渠宝笈续编》又著录有"余省、张为邦合画《兽谱》六册"。臣工跋云："《兽谱》仿《鸟谱》为之，名目形相。……图左方清、汉说文，臣等承旨缮绎，及始工藏事月日，并与《鸟谱》同。……臣傅恒、臣刘统勋、臣兆惠、臣阿里衮、臣刘纶、臣舒赫德、臣阿桂、臣于敏中恭跋。"

　　舒赫德(1710—1777)，舒穆禄氏，字伯容，号明亭。满洲正白旗人。大学士徐元梦孙。雍正六年，自笔帖式授内阁中书。历官兵部、户部、工部、刑部等各部尚书，并兼国史馆、三通馆、四库馆、玉牒馆正、副总裁之职。卒，赠太保，谥文襄，入祀贤良祠。传见《碑传集》卷二七、《国朝耆献类征初编》卷二二、《清朝先正事略》卷一七、《清史列传》卷二〇。

　　阿桂(1717—1797)，章佳氏，字广庭，一字云岩。满洲正蓝旗人，后改隶正白旗。刑部尚书阿克敦子。乾隆初，以父荫授大理寺丞。历官工部、兵部、礼部、户部、吏部、刑部等部尚书，并兼玉牒馆、国史馆、四库馆总裁。卒，赠太保，谥文成，入祀贤良祠。传见《碑传集》卷二八、《广清碑传集》卷八、《国朝耆献类征初编》卷二七等。

是岁，蒋溥卒。

乾隆二十七年　壬午(1762)　四十九岁

正月上浣，高宗赋《玉盘谣叠旧作韵》《咏木桃》。步韵和之。

　　《素余堂集》卷一五有《玉盘谣叠旧作韵》《咏木桃》。

　　《咏木桃》诗中自注云："桃形中虚。"又注云："内府有天然玉枣，色正红，锡名安期枣，制诗纪之。"

　　　　按：《御制诗三集》卷一七有同题之作，系于《壬午元旦》之后、《玉盘联句》之前。据《清高宗实录》，玉盘联句事在正月初十日。故高宗此二诗当作于此期间。

　　　　又按：《玉盘谣叠旧作韵》为《素余堂集》卷一五之首篇，该卷自此诗以下为乾隆二十七年作。

正月初十日，预重华宫茶宴，以"玉盘"为题联句。

　　《清高宗实录》卷六五二："甲辰，上召大学士及内廷翰林等茶宴，以玉盘联句。"

　　《御制诗三集》卷一七有《玉盘联句》。联句者自高宗以下依次为：傅恒、来保、刘统勋、兆惠、梁诗正、陈德华、刘纶、舒赫德、于敏中、钱汝诚、介福、何国宗、观保、王际华、钱维城、张泰开、王会汾、陈兆仑、倪承宽、边继祖、卢文弨、谢墉、汪永锡。

何国宗(? —1766),字翰如。直隶大兴人。乾隆五十一年进士,官至礼部右侍郎。精于天文、算法,奉敕编有《律历渊源》。传见《清史稿》卷二八三。

边继祖,字佩文,一字绍甫,号秋崖。直隶任丘人。乾隆十三年进士。历官至翰林院侍讲学士。著有《澄怀园诗集》。传见《国朝畿辅诗传》卷三八、《清秘述闻》卷七。

卢文弨(1717—1795),字绍弓,号抱经,又号弓父、几渔。浙江余姚人。乾隆十七年一甲第三名进士,授翰林院编修。历官至湖南学政,并先后主讲江浙各书院。精于校勘,所校群经诸子汇刻为《群经拾补》《抱经堂丛书》。另著有《抱经堂集》《仪礼注疏详校》《钟山札记》《龙城札记》等。传见《碑传集》卷四八、《国朝耆献类征初编》卷一二七、《清朝先正事略》卷三五等。

谢墉(1719—1795),字昆城,号金圃,又号东墅。浙江嘉善人。乾隆十七年进士,选庶吉士。历官至吏部侍郎。著有《安雅堂文集》《安雅堂诗集》《四书义》《六书正说》《食味杂咏》,又奉敕编《南巡召试录》。传见《国朝耆献类征初编》卷九一、《清史列传》卷二五。

汪永锡(? —1782),字德园,一字孝传。浙江钱塘人。乾隆十九年进士,选庶吉士。历官至礼部侍郎,兼内阁学士。传见《两浙輶轩录》卷二九、《湖海诗传》卷一七。

同月,奉敕正书《玉盘联句》。

《清通志》卷一一六:"玉盘联句,乾隆二十七年。……七言排律。于敏中奉敕正书。"

英国皇室贵族拍卖有限公司 2018 年阿联酋迪拜艺术精品拍卖会书画专场有先生所书《玉盘联句》六条屏。末款"乾隆壬午孟春月,臣于敏中奉敕敬书"。

> 按:拍卖时间为 2018 年 9 月 29 日。LOT 号:0046。凡六条屏,尺寸 163×44 厘米。

正月十一日,立春。有《壬午春帖子词》。

《素余堂集》卷二二《壬午春帖子词》:"腊雪占丰尺已盈,迎春甲乙达勾萌。"

又卷一五《立春日雪》"腊前盈尺告丰频"句,自注云:"腊前二日,瑞雪兆丰,自畿辅及齐、豫、江、浙、闽、楚诸省次第奏至,皆同日得雪。"又"共仰行时布阳泽,十行宽大早敷仁"句,注云:"新岁以来,屡下蠲租加赈之诏。"

同卷《恭奉皇太后启跸南巡再叠前韵》"雪培畦麦连嘉腊"句,注云:"腊前盈尺兆丰,立春日复得瑞雪。"

按:据《近世中西史日对照表》,乾隆二十七年(壬午)立春在正月十一日。

又按:《立春日雪》诗中注云:"新岁以来,屡下蠲租加赈之诏。"事见《清高宗实录》卷六五二:"丙申……去冬各属屡经得雪,转瞬东作方兴,而一届春和,例应停赈。小民生计未免犹觉拮据,着再加恩将该处被灾极重者加赈两个月,次重者加赈一个月,该抚等董率属员悉心妥协经理,务令均沾实惠,称朕轸念灾黎至意,该部遵谕速行。"其时在二十七年正月初二日。

同日,高宗赋《雪中漪澜堂》。步韵和之。

诗见《素余堂集》卷一五。其"好在堆云凝一片"句,自注云:"堂左近有桥曰'堆云'。"

按:此诗于集中系于《立春日雪》之后、《恭奉皇太后启跸南巡再叠前韵》之前。据《起居注》,乾隆二十七年启跸南巡在正月十二日,则高宗此诗当作于立春日,即正月十一日。

同日,蒙赐洋表。

《素余堂集》卷二二《恩赐洋表恭纪》:"制出海西夸最巧,赐来天上捧逾珍。……即今豹尾趋随处,不藉铜签报晓侵。次日扈从幸塞外。"

按:此诗于集中系于《壬午春帖子词》后,则不当早于正月十一日。又诗末自注云:"次日扈从幸塞外。"据《起居注》,正月十二日高宗自京师启跸南巡,驻跸黄新庄行宫,则赐洋表之事当在正月十一日。

正月十二日,随銮南巡,自京师启程,扈跸黄新庄行宫,并蒙赐宴。

《耐圃府君行述》:"壬午正月,扈跸南巡。"

《素余堂集》卷三《圣驾南巡恭纪》,其序略云:"于乾隆二十有七年三举南巡盛典。以正月十有二日启跸,迄五月四日旋轸京师。……臣备员禁近,叨列扈从。"

《素余堂集》卷一五《恭奉皇太后启跸南巡再叠前韵》:"五年继举同衡典,仲月刚符刻玉巡。计程当以仲春月渡河。……雁使风占归化远,哈萨克来使将至，计于江南入觐。花门云卫备蓄新。回部郡王霍集斯等并列扈从。"

同卷《驻良乡行宫叠旧作韵》诗中自注云："是日，赐送驾及扈从诸臣宴。"

又《良乡行宫奉皇太后观烟火即事得句》："展轮节预试灯宵，广甸烟花入望遥。……此夕村民来近远，卢沟车马溢长桥。"

　　按："良乡行宫"即黄新庄行宫。《乾隆帝起居注·二十七年正月》："十二日丙午，上奉皇太后南巡车驾发京师。……戌刻奉皇太后御楼观烟火，命王公大臣等楼下列坐列观。……是日驻跸黄新庄行宫。"

正月十三日，经郊劳台、弘恩寺，扈跸涿鹿行宫。

《素余堂集》卷一五《郊台》："西师旋凯日，郊劳此营台。笳鼓碑诗纪，御制《郊劳诗》勒石台侧。旌旗壁画开。曾绘为图张琥成殿壁。缭垣有云护，清跸记重来。跋马城南路，凭观气郁哉。"

同卷又有《弘恩寺》《涿鹿行四叠前韵》。《涿鹿行四叠前韵》其一云："黄图近控轩辕城，时巡揽辔频经行。"

《乾隆帝起居注·二十七年正月》："十三日丁未，上幸弘恩寺、药王庙拈香。……是日驻跸涿鹿行宫。"

　　按：《钦定日下旧闻考》卷一三三："郊劳台在良乡县南三里。"据《起居注》，知是年正月十二日驻跸良乡，十三日驻跸涿鹿行宫，则行经郊劳台当为正月十三日事。

正月十四日，扈跸紫泉行宫，预观烟火。

《素余堂集》卷一五有《紫泉行宫十咏》，依次为：《敞轩》《屏山》《镜湖》《舫室》《棱亭》《虹桥》《鱼罾》《石径》《竹埝》《箭厅》。

同卷《上元前夕观灯火》："火树烘春泮冻泉，华灯酬节一宵前。"

　　按：《紫泉行宫十咏》于集中编次于《上元前夕观灯火》前，据《乾隆帝起居注·二十七年正月》："十四日戊申酉刻，上奉皇太后观烟火，命扈从王公大臣、直隶地方官及回部郡王霍集斯等叶尔羌诸回城伯克阿普都里耶穆等预观。……是日驻跸紫泉行宫。"则二诗所纪皆正月十四日事。

正月十五日，扈跸赵北口行宫，庆上元佳节，以"冰嬉"为题联句。并奉敕正书。

《素余堂集》卷一五《赵北口行宫即事》："淀池汇燕南，沼籞春巡苣。……望舒况初圆,清境工位置。"

同卷《上元日侍皇太后宴》:"南国巡逢佳节启,上元宴洽庆霄欢。仙厨珍膳颐金母,行殿隆仪纪日官。"自注云:"令节侍宴例皆恭载纪注。"

《御制诗三集》卷一八有《上元于赵北口行宫同扈跸儒臣咏冰嬉联句》,联句者自高宗以下依次为:刘统勋、刘纶、于敏中、钱汝诚、介福、双庆。

《国朝宫史续编》卷九六:"《赵北口冰嬉联句》,乾隆二十七年。……臣于敏中敬书。"

《乾隆帝起居注·二十七年正月》:"十五日己酉,上侍皇太后晚膳。奉皇太后观烟火。……是日驻跸赵北口行宫。"

正月十六日,扈跸思贤村行宫。

《素余堂集》卷一五《题授经台》:"燕地经传汉傅名,岿然台址尚分明。"

　　按:授经台,据《(嘉庆)大清一统志》卷二二,知在任丘县南十八里韩家铺之思贤村。另据《起居注》,知是年南巡于正月十六日驻跸思贤村行宫,《题授经台》诗当作于此时。

高宗赋《瀛州南楼四叠沈佺期韵》诗。步韵和之。

《素余堂集》卷一五有《瀛州南楼再和沈佺期韵》。内"五赓叶宫商"句,自注云:"戊辰至今,御制凡五和韵。"

　　按:《御制诗三集》卷一八(壬午)有《瀛州南楼四叠沈佺期韵》,系于《题授经台》之后、《河间道中再咏前题》之前。

二月二十二日,依乾隆十六年南巡赏赉例,蒙赏一年正俸。

《清高宗实录》卷六五五:"丙戌谕:此次跟随人等虽俱加恩赏赉,但内地行走与边外不同,所用之项皆须少增。……此次应仍照十六年例。……刘统勋、旺扎勒、努三、福隆安、刘纶、于敏中着赏给一年正俸。"

旺扎勒,博尔济吉特氏。喀尔喀部人。阿喇布坦之子。初授二等台吉。雍正十年,袭封扎萨克固山贝子。乾隆二十七年,卒。传见《钦定蒙古王公功绩表传》卷五七。

努三(?—1778),瓜尔佳氏。满洲正黄旗人。雍正六年充蓝翎侍卫。历官至正蓝旗满洲都统。卒,谥恪靖。传见《清史稿》卷三一五。

福隆安(1746—1784),富察氏,字珊林。满洲镶黄旗人。户部尚书傅恒子,和硕额驸。乾隆二十三年充御前侍卫。历官兵部尚书、工部尚书、正白旗满洲都统,并兼国史馆、四库馆总裁。卒,谥勤恪。参编《八旗通志》《八旗则例》《五军道里表》等。传见《清朝先正事略》卷一八、《清史列传》卷二五。

二月二十八日,蒙赏《唐宋诗醇》。

《乾隆朝上谕档》二月二十八日有"拟赏《唐宋诗醇》之大臣、翰林等官名单",内有大学士公傅恒、大学士刘统勋、协办大学士公兆惠、尚书公阿里衮、尚书侯富德、尚书刘纶、侍郎于敏中诸人之名。

三月初八日,高宗召试浙江诸生,奉命阅看试卷。翌日,试卷校阅已毕,分别等次进呈。取士孙士毅、汪孟鋗、沈初、李旦华等。嗣延李旦华至京邸。

《耐圃府君行述》:"壬午……奉命阅江浙召试诸生卷。"

《乾隆朝上谕档》:"臣兆惠等谨奏:本日考试进献诗赋诸生,臣等奉命监试点进诸生一百一十八名,收到试卷一百一十七本。谨封固进呈。谨奏。三月初八日奉旨:着派刘统勋、于敏中、介福阅看。"又:"臣刘统勋、臣于敏中、臣介福谨奏:蒙发下试卷一百一十六本,臣等悉心校阅,谨拟取一等四名,拟取二等十三名,谨分别夹签包封进呈,伏候钦定。谨奏。三月初九日。"

《清高宗实录》卷六五六:"壬寅……浙江进献诗赋。考取一等之进士孙士毅,举人汪孟鋗,俱着授为内阁中书,遇缺即补。沈初、王芑俱着特赐举人,授为内阁中书,学习行走,与考取候补人员挨次补用。其二等之李旦华等十三名着各赏缎二匹。"

李富孙《校经庼文稿》卷一〇:"宪吉从叔以己卯优贡,壬午召试,后于文襄公招致京邸。"又王昶《湖海诗传》卷三五:"宪吉……馆于文襄公邸舍,半载而亡。"

《钦定南巡盛典》卷七五载乾隆二十七年南巡召试浙江诸生钦命题目:赋得春雨如膏,得逢字五言八韵。和阗玉赋,以分宝辑瑞西旅底贡为韵。海塘得失策。

孙士毅(1720—1796),字智治,号补山。浙江仁和人。乾隆二十六年进士。二十七年高宗南巡召试,授内阁中书。历官工部、兵部、吏部、礼部等部尚书,并兼四库馆总纂官。卒,赠一等谋勇公,谥文靖。著有《百一山房诗集》。传见《广清碑传集》卷八、《国朝耆献类征初编》卷三二、《清史列传》卷二六等。

汪孟铜(1721—1770),字康古,号厚石。浙江秀水人。乾隆三十一年进士。历官至吏部主事。长于内典,精术数。著有《厚石斋集》《龙井见闻录》。传见《湖海诗传》卷三一、《槐厅载笔》卷三。

沈初(1729—1799),字景明,号云椒,一号萃岩。浙江平湖人。乾隆二十七年召试,授内阁中书。二十八年中式一甲第三名进士,授翰林院编修。历官兵部、吏部、户部等部尚书,并先后充四库馆、三通馆副总裁。卒,谥文恪,入祀贤良祠。著有《兰韵堂诗文集》等,并奉敕续编《石渠宝笈》《秘殿珠林》等。传见《国朝耆献类征初编》卷九七、《清史列传》卷二八。

王銮,字敬舆,号复斋。浙江归安人。乾隆二十七年召试,赐举人,授内阁中书。擢侍读,出为云南迤南道。著有《鄂晖堂集》《四声笺略》。传见《(光绪)归安县志》卷四二。

李旦华,字宪吉,号厚斋。浙江嘉兴人。乾隆二十四年优贡。著有《青莲馆诗草》。传见《两浙𬨎轩录》卷四〇。

> 按:《钦定南巡盛典》卷七五:"乾隆二十七年南巡召试浙江诸生。……钦派阅卷大臣:大学士臣刘统勋、兵部尚书臣刘纶、户部右侍郎臣于敏中。"据《上谕档》,知二十七年三月召试浙江诸生,阅卷官为:刘统勋、于敏中、介福。《钦定南巡盛典》所载之"刘统勋、刘纶、于敏中"当是是年五月十二日阅卷之考官,非此次召试考官。

三月二十六日,吏部考绩,议叙加一级。

《乾隆帝起居注·二十七年三月》:"二十六日议本年京察,遵旨将尚书阿桂等议叙,应照例各加一级一疏,奉谕旨:阿桂、永贵、兆惠、梁诗正、李侍尧、阿里衮、刘纶、舒赫德、秦蕙田、明瑞、于敏中俱著加一级,富德著将加一级抵前降一级。"

李侍尧(?—1788),字钦斋,一字昭信、翊唐。汉军正蓝旗人,后改隶汉军镶黄旗。户部尚书李元亮子。乾隆八年以荫生授印务章京。历官湖广总督、闽浙总督,加太子太保。卒,谥恭毅。传见《国朝耆献类征初编》卷二六、《清史列传》卷二三。

同日,高宗召试江南诸生,奉命阅看试卷。

《乾隆朝上谕档》:"臣阿里衮等谨奏:本日考试江南进献诗赋诸生,臣等奉命监试,点进一百九十一名。共收卷一百九十一本,内江苏一百二十八本,安徽六十三本。谨封固进呈。谨奏。乾隆二十七年三月二十六日奉旨:着派尹继善、刘纶、于敏中阅看。"

《钦定南巡盛典》卷七五载乾隆二十七年南巡召试江南诸生钦命题目:赋得江汉朝宗,得宗字五言八韵。观回人绳伎赋,耗羡有无利弊策。

尹继善(1694—1771),章佳氏,字元长,号望山。满洲镶黄旗人。兵部尚书尹泰子。雍正元年进士,选庶吉士。历官两江总督、兵部尚书,并兼国史馆总裁。卒,赠太保,谥文端,入祀贤良祠。著有《尹文端公诗集》,又参修《江南通志》。传见《碑传集》卷一三九、《国朝耆献类征初编》卷二一、《清朝先正事略》卷一六、《清史列传》卷一八等。

三月二十七日,校阅试卷毕,分别等次进呈。取士程晋芳、赵文哲、吴泰来等。

《乾隆朝上谕档》:"臣尹继善、臣刘纶、臣于敏中谨奏:蒙发下试卷一百九十一本,臣等悉心校阅,拟取一等八名,二等十四名,谨分别粘签包封进呈,伏候钦定。谨奏。三月二十七日。"

《清高宗实录》卷六五七:"江苏、安徽进献诗赋诸生。考取一等之进士吴泰来、陆锡熊、郭元瀓,俱着授为内阁中书,遇缺即补。程晋芳、赵文哲、严长明、徐步云、钱襄,俱着特赐举人,授为内阁中书,学习行走,与考取候补人员挨次补用。其考列二等之刘潢等十四名,着各赏缎二匹。"

吴泰来(?—1788),字企晋,号竹屿。江苏长洲人。"吴中七子"之一。乾隆二十五年进士。二十七年召试,赐内阁中书,不赴。先后主讲关中书院、大梁书院。又筑遂初园,藏书数万卷。著有《净名轩集》《砚山堂集》等。传见《国朝耆献类征初编》卷一四五、《清朝先正事略》卷四二、《清史列传》卷七二。

陆锡熊(1734—1792),字耳山,一字健男。江苏上海人。乾隆二十六年进士。二十七年召试,授内阁中书。历官福建学政、左副都御史,又兼四库全书总纂官。著有《宝奎堂集》《篁村诗集》。参编《通鉴辑览》《胜朝殉节诸臣录》《河源纪略》等。传见《碑传集》卷三五、《清史列传》卷二五。

郭元瀓,字垕山。安徽全椒人。乾隆二十六年进士。二十七年召试,赐内阁中书。历官至云南学政。著有《莲须阁诗草》。传见《(光绪)重修安徽通志》卷二二九。

赵文哲(1725—1773),字损之,号璞函。江苏上海县人。"吴中七子"

之一。乾隆二十七年召试,授内阁中书。后随军征金川,战死,晋赠荣禄大夫、户部左侍郎,入祀昭忠祠。著有《婳雅堂集》《嫩隅集》《毛诗经解》《群经识小录》等。传见《碑传集》卷一二一、《清朝先正事略》卷四三、《清史稿》卷四八九。

严长明(1731—1787),字道甫,号东有。江苏江宁人。乾隆二十七年召试,赐内阁中书,历官至侍读。后以丁忧不复出。著有《毛诗地理疏证》《五经算术补正》《三经三史问答》《石经考异》《汉金石例》《献征余录》等。传见《碑传集》卷四二、《国朝耆献类征初编》卷一四六、《清朝先正事略》卷四二、《清史列传》卷七二。

徐步云(1734—1824),字蒸远,号礼华。江苏兴化人。乾隆二十七年召试举人,授内阁中书。后充四库全书馆分校。善诗古文,书尤精妙。著有《爨余诗钞》。传见《(咸丰)重修兴化县志》卷八、《国朝书人辑略》卷六。

钱襄,字思赞。江苏吴县人。二十七年南巡召试,赐举人,授内阁中书。事见《(同治)苏州府志》卷六五。

刘潢,字跂三,号西涛。江苏吴县人。诸生。著有《月缨山房集》《玉樵山房集》。传见《湖海诗传》卷一九。

同日,吏部考绩,以勤慎称职而加优叙。

《乾隆朝上谕档》:"乾隆二十七年三月二十七日内阁奉旨:吏部开具在京部院三品以上官,请旨甄别,以重察典。……在内之协办大学士尚书兆惠、梁诗正,尚书李侍尧、阿里衮、刘纶、舒赫德、秦蕙田、富德,侍郎明瑞、于敏中,均勤慎称职,着一并交部议叙。"

四月十三日,陪观黄河岸新堤。

《素余堂集》卷一五《题黄楼再叠苏轼韵》:"黄楼旧迹坡诗说,九日登临浩歌发。……丙子水涨鱼龙伏,敕遣重臣视捔锸。……翕河法从兹再莅,野遍耕犁户机轧。俯凭城北长堤新,甃石千寻控波压。剔蠚一一禀睿谟,沙刷中泓岸弗戛。云龙山叠青髻螺,雁麦湖凝绿头鸭。"

　　按:《御制诗三集》卷二四(壬午)有同题之作,系于《河北孤山新土堤成诗以志事》之后、《渡黄河作》之前,为二十七年事。其《渡黄河作》诗,高宗自注云:"过河驻跸云龙,次日阅城西石工毕,复渡北岸阅孤山新堤。"据《实录》,高宗四月十二日驻跸云龙山行宫,十三日阅黄河岸新堤,并谕:"徐州迤西之毛城铺石坝,向遇黄流盛涨,随时启放宣泄。……比年以来,中泓刷深,现至九尺三寸,成效已著。……议者欲于北岸新堤改建石坝,以资减泄。……今回銮取道,再行规画,与督、抚、总河诸臣,悉心讲求。"此诗"剔窒——禀睿谟,沙刷中泓岸弗齰"句,即就十三日上谕而发。

五月初四日,返抵京师。就南巡途次所见,拟为衢谣四十章。

《素余堂集》卷三有《圣驾南巡恭纪》,题下注云:"拟衢谣四十章。"其序云:"皇帝法祖省方,掖辇行庆,于乾隆二十有七年三举南巡盛典。以正月十有二日启跸,迄五月四日旋轸京师。……臣备员禁近,叨列扈从,于凡展义施惠、宣纶摘藻,幸得恭聆而敬识之。而经涉衢陌间,罿孺轩饔发音之情,睹记尤悉。……谨就孝养推恩、翁河观海诸大端,以及远怀迩安、神人悦豫之随事而见者,按次胪陈,拟为衢谣四十章,以自附于愚蒙顺则之末。"其四十章分别为:《祝禧谣》《蠲通谣》《蕃卫谣》《随车谣》《同乐谣》《绳伎谣》《郊台谣》《上元谣》《思贤谣》《积雪谣》《宿预谣》《鼓腹谣》《渡河谣》《木龙谣》《扬舲谣》《来远谣》《舟师谣》《春晴谣》《旅舶谣》《吴阊谣》《南湖谣》《安澜谣》《涨沙谣》《春潮谣》《湖堤谣》《膏雨谣》《采茶谣》《崇俭谣》《金湾谣》《清口谣》《高堰谣》《六塘谣》《安舟谣》《双堤谣》《唐湾谣》《泮池谣》《登岱谣》《德水谣》《运河谣》《天中谣》。

《清高宗实录》卷六六〇:"丁酉……上回銮。……幸圆明园。"

五月十二日,奉命阅看发下试卷,分别等第以进。

《乾隆朝上谕档》:"臣刘统勋、刘纶、于敏中、观保谨奏:本日蒙发下试卷一百七十本,臣等公同阅看,谨拟一等二十四卷,二等四十八卷,三等九十八卷,粘签进呈,伏候钦定。谨奏。五月十二日。"

闰五月,高宗咏西山石钟乳。有和作。

《素余堂集》卷一五有《西山石钟乳》。

　　　按:《御制诗三集》卷二四(壬午)有《石钟乳》,系于《喜晴闰五月初二日》之后、《苦雨闰五月廿三日》之前。

七月初八日,随扈热河,自圆明园启銮。

《素余堂集》卷一五有《七月八日恭奉皇太后木兰行围启跸之作》。诗中自注:"三日前为处暑节。"又"恤民为省供车役"句,注云:"今年发内帑储车备,不令有司购民车以省供役。"

《乾隆帝起居注·二十七年七月》:"初八日戊辰,上秋狝木兰。奉皇太后銮舆自圆明园启銮。"

渡白河。

《素余堂集》卷一五《白河》:"昨秋白河浊浪翻,蓊匃气挟浑榆源。……今来河桥贯艑舸,利涉不阻褰裳人。晴沙漠漠两岸积,毂痕快碾蹏痕掀。……特蠲田租十之五,诏所过者善抚存。"

> 按:诗中所云"特蠲田租十之五"即指七月初八日上谕。《乾隆帝起居注·二十七年七月》:"初八日戊辰……奉谕旨:朕巡幸木兰向年恩免所过地方钱粮十分之三。此次沿途省览见今夏雨水过多之处,田禾分数歉薄。所有经过地方本年地丁钱粮着加恩蠲免十分之五,以示优恤。"

出古北口。

《素余堂集》卷一五有《出古北口作》《跋马》。

《出古北口作》:"驿路轮蹄来往利,军容鱼鸟候迎修。"自注云:"每岁圣驾经临,提臣整队军门以俟。"

> 按:二诗于集中系于《白河》后、《翠云堂》前,当作于八日至十三日间。

七月十三日,扈跸喀拉和屯行宫。

《素余堂集》卷一五有《翠云堂》。

> 按:《(嘉庆)大清一统志》卷四二:"喀喇河屯行宫……宫基中界滦河。……西上则滦阳别墅。有堂曰翠云,亭曰虬盖。"知翠云堂在喀喇河屯行宫。《乾隆帝起居注·二十七年七月》:"十三日癸酉,驻跸喀拉和屯行宫。"

七月十四日,扈跸避暑山庄。期间高宗题咏,多有奉和。

《素余堂集》卷一五有《恭奉皇太后至避暑山庄一律》《题秀起堂》《经畬书屋》《山行》《热河》《创得斋》等。

《恭奉皇太后至避暑山庄一律》"栖亩稼逢有秋庆"句,自注云:"关外秋田丰稔,近山庄尤盛。"又"来庭人慰浃年情"句,注云:"哈萨克陪臣都勒特赫特前年曾至山庄。"

> 按:《乾隆帝起居注·二十七年七月》:"十四日甲戌,上至避暑山庄,诣皇太后行宫请安。上述诸诗于集中均系于《中元日观河灯》前。

七月十五日，中元节观河灯。

《素余堂集》卷一五《中元日观河灯》："法会兰盆酬节事，宝灯燃出漾漪涟。"

按：此诗于集中系于《创得斋》后、《避暑山庄启跸木兰行围》前。

七月十六日，自避暑山庄启跸往木兰行围。

《素余堂集》卷一五《避暑山庄启跸木兰行围》："塞囿晨传跸，梁邹夙戒程。……属爨诸部喜，都有献豜诚。"

《清高宗实录》卷六六七："乾隆二十七年壬午七月丙子，上奉皇太后自避暑山庄启銮幸木兰。"

奉和御制《赋得山泉赏》。

诗见《素余堂集》卷一五。

按：此诗于集中系于《避暑山庄启跸木兰行围》后、《济尔哈朗图行宫作》前。

七月十八日，扈跸济尔哈朗图行宫。

《素余堂集》卷一五《济尔哈朗图行宫作》，内有"木兰信宿驻征途"之句。

《乾隆帝起居注·二十七年七月》："十八日戊寅……是日驻跸济尔哈朗图行宫。"

七月二十六日，自僧机图启跸，至多璊围场行围。

《素余堂集》卷一五《雨猎》："僧机朝霭青罨油，多璊隐现浮岚头。"自注："是日自僧机图启跸至多璊围场。"

按：此诗中自注云："是日自僧机图启跸，至多璊围场。"据《乾隆帝起居注·二十七年七月》："二十五日乙酉……是日驻跸僧机图大营。二十六日丙戌……上行围。"

闻高堰五坝下河州县有收，高宗诗以志慰。步韵和之。

《素余堂集》卷一五有《两江总督尹继善奏报高堰五坝今岁未过水下河州县有收诗以志慰》。

按：此诗于集中系于《雨猎》后、《塞山风景》前。诗题称"尹继善奏报高堰五坝今岁未过水"，事见尹继善二十七年七月十一日《奏报江苏各属六月下旬以来江南水势并各河道因时调剂蓄泄等情形折》："五坝尚高出水面一尺八寸及二尺三寸不等，并未过水。……又幸雨泽应时,所种早禾业经陆续刈获。"(一史馆,04—01—05—0227—
016 号)

木兰行围,高宗赋《塞山风景》《鹿柴》诗。有和作。

诗见《素余堂集》卷一五。

《鹿柴》有"木兰时可纪"之句。

　　按:此诗于集中系于《两江总督尹继善奏报高堰五坝今岁未过水
下河州县有收诗以志慰》后、《木兰回跸驻避暑山庄作》前。

八月初十日,自木兰返抵避暑山庄,时哈萨克陪臣亦随至山庄。

《素余堂集》卷一五《木兰回跸驻避暑山庄作》:"遇闰搜期早,中秋纪
跸旋。"诗中又注云:"哈萨克陪臣亦随至山庄。"

《乾隆帝起居注·二十七年八月》:"初十日庚子……是日驻跸热河
行宫。"

扈跸山庄期间,高宗流连题咏,先生多有奉和。

《素余堂集》卷一五有《清舒山馆》《题铿始斋》《命制鹿角椅并题以句》
《中秋夕对月漫成》。

　　按:以上诸诗系于《木兰回跸驻避暑山庄作》之后、《万树园赐宴
即席得句》之前。据《起居注》,高宗一行八月初十日返至避暑山庄,
十六日于万树园赐扈从大臣及外藩宴。

八月十六日,同蒙古王公台吉、哈萨克陪臣等预宴万树园。

《素余堂集》卷一五《万树园赐宴即席得句》前半云:"园开万树列筵
长,百戏充庭广乐张。风验尖间来左部,日临圆幄丽中央。锡宴礼成,日方
卓午。"

《乾隆帝起居注·二十七年八月》:"十六日丙午,上御万树园幄次赐
扈从王公大臣及蒙古王公台吉、哈萨克陪臣等宴。"

八月二十六日至九月十六日,屡蒙赐食。

《清宫热河档案》册一:"八月二十六日赏军机大人六人早晚菜四桌。
八月二十七日,早饭,赏军机大人六人菜二桌,共用饭菜六桌,每桌五碗,
每桌用猪肉二斤,菜鸡一只,点心二盘,早晚汤。八月二十八日起至九月
十六日止,此十八日每日赏军机大人等早晚饭点心四盘,汤,未用饭菜。"

九月三十日,特准于紫禁城内骑马,同朝臣年逾七旬之例。

《乾隆朝上谕档》:"乾隆二十七年九月三十日奉旨:归宣光年逾七旬,

著在紫禁城内骑马,钦此。同日奉旨:刘纶、于敏中俱着在紫禁城内骑马,钦此。"

《清高宗实录》卷六七一:"命兵部尚书刘纶、工部尚书归宣光、户部左侍郎于敏中,俱在紫禁城内骑马。"

十月二十一日,梁国治四十生辰。有诗贺之。

《素余堂集》卷三三有《梁瑶峰副宪四十初度时方奉命视学皖江行有日矣辄成二律为寿且当赠言》。其一:"领袖科名期不愧,飞腾衣钵笑相传。"自注云:"余登三品后始周四十,今君年位适同。"其二:"锦堂燕乐小春宜,览揆初周四襄时。"

> 按:"梁瑶峰"即梁国治。朱珪《东阁大学士兼户部尚书文定梁公国治墓志铭》:"公生于雍正癸卯年十月二十一日。"(《碑传集》卷二八)依次推之,其四十生辰当在乾隆二十七年。诗题中"奉命视学皖江",二十七年九月初三日上谕:"各省学政,现届差满。……安徽学政着梁国治去。"诗题中既云"行有日矣",则此诗当作于九月初三日之后、十月二十一日之前。

十二月二十二日,立春。有《癸未春帖子词》。

《素余堂集》卷二二有《癸未春帖子词》。内"四城六堡丽春屯,绥定旌章荣戟"句,自注云:"新建固尔札、乌哈里克、昌吉、古木地四城,乌鲁木齐六堡,并锡嘉名。置绥定城将军,驻伊犁,钦定印文旗色颁授之。"又"西域同文三万里,验风东面指昆仑"句,注云:"拔达山极西之爱乌罕及哈萨克西之乌尔根齐、启齐玉苏诸部并以次奉表入贡,时辑《皇舆西域图志》成,复命撰《西域同文志》以叶声教。"

> 按:据《近世中西史日对照表》,乾隆二十八年立春在二十七年十二月廿二。

十二月二十二日,弟于易简奉命充玉田县令。濒行,先生特示以服官字民之术,训导谆切。

《耐圃府君行述》:"叔祖由礼器馆议叙作吏畿甸,府君示以居官牧民之方,训导谆切。叔祖受教而行,循声大起。"

《素余堂集》卷三三《春圃弟初令玉田濒行问所以服官字民之术得五言一章书以示之》:"闻之良有司,是为民父母。玉田况赤县,甸服向善首。……牵衣转迟回,赠言用详剖。民情譬犹水,顺喜逆则否。亦如理梦丝,抽绪病杂糅。诚为立身本,言行顾所有。经训保赤子,真意挈纲纽。勿谓蚩蚩氓,而可饰智巧。……暇时循陌阡,疾苦问耕耦。……奸胥鱼肉人,因缘为利薮。乌攫察何伤,蠹蚀法必揪。邑中故带河,壅阏几覆蔀。到官善相度,疏刜去淤垢。荷锸兴如云,以代振升斗。时奉恩旨,凡去岁未成灾,极贫者亦加赈一月,次贫则以工代赈,玉田其一也。……糟醨实耗谷,饔飧庸贵酒。禁遏去太甚,讵竟绝瓮瓿。玉田烧锅太甚,自应设法饬禁,但勿贻酒具之诮,以扰民耳。……惟俭可养廉,常以铭座右。温暖足蔽身,粗粝足适口。……骄矜克自抑,逸乐戒毋狃。汝年甫强仕,作德福乃培。伊余同气亲,相得如两手。先人既钟爱,汝复笃孝友。耄龄弗具论,追溯自辛酉。依依卅三年,壎篪翁唱喁。汝兹询殷勤,聊以酬所叩。廉吏洵可为,肯构念我考。……最哉清白贻,家声尚无负。"

《乾隆帝起居注·二十七年十二月》:"二十二日……是日吏部带领直隶总督方观承奏请升署玉田县知县之景州州判于易简引见,奉谕旨:于易简着照该督所请,准其升署玉田县知县。"

是岁,蒙赏《雨梧烟柳图》,于兴化寺街赐第之东买地建"雨梧书屋"贮藏之,并倩董诰摹本。

《耐圃府君行述》:"壬午……是年蒙赐御笔仿郭界《雨梧烟柳图》一幅。府君于赐第之东偏买地筑室三楹,颜曰'雨梧书屋',恭藏宝绘,以志荣遇焉。"

《素余堂集》卷三三《上所临郭界雨梧烟柳图因摘雨梧字为颜虑其褒也则属东山司空摹本张之图成遂书长句以识缘起》:"天锡妙笔世所稀,石渠尺幅仅见之。……锦䌽拜赐抃且喜,捧归什袭珍传贻。时蒙授宅凤城北,鹪巢幸托全林栖。舍旁拓地复爽垲,三间书房经营为。雨梧颜榜志恩泽,双柯移植交轩墀。今年新桐始泼乳,生枝会见矞华滋。……富春尚书擅风雅,余事作绘南宗师。……购求古纸乞摹拟,忻然一诺无游移。仙庄扈从小年暇,十日五日勤覃思。……点缀卷石肖画景,相邀润笔斟金巵。"

沈初《兰韵堂诗集》卷四《题钱稼轩司寇为于耐圃先生作四友图即和司寇韵》:"宝翰昔宣赐,梧雨纪谈席。宗伯为临摹,题识嵌帧隙。"自注云:"雨梧书屋因御赐临郭界《柳梧烟雨图》命名。董东山宗伯又为临摹。"

钱维城《茶山诗钞》卷一〇《金沙司农属仿东山师松柏横幅再叠壬午旧题韵》:"雨梧司农斋名。好结构,廊槛接赐宅。中多古图书,一一尽名迹。"

　　韦谦恒《传经堂诗钞》卷一〇有《向闻于文襄雨梧书屋藤花极盛兹为蔡小霞编修傥居招同群公小饮花下漫成长句》,诗中注云:"书屋构于壬午,今二十年矣。"

　　"东山司空""董东山宗伯"即董诰。董诰(1740—1818),字雅纶,一字蔗林。浙江杭州人。礼部尚书董邦达子。乾隆二十八年进士。历官至户部尚书,并兼四库馆、实录馆、国史馆、会典馆正、副总裁。卒,赠太傅,谥文恭,入祀贤良祠。奉敕撰有《满洲源流考》《西巡盛典》《钦定军器则例》《皇清续文颖》《钦定全唐文》等。传见《碑传集》卷三八、《国朝耆献类征初编》卷三三、《清史列传》卷二八等。

　　　　按:戴璐《藤阴杂记》卷四:"兴化寺街于文襄第雨梧书屋。"据前谱,兴化寺街宅为二十三年三月所赐。

是岁,金德瑛、介福卒。

乾隆二十八年　癸未(1763)　五十岁

正月初二日,预重华宫茶宴,以"岁朝图"为题联句,并奉敕正书。

　　《清高宗实录》卷六七八:"庚申,召大学士及内廷翰林等茶宴,以《岁朝图》联句。"

　　《御制诗三集》卷二七有《岁朝图联句》。联句者自高宗以下依次为:傅恒、来保、刘统勋、梁诗正、陈德华、刘纶、董邦达、彭启丰、观保、于敏中、钱汝诚、张泰开、王际华、窦光鼐、金甡、王会汾、倪承宽、蒋楫、卢文弨、边继祖。

　　金甡《静廉斋诗集》卷九《侍宴联句和诗纪恩二首敬用御制元韵》自注云:"重华宫在乾清宫之西。是日,上自紫光阁还重华宫,召南书房、尚书房诸臣……二十人,恩赐茶宴,命同赋《岁朝图》联句七言排律韵毕,续发御制七律二首命即席和,进其分用之砚,即拜赐捧出,仍加赏画卷小荷包各有差。"

　　《清通志》卷一一六:"岁朝图联句,乾隆二十八年。……七言排律。于敏中奉敕正书。"

正月初,高宗赋《题镂玉百子屏》《博洛尔部沙瑚沙默特伯克所进武器制匣藏之并纪是什》。有和作。

　　《素余堂集》卷一六《题镂玉百子屏》:"题比鸳鸯什,雎麟义并存。"自注云："内府有玉镂鸳鸯屏,制作相仿,御制曾题辞。"

同卷又有《博洛尔部沙瑚沙默特伯克所进武器制匣藏之并纪是什》,一曰《回剑》,一曰《回斧》。其"一样玉函金缕错,款同素尔坦沙诚"句,自注云："前岁素尔坦沙曾献金缕错斧一。"

　　按:《御制诗三集》卷二七(癸未)有同题之作,系于《岁朝图》后、《紫光阁赐宴外藩并各回部即席得句》前。据《实录》,《岁朝图》联句为正月初二日事,紫光阁赐宴外藩为正月初六日事。

　　又按:《题镂玉百子屏》为《素余堂集》卷一六之首篇,该卷自此诗以下为乾隆二十八年作。

正月初六日,紫光阁宴蒙古王公、台吉及回部郡王,高宗即席赋诗。步韵和之。

《素余堂集》卷一六《紫光阁赐宴外藩并各回部即席得句》:"入座班随宾塞雁,联吟光逮照书藜。记从宴落图褒鄂,又见同文译象鞮。"

《乾隆帝起居注·二十八年正月》:"初六日甲子,上御紫光阁,赐蒙古王公贝勒、额驸、台吉,回部郡王霍集斯等,并爱乌罕来使和卓密尔哈,拔达克山来使阿布都尔阿咱木,霍罕来使巴巴什克,西哈萨克乌尔根齐部来使塞德克勒,启齐玉苏部来使乌呼巴什波罗特,年班回部喀什噶尔诸城三品阿奇木伯克阿克伯克等宴。"

同日,预重华宫茶宴,以"紫光阁锡宴"为题联句,并奉敕正书。

《素余堂集》卷一六《重华宫茶宴内廷翰林等即事书怀并令庚韵》:"联鼎叨荣阅岁加,蕊宫曲宴答韶华。春盘七种迟挑菜,雪碗头纲早试茶。"

《御制诗三集》卷二七有《紫光阁锡宴联句》,序云："兹也句联七字,颂宜人恰当人日之前;少焉名缀重行,歌戬谷还伫谷辰之后。"联句者自高宗以下依次为:傅恒、来保、刘统勋、梁诗正、陈德华、刘纶、董邦达、彭启丰、观保、于敏中、钱汝诚、张泰开、王际华、窦光鼐、金甡、王会汾、倪承宽、蒋楫、卢文弨、边继祖。

《清通志》卷一一六:"紫光阁锡宴联句,乾隆二十八年。……七言排律。于敏中奉敕正书。"

　　按:《重华宫茶宴内廷翰林等即事书怀并令庚韵》,《御制诗三集》卷二七(癸未)有同题之作,系于《紫光阁锡宴联句》之下,内有句云:"七日为人明便至。"正月初七,又称人日,既云"明便至",疑初六日于紫光阁赐宴后复于重华宫联句。

正月初九日，高宗于大西门宴诸外藩及回部，并邀同阅兵，先生亦预其列。

《素余堂集》卷一六《大西门赐宴诸外藩回部阅军容因成长句》："广场开宴敞和门，蒙漠同依帱载恩。"

《乾隆帝起居注·二十八年正月》："初九日丁卯，上御大西门幄次，赐爱乌罕来使和卓密尔哈，拔达克山来使阿布都尔阿咱木，霍罕来使巴巴什克，西哈萨克乌尔根齐部来使塞德克勒，启齐玉苏部来使乌呼巴什波罗特，年班回部喀什噶尔诸城三品阿奇木伯克阿克伯克等宴。诸王满汉文武大臣及朝正外藩蒙古王公、贝勒、贝子、额驸、台吉并回部郡王霍集斯等并令预坐。礼成，上御幄次前帘帐，阅健锐营及八旗火器营、前锋护军汉军演枪炮阵法，命各回部使臣等与观。"

正月十五日，上元节观灯，诸藩咸集，百戏并陈。

《素余堂集》卷一六有《上元灯词八首》。其三云："襻连氈氊诸蕃集，伎合鞮鞻百戏陈。"其五云："即今灯舞排芳纂，忆昨冰嬉映淀池。"

　　　　按：此诗于集中系于《大西门赐宴诸外藩回部阅军容因成长句》
之后、《上元后一日雪》之前，所纪当为二十八年之上元。

正月十六日，预宴正大光明殿，蒙赏御临墨刻等。

《素余堂集》卷一六有《上元后一日雪》《上元后一日小宴廷臣》。

《上元后一日小宴廷臣》诗中自注："时诸臣入宴者适十八人。"又注云："宴次赐赍，中有御临钟繇《荐季直表》墨刻。"

《乾隆帝起居注·二十八年正月》："十六日甲戌……上御正大光明殿升座赐臣工等宴。"

正月二十五日，奏请编刻《御制文初集》。

《素余堂集》卷二七《请刊御制文集札子》："奏为圣文日富，巨制宜宣，恭请编刻以昭化成事。……臣伏见御制诗篇前蒙俞付剞劂，《初集》《二集》灿若珠联。……惟是《御制文集》未经宣示，书林喁望，积久弥殷。……臣日侍禁近，先睹为荣，谓宜并寿枣梨，垂光宇宙。……仰恳皇上俯允臣请，俾臣以次盥录排类成编，上呈乙览，恭候训定，仍乞赐制序文，敬谨刊刻。……臣曷胜颙企踊跃之至。"

《四库全书总目》卷一七三："《御制文初集》三十卷。……凡五百七十余篇，为十九门。……门各以岁月为次，皆万几余暇亲御丹素所成。其诰敕碑记之属、词臣恭拟代言者不与焉。"《国朝宫史》卷三六:"《御制文初集》一部……自乾隆元年丙辰迄二十八年癸未积至五百余首。侍郎臣于敏中恭请分类编次并缮录刊刻。"《清文献通考》卷二三一:"《御制文初集》……乾隆二十八年户部侍郎于敏中奏请编刻,奉旨:如所请行。三十年复允浙江学臣钱维城之请,许直省布政使司照式刊布。"

　　按:此折并载《御制文集初集》卷首。惟《御制集》"臣曷胜颙企踊跃之至"下又有"谨奏。于乾隆二十八年正月二十五日奏。奉旨:如所请行,钦此"一句。

二月上浣,高宗赋《安集延匕首》。步韵和之。

《素余堂集》卷一六有《安集延匕首》。其"备旁行体同文释"句,自注云:"御制诗镌匣用四体书回部字其一也。"

　　按:《御制诗三集》卷二八(癸未)有同题之作,系于《春仲经筵》后、《仲春祭社稷坛》前。据《清高宗实录》,知是年经筵进讲在二月初六日,祭社稷坛在二月初十日。

二月十九日,随驾谒东陵。自圆明园启銮,经禁城东行,过东岳庙,扈跸烟郊行宫。

《素余堂集》卷一六有《启跸恭谒东陵即事书怀》《东岳庙瞻礼》。

《启跸恭谒东陵即事书怀》诗中自注云:"时为寒食前二日,计谒陵适当清明。"又注云:"是日,自御园启跸,经禁城东行。"

　　按:据《起居注》,知此次谒陵时间在二月二十二日。《启跸恭谒东陵即事书怀》内自注:"时为寒食前二日,计谒陵适当清明。"又注云:"是日,自御园启跸,经禁城东行。"知此诗作于启銮之日。《乾隆帝起居注·二十八年二月》:"十九日丁未……恭谒东陵,自圆明园启銮,幸东岳庙拈香。……是日驻跸烟郊行宫。"

过三河县。高宗命加赈、缓征直隶被灾各州县,并有诗纪之。有和作。

《素余堂集》卷一六有《降旨再加赈直隶并逮五分灾民其不成灾者亦与缓征更命借给籽种毋误春耕》《三河县》。

《降旨再加赈直隶并逮五分灾民其不成灾者亦与缓征更命借给籽种毋误春耕》:"昨秋发帑粟,百万已先逮。……畿东近纡览,筹为青黄继。……特予一月赈,罔俾向隅异。轻灾限令甲,亦勿迫租税。……誉黄读者感,奉旨次日有司即恭誉遍揭村市,民皆感悦。所藉亲民吏。"

按:《乾隆帝起居注·二十八年二月》:"十九日丁未……是日大学士傅恒、刘统勋奉谕旨:上年直属各州县被水较重,所有成灾六分以上地亩应征钱粮业经分别照例蠲缓。其五分以下勘不成灾,俱例不缓征。但念农民当积歉之后输将未免拮据,着格外加恩将直属曾经报灾虽勘明不及分数之地所有未完应征钱粮俱予一概缓至秋成后再行酌量,分别启征带征,以纾民力。"知降旨再加赈直隶事在二月十九日。诗中又注云:"奉旨次日有司即恭誊遍揭村市,民皆感悦。"则该诗当作于二十日之后。其同《三河县》于集中俱编次在《再题隆福寺行宫六景》之前,据《起居注》,知二十一日驻跸隆福寺行宫,则此二诗当作于二十日至二十一日间。

二月二十一日,扈跸隆福寺行宫。

《素余堂集》卷一六有《再题隆福寺行宫六景》。据诗题小注,"六景"为翠云山房、翠微室、碧巘丹枫、天半舫、挹霞叫月、翼然亭。

《乾隆帝起居注·二十八年二月》:"二十一日己酉……驻跸隆福寺行宫。"

二月二十三日,扈跸盘山行宫。

《素余堂集》卷一六有《驻跸盘山静寄轩山庄即事二首》。诗中自注:"是日为清明后一日。"又注云:"驻跸日山庄杏花始开。"

按:《乾隆帝起居注·二十八年二月》:"二十三日辛亥……驻跸盘山行宫。"《驻跸盘山静寄轩山庄即事二首》诗中注云:"是日为清明后一日。"据《近世中西史日对照表》,是月二十二日为清明节。"清明后一日"即驻跸盘山行宫之首日,即二月二十三日。

二月二十四日,随驾天成寺、万松寺、青峰寺等处。

《素余堂集》卷一六有《天成寺》《万松寺》《青峰寺》等诗。

《乾隆帝起居注·二十八年二月》:"二十四日壬子,上幸天成寺、万松寺、青峰寺、法藏寺、东甘涧拈香。"

二月,高宗绘《岁寒图》,并题诗于帧端。奉敕联句并正书。

《石渠宝笈三编》著录"《高宗纯皇帝御笔岁寒图》一轴"。御题曰:"复成此帧,并命于敏中书联句。癸未仲春月御笔。"幅内为先生楷书并联句:"圣贶嘉履履端迎,九霄节物多景应。一帧年光特写生,御笔即景绘图,并题排律帧端,以识祖泽天麻,同符庆节。缊瑟风旋谐凤琯。臣于敏中。"末题"臣于敏中奉敕敬书"。

二月,高宗诗赠山东章丘县百岁寿民。奉敕正书。

《(道光)章丘县志》卷一四:"淯水由来廖氏泉,鸡山今有地行仙。不希终蝦及纯蝦,罕见欣然与瑞然。棠棣枝同椿树茂,鹣鹣羽共鹤翎翩。友于笃庆勤耕读,致寿斯宜表厥贤。乾隆二十八年二月赐山东章丘县一百三岁寿民王欣然与弟百岁寿民瑞然。臣于敏中敬书。右碑正书在县学明伦堂内。"

三月中浣,高宗作《赋得从善如登》《赋得宫漏出花迟》。有奉敕和作。

《素余堂集》卷二二有《奉敕赋得从善如登得难字》《奉敕赋得宫漏出花迟得含字》。

> 按:《御制诗三集》卷三〇(癸未)有《赋得从善如登得难字八韵》《赋得宫漏出花迟得含字八韵》,系于《回銮诣畅春园问皇太后安》之后、《夜雨三月廿一日》之前。据《起居注》,是年回銮畅春园问安事在三月十三日。

三月下浣,高宗赋《农器图十咏》。为之跋。

《素余堂集》卷二七《恭跋御制农器图十咏》:"皇上劭农重谷,敦本知依。……而西苑之春耦斋、御园之多稼轩,则因农田余隙而葺治之,以揽犁云锄雨于窗槛者也。兹复命写农器十具于轩中,各冠以诗。……田家作苦之状,昕夕在目。……臣盥诵络绎,喜均扈农,敬录御制诗篇为册,而谨附说文于诸图下,冀供黼座之旁仰尘乙览。……用副'无逸''作所'之渊怀云尔。"

> 按:《农器图十咏》所咏农器十具依次为:犁、耙、耧车、礰礋、锄、水车、铚艾、连耞、筵、杵臼。《御制诗三集》卷三〇(癸未)有同题之作,系于《夜雨》之后、《题画舫斋》之前。《夜雨》题下注云:"三月廿一日。"《题画舫斋》诗中自注:"是日三月晦。"

三月,郎世宁绘《爱乌罕四骏》,高宗赋《四骏长歌》纪其始末。同刘统勋、梁诗正等联名跋尾。

《石渠宝笈续编》著录有"《郎世宁画爱乌罕四骏》一卷"。御款作"癸未春暮御笔"。后附臣工跋云:"乃爱乌罕回中别部,距拔达克山程逾三月,亘古不通声教。乾隆二十七年冬,其汗爱哈莫特沙颙慕皇化,遣使和卓密尔汉赍表贡马。……上宠锡嘉名,下绘院具图,并御制《四骏长歌》纪其事。……臣刘统勋、臣梁诗正、臣刘纶、臣董邦达、臣彭启丰、臣观保、臣于敏中、臣钱汝诚、臣王际华、臣窦光鼐、臣蒋楫恭跋。"

四月二十日,先生五十初度。梁国治等有贺。

梁国治《敬思堂诗集》卷三《寿金坛于少农师五十》:"清禁九霄隆眷倚,公才八座几腾迁。……盐梅鼎望知元近,桃李蹊成忝最先。"

四月下浣,高宗作《赋得舜歌南风》。有奉敕和作。

《素余堂集》卷二二有《奉敕赋得舜歌南风得薰字》。

> 按:《御制诗三集》卷三一(癸未)有同题之作,系于《夜雨四月廿二日》之后、《雨四月廿八日》之前。

五月十八日,随扈热河,自圆明园启銮。

《素余堂集》卷一六有《恭奉皇太后启跸幸避暑山庄作》。诗中自注:"启跸前二日微雨。"又注云:"巡幸所经州县岁荷蠲租,兹以潦后元气未复,特免今年赋十之五,并展麦熟带征之项缓至来岁征收,以纾民力。"

《乾隆帝起居注·二十八年五月》:"十八日甲戌,上幸避暑山庄,自圆明园启銮。"

同日,高宗谕令蠲免热河沿途地丁钱粮,赋诗以纪。步韵和之。

《素余堂集》卷一六《收麦》:"郊畿二麦熟,收及日至后。"又"发廪裕市籴,时值验平否"句自注云:"自去秋至今春赈贷频施,人赖全活,复念青黄未接,加展各厂赈期,并发太仓粟麦平粜,使谷无踊贵,以待麦秋。"

> 按:《御制诗三集》卷三一(癸未)有同题之作,系于《皇太后启跸幸避暑山庄作》后、《降旨免经过州县赋十分之五诗以志事》前。"降旨免经过州县赋十分之五"事,见《清高宗实录》卷六八七:"甲戌……谕:上年因直属偶被水潦,是以巡幸木兰时,所有经过地方向免钱粮十分之三者,俱加恩蠲免十分之五。今岁麦田已获,秋稼虽可望有收,第念究系被灾之后小民生计,尚未免拮据。此次巡幸热河,沿途地方,仍着加恩将本年地丁钱粮蠲免十分之五。"亦五月十八日事。

五月二十日,自密云行宫起跸,出古北口。

《素余堂集》卷一六《长城行》:"长城连连高且嵬,时平月出关门开。……金汤在德宁赖此,当时下策乃出是。今视临洮户庭耳,声教远迄咸喻旨,北漠西蒙尽边鄙。"

按：诗中"长城"即古北口长城。《（嘉庆）大清一统志》卷九："古北口关在密云县东北一百二十里。……古北口，长城口也。"又《御制诗三集》卷三一（癸未）有同题之作，系于《密云行宫作》后、《再题常山峪行宫八景》前。据《起居注》，五月十九日，驻跸密云县行宫；二十二日，驻跸常山峪行宫。则经古北口长城当在五月二十日至二十二日间。

山庄扈跸期间，高宗流连题咏，先生多有奉和。

《素余堂集》卷一六有《肩舆入西峪即景成什》，其下依次为：《意入》《登四面云山亭子作歌》《放鹤亭对鹤作歌》《清舒山馆》《颐志堂述事》《兰》《静寄山房》《春好轩题句》《阅本》《移松》《赋得清溪远流》《除草》《夜游山月歌》《登高台而待明月》《溶溪》《学古堂》《奇石蜜食》《赋得明月松间照》等诗。

其《阅本》诗前半云："日昊勤几务，时周阅阁章。内阁封进奏牍按时邮递，次日午后始得达山庄。绨囊批答遍，内外封事经览后，皆奉硃批示答。丹绿折衷详。阅本拟票或有未协，屡蒙指示改签。"

按：《御制诗三集》卷三二（癸未）有《肩舆入西峪即景成什》，系于《至避暑山庄驻跸作》《出丽正门恭迎皇太后驾至山庄》等诗后。据《起居注》，知五月二十四日，驻跸热河行宫。则《肩舆入西峪即景成什》以下均作于五月二十四日后。又《赋得明月松间照》一诗，《御制诗三集》卷三四（癸未）有同题之作，系于《雨八月十四日》前。据《起居注》，知高宗八月十七日方自避暑山庄启跸回銮，则《赋得明月松间照》以上诸篇均作于热河期间。

十月初十日，蒙赏紫光阁墨刻。

《乾隆朝上谕档》十月初十日有"赏王大臣紫光阁墨刻名单"，内有"户部左侍郎于敏中"。

岁末，钱维城有诗怀之。

钱维城《茶山诗钞》卷七有《岁暮整课有怀金沙司农东皋学士》。

按：该卷下注云"癸未"，知为乾隆二十八年作。"金沙司农"即于敏中，"东皋学士"为窦光鼐。

是岁，史贻直、梁诗正卒。

乾隆二十九年　甲申(1764)　五十一岁

正月初二日,奉命与茶宴,以"冰嬉"为题联句。并奉敕正书。

《清高宗实录》卷七〇二:"甲寅,召大学士及内廷翰林等茶宴,以'冰嬉'联句。"

《御制诗三集》卷三五有《冰嬉联句》。联句者自高宗以下依次为:傅恒、来保、刘统勋、兆惠、刘纶、阿里衮、舒赫德、阿桂、陈德华、彭启丰、董邦达、张泰开、观保、于敏中、钱汝诚、王际华、蒋楫、窦光鼐、金甡、陈兆仑。

《国朝宫史续编》卷九六:"《冰嬉联句》,二十九年。……臣于敏中敬书。"

　　按:《清通志》卷一一六:"赵北口行宫'冰嬉'联句,乾隆二十九年。自傅恒以下凡二十人扈从联句。七言排律。于敏中奉敕正书。"误。据《御制诗集》,乾隆朝以"冰嬉"为题之联句共有两次:一在乾隆二十七年正月十五日赵北口行宫,联句者为扈从之刘统勋、刘纶、于敏中、钱汝诚、介福、双庆诸臣;二在二十九年正月初二日,联句者为傅恒、来保等在京臣工共二十人。《清通志》盖误混之。

正月初三日,立春。有《甲申春帖子词》。

《素余堂集》卷二二《甲申春帖子词》:"恰报纷丰安戊已,昨旌额里等奏乌鲁木齐等处新迁民户岁获有秋,比室盈宁可庆。更俞时迈慰东南。岁前蒙允南省臣民之请,于来春再举时巡,舆情欢忭。"

　　按:据《近世中西史日对照表》,乾隆二十九年(甲申)立春在正月初三日。

正月上浣,高宗咏螭纽钟、石芝。并和之。

《素余堂集》卷一七有《咏螭纽钟》《石芝》。

《石芝》:"自天题绘嘉名锡,应许南州琬琰磨。"

　　按:《石芝》诗并见《石渠宝笈续编》"《御笔石芝图》一轴"所附臣工之和章。御款作"甲申新正"。又此二诗《御制诗三集》卷三五(甲申)俱有同题之作,系于《甲申春帖子》之后、《降旨缓征直隶去岁勘不成灾州县应征赋税诗以志事》之前。是年立春在正月初三日,降旨缓征直隶赋税事在正月初五日。则高宗此二诗当作于正月上浣。

又按:《咏螭纽钟》为《素余堂集》卷一七之首篇,该卷自此诗以下为乾隆二十九年作。

正月上浣,同刘统勋、刘纶等联名跋《名画荟珍》。

《石渠宝笈续编》著录有"《名画荟珍》一册"。臣工跋云:"内府秘笈,荟萃翰墨之华。……我皇上以敕几之暇,辑览披研。或考其讹脱,或辨其真赝,或即景抒词,或兴言怀古。……兹复搜集《名画荟珍》一册,臣等谨得于直次展观。……帧十二,每帧各题御制七言长句一首。……臣等拜手敬识缀言册尾,不胜荣幸之至。乾隆甲申春正月上浣。臣刘统勋、臣刘纶、臣董邦达、臣观保、臣于敏中、臣钱汝诚、臣王际华、臣蒋楫恭跋。"钤印二:一曰"臣于敏中",一曰"以写葵心"。

正月十六日,预宴正大光明殿。宴罢,召至苑西观灯,并蒙赐茶果。

《素余堂集》卷一七有《上元后一日小宴廷臣》二首。其一云:"冰嬉岁首句联才,宠接传柑宴又开。数拟麒麟鸣佩集,是日与宴者十九人。舞陈鹓鹭踏灯来。筵前例陈万国来朝观灯故事。"其二云:"饤盘重拜观颐逮,宴后召至苑西观灯,并蒙恩赐茶果。击钵真惭赴响臻。座间蒙询及臣等和诗,无一人能立就者。……敷茵添有来句者,于芴应陈沐化淳。时直隶总督臣方观承入觐,适至亦得预宴。"

《清高宗实录》卷七〇三:"乾隆二十九年甲申正月戊辰,上御正大光明殿赐大学士尚书等宴。"

正月,奉和御制《咏汉橁铎六韵》。

诗见《素余堂集》卷一六。

　　按:此诗为《素余堂集》卷一六末篇,系于《咏螭纽钟》《石芝》(卷一七)前。《御制诗三集》卷三六(甲申)有同题之作,系于《燕九灯词》之后,《正月廿九日诣畅春园问皇太后安遂命驾还宫舆中即事》之前。可证为二十九年正月作。

二月十五日,随驾至潭柘岫云寺。高宗片刻赋诗六篇,宣示命和。先生赓韵至夕,未能成篇。

《素余堂集》卷一七《重游潭柘岫云寺叠甲子旧作韵》六首。其五云:"优钵芬盈盎,曼陀雨罱纱。是日微雪。"其六诗中自注云:"驻跸行宫未逾刻即成叠韵诗六篇,宣示命和。"又注云:"臣诗思蹇涩,赓韵至夕未能成篇。"

《清高宗实录》卷七〇四:"丁酉……是日驻跸岫云寺行宫。"

约三月中浣,高宗赋《用庾信咏画屏风二十四首元韵即效其体并命金廷标为图各题其上》。为之跋。

《素余堂集》卷二七《恭跋御制拟庾信咏画屏风诗》:"皇上……兹拟庾信《咏画屏廿四首》。……与前效《秋日》《新月》诸篇,同昭云汉。……天笔雄浑,区区宫体奚足取象椎轮?……臣口沫手胝,咏歌不足,谨书册以志景佩。"

　　按:高宗诗见《御制诗三集》卷三八(甲申),系于《耕耤日祭先农坛》之后、《河南巡抚阿思哈奏报得雨》之前。据《清高宗实录》,本年于三月十二日举耕耤礼。又阿思哈有《奏报得雨情形事》(一史馆,03—0863—048号),为三月二十八日作。故高宗此诗当作于三月中、下旬。

四月十二日,甘霖普降,遍及郊畿各省,高宗诗以志喜。步韵和之。

《素余堂集》卷一七有《喜雨六韵》。诗中自注:"甘雨应时沾足,距常雩礼成甫五日,咸颂祈年诚意感孚。"又注云:"连日浓阴周遍,计郊畿各省沛泽应均。""测地约盈尺有余,虽高田亦皆深透。"

　　按:诗中自注:"甘雨应时沾足,距常雩礼成甫五日。"《乾隆帝起居注·二十九年四月》:"初七日戊子,上诣圜丘行常雩礼。"距常雩礼成五日,则当在十二日。

五月十二日,蒙赏《春秋直解》《翻译书经》。

《乾隆朝上谕档》:"蒙发下《春秋直解》《翻译书经》二书各七十分,交臣等拟赏。……谨照从前赏紫光阁墨刻名单,另行开列进呈。……伏候钦定。谨奏。五月十二日。"后附"拟赏《春秋直解》《翻译书经》名单",内有"户部左侍郎于敏中"。

　　按:和硕康亲王永恩、和硕怡亲王弘晓、多罗顺承郡王恒昌、多罗宁郡王弘晈、工部右侍郎觉罗纳世通五人经硃笔点出,俱无赏。

六月十七日,炉房匠人失手致厂房被火。因疏忽失察,处以罚俸三个月。

傅恒《题为查议户部左侍郎于敏中等人疏忽宝泉局厂房被火照例处分事》:"作厂炉头夏云鹏、炉房看火匠人王瑞喜因化铜倒钱失手,铜罐落地,铜汁冲起,上窗烧著。……因风沿烧炉房及磨房十八间,又拆毁炉房四间。……户部左侍郎于敏中、右侍郎兼镶黄旗满洲副都统佐领安泰均照疏忽罚俸三个月例各罚俸三个月。……查于敏中有纪录四次。……前后共罚俸七个月。应销去纪录一次,抵罚俸六个月,其罚俸一个月之处仍注于纪录抵销。……乾隆二十九年六月十七日。"(一史馆,02—01—03—06024—001号)

七月十七日,随扈热河,自圆明园启銮。

《素余堂集》卷一七有《恭奉皇太后启跸幸避暑山庄作》。诗中自注:"上驻跸率前皇太后行宫一顿,命使问安,日以为常。"

《乾隆帝起居注·二十九年七月》:"十七日丁卯,上秋狝木兰,自圆明园启銮,奉皇太后銮舆驻跸汤山行宫。"

同日,高宗谕蠲免沿途经过州县地丁钱粮十分之三,赋诗纪之。有和作。

《素余堂集》卷一七《降旨免经过州县赋十分之三诗以纪事》:"诏免租十三,耆黄咸快睹。"

《乾隆帝起居注·二十九年七月》:"十七日丁卯……大学士傅恒奉谕旨:朕此次巡幸木兰,沿途经过地方所有本年应征地丁钱粮着加恩蠲免十分之三,该部即遵谕行。"

七月十八日,停跸怀柔县行宫,渡白河。

《素余堂集》卷一七有《怀柔县行宫停跸》。诗中自注:"唐初怀柔实惟边地,今则近畿赤县矣。"又注云:"白河今岁安流,行旅尤便。"

《乾隆帝起居注·二十九年七月》:"十八日戊辰,驾至怀柔县祇园寺拈香。"

随往山庄途次,奉和《赋得石戴古车辙》。

《素余堂集》卷一七有《赋得石戴古车辙》。

> 按:《御制诗三集》卷四一(甲申)有同题之作,系于《怀柔县行宫停跸》后、《要亭行宫即景》前。据《起居注》,七月十八日驻跸怀柔,十九日驻跸要亭。

七月二十三日,扈跸避暑山庄。高宗于永佑寺、味甘书屋、对画亭等处俱有题咏,并和之。

《素余堂集》卷一七《至避暑山庄驻跸成什》:"秋巡按顿驻云庄,仙境佳如宛委藏。"又"鹿陕迟露三旬计"句,自注云:"自驻跸至行围木兰计期尚需一月。"

同卷又有《登永佑寺舍利塔作歌》《味甘书屋》《对画亭》等诗。

> 按:《乾隆帝起居注·二十九年七月》:"二十三日癸酉,是日驻跸

热河行宫。"《登永佑寺舍利塔作歌》以下三诗于集中俱系于《至避暑
山庄驻跸成什》后、《出丽正门恭迎皇太后驾至山庄》前。

七月二十四日,皇太后驾至山庄,高宗迎于万寿亭。

《素余堂集》卷一七《出丽正门恭迎皇太后驾至山庄》诗中自注云:"皇
太后圣驾将至,上即御骑诣广仁岭前候迎。"

《乾隆帝起居注·二十九年七月》:"二十四日甲戌,上诣广仁岭万寿
亭恭迎皇太后驾至热河行宫驻跸。"

七月二十五日夜,甘霖普降,高宗有诗纪之。翌日处暑,先生步韵和之。

《素余堂集》卷一七《夜雨》:"闻之田家有常谚,处暑一雨百谷成。"自
注云:"是日处暑节,甘膏应候,适叶农占云。"

按:据《近世中西史日对照表》,乾隆二十九年处暑在七月二十
六日。

又按:《御制三集》卷四一(甲申)有同题之作,题下注云"七月廿
五日"。知高宗《夜雨》诗作于二十五日,先生奉和在二十六日。

七月下浣,山庄扈跸期间,高宗流连题咏。多有和作。

《素余堂集》卷一七有《松鹤清越》《静余轩》《晚晴》《清舒山馆》等诗。

《松鹤清越》其一《松》诗中自注:"'松鹤清越'为山庄三十六景之一。"

《晚晴》:"僧帽青螺忽涌现,缕云卷若天衣牵。"自注云:"山庄雨中每
以僧帽峰云开为占晴之候。"

按:《御制诗三集》卷四一有同题之作,系于《出丽正门恭迎皇太
后驾至山庄》后、《八月朔日作》前。

十二月初六日,瑞雪兆丰,高宗诗以纪之。有和作。

《素余堂集》卷一七有《十二月初六日雪》。诗中自注:"昨岁嘉平前一
日得雪,今年果大稔。兹复先腊告丰,可为明岁有秋预庆。"又注云:"得雪
后,每展《快雪时晴帖》书识月日岁以为常。"

**十二月,排次《御制文初集》已竣,请序于高宗。并同刘统勋、刘纶等联名
跋尾。**

《御制文初集》卷首《御制序》云:"于敏中排次数年来所为《御制文初
集》成,而以序为请。……乾隆甲申嘉平御制。"

《御制文集初集》卷末跋云:"鸿文美富,犹未得快睹瑶编。……兹蒙
俞允,宣付剞劂,共得文五百余首。既告成,臣等窃就蠡管所能窥及者缀

于简末。……臣刘统勋、臣刘纶、臣彭启丰、臣董邦达、臣裘曰修、臣于敏中、臣钱汝诚、臣观保、臣王际华、臣蒋楛、臣窦光鼐拜手稽首恭跋。"

是岁,西瀛献舞,集御制诗句以咏之。

《素余堂集》卷二二《恭集御制句赋西瀛献舞》:"西瀛职贡正连骈,拔达山将安集延。中外一家宜恺乐,熙春三接答韶年。掌仪杂技增回部,相悦招声在征弦。谁曰任傮率难解,都遵礼法效鸳联。"

> 按:此诗于集中系于同卷《甲申春帖子词》之后,《乙酉春帖子词》之前,当作于乾隆二十九(甲申)年。"掌仪杂技增回部""谁曰任傮率难解"句,出自《御制诗三集》卷三六《上元灯词》,为二十九正月十五日作,系诸句中最晚见者。先生此诗当距此不远。另据《实录》,二十九年正月十五日"御正大光明殿,赐朝正外藩等宴",疑《赋西瀛献舞》即就此而作。

是岁,来保、秦蕙田、兆惠卒。

乾隆三十年　乙酉(1765)　五十二岁

正月初七日,擢授户部尚书,原户部侍郎一职由裘曰修补授。翌日,具折谢恩。

《耐圃府君行述》:"乙酉正月,擢授户部尚书。"

《乾隆朝上谕档》:"乾隆三十年正月初七日内阁奉上谕:……于敏中着补授户部尚书,其户部侍郎员缺着裘曰修补授,仍兼管仓场侍郎。"

《奏为补授户部尚书恭谢天恩事》:"臣于敏中谨奏为恭谢天恩事。本月初七日奉旨:于敏中着补授户部尚书,钦此。……伏念臣向尘农部,膺厚禄而常凛素餐;径陟正卿,厕崇班而益惭非据。……惟有勉竭驽骀,倍矢勤慎,以期仰答高厚于万一。为此,缮折恭谢天恩。谨奏。"乾隆三十年正月初八日奉旨:"知道了,钦此。"(台湾史语所,217256—001号)

《大清会典》卷三"户部尚书"条:"从一品。"又《清通典》卷二四:"户部尚书,满洲、汉人各一人。掌天下土田、户口、钱谷之政,平准出纳,以均邦赋。所属有山东、山西、河南、江南、江西、福建、浙江、湖广、陕西、四川、广东、广西、云南、贵州十有四司。"

正月初八日,预重华宫茶宴,以"雪象"为题联句,并奉敕正书。蒙赏画卷、

小荷包等。

《清高宗实录》卷七二六:"甲寅,召大学士及内廷翰林等茶宴以'雪象'联句。"

《素余堂集》卷一七有《重华宫曲宴内廷大学士翰林等雪象联句并成二律》。诗中自注:"是日与联句者凡二十四人。"又注云:"臣等列坐尚未逾刻,御制诗二律已蒙宣示。""台柏歌聆法曲清"句,注云:"宴次陈柏台故事。"

金甡《静廉斋诗集》卷一〇《正月初八日重华宫侍宴联句恭和御制重华宫曲宴内廷大学士翰林等雪象联句并成二律元韵》序云:"是日,上御重华宫召内廷大学士翰林傅恒、刘统勋、阿里衮、陈弘谋、于敏中、舒赫德、阿桂、彭启丰、张泰开、裘曰修、王际华、钱汝诚、观保、蒋楛、窦光鼐、奉宽、金甡、陈兆仑、汪廷玙、倪承宽、刘星炜、李中简、卢文弨、汪永锡等二十五人,恩赐茶宴,又传旨赐饮三清茶,命同赋'雪象'联句七言排律六十二韵毕,续发御制七律二首,命即席和进。其分用之砚,即拜赐捧出。仍加赏画卷、小荷包各有差。"

《御制诗三集》卷四三有《雪象联句》。联句者名单与金甡所记略同,惟无"李中简"之名,易以"谢墉"。

《清通志》卷一一六:"'雪象'联句,乾隆三十年。……七言排律。于敏中奉敕正书。"

陈弘谋(1696—1771),字汝咨,号榕门。广西桂林人。雍正元年进士,选庶吉士。历官兵部尚书、吏部尚书,并兼国史馆、玉牒馆、三通馆副总裁。卒,谥文恭,入祀贤良祠。著有《培远堂全集》《陈榕门先生遗书》等。传见《碑传集》卷二七、《清朝先正事略》卷一六、《清史列传》卷一八。

李中简(1721—1795),字廉衣,号子静,一号文园。河北任丘人。乾隆十三年进士,选庶吉士。历官至山东学政、翰林院编修。著有《就树轩诗》。传见《清史列传》卷七二、《词林辑略》卷四、《大清畿辅先哲传》卷二二。

按:《素余堂集》卷一七自《重华宫曲宴内廷大学士翰林等雪象联句并成二律》以下为乾隆三十年作。

正月上浣,高宗咏周片云戚。步韵和之。

《素余堂集》卷一七有《咏周片云戚》。

　　按：此诗于集中系于《重华宫曲宴内廷大学士翰林等雪象联句并成二律》之下，又《御制诗三集》卷四三有同题之作，系于《乙酉元旦》之后、《人日琼华岛》之前，则此诗或为三十年正月上浣所作。

正月十四日，立春。有《乙酉春帖子词》。

《素余堂集》卷二二《乙酉春帖子词》："太平有象春能绘，风信邀头递杏园。"自注云："立春日驻跸太平庄，翼日驻跸红杏园。"

　　按：据《近世中西史日对照表》，乾隆三十（乙酉）年立春在正月十四日。诗中注云："立春日驻跸太平庄，翼日驻跸红杏园。"据此，则是年正月十四驻跸太平庄，十五日驻跸红杏园。然据《清高宗实录》，是年驻跸太平庄、红杏园，分别在正月二十一、二十二日，与诗注不符，未解其故。

正月十六日，随扈南巡，自正阳门启銮。是日扈跸黄新庄行宫，并与灯宴。

《素余堂集》卷四《圣驾南巡恭纪》序云："乾隆三十年春，皇帝恭奉皇太后巡幸江浙。……臣窃叨侍禁近，凡诏令所布，赓歌篇什所垂，并以身先听睹为幸，且随属车豹尾后，亲见圻途歌舞之忱，欣愉益不自已。"诗中自注："驻黄新庄行宫，为上元翼日，因陈火戏，听民聚观，以示同乐。"

又卷一七《上元后夕小宴廷臣》，诗内自注云："昨岁是日南巡启跸，驻黄新庄，亦设灯宴，臣以扈从得与。"

钱大昕《讲筵日记·乾隆三十年正月》："十六日壬戌。上南巡江浙，于是日自正阳门启銮。"

　　按：《上元后夕小宴廷臣》作于乾隆三十一年（详后谱），诗中自注"昨岁是日"即三十年正月十六日。又《清高宗实录》卷七二七："乾隆三十年乙酉正月壬戌，上奉皇太后南巡车驾发京师。……是日驻跸黄新庄行宫。"

正月十七日、十八日，扈跸涿州、紫泉行宫，观火戏，并蒙赐食。

《素余堂集》卷四《圣驾南巡恭纪》"买灯佳夜近畿谙"句，自注云："十七、十八日，涿州、紫泉并陈灯火。"

《清高宗实录》卷七二七："癸亥……驻跸涿州行宫。"又："甲子……赐扈从王公大臣及回部郡王等，并直隶大小官员等食。……驻跸紫泉行宫。"

正月十九日，扈跸赵北口行宫，观灯火。奉命以"燕九日赵北口行宫观灯火"为题联句，并奉敕正书。

《素余堂集》卷四《圣驾南巡恭纪》"买灯佳夜近畿谙"句，自注云："驻跸赵北口适逢燕九，特进从臣联句，皆典实焉。"

《御制诗三集》卷四四有《燕九日赵北口行宫观灯火同扈跸诸臣联句》，序略云："缅前度銮行丽午，冰嬉刚值上元；属今来典重祈辛，灯宴恰留燕九。"联句者自高宗以下依次为：傅恒、阿里衮、于敏中、钱汝诚、王际华、蒋楠、双庆、全魁、张若澄、吕炽、孙灏、申甫。

《清通志》卷一一六："燕九日赵北口行宫观灯火联句，乾隆三十年。……七言排律。于敏中奉敕正书。"

《清高宗实录》卷七二七："乙丑……驻跸赵北口行宫。"

全魁(？—1791)，尼奇哩氏，字斗南，一字穆斋。满洲镶白旗人。乾隆十六年进士，选庶吉士。官至侍讲学士。著有《乘槎集》。传见《八旗诗话》等。

张若澄(1721—1770)，字镜壑，号默耕。安徽桐城人。张廷玉次子，张若霭弟。乾隆十年进士，选庶吉士，授翰林院编修。历官至内阁学士兼礼部侍郎。工于绘画。著有《潇碧轩诗》。传见《国朝耆献类征初编》卷一四、《(道光)续修桐城县志》卷一三、《国朝画识》卷一七。

孙灏(1700—1760)，字载黄，号虚船。浙江钱塘人。雍正八年进士，选庶吉士，授翰林院编修。历官至都察院左副都御史。著有《道盥斋集》。传见《国朝御史题名》《两浙輶轩录》卷一九。

申甫(1706—1778)，字及甫，号笏山、拂珊。江苏扬州人。乾隆元年举博学鸿词。六年，乡试中式，旋授内阁中书。历官至都察院左副都御史。著有《笏山诗集》。传见《国朝耆献类征初编》卷八六、《国朝诗人征略初编》卷三一、《词科掌录》卷八。

二月初十日，扈跸陈家庄，微雨沾衣，蒙赐食、赏帛。

《素余堂集》卷四《圣驾南巡恭纪》"联褥法食尚方陈"句下注云："驻跸陈家庄。赐江南诸吏及从臣食，筵次微雨沾衣，因各赍帛。"

> 按：诗注云："驻跸陈家庄。"据《清高宗实录》卷七二八："丙戌……驻跸陈家庄行宫。"知在是年二月初十日。

闰二月初二日，联名具折，奏谢南巡普施恩泽。

《奏为南巡恩泽普施恭谢天恩事》:"奏为恭谢天恩事。……前者蠲通赐复东南,屡沐荣光;今兹缓征带征歉负,并邀异数。……感衔恩于万姓,遍江苏、安徽、两浙而大同;慰望幸于三年,较辛未、丁丑、壬午而更切。……为此缮折,恭谢天恩。谨奏。臣于敏中、嵇璜、沈德潜、蒋榑、邹一桂、申甫。"乾隆三十年闰二月初二日奉旨:"知道了,钦此。"(一史馆,03—0114—026 号)

邹一桂(1686—1772),字原褒,一字小山,号让卿。江苏无锡人。雍正五年进士,选庶吉士。历官至礼部侍郎。工绘画鸟。著有《小山画谱》《小山诗钞》《本朝应制琳琅集》《午风堂丛谈》。传见《碑传集》卷三三、《国朝耆献类征初编》卷七八、《清朝先正事略》卷四一、《清史列传》卷二〇等。

闰二月十二日,高宗召试浙江诸生,奉命阅看试卷。十四日,取士张培、吴寿昌、陆费墀、冯应榴等。

《耐圃府君行述》:"乙酉……扈跸南巡,复奉命阅江浙召试诸生卷。"

《乾隆朝上谕档》:"臣阿里衮等谨奏:本日考试浙省进献诗赋诸生,臣等奉命监试共点进一百三十三名,收卷一百三十三本,理合封固进呈,恭候钦派大臣阅看。谨奏。乾隆三十年闰二月十二日奉旨:着派于敏中、双庆、蒋榑、全魁阅看。钦此。"

《素余堂集》卷四《圣驾南巡恭纪》"题楹为勚贤良对"句下注云:"幸敷文书院内,御书董仲舒'正谊''明道'二语为柱联,试诸生以'春蚕作茧'及'菜花赋'命题。"

《清高宗实录》卷七三〇:"己未,谕:浙江进献诗赋。考取一等之进士张培、冯应榴,举人吴寿昌,俱着授为内阁中书,遇缺即补。陆费墀着特赐举人,授为内阁中书,学习行走,与考取候补人员挨次补用。其二等之黄瀛元等十四名,著各赏缎二匹。"

《钦定南巡盛典》卷七五载乾隆三十年南巡召试浙江诸生钦命题目:菜花赋,诚无为几善恶论,赋得春蚕作茧。得同字五言八韵。

双庆(? —1771),瓜尔佳氏,字有亭,号西峰,又号云樵。满洲镶白旗人。乾隆十一年进士,选庶吉士。历官礼部侍郎、太仆寺少卿。传见《国朝耆献类征初编》卷八〇、《词林辑略》卷三。

张培,字守田,号蓉沚。浙江钱塘人。乾隆二十八年进士。三十年,召试赐内阁中书。曾官吏部郎中。传见《两浙輶轩续录补遗》卷二、《清秘述闻》卷七。

吴寿昌,字泰交,号蓉塘。浙江绍兴人。乾隆三十四年进士,选庶吉士。历官至翰林院侍讲。兼四库馆纂修。后请假归里,主讲崇文书院、蕺山书院。著有《虚白斋存稿》。传见《国朝耆献类征初编》卷一二九、《国朝诗人征略二编》卷三五、《词林辑略》卷四。

陆费墀(1731—1790),字丹叔,号颐斋,又号吴泾灌叟。浙江桐乡人。乾隆三十一年进士,选庶吉士。历官至礼部侍郎,并兼四库馆副总裁。后因《四库全书》讹谬甚多,处以革职,并责令出资装治南三阁图书,忧愤而终。著有《颐斋赋稿》《枝荫阁诗文集》等。传见《国朝耆献类征初编》卷九八、《清史列传》卷二六。

冯应榴(1740—1800),字星实,一字诒曾,号踵息居士。浙江桐乡人。乾隆二十六年进士。三十年,高宗南巡召试,授内阁中书。历官至江西巡抚,另兼四库馆提调。著有《踵息斋集》《学语稿》,另编有《苏文忠诗合注》。传见《碑传集补》卷七、《国朝耆献类征初编》卷九六、《国朝诗人征略初编》卷三八、《清史列传》卷七一。

黄瀛元,字葭塘,号洲侣。一云字汝调,号驾唐。浙江於潜人。乾隆三十六年进士,选庶吉士,授翰林院编修。后充四库馆纂修、提调。历官至山东道监察御史。善文词,工书法。传见《国朝御史题名》《(光绪)於潜县志》卷一二。

闰二月初,高宗作《广陵涛疆域辨》。同庄有恭、钱汝诚、李因培等联名跋尾。

《御制文二集》卷二四《广陵涛疆域辨》附臣工跋:"臣等伏见御制《广陵涛疆域辨》考据精博,思力高健,足实以破群书之疑。而乃圣怀冲挹,爰命臣等看详。……臣等少时读书,至枚乘《七发》所称'观涛广陵之曲江'一语,心窃疑之。夫广陵之名,始于周显王三十五年楚并越置广陵县。秦属九江。汉属荆州。既而属吴。景帝四年为江都国。元狩六年为广陵国。是广陵历楚至汉不易也。而秦之会稽郡兼有吴越之地,汉时虽亦同属荆楚,然景帝四年以后,江都易王非、广陵厉王胥皆都广陵,并得郯郡而不得吴,则汉之广陵国疆域不能至吴明甚。既不能至吴,岂能越二郡而兼有会稽之钱唐!乘乃汉人,以汉地证汉文,其非钱唐之潮而为广陵自有其涛审矣。乘何以云广陵之曲江耶?按《水经注》浙江迳钱唐定、包诸山,

'水流两山之间,江川急濬,兼涛水昼夜再来。……二、八月最高,峨峨二丈有余。《吴越春秋》以为子胥、文种之神也'。此与枚乘《七发》所言情状相似,盖本《七发》为注,故于'岷江'条下语不及涛。或郦道元泥于乘语耳。……楚太子、吴客问答,原与子虚、亡是相匹,不足深泥。而'广陵之曲江'五字,终难强合。窃谓江皆有潮,非独浙江潮之壮,即不如浙,何妨铺张扬厉,以作文澜?乘《七发》内似此者甚多,岂能一一求其指实?臣等惟有咏叹鸿文,莫能妄置一喙。臣庄有恭、臣于敏中、臣钱汝诚、臣李因培恭跋。"

　　按:《御制诗三集》卷四七《观潮》:"我甫《广陵》辨方域,漫重《七发》述枚乘。"自注云:"枚乘《七发》'观涛广陵之曲江'注未详其所在,后世乃指浙江为曲江,以浙江涛、广陵涛溷而为一,盖未深考。……因作《广陵涛疆域辨》以正之。"据此,则《广陵涛疆域辨》作于《观潮》稍前。《观潮》于《御制诗三集》系于《阅海塘再叠旧作韵》后、《至杭州诣皇太后行宫问安有作》前。据《清高宗实录》圆阅海塘为三十年闰二月初六日事,至皇太后行宫问安为初七日事。则《观潮》诗作于三十年闰二月初六至初七日间。《广陵涛疆域辨》在此稍前,姑系之此。

三月初五日,奉旨阅选江南诸生其进献诗赋列在一等者。

　　《乾隆朝上谕档》:"据李因培、梁国治奏:江苏、安徽二省进献诗赋诸生,其拟列一等者,奉旨交臣等拟赏。……此次之一等诗赋应如何办理之处。……乾隆三十年三月初五日奉旨:着于初七日考试,所有该学政拟在一等诗册,仍着于敏中、钱汝诚阅选,钦此。"

三月初七日,高宗召试江南诸生,奉命阅看试卷。

　　《乾隆朝上谕档》:"臣色布腾巴尔珠尔等谨奏:本日考试江南进献诗赋诸生,臣等奉命监试稽查,点进二百五十七名,共收卷二百五十七本。内江苏省一百六十三本,安徽省九十四本。理合封固进呈。谨奏。乾隆三十年三月初七日奉旨:着派尹继善、庄有恭、于敏中、钱汝诚、全魁阅看。钦此。"

　　《素余堂集》卷四《圣驾南巡恭纪》"给札多征献赋才"句下注云:"江宁召试诸生较前几倍,特敕加额录取。"

　　《钦定南巡盛典》卷七五载乾隆三十年南巡召试江南诸生,钦命题目:赋得稼穑为宝,得夫字五言八韵。玉壶冰赋,圣人定之以中正仁义而主静论。

三月初八日,阅看江南诸生试卷毕,分别等次以进。初十日,取士郑沄、张熙纯、鲍之钟、金榜等。

《乾隆朝上谕档》:"臣尹继善、臣庄有恭、臣于敏中、臣钱汝诚、臣全魁谨奏:蒙发下试卷二百五十七卷,臣等悉心校阅,拟取一等十二名,二等二十名,谨分别粘签包封进呈,伏候钦定。谨奏。三月初八日。"

《清高宗实录》卷七三二:"乙酉,谕:江苏、安徽进献诗赋诸生。考取一等之举人郑沄、张熙纯,俱着授为内阁中书,遇缺即补。鲍之钟、金榜、秦潮、周发春、吴楷、洪朴、陈希哲、蒋宽、刘种之,俱着特赐举人,授为内阁中书,学习行走,与考取候补人员挨次补用。其二等之程世淳等二十一名,着各赏缎二匹。"

郑沄(?—1795)字晴波,号枫人。江苏仪征人。乾隆二十七年举人。三十年召试,赐内阁中书。历官至浙江督粮道。著有《玉句草堂诗集》《梦余集》《鸥鸶集》,又刻《杜少陵全集》,校勘精美。传见《淮海英灵集·丁集》卷四。

张熙纯(1725—1767),字策时,号少华。江苏上海县人。乾隆三十年召试赐举人,授内阁中书。著有《华海堂集》。传见《国朝诗人征略》卷三八、《湖海诗传》卷二六。

三月十九日,以任内恪勤供职,交部议叙,以示优奖。

《乾隆朝上谕档》:"乾隆三十年三月十九日奉旨:本日吏部开列在京部院三品以上大臣请旨,所有协办大学士尚书阿里衮、陈弘谋、庄有恭,尚书于敏中、托恩多、阿桂,侍郎钱汝诚、安泰、觉罗阿永阿,均各恪勤供职,着交部议叙,以示优奖。"

四月十五日,吏部考绩,奉旨着加一级,抵前降一级。

《乾隆帝起居注·三十年四月》:"十五日庚申……户部尚书阿里衮等遵旨议叙均应准其加级一疏,奉谕旨:陈弘谋、庄有恭、阿桂、钱汝诚、安泰、阿永阿俱着加一级。阿里衮、托恩多、于敏中俱着加一级,抵前降一级。余依议。"

四月二十一日,返抵京师。嗣就南巡途次所见,拟为七绝六十首,以纪其始末。

《素余堂集》卷四《圣驾南巡恭纪》,题下自注云:"《衢壤词》六十首。"其序云:"乾隆三十年春,皇帝恭奉皇太后巡幸江浙。……臣窃叨侍禁,近凡诏令所布,赓歌篇什所垂,并以身先听睹为幸。且随属车豹尾后,亲见圻途歌舞之忱,欣愉益不自已,辄随事纪述,各成七言绝句。……通得六十首,系曰《衢壤辞》。冀以补谣谚所不逮,垂考信于来兹。……不尚华,不铺藻,用代耕凿之质言云尔。"又"百廿朝余扈跸行"句,自注:"自启跸至回銮,计百二十余日。亿兆迎銮,欢欣依恋,臣闻见既切,勉效风谣,实未足摭其万一也。"

　　　　按:《圣驾南巡恭纪》诗中自注:"四月二十一日,回跸圆明园。越三日,恭迎皇太后至畅春园驻跸。"则其诗当作于回跸后数日。

四月二十三日,命军机处将硃批钟兰枝所进南巡册页交张怀月。

　　《军机处随手登记档》:"三十年四月二十三日。硃批钟兰枝折进南巡册页。册页一本奉于大人谕交张怀月。"

四月二十三日,高宗考试各省试差。翌日,奉命同刘统勋、陈弘谋阅看试卷,分别等次以进。

　　钱大昕《讲筵日记·乾隆三十年四月》:"二十三日戊辰。御试开列各省正、副主考官员于圆明园正大光明殿。钦命题:'子路曰:有是哉'二句,'修身以俟之'一句,赋得鸠唤雨。五言八韵得和字。"

　　《乾隆朝上谕档》:"臣刘统勋、陈弘谋、于敏中谨奏:本日蒙发下试卷一百六十四本,臣等公同阅看,谨拟一等二十四卷,二等四十九卷,三等九十一卷,粘签进呈,伏候钦定。"

七月初八日,随扈热河,自圆明园启銮。

　　《素余堂集》卷一七《恭奉皇太后启跸幸避暑山庄作》,其前半云:"仙庄计月展虞旌,凤驾秋郊岁此行。张伞恰当阑暑退,是日处暑节。洗车已过霁轮明。前一日七夕先期微雨即止。"

　　《乾隆帝起居注·三十年七月》:"初八日辛巳,上秋狝木兰,自圆明园启銮。奉皇太后銮舆驻跸汤山行宫。"

六月二十三日,高宗谕重开国史馆,拟派公正大臣为总裁,并命酌定章程。

　　《清高宗实录》卷七三九:"丁卯……谕:……从前国史编纂时,原系汇总进呈,未及详加确核。其间秉笔之人,或不无徇一时意见之私,抑扬出入,难为定评。今已停办年久,自应开馆重事辑修。着将国初已来满汉大臣已有列传者,通行检阅,核实增删考正。其未经列入之文武大臣……并宜综其生平实迹,各为列传。均恭照实录所载及内阁红本所藏,据事排纂。庶几淑慝昭然,传示来兹,可存法戒。朕将特派公正大臣为总裁,董司其事,以次陆续呈阅,朕亲加核定。……并着该总裁官将作何搜辑酌定章程、不致久稽时日之处,详议具奏。"

出古北口,诸藩迎銮。

《素余堂集》卷一七:"新旧蕃臣迓辇同,牧田粟马并歌丰。"自注云:"出关以后,旧蕃新附络绎迎銮,蒙古向惟孳牧为业,今亦兼习耕种之利矣。"

> 按:此诗于集中系于《常山峪行宫即景》之前,据《起居注》,知七月十二日驻跸常山峪行宫。又古北口关在密云县东北一百二十里,是年七月初九日驻跸密云行宫。则出古北口事当在初十至十二日间。

七月十二日,获赐鹿肉。

《素余堂集》卷一七有《常山峪行宫即景》。诗中自注:"是日阁邮至,上批阅毕,复于苑中寻鹿,亲发神枪殪之。臣亦获拜划鲜之赐。"

《乾隆帝起居注·三十年七月》:"十二日乙酉……是日驻跸常山峪行宫。"

七月十三日,扈跸喀喇河屯行宫。

《素余堂集》卷一七有《喀喇河屯行宫作》。诗中自注:"是日为中元前二日。"

《乾隆帝起居注·三十年七月》:"十三日丙戌……是日驻跸喀拉河屯行宫。"

七月十四日,扈跸避暑山庄。

《素余堂集》卷一七有《至避暑山庄作》。诗中自注:"都尔伯特郡王策凌乌巴什等于广仁岭前觐谒,即谕随侍卫扈行。"

《乾隆帝起居注·三十年七月》:"十四日丁亥,是日驻跸热河行宫。"

扈跸山庄期间,于高宗题咏多有奉和。

《素余堂集》卷一七有《登舍利塔》《题秀起堂》《闻京师得雨志喜》《天籁书屋》《题超然宇》等诗。

> 按:《御制诗三集》卷五一(乙酉)有同题诸作,俱系于《至避暑山庄作》之后、《夜雨七月二十日》之前。

七月三十日，充国史馆副总裁。八月初六日，具折谢恩。

《耐圃府君行述》："乙酉……七月充国史馆副总裁。"

《清高宗实录》卷七四一："癸卯，以大学士傅恒、尹继善、刘统勋为国史馆正总裁官，协办大学士吏部尚书陈弘谋、户部尚书于敏中、兵部尚书托恩多、刑部尚书舒赫德为副总裁官。"

《清国史馆奏稿》："大学士忠勇公臣傅等谨奏为钦奉上谕事……所有正副总裁，臣等谨将大学士、尚书等员职名开列，另缮名单进呈，伏候皇上钦点遵行。谨奏。乾隆三十年七月三十日。大学士忠勇公臣傅、大学士臣刘。……奉旨：总裁着派傅恒、尹继善、刘统勋，副总裁着派陈弘谋、于敏中、托恩多、舒赫德。"又："大学士忠勇公臣傅等谨奏为恭谢天恩事。本年七月三十日内阁奏派国史馆正副总裁一折。……窃念臣等荷蒙皇上殊恩备员阁部，方愧才识短浅，毫无报称。兹复奉恩纶，与修史传之任，闻命之下益深悚歉。惟有矢公矢勤，董司办理，以期仰副皇上慎重汗青、循名核实至意。所有臣等感激下忱，合词具折恭谢天恩。谨奏。乾隆三十年八月初六日。大学士忠勇公臣傅，大学士臣刘，协办大学士尚书臣陈，尚书臣于、臣托、臣舒。"

托恩多（？—1780），满洲镶红旗人。雍正三年，授刑部笔帖式。七年，升授内阁中书。历官至内务府大臣，加太子太保。传见《国朝耆献类征初编》卷七九、《八旗通志》卷三四〇。

九月十四日，子齐贤以乡试屡未中式，特蒙恩赏给一品荫生。翌日，具折谢恩。

《耐圃府君行述》："乙酉……九月恭奉谕旨，以府君勤慎宣力，特恩给赏一品荫生。我先考幼禀庭训，循谨力学，极为府君所钟爱。应京兆试，屡荐不得售，及是获邀格外异数。"

《乾隆朝上谕档》："乾隆三十年九月十四日奉上谕：尚书于敏中之子齐贤，屡应乡试，未能中式，因念于敏中侍值内庭有年，仅有一子，年已及壮，着加恩照伊尚书品级赏给荫生。钦此。"

《奏为蒙恩赏给臣子齐贤荫生恭谢天恩折》："窃臣蒙皇上深恩，豢养内廷。兹复蒙皇上格外天恩，以臣子齐贤屡试未能中式，念臣止有一子，年已及壮，特恩赏给荫生。……惟有益竭驽骀，并训策臣子齐贤奋勉自励，以冀仰报隆恩于万一等因。"乾隆三十年九月十五日奉旨："知道了，钦

此。"（台湾史语所，170364—001号）

九月十五日，酌议国史馆章程，联名奏上。

《清国史馆奏稿》："大学士忠勇公臣傅等奏为遵旨议奏事。臣等奉旨承修大臣列传，其作何搜辑，酌定章程，不至久稽时日之处，命臣等详议具奏，臣等敬稽从前条例，恭绎钦颁谕旨，公同悉心详议，所有各事宜开列于后。……俟命下之日，行文钦天监择日开馆，臣等督率纂修各官详慎编辑，务期按日计功，不致稽延岁月，以仰副皇上委任至意。谨奏。乾隆三十年九月十五日。大学士忠勇公臣傅，大学士臣刘，协办大学士尚书臣陈，尚书臣于、臣托、臣舒。"

十二月二十五日，立春，有咏雪诗。

《素余堂集》卷一七《立春日雪》："花飞连旧腊，气转入新年。"自注云："立春日在廿五日丑刻，廿四戌亥之交，祥霙已集，则犹在腊中。"

　　　　按：诗中自注云"立春日在廿五日"，据《近世中西史日对照表》，乾隆三十一年立春在三十年十二月二十五日。

是岁，郑燮卒。

　　　　　　乾隆三十一年　丙戌（1766）　五十三岁

正月初二日，预重华宫茶宴，以"玉瓮"为题联句，并奉敕正书。

《素余堂集》卷一七《上元后夕小宴廷臣》"开韶琢玉才联鼎"句下自注云："新正，蒙召至重华宫，'玉瓮'联句。"

《御制诗三集》卷五三有《玉瓮联句》。联句者自高宗以下依次为：傅恒、尹继善、刘统勋、杨应琚、阿里衮、陈弘谋、庄有恭、舒赫德、于敏中、董邦达、彭启丰、观保、张泰开、裘曰修、王际华、蒋楫、刘星炜、钱维城、奉宽、窦光鼐、钟兰枝、陈兆仑、汪廷玙、倪承宽、卢文弨、谢墉、李中简、汪永锡。

《清通志》卷一一六："玉瓮联句，乾隆三十一年。……七言排律。于敏中奉敕正书。"

《清高宗实录》卷七五二："壬申……召大学士及内廷翰林等茶宴，以玉瓮联句。"

钟兰枝，字露皋，号芬斋。浙江海宁人。乾隆十三年进士，选庶吉士，授翰林院编修。历官至内阁学士兼礼部侍郎。传见《（乾隆）海宁州志》卷一〇。

> 按:《素余堂集》卷一七自《上元后夕小宴廷臣》以下为乾隆三十
> 一年作。

正月十四日,蒙恩赐灯。

《素余堂集》卷一七有《上元后夕小宴廷臣》。诗中自注云:"上元前
夕,蒙恩赐灯。"

正月十六日,预宴正大光明殿。

《素余堂集》卷一七《上元后夕小宴廷臣》:"庆节宣恩曲宴陈,传柑依
次翌辰轮。"诗内自注:"是日与宴者十六人。"又注云:"宴次陈重译来朝
故事。"

《乾隆帝起居注·三十一年正月》:"十六日丙戌……申刻上御正大光
明殿升座,赐臣工等宴。"

二月初四日,经筵侍班。

《乾隆帝起居注·三十一年二月》:"初四日甲辰巳刻,上御文华殿。
讲官蕴著、彭启丰进讲《论语》'无适也,无莫也,义之与比'三句。观保、王
际华进讲《尚书》'皇建其有极,敛时五福,用敷锡厥庶民'三句。"

《素余堂集》卷一七有《春仲经筵》。诗中自注:"是日甲辰。"

二月,铭紫檀丹凤牡丹三镶如意以进。

见浙江佳宝拍卖有限公司2020年秋季文物艺术品拍卖会。其辞曰:
"别业临青甸,鸣鸾降紫霄。长筵鹓鹭集,仙管凤皇调。树接南山近,烟含
北渚遥。承恩咸已醉,恋赏未还镳。录唐人句,乾隆丙戌花朝,臣于敏中
恭进。"

> 按:拍卖时间为2021年1月10日。LOT号:0250。尺寸:47×
> 11厘米。

**四月二十八日,覆勘二甲八名以下殿试卷,以二甲进士卢嘉会卷尾有遗
写,奏请置之三甲。**

《乾隆朝上谕档》:"臣傅恒、臣阿里衮、臣托恩多、臣于敏中谨奏:臣等
奉派覆勘殿试卷标识,除前列十卷业蒙皇上钦定,毋庸校勘外,谨将二甲
第八名以后及三甲各卷公同详细阅看,其标识俱不甚相悬。惟查有二甲
六十九名卢嘉会卷尾遗写'臣草茅新进'至'臣谨对'二十四字,理应置三
甲后,今列在二甲之末,殊属不合,理应据实奏明请旨。谨奏。"又:"乾隆

三十一年四月二十八日奉旨：卢嘉会着改附三甲之末，读卷官着交部察议，钦此。"

　　按：此次殿试时间，据钱大昕《讲筵日记》，知在四月二十一日。

　　又按：《大清会典则例》卷六六："殿试策中……承问逐条详对，起处仍书'臣对''臣闻'字样，讫处仍书'臣草茅新进'云云字样。""臣草茅新进"至"臣谨对"二十四字即殿试卷末规定之书例："臣草茅新进，阃识忌讳，干冒宸严，不胜战栗陨越之至。臣谨对。"

五月初一日，同尹继善、刘统勋等共阅庶吉士散馆试卷，分别等次进呈。

　　《乾隆朝上谕档》："臣尹继善、刘统勋、于敏中、福隆安、索琳谨奏：臣等奉旨阅看庶吉士散馆试卷共三十五本，谨公同校阅，酌拟清书一等一卷，二等二卷，三等四卷；汉书一等八卷，二等十八卷，三等二卷。谨粘签包封进呈，伏候钦定。俟发下即遵旨交该衙门于初二日带领引见。谨奏。乾隆三十一年散馆等第单：清书一等一本，二等二本，三等五本。汉书一等八本，二等十八本，三等二本。五月初一日。"

　　索琳，完颜氏。满洲正蓝旗人。乾隆元年，以荫生授兵部主事。三年升授吏部员外郎。历官至驻藏办事大臣。传见《国朝耆献类征初编》卷八四、《清史列传》卷二六。

五月二十五日，奏进增删之费英东、额亦都、范文程、洪承畴旧传并新修之祁充格、陈名夏、孙承泽列传。

　　《清国史馆奏稿》："国史馆总裁大学士忠勇公臣傅等谨奏为恭进新修列传仰祈圣训事。窃臣等钦奉谕旨将五朝国史列传详考重修，臣等一面行查各该地方衙门，一面督令在馆各员恭阅实录红本以及各种官书，凡有诸臣善恶事迹皆详细采辑。……其原有传者，据《实录》增删，另缮新本，附原本于后，粘签声明。其从前未立传者酌量补立，现在节次赓修。谨现将增删旧传费英东、额亦都、范文程、洪承畴四篇，并补立新传祁充格、陈名夏、孙承泽三篇进呈御览，伏候皇上训示。再，所有清文俟钦定汉文后陆续翻译进呈。谨奏。乾隆三十一年五月□日。总裁大学士忠勇公臣傅恒、总裁大学士臣尹继善、总裁大学士臣刘统勋、副总裁协办大学士吏部尚书臣陈弘谋、副总裁吏部尚书臣托恩多、副总裁户部尚书臣于敏中。"

　　按：此折日期原缺。然乾隆三十一年七月初三日《奏稿》云："先于五月二十五日进呈洪承畴传内奉有折角三处"，此奏稿云："现将增删旧传费英东、额亦都、范文程、洪承畴四篇……进呈御览。"则知此折为五月二十五日所进。

六月二十二日,孙庆辰生,申氏所出。

《于氏家乘》:"庆辰,字嵩瞻,一字拱之。行八。博宾公次子。乾隆丙戌六月廿二日生。"又:"庆辰……申恭人出。"

于庆辰(1766—1832),字嵩瞻,一字拱之。河工议叙州同知借补河南安阳县县丞,历署德州同知、东昌府通判、敕授承德郎。传见《于氏家乘》。

七月初三日,以先前所进之洪承畴传内有折角三处,奉旨另缮正本以进。又奏进增修之扈尔汉、杨古利、魏象枢旧传并新修之冯铨列传。

《清国史馆奏稿》:"国史馆总裁大学士忠勇公臣傅恒等谨奏:窃臣等奉命增修国史列传,先于五月二十五日进呈洪承畴传内奉有折角三处,今臣等谨遵旨详细改定,另缮正本,粘签夹单恭请训示。又,现在增修旧传扈尔汉、杨古利、魏象枢三篇,添立新传冯铨一篇,各缮正本,其原传者仍将原传加签附后,一并进呈御览,伏候钦定。谨奏。乾隆三十一年七月初三日。总裁大学士忠勇公臣傅恒、总裁大学士臣尹继善、总裁大学士臣刘统勋、副总裁协办大学士吏部尚书臣陈弘谋、副总裁吏部尚书臣托恩多、副总裁户部尚书臣于敏中、副总裁刑部尚书臣舒赫德。"

七月初五日,奉敕校补《皇朝礼器图式》毕,具表进呈。

《皇朝礼器图式》卷首《进表》:"臣福隆安、臣于敏中、臣王际华谨奏:臣等奉敕校勘《皇朝礼器图式》告竣,谨奉表恭进者。……因原文而勘定,即成器以校雠。……例仍其旧事,增于前汇,全部以上呈,间二年而卒业。……臣等无任荣幸之至,谨奉表随进以闻。乾隆三十一年七月初五日。"其卷首《职名》列总裁三人:福隆安、于敏中、王际华。

《四库全书总目》卷八二:"《钦定皇朝礼器图式》二十八卷。乾隆二十四年奉敕撰,乾隆三十一年又命廷臣重加校补,勒为此编。凡分六类:一曰祭器,二曰仪器,三曰冠服,四曰乐器,五曰卤簿,六曰武备。每器皆列图于右,系说于左。详其广狭长短围径之度、金玉玑贝锦段之质、刻镂绘画组绣之制,以及品数之多寡,章采之等差,无不缕析条分,一一胪载。"

七月初八日,随扈热河,自圆明园启跸。

《素余堂集》卷一七有《恭奉皇太后秋巡启跸之作》。诗中自注:"启跸日恭奉皇太后驻汤山行宫,展顿缓程,以适慈豫。"又注云:"是日午热夜得雨,并有《御制诗》纪事。"

《乾隆帝起居注·三十一年七月》:"初八日丙子,上秋狝木兰,自圆明园启銮。"

七月初九日,高宗诗赠直隶总督方观承。步韵和之。

《素余堂集》卷一七有《即事示直隶总督方观承及其属吏》。诗中自注:"昨岁紫泉行宫,赐直隶众官食,御制有'岁收即是君臣福,民乐多缘风雨调'之句,方观承请为署中屏联,即书以赐。"又"宸章拜赐多珍重,合示群工共勖之"句,注云:"是篇并书巨幅赐观承。"

按:《御制诗三集》卷五九(丙戌)有同题之作,系于《夜雨七月初八日》之后、《密云行宫晚坐》之前,知作于三十一年巡幸木兰之途次。据《起居注》,是年七月初九日驻跸密云行宫。则高宗此诗当作于七月初八或初九日。又高宗于诗中自注:"每秋巡幸木兰,诏免所过州县额赋十分之三,岁以为例。"所指即七月初九日上谕:"朕此次巡幸木兰,所有经过地方,本年地丁钱粮,着加恩蠲免十分之三。该部遵谕速行。"故高宗此诗当作于七月初九。

出古北口,诸藩迎跸。

《素余堂集》卷一七《出古北口》:"迎跸诸藩跽致词,温言慰答指鞭丝。"诗中又注云:"是日微雨。"

按:《(嘉庆)大清一统志》卷九:"古北口关在密云县东北一百二十里。"据《起居注》,是年七月初九日驻跸密云,则出古北口当在初十日后。又《御制诗三集》卷五九有同题之作,系于《再题常山峪行宫八景》之前。据《起居注》,七月十二日驻跸常山峪。则出古北口事当在初十至十二日间。

七月十一日,因本年随扈木兰,其户部尚书事务暂交舒赫德兼署。

《乾隆朝上谕档》:"乾隆三十一年七月十一日内阁奉上谕:阿里衮、于敏中现俱随从木兰,所有户部尚书事务着舒赫德暂行兼署。"

闻京师得雨,高宗诗以志慰。有和作。

《素余堂集》卷一七《闻京师得雨志怀》:"阁章自京驰,报雨悉详略。"

按:《军机处随手登记档》载本月顺天府折一件,略云:"本月初十日未时,京城得雨至申时。至十一日寅时止,入土三寸有余。"则奏报京师雨情形当在七月十一日之后。又《御制诗三集》卷五九有同题之作,系于《出古北口》之后、《再题常山峪行宫八景》之前。驻跸常山峪为七月十二日事,故此诗作于七月十一日至十二日间。

七月十三日,扈跸喀喇河屯行宫。

《素余堂集》卷一七《滦阳别墅》有"仙野滦河北"之句。

　　按:《乾隆帝起居注·三十一年七月》:"十三日辛巳……是日驻跸喀拉和屯行宫。"《(嘉庆)大清一统志》卷四二:"喀喇河屯行宫,在滦平县治西,去山庄西南三十五里。当山庄未建,康熙十六年圣祖仁皇帝肇举巡典驻跸于此,嗣是岁以为常。……西上则滦阳别墅。"知滦阳别墅即在喀拉和屯行宫。

七月十四日,扈跸避暑山庄。

《素余堂集》卷一七有《至避暑山庄即事得句》《永佑寺瞻礼》《有真意轩》《晚晴》等诗。

《晚晴》"篇成十二乍停銮"句,自注云:"是日,御制自驻跸至此,题记十二首。"

《乾隆帝起居注·三十一年七月》:"十四日壬午,是日驾至热河行宫驻跸。"

七月十五日,迎皇太后銮驾于万寿亭。

《素余堂集》卷一八《出丽正门恭迎皇太后》:"骑迎舆近掖,秋霁暑全消。"

《乾隆帝起居注·三十一年七月》:"十五日癸未,上诣广仁岭万寿亭,恭迎皇太后驾至热河行宫驻跸。"

　　按:《出丽正门恭迎皇太后》为《素余堂集》卷一八之首篇,该卷自此诗以下为乾隆三十一年作。

七月,山庄扈跸,高宗流连题咏。多有和作。

《素余堂集》卷一八有《金莲花》《登高台而待月》《泛月一律》《对瀑》《题纪恩堂》《澹轩》《山田》《荷二首》《食蔗居》《兴州揽古言怀》《塞垣》《山云》《塞草》《秀起堂》《登四面云山亭子》《贮云檐》《千尺雪》《闻京师得雨志怀》《旃檀林八咏》《网鱼》《待鹿》等诗。

《山田》"宝稿方盈畴,凤闻禁牧放"句,自注云:"驻跸山庄,适秋稼在田,饬扈从人众毋近民田牧放,岁以为例。"

《荷二首》其二"如意洲前花似锦,传宣曾许棹舟来"句,自注云:"荷花惟如意洲最盛,上于延薰山馆召见臣等,尝得乘小舟至洲前。"

《塞垣》"检点山经兼水志,操觚其奈趁闻何"句,自注云:"时奉敕编辑《热河志》,臣亦恭与校勘。"

> 按:诸诗于集中系于《出丽正门恭迎皇太后》之后、《八月朔日作》之前,据《起居注》,是年九月十九日方自避暑山庄回銮,则以上诸诗均奉和于山庄期间。

七月二十六日,奏进增修之安费扬古、何和里、图海列传并新修之刘正宗传。

详《清国史馆奏稿》。

八月初一日,适值万寿庆节,高宗赋诗以纪。有和作。

《素余堂集》卷一八有《八月朔日作》。诗中自注:"八月为寿星之次,适当万寿庆节。"

八月初七日,奉命钞录御制诗数种寄予钱陈群。

《军机处随手登记档》:"三十一年八月初七日。硃批钱陈群折:恭请颁示近日诗文。由卿老成宿学,何藉朕诗文然后启迪耶?但依恋之诚则不可拒,已命于敏中酌抄数种寄去。"

《素余堂集》卷二〇《题钱陈群所书诗册二首一韵》诗中自注云:"每巡幸所得,必寄命陈群和和韵,十余年来不止数千篇矣。"

八月上浣,高宗赋《意行》《山卉》等诗。步韵和之。

《素余堂集》卷一八《意行》:"偶然款得翔庭鹤,揭尔捐将丽网鱼。"自注云:"《款鹤》《网鱼》并见《御制诗》。"

同卷《山卉》:"茵铺塞草频摘藻,黍熟山田合荐芗。"自注云:"御制有《塞草》《山田》诸诗。"

> 按:《御制诗三集》卷六〇(丙戌)有同题之作,系于《八月朔日作》之后、《雨八月初十日》之前。

十月十七日,因子齐贤蒙恩内用,具折谢恩。

《奏为子齐贤蒙恩赏给一品荫生带领引见复蒙恩内用为此率子叩谢天恩折》:"臣于敏中谨奏为恭谢天恩事。窃臣子齐贤蒙皇上天恩赏给一品荫生。……兹吏部带领引见,复蒙恩予内用。既邀任子之荣施,兼拜省郎之华秩。……臣惟有益竭驽骀,并训诫臣子齐贤,黾勉学习,以期仰报圣主隆恩于万一。为此缮折率臣子齐贤叩谢天恩。谨奏。乾隆三十一年十月十七日奉旨：知道了，钦此。"(台湾史语所，145250—001号)

十月，高宗临《三希文翰》。为之跋。

《石渠宝笈续编》著录有"《御笔三希文翰》一册"。御款作"丙戌小春御笔"。后附先生题识："羲之只字流传，已足宝贵。……重以御笔临摹，契其神妙而集其大成。……臣获与拜观，奚啻先睹星凤之快。……臣于敏中敬跋。"

十一月，同刘统勋等荐彭元瑞、曹文埴、董诰、沈初四人入直懋勤殿。

沈初《西清笔记》卷一："乾隆丁亥十一月，上命内廷诸臣举翰林数人以进。刘文正公、于文襄公、裘文达公、王文庄公联名奏今大司空彭云楣、宫保曹竹虚两前辈、大司农董蔗林同年与余四人，翌日命入直懋勤殿。"

彭元瑞（1731—1803），字掌仍，一字云楣。江西南昌人。乾隆二十二年进士，选庶吉士。历官礼部、兵部、吏部、工部等部尚书，加太子太保。并任三通馆、国史馆、四库馆副总裁之职。卒，谥文勤。撰有《恩余堂经进初稿》《恩余堂经进续稿》《恩余堂经进三稿》《知圣道斋书目》等。传见《国朝耆献类征初编》卷三一、《清朝先正事略》卷一七、《清史列传》卷二六。

曹文埴（1735—1798），字进薇，号竹虚，又号荠原。安徽歙县人。乾隆二十五年进士，选庶吉士。历官至户部尚书，加太子太保。又先后任四库馆总阅官、副总裁。卒，谥文敏。工于书法。撰有《石鼓研斋文钞》《诗钞》《直庐集》《石鼓砚斋试帖》。传见《广清碑传集》卷九、《国朝耆献类征初编》卷九五、《清史稿》卷三二一、《皇清书史》卷一二。

十二月二十八日，因患肺气壅嗽、肋气不调之症，未陪祀太庙。

《清高宗实录》卷九四九："壬子，以岁暮袷祭，遣官祭太庙中殿。"

《乾隆三十一年十二月二十八日祭太庙应行陪祀之尚书于敏中等查奏名单》，内有"尚书于敏中"，其下注云"咳嗽"。（一史馆，06—02—003—000035—0037号）

《奏恩赏假数日调治风寒折》："臣于敏中……患肺气壅嗽、肋气不调之症。……臣去冬曾患此症，饮食尚能照常，遂尔支持就愈。……乾隆三十二年。"

是岁，郎世宁、何国宗卒。

乾隆三十二年　丁亥(1767)　五十四岁

正月初六日,立春。有《丁亥春帖子词》。

《素余堂集》卷二二有《丁亥春帖子词》:"菜盘七种迎人日,花信初番到岁朝。"又"漕舣停年正拜恩"句,自注云:"恩诏普免漕粮,各省轮年停运自今岁始。"

　　按:据《近世中西史日对照表》,乾隆三十二年(丁亥)立春日在正月初六日。

同日,预重华宫茶宴,以立春日得辛祈谷礼成,即事联句,并奉敕正书。以席间赓和最为工速,蒙赏三清茶瓯。

《乾隆帝起居注·三十二年正月》:"初六日辛未,上诣祈年殿行祈谷于上帝礼。"

《清高宗实录》卷七七六:"辛未……召大学士及内廷翰林等茶宴,以立春日得辛祈谷礼成,即事联句。"

《耐圃府君行述》:"丁亥正月立春日得辛,上祀祈谷坛礼成,召大学士、内廷翰林等入重华宫茶宴联句。府君即席赓和诗最先成,上嘉其工速,即彻所御三清茶瓯以赐。"

《素余堂集》卷一八有《立春日重华宫茶宴廷臣及内廷翰林等并成二律》。诗中自注:"是日联句者二十八人。"

《素余堂集》卷一八《上元后一日小宴廷臣得诗二首》"前旬恩拜杯擎茗"句,自注:"立春日重华宫联句,臣蒙恩赐三清茶瓯。"又卷二三《新正五日》"春风瓯早捧三清"句,自注:"丁亥联句和诗,仰蒙恩奖特赐三清茶瓯一具。"

《御制诗三集》卷六一有《立春日得辛祈谷礼成于重华宫小宴大学士内廷翰林等即事联句》。联句者自高宗以下依次为:傅恒、尹继善、刘统勋、阿里衮、陈弘谋、于敏中、张泰开、舒赫德、董邦达、观保、裘曰修、王际华、蒋楫、彭启丰、钱维城、周煌、刘星炜、觉罗奉宽、倪承宽、汪廷玙、窦光鼐、陈兆仑、谢墉、李中简、汪永锡、国柱、陈孝泳、边继祖。

《清通志》卷一一六:"立春日得辛祈谷礼成重华宫小宴联句,乾隆三十二年。……七言排律。于敏中奉敕正书。"

　　按:《素余堂集》卷一八自《立春日重华宫茶宴廷臣及内廷翰林等

并成二律》以下为乾隆三十二年作。

正月十六日，预宴正大光明殿，获赐《御题棉花图册》等物。

《素余堂集》卷一八有《上元后一日小宴廷臣得诗二首》。诗中自注云："是日与宴者凡十二人。"又"王会果然欢献鲽，海波宛尔抃恬鳌"句，自注："'海不扬波''重译来朝'，皆宴间陈应队子所演也。""木棉图帙承分赐，知廑田家作息劳"句，注云："宴次拜赐多珍，内有《御题棉花图册》。"

《乾隆帝起居注·三十二年正月》："十六日辛巳……申刻，上御正大光明殿升座赐臣工等宴。"

正月，奉敕临仿《御制张照书千文为春帖子词》，装池成卷。

《耐圃府君行述》："时御制集张照书《千文》为春帖子词，府君奉命临仿成什，装池成卷，藏于石渠宝笈。蒙《御制小序》有云：'唐自贞观集右军书为《圣教序》，遂为斯事权舆。右军字迹流传者，益以增重。照书即不能上掩右军而精神结构实出唐宋以上，则以之拟右军也亦宜，而敏中之排次临仿，又岂远逊遂良下哉！'府君仰瞻丹笔，深愧褒许逾涯，惶恐感谢。"

《素余堂集》卷二一有《命大学士于敏中补书柳柳公权兰亭诗帖版缺画者诗以志事》，诗中自注："丁亥春正，臣承命排次御制集张照书《千文》为春帖子，并摹成卷。御制序有云：'……敏中之排次临仿，又岂远逊遂良下哉！'臣伏读循省，汗惶无地。"

《素余堂集》卷二三有《乾隆庚寅小除上几余洒翰俯临唐释怀素草书千文一卷赐臣敏中瞻奎藻之瑰奇捧云笺而郑重体冠诸家之妙笔超八法之宗方深悦服于传观岂谓宠逾于意计蚁伏祇领雀跃欢殷撰五言长律二十四韵用纪恩私虔申谢悃》。诗中自注云："上尝集张照书《千文》为春帖子四十首。"又注云："御制集春帖子既成，命臣敏中临张照书成卷。笔力荼弱，常以为愧。"

《石渠宝笈续编》著录有"《于敏中摹御制集张照书千文成春帖子词四十首》一卷"。御制序云："以下于敏中摹张照草书，旁注释文集张照春联字成春帖子。……丁亥春朝。"后附先生跋云："今我皇上复于几暇集张照草书《千文》，成春帖子词四十首。……兹则存其原卷，而臣庸荼之笔，得奉敕摹仿排次，且蒙恩奖，拟之褚遂良，握管惭惶，罔知所措。……第遂良所临，不过前人旧文陈迹，而臣给札供奉，既获规模当代侍臣妙墨，且藉以陶融韶序，涵泳帝歌，斯即臣不世之荣遇，足以夸耀遂良而窃深庆幸者尔。

乾隆丁亥新春,臣于敏中敬识。"

　　张照(1691—1745),初名张默,字得天,号泾南。江苏娄县人。康熙四十八年进士,选庶吉士。历官至刑部尚书。卒,谥文敏。工书法,擅行楷,精于馆阁体。奉敕修《石渠宝笈》《秘殿珠林》。著《律吕正义》《后编》《补遗》《得天居士集》等。传见《清史列传》卷一九、《(嘉庆)松江府志》卷五八等。

二月,高宗咏随安室。同董邦达、裘曰修等联名跋尾。

　　《石渠宝笈续编》著录有"《御笔随安室四咏》一册"。御款作"丁亥仲春"。后附臣工跋文,末云:"臣等窃附见知,快兹先睹,诚悦诚服,莫可名言。臣于敏中、臣董邦达、臣裘曰修、臣王际华、臣钱维城敬跋。"

二月二十五日,随銮巡幸天津。

　　《素余堂集》卷四《圣驾巡幸天津恭纪》序云:"乾隆三十二年春,上巡幸天津。……臣幸扈侍左右,日承德音、诵圣制。"

　　《素余堂集》卷四《圣驾巡幸天津恭纪》"刻玉时惟仲春"句,注云:"二月二十五日驾发京师,布泽乘阳,允符时令。"又"观海于以观民"句,注云:"畿辅诸水皆自天津入海,巡省周咨,实民生至计所系。"

　　《清高宗实录》卷七七九:"己未,上诣畅春园问皇太后安。自圆明园启銮,巡幸天津。"

二月二十六日,过涿州。

　　《素余堂集》卷四《圣驾巡幸天津恭纪》:"爱听催耕布谷,青旗影里携锄。"自注云:"驾过涿州,有《见耕者》诗。"

　　《清高宗实录》卷七七九:"庚申……驻跸涿州行宫。"

二月二十七日,扈跸紫泉行宫。

　　《素余堂集》卷四《圣驾巡幸天津恭纪》:"好是知时灵雨,正随凤驾既零。"自注云:"銮行第三日,适渥春膏,郊原景益润美。"

　　《清高宗实录》卷七七九:"辛酉……驻跸紫泉行宫。"

二月二十八日,扈跸赵北口行宫。

　　《素余堂集》卷四《圣驾巡幸天津恭纪》:"是月令母漉泽,知鱼乐在依蒲。"自注云:"驻赵北口行宫,以方春长养,未举水围。"

　　《清高宗实录》卷七七九:"壬戌……驻跸赵北口行宫。"

二月二十九日,由淀河水路而行,风正帆平。

《素余堂集》卷四《圣驾巡幸天津恭纪》："安福之舻初御,行过第一红桥。桥上江乡程远,桥下江乡景饶。"自注云："赵北口第一桥曰'广惠',南巡辇路所经,而淀程则由桥下进舟焉。"又:"水纤无劳邪许,祥飔频送樯竿。惟淀有神效职,诏祠相彼河干。"自注云："御舟经淀河,凡五日,风正帆平,敕建淀神祠以答灵贶。"

《直隶河渠志》:"淀河在天津县北五里,永定、子牙、清河之会流也。自河头至丁字沽入北运河,长四十里。"

> 按:诗中自注云:"御舟经淀河,凡五日。"据《清高宗实录》卷七七九:"癸亥……驻跸于家村马头大营。"《清高宗实录》卷七八〇:"丁卯……驻跸王家场马头大营。"又:"戊辰……驻跸天津府行宫。"可知二月二十九日至三月初三日均由水路而行,至初四日方登岸。

三月初一日,陪视子牙河堤。

《素余堂集》卷四《圣驾巡幸天津恭纪》:"钓处定知某水,海滨渭渚评论。"自注云:"子牙河向每传会太公钓迹,上援据迁《书》,订记载家之失实。"

《清高宗实录》卷七八〇:"乾隆三十二年丁亥三月乙丑朔,上阅子牙河堤。"

三月初二日,扈跸杨芬港行宫。

《素余堂集》卷四《圣驾巡幸天津恭纪》:"尧心静协孔性,不许连船放灯。"自注云:"杨芬港行馆俯瞰澄波。御题斋榜曰'协性'。敕罢灯船,并用金山远帆楼,元韵以志。"

《清高宗实录》卷七八〇:"丙寅……驻跸扬芬港行宫。"

三月初三日,扈跸天津府。

《素余堂集》卷四《圣驾巡幸天津恭纪》:"津门策马始莅,耆孺欢迎载涂。"自注云:"圣驾至天津日,老幼迎銮,填衢溢巷,民情爱戴,一如南巡景象。"

《清高宗实录》卷七八〇:"戊辰……驻跸天津府行宫。"

三月初八日,蒙赐宴。

《素余堂集》卷四《圣驾巡幸天津恭纪》:"入覃锡之衍宴,示惠还教洽忱。喻意农歌渔笛,都成循吏官箴。"自注云:"赐直隶督臣及众官食,赋诗宣示。劝农渔乐,宴间所阵乐队也。"

《清高宗实录》卷七八〇:"壬申……赐扈从王公大臣及直隶总督、监政官员等食。"

三月十一日,由运河水路返京途次,经临筐儿港,陪视减河形势。

《素余堂集》卷四有《圣驾巡幸天津恭纪》。诗中自注:"回銮临阅西沽,复视筐儿港坝工减河。"

《清高宗实录》卷七八〇:"乙亥……谕:朕此次巡行河淀,阅视堤防。今由运河回銮,经临筐儿港,察看减河形势。"

三月十三日,停跸南苑,旋扈跸旧衙门行宫。

《素余堂集》卷四《圣驾巡幸天津恭纪》:"春搜小驻南苑,跸路半历川邮。"

《清高宗实录》卷七八〇:"丁丑,上幸南苑行围。……是日,驻跸旧衙门行宫。"

三月十六日,返抵京师。嗣就途次所见,拟为六言诗四十首,以志盛典。

《素余堂集》卷四《圣驾巡幸天津恭纪》,题下自注云:"六言诗四十首。"其序云:"乾隆三十二年春,上巡幸天津。……臣幸扈侍左右,日承德音、诵圣制。……窃愿抒述记睹,不敢泛为铺张。……谨撰六言诗四十章,诠次而质言之。不惟其文惟其实,臣之志也。"又诗中自注:"省方所经,政举泽洽,臣谨以次胪实,用志盛典。"又注云:"三月十六日先诣畅春园请皇太后安,然后回御园驻跸。"

《清高宗实录》卷七八一:"乾隆三十二年丁亥三月庚辰,上回銮。诣畅春园问皇太后安。幸圆明园。"

三月十七日,子齐贤经带领引见,奉旨补授刑部浙江司员外郎。翌日,具折奏谢。

《耐圃府君行述》:"我先考……入监读书。期满,考试引见,奉旨:'以部属用。'旋即补授刑部浙江司员外郎。"

《乾隆帝起居注·三十二年三月》:"十七日辛巳……是日吏部带领九卿科道等验看本年二月分月选签掣。"内有"浙江司员外郎齐贤"。

《奏为子齐贤补授刑部员外郎恭谢天恩折》:"窃臣子齐贤蒙皇上格外加恩,赏给荫生。于本年二月分签掣刑部员外郎。本月十七日引见,奉旨:依议用,钦此。……三十二年三月十八日奉旨:知道了,钦此。"(台湾史语所,081216—001号)

《奏为子齐贤补授刑部员外郎恭谢天恩折》："窃臣子齐贤……于本年二月分签掣刑部员外郎。……伏念臣仰荷圣主洪慈，豢养生成，今臣子复邀恤下之深仁，得沐逾涯之宠命。臣惟有时时训诫臣子勤勉习事，敬慎饬躬，以期仰答高厚隆恩于万一。谨率臣子叩谢天恩等因。三十二年三月十八日奉旨：知道了，钦此。"（台湾史语所，081216—001 号）

《大清会典》卷五："由尚书、左都御史、总督荫者以员外郎用。"

约三月中浣，奉和御制《题陈容九龙图》《金廷标仿陈容九龙图》。

诗见《素余堂集》卷一八。

　　按：《御制诗三集》卷六四（丁亥）有同题之作，俱系于《晨雨三月十七日》之下、《微雨三月廿八日》之前。《石渠宝笈续编》亦著录有"《金廷标仿陈容九龙图》一卷"，御款作"丁亥暮春中浣"。

春，明瑞往督云贵，冯光熊随往。有诗赠行。

《素余堂集》卷三三有《送大司马毅勇公总督滇南四首》。其一云："天南铜柱绩，早纪缅江滨。"

又同卷《送农部冯鲁岩之滇南幕府》："省郎才望久相须，特诏天南幕府趋。万里功名冯奉世，一时书记阮元瑜。"

冯光熊（1721—1801），字太占，号鲁岩。浙江嘉兴人。乾隆十二年举人。授内阁中书。历官至都察院左都御史。传见《国朝耆献类征初编》卷八九、《两浙辋轩续录》卷六等。

　　按：《清高宗实录》卷七八〇："乾隆三十二年丁亥三月乙丑朔……云贵总督员缺，著明瑞补授。前往经理军务，相度办理。"又同卷："戊辰……又谕曰：郎中傅显、冯光熊著随总督明瑞驰驿前往云南办事。"知三十二年三月初一日命明瑞往督云贵，初四日复命冯光熊随往。明瑞起程之日期，据《清高宗实录》卷七八一："甲申……现派健锐营兵五百名。……头队即于四月初四日随总督明瑞起程。"知在是年四月初四日。先生此二诗当作于三月初至四月初之间。

五月八日，酌拟文武各官雨衣品级，增入《官服图》及《会典》，并请永远遵行。高宗许之。

《乾隆帝起居注·三十二年五月》："初八日辛未……户部尚书于敏中等奏：臣等恭校《礼器图》'冠服'一门，惟雨衣之制向未详备，嗣后文武三品以下官员请分别雨帽边顶镶用采色以辨等威，恭候钦定，增入《冠服图》

《会典》,永远遵行一折,奉谕旨:所奏是,应照此办理。"

《清高宗实录》卷七八四:"辛未……定文武各官雨衣品级,礼器馆总裁于敏中等奏恭查御用雨衣雨帽用明黄色,一品大臣以上及御前行走侍卫、各省巡抚用大红色,文三品、武二品只用大红雨帽,至三品以下官员及跟役人等亦用区别,以辨等威。今拟文武三品皆准用大红雨帽,四品、五品、六品用红顶黑边,七品、八品、九品及有顶带人员用黑顶红边,交礼器馆增入《官服图》并入《会典》。知照礼部通行,在京各衙门及直省文武一体遵照。再,内廷行走之员向不论品级,俱戴大红雨帽,仍应照例。"

陈康祺《郎潜纪闻》卷一○:"全红帽罩惟三品以上入内廷者准服,四五品官虽内直不用也。高庙时军机章京带领引见,值天雨,冠缨尽湿。上问其故,金坛于文襄公以体制对,上曰:'遇雨暂用何妨。'自是行走军机处者冠罩无不全红矣。"

七月中浣,高宗于清旷楼咏竹。有和作。

《素余堂集》卷一八有《晴竹》《雨竹》《风竹》《月竹》。

　　按:《御制诗三集》卷六七(丁亥)有同题之作,系于《七月朔日作》之后,《热》《立秋七月十四日》等诗之上,另冠以《清旷楼咏竹四首》之总题。

七月二十日,随扈热河,自圆明园启跸。

《素余堂集》卷一八有《恭奉皇太后幸避暑山庄御园启跸之作》。诗中自注:"启銮每由大东门,今岁新辟门楼尤为壮观。"

《乾隆帝起居注·三十二年七月》:"二十日壬午,上秋狝木兰,自圆明园启銮。奉皇太后銮舆驻跸汤山行宫。"

七月二十二日,扈跸遥亭行宫。

《素余堂集》卷一八《遥亭行宫晚坐》:"度关驼影峰前黑,连帐炊烟柳外青。"自注云:"因次日过南天门,车驼俱于日晡先行。"

《乾隆帝起居注·三十二年七月》:"二十二日甲申,是日驻跸遥亭子行宫。"

七月二十三日,出古北口,扈跸两间房行宫,于宫门陪同阅兵,并获鹿肉之赐。

《素余堂集》卷一八《出古北口》:"不征真是古为关,古北口行旅往来例不征権。北口名犹说旧颜。惯见迎銮陈小队,旌旗展喜帐弓弯。"

同卷《两间房行宫即景》:"塞垣同望翠微间,行簖连村带隧闉。两桁凉移槖驼树,宫门内植柳两行,足资凉荫,一房云渲大痴山。是处山屏极似黄公望画法。堆盘珍品叨颁获,上于山后枪毙一鹿,臣得蒙分赐。列坐荣阶荷赐颜。阅古北口技勇兵于宫门,时臣蒙赐坐列于御前侍卫之次。早捧研朱诗帖下,圣人真惜寸阴间。"

按:《出古北口》诗于集中系于同卷《遥亭行宫晚坐》之后、《两间房行宫即景》之前。据《起居注》,七月二十二日驻跸遥亭行宫,二十三日驻跸两间房行宫,则出古北口事当在二十三日。

七月二十五日,扈跸喀拉河屯行宫。

《素余堂集》卷一八有《至喀喇河屯即事》。诗中自注:"停跸时午热方盛,骤雨片刻,顿觉凉爽。"又"枥马嘶怀饲秣诚"句,注云:"每岁御马皆预饲于此,以备行围。"

《乾隆帝起居注·三十二年七月》:"二十五日丁亥……驻跸喀拉河屯行宫。"

七月二十六日,扈跸避暑山庄。

《素余堂集》卷一八《至避暑山庄即事得句》:"暑气渐当阑仗后,秋声犹在有无间。"自注云:"后三日为处暑节。"

《乾隆帝起居注·三十二年七月》:"二十六日戊子……是日驾至热河行宫驻跸。"

七月二十七日,于万寿亭迎皇太后銮舆。

《素余堂集》卷一八《出丽正门恭迎皇太后至山庄即事得句》:"调清延来秋序爽,颐和添得闰余舒。"自注曰:"今岁逢闰,慈驾较往年多驻山庄一月。"

《乾隆帝起居注·三十二年七月》:"二十七日己丑,上诣广仁岭万寿亭恭迎皇太后驾至热河行宫驻跸。"

按:乾隆三十二年有闰七月,故诗注云"慈驾较往年多驻山庄一月"。

高宗咏清舒山馆。有和作。

《素余堂集》卷一八《清舒山馆》:"珍馆佳如画里居,又看秋景罨文疏。"

按:高宗诗见《御制诗三集》卷六七,系于同卷《出丽正门恭迎皇太后至山庄即事得句》后、《处暑日雨》前。

七月二十九日,处暑日得雨,有诗纪之。

《素余堂集》卷一九《处暑日雨》:"飒来阊阖风,饯暑得快雨。……吴谚重一浇,丰占记江浒。"自注云:"江南田家有'不及处暑一浇'之谚,以是日得雨,秋成可必也。"

　　按:据《近世中西史日对照表》,乾隆三十二年处暑日在七月二十九日。

　　又按:《处暑日雨》为《素余堂集》卷一九之首篇,该卷自此诗以下为乾隆三十二年作。

约闰七月初,高宗题《和阗玉应真观泉图》。步韵和之。

《素余堂集》卷一九有《题和阗玉应真观泉图》。

　　按:高宗诗见《御制诗三集》卷六七,系于同卷《处暑日雨》之后、《雨》之前。据前可知,是年七月二十九日为处暑,又《雨》题下自注云"闰七月初五日",故高宗诗当作于七月末至闰七月初之间。

八月,跋《御制斗鹿赋》。

《素余堂集》卷二七《恭跋御制斗鹿赋》:"伏睹我皇上以几暇寸阴制为此赋,属稿将半,即宣付臣钞。书未竟,余幅复联翩下。……曩者御制前、后《哨鹿》二赋,体物析情,囊括理要。……兹复推原事,始以'斗鹿'命篇,体之愈致其奇,析之愈穷其变。……乃蒙皇上推善诱之教,命臣赓赋。……臣因得少扩知识,敬记简末,用摅忻幸云。"

　　按:此文并见《石渠宝笈三编》,题作《于敏中书高宗纯皇帝御制斗鹿赋》,末署"乾隆丁亥仲秋月,臣于敏中敬书恭跋"。此文又见《裘文达公文集》卷四,未审是否为裘曰修代笔。

九月初九日,钱陈群接先生从行在所寄札。

钱陈群《香树斋诗续集》卷二四《九日集爱日小楼书怀记事一首》:"塞外早寒畋事竣,五云深处忆邹枚。"自注云:"近得耐圃大司农从行在所寄札。"

　　按:此诗系于《方问亭宫保七十初度即用宫保成寅八月举子志喜五言律四首韵为祝》之下,当是同年所作。方问亭,即方观承,生于康熙三十七年,其七十寿辰在乾隆三十二年。

九月二十六日,于热河冒寒感疾,喘嗽时作,行止艰难。奏恳予假调治,高

宗许之，特派太医院堂官施世琦前往诊视，并赐人参一斤。先生寒喘之疾，自是而后，间岁举发。

《耐圃府君行述》："丁亥……是冬府君因冒寒感疾，喘嗽时作，行止稍艰，请假调治，蒙恩赐人参一斤，旋即痊愈。"又："府君……自丁亥冬始感寒喘之疾，其后间岁举发。荷蒙圣慈轸恤，国医上药，锡赍便蕃，不数日辄平复如常。"

孔宪培《凝绪堂诗稿》卷三《哭外父于文襄公》诗中自注："外父每至冬间辄发喘疾。"

《奏恳赏假数日调治风寒折》："臣于敏中谨奏为恳恩给假调理事。窃臣昨在热河偶患肺气壅嗽、肋气不调之症，每行动十余步，气即冲结不能出语。原拟于回程后调治速痊。今服药已四五日，病势未减，转复加增。臣去冬曾患此症，饮食尚能照常，遂尔支持就愈。此次所患兼及胸膈烦闷，两日不能进饮食。今日早起头目间亦觉微晕。医家之言，则以为宜避风调理，易于见效。……仰恳皇上天恩赏假四五日，俾臣在家上紧调治，以冀速痊。臣曷胜感悚待命之至。谨奏。"乾隆三十二年九月二十六日奉旨："知道了，着太医院堂官施世琦前往诊视，钦此。"（台湾史语所，170212—001号）

十月初五日，前感风寒，经施世琦调治，已渐转好。惟肢体软怠，不能自如。奏恳展假十余日，调治肺胃。高宗许之。

《奏恳恩展假调治折》："臣于敏中谨奏为恳恩展假调治事，窃臣前因感冒风寒，气壅喘促，曾具折奏请给假调理。仰蒙圣慈轸念，特派太医院使施世琦与臣诊治。臣自服施世琦药剂以来，一切寒热喘呕、不食不眠诸症日就平减。今已渐食粥糜，惟肢体软怠，略一转动，气仍促急，不能自如。臣实不自料尪羸一至于此。施世琦谓臣大局可保无虞，但外邪已除，正气未复，尚需调和肺胃十余日方能就痊。……仰恳皇上天恩准予展假，臣当加意调治，以冀速愈。数日以后，或饮食稍充，精力渐可支援，臣即当销假行走，以伸犬马依恋之志。谨奏。"（台湾史语所，222323—001号）

《乾隆帝起居注·三十二年十月》："初五日乙丑……户部尚书于敏中奏病喘未痊，恳恩展假调治一折，奉谕旨：准展假，着加意调治。"

十月初十日，以喘疾未痊，不预馆事。

《清国史馆奏稿》:"于大人告病不列衔。乾隆三十二年十月初十日。"

《清高宗实录》卷三二〇:"吏部议请定各部院衙门画稿章程:凡办理事件,务须满汉司员公同酌议,画押齐全,然后呈堂。除稿内注明患病出差及各项事故不行画押者毋庸议外,倘有稿不署押,又无事故填注,后经查出,应将无故不署押之员与署押之员一例议处。"

高宗遣御前侍卫前往存问,并赐克食一盘。

《奏为患病请假蒙恩特遣御前侍卫问疾并赐克食一盘恭谢天恩折》:"窃臣因患病请假。……兹蒙圣主格外恩施,特遣御前侍卫副都统索诺木策凌询问臣疾,并赐臣克食一盘。"(台湾史语所,222313—001号)

十月十九日,具折谢恩,遣子齐贤赉赴宫门陈奏。

《奏为患病请假蒙恩特遣御前侍卫问疾并赐克食一盘恭谢天恩折》:"臣于敏中谨奏为恭谢天恩事。窃臣因患病请假,仰蒙圣恩赐送调治,幸获渐痊。惟孱躯婴疾,元气未能骤复,家居偃息苷苒,兼旬弗克。勉自支策,趋侍阙廷。日久扪心,方滋歉疚。兹蒙圣主格外恩施,特遣御前侍卫副都统索诺木策凌询问臣疾,并赐臣克食一盘。臣跪承叩首感极涕零。……为此缮折恭谢天恩,遣臣子员外郎臣齐贤赉赴宫门陈奏。臣曷胜感激依恋之至。谨奏。"乾隆三十二年十月十九日奉旨:"知道了,钦此。"(台湾史语所,222313—001号)

十一月三十日、十二月二十日,瑞雪频沾。有诗纪之。

《素余堂集》卷一九《喜雪》:"已欣迎腊塍间玉,又作生春笔底花。"

同卷又有《十二月二十复雪叠前韵》。诗中自注云:"十一月三十日雪,后十二月十一日又雪,至今次皆以旬日计。"又注云:"腊雪积阶。"

> 按:《喜雪》诗中既云"迎腊",则应在十一月、十二月之交。复据《十二月二十复雪叠前韵》"计旬频见护晴沙"之自注:"十一月三十日雪,后十二月十一日又雪,至今次皆以旬日计。"则知《喜雪》诗当指十一月三十日雪。

十二月二十六日,立春。有《戊子春帖子词》。

《素余堂集》卷二二《戊子春帖子词》:"吉戊支开首,登丰雪告三。春旗风更捷,送喜自天南。"

> 按:据《近世中西史日对照表》,乾隆三十三年(戊子)立春在三十二年十二月二十六日。

冬,毕沅出任甘肃巩秦阶道。有诗赠行。

《素余堂集》卷三三《送毕秋帆观察巩秦》:"官程从此始,努力事绥遐。"

钱大昕《潜研堂集·文集》卷四二《太子太保兵部尚书湖广总督世袭二等轻车都尉毕公墓志铭》:"三十二年……冬,授甘肃巩秦阶道。"

毕沅(1730—1797),字湘蘅,又字秋帆,号灵岩山人。江苏镇洋县人。乾隆二十二年顺天乡试举人,赐内阁中书。二十五年一甲第一名进士,授翰林院修撰。历官至湖广总督。卒,赠太子太保。工经史、小学、地理、金石之学。著有《续资治通鉴》《传经表》《经典辨正》《灵岩山人诗文集》等。传见《碑传集》卷七三、《国朝耆献类征初编》卷一八五、《清朝先正事略》卷二〇。

是岁,为题周煌《奉使琉球登舟图》。

《素余堂集》卷三三《题周海山少司马同年奉使琉球登舟图》:"我昔蓬莱见海市,积水浩与神灵通。……海山示我奉使卷,纪异事合罗奇踪。披图云海乃具体,但写仪卫都雍容。……忆昨登舟仗使节,六月正值西南风。楼船一日驶千里,飘飘远指扶桑东。蛟虬驯伏岛屿出,中山咫尺烟溟蒙。忽然飚母起天半,惊涛掀簸如卷蓬。……舵工色变众股栗,仓皇束手技已穷。谓舟一触即齑粉,惨怛同吻号苍穹。使者肃屏静以俟,生也有命薪何庸。洪波危阨在呼吸,瞥见雾际神灯红。灯所烛处风则反,掣舟插石若系缄。凫徒相向额手庆,曰此神佑真希逢。琉球君长骇且喜,诘朝沙岸迎鞠躬。我闻此语敛容起,愿竭臆语陈愚蒙。诏书尺一册属国,阳侯导卫敢不恭。……公复凛凛持介节,郄馈奚啻轻万钟。至今岛夷慑公貌,艳说七尺昂藏雄。传神阿堵仅末事,何有气概兼心胸。亦如溟滓不可状,缥渺望阻三神峰。"

周煌(1714—1785),字景垣,又字绪楚,号海山。四川涪陵人。乾隆二年进士,选庶吉士。历官工部尚书、兵部尚书、左都御史。卒,赠太子太傅,谥文恭。著《琉球国志略》《海山诗稿》等。传见《清史稿》卷三二一。其出使琉球事见《清高宗实录》卷五〇二:"甲辰……琉球国中山王世子尚穆……表请袭封。……命侍讲全魁充正使,编修周煌充副使,赍诏前往。"其时为乾隆二十年十二月初五日。

按:"少司马"即兵部侍郎别称。据《清高宗实录》,乾隆三十二年五月初三日周煌由刑部侍郎调为兵部侍郎。此诗既称周煌为"少司马",则当作于三十二年五月之后。又此诗于集中系于《送毕秋帆观察巩秦》之前,毕沅出任甘肃巩秦阶道事在三十二年冬,则此诗亦当作于是年五月至冬季之间。

是岁,和徐德元咏秋海棠诗。

《素余堂集》卷三三有《和徐芷堂孝廉秋海棠四首原韵》。

《(同治)湖州府志》卷七三:"徐德元……以《秋海棠》诗见赏于王际华,和者遍海内。"

戴璐《吴兴诗话》卷八亦云:"德元……在京偶咏秋海棠,不期而和者数百家,汇订成帙,竟以'徐海棠'称之。"

徐德元,字达三,号芷堂。浙江归安人。乾隆十二年举人。著有《芷堂文稿》《香雨丛谈》《戎疆琐记》《燕中草》《蜀中草》《官箴诗》《蜀中名胜诗》等。尤以《秋海棠》诗闻名。

　　按:《(嘉庆)四川通志》卷一一六载:"德元……乾隆三十四年知彭山。"此诗诗题称其为"徐芷堂孝廉","孝廉"即举人之别称,则其时徐德元尚未出任彭山知县,故此诗当作于三十四年前。又此诗于集中系于《题周海山少司马同年奉使琉球登舟图》之下、《送毕秋帆观察巩秦》之前(二诗俱三十二年作,详上谱),则此诗或作于三十二年,姑系于此。

是岁,蒋楫、庄有恭、杨述曾、李因培卒。

乾隆三十三年　戊子(1768)　五十五岁

正月初一日,奉和御制《元旦试笔》。

《素余堂集》卷一九有《元旦试笔》。诗中自注云:"是日早微阴。"

　　按:《素余堂集》卷一九自《元旦试笔》以下为乾隆三十三年作。

正月初六日,预重华宫茶宴,以"三清茶"为题联句,并奉敕正书。

《清高宗实录》卷八〇二:"乙未……召大学士及内廷翰林等茶宴以三清茶联句。"

《素余堂集》卷一九有《重华宫集廷臣及内廷翰林等三清茶联句复得诗二首》。其一:"麟阁图襃张宴席,柏梁窘朔愧诗才。"自注:"宴次陈柏梁故事。"其二："信报菜花风正蔫,辰先人日侯宜晴。"注云："是日为雨水第一候。"

《御制诗三集》卷七〇有《三清茶联句》。联句者自高宗以下依次为:傅恒、尹继善、刘统勋、陈弘谋、阿里衮、刘纶、于敏中、董邦达、舒赫德、裘曰修、苏昌、王际华、彭启丰、钱维城、观保、张泰开、倪承宽、奉宽、周煌、蔡新、刘星炜、汪廷玙、陈兆仑、边继祖、曹文埴、彭元瑞、沈初、董诰。

《清通志》卷一一六："三清茶联句,乾隆三十三年。……七言排律。于敏中奉敕正书。"

沈初《西清笔记》卷二："上制三清茶以梅花、佛手、松子瀹茶,有诗纪之。茶宴日即赐此茶,茶碗亦摹御制诗于上。宴毕诸臣怀之以归。"

正月初十日,奉敕编《御批历代通鉴辑览》告成,联名奏进。

《御批历代通鉴辑览》卷首《进表》："大学士公臣傅恒等奉敕编纂《御批历代通鉴辑览》告成,谨奉表上进者。……盖史使其记,必明取舍之宜;而鉴监于前,实具是非之迹。至编年以定体,尤提要而征文。……书成一百十六卷,尽善尽美而蔑以加;事纪四千五百年,举要举凡而得其当。……谨奉表恭进以闻。乾隆三十三年正月初十日。大学士公臣傅恒、大学士臣尹继善、大学士臣刘统勋、协办大学士尚书公臣阿里衮、协办大学士尚书臣刘纶、户部尚书臣于敏中、刑部尚书臣舒赫德等谨上表。"其卷首《职名》列正总裁四人:傅恒、来保、尹继善、刘统勋,副总裁七人:兆惠、阿里衮、舒赫德、阿桂、刘纶、于敏中、裘曰修。

《四库全书总目》卷四七："《御批通鉴辑览》一百十六卷,附明唐、桂二王本末三卷。乾隆三十二年奉敕撰。是书排辑历朝事迹,起自黄帝,迄于明代。编年纪载,纲目相从。目所不该者,则别为分注于其下。而音切、训诂、典故、事实有关考证者,亦详列焉。盖内府旧藏明正德中李东阳等所撰《通鉴纂要》一书,皇上几暇披寻,以其褒贬失宜,纪载芜漏,不足以备乙览,因命重加编订。"

　　按:此文并见陆锡熊《宝奎堂集》卷三,题作《为总裁进御批通鉴辑览表》,系陆锡熊代作。

正月,同傅恒、尹继善等跋《平定乌什战图》。

《石渠宝笈续编》著录有"《平定乌什战图》一册"。御款作"乾隆戊子新正"。后附臣工跋文,略云:"钦惟我皇上……既平西域、荡回部……于是乎有《伊犁战图》之刻。维时乌什酋长，震叠天声，献城纳款。上以剿逆抚顺，未忍虔刘，留兵屯戍，勿迁徙其人者。……越五年而顽梗弗驯，自取奸灭。始命将移师，扫其巢穴。于是乎复有《乌什战图》之绘。臣等谨按图咏凡六：曰闻变……曰师援……曰献谍……曰悉故……曰攻坚……曰城复……则是图也，固当与《伊犁战图》并垂策府。……臣等奉敕恭志图后，曷胜荣感欣幸之至。大学士公臣傅恒、大学士臣尹继善、臣刘统勋、协办大学士尚书臣刘纶、尚书臣于敏中、尚书公臣福隆安拜手稽首恭跋。"

二月初五日，经筵侍班。

《乾隆帝起居注·三十三年二月》："初五日癸亥巳刻，上御文华殿。讲官观保、裘曰修进讲《大学》'是以君子有絜矩之道也'句。奉宽、王际华进讲《尚书》'一日二日万几'句。"

《素余堂集》卷一九有《春仲经筵》。诗中自注："经筵题甫拟进，即日拜观御论砆笔稿。"又注云："迩年经筵俱于二月举行，用备令典，以季秋行狝木兰。典学诘戎，时各有当也。"

二月二十九日，高宗行耕耤礼，裘曰修进鞭，先生进犁。

《御制诗三集》卷七二有《耕耤禾词》。诗中自注："耕耤例于清明后亥日举行。今岁二月十八日清明，故于廿九日行礼。"又"犁鞭襄事胥文苑"句，注云："户部尚书于敏中进犁，工部尚书管府尹事裘曰修进鞭，二人皆内廷翰林。"

> 按：《耕耤禾词》自注云："今岁二月十八日清明，故于廿九日行礼。"据《近世中西史日对照表》，清明在二月十八日者为乾隆三十三年。故注中"廿九日"即三十三年二月二十九日。事见《清高宗实录》卷八〇五："丁亥，上耕耤。诣先农坛行礼，更服，至耤田所，躬耕三推，复加一推。"

三月十四日，吏部考绩，以勤慎称职，着交部议叙。

《乾隆朝上谕档》："乾隆三十三年三月十四日内阁奉上谕：吏部开具在京部院三品以上官，请旨甄别，以重考绩大典。协办大学士尚书阿里衮、刘纶，尚书托恩多、于敏中、舒赫德、托庸、裘曰修，侍郎程景伊、四达，均勤慎称职，宜加优奖，着交部议叙。"

托庸(?—1773)，富察氏，字师健，号瞻园。满洲镶黄旗人。雍正四年以笔帖式升授户部主事。历官兵部、工部、刑部、吏部等部尚书。卒，谥诚毅。著有《瞻园诗钞》。传见《国朝耆献类征初编》卷七八、《国朝诗人征略初编》卷四一。

程景伊(1712—1780),字聘三,号云堂,又号莘田、龙湖叟等。江苏武进人。乾隆四年进士,选庶吉士。历官工部、刑部、吏部等部尚书,并兼四库馆、国史馆、三通馆总裁。卒,谥文恭。著有《云塘文集》《云塘诗钞》。传见《国朝耆献类征初编》卷二九、《清史列传》卷二一、《词林辑略》卷四。

六月二十日,奉和御制《喜晴》诗。

《素余堂集》卷一九有《喜晴》。诗中自注:"是日早诣畅春园问安。"又注云:"自六月朔躬祷龙潭,翊日即需甘霈,嗣是间日辄雨,近自畿辅远及豫齐优渥均沾,屡丰可庆。"

> 按:诗中注云:"六月朔躬祷龙潭。"据《起居注》:"乾隆三十三年岁次戊子夏六月初一日丁巳,上诣黑龙潭拈香。"则此诗当作于三十三年。《御制诗三集》卷七五(戊子)有同题之作,系于《夜雨六月十九日》之下、《左都御史张泰开在内廷授诸皇子书醇谨老成兹以八旬年老且病告归特晋礼卿并加宫傅诗以赐饯》《雨六月廿四日》等诗之前,则高宗原诗当作于是年六月十九日至二十四日间。诗中又注:"是日早诣畅春园问安。"据《清高宗实录》,十九日至二十四日间,高宗往畅春园问皇太后安共计两次:一在二十日,一在二十四日。此诗《御制集》又系于《左都御史张泰开在内廷授诸皇子书醇谨老成兹以八旬年老且病告归特晋礼卿并加宫傅诗以赐饯》之前,准张泰开致仕回籍事,《清高宗实录》载在六月二十二日,则此诗当奉和于六月二十日。

六月二十四日,因本年需随扈木兰,其户部尚书事务暂交刘纶兼署。

《乾隆朝上谕档》:"乾隆三十三年六月二十四日内阁奉上谕:阿里衮现在出差,傅恒、于敏中复随往木兰,所有户部尚书事务着刘纶暂行兼署。"

七月初八日,随扈热河,自圆明园启跸。因不习鞍马,肩舆而行。

《素余堂集》卷一九有《孟秋恭奉皇太后幸避暑山庄启跸之作》。诗中自注:"上每行围,启銮日即乘马。"又云:"臣不习鞍马,常以肩舆扈行。"

《乾隆帝起居注·三十三年七月》:"初八日癸巳,上秋狝木兰自圆明园启銮,奉皇太后銮舆驻跸汤山行宫。"

七月初十日,扈跸遥亭行宫。

《素余堂集》卷一九《遥亭行宫晚坐》:"其北为要阳,遥或音转展。"自注云:"按:汉要阳县在白檀东,以居要水之阳得名。要水会鲍丘水流经白檀。鲍丘即今潮河。则遥亭疑即要阳古县境,以音相近而讹耳。"

《乾隆帝起居注·三十三年七月》:"初十日乙未……是日驻跸遥亭子行宫。"

停跸密云揽胜轩用饭。

《素余堂集》卷一九《南天门揽胜轩作》有"坐来食顷几犹万"之句。

《(嘉庆)大清一统志》:"观音庵,在密云县北九十五里之南天门。山势耸秀,下临潮河。……高宗纯皇帝临幸,赐名'揽胜轩',屡有御制诗。"

> 按:《御制诗三集》卷七五(戊子)有同题之作,系于《要亭行宫晚坐》之后、《出古北口》之前。诗中高宗自注云:"每岁秋巡,率于此停跸传餐。"

七月十二日,出古北口。

《素余堂集》卷一九《出古北口》:"笑彼长城纷缮筑,孰为魏赵孰燕秦。"自注云:"秦筑长城,史称其因边山险堑,可缮者缮之,而魏惠王、赵武灵王、燕昭王亦皆有筑长城事。"又"节临处暑露微凉"句,自注云:"是日为处暑第一日。"

> 按:据《近世中西史日对照表》,三十三年处暑为七月十二日。

> 又按:诗中自注"史称其因边山险堑,可缮者缮之",语出《汉书》卷九四《匈奴传》,原作:"因边山险,堑溪谷,可缮者缮之。"诗注误脱"溪谷"二字,而以"边山险堑"为句,非。

七月十三日,扈跸喀拉河屯行宫。

《素余堂集》卷一九《驻喀喇河屯》:"当时元魏建方城,旧籍淆讹辨始明。"自注云:"以喀喇河屯等为白檀诸县地,今遵旨校辑《热河志》,乃知长城以外实汉晋郡县所不及,惟北魏始于此建安州治方城县,益信旧说之误。"

《乾隆帝起居注·三十三年七月》:"十三日戊戌,是日驻跸喀拉河屯行宫。"

七月十四日,扈跸避暑山庄。

《素余堂集》卷一九有《至避暑山庄作》。诗中自注:"上每至山庄,吟咏必多,是日即成十四首。"

《乾隆帝起居注·三十三年七月》:"十四日己亥……是日驾至热河行宫驻跸。"

七月十五日,迎皇太后驾至山庄。

《素余堂集》卷一九有《出丽正门恭迎皇太后驾至避暑山庄作》。"正是初秋华月满"句,自注:"是日为七月望。"

扈跸山庄期间,于高宗题咏多有奉和。

《素余堂集》卷一九有《宜照斋》《夜游山月作歌》《溶溪》等诗。

《宜照斋》诗中自注:"斋在西北门内偏北。"

> 按:《御制诗三集》卷七六(戊子)有同题之作,系于《至避暑山庄作》之后、《中秋即景》之前。据《清高宗实录》,是年八月十六日自避暑山庄幸木兰,故上述诸诗当作于山庄扈跸期间。

八月二十四日,以奉职恪勤,加封太子太保。具折谢恩。

《耐圃府君行述》:"戊子八月奉旨:加太子太保。"

《乾隆朝上谕档》:"乾隆三十三年八月二十四日,内阁奉上谕:内外大臣中有奉职恪勤及扬历宣劳者,宜晋宫衔,以示优眷。吏部尚书托恩多、户部尚书于敏中、闽浙总督崔应阶俱加太子太保。"

《素余堂集》卷二八《奏为恭谢天恩事》:"窃臣仰蒙圣主豢养生成……兹复荷特恩加太子太保。……惟有益矢悃忱,倍励勤慎,以期上报高厚恩慈于万一。为此缮折恭谢天恩,臣曷胜感切屏营之至。"

《大清会典》卷三"太子太保"条:"不专设,以待大臣加衔及追赠。"《清通典》卷二三"师傅保加衔"条:"师傅保……皆虚衔,无职掌,亦无员额。凡大臣宣力中外、劳绩懋著者,则奉特旨加衔,或为赠典,以示优宠焉。"

崔应阶(?—1780),字吉升,号拙圃。湖北武昌人。康熙五十九年,以荫生授顺天府通判。历官至刑部尚书。著有《拙圃诗草》《黔游纪程》《官镜录》等,又辑有《研露楼琴谱》。传见《国朝耆献类征初编》卷七四、《清史稿》卷三〇九。

题周元理小照。

《素余堂集》卷三三《题周燮堂监司小照》:"吴下早知名,官畿复有声。从来纪循吏,大抵属儒生。"

周元理(1706—1782),字秉中,号燮堂。浙江仁和人。乾隆三年举人。十一年,授直隶蠡县知县。历官至工部尚书,加太子少傅。传见《碑传集》卷三五、《国朝耆献类征初编》卷八四、《清史稿》卷三二四。

> 按:"监司",按察使、布政使之别称。据《清高宗实录》,周元理于乾隆三十三年六月授直隶按察使,则诗当作于此后。又此诗于集中系于《题茶山司寇临东山松柏及自画梅竹合璧即用其韵》前,后者为三十三年秋所作(详下谱),则此诗当作于是年夏秋之际。

咏冰灯,并令侄于鼎和之。

《素余堂集》卷三三有《冰灯》。其序云:"贮冰盆盎中,至晚余半尺许,方广三倍之卓立可鉴。置烛其后,俨然灯也。率成一律,并令鼎侄和之。"

于鼎(1734—1786),字景赵,一字镜兆,号健园。于汉翔曾孙。江苏金坛人。乾隆四十年进士,选庶吉士,授翰林院编修。历官至广西学政。另兼四库馆纂修。传见《于氏家乘》、《(光绪)金坛县志》卷八、《清秘述闻》卷一二。

> 按:此诗于集中系于《题周燮堂监司小照》之后、《题茶山司寇临东山松柏及自画梅竹合璧即用其韵》之前,当是三十三年秋所作。

秋,倩钱维城仿董邦达笔致绘为山庄四友图,并诗谢之。

《素余堂集》卷三三《题茶山司寇临东山松柏及自画梅竹合璧即用其韵》略云:"富春图既就,余纸未肯揶。能事邀茶山,梅竹补盈尺。……直庐张此帧,观者地鲜隙。……我乏愚公愚,墙画移未得。一诺不能践,忽忽七载隔。位置商所宜,近山有新宅。兹当扈秋巡,名手幸接迹。坐对相临摹,瞥若逢熟客。"

钱维城《茶山诗钞》卷一〇《金沙司农属仿东山师松柏横幅再叠壬午旧题韵》略云:"吾师松柏姿,貌已境独辟。山庄直何年,霜气嘘在壁。司农岁扈从,雅爱与时积。挥洒坐其旁,风涛壮椽笔。……雨梧司农斋名好结构,廊槛接赐宅。中多古图书,一一尽名迹。以此厕其间,毋乃羞上客。"

《素余堂集》卷三三《茶山司寇为余仿山庄四友图合作并叠前韵见贻率和奉谢》:"雨梧拜仙藻,书屋因画辟。屏帧东山临,西侧虚素壁。……山庄直庐图,两公昔合璧。松柏擅前辈,纵横若梭掷。阴移一两株,黛郁二千尺。同心有梅竹,当仁肯让席。相对无差池,忽忽阅驹隙。今秋共扈从,笑许仿其格。巨纸索践诺,未敢期必得。交托金石坚,情讵肺腑隔。展幅如凤瘳,余频岁抱疴,得公投剂而愈。喜气满大宅。蓬荜果何幸,辉映联妙迹。益既称四友,清可称六客。谓梧柳。"

　　按:钱维城诗于集中系于"戊子",即乾隆三十三年。诗中提及"兹当扈秋巡""司农岁扈从""今秋共扈从",则当作于是年扈从前后。

十二月二十七日,立春。有《己丑春帖子词》。

　　《素余堂集》卷二二有《己丑春帖子词》。"腊余三日兆余三"句,自注云:"立春至元正尚余嘉平三日,绥屡耕余,足征佳兆。"

　　按:据《近世中西史日对照表》,乾隆三十四(己丑)年立春在三十三年十二月二十七日。

十二月二十九日,奉旨将《御题耕作蚕织图》寄钱陈群命和。

　　钱陈群《香树斋诗文集·诗续集》卷二六《题岁朝图次诚儿韵》内自注:"小除夕,宫保大司农于敏中承旨寄到《御题耕作蚕织图用程棨书楼璹诗韵》计四十五首,命陈群恭和。"

　　按:此诗于《香树斋诗文集》中编次在《己丑春帖子词》之下,乾隆三十四(己丑)年立春在三十三年十二月二十七日,则诗注中"小除夕"当为三十三年之小除日。

十二月,跋钱维城临王谷祥小景廿六帧。

　　见西泠印社拍卖有限公司2018年春季拍卖会中国书画古代作品专场。此钱维城临仿王谷祥风景之作。凡二十六帧,每帧皆有先生题识,依次为:渔浦秋深。沙津舣渡。江岸归渔。原上飞鸣。在梁兴咏。春江水暖。会心鱼鸟。春风禽语。烟波钓艇。江深草阁。水宿相呼。风蒲凫浴。溪桥策杖。绣壁开云。疏柳寒鸦。平皋清唳。一竿静趣。飞泉清听。桑陌占时。响答樵柯。饮啄自如。荷塘飞鹭。临流寄逸。风雪归人。芦汀霜信。秋水清标。并先生钤印二十六方,计有:于耐圃、金沙(二方)、耐圃(三方)、敏中(二方)、雨梧书屋(二方)、雨梧烟柳(二方)、甲午生(二方)、耐圃(二方)、桥西(二方)、于敏中印(二方)、耐圃手书(二方)、双芝草堂(二方)、素余(二方)。

　　后附先生跋云:"酉室小景廿六帧,谓仿夏森法。顾夏画今不多见,见酉室画不啻王之于羊。酉室画世不可得,茶山画更不啻褚之于薛矣。前披节临册,已如泊舟浔阳,见香炉一峰。今对此倘亦身到匡庐,全揽谷帘胜概耶。戊子嘉平,于敏中跋。"钤印二,一曰"敏中",一曰"耐圃"。

　　按:拍卖时间为2018年7月7日。LOT号:0470。尺寸23×

13.5×23 厘米。册后另有钱维城、王际华诸人之跋。

和钱维乔《梅花》,以其诗凄婉,不宜壮年,而加讽勉。

钱维乔《竹初诗钞》卷六有《曩岁作梅花诗十二首寄大兄金沙司农见而赏之远惠和作以为诗致凄婉不宜壮年讽勉之诚一篇盖三致意其明年予赋悼亡噍杀之音果前兆欤今春南宫报罢司农深为扼腕濒行复加馈赠情意周挚溢于梦寐暇日检点游箧重睹酬章忽忽两易岁寒矣叹逝怀存不胜怅悒因得诗四首如左》。

钱维城《茶山诗钞》卷一〇有《树参弟以梅花三叠十二章见寄寓意凄婉大得风人之致予恐其意有所郁结作此广之仍用其韵得诗四首时同作者金坛司农》。

钱维乔(1739—1806),字树参,号竹初。江苏武进人。钱维城之弟。乾隆二十七年举人。历官至鄞县知县。著有《竹初诗钞》《竹初文钞》。传见《湖海诗传》卷二七、《历代画史汇传》卷一八。

　　　按:钱维城诗于集中系于"戊子",即乾隆三十三年。

是岁,明瑞、齐召南、方观承卒。

乾隆三十四年　己丑(1769)　五十六岁

正月初一日,高宗有《己丑元旦试笔》。为之跋。

《素余堂集》卷二五《恭跋御制己丑元旦试笔诗》:"青阳令开左个,贺集朝正;赤文秘闿先天,诗成试笔。"

正月初三日,预重华宫茶宴,以"冰床"为题联句。并奉敕正书。

《清高宗实录》卷八二六:"丁亥……召大学士及内廷翰林等茶宴以冰床联句。"

《素余堂集》卷一九有《上元后一日曲宴廷臣即景得句》。诗中自注:"新正三日,臣蒙召与冰床联句。"

《御制诗三集》卷七七有《冰床联句》。联句者自高宗以下依次为:傅恒、尹继善、刘统勋、陈弘谋、刘纶、于敏中、董邦达、福隆安、阿尔泰、吴达善、王际华、索琳、钱维城、观保、蔡新、金牲、倪承宽、奉宽、刘星炜、庄存与、曹文埴、彭元瑞、沈初、董诰、吉梦熊、边继祖、李中简、毛辉祖。

《清通志》卷一一六:"《冰床联句》,乾隆三十四年。自傅恒以下凡二十八人,七言排律。于敏中奉敕正书。"

阿尔泰(1696—1773),伊尔根觉罗氏。满洲正黄旗人。雍正时以副榜贡生授宗人府笔帖式。历官四川总督、湖广总督。后以筹画转饷不利,赐自尽。传见《清史稿》卷三二六。

吉梦熊(1721—1794),字毅扬,一字渭贤,号渭厓,一号润之。江苏丹阳人。乾隆十七年进士,选庶吉士,授翰林院编修。历官至通政使司通政使。著有《研经堂文集》《研经堂诗集》。传见《国朝耆献类征初编》卷九一、《国朝御史题名》、《壬寅销夏录》。

毛辉祖(1709—1774),字镜浦,一字乃行,号敬园。山东历城人。乾隆十年进士,选庶吉士,授翰林院编修。累迁太常寺少卿、尚书房行走。传见《(道光)济南府志》卷五三,《清秘述闻》卷六、卷七。

正月十三日,高宗于山高水长幄次赐宴外藩,蒙恩与宴。

《素余堂集》卷一九有《上元后一日曲宴廷臣即景得句》。诗中自注:"十三日筵宴外藩,臣等亦蒙恩预座。"

《乾隆帝起居注·三十四年正月》:"十三日丁酉,上御山高水长幄次,赐蒙古王公,及阿卜尔比斯之子卓尔齐等十三人,年班回部伯克阿瓜斯伯克等十四人宴,赐银币有差。命王公、满汉文武大臣皆与宴。"

正月十六日,预宴正大光明殿,内七旬者居半。

《素余堂集》卷一九有《上元后一日曲宴廷臣即景得句》。诗中自注:"是日入宴凡十四人,左右列席各三。"又注云:"与宴诸臣年七旬者居半。"

按:此诗注云:"新正三日,臣蒙召与冰床联句。"据《实录》,知冰床联句事在三十四年正月,则此诗"上元后一日"亦在三十四年。复据《乾隆帝起居注·三十四年正月》:"十六日庚子……上御正大光明殿升座,赐臣工等宴。"知是日宴于正大光明殿。

又按:《素余堂集》卷一九自《上元后一日曲宴廷臣即景得句》以下为乾隆三十四年作。

正月,高宗赋《题林逋二札四用苏轼韵》《题曹霸羸马图用旧作韩干人马图歌原韵》《咏痕都斯坦满尺玉盘》等诗。俱有和作。

诸诗见《素余堂集》卷一九。

《题曹霸羸马图用旧作韩干人马图歌原韵》"师承旧说入室韩,颠倒青蓝堪一粲"句,自注云:"杜甫与霸同时,其赠诗有'弟子韩干早入室'之句,自应不妄。唐张彦远《名画记》亦云：'干初学曹霸。'惟明李日华以霸为干弟子,盖未深考。兹蒙辨订其误。"

　　　　按:《御制诗三集》卷七七、七八(己丑)有同题之作,俱系于《雪正月初六日》(卷七七)之后、《复雪正月廿二日》之前。则上述诸诗宜作于三十四年正月。

二月初三日,子齐贤升授刑部直隶司郎中。

　　《耐圃府君行述》:"己丑,我先考升授刑部直隶司郎中。"又:"博宾公讳齐贤字荀伯,历官刑部直隶清吏司郎中加二级。"

　　《乾隆帝起居注·三十四年二月》:"初三日丙辰……是日吏部带领九卿科道等验看乾隆三十三年十二月分月选签掣。"内有"刑部直隶司郎中齐贤"。

二月初六日,奉命重订《淳化阁帖》,搜采诸家释文依字旁注,详加考订,以次进呈。

　　《乾隆帝起居注·三十四年二月》:"初六日己未……奉谕旨:朕几余不自暇逸,典学之下,时及临池,曩曾辑石渠所藏前人墨迹刻为《三希堂》《墨妙轩》二帖广示艺林,复念古帖流传可补墨迹所未备者,惟宋《淳化阁帖》镌集尤为美富,远出《大观》《太清楼》诸本之上。但惜初拓与赐者绝尠,或云:版寻残损,当时已为难得。后来翻刻,愈繁真意寖失,有意追摹者末由津逮。内府旧藏《淳化阁帖》极多,而毕士安所得赐本拓最精好。兹特敕选工钩摹上石,冀复旧观,第王著昧于辨别,其所排类标题舛陋滋甚,不当听其沿讹,以误后学,因命于敏中等详加考正,以次呈阅。候朕鉴定,分识各卷,并命搜采诸家释文依字旁注,其互异者折衷附记于后,以资省览。是于考文稽古之中,兼寓举坠订讹之益,用嘉惠海内操觚之士焉。"

　　《四库全书总目》卷八六:"《钦定校正淳化阁帖释文》十卷。乾隆三十四年,诏以内府所藏宋毕士安家《淳化阁帖》赐本详加厘正,重勒贞珉,首冠以御题'寓名蕴古'四字及御制《淳化轩记》,命诸臣校正摹勒。谕旨末载原帖旧跋及诸臣书后。其中古帖次第,一从旧刻,而于朝代之先后、名字之标题皆援证史文,裁以书法,俾不乖于春秋之义。每卷皆恭摹御笔论断,昭示权衡,又参取刘次庄、黄伯思、姜夔、施宿、顾从义、王澍诣说,而以《大观太清楼》诸帖互相考校,凡篆、籀、行、草皆注释文于字旁,复各作订异以辨正是非、别白疑似。……乾隆四十三年,侍郎金简以石刻贮在禁庭,自宣赐以外,罕得瞻仰,乃恭录释文,请以聚珍版摹印。……由是流布人间。"

二月中浣,高宗题《张僧繇夜月观泉图》。步韵和之。

《素余堂集》卷一九有《张僧繇夜月观泉图》。自注云:"陆、张皆以佛相擅名,昔人谓张胜于陆,此帧尤僧繇自出新意者。"

　　按:此诗并见《石渠宝笈续编》"《张僧繇夜月观泉图》一轴"所附臣工之和章,惟文句稍异。御款作"己丑仲春月中浣"。

约二月中浣,查虞昌出任池州知府。有诗赠行。

《素余堂集》卷三三有《送查梧冈郎中出守池州》。诗中自注:"查先以御史记名。"

查虞昌,字凤喈,号明甫,又号梧冈。浙江海宁人。乾隆十九年进士。授户部主事。历官至池州知府。传见《(民国)杭州府志》卷一三六、《(民国)海宁州志稿》卷一四。

　　按:《(民国)杭州府志》卷一三六:"查虞昌……三十四年由云南司郎中出为池州府知府。"《乾隆帝起居注·三十四年二月》:"初三日丙辰……是日吏部带领九卿科道等验看乾隆三十三年十二月分月选签掣。"内有"池州府知府查虞昌"。知查虞昌三十四年二月授池州知府。此诗于集中编次在《相国忠勇公奉命经略征缅军务诗以送之》之前。据下谱,知忠勇公傅恒经略征缅军务事在三十四年二月下旬,则此诗当作于此前,当在二月初至下旬间。

二月二十一日,傅恒往云南经略军务。诗以送之。

《素余堂集》卷三四《相国忠勇公奉命经略征缅军务诗以送之》:"万里专征倚界崇,宣劳体国见公忠。……展图吉日仲春天,赐纛黄匀御柳烟。……青郊瞻送启旌门,阃外宣威众所尊。……计日南天驰捷奏,劳台迎宴正春温。"

　　按:《乾隆帝起居注·三十四年正月》:"十六日庚子……是日大学士傅恒、刘统勋奉谕旨:大学士忠勇公傅恒前往云南经略军务,今择于二月二十一日起程。"又:"十九日壬申……辰刻上御山高水长大幄次,赐经略大学士忠勇公傅恒及随征诸将士宴。"知傅恒等前往云南经略军务,于二月十九日宴于山高水长大幄次,二月二十一日起程。此诗即为此而作。

四月，书李白《春日醉起言志》诗。

见富得拍卖有限公司 2007 秋艺术品拍卖会中国书画专场。诗云："处世若大梦，胡为劳其生？所以终日醉，颓然卧前楹。觉来眄庭前，一鸟花间鸣。借问此何时？春风语流莺。感之欲叹息，对酒还自醒。浩歌待明月，曲尽已忘情。己丑孟夏。金坛于敏中。"

　　按：拍卖时间为 2007 年 8 月 25 日。LOT 号：0201。尺寸 58×127 厘米。

五月中浣，高宗作《赋得上水石》。有奉敕和作。

《素余堂集》卷二二有《奉敕赋得上水石》。

　　按：《御制诗三集》卷八二（己丑）有同题之作，系于《溪亭对雨五月十九日》之后、《夜雨朝晴五月廿一日》之前。

七月初六日，蒙赏《同文韵统》。

《乾隆朝上谕档》有"拟七月初六日赏给《同文韵统》名单"。内有大学士公傅恒，大学士尹继善、刘统勋、陈弘谋，协办大学士尚书官保、刘纶，尚书公阿里衮，吏部尚书永贵，户部尚书于敏中，礼部尚书观保、董邦达，兵部尚书托庸、陆宗楷，刑部尚书蔡新，工部尚书额驸福隆安，工部尚书程景伊诸人。

官保（1695—1776），乌雅氏。满洲正黄旗人。雍正十年，以刑部笔帖式升授刑部堂主事。历官刑部、户部、吏部等部尚书，并兼国史馆总裁。卒，谥文勤。传见《清史列传》卷二〇。

陆宗楷（？—1773），字健先，号凫川。浙江仁和人。雍正元年进士。雍正三年，由景山官学教习升授翰林院检讨。历官兵部尚书、礼部尚书，并兼三通馆副总裁。乾隆三十六年致仕，主讲敷文书院。传见《国朝耆献类征初编》卷七八、《词林辑略》卷一〇。

七月初八日，随扈热河，自圆明园启跸。

《素余堂集》卷一九有《恭奉皇太后幸避暑山庄御园启跸之作》。诗中自注："启銮后，遣使至汤山行宫请皇太后安，岁以为常。"

《乾隆帝起居注·三十四年七月》："初八日戊子，上秋狝木兰，自圆明园启銮，奉皇太后銮舆驻跸汤山行宫。"

扈行途次，高宗得陕、甘降雨情形及傅恒滇省奏报，即事成咏。步韵和之。

《素余堂集》卷一九《即事》有"今岁畿甸复有秋""滇南更奏稳倍常"

之语。

　　按：《御制诗三集》卷八三（己丑）有同题之作，系于《恭奉皇太后幸避暑山庄御园启跸之作》之后，《阵雨七月初九日》。高宗于诗中注云："陕、甘入夏后雨少，农田望泽颇殷，随驰谕切询。寻据两省督抚奏，六月间普渥甘膏，秋禾顿长。"又注云："经略大学士傅恒等奏滇省情形云：自立夏至小暑，或大雨即霁，或夜雨昼晴，或连晴数日，田禾润曝兼资，秋成必倍。"即此诗"今岁畿甸复有秋""滇南更奏稔倍常"二句之所本。

出古北口。

《素余堂集》卷一九有《出古北口》。诗中自注："古北兵民共设香花灯彩预祝万寿，复蒙恩优赉之。"又"白檀自昔长城限，考订因知郦注讹"句，注云："《水经注》谓濡水经白檀县北。白檀即今密云，汉时郡县既不能远至塞外，濡水于此更渺不相值。其入古北口经密云县者则潮河耳。今岁遣使探考濡源，御制考证以订其误。"

　　按：此诗于集中系于《即事》后、《喀喇河屯行宫作》前。

七月十三日，扈跸喀拉河屯行宫。

《素余堂集》卷一九有《喀喇河屯行宫作》。诗中自注："行宫距古北口凡两程。"又注云："诸扎萨克王公台吉扈从秋狝者每年多集于此。"

《乾隆帝起居注·三十四年七月》："十三日癸巳……是日驻跸喀拉河屯行宫。"

七月十四日，扈跸避暑山庄。

《素余堂集》卷一九有《至避暑山庄即景成什》。诗中自注云："立秋虽将十日，暑尚未退。"又注云："热河以明年恭遇六旬万寿，预陈灯彩庆祝。耆老臣民跪迎者各衣黄绢，衣皆所蒙赐高年帛也。"

《乾隆帝起居注·三十四年七月》："十四日甲午……是日，驾至热河行宫驻跸。"

七月十五日，迎皇太后驾至山庄。

《素余堂集》卷一九有《出丽正门恭迎皇太后至山庄敬成长句志喜》。

《乾隆帝起居注·三十四年七月》："十五日乙未，上诣广仁岭万寿亭恭迎皇太后驾至热河行宫驻跸。"

扈跸山庄期间，高宗诣澄霁楼、千尺雪、溥仁寺、宜照斋等处，流连题咏。

先生多有奉和。

《素余堂集》卷一九有《澄霁楼作歌志怀》《千尺雪》《诣溥仁寺瞻礼》《题宜照斋》等诗。

《澄霁楼作歌志怀》："楼头昨夜山雨过，爽气驰随好风利。适闻快霁飞军邮，人事天心咸顺遂。"自注云："经略大学士傅奏：官兵启行，连日晴霁，为滇省向所未有，兵士皆欢呼呼踊跃。"

> 按：《御制诗三集》卷八三、八四（己丑）均有同题之作，系于《出丽正门恭迎皇太后至山庄敬成长句志喜》（卷八三）之后、《夜雨七月廿五日》（卷八四）之前。知作于山庄驻跸期间。

> 又按：《澄霁楼作歌志怀》诗中注云："经略大学士傅奏：官兵启行，连日晴霁，为滇省向所未有，兵士皆欢呼呼踊跃。""经略大学士傅"即傅恒，其所奏"官兵启行，连日晴霁"，详《奏报滇省各属本年六七月间雨水苗情事》："臣傅恒、臣阿里衮、臣阿桂谨奏为奏闻事。……至六月杪七月初间，雨水较前稍多。……十三、十四两日，天气倍觉晴朗，兵丁起程时无不欢忻踊跃。……竟日开霁。……乾隆三十四年七月十六日。"硃批云："此皆上天默佑，以手加额。览之。"（一史馆，04—01—25—0144—025号）《军机处随手登记档》三十四年八月初一日登载有"硃批《傅恒阿里衮阿桂折奏报六月雨水禾苗情形》：此皆上天默佑，以手加额。览之"。知八月初一日，傅恒奏报已呈御览并发往军机处登记。先生诗注中提及傅恒此折，则其诗当作于七月末。

约八月初七日，奉命拟《南巡盛典序文》。

《军机处随手登记档》："三十四年八月初八日。奏《幸鲁盛典》员奉有《圣祖序文》说帖。传旨：交于大人拟《南巡盛典序文》。"

> 按：乾隆三十四年七月十五日，高晋奏进《南巡盛典》，臣工请旨刊刻并赐之序文："查康熙年间省方盛典，未有成书。复恭查《圣祖御制文集》内亦未载有《南巡盛典》序文。惟康熙二十八年衍圣公孔毓圻编辑《幸鲁盛典》进呈，曾奉有御制序文。今高晋所进《南巡盛典》，现据奏请刊刻，应否照《幸鲁盛典》给与序文之处请旨。谨奏。"（《乾隆朝上谕档》）《随手档》"交于大人拟《南巡盛典序文》"所指即此。

> 又按：据《实录》，七月十四日至八月十六日间高宗均在避暑山

庄。先生《阅本》诗自注："内阁封进奏牍，按时邮递，次日午后始得达山庄。"则山庄至京师间往来奏章约计一日可达。命撰《南巡盛典序文》之谕旨，京师军机处登载时间为八月初八日，则谕旨发布时间当在初七日。

八月二十日至九月初六日，随往木兰行围。其间申甫于行帐中获生狍，献之大庖，翌日即以颁赐。先生有诗纪之。

《素余堂集》卷三四有《申光禄拂珊行帐中获生狍一献之大庖翼日即以颁赐木兰扈跸佳话也不可无诗纪其事辄赋六韵赠之》。诗中自注云："是狍与从猎诸人所射者同列簿以献。"又"笑拟弄獐书"句，注云："同人有举弄獐事为戏者。""东方工割肉"句，注云："拂珊昨在宴次，每以善割自负，故戏及之。"

　　按：钱维城《茶山诗钞》卷一〇有《申筼山光禄于行帐中获一狍献之翼日即以颁赐金沙司农作诗纪之依韵奉和》，卷下注云"己丑"，知为乾隆三十四年事。据《清高宗实录》，是年八月二十日木兰行围，直至九月六日，则献生狍事当在此期间。

十月十六日，收翻书房所呈关帝庙碑文。

《军机处随手登记档》："三十四年十月十六日。翻书房交到关帝庙碑文二件，已呈于大人收。"

十一月二十六日，遵上谕"禁止督抚、提镇另具折请皇太后安"，嘱军机处将此谕之汉文寄督抚、提镇，满文寄将军、都统。

《军机处随手登记档》："三十四年十一月二十六日。上谕一道：'禁止督抚、提镇具折请皇太后安。'兼清、汉分寄，满字一分交明二爷收。奉于大人谕：督抚、提镇寄汉字，将军、都统寄清字。已交代明二爷。"

　　按："禁止督抚、提镇具折请皇太后安"详乾隆三十四年十一月二十三日奉上谕："本日阅兴汉镇总兵张大经奏函，于恭祝皇太后万寿折外，又有恭请圣安折一件，殊与体制未协。而近日督抚、提镇中亦颇有似此者。……奏请圣安，则非伊等分所应尔。……嗣后督抚等遇拜发恭祝皇太后万寿折，不得另具请安奏折。"（《乾隆朝上谕档》）

十二月初，奉旨询明淀神庙匾额尺寸样式。

《军机处随手登记档》："三十四年十二月初五日。硃批杨廷璋折，淀神庙告成请颁赐匾音对联各一幅。已有旨了。又旨：交于敏中问明尺寸式样。已抄一分交于大人。"

沈初《西清笔记》卷二:"上书神庙扁联及赏赉臣工,向系于文襄公拟上。一扁一联,必拟二以俟睿裁。"

　　按:乾隆三十四年十二月初三日,直隶总督杨廷璋以天津泰堡庄淀神庙告成,奏请高宗颁赐匾额:"臣杨廷璋奏恭照敕建淀神庙宇告成,仰蒙皇上御制碑文纪述神功,以昭盛事。臣奉到后即选购石料,广觅良工,敬谨摹勒。现在丰碑屹立,宸翰流辉。……伏恳皇上御笔颁赐匾音对联各一幅,敕发臣敬制悬挂。……乾隆三十四年十二月初三日。"(杨廷璋《奏为敕建淀神庙宇告成请旨颁赐匾联事》,一史馆,04—01—37—0025—033号)同日,高宗为之题曰"甸流承佑"(《清高宗实录》卷八四八)。则先生奉旨问明尺寸式样一事当在十二月初三至初五日之间。

十二月二十四日,校录《国朝宫史》毕,联名具折奏进。

《国朝宫史》卷首《进表》:"臣于敏中、臣王际华、臣裘曰修谨奏:臣等奉敕纂辑《国朝宫史》告成。……先于乾隆七年谕大学士率南书房翰林等恭纂《国朝宫史》一书。……续于乾隆二十四年申命臣等重加编辑者。……谨将纂成《国朝宫史》训谕四卷、典礼六卷、宫殿六卷、经费三卷、官制二卷、书籍十五卷,统三十六卷,装成四函,具折恭进。伏候钦定。谨奏。乾隆三十四年十二月二十四日。"

《四库全书总目》卷八二:"《国朝宫史》三十六卷。乾隆七年奉敕撰。乾隆二十四年以原书简略,复命增修,越两载而告成。凡六门:首曰训谕……次曰典礼……次曰宫殿……次曰经费……次曰官制……次曰书籍。部分录略,编目提要,皆穷理致治之作,而梵文贝策、庋藏净域者不与焉。"

是岁,奉和御制《生春》诗二十首,与裘曰修、王际华、钱汝诚同进。

《素余堂集》卷一九有《生春诗二十首》。又卷二七《恭和御制生春诗二十首原韵恭识》:"臣等簪笔内廷,日得瞻仰圣制。兹伏读《生春》二十章……臣等口诵手钞,诚悦诚服。……爰于懋勤侍直之余,互为拟议,或倡或续,各竭其才,合成廿首。……敬缮录成篇,用博天颜一笑云。"题下自注云:"与裘曰修、王际华、钱汝诚同进。"

　　按:高宗《生春二十首》见《御制诗三集》卷六九(戊子),知为乾隆三十三年所作。又《恭和御制生春诗二十首原韵恭识》称:"懋勤侍直之余,互为拟议。……各竭其才,合成廿首。"则《生春诗二十首》非和于一时。考奉和之《生春诗二十首》于集中系于《上元后一日曲宴廷臣即景得句》之后,《恭奉皇太后幸避暑山庄御园启跸之作》之前。据上谱可知,《上元后一日曲宴廷臣即景得句》所纪为三十四年正月十六日事,《恭奉皇太后幸避暑山庄御园启跸之作》所纪为三十四年七月初一日事,故奉和《生春二十首》当成诗于三十四年正月至七月间,与高宗原作时间相距一年有余。

是岁,求赵绳男所藏《宋拓英光堂帖》,未果。

赵怀玉《亦有生斋集文》卷八《宋拓英光堂帖跋》:"此帖先君官京师得之华亭张文敏后人者。乾隆己丑乞假南还,金坛于相国欲之,辞以已入行筒。"又卷一二《奉政大夫刑部福建清吏司郎中先考赵府君事状》:"府君讳绳男,字来武。……三十四年截取当以知府用,府君本澹宦情,又不耐繁剧,遂移疾归。"

赵绳男(1723—1803),字来武,号缄斋。江苏阳湖人。捐贡。历官户部云南司员外郎、刑部福建司郎中。后辞官归里。传见赵怀玉《奉政大夫刑部福建清吏司郎中先考赵府君事状》。

是岁,董邦达、沈德潜、阿里衮卒。

乾隆三十五年　庚寅(1770)　五十七岁

正月初一日,预宴太和殿,蒙赐卮酒。

《耐圃府君行述》:"庚寅元旦,上御太和殿筵宴群臣,府君蒙恩宣至御座,亲赐酒一卮。"

《素余堂集》卷二〇有《元正太和殿赐宴纪事二律》。其一"祝禧周甲庆仪联"句,自注云:"今年恭遇圣寿六旬庆辰,越岁复值皇太后八袠万寿。"其二:"仗回琼岛带春阴,列鼎香凝广殿森。圣驾自阐福寺等处拈香还宫,即御殿赐宴。宝瓮露盈天上贮,朝衣花舞席前临。宴间霭集缤纷,祥占适叶,群臣咸增欢庆。西蒙乐备陈鱼戏,庚辰元会,适当平定回部,贡乐初至,即命陈于晏次,遂为岁例。南徼诚归仩象琛。缅西遣其大头目至军营,具书吁请奉表纳款,词极恭顺恳至。已荷殊荣依黼座,一卮亲赐感弥钦。前期谕令大学士、尚书入殿列坐,臣已忝预班行,复蒙恩宣至座间,亲赐卮酒,尤深荣感。"

同卷《紫光阁赐宴外藩叠去年题句韵》"偕来宠接朝元会"句,自注云:"元旦,赐宴庆典,诸藩亦比预坐。"

　　按:诗注云:"今年恭遇圣寿六旬庆辰,越岁复值皇太后八袠万寿。"诗中又云:"肇岁由庚嘉礼洽。"则此诗所纪为乾隆三十五(庚寅)年正月初一事。《乾隆帝起居注》:"乾隆三十五年岁次庚寅春正月初一日……巳刻,御太和殿升座,赐王公文武大臣官员及外藩王公等宴。"

　　又按:《元正太和殿赐宴纪事二律》为《素余堂集》卷二○之首篇,该卷自此诗以下为乾隆三十五年作。

同日,具盛馔宴请刘统勋、刘纶、蒋赐棨等九人。

《王文庄日记·三十五年正月》:"初一……于大司农循例具盛馔同诸城相国,武进协揆,玉林少司农,补亭总宪,王少詹,曹、金二侍读,陈枫崖员外,彭侍讲会食。"

蒋赐棨(?—1802),字戟门,江苏常熟人。大学士蒋溥子。捐贡出身,历官户部侍郎、仓场侍郎。传见《国朝耆献类征初编》卷九三。

　　按:"诸城相国"为刘统勋。"武进协揆"为刘纶。"玉林少司农"为蒋赐棨。"补亭总宪"为观保。"王少詹"为王杰。"曹、金二侍读"分别为曹文埴、金士松。"陈枫崖员外"为陈孝泳,时任户部广西司员外郎。"彭侍讲"为彭元瑞。

正月初三日,瑞雪普沾,高宗诗以纪之。有和作。

《素余堂集》卷二○有《正月初三日雪》。诗中自注云:"是日,坤宁宫馂胙,祥花适集。"又注云:"元旦,诏免天下正供,瑞雪适沾,欣符渥泽。"

　　按:诗中自注云:"元旦,诏免天下正供。"详三十五年正月初一日上谕:"自乾隆三十五年为始,将各省应征钱粮通行蠲免一次,其如何分年递蠲之处,著大学士会同该部即速详议具奏。"(《起居注》)故系之本年。

正月初五日,列名初六日重华宫茶宴联句之员。

《王文庄日记·三十五年正月》:"初五……午间上以玉瓮联句,命二十八人名签依次填入:尹、刘、陈三相国,官、刘二协揆,托、于、王、素、蔡、福、程七尚书,观总宪,索、金、倪、奉、曹、刘六侍郎,庄阁学,吉通副,毛少常,王少詹,李、边二学士,曹、金、彭三讲读,内廷不与者四人:窦京兆、汤阁读、汪学士、胡庶子。此次联句之局稍异从前。诏以明日入重华宫茶宴。"

沈初《西清笔记》卷二:"和阗玉自平定西域以来辇致不可胜计。其最大者上命制玉瓮,镂以云龙较金。时玉瓮大又倍之。既成,新正联句即以为题,并镌诗于瓮。"

　　按:据《清高宗实录》与先生诗中元注,"玉瓮为题联句"与"重华宫茶宴"同在正月初六日(详下谱)。考《国朝宫史》卷七:"恭遇每岁新正,特召内廷大学士翰林于重华宫茶宴联句。奏事太监预进名签,既承旨,按名交奏事官员宣召入宫,只俟届时引入。"知王际华《日记》所记,当是提前一日确定参与联句之名单及次序。

正月初六日,高宗紫光阁宴外藩。即事有和。

《素余堂集》卷二〇《紫光阁赐宴外藩叠去年题句韵》内自注云:"初赐朝正外藩宴于丰泽园,设大幄次。自乾隆辛巳紫光阁落成,锡宴于此,遂以为例,今十年矣。"又注云:"年班入觐回部诸伯克并视所贡轻重优予赍赐,其贡而未纳者,今岁亦蒙恩一体行赏。"

《王文庄日记·三十五年正月》:"初六……奉诏和紫光阁锡宴七律一首。"

《乾隆帝起居注·三十五年正月》:"初六日甲申……御紫光阁赐蒙古王公、贝勒、额驸、台吉及回部郡王霍集斯等年班回部英阿杂尔二品顶带阿奇木伯克、素尔坦和卓等十八人宴。"

同日,预重华宫茶宴,以"玉瓮"为题联句,并奉敕正书。

《清高宗实录》卷八五〇:"甲申……召大学士及内廷翰林等茶宴以玉瓮联句。"

《素余堂集》卷二〇《重华宫茶宴廷臣及内廷翰林等咏玉瓮联句并成是什》内自注:"是日与联句二十八人内,年逾七句者大学士尹继善以下凡六人倍,于三寿之盛。"又注云:"是日适立春前三日。"

同卷《上元后一日小宴廷臣》"旬前茶宴趋宫闱"句,自注云:"新正六日,蒙恩召预重华宫联句茶宴。"

同卷《元正太和殿赐宴纪事二律》"宝瓮露盈天上贮"句,自注云:"和阗玉大瓮工琢初成,较之方朔铭辞所诩尤为实瑞。"

又卷二二《庚寅春帖子词》内自注云："元会赐宴,适阗玉大瓮新成。"

《御制诗三集》卷八五有《玉瓮联句》。联句者自高宗以下依次为:尹继善、刘统勋、陈弘谋、官保、刘纶、托庸、于敏中、王际华、素尔讷、蔡新、福隆安、程景伊、观保、索琳、金牲、曹秀先、倪承宽、奉宽、刘星炜、庄存与、吉梦熊、王杰、毛辉祖、李中简、边继祖、曹文埴、金士松、彭元瑞。

《王文庄日记·三十五年正月》:"初六……巳初,上由紫光阁锡宴回宫即宣召大学士尹公继善、刘公统勋、陈公弘谋、协办大学士大司农官公保、冢宰刘公纶、冢宰托公庸、大司农于公敏中、大宗伯臣际华、大司寇素公尔讷、大司马蔡公新、大司空程公景伊、少宗伯倪公承宽、少司马奉公宽、少司空刘公星炜、曹公秀先、阁学庄公存与及少詹王公杰、讲读曹公文埴、金公士松、彭公元瑞二十人诣重华宫茶宴。其次皆上所定也。演戏四剧:《柏梁体》《诧梦》《赏雪》《北饯》。即席赋诗二首。"

《清通志》卷一一六:"玉瓮联句,乾隆三十五年。……七言排律。于敏中奉敕正书。"

素尔讷(? —1783),钮祜禄氏。满洲正红旗人。翻译举人出身,历官至理藩院尚书、都察院左都御史。传见《国朝耆献类征初编》卷九三。

曹秀先(1708—1784),字恒所,又字冰持、芝田、琇仙,号地山,又号鹿门子。江西南昌人。乾隆元年进士,选庶吉士。历官至吏部尚书,兼四库馆副总裁。卒,赠太子太傅,谥文恪。工书法。著有《赐书堂稿》《依光集》《使星集》《移晴堂四六》等,又奉敕撰《世宗宪皇帝实录》《明臣奏议体例》。传见《国朝耆献类征初编》卷八一、《清史列传》卷二〇。

王杰(1725—1805),字伟人,号惺园,又号葆淳、畏堂。陕西韩城人。乾隆二十六年一甲一名进士,授翰林院修撰。历官至兵部尚书,加太子太傅。又兼三通馆、四库馆副总裁。卒,谥文端,入祀贤良祠。著有《葆淳阁集》,又奉敕撰《西清续鉴》。传见《碑传集》卷二八、《国朝耆献类征初编》卷三二、《清朝先正事略》卷二〇。

金士松(1729—1800),字亭立,号听涛。江苏吴江人。乾隆二十五年进士,选庶吉士。历官礼部尚书、兵部尚书,并任四库馆总阅官。卒,谥文简,入祀贤良祠。撰有《乔羽书樵内集》《外集》。传见《国朝耆献类征初编》卷九五、《清史稿》卷三五一、《词林辑略》卷四。

按:《御制集》所载茶宴联句者凡二十八人,王际华《日记》则称二十人赴茶宴。据《西清笔记》卷二："新正重华宫联句。……近常派二十八人，或有奉特派在名签外者，督抚入觐时与恩宴。宴日上御重华宫，其左厢为群臣入宴观剧之所，小三间，不多容人，大约派入宴者二十人，余八人与联句而不入宴。不入宴诸臣恭和御制即席成什之诗，交南书房汇进。"知此次茶宴，福隆安、观保、索琳、金甡、吉梦熊、毛辉祖、李中简、边继祖等八人只参与联句而不入宴。

又按：《王文庄日记·三十五年正月》："初六……斟酌腊月所拟玉瓮联句，迫暮而归。"知此次联句实已于上年十二月由王际华等预为拟撰。

正月初九日，立春。有《庚寅春帖子词》。

《素余堂集》卷二二有《庚寅春帖子词》。诗中自注云："丙寅春普蠲天下正供二千八百余万。今年元旦复奉恩纶，全免直省额赋，万国增欢。"

按：据《近世中西史日对照表》，乾隆三十五年（庚寅）立春在正月初九日。

正月十五日，具馔邀嵇璜、蒋赐棨、窦光鼐、王杰、曹文埴、金士松、彭元瑞、陈孝泳诸人小饮。

《王文庄日记·三十五年正月》："十五……寅初赴园，于大司农设食邀同嵇副宪、蒋仓场、窦、王、曹、金、彭、陈诸同直小饮。"

正月十六日，预宴正大光明殿，蒙赐佛手、蜜罗柑等物。

《素余堂集》卷二〇有《上元后一日小宴廷臣》。诗中自注云："是日入宴者左右各列七人。"又"天与和羹预撒盐"句，注云："宴前微雪。""乐奏洞庭云乍遏"句，注云："筵间陈洞庭君故事。""湛露浓分贡道柑"句，注云："宴余，恩赉便蕃兼拜佛手、蜜罗柑之赐。"

《乾隆帝起居注·三十五年正月》："乾隆三十五年岁次庚寅春正月十六日甲午……申刻，上御正大光明殿升座，赐王公大臣等宴。"

高宗闻京畿及齐豫江南诸地正月得雪，诗以志慰。步韵和之。

《素余堂集》卷二〇《微雪》："唯时叶泰阶，频驰疆吏奏。"自注云："连日近畿及齐豫江南督抚等奏至正月得雪，有积五六寸至盈尺者。"

按：《军机处随手登记档》载三十五年正月初五日上谕一道，寄永德："豫省曾否续得雪泽由，旨三百里发。"又正月初四日，李质颖有《奏报直省天津地方本年正月初三日得雪情形》折，内称"天津地方于正月初三日丑时至未时得雪,积地五寸有余。"硃批:"欣悦览之。"(一史馆,04—01—25—0157—002号)同日王进泰奏称古北口于正月初三日卯时至酉时得雪(一史馆,04—01—25—0157—001号)。

正月十七日,列名坐船随往天津之大臣。

《乾隆朝上谕档》:"乾隆三十五年正月十七日,……恭查上次圣驾巡幸天津,所有御前及乾清门行走大臣侍卫官员、散秩大臣及各衙门文武大臣等应令何人乘坐船只随行之处,由臣等缮写绿头牌进呈,候命下臣等再将派出各员应坐何等船只之处查照上次指定。"后附派出坐船随往天津之大臣名单,内有领侍卫内大臣五员、御前行走大臣侍卫十四员、军机大臣二员、乾清门行走大臣七员、乾清门侍卫十五员、文职大臣一员。其中"军机大臣二员"分别为于敏中、索琳。

《素余堂集》卷二二《庚寅春帖子词》:"津淀春巡扶凤辇,祝禧情洽万民欢。"

> 按:据《起居注》,本年三月初五日高宗自京师启銮,巡幸天津,三月二十六日返抵北京。"坐船随往天津之大臣名单"即此次巡幸之扈从名单。

正月二十八日,奉敕纂辑《平定准噶尔方略》告竣,联名奏进,并请序于高宗。

《清高宗实录》卷八五一:"丙午……《平定准噶尔方略》告成。"

《平定准噶尔方略》卷首《恭进平定准噶尔方略表》云:"曰前,曰正,曰续,汇三朝之训典而兼赅;系日,系月,系年,书两部之荡平而悉备。……臣等忝效编摩,预闻密勿。……匝月再呈夫乙览,为书百七十卷而奇;程功托始于亥春,阅时十有五年之久。……谨奉表恭进以闻。"其卷首《职名》列有正总裁六人:傅恒、来保、班第、汪由敦、刘统勋、尹继善;副总裁十三人:兆惠、鄂容安、纳延泰、雅尔哈善、刘纶、三泰、裘曰修、于敏中、舒赫德、阿里衮、阿桂、福隆安、索琳。又卷首高宗《平定准噶尔方略序》云:"《平定准噶尔方略》书成,纂言者以序请。……乃允其请而为之序。……乾隆三十五年庚寅仲春月吉御笔。"

《四库全书总目》卷四九:"《御定平定准噶尔方略前编》五十四卷、《正编》八十五卷、《续编》三十三卷。……是书《前编》五十四卷,所纪自康熙三十九年七月乙未至乾隆十七年九月壬申,即详述其缘起也。……《正编》八十五卷,所纪自乾隆十八年十一月甲戌至二十五年三月戊申,即备录其始末也。至《续编》三十三卷,则乾隆二十五年三月庚戌以后至三十年八月乙亥,凡一切列成开屯、设官定赋、规画久远之制,与讨定乌什及绝域诸蕃占风纳赆者咸载焉。"

　　按:《四库全书总目》卷四九称《平定准噶尔方略》系"乾隆三十七年大学士傅恒等恭撰奏进",疑误。

正月,高宗咏痕都斯坦玉杓。有应制之作。

《素余堂集》卷二二有《应制咏痕都斯坦玉杓》。诗中自注云:"杓柄为索纽形。"

　　按:《御制诗三集》卷八六(庚寅)有《题痕都斯坦玉杓》,系于《庚寅春帖子词》(卷八六)之后、《仲春朔日躬祭》(卷八七)之前。又《应制咏痕都斯坦玉杓》于《素余堂集》编次在《庚寅春帖子词》之上一首,故当作于是年正月。

二月初三日,经筵侍班。

《乾隆帝起居注·三十五年二月》:"初三日庚戌巳刻,上御文华殿,讲官王际华、观保进讲《孟子》'由仁义行,非行仁义也'句,程景伊、全魁进讲《易经》'圣人养贤,以及万民'句。"

《王文庄日记·三十五年二月》:"初三……辰初二刻,闻驾至,即诣殿西墀排班。上既升座,同官行礼如仪,以次入殿。讲官再行一跪三叩礼,遂进讲。德少宗伯同予讲《四书》,全阁学同程大司空讲《易经》。……同日侍班满讲官大学士尹公继善、协办大学士户部尚书官公保、刑部尚书素公尔讷、户部侍郎英公廉、兵部侍郎觉罗奉公宽、左都御史观公保以疾在告。汉讲官大学士刘公统勋、陈公弘谋、协办大学士吏部尚书刘公纶、户部尚书于公敏中、兵部尚书蔡公新、户部侍郎曹公秀先。"

《素余堂集》卷二〇有《春仲经筵》。诗中自注:"御论以舜继帝尧而传心法,其明物察伦,安而行之,无所勉疆,即孟子'由仁义行'之说,犹是从而为之辞。"又注云:"天生圣人,所以养民,而养民即所以养万物,理本一贯。御论由养民而推及天地位、万物育,于《易传》精蕴包举无遗。"

　　按:《王文庄日记·三十五年正月》:"廿八……奉诏和《春仲经筵》七律一首。"知经筵于二月初举行,然御制《春仲经筵》及臣工奉和则作于数日前,非经筵当日作。

三月初二日,晤王际华。

《王文庄日记·三十五年三月》:"初二……候于大司农于赐园。"

三月初四日,留王际华于南斋办事至未正,同食而散。

《王文庄日记·三十五年三月》:"初四……午散,仍诣南斋,于公留同办事至未正,同食而散。"

三月初九日,王际华接先生札。

《王文庄日记·三十五年三月》:"初九……接耐圃司农札。"

三月中浣,高宗作《赋得河海不择流得虚字五言八韵》。有和作。

诗见《素余堂集》卷一九。

按:《御制诗三集》卷八〇(己丑)有同题之作,系于《延春堂对雨三月初十日》之后、《山东巡抚富明安奏报得雨》之前。《山东巡抚富明安奏报得雨》诗内高宗自注云:"三月十七日披阅东抚奏章,济南等十府属二月以来连得雨泽,至三月十一日省城又得透雨。"则高宗此诗当作于三月初十至十七日间。

三月二十六日,晤王际华。

《王文庄日记·三十五年三月》:"廿六……诣前园请安,顺至春和相国、望山相国、金沙司农处应酬。"

按:"春和相国"为傅恒,"望山相国"为尹继善。

四月初五日,因所进《评鉴阐要》中有讹字,以疏忽之由自请交部议处,为高宗宽免。

《乾隆朝上谕档》:"臣刘统勋、臣刘纶、臣于敏中谨奏:本月初三日所进《评鉴阐要》第十卷内'亲政'字句讹写'征'字,蒙皇上指出,臣等不胜惶悚,谨即行改正并详加覆校外,所有校对错误之员应请旨交部议处。臣等未能看出,亦属疏忽,请一并交部察议。谨奏。乾隆三十五年四月初五日奉旨:知道了。刘统勋等着宽免。钦此。"

闰五月十二日,南斋同王际华议寿屏事。

《王文庄日记·三十五年闰五月》:"十二……巳正二刻散,复至南斋与于大农议寿屏事。"

闰五月十八日,孙长庚生,系申氏所出。

《于氏家乘》:"长庚,字朗西,号白斋。行九。博宾公第三子。乾隆庚寅闰五月十八日生。"又:"长庚……申恭人出。"

于长庚(1770—1810),字朗西,号白斋。由国史馆誊录议叙。历官湖南永州府通判、广西思恩府通判,敕授承德郎。传见《于氏家乘》。

闰五月二十三日,与王际华食于南斋。

《王文庄日记·三十五年闰五月》:"廿三……偕耐圃前辈食于南斋。"

六月十九日,奉旨详询定海县收买余盐事回奏。

《乾隆朝上谕档》:"臣于敏中、索琳遵旨将定海县收买余盐一事详询浙江布政使富勒浑。……诚如圣谕,其事尚属可行,但其中或有流弊,应防之处惟在妥定章程,实力经理。请将此件暂行存记,俟崔应阶、熊学鹏会奏到日,交户部议覆。谨奏。六月十九日。"

富勒浑,章佳氏。满洲正蓝旗人。乾隆二十四年以内阁中书升授内阁侍读。历官至两广总督。传见《清史稿》卷三三二。

六月,高宗题《恽寿平临各家画》。步韵和之。

《石渠宝笈续编》著录有"《恽寿平临各家画》一册"。御款作"庚寅长夏"。内附先生和章五首。其三有句云:"江山下笔得风流,金碧何须定刻舟。"其四有句:"似从江寺翻新样,故作模糊淡墨光。"

七月十三日,傅恒卒,年四十有九。

《王文庄日记·三十五年七月》:"十三……传闻大学士公傅公恒以寅正二刻卒于园中。"

《清高宗实录》卷八六四:"太保大学士一等忠勇公傅恒……以金川建绩,锡爵酬庸。……西师之役,独能与朕同志,赞成大勋。……昨岁进剿缅甸,傅恒坚决请行。……今闻溘逝,深为震悼。"

昭梿《啸亭杂录》卷七:"于文襄敏中……入调金鼎。……当时傅文忠、刘文正诸公相继谢事,秉钧轴者惟公一人。"

七月十四日,邀王际华食于南斋。

《王文庄日记·三十五年七月》:"十四……于公邀食于南斋。"

七月十九日,嘱王际华代王世芳领恩赏之物。

《军机处随手登记档》:"三十五年七月十九日。恩赏王世芳诗一幅,大缎二匹,八丝缎二匹,银一百两。于大人交王大人领去转给。"

《王文庄日记·三十五年七月》:"十九……大雨自子至午。……是日,上请安,予辈带王世芳跪泥水中谢恩。"

王世芳(1659—1808),字徽德,一字芝圃,号南亭。浙江临海人。贡生。历官至遂昌训导。一百一十二岁时入京祝寿,钦赐国子监司业,加翰林院侍讲衔。传见《国朝诗人征略二编》卷一八、《两浙辅轩录》卷二八。

约八月中浣,高宗作《赋得野无伐檀五言八韵得扬字**》。有和作。**

先生和作见《素余堂集》卷二○,题作《野无伐檀》。

按:《御制诗三集》卷九二(庚寅)有同题之作,系于《雨八月初四日》之后、《八月十三日六旬庆典率内外王公大臣诣慈宁宫行礼遂御殿受贺爱成长句示志》之前。

八月十五日,邀彭启丰、嵇璜、史奕昂、裘曰修等食于南斋,辰正二刻方散。

《王文庄日记·三十五年八月》:"十五……于公邀同彭芝庭师、嵇黼庭师、史抑堂、裘漫士、钱立之、钱稼轩、蒋戟门、王伟人食于南斋。刘圃三后至。辰正二刻牌子下,遂散。"

按:"彭芝庭师"为彭启丰。"嵇黼庭师"为嵇璜。"史抑堂"为史奕昂。"裘漫士"为裘曰修。"钱立之"为钱汝诚。"钱稼轩"为钱维城。"蒋戟门"为蒋赐棨。"王伟人"为王杰。"刘圃三"为刘星炜。

九月十九日,王际华接先生札。

《王文庄日记·三十五年九月》:"十九……接于公札。"

十月初八日,晤尹继善、王际华等。

《王文庄日记·三十五年十月》:"初八……回赐庐食后仍出门,候尹、刘、于三公即归。"

十月初九日,高宗有咏雪诗。有和作。

《素余堂集》卷二○有《十月初九日雪》。自注:"今岁木兰再逢雪猎,有《御制诗》纪事。"

按:《王文庄日记·三十五年十二月》:"十二……予随入直次,奉命和初九日雪诗一首。"查高宗本年纪"初九日雪"诗,惟《雪十月初九日》一首(《御制诗三集》卷九二),则此诗王际华之奉和时间同高宗原作时间或相隔两月有余,未知《素余堂集》此诗是否亦奉和于十二月,姑系之此。

十月二十九日,同王际华奏进续办《宫史》并翰林所书《宫史》,奉旨分贮懋勤殿、九州清宴。

《王文庄日记·三十五年十月》:"廿九……以卯初二刻入直,以续办《宫史》并翰林所书《宫史》进呈,同于公奏。奉旨:一部陈设懋勤殿,一部陈设九州清宴。"

约十月中浣,高宗咏周应钟。步韵和之。

《素余堂集》卷二〇有《咏周应钟》。诗中自注云:"《西清古鉴》诸钟,惟此与黄钟清两器乳作嬴纹。"又注云:"《铁网珊瑚》:'三代法物皆阴识谓之偃囊镌。'兹器四字皆阴识。"

> 按:《御制诗三集》卷九二(庚寅)有同题之作,系于《雪十月初九日》之后、《冬至南郊礼成述事》之前。据《近世中西史日对照表》,该年冬至在十一月初六日。则高宗此诗当作于十月中下旬或十一月初。《素余堂集》将其编次在《野无伐檀》《十月初九日雪》等诗之前,疑误。

十一月二十一日,嘱王际华为题《竹石图》。

《王文庄日记·三十五年十一月》:"廿一……为于公题《竹石图》。散,甚晚,不及入署。"

十一月二十四日,长女适任嘉春,王际华往贺之。

《王文庄日记·三十五年十一月》:"廿四……往贺于公嫁女。"

《耐圃府君行述》:"庚寅……是冬长姑母归于任氏。"又云:"长适溧阳礼部尚书香谷任公讳兰枝孙,丁巳榜眼翰林院编修南屏公讳端书子,现任刑部河南司主事名嘉春。……张淑人出。"

任兰枝(1677—1746),字香谷,一字随斋。江苏溧阳人。康熙五十二年一甲第二名进士,授翰林院编修。历官至礼部尚书,并兼八旗志书馆,一统志书馆,世宗宪皇帝实录馆,五朝国史馆正、副总裁。著有《见南楼诗集》《见南楼文集》。传见《碑传集》卷二五、《清史稿》卷二九〇、《清史列传》卷一九。

任嘉春,字叔元。任端书子。例授中书科中书。传见《(嘉庆)溧阳县志》卷一〇。

十一月三十日,奉命同刘统勋、刘纶、裘曰修、王际华覆勘蔡新所进之《太学志》。

《王文庄日记·三十五年十一月》:"三十……奉命同两刘中堂、于大农、裘京兆覆勘蔡新所进《太学志》。"

> 按:"两刘中堂"即刘统勋、刘纶,"裘京兆"即裘曰修。

十二月初七日,召对于乾清宫西暖阁,奉命同钱维城、彭元瑞以新正学诗堂为题,预拟下年之重华宫联句。

《王文庄日记·三十五年十二月》:"初七……召对于乾清宫西暖阁,命于大司农、钱少司寇、彭侍讲联句,以'新正学诗堂联句'为题,刘协揆为序。"

> 按:"钱少司寇"即钱维城,"彭侍讲"即彭元瑞,"刘协揆"即刘纶。此当是预拟下年正月之重华宫联句。

> 又按:《王文庄日记·三十五年十二月》:"初八……予辰正三刻入直,为联句事,直至酉初一刻始散。"又"初九……卯初二刻入直,办联句事竣,交酉乃散。"知办理此次联句,先后耗时三日。

十二月十二日,设招喜筵邀王际华等人。

《王文庄日记·三十五年十二月》:"十二……赴于大司农招喜筵,雅芳班演剧。"

十二月十六日,高宗有咏雪诗。翌日有和。

《素余堂集》二〇《十二月十六日雪》:"花舞五时久,琼铺四寸饶。"自注:"是日雪自寅至午。"

又卷二三《辛卯春帖子词》内自注云:"立春前五日祥花告丰,尤欣应腊。"

《王文庄日记·三十五年十二月》:"十六……卯初二刻微雪,天明遂大,至午而止。"

> 按:《王文庄日记·三十五年十二月》:"十七……雪霁回晴。照常入直。上有《雪》诗六韵,未命和,亦各自为一首。"则先生此诗亦或作于十七日。

十二月二十日,立春。有《辛卯春帖子词》。

《素余堂集》卷二三有《辛卯春帖子词》。"三纪刚盈三集编"句,自注云:"臣恭刻《御制诗》自庚辰迄今辛卯三集成编。"

> 按:据《近世中西史日对照表》,乾隆三十六年(辛卯)立春在三十五年十二月二十。

十二月二十六日,召至乾清宫西暖阁,蒙赐御笔福字,奉诏咏《周从钟》。

《王文庄日记·三十五年十二月》:"廿六……卯初二刻入直,召至乾清宫西暖阁。上亲书福字于龙笺以赐。显、庄、裕、恒四亲王,二刘中堂,托冢宰,素、于两司农,温尚书,钱少司寇,并予凡十人。拜受而归。奉诏咏《周从钟》一首。"

> 按:《素余堂集》内未载咏《周从钟》诗。然据《王文庄日记·三十

五年十二月》："廿八……奉旨选《从钟》诗八首,予书小楷镌座。刘、
刘、于、王、观、钱、王、彭。则先生亦当在二十六日"奉诏咏《周从钟》"之列。

**十二月二十九日,子齐贤猝遭时疾,病殁于小除日,哀痛殊深。刘统勋、王
际华等皆临吊。以届临元旦,未敢陈奏。高宗闻之,命予假五日。**

《耐圃府君行述》："自先考在比部,首尾五年。堂派总办秋审处及兼
判他司事甚众,先考平允详决,判断无不中肯綮。大学士刘文正公方领部
务,重其才,特加器许,将以考绩列名一等。会猝遭时疾,以是岁小除日弃
世。府君哭之甚恸,刘文正公临吊亦流涕不已,语府君曰:'吾所悲非独君
家父子间,特为朝廷惜此人耳。'后先考丧归,府君赋诗四章述哀,其第二
首云:'失恃怜渠小,将勖属我任。隐忧一子险,珍爱廿年深。岂易晨昏
慰,何期梦幻侵。新愁萦旧恨,追忆倍伤心。'其第四首云:'垂暮嗟亡子,
承先赖有孙。待看若辈长,可及老夫存。缄恸持千里,含饴报九原。只期
南店月,双照妥归魂。'盖先母徐恭人将与先考合殡于南店,故有末句。俯
仰存殁,蠡然伤怀,亦可知府君意绪之恶也。时以方届辛卯元辰令节,未
敢陈奏,上闻之命予假五日。"

《于氏家乘》："齐贤……乾隆庚寅十二月廿九日卒,葬南店。"

《王文庄日记·三十五年十二月》："廿九……辰初入直,未初散出,唁
于大司农西河之忧。"

《素余堂集》卷三四《亡儿归殡有日诗以寄恸》："得邀元老惜,应不憾
生前。"自注云:"儿在郎署五年,诸城相国每见辄奖许。闻其亡,哭之曰:
'为朝廷惜此人!'儿固不足当此过情之语,然死而有知,庶几瞑目泉
下乎!"

《申太恭人家传》："历数岁,博宾以疾卒。太恭人括发失声,勺饮不
入。时已有三子,俱在龆龀。文襄谕之曰:'尔不念吾老耶? 藐诸孤者谁
当抚之耶!'太恭人始勉强进糁粥。既念君舅尽瘁公家,诸子弱在童稚。
上勤奉养,下劳抚字。无敢一日忽遗焉。三子至今俱卓卓表见,皆得于母
教之力也。"(《于氏家乘》)

　　按:《亡儿归殡有日诗以寄恸》诗中注云:"丧于重阳发引。"然未
　明言何年。考《亡儿归殡有日诗以寄恸》诗,或作于乾隆四十年(详后
　谱)。则齐贤归葬南店当在三十六年至四十年间重阳日。

十二月二十九日,高宗临《唐释怀素草书千文》以赐。进五言二十四韵以

纪恩荣。

《耐圃府君行述》:"庚寅……十二月蒙赐《御临唐释怀素草书千文》一卷,府君成纪恩诗五言二十四韵进呈。……儒臣遭际,振古为荣。谨摹勒上石,永昭殊遇。"

《素余堂集》卷二三有《乾隆庚寅小除上几余洒翰俯临唐释怀素草书千文一卷赐臣敏中瞻奎藻之瑰奇捧云笺而郑重体冠诸家之妙笔超八法之宗方深悦服于传观岂谓宠逾于意计蚁伏祗领雀跃欢殷撰五言长律二十四韵用纪恩私虔申谢悃》,即《行述》所谓之"纪恩诗五言二十四韵"。诗中有句云:"春先三日至,腊届小年除。……鉴取《千文》字,精超一笔书。"又"钤玺从文殿,颁珍下直庐"句,自注云:"卷后钤养心殿宝。""贞石衷同勒"句,注云:"敬摹上石,用识荣遇。"

《清通志》卷一一七:"《御临怀素千字文》,乾隆三十五年于敏中恭刻。"

　　　　按:先生纪恩诗诗题内云"庚寅小除","小除"即除夕前一日。据《近世中西史日对照表》,乾隆三十年(庚寅)除夕在腊月三十,则小除当在腊月二十九日。

是岁,张若澄、德龄卒。

乾隆三十六年　辛卯(1771)　五十八岁

正月初一日,高宗有《辛卯元旦试笔》。为之跋。

《素余堂集》卷二五《恭跋御制辛卯元旦试笔诗》:"维时天阃诀荡,紫微光渐向晨;秘殿融怡,赤字章初试笔。……睹以为快,伏诵先众口之愉;赞莫能名,敬写识中心之悦。"

正月初,前所进二十四韵纪恩诗,高宗步韵有和,书金粟笺以赐,并谕先生赓酬。

《耐圃府君行述》:"庚寅……十二月蒙赐《御临唐释怀素草书千文》一卷,府君成纪恩诗五言二十四韵进呈。复荷俯同原韵赐和一章,书金粟笺以赐,并令府君再赓成什。"

《御制诗三集》卷九三有《偶临怀素草书千字文卷赐尚书于敏中敏中成纪恩诗二十四韵以进即用其韵援笔成什仍命属和》,诗中自注云:"是卷对本自临,初不经敏中之手,因特赐之。"又云:"敏中请摹上石,是以原诗有'贞石衷同勒'之句。"

《素余堂集》卷二三有《臣既蒙赐千文卷敬撰纪恩长律二十四韵少抒衔结之诚深愧疏芜之句上尘乙览弥切寅衷岂期下里之微吟得荷元音之俯和示以文章之奥晶夫德业之勤凛海迪以生成被鸿施之稠叠宠逾格外感深而词益难工情结由中语浅而心遑自已勉成载咏并纪重申》。其诗云:"何意紫机暇,还宣赤字书。……兴邑新韶始,章成宵漏余。"诗中自注:"赐和诗成,复蒙御书金粟笺,宠赉倍增感悚。"又注云:"御赐诗篇敬拟同摹镌石,益彰异数。"

　　按:《偶临怀素草书千字文卷赐尚书于敏中敏中成纪恩诗二十四韵以进即用其韵援笔成什仍命属和》于《御制诗三集》卷九三中系于《辛卯元旦》后、《正月五日重华宫茶宴廷臣及内廷翰林等适新题学诗堂用以联句并成是什》前,则高宗之酬和当作于正月初一至初五日间。

正月初五日,高宗于重华宫赐宴廷臣,命以"新正学诗堂"为题联句。先生以在告未与,仍蒙赏赉。

《清高宗实录》卷八七六:"丁未……召大学士及内廷翰林茶宴以新正学诗堂联句。"

《耐圃府君行述》:"会重华宫曲宴,府君以在告未与。蒙特赉珍品。"

《素余堂集》卷二○《正月五日重华宫茶宴廷臣及内廷翰林等适新题学诗堂用以联句并成是什》:"感惶未与当筵和,何意珍题赐就家。"自注云:"臣时蒙恩予假未与曲宴,亦得随诸臣同邀宠赉,并荷加赐曾经御题画轴。"

《素余堂集》卷二三有《辛卯春帖子词》,诗中自注:"考正内府所藏马和之《毛诗图》真迹,颜'学诗堂'以贮之,亦于新春葳工。"

　　按:据《行述》及先生诗中元注,知本年联句先生实未参与,然《御制诗三集》卷九三(辛卯)《新正学诗堂联句》内仍有"臣于敏中"之名,其名下并有"畴欤灿灿列疏眉""零星渐向石渠珇,络驿随呈壁府司""甲乙昔科胪笈册"等句。考《王文庄日记·三十五年十二月》:"初七……命于大司农、钱少司寇、彭侍讲联句,以'新正学诗堂联句'为题。"又《恩福堂笔记》卷上:"乾隆初年诸臣咸集宫阙,依次联吟。……后则南书房拟成,全首每四句下署一臣名。"知本年"新正学诗堂"联句上年腊月似已预先拟撰,联句之日只需于句下按次填名,非即席自作。

　　又按:《素余堂集》卷二〇自《正月五日重华宫茶宴廷臣及内廷翰林等适新题学诗堂用以联句并成是什》以下为乾隆三十六年作。

正月初六日,入直,赓和初五日重华茶宴御制即席元韵奏进,复蒙加赐御题之《嵩云秋霭图》一轴。

　　《耐圃府君行述》:"府君次日入直,恭和御制元韵二首进呈,复蒙赐文嘉《嵩云秋霭图》一幅。"

　　《素余堂集》卷二〇《正月五日重华宫茶宴廷臣及内廷翰林等适新题学诗堂用以联句并成是什》自注云:"臣时蒙恩予假未与曲宴,亦得随诸臣同邀宠赉。并荷加赐曾经御题画轴,倍深感悚。勉和御制即席元韵二什,用伸谢悃。"

　　又同卷有《上曲宴重华宫集廷臣联句臣敏中以给假未与得蒙特赉珍品次日入直勉和御制即席元韵用识感麈乙览复荷褒嘉并邀加赐御题文嘉嵩云秋霭图一轴泥首祗承弥增惭悚敬叠前韵以纪》。诗中自注云:"图本无名,今题作《嵩云秋霭》,上所命也。详见御制题画诗。"又注云:"协办大学士刘纶、侍讲彭元瑞即席成诗,蒙恩加赐堂幅,旌其工速,臣实愧非其比。"

　　《素余堂集》卷二三《新正五日》"秋霭图曾加一帧"句,自注云:"辛卯春恭进和诗,蒙恩加赐文嘉《嵩云秋霭图》一轴。"

正月,应制题《名画琳琅》六帧。

　　《石渠宝笈续编》著录有"《名画琳琅》一册"。御款作"辛卯新春"。内附先生题诗,凡六首。

　　此六首并见《素余堂集》卷二二,题作《应制题梁楷泼墨仙人》《朱德润松冈云瀑》《吴镇溪流归艇》《仇英竹下听泉》《文嘉石湖秋色》《项元汴墨兰》。又《应制题梁楷泼墨仙人》题下注云:"名画荟珍册,分得六帧。"

　　按:以上六诗于集中俱系于《庚寅春帖子词》之后、《乾隆庚寅小除》之前。据此,则似当作于乾隆三十五(庚寅)年。然《石渠宝笈续编》款作"辛卯新春",即三十六年之正月。疑本集编次有误。

正月,编次《评鉴阐要》毕,同刘统勋、刘纶联名奏进。

　　《评鉴阐要》卷首《进表》:"大学士臣刘统勋等谨奏:臣等叨直禁廷,预修史牒。时禀睿裁之论定,获观通鉴之成书。惟闳纲备揭乎御评,而特笔仅胪于《辑览》。……特以卷过百余,文成数万,欲标至义,必综大全。臣等敬请勒为一书,昭兹亿世。详加甄录,细绎指归。谨缮全函,恭呈乙览。帙分十二,而备条系八百,而赢经御撰者十之三,改批签者七之五,用是刊之秘殿,副在艺林。……谨奏。乾隆三十六年正月□日。大学士臣刘统勋、协办大学士臣刘纶、户部尚书臣于敏中。"

《四库全书总目》卷八八:"《御制评鉴阐要》十二卷。乾隆三十六年大学士刘统勋等编次恭进,皆通鉴辑览中所奉御批也。始馆臣恭……全书既成,其间体例事实奉有宸翰者几及数千余条。……因复详加甄辑,勒为此书。凡分卷十二,计恭录御批七百九十八,则大抵御撰者十之三,改签者十之七。……斥前代矫诬之行,阐史家诞妄之词。辨核舛讹,折衷同异。"

> 按:此文并见陆锡熊《宝奎堂集》卷四《为总裁进评鉴阐要札子》,当是陆锡熊代作。

二月初三日,随銮东巡。

《耐圃府君行述》:"辛卯……二月扈跸东巡。"

《清高宗实录》卷八七八:"甲戌,上东巡。奉皇太后自圆明园启銮。……是日,驻跸新衙门行宫。"

二月初六日,奉命传达东巡期间密发之汉字上谕。

《乾隆朝上谕档》:"乾隆三十六年二月初六日,圣驾巡幸山东。大学士尹继善、刘统勋、协办大学士尚书刘纶,俱未随往。经军机大臣尚书于敏中等奏请,面奉谕旨:清字寄信着尚书公福隆安出名,汉字寄信着尚书于敏中出名,为此存记。"

> 按:"寄信"即"寄信谕旨",以军机大臣奉旨的名义,由军机处交兵部捷报处寄给外省督抚等高级官员,亦称"廷寄"或"字寄"。《养吉斋丛录》卷四:"谕旨……令军机处行,不由内阁传钞者谓之'寄信',外间谓之'廷寄'。其式行经略大将军、钦差大臣、参赞大臣、都统、副都统、办事领队大臣、总督、巡抚、学政,曰'军机大臣字寄';行盐政、关差、藩臬,曰'军机大臣传谕'。由军机处封交兵部捷报处递往。"又云:"乾隆间寄信,皆领班之军机大臣出名。如领班者不在直,其应何人出名,临时请旨。……其式则书'某官某字寄某官:某年月日奉上

谕云云,钦此。为此遵旨寄信前来。'"

二月上浣,高宗题《李迪画春园游骑》。步韵和之。

《石渠宝笈续编》著录有"《李迪画春园游骑》一轴"。御款作"辛卯仲春上浣"。附先生和章,其前半云:"河阳迪显宣和年,名与郭熙驰后先。尤工生意画史传,兹图缀景殊清妍。"

　　　　按:此诗并见《素余堂集》卷二二,然系于《庚寅春帖子词》之后、《乾隆庚寅小除》之前,疑误。

二月二十日,奉命协办大学士事务。具折谢恩。

《耐圃府君行述》:"辛卯……二月……奉旨:以户部尚书协办大学士事务。"

《乾隆朝上谕档》:"乾隆三十六年二月二十日内阁奉上谕:……户部尚书于敏中着协办大学士事。"

《素余堂集》卷二八《奏为恭谢天恩事》:"窃臣谫劣庸材。……仰蒙皇上格外天恩,以户部尚书协办大学士事。……跪奉恩纶,感惶莫措。……惟有倍矢冰兢,更加黾勉,以期仰报高厚洪慈于万一。"

《大清会典》卷三:"协办大学士……从一品。"《清通典》卷二三:"协办大学士以六部尚书简充,满、汉各一人,均为赞理机务,表率百僚。朝位班次俱列六部尚书之上。"

二月二十五日,奏明二十七日召试之考场、考务、考题等项。

《乾隆朝上谕档》:"协办大学士尚书臣于敏中等谨奏:山东省进献诗册诸生三十五名,奉旨:着于二十七日考试,钦此。其考试地方,臣等询之抚臣富明安、学臣韦谦恒,据云:'即在泰安府考棚内。至士子试卷交学臣备办,照例弥封。桌凳、饭食、茶水等项,交抚臣预备。'再查南巡考试之例,应特派监试大臣四员、侍卫四员,监视稽查,由御前大臣奏派。其应派之护军,交该管处酌量派往。所有钦命诗赋论题三道,即于二十七日清晨由监试大臣祇领。谨将乾隆三十年考试江浙题目一并缮录进呈。谨奏。乾隆三十六年二月二十五日奉旨:知道了,钦此。"

二月二十七日,高宗召试山东诸生,奉命阅看试卷。二十九日,取士初彭龄、窦汝翼。

《耐圃府君行述》:"辛卯……二月……复奉命阅山东召试诸生卷。"

《乾隆朝上谕档》:"乾隆三十六年二月二十五日奉上谕:此次山东省

进献诗册诸生,著于二十七日考试,钦此。臣丰升额……谨奏:本日臣等奉命监试山东省进献诗册诸生王应芬等三十五名,收卷三十五本,理合封固进呈,恭候钦派大臣阅看。谨奏。"又:"钦命试题:同律度量衡赋,赋得泰山不让土壤得容字八韵,四极四合论。"

《清高宗实录》卷八七九:"庚子,谕:此次考试山东省进献诗赋之生员初彭龄、监生窦汝翼,俱着加恩赏给举人,准其一体会试。"

丰升额(?—1777),钮祜禄氏。满洲镶黄旗人。户部尚书阿里衮子。自三等侍卫封袭一等果毅公,历官至户部尚书,步兵统领。卒,赠太子太保,谥诚武。传见《清史稿》卷三一三。

初彭龄(1749—1825),字绍祖,一字颐园。山东莱阳人。乾隆三十六年,召试,赐举人。乾隆四十五年进士,选庶吉士。历官至兵部尚书、工部尚书。传见《国朝耆献类征初编》卷一〇三、《清史稿》卷三五五、《清史列传》卷三四、《词林辑略》卷四。

窦汝翼,山东诸城人。窦光鼐子。乾隆四十一年召试,授内阁中书。传见《(道光)诸城县续志》卷八。

三月十四日,吏部考绩,因勤慎称职,交部议叙。

《乾隆朝上谕档》:"乾隆三十六年三月十四日内阁奉上谕:吏部开具在京部院三品以上官,请旨甄别,以重考绩大典。协办大学士尚书官保、于敏中,尚书托庸、程景伊、素尔讷、福隆安,侍郎庭额理、英廉、期成额,均勤慎称职,宜加优奖,着交部议叙。"

三月,奉敕书御制《周范铜器十事》诗。

见横滨国际拍卖 & 日本美宝会 2020 年秋季特别联合拍卖大会。首题:"敬刊纯皇帝钦颁阙里庙廷周范铜器十事谨录御制诗一章并序",末款"辛卯三月臣于敏中奉敕敬书"。

> 按:拍卖时间为 2020 年 10 月 25 日。LOT 号:0516。尺寸 30×22.5 厘米×24。

> 又按:高宗诗又见《御制诗三集》卷九六(辛卯),题为《颁内府周范铜器十事交衍圣公孔昭焕陈阙里庙庭诗以志事》。

三月,以金坛族人积欠漕耗银米为数既多,而赔补期限将至,特寄俸金一千一百两代偿。

《耐圃府君行述》:"尝以千金为宗人代偿绝户积欠。"

《耐圃中堂代完合族洁字图银米碑记》:"吾族积欠洁字图浮荒漕耗银一百三十九两有奇,米三百九十五石有奇。奉文催征,期限严迫。而为数既多,轮将匪易。举族恐惶,罔识所措。辛卯三月,耐圃中堂札致公族曰:'吾家世受国恩,历年逋赋宜率先倡纳。第族众素守清贫,频遭岁欠,设措维艰,兹特垂寄俸金一千一百两代偿清楚。'族姓闻之,无弗以手加额,感激涕零。"(《于氏家乘》)

　　按:金坛于氏族人积欠洁字图银米,盖因当地官吏得贿弊混所致:"金坛县无著浮银一案。……乾隆十六年间,前县杨景曾力为清理,将无著浮粮两项另列洁二、洁三两图,派交该书邹楷一手管办。……邹楷辄乘机图利,诱令各户每银一两或米一石给钱一百及七八十文不等,即暂移入洁二、洁三两图内,弊混宕延。……汇成积欠。计自乾隆十六年起,至二十三年止,共将有著田粮混入洁字图内者三百五十三户。"(高晋《奏为清查金坛县无著浮粮究出得贿弊混粮书邹楷审明定拟事》,一史馆,04—01—01—0291—034 号)所有积欠各户自三十五年十月起,限期六个月照额赔补:"其拖欠银米,仍应各户自行完交。……应请勒限六个月,全数征完。……乾隆三十五年十月十二日。"(高晋《奏为查明江苏金坛无著浮粮酌请分别催征赔补事》,一史馆,04—01—35—0020—006 号)依此计之,三十六年四月即赔补之最后期限。

四月二十六日,同素尔讷、丰升额等阅看二甲第八名及三甲之殿试卷毕,奏闻于上。

《乾隆朝上谕档》:"臣于敏中、臣素尔讷、臣丰升额、臣英廉谨奏:臣等奉派覆勘殿试卷,除前列十卷蒙皇上钦定,毋庸校勘外,谨将二甲第八名以后及三甲各卷共一百五十一本,臣等公同详细阅看,所有标识圈点、高下等次俱不甚相悬绝,其对策次序颠倒及格式字样舛脱之卷,业经读卷官填置三甲末,其余各卷均无违式不合之处,理合据实奏明。谨奏。四月二十六日。"

四月,合族立《耐圃中堂代完合族洁字图银米碑记》,以志先生代偿漕耗银米之事。

《耐圃中堂代完合族洁字图银米碑记》:"事以推广国恩为重,道以敦崇伦纪为先。苟赉予自天家,分颁遍宗族。奕世而下,犹将景仰称颂。矧身当共时躬被共泽者,敢不直书以垂永久。……夫世之居高位、拥厚资者,但知营田宅、蓄金帛为子若孙衣食计,而同室之疾痛疴痒,视如秦越,漠不相关,何有于宗族。中堂历官数十载,室鲜余资,而宗党之鳏寡孤独、穷而无告以及士之应乡、会试者,靡不量事周给。今又慨捐清俸,代完积赋,俾逋欠之家如释重负。昔万载公《中说》曰:'宗族虽有亲疏,而在我公之以仁;恩谊虽有隆杀,而在我施之以义。'今一举而国恩以广,祖训以承,族姓以安,藉非仁至义尽,曷克臻此! 爰勒石公祠,以垂不朽。大清乾隆三十六年岁次辛卯孟夏谷旦,五分公立。"(《于氏家乘》)

《于氏家乘》:"洁三图漕耗族人积欠千有余金,公捐俸代输,毫无德色。"

六月初十日,蒙赏《清汉合璧诗经》。

《乾隆朝上谕档》六月初十日有"拟赏《清汉合璧诗经》名单",内有大学士刘统勋、大学士阿尔泰、大学士刘纶、协办大学士刑部尚书官保、协办大学士户部尚书于敏中诸人之名。

六月二十八日,谕军机处将高宗硃批永和等折交内务府抄录,不于军机处存档。

《军机处随手登记档》:"三十六年六月二十八日。硃批永和等折。……于中堂、额驸同谕:将原折交内务府抄录,军机处不存档。"

七月,奉到诸寺碑文、匾额之译文,计汉、满、蒙、藏四样文字。

《军机处随手登记档》:"三十六年七月初五日。进宗乘庙碑文翻译四样字交于中堂。""三十六年七月初六日。奏布达拉庙牌楼匾额及广慧寺匾额翻四样字进呈交于中堂。""三十六年七月十七日。鄂尔多斯广慧寺四样字匾于中堂转交满老先生、博大人收去,转交理藩院。"三十六年七月三十日。递蒙古西番字黄庙碑文。原进清汉字同递。送交于中堂。"

九月初八日,土尔扈特渥巴锡等率属归顺,朝于避暑山庄。高宗特命西洋画师艾启蒙往图其形。先生适以扈从,亦蒙恩写像。

《耐圃府君行述》:"辛卯……九月扈跸热河,上以土尔扈特汗渥巴锡等率属归顺,朝于避暑山庄,特召画院西洋人艾启蒙往图其形。因命为府君写像,并以画幅装池颁赐焉。"

《素余堂集》卷二三《恩赐画像恭纪》序云:"乾隆三十六年九月,上以土尔扈特汗渥巴锡等率属归顺,朝于避暑山庄,特命画院艾启蒙往图其形。臣以叩与扈从,蒙恩并写臣像。"又卷五有《土尔扈特全部归顺其台吉渥巴锡等入觐以九月初八日至伊绵峪上御行幄受朝礼成恩洽臣躬睹盛典庆忭难名恭纪五言四十韵胪实无文藉申贺悃》。

《恩赐画像恭纪》诗中自注云:"艾启蒙,西洋人,工油画法,凡宣画诸臣像多出其手。"其"会胜香山图九老"句,注云:"臣蒙特恩画像,较九老之图形香山尤为荣幸。"又"班夸瀛海列诸仙"句,注云:"瀛洲学士惟后世绘画。……当时并未图其貌,微臣叩被恩宠,荣于登瀛远矣。"

《乾隆帝起居注·三十六年九月》:"初八日乙巳,上行围。是日土尔扈特台吉渥巴锡等以归顺入觐。……赐渥巴锡等顶带冠服有差。"

艾启蒙(1708—1780),字醒庵。生于波西米亚。天主教耶稣会传教士。师从郎世宁学画,西法中用,同供奉内廷。设色沉厚,工绘翎毛,多为《石渠宝笈》著录。绘有《十骏犬图》《宝吉骝》《白鹰》《风猩》《山猫》等。传见《国朝院画录》卷下、《南漘楛语》卷六。

九月十一日,以小金川土司僧格桑与大金川土司索诺木联合反清,高宗遣温福入川督师,进剿金川。是役首尾五年,先生终始其间,承旨书谕,襄赞机务,倍著勤劳。

《清高宗实录》卷八九二:"戊申……谕曰:……小金川敢于负嵎逆命,若不急为翦除,养成贼势,于事有大关系。……著传谕温福……带军营所有之满洲兵,星驰取道赴川,奋力攻剿,务擒贼酋僧格桑,分隶其地。"

《御制文二集》卷四三《平定金川五十功臣像赞》之"大学士一等轻车都尉于敏中":"相机拟谕,厥功茂焉。"

章学诚《为座主梁尚书撰于文襄公墓志铭》:"金川之役,首尾五年。……公终始其间,仰体皇衷,俯察机要。拟为诏旨,纤悉周至,曲当无遗。"

九月中浣,高宗有《土尔扈特全部归顺记》。为之跋。

国家图书馆"中华古籍资源库"收录有《土尔扈特全部归顺记》拓片四张,分别为汉、满、蒙、藏文,尺寸俱 290×97＋30×25(额)厘米。首题:"土尔扈特全部归顺记",额题:"御制"。末款云:"乾隆三十六年岁在辛卯季秋月中浣御笔。"(馆藏号:各地 9802)

《素余堂集》卷二七《书刻御制土尔扈特全部归顺记恭跋》:"御制土尔扈特全部归顺记成,臣获奉誊稿,窃见夫千言大篇,举要举详。……夫土

尔扈特当准噶尔方炽时,已自相携贰,荡析离居,及沦入俄罗斯七十余年,
阻阂声教,斯乃不藉招致,挈属内附。……此敏关而来者,贫窭且惫。上
为筹其居处、饮食、衣被孳息之具,费数亿万计。于是馁者饱,冻者燠,瘵
者起,全活亦亿万计。其汗渥巴锡等悉令乘传朝谒,行则丰其牢饩,劳以
酒醴,至则锡封爵、授冠带,觐于伊绵峪,宴于万树园。……今年恭庆圣母
八旬万寿,建普陀宗乘之庙于山庄,会落成而渥巴锡等适至。将于庙碣冠
记以表之,然得瞻而读者盖趀。……用敢敬述梗概,盥写成册,镌之
贞珉。”

　　　　按:“土尔扈特全部归顺记”碑立于今河北省承德市。

**十一月初一日,高宗序《大方广佛华严经》《大宝积经》。同王际华、裘曰修
等联名跋之。**

　　《秘殿珠林续编》著录有“《大方广佛华严经》八十一册”。其中,《御制
金书大方广佛华严经序》御款作“乾隆三十六年,岁在辛卯长至月吉”。后
附臣工跋云:“圣母皇太后慈云荫世,宝月当天。……辰开曼寿之八旬,寅
展菩提之三箧。……臣等身依紫禁,顶礼元言。逢庆典之万年,翻灵文之
九部。……臣于敏中、臣裘曰修、臣王际华、臣曹文埴、臣彭元瑞、臣沈初、
臣董诰拜手稽首恭跋。”

　　《秘殿珠林续编》又著录“《大宝积经》一百二十册”。其中,《御制金书
大宝积经序》御款作“乾隆三十六年,岁在辛卯长至月吉”。后附臣工跋
云:“臣等依身东壁,额手西清。……臣等无任顶礼赞颂之至。臣于敏中、
臣王际华、臣裘曰修、臣王杰、臣彭元瑞、臣曹文埴、臣金士松、臣沈初
恭跋。”

十一月二十五日,预崇庆皇太后八旬万寿庆典,拟为祝辞九章。

　　《素余堂集》卷五《恭庆圣母崇庆慈宣康惠敦和裕寿纯禧恭懿安祺皇
太后八旬万寿祝辞九章》序云:“皇帝御寓三十六载,岁在重光亶安,仲冬
之月,恭逢圣母皇太后八旬万寿。……辛酉,上诣慈宁宫奉表庆贺礼成,
还御前殿,颁诏天下。……自在廷臣工暨致仕耆老与尝有位者,咸拜舞阙
下;而岳牧大吏,则命各率其属叩祝治所,俾申庆忱;若新旧藩卫越瀛微职
贡诸国,亦梯杭麇至;而土尔扈特归顺之众,则于山庄宴赉时凤已展其抃
跃之诚者也;乃至子衿胄士、黔黎耆孺之伦,逖跂近依,呼万之声周彻环
宇。……臣备职禁近,幸际庆典。……谨汇采舆颂,拟为祝词九章,冀以

宣达下情,申扬曼寿。……臣不胜兊藻之至。"其九章分别为:《廷臣祝辞》《外史祝辞》《老人祝辞》《多士祝辞》《兆民祝辞》《外藩祝辞》《属国祝辞》《新附祝辞》《衢童祝辞》。

《清高宗实录》卷八九七:"辛酉,皇太后圣寿节。遣官祭太庙后殿。上诣寿康宫,行庆贺皇太后礼。王大臣于慈宁门、众官于午门行礼。……礼成,以加上崇庆慈宣康惠敦和裕寿纯禧恭懿安祺皇太后徽号礼成,颁诏天下。"

是岁,奏请留宋铣于史馆,校译辽、金、元三史蒙古字音。

梁国治《敬思堂文集》卷六《宋太史传略》:"君讳铣。……三十六年恭逢庆典,赐五品冠带。前相国刘文正公、今相国金坛于公奏留史馆,校译辽、金、元三史蒙古字音。"

宋铣(1734—1779),字舜音,号小岩。江苏长洲人。乾隆二十五年进士,选庶吉士,授翰林院编修。先后任司经局洗马、湖南衡州府知府。参与纂修《明史》《通鉴辑览》《大清一统志》《满洲源流考》《三通》等书,另兼四库馆提调。传见梁国治《宋太史传略》(《敬思堂文集》卷六)。

奏请将乾隆二十四以来至本年之御制诗编校排次,汇为《御制诗三集》。书成,同刘统勋、刘纶联名跋尾。

《御制诗三集》卷首《进表》:"经筵讲官太子太保协办大学士户部尚书臣于敏中谨奏为恭镌《御制诗三集》告成具折进呈事。……溯自乾隆丙辰以迄己卯,二纪所作已裒集为《御制诗初集》《二集》,次第刊行,凡大小臣工以及四方承学之士……咸思得更诵三集。……臣日侍禁近,每当丹稿初宣,得预誊写。……曾奏请如前例编刊,幸荷俯俞。因恭校庚辰以来诗篇,按年分卷,陆续付雕,迄于辛卯。星纪适周,编排亦就。卷则盈百,篇则积万一千六百有奇。……而臣又窃幸先睹新篇,行将编录《四集》以再申共睹之愿。……兹因《三集》刻工告竣,装潢随折恭进,伏祈睿鉴。"

《御制诗三集》卷末跋云:"兹自庚辰迄于辛卯,复阅十有二年,积诗万一千六百余首,编成《三集》统一百卷。……臣等叨尘禁近,吟篇初下,每以先睹为荣。今编刻既成,盥诵之余,愉快更不能自已。……臣刘统勋、臣刘纶、臣于敏中、臣王际华、臣裘曰修、臣观保、臣董诰拜手稽首恭跋。"

《素余堂集》卷二三《壬辰春帖子词》有"三纪诗成赢二万,春词又启四编初"之句,自注云:"丁卯以前,《御制诗初集》四千余首;《二集》自戊辰至己卯,八千余首;今臣编刻庚辰至辛卯《御制诗三集》又一万一千余首,总计三集诗篇已二万三千有奇。"

>按:三十八年四月二十九日,阿桂有《奏为赏赐御制诗三集全部谢恩事》一折(一史馆,04—01—38—0008—025 号),则《御制诗三集》当于三十八年刊刻完竣。

是岁,陈兆仑、尹继善、陈弘谋、杨廷璋、双庆卒。

乾隆三十七年　壬辰(1772)　五十九岁

正月初一日,立春。有《壬辰春帖子词》。高宗复有《壬辰元旦试笔》,为之跋。

《素余堂集》卷二三有《壬辰春帖子词》。"奉朔今看全四卫"句,自注云:"土尔扈特全部归顺,自此四卫拉特咸隶臣仆,而时宪所列奉正朔诸藩,亦自今添一部云。"又"弹冠频喜逮千人"句,注云:"八旗及各省旧列仕籍之人,昨以恭祝慈寿恩给顶带,计千人余人,且预诏会试榜后疏通举人铨法拣选录用者又计千人。"

《素余堂集》卷二五《恭跋御制壬辰元旦试笔诗》:"试笔成百十二字,式符七始之全;镌集盈两万千余,更冠四编之首。……敬书笺册,恭识芜词。冀伸悦服之衷,弥切欢欣之志。"

>按:据《近世中西史日对照表》,乾隆三十七年(壬辰)立春在正月初一日。

同日,入直团拜。

《王文庄日记·三十七年正月》:"初一……同直团拜。诸城、武进、金坛、总宪观、少寇钱、中允董及予七人。"

>按:"诸城"为刘统勋,"武进"为刘纶,"总宪观"为观保,"少寇钱"为钱维城,"中允董"为董诰。

正月初二日,王际华来访。

《王文庄日记·三十七年正月》:"初二……由西城拜客而归。蒋老夫人、金坛、史洗马、武进、裘司空、倪宗伯、嵇少空乔梓。"

正月初四日,高宗谕各省督抚学政购访遗书。

《清高宗实录》卷九〇〇:"庚子……命中外搜辑古今群书。谕:……

古今来著作之手,无虑数千百家。……正宜及时采集,汇送京师,以彰千古同文之盛。其令直省督抚会同学政等,通饬所属,加意购访。……在坊肆者,或量为给价;家藏者,或官为装印;其有未经镌刊,只系钞本存留者,不妨缮录副本,仍将原书给还。……先将各书叙列目录,注系某朝某人所著,书中要指何在,简明开载。……令廷臣检核。有堪备阅者,再开单行知取进。"

　　按:《四库全书总目》著录有"大学士于敏中家藏本""大学士于敏中采进本"凡十一种。内经部三种:《十家易象集说》九十卷、《重刊朱子仪礼经传通解》六十九卷、《说文字原》一卷、《六书正讹》五卷;史部二种:《元朝名臣事略》十五卷、《雍录》十卷;子部四种:《伤寒总病论》六卷附《音训》一卷、《修治药法》一卷、《本草纲目》五十二卷、《奇经八脉考》一卷、《濒湖脉学》一卷;集部二种:《穆参军集》三卷附录《遗事》一卷、《薛文清集》二十四卷。

正月初八日,预重华宫茶宴,以《耕织图》为题联句。

《清高宗实录》卷九〇〇:"甲辰……召大学士及内廷翰林等茶宴以《耕织图》联句。"

《素余堂集》卷二〇《上元后一日曲宴廷臣示志》诗中自注:"新正八日,召臣等至重华宫,以《耕织图》联句。"

《御制诗四集》卷一有《耕织图联句》。联句者自高宗以下依次为:高晋、刘统勋、刘纶、官保、于敏中、托庸、程景伊、素尔讷、王际华、福隆安、丰升额、蔡新、裘曰修、观保、倪承宽、奉宽、周煌、钱维城、庆桂、庄存与、汪廷玙、谢墉、毛辉祖、汪永锡、胡高望、董诰、李汪度、王懿修。

《王文庄日记·三十七年正月》:"初八……巳初上回宫宣召大学士高公晋、刘公统勋、刘公纶、协揆官公保、于公敏中、冢宰托公庸、程公景伊、大司农素公尔讷、大宗伯臣际华、大司马蔡公新、大司空裘公曰修、总宪观公保、少宗伯倪公承宽、少司马奉公宽、周公煌、少司寇钱公维城、中允董公诰、大司马额附福公隆安、大司马丰公盛额、理藩侍郎庆公桂共二十人诣重华宫茶宴。演剧三出:《柏梁体》《太白醉骂》《痴梦》。《梦梅赴试》未完。即席恭和御制七律二首。"

《清通志》卷一一六:"耕织图联句,乾隆三十七年。……七言排律。王际华奉敕正书。"

高晋(1707—1779),高佳氏,字昭德。满洲镶黄旗人。吏部尚书高斌从子。历官至礼部尚书兼漕运总督,为乾隆朝治河名臣。卒,谥文端。传见《清史稿》卷三一〇。

庆桂(?—1816),章佳氏,字树斋。满洲镶黄旗人。大学士尹继善子。以荫生授户部员外郎。历官至兵部尚书、刑部尚书,并兼四库馆副总裁。卒,谥文恪。奉敕撰有《剿平三省邪匪方略》前编、续编、附编等。传见《国朝耆献类征初编》卷三一、《清史稿》卷三四一、《清史列传》卷二七等。

胡高望(?—1798),字希吕,号豫堂。浙江仁和人。乾隆二十六年一甲二名进士,授翰林院编修。历官至左都御史。卒,谥文恪。传见《国朝耆献类征初编》卷九五、《词林辑略》卷四、《壬寅销夏录》。

王懿修(1736—1816),字春圃,一曰字勖嘉。安徽青阳人。乾隆三十一年进士,选庶吉士,授翰林院编修。历官至礼部尚书、尚书房总师傅。卒,谥文僖。传见《清史稿》卷三五一,《清秘述闻》卷七、卷八。

正月十五日,具馔邀嵇璜、蔡新、周煌、倪承宽、蒋赐棨、裘曰修、董诰等同食。

《王文庄日记·三十七年正月》:"十五,于大司农设食招同嵇少司空、蔡大司马、周少司马、倪少宗伯、蒋少司农暨裘大司空、钱少宗伯、董中允小饮。"

按:"嵇少司空"为嵇璜,"蔡大司马"为蔡新,"周少司马"为周煌,"倪少宗伯"为倪承宽,"蒋少司农"为蒋赐棨,"裘大司空"为裘曰修,"董中允"为董诰。"钱少宗伯"其人未详。"少宗伯"即礼部侍郎,检《清代职官年表》,乾隆三十七年时任礼部侍郎者为诺穆浑、金甡,疑"钱少宗伯"或为"金少宗伯"之讹。又钱维城时官刑部侍郎(少司寇),"钱少宗伯"亦或为"钱少司寇"之讹。

正月十六日,预宴正大光明殿,蒙赐墨刻四种。

《素余堂集》卷二〇《上元后一日曲宴廷臣示志》:"躔欣近斗东西列,是日与宴者东西二班各七人。职凛分曹岁月要。茵席密依铭侍食,梯航环集谱来朝。宴间陈万国来朝舞队。上元递数仍灯节,雨水匀排自岁朝。是日雨水,今年因元旦立春,半月适逢中气。宝帙捧钦来漠裔,宴次蒙赐墨刻四种,内有御制《土尔扈特归顺记》。红旗驰待絷蛮么。时两路官兵将抵美诺贼巢,即日可得小金川捷奏。……堂上九成初律叶,《中和乐》正月以太蔟为宫。毫端七始大弦调。"

《乾隆帝起居注·三十七年正月》:"十六日壬子……申刻上御正大光明殿升座,赐王公大臣等宴。"

　　按:《素余堂集》卷二〇自《上元后一日曲宴廷臣示志》以下为乾隆三十七年作。

正月,高宗作《开泰说》。为之跋。

《素余堂集》卷二七《御制开泰说》:"上几余典学,成《开泰说》一篇,谓《泰》之九三即《乾》之九三,艰贞即乾、惕两爻,呼吸相通,阐从来未发之蕴。……诚悦服诵,岂止一辞莫赞而已耶!

　　按:台北故宫博物院藏有《清高宗御笔开泰说并仿明宣宗开泰图》,尺寸127×63厘米。该幅自题:"壬辰新春,成《开泰说》一篇。既书笺装卷弄之,几暇复仿明宣宗《开泰图》,花石则命邹一桂补之,仍录于帧端。养心殿明窗御笔。"

二月初四日,经筵侍班。

《清高宗实录》卷九〇二:"己巳……举行仲春经筵。……直讲官观保、王际华进讲《中庸》'修道之谓教'一句。……直讲官德福、倪承宽进讲《易经》'辅相天地之宜'一句。"

《王文庄日记·三十七年二月》:"初四……是日侍班满讲官:协揆刑部尚书官公保、署户部尚书素公尔讷、礼部尚书永公贵、户部侍郎英公廉、兵部侍郎奉公宽。汉讲官:大学士刘公统勋、刘公纶、协揆户部尚书于公敏中、吏部尚书程公景伊、兵部尚书蔡公新。裘大司空出差洮河故,以署讲官倪代讲。"

德福(?—1782),伊尔根觉罗氏。满洲正白旗人。以监生授刑部笔帖式。历官至正蓝旗汉军都统。卒,谥勤肃。传见《国朝耆献类征初编》卷八三。

二月十六日,王际华有札致之。

《王文庄日记·三十七年二月》:"十六……札致耐圃、敬堂。"

　　按:"敬堂"即倪承宽。

三月初七日,午正晤王际华。

《王文庄日记·三十七年三月》:"初七……食于南斋。候于公,至午正始得叙话。"

春,节录颜真卿《争座位帖》之文以赠熙翁。

见上海崇源艺术品拍卖有限公司 2005 秋季大型艺术品拍卖会中国古代书画专场。其文曰:"盖太上有立德,其次有立功,是之谓不朽。抑又闻之:端揆者,百寮之师长;诸侯者,人臣之极地。今仆射挺不朽之功业,当人臣之极地,岂不以才为世出、功冠一时? 乾隆壬辰春日,临奉熙翁太老先生清鉴。金坛于敏中。"钤印一:溪云初起日沉阁。

按:拍卖时间 2006 年 1 月 5 日。LOT 号:0259。尺寸 59×127 厘米。水墨花笺绢本。"熙翁"未详。

四月二十三日,同王际华叙谈至午正。

《王文庄日记·三十七年四月》:"廿三……食于南斋,候于公,闲话,至午正回赐庐。"

四月,奉敕重摹《淳化阁帖》告成,同王际华、裘曰修联名跋尾。

《石渠宝笈续编》著录有"《钦定淳化阁帖》十册"。御题曰:"重摹淳化阁帖成,因并弆毕士安原本于淳化轩,诗以志事。壬辰夏。"后附先生和章:"文轩题榜因名帖,石墨镌华胜昔年。鉴古一空流派溷,淳化帖后,惟大观刻本最佳。然考订不精不详,而钩摹亦稍失古意。他若绛帖、潭帖、鼎帖之类,支派益歧,流传更无善本。此帖颁行,众拓当如爝火之息矣。订伪都奉品评全。王著排次标题,讹误不可偻数。今悉经订正,并于每册后各系御识,举示大概。憾无毫发超淳化,信有权舆赐集贤。今所摹刻宋拓初本,乃毕士安为翰林学士时得赐者。荣甚陈刘事音释,宋陈与义虽奉敕校释阁帖,未得镌石并传。其后刘次庄辈各有释文,皆自著专行,亦非官本。臣今承命音释,附刻帖中,实为荣幸。只惭未熟佩觿篇。"另有先生同王际华、裘曰修之联名跋尾:"兹以淳化阁帖日久湮晦,而内府旧藏赐毕士安本拓法佳妙,苏颂、李洪、诸跋亦征而可信,王铎定为宋拓第一,顾人罕得觏也。爰命臣等排校,选匠重钩镌摹。……又以王著昧于考古,舛谬滋繁。……并敕臣等审勘参稽,旁及音释,每一卷成,上加以折衷,次第评陟,识诸册后。于凡体例、世次、名系、爵里以及误编复书之陋,悉为辨改。……工始于乾隆庚寅春二月,迄今壬辰夏四月告藏,并仿宋拓法得四百部,用广流传。……而因帖名轩,构廊列石亦淳化刻本之幸,臣等获以编校微劳,缀名简末,尤词臣稽古之荣幸云。臣于敏中、臣王际华、臣裘曰修恭跋。"

沈初《西清笔记》卷一:"《钦定淳化阁帖》乃当时赐毕士安本重为摹刻。于王著标名叙次之误者,悉为改正,其旁释文及每卷考证皆于文襄相国所书。"

五月初五日,同王际华叙谈。

《王文庄日记·三十七年五月》:"初五……听于公谈戟门。……已正返赐庐。"

五月初七日,奉命暂佩户部三库钥匙。

高宗谕令,略云:福隆安现在出差,步军统领事务著英廉署理,英廉到来之前户部三库钥匙着于敏中佩戴。……乾隆三十七年五月初七日。(一史馆,03—18—009—000038—0002号)

英廉(1707—1783),冯姓,字计六,号梦堂,又号竹井老人。内务府汉军镶黄旗人。雍正十年举人。历官至刑部尚书、户部尚书,并兼纂修《明史》《日下旧闻考》,四库馆总裁。卒,谥文肃,入祀贤良祠。工诗文,善画山水、墨竹。著有《梦堂诗稿》。传见《国朝耆献类征初编》卷二四、《满名臣传》卷四六。

　　　　按:原件为满文。

六月上浣至八月中浣,同王际华屡有书札往来。

《王文庄日记·三十七年六月》:"初四……接于、倪覆札。""十五……札致周蓬庵、倪敬堂、于耐圃。"

《王文庄日记·三十七年七月》:"初七……札致金坛、倪宗伯,以地事语之。""十一……入署,接素余札。"

《王文庄日记·三十七年八月》:"十一……接耐圃札并二百金。""十八……接耐圃札并会馆章程。""二十……入直,札致耐圃。"

八月二十四日,以失察川省支给兵粮数目,处以罚俸六个月。

刘统勋《题为遵旨会议户部尚书于敏中等员失察川省支给兵粮数目分别议处事》:"查《川省支给兵丁口粮前后数目不符请定章程》一折,从前军机大臣议覆时约记西陲平定事例,并未检查部档,以致错误,实属不合。应将协办大学士户部尚书于敏中、户部侍郎兼镶黄旗满洲副都统福康安、理藩院侍郎兼正白旗满洲副都统庆桂,均照不行详查罚俸六个月例罚俸六个月。……乾隆三十七年八月二十四日。"(一史馆,02—01—03—06664—006号)

福康安(1754—1796),富察氏,字瑶林,号敬斋。满洲镶黄旗人。傅恒子。初以云骑尉世职授三等侍卫。历官至闽浙总督。卒,谥文襄,晋赠郡王,入祀昭忠祠、贤良祠。传见《清史列传》卷二六、《清史稿》卷三三〇。

九月二十六日,王际华馈之食。

《王文庄日记·三十七年九月》:"廿六……予送菜,又馈于公四器。"

十月十七日,同刘统勋、刘纶等赴福隆安宅第燕饮赏剧。

《王文庄日记·三十七年十月》:"十七……福额驸邀至其第燕饮,王府新班演剧。同席者为庄亲王,札贝子,弘二爷,五都统,博阁学,慧、春两奏事,景侍卫暨刘、刘、于三中堂。"

同日,高宗以各省购访遗书殊为迟慢,再行申斥,命速行访求。

《清高宗实录》卷九一九:"戊寅……前以历代流传旧书及国朝儒林撰述,向来未登大内收藏书目者,已降旨直省督抚会同各学政通行购访,汇列书名奏闻。……迄今几及匝岁,曾未见一人将书名录奏,饬办殊为延缓。……各督抚等其即恪遵前旨,饬催所属速行设法访求。"

十一月初五日,蒙赏《重刻淳化阁法帖》,以尝司排校,特加赐二部。

《耐圃府君行述》:"壬辰,《钦定重刻淳化阁法帖》成,分赐群僚。府君尝司排校,特加赐册本二部。"

《乾隆朝上谕档》:"查《淳化阁法帖》现在奉旨分赏,谨详细酌拟……谨开写名单进。"后附十一月初四日"拟赏《重刻淳化阁法帖》名单",内协办大学士二人:官保、于敏中。

《王文庄日记·三十七年十一月》:"初五……恩赐《淳化阁帖》一分。"

《素余堂集》卷二〇有《恩赐重刻淳化阁帖三部恭纪并序》。其序云:"《钦定重刻淳化阁法帖》镌拓工竟,颁赐群寮,内自二品文臣以上,外及督抚人各一部,其邀加赐册本者又三十八人。臣敏中独蒙恩加赐二部。猥司排校,已叨稽古之荣;特荷便蕃,弥切捧盈之愧。……敬依《御制重摹淳化帖成并弆原本于淳化轩志事元韵》赓和二章,用纪恩私,兼申感愫。"其诗曰:"宝帖分颁逾两府,宋时淳化阁帖刻成,惟登两府者得与赐。今臣工拜赐者多至一百六十余部,而颁贮行宫、名胜、官署、书院者又七十余部,流传盖什倍于昔。嘉惠艺林益广且备矣!贞珉藏役逮三年。工始乾隆己丑二月,至壬辰四月告藏。……恩铭心版诚难罄,志感重赓志事篇。御制志事诗成,臣曾奉敕使和,附镌册后。冬至恰逢原纪月,壬辰况叶肇工年。帖后识壬辰十一月上石,兹藏工岁纪,适符颁赐复在长至月,不期而合,益增佳话云。……还淳幸遘中天盛,长绎名轩作记篇。"

十一月二十二日,以疮疾告假。

《王文庄日记·三十七年十一月》:"廿二……于公病。""廿三……于公病疮不入直。"

又《乾隆三十七年十一月二十七日祭天坛应行陪祀之大学士于敏中等事故单》,内列"大学士于敏中",其下注"生疮"。(一史馆,06—02—003—000012—0040号)

十一月二十五日,王际华冒雪探病,留之同食。

《王文庄日记·三十七年十一月》:"廿五……午刻冒雪往视于公疮疾,同饮食于其寝,晤其大令坦。申初刻归。"

> 按:大令坦即任嘉春。《耐圃府君行述》:"长适溧阳礼部尚书香谷任公讳兰枝孙,丁巳榜眼翰林院编修南屏公讳端书子,现任刑部河南司主事名嘉春。"

同日,安徽学政朱筠奏陈购访遗书及校核《永乐大典》意见折。

朱筠《奏为访求列代遗书仅陈管见事》:"……我皇上念典勤求,访求遗书……矧臣蒙恩职厕文学,敢竭闻见知识一二,为我皇上陈之:

一、旧刻抄本,尤当急搜也。汉唐遗书存者希矣,而辽、宋、金、元之经注文集,藏书之家尚多有之,顾现无新刻……宜首先购取,官抄其副,给还原书。

一、金石之刻,图谱之学,在所必录也。……请特命于收书之外,兼收图谱一门。而凡直省所在现存钟铭碑刻,悉宜拓取,一并汇送,校录良便。

一、中秘书籍,当标举现有者,以补其余也。……前明《永乐大典》,其书编次少伦,或分割诸书以从其类,然古书之全而世不恒觏者辄具在焉。臣请敕择取其中古书完者若干部,分别缮写,各自为书,以备著录。

一、著录校雠,当并重也。……每一书上必校其得失,撮举大旨,叙于本书首卷,并以进呈。……乾隆三十七年十一月二十五日。"(一史馆,04—01—38—0007—012号)

朱筠(1729—1781),字竹君,又字美叔、东美,号笥河。直隶大兴人。乾隆十九年进士,选庶吉士,授翰林院编修。乾隆三十八年在办理四库全书处行走,历任三通馆、《通鉴辑览》纂修、《日下旧闻考》总纂。官至福建学政。精金石之学。著有《笥河集》。传见《碑传集》卷四九、《清史稿》卷四八五等。

十二月初四日，以次女适衍圣公孔昭焕子宪培。

《耐圃府君行述》："次适曲阜袭封衍圣孔公名昭焕长子，恩赐二品服名宪培。……张淑人出。"又："壬辰……是岁，次姑母将适孔氏。衍圣孔公率我姑夫来京师诣宫门请安，府君以姑夫命名未协，奏请更改，上特赐名曰'宪培'。"

孔昭焕《奏为臣子孔宪培来京与大学士于敏中之女就婚事》："臣长子臣孔宪培聘定协办大学士尚书于敏中之女，兹遣臣子宪培来京就婚。……乾隆三十七年十一月二十日。"（一史馆，04—01—14—0040—013号）

孔昭焕《奏为恭奉朱批垂询子婚谢恩事》："接臣子宪培家信，云本月初二日叩请圣安，仰蒙天语垂询，并蒙恩赐貂皮、大缎、笔、砚、笺、墨各件。……乾隆三十七年十二月十三日。"（一史馆，04—01—12—0154—024号）

《王文庄日记·三十七年十二月》："初四……孔宪培过。送于爱出阁，收好如意、玻璃镜二、线一斤、梳具。送宪培，收笔、墨。"

孔昭焕（1735—1782），字显文。山东曲阜人。孔子七十一世孙。衍圣公孔广棨子。乾隆九年嗣其父封。高宗南巡过鲁，曾屡加赏赐。乾隆四十七年上疏乞休。同年，卒。传见《儒林传稿》卷四、《阙里文献考》卷一一。

孔宪培（？—1793），字养元。山东曲阜人。孔子七十二世孙。孔昭焕子。袭封衍圣公。卒，无嗣，以弟宪增子庆镕为嗣，袭封如初。传见《儒林传稿》卷四。

按：据孔昭焕折，孔宪培至迟于十二月初二日抵京。又十二月初十日上谕称："于敏中……次女已适……孔宪培。"知其成婚在十二月，则《王际华日记》内"于爱出阁"即指此事。

又按：据《行述》，孔宪培于三十七年蒙赐今名"宪培"。然据孔宪培自述："臣原名'允宪'，乾隆三十六年赐改今名。"（孔宪培《凝绪堂诗稿》卷四《恭和御制赐臣孔宪培诗元韵》元注）知其改名事实在三十六年，《行述》所记有误。

十二月初九日，病稍愈，出而赋诗。

《王文庄日记·三十七年十二月》："初九……入直如昨。于公出作诗如前。"

十二月初十日,妾张氏诰封三品淑人。十五日,具折谢恩。

《耐圃府君行述》:"十二月钦奉上谕:'……张氏著加恩赏给三品淑人。'鸿施逾格,旷典非常。府君具折陈谢。时次姑母随命妇入觐慈宁,倍邀锡赉。后慈驾幸阙里,次姑母从公太夫人入见,独蒙圣母询问周详,曲垂温谕。一门光宠皆由府君仰承眷顾,推及家人,感激何可言喻。"

《乾隆朝上谕档》:"乾隆三十七年十二月初十日奉旨:于敏中之妾张氏于例原不应封,但于敏中现无正室,张氏本系伊家得力之人,且其所生次女已适衍圣公孔昭焕长子孔宪培,系应承袭公爵之人,将来伊女亦可并受荣封。张氏着加恩赏给三品淑人,钦此。"

《王文庄日记·三十七年十二月》:"十五……入直。刘谢子桌恩,于谢妾淑恩。"

　　按:《清史稿》本传:"三十年,擢户部尚书。子齐贤,乡试未中式。诏以敏中久直内廷,仅一子年已及壮,加恩依尚书品级予荫生。又以敏中正室前卒,特封其妾张为淑人。三十三年,加太子太保。三十六年,协办大学士。"将张氏受封一事系于三十三年之前,认为同齐贤赏给荫生一般,皆先生擢升尚书之推恩所及,非。据《上谕档》及《行述》,知妾张氏受封淑人之由,与次女适衍圣公长子有关,其时在乾隆三十七年。

十二月十一日,奉命详议朱筠所进购访遗书意见折。刘统勋以非关政要,欲寝其事。先生独善其奏,与之力争。

《纂修四库全书档案》三一《大学士刘统勋等奏议覆朱筠所陈采访遗书意见折》:"大学士臣刘统勋等谨奏为遵旨议奏事。安徽学政朱筠条奏采访遗书事宜一折,乾隆三十七年十二月十一日奉朱批:原议大臣议奏,钦此。"

姚鼐《惜抱轩文集》卷一〇《朱竹君先生传》:"朱竹君先生名筠……及在安徽,会上下诏求遗书。先生奏言翰林院贮有《永乐大典》,内多有古书世未见者,请开局使寻阅,且言搜辑之道甚备。时文正在军机处,顾不喜,谓非政之要,而徒为烦,欲议寝之。而金坛于文襄公独善先生奏,与文正固争执,卒用先生说上之。四库全书馆自是启矣!"

《于文襄公手札》第十八通:"《永乐大典》内凑集散片,原如鸡肋。诸城似有不乐于裒辑之意，然未明言也，秘之。但既办辑多时，似难半途而废。"

按：朱筠所陈"购访遗书意见折"即三十七年十一月二十五日所进之《奏为访求列代遗书仅陈管见事》（一史馆，04—01—38—0007—012号）。乾隆三十八年二月初六日刘统勋等有《奏议覆朱筠所陈采访遗书意见折》，大体采纳朱筠意见，即先生力争之结果。

又按：许宗彦《鉴止水斋集》卷一九《先考方伯府君行状》："讳祖京，字依之，一字春岩。朱学士筠疏言'《永乐大典》多秘书，可以时纂辑'。高庙语刘文正公，使择儒者详其事，文正以属先府君。先府君至翰林院阅《永乐大典》数十册，白文正曰：'是书虽极博，然多唐以后书，且分隶韵字，割裂散漫，不足重修，当更议。'文正即以先府君言奏上。"知刘统勋不欲从《永乐大典》内纂辑散片实出自许祖京之提议。

十二月十九日，次女诣皇太后宫叩头朝见，倍邀赏赍，王际华贺之。

《耐圃府君行述》："时次姑母随命妇入觐慈宁，倍邀锡赉。"

孔昭焕《奏为臣媳于氏蒙皇太后温语垂问及恩赏玉如意等物谢恩事》："窃臣接臣子孔宪培家信，知臣媳于氏于乾隆三十七年十二月十九日蒙皇上天恩准令诣皇太后宫叩头朝见。仰蒙皇太后慈恩温语垂问，并在内赐饭，复蒙恩赐玉如意、寿字衣、大缎、荷包、藤炉、翠花装具、手帕、脂粉等件，又命带出赐臣子宪培玉如意、貂皮、朝珠、荷包、玻璃瓶碗等件。……臣媳何幸仰邀宠遇若此。"（一史馆，04—01—14—0041—052号）

《王文庄日记·三十七年十二月》："十九……顺贺于淑人之喜。"

十二月二十六日，为婿孔宪培进贡。

《王文庄日记·三十七年十二月》："廿六……于公为其婿进贡。"

是岁，刘星炜、沈廷芳、邹一桂、富明安、钱维城卒。

乾隆三十八年　癸巳(1773)　六十岁

正月初一日，高宗有《癸巳元旦试笔》。为之跋。

《素余堂集》卷二五《恭跋御制癸巳元旦试笔诗》："爆竹声联闾阖，自西南送喜；相乌竿静摄提，从东北占风。……快因先睹光华，幸近九霄；悦以中心诵写，讵惟万遍。"

正月初二日，重华宫召对，获赐佩袋。

《素余堂集》卷二〇《新正重华宫侍皇太后宴即事》诗中自注："前一日，诏臣等至重华宫与聆韶音，并拜佩袋恩赐。"

> 按：《新正重华宫侍皇太后宴即事》"万龄泰洽盛而昭"句，自注云："癸曰昭阳，巳曰巳盛，是日于支适符岁德，尤征嘉瑞。"知此诗作于乾隆三十八（癸巳）年。据《清高宗实录》："癸巳，上奉皇太后幸重华宫侍宴。"知此诗所纪为正月初三日事。诗注又云："前一日，诏臣等至重华宫与聆韶音，并拜佩袋恩赐。"则其事在乾隆三十八年正月初二日。

正月初三日，重华宫侍皇太后宴，高宗赋诗纪之。有和作。

《素余堂集》卷二〇《新正重华宫侍皇太后宴即事》："宴启年朝景正韶，正月三日为小年朝，见《杭府志》。香盈炉柏和屏椒。新年例有吉语椒屏，预陈殿壁。欢承长奉新春庆，安问兼循翊旦朝。每恭迎皇太后侍宴，次日必诣寿康宫请安。……升平乐事欣闻见，更喜仙芝护碧寮。上亲绘《寿石仙芝图》于帧端，书侍宴诗以进。"

《乾隆帝起居注·三十八年正月》："初三日癸巳，上奉皇太后于金昭玉粹侍早膳，重华宫侍茶果、晚膳、酒膳。"

> 按：《素余堂集》卷二〇自《新正重华宫侍皇太后宴即事》以下为乾隆三十八年作。

正月十二日，立春。有《癸巳春帖子词》。

《素余堂集》卷二三有《癸巳春帖子词》。"文治旁敷仰化淳"句，自注云："《钦定淳化阁帖》刻成，冠以御制《淳化轩记》，岁内颁赐臣工。"又"氛销玉垒晴无雪，捷报金川凯及春"句，注云："雪山即古所谓玉垒也，金川界居其中，我军平定美诺时冬暖无雪，众以为异。"

> 按：据《近世中西史日对照表》，乾隆三十八年（癸巳）立春在正月十二日。

> 又按：三十七年十二月，清军攻克美诺等地，小金川全行底定。分兵三路，进剿大金川，故有"捷报金川凯及春"之句。

同日，预重华宫茶宴，以"颁赐重刻淳化阁帖"为题联句。

《清高宗实录》卷九二四："壬寅……召大学士及内廷翰林等茶宴以重刻《淳化阁帖》颁赐群臣联句。"

　　《素余堂集》卷二〇有《重华宫茶宴廷臣及内廷翰林用刻淳化阁法帖颁赐群臣事联句即席复得诗二首》。其一"左个喜才山早进"句注云："上于乾清宫阅受京兆所进春山，即召臣等入宴。"其二"旧刻新镌冠墨林，天题珍重识兼吟"句，自注云："每卷后俱有御笔评志以正讹舛，第十卷后并有御制志事诗。"又"赓咏一时荣举手"句注云："与联句凡二十八人，皆得蒙新帖之赐者。"

　　又同卷《上元后一日曲宴廷臣》"迎春鼎句赓廊石"句，自注云："立春日以'颁赐重刻淳化帖'联句。"

　　《御制诗四集》卷九有《重刻淳化阁帖颁赐群臣联句》。联句者自高宗以下，依次为：刘统勋、刘纶、官保、于敏中、托庸、程景伊、素尔讷、王际华、福隆安、蔡新、裘曰修、观保、倪承宽、金甡、庆桂、周煌、奉宽、萨载、庄存与、谢墉、汪廷玙、毛辉祖、汪永锡、胡高望、董诰、李汪度、王懿修、汤先甲。

　　萨载（？—1786），伊尔根觉罗氏。满洲正黄旗人。福州将军萨哈岱子。乾隆十三年翻译举人，授理藩院笔帖式。历官至两江总督。卒，赠太子太保，谥诚恪，入祀贤良祠。传见《国朝耆献类征初编》卷一八一、《清史稿》卷三二五。

　　汤先甲（1712—1778），字萼南。江苏宜兴人。乾隆十六年进士，选庶吉士，授翰林院编修。历官至侍读学士。精小楷，工诗文。传见《（嘉庆）重修宜兴县志》卷三。

　　　　按：《王文庄日记·三十七年十二月》："初七……联句下，戌正二刻乃散。"又："十一……卯初三刻，入直，召对于养心殿西暖阁，缴联句诗。淳化阁帖颁赐群臣。"知此次联句已于一个月前预先拟好。

正月十六日，预宴正大光明殿，候金川奏捷。

　　《素余堂集》卷二〇《上元后一日曲宴廷臣》诗中自注："是日与宴者凡十六人。"又"喜气西南仡吉征"句，注云："是日喜神西南方。仡听金川奏捷。"

　　《乾隆帝起居注·三十八年正月》："十六日丙午……是日申刻，上御正大光明殿升座，赐廷臣宴。"

二月初六日，朱筠《采访遗书意见折》经大臣详议及高宗裁定，多获允准。四库全书馆由是而启。

　　《纂修四库全书档案》三一《大学士刘统勋等奏议覆朱筠所陈采访遗

书意见折》:"安徽学政朱筠条奏采访遗书事宜一折……臣等谨按所奏各条,公同酌议,开列于后。"内关于校核《永乐大典》一事,军机大臣称:"《永乐大典》一书……系用韵以统字,用字以统事,将平、上、去、入韵字为纲,依次编序。凡经、史、子、集等部,或依音,或从其类,随字收载,多系割裂琐碎。但查原书,采取各种,为数甚夥。其中凡现在流传已少,不恒经见之书,于各卷中互相检勘,有足裨补缺遗、津逮后学者,亦间有之。若一概摒为陈册,不为分别检查,殊非采购遗书本义。惟是卷帙繁多,所载书籍又多散列各韵之中,非一时所能核定。相应奏明,容臣等就各馆修书翰林等官内,酌量分派数员,令其陆续前往,将此书内逐一详查。其中如有现在实无传本,而各门凑合尚可集成全书者,通行摘出书名,开列清单,恭呈御览,伏请训示遵行。"

《清高宗实录》卷九二六:"乙丑……得旨:军机大臣议覆朱筠条奏,内'将《永乐大典》择取缮写,各自为书'一节,议请分派各馆修书翰林等官前往检查。……令就各门汇订,可以凑合成部者,亦足广名山石室之藏。着即派军机大臣为总裁官,仍于翰林等官内选定员数,责令及时专司查校,将原书详细检阅,并将《图书集成》互为较核,择其未经采录而实在流传已少、尚可裒辑成编者,先行摘开目录奏闻,候朕裁定。……至朱筠所奏,每书必校其得失,撮举大旨,叙于本书卷首之处。……应俟移取各省购书全到时,即令承办各员将书中要指檃括,总叙厓略,黏贴开卷副页右方,用便观览,余依议。"

　　按:刘统勋等《奏议覆朱筠所陈采访遗书意见折》并见陆锡熊《颐斋文稿》之《为军机大臣议覆安徽学政朱筠采访遗书条奏》,内容基本全同,当是陆氏代拟。《颐斋文稿》,抄本,《北京图书馆古籍善本书目》著录为陆费墀撰,相关书目皆据以转录,然经比勘,此稿实系陆锡熊《宝奎堂余集》之初稿本。详张升《陆锡熊与〈四库全书〉编修》(《史学史研究》2014年第2期)、苗润博《国家图书馆藏"陆费墀《颐斋文稿》"考辨》(《中国典籍与文化》2014年第3期)。

　　又按:朱筠校核《永乐大典》之条陈为高宗所准,命刘统勋等详议章程。二月二十一日,刘统勋等奏进议定之办理条例,得旨:"依议。将来办理成编时,著名'四库全书'。"可见,朱筠之条陈直接促成四库全书馆开馆。该条陈之通过,实先生"与文正固争执"之结果。

二月初十日，以齐、豫诸地正月以来甘霖普降，是日京师复雪，尤征丰兆，高宗诗以志喜。步韵和之。

《素余堂集》卷二〇有《二月初十日雪》。诗中自注："立春以后，已符正月三白之占，今半月余复得浓霎，尤征丰兆。"又注云："河南、山东俱奏报于正月下旬得雨。"

二月十五日，嘱军机处将裘曰修得雨折存底。

《军机处随手登记档》："三十八年二月十五日。裘曰修等得雨折稿一件，归月折包。……于中堂嘱存此底。"

三月中浣，高宗召试天津诸生，奉命同嵩贵、窦光鼐阅看试卷。二十日，取士顾塈、杜兆基、陆伯焜等。

法式善《槐厅载笔》卷七："乾隆三十八年天津召试诸生……阅卷大臣协办大学士户部尚书于敏中、内阁学士兼礼部侍郎嵩贵、宗人府府丞窦光鼐。"

《清高宗实录》卷九二九："己酉……谕：朕因永定北运两河工程告藏……临幸天津。直省士子……进献诗册者甚多，爰照从前巡幸江浙山东之例，命题考试。就其文义高下，量加录取。所有列在一等之生员顾塈、李廷敬，贡生闵思毅、陆伯焜，俱著赏给举人。其举人杜兆基着以内阁中书补用。"

法式善《槐厅载笔》卷七："天津召试诸生题目：'上德不德''下德不失德'，赋规圆矩方准平绳直论，赋得春水船如天上坐。得时字七言八韵。"

嵩贵（？—1789），石氏，字抚堂，一字补山。蒙古正黄旗人。乾隆二十六年进士，选庶吉士。历官至司经局洗马。传见《国朝耆献类征初编》卷九六。

顾塈，初名陶尊，字尧峻，号思亭。顺天宛平籍，江苏长洲人。乾隆三十八年召试举人。历官至常州教授。著有《觉非庵笔记》《鹤皋草堂集》。传见《晚晴簃诗汇》卷九五。

李廷敬（？—1806），字景叔，号宁图，一号昧庄。直隶沧州人。乾隆三十八年召试举人。乾隆四十年进士，选庶吉士，授户部主事。历官至江苏按察使。著有《平远山房集》。传见《(光绪)重修天津府志》卷四四、《词林辑略》卷四。

闵思毅，字仁夫，一字雅山。浙江乌程人。乾隆三十八年召试举人，历官至内阁侍读。传见《两浙𫐐轩录补遗》卷六。

陆伯焜(1742—1802),字重晖,号璞堂。江苏青浦人。乾隆三十八年召试举人,授内阁中书。乾隆四十五年进士,选庶吉士。先后任武英殿分校、《日下旧闻考》纂修、三通馆纂修、四库馆提调。历来官至浙江按察使。参编《钦定日下旧闻考》《清文献通考》《清通志》等书,著有《玉笥山房诗钞》。传见《国朝耆献类征初编》卷一九二。

杜兆基,字稷山,一云号稷山。浙江会稽人。乾隆三十八年召试举人。历官刑部郎中、山西道御史。传见《国朝御史题名》、《枢垣记略》卷一八。

> 按:据《起居注》,是年三月十六日驻跸天津,二十日自天津回銮,并赏给顾堃等人功名。则此次召试约在三月十八左右。

高宗作《赋得春水船如天上坐得迟字八韵**》。有和作。**

《素余堂集》卷二〇《赋得春水船如天上坐》:"坐来霄汉诗情畅,倚棹讴歈愧和之。"

> 按:《御制诗四集》卷一二(癸巳)有同题之作,系于《至天津府即事一首》之后、《天津回銮之作》之前。

春,热河巡检夏熙卒,深为惜悼。越岁,时人建祠祀之,先生有诗勒于祠下。

《素余堂集》卷三四有《哀热河巡检夏熙》。序云:"夏君青溪任热河巡检十余年,洁己奉公,且多惠政,人咸德之。员虽微而志则大,是可与也。两以秩满课,最格于资,未转一阶。上官知其贤,将特荐以不次之擢而夏君遽以病殁。呜呼惜哉!余惜此土之失一廉能尉,且惜畿辅异日少一循良吏,不独为夏君修短惜也!诗以志慨。"诗中"他日兴州访遗爱,庙垣犹有泪碑存"句,自注:"夏君尝捐赀建庙营其隙地,以瘗旅榇,冬月鬻糜赡贫,勒碑志事,请余为之记。"

《(道光)承德府志》卷三四:"夏熙,字春台,浙东上虞人。……未秩。时热河未改郡,统以同知分理者,惟巡检任綦巨,熙筮得是缺。在任十余年,立义冢,建祠庙,有利于民者,百废具举。……乾隆三十八年癸巳春……熙以疾卒于廨。越岁,民食其利、思其德,建祠祀之。颜之曰'夏公祠'。国朝于文襄敏中、观文恭保俱有诗勒之祠下。"

《(光绪)上虞县志校续》卷一一:夏熙……任热河巡检前后十一

年。……直隶总督面奏将加超擢,遽卒。乾隆三十九年浙人祀之宣武门外广谊园,以为土神。"

俞蛟《梦厂杂著》卷二《春明丛说》:"濮州人夏熙者,父母早丧,依于舅氏。……授热河巡检。……金坛于中堂丞称之,常谓周制军元理曰:'贤能如夏巡检,何以久居矮屋,俾不得抬头,其量为擢用何如?'周公诺之。方拟迁除而熙卒。"

闰三月十一日,充四库全书馆正总裁,董司其事。

《耐圃府君行述》:"癸巳闰三月,奉命充四库全书正总裁。"

《乾隆朝上谕档》:"乾隆三十八年闰三月十一日,奉上谕:现在办理《四库全书》,卷册浩繁,必须多派大臣董司其事。刘统勋、刘纶、于敏中、福隆安、王际华、裘曰修俱着为正总裁,英廉、庆桂外,并添派张若渟、曹秀先、李友棠为副总裁。钦此。"

张若渟(1703—1787),字树谷,一字若谷,又字墨庄。安徽桐城人。张廷玉从子。雍正八年进士,授兵部车驾司主事。历官刑部侍郎、都察院御史。又兼四库馆副总裁。传见《清史稿》卷二八八、《(道光)济南府志》卷二九、《(道光)续修桐城县志》卷一三等。

李友棠(? —1798),字西华,一字莙伯,江西临川人。礼部侍郎李绂孙。乾隆十年进士,选庶吉士。历官礼部侍郎、工部侍郎,兼四库馆副总裁。著有《侯鲭集》。传见《国朝耆献类征初编》卷七〇、《清朝先正事略》卷五二七、《词林辑略》卷四。

> 按:"四库全书"之名,见乾隆三十八年二月十一日上谕:"昨据军机大臣议覆朱筠条奏,校核《永乐大典》一折。……兹检阅原书卷首序文,其言采掇搜罗,颇称浩博,谓足津逮四库。……朕意从来四库书目,以经、史、子、集为纲领,裒辑分储,实古今不易之法。是书既遗编渊海,若准此以采撷所登,用广石渠、金匮之藏,较为有益。……将来办理成编时,著名《四库全书》。"

闰三月十一日,戴震、余集、周永年因先生之荐入四库馆行走。

《清高宗实录》卷九三〇:"庚午……大学士刘统勋等奏:纂辑《四库全书》,卷帙浩博,必须斟酌综核,方免挂漏参差。请将现充纂修纪昀、提调陆锡熊作为总办。……又查有郎中姚鼐、主事程晋芳、任大椿、学正汪如藻、降调学士翁方纲留心典籍,应请派为纂修。又进士余集、邵晋涵、周永年、举人戴震、杨昌霖于古书原委俱能考订,应请旨调取来京,令其在分校上行走,更资集思广益之用。从之。"

段玉裁《戴东原先生年谱》:"上开四库馆,于文襄公以纪文达公、裘文达公之言荐先生于上。上素知有戴震者,故以举人特召,旷典也。奉召充纂修官,仲秋至京师。"

昭梿《啸亭杂录》卷一〇:"乾隆中,上特开四库全书馆,延置群儒。刘文正公荐邵学士晋涵。于文襄公荐余学士集、周编修永年、戴东原检讨震于朝。上特授邵等三人编修,戴为庶吉士,皆监修四库书。时人谓之'四布衣'云。"

纪昀(1724—1805),字晓岚,又字春帆,号石云。河北献县人。乾隆十九年进士,选庶吉士。历官至兵部尚书、礼部尚书,加太子少保。又先后任功臣馆、国史馆、方略馆、四库馆总纂官。卒,谥文达。学宗汉儒,长于训诂、考据,兼工诗文。著有《史通削繁》《阅微草堂笔记》《纪文达公诗文集》等。又奉敕编《河源纪略》《四库全书总目》等。传见《碑传集》卷三八、《国朝耆献类征初编》卷三一、《清朝先正事略》卷二〇、《清史列传》卷二八等。

姚鼐(1732—1815),字姬传,一字梦谷,号惜抱。安徽桐城人。乾隆二十八年进士,选庶吉士,授兵部主事。任四库全书纂修。先后讲学于紫阳、安定、敷江、钟山等书院。工书法,古文。著有《惜抱轩诗文集》,编《古文辞类纂》。传见《碑传集》卷一四一、《国朝耆献类征初编》卷一四六等。

任大椿(1739—1789),字幼植,一字子田,号芝田。江苏兴化人。乾隆三十四年进士,授礼部仪制司主事。又充四库馆总目协勘官。卒,入祀乡贤祠。著有《吴越备史注》《子田诗集》。传见《碑传集》卷五六、《国朝耆献类征初编》卷一三七、《清史列传》卷六八等。

汪如藻,字彦孙,一字鹿园。浙江秀水人。乾隆四十年进士,选庶吉士,授翰林院编修。历官至山东粮储道。四库全书开馆,进书百种以上。并充四库馆总目协勘官。著有《经进诗稿》。传见《两浙𬨎轩录补遗》卷六、《晚晴簃诗汇》卷九六等。

翁方纲(1733—1818),字正三,一字忠叙,号覃溪,又号苏斋。直隶大兴人。乾隆十七年进士,授翰林院编修。后充四库馆纂修。历官至内阁学士。精于金石、辞章之学,工书擅画。论诗创"肌理说"。著有《粤东金石略》《苏米斋兰亭考》《复初斋诗文集》《小石帆亭著录》等。传见《国朝耆献类征初编》卷九一、《清史列传》卷六八等。

余集(1739—1823)，字蓉裳，号秋室。浙江仁和人。乾隆三十一年进士。三十八年入四库馆，授翰林院编修。历官至侍读学士。兼四库馆纂修。告归后，出主大梁书院。古文、诗词、绘画、书法皆工。著有《秋室学古录》《梁园归棹录》《忆漫庵剩稿》等。传见《国朝耆献类征初编》卷一三〇、《清史列传》卷七二等。

邵晋涵(1742—1796)，字二云，一字舆桐，号南江。浙江余姚人。乾隆三十六年进士。三十八年入四库馆，授翰林院编修。五十六年授侍讲学士，充文渊阁直阁事，先后任三通馆、四库馆纂修。著有《尔雅正义》《旧五代史考异》《南江札记》《孟子述义》《南江诗文稿》《韩诗内传考》《谷梁正义》《方舆金石编目》《辎轩日记》等。传见《清朝先正事略》卷三五、《清史列传》卷六八、《清史稿》卷四八一等。

周永年(1730—1791)，字书昌，号静函，一号贷园。山东历城人。乾隆三十六年进士，充四库馆纂修。馆散，授编修，充文渊阁校理。著有《先正读书诀》《借书园书目》等。传见《国朝耆献类征初编》卷一三〇、《清史列传》卷六八、《清史稿》卷四八一等。

戴震(1723—1777)，字东原，一字慎修，号杲溪。安徽休宁人。乾隆二十七年举人。三十八年，入四库全书馆充纂修。四十年，赐同进士出身，选庶吉士。精于天文、数学、历史、地理、音韵、文字、训诂，为乾嘉学派代表人物。著有《毛郑诗考证》《孟子字义疏证》《声韵考》《戴氏水经注》《考工图记》《勾股割圆记》等。传见《碑传集》卷五〇、《清史列传》卷六八、《清史稿》卷四八一。

杨昌霖，字际时。江苏吴县人。乾隆四十年赐进士，选庶吉士。曾充四库馆纂修。事见《(民国)吴县志》卷一三。

四月十二日，蒙赏《御制诗三集》。

《乾隆朝上谕档》四月十二日有"赏《御制诗三集》王大臣名单"，内有刘统勋、刘纶、于敏中诸人之名。

四月十五日，以行走内廷，颇为奋勉，本月六十初度命照七十大臣例赏赐，俟七十再行赏给。

《耐圃府君行述》："癸巳……四月二十一日为府君六旬初度辰，上命兵部尚书一等忠勇公和硕额驸福公先期传旨:向来大臣中有年登七十者其生辰始加赏赍,今协办大学士尚书于敏中虽年甫六十,但在内廷行走,颇为奋勉,此月中为伊生日,着加恩照七十大臣例赏赐,俟伊七十仍再行赏给。钦此。"

《素余堂集》卷二八《奏为恭闻恩命叩谢天恩事》:"本月十五日,尚书公额驸福隆安传旨:……于敏中……着加恩照七十大臣例赏赐。……兹臣甫周花甲,幸际昌辰,何期犬马之年,仰邀日月之照。异数惊承夫天锡,厚赍许视夫古稀。……复荷圣主之重申谆示,预期微臣以七袠再沾。……俟至期祇领,再行奏谢外,所有臣承命感悚愚忱,谨缮折叩谢天恩,仰祈圣鉴。"

四月二十一日,先生六十初度。蒙赐御书"耆瑞国华"匾额,并上用冠、绣纱蟒袍补服、梵铜佛、玉如意、珊瑚朝珠、大小荷包等物。弟于易简并群从子侄俱捧觞上寿。

《耐圃府君行述》:"癸巳……四月二十一日为府君六旬初度。……时叔祖春圃公为易州牧,适因公至京,率群从子侄罗拜谢恩,捧觞上寿,共谓阅旬称庆,当再沾渥泽。"

《素余堂集》卷二八《奏为恭谢天恩事》:"乾隆三十八年年四月二十一日,臣六十生日,仰蒙皇上天恩,照大臣七十生辰之例特加赏赍。御书'耆瑞国华'匾额一幅,上用冠一顶,绣纱蟒袍补服一袭,梵铜佛一尊,玉如意一柄,珊瑚朝珠一盘,大小荷包一对,特派御前侍卫镶黄旗蒙古都统署理藩院侍郎积福赍捧到臣。臣随恭设香案,叩头祇领讫。……所有微臣感激下忱,理合缮折恭谢天恩,仰祈圣鉴。"

五月初一日,奉命于《四库全书》中撷采精华,缮为《荟要》,弆之摛藻堂。

《乾隆帝起居注·三十八年五月》:"初一日……是日刘统勋等奉谕旨:朕几余懋学,典册时披。念当文治修明之会,而古今载籍未能搜罗大备,其何以裨艺林而光策府。爰命四方大吏加意采访,汇上于朝。又以翰林院署旧藏明代《永乐大典》,其中坠简逸篇往往而在,并敕开局编校,芟芜取腴,每多世不经见之本,而外省奏进书目名山秘笈亦颇哀括无遗。……特诏词臣详为勘核,厘其应刊、应钞、应存者,系以提要,辑成总目。依经、史、子、集部分类聚,命为《四库全书》。……间取各书翻阅,有可发挥者亲为评咏,题识简端,以次付之剞劂。使远近流传,嘉惠来学。……第《全书》卷帙浩如烟海……检玩为难。惟摛藻堂向为宫中陈设书籍之所，牙签插架原按四库编排，朕每憩此观书，取携最便。著于《全书》中撷其菁华，缮为《荟要》，其篇式一如《全书》之例，盖彼极其博，此取其精，不相妨而适相助，庶缥缃罗列得以随时流览，更足资好古敏求之益。着总裁于敏中、王际华专司其事。书成即以此旨冠于《荟要》首部，以代弁言。"

同日，裘曰修卒，年六十有二。及葬，其子行简具状请铭。先生嘱戴震代撰。

裘曰修《裘文达公文集》卷首有《皇清诰授光禄大夫太子少傅经筵讲官南书房供奉工部尚书兼管顺天府尹事谥文达漫士裘公墓志铭》，略云："公讳曰修，字叔度，号漫士。……生于康熙壬辰十月二十九日，没于乾隆癸巳五月朔日。……予与公同官交契，直内廷三十年，闻见最深。公子行简辈将择其月日，钦承谕葬公于某阡，属予文纳圹。爰撮公本末而铭。……赐进士及第、经筵讲官、太子太保、文华殿大学士、管理户部事务、中七级年家眷同学弟于敏中顿首撰文。赐进士及第、经筵讲官、太子少傅、户部尚书、加四级年家眷侍生王际华顿首书丹。赐进士出身、兵部尚书、加四级年家眷同学弟嵇璜顿首篆盖。"

> 按：段玉裁《戴东原先生年谱》："三十八年癸巳……是年裘文达公薨，先生作墓志铭，代于文襄公笔也。"考《戴氏遗书》，其《文集》卷一〇有《光禄大夫工部尚书太子少傅裘文达公墓志铭》，题下注曰"代"，当为代先生所作，然与《裘文达公文集》卷前墓铭文句颇有异，未解其故。

五月十八日，致札陆锡熊，商酌《竹品谱》《少仪外传》之部类归属。

《于文襄公手札》第一通："上报接手书，匆匆未及作答，《永乐大典》五种已经进呈，所办下次缮进之书，可称富有，但不知报箱能携带如许。并细阅所开清单，如《竹品谱》之列于史部，《少仪外传》之列于子部，皆未解其故，便希示及。顷奉还书谕旨并议定印记章程，已录稿寄馆，如此日可保无遗失讹舛，但为提调诸公多添一忙耳。率布奉候不一。耳山年兄，晓岚先生均此致候，同事诸公并致相念不一。中顿首，五月十八日。御题《井田谱》有注，《经世图谱》有序，因字多未全写，将来誊冠卷首，似须备载。尊处如无准稿，可即寄信来，以便抄写。"

按：此札云："御题《井田谱》有注，《经世图谱》有序，因字多未全写，将来誊冠卷首，似须备载。"则进呈之《井田谱》《经世图谱》已经高宗御题。此二诗并见《御制诗四集》卷一四"古今诗一百二十三首（癸巳六）"，分别作《题夏休周礼井田谱》《题帝王经世图谱》，知为乾隆三十八年作。

又按：《于文襄公手札》凡五十六通，陈垣曾细考每札之时间，加以编次，并于1933年交国立北平图书馆影印。其后胡适等人皆在陈垣编次基础上对《手札》释读、订正。国家图书馆"中华再造善本工程"2012年又将《手札》重新影印，分上下两册，然下册各札次序有所调整，已非陈垣之旧。为便参与前人讨论，本谱《手札》"第某通"均指1933年国立北平图书馆之编次。

五月二十四日，致札陆锡熊，命将应进之书分次随报附寄。书单内先生疑不能决之处，均予注明，命陆氏同纪昀酌定示知，并嘱将馆中之事，随时寄知。

《于文襄公手札》第二通："昨于邮函得手书，悉种种，已写之《永乐大典》分数次进呈，甚是，但兵部多添一马，恐非所宜，或约计一次应进书若干本，再分作几回，照常随报附寄，俟此次应进之书寄全，即汇齐呈览。其奏折填写最后一回月日较为妥协，可告知中堂大人。酌定《竹谱》改入子部农家，《少仪外传》改入经部小学，以为相合。今细阅书单内，尚有数条，疑不能决，即于单内注明，希同晓岚先生酌定示知。御制《经世图谱》《井田谱》《春秋辨疑》三篇录稿附寄可入。昨奉有各家进到之书，择数种录单呈阅之旨，已寄公信中，希与同事诸公赶办为嘱。馆中日行事宜，并希常寄知一二，因迩日屡以全书事下问也，并令丹叔知之，率布覆候不一。耳山年兄，中顿首，五月廿四日。晓岚先生不另致候，诸同人均希道怀。"

按：此札云"《竹谱》改入子部农家，《少仪外传》改入经部小学，以为相合"，当是针对第一通（三十八年五月十八日）所云"《竹品谱》之列于史部，《少仪外传》之列于子部，皆未解其故"之语而对《竹谱》《少仪外传》所属部类加以调整，故当系于三十八年。

六月初，致札陆锡熊，商酌《书录解题》《袁氏世范》体例，并嘱毋庸再添誊录之员。

《于文襄公手札》第三通："顷接来教，《少仪外传》仿《韩诗外传》之例，极为妥协。《书录解题》或从《艺文志》或从《经籍考》,希覆检其书核定。《袁氏世范》从《经籍考》似为得之。前蒙询及馆中现办应刊应抄各种系何人专办,中因举李阁学以对。昨渠召见蒙问及,凡有应商之事,即可与之就近相商,或有必欲见示者,中亦无可辞耳。誊录一项,现在毋庸再添,其详已具王大宗伯启中,想必致阅也。率布奉覆并候迓禧不一。晓岚先生、耳山年兄同览,敏中顿首。"

> 按:李阁学,即李友棠。据《起居注》,三十八年五月二十九日任
> 内阁学士。又,与第二通(三十八年五月二十四日)均论及《少仪外
> 传》,当是作于同一时段。故系于三十八年五六月之交。

六月初三日,致札陆锡熊,命将"大典本"之撰人姓名及书中大旨摘叙开寄,并讨论《汉秘葬经》《吴中旧事》《金碧故事》三书之刊钞及《吴中旧事》部类之划分。

《于文襄公手札》第四通:"前次取到《永乐大典》各本,曾据将著书人姓名及书中大旨摘叙略节见示,此次送到各本,并未见有另单,诸觉茫然,嗣后务仍开寄为嘱。再,此次取到之书,昨已发下《汉秘葬经》《吴中旧事》《金碧故事》三种,并谕皆非要书,毋庸刊刻,则《吴中旧事》亦可无须再行缮进,即在应抄之列,亦止须缓办。再检阅此书所载,并非前贤嘉言懿行,不过诗话说部之类,似不应附于史部,应请再酌。报至接手教,一切俱悉。《历代建元考》前两本亦不可少者,一并存留录副,统候录得寄还,烦为先致励公为嘱,率布奉覆不一。中顿首,六月初三日。闻初一夜间雨甚大,较廿一之雨如何?"

> 按:据《军机处随手登记档》,乾隆三十八年五月二十一日为阴
> 雨,即札内所云之"闻初一夜间雨甚大,较廿一之雨如何"。故系于三
> 十八年。

六月初九日,致札陆锡熊,命先办武英殿应刊各书,并探讨丛书之著录。

《于文襄公手札》第五通:"接字悉种种,《吴中旧事》改入子部小说家极为妥合。武英殿东库书自须先办,仆于马书未到时早已言之,可即回明王大人即行酌办,勿致诸公旷日再三。抚军奏进之书,似已经起送,毋庸复候咨取。可再查阅原折,或可行文一促之。《经解》内有应删灭者,即与晓岚学士相商酌定,但其书俱系经部,似不应分拆,且抄存书本原兼应刊、应抄两种,想《经解》内除应删数种外,无应止录书名者,似应仍存《经解》

总名。即《汉魏丛书》目虽分列四库,书仍汇装,方不至于散漫无统也。林之奇《全解》《永乐大典》既有完本,似应仿照《春秋繁露》之例,另为抄进,尊意以为何如? 可与晓岚先生相商,并告之各位中堂大人酌定,率布奉覆不宣。中顿首,初九日。晓岚先生并此致意。"

> 按:此札云"《吴中旧事》改入子部小说家极为妥合",当是据第四通(三十八年六月初三日)建议"《吴中旧事》……不过诗话说部之类,似不应附于史部,应请再酌"而予以调整,故亦当是三十八年事。

同日附函,嘱查《历代建元考》作者"钟渊映"其人,并借各省征书之便,以校勘《王子安集》事相托。

《于文襄公手札》第六通:"《历代纪元》一书,考订详明,较王受铭所纂更为赅备,拟暂留录副寄还,希与自牧世兄定之。钟渊映是名是字,何地人,或仕或隐,并希询明寄知。附告《王子安集》二本,余童时曾有手抄之本,后为梁瑶峰中丞借去遗失,因而传抄者颇多,此又从他处托丹叔抄回者,集内有逸有损,讹字缺字,虽经校雠,未能尽得,近见江浙进到之书,有专集,有四杰集,希为拨冗详校改正,或托人同校亦可。如有缺漏,并希补足,办得仍祈即行寄还,专恳恳,又拜。"

> 按:此札云"《历代纪元》一书……拟暂留录副寄还,希与自牧世兄定之",又询钟渊映其人,当是承第四通(三十八年六月初三日)"《历代建元考》前两本亦不可少者,一并存留录副,统候录得寄还,烦为先致励公为嘱"而言。胡适据此认为其是第五通(三十八年六月初九日)之附函。

六月初九、初十日,大小金川击溃清军木果木大营,赵文哲殁于是役。先生闻讣哀之。

《清高宗实录》卷九三七:"参赞大臣都统海兰察奏:六月……初九日,东北木栅被贼夺踞;初十日,后面木栅亦被抢夺。……温福胸左著枪殉节。"又《清朝先正事略》卷四二:"损之姓赵氏,讳文哲,号璞函。……癸巳六月,师溃于木果木,温公死之,君与其难。"

《于文襄公手札》第十五通:"璞函从军死事亦当垂名不朽,惟其嫠妻孤子留滞京城,实堪怜悯,当为彼筹之,仆亦愿助微力也。"

《湖海诗传》卷二六:"赵文哲……入内阁,直机地,益为于文襄公所赏。"

六月中浣,致札陆锡熊,讨论《书录解题》之归类,并以高宗所询诸事相托,命详悉查明,随报发来。

《于文襄公手札》第十通:"报到接手书,悉种种。《书录解题》从《经义考》亦可,但不知目录类向归入习见之书系何种,便希示知。《经解》既有删汰之书,必须加一总说,方为明白。又《大典》内录出正本,俟下届送寄时即当转进。今日召见时询及历代访求遗书之事,何代最多,最为有益?可即详悉查明,于十七日随报发来。又蒙问修《永乐大典》事,《明史》曾载否,一并查明覆奏。又前日询催《热河志》,可即促来宣僎办,仍将现办情形若何先行寄知,率覆不一。晓岚先生均此致意。中顿首。"

　　按:此札既云:"《书录解题》从《经义考》亦可。"则当是承第三通(三十八年六月初)"《书录解题》或从《艺文志》或从《经籍考》"之语而言,亦为三十八年所作。札中所论《经解》之删汰,云:"《经解》即有删汰之书,必须加一总说,方为明白",当是针就第五通(三十八年六月初九日)"《经解》内有应删灭者,即与晓岚学士相商酌定"之语而言,故当作于六月初九日之后。

　　札中又云:"可即详悉查明,于十七日随报发来。"据此,则此札必作于十七日之前。陈垣、徐庆丰均将其系于六月十七日之后,非。

　　此札询及《热河志》办理情形,云:"又前日,询催《热河志》,可即促来宣僎办,仍将现办情形如何先行寄知。"第八通(三十八年六月十五日)云:"中堂大人校辱《热河志》,屡奉询催,万难再缓,可切致习庵,其'互相查证'及'缮齐汇交'云云,乃历来推托耽延之故调,幸勿以此相诳也。"似是对此札询及"办理情形"之回应。故暂系于初十至十五日之间。

六月中浣,嘱陆锡熊询邵晋涵"玉闻"二字之出处。

《于文襄手札》第十一通:"闻邵会元已到,其人博洽,于书局自大有益,前岁圣母万寿诗册内有"玉闻开寅"语,上询问见于何书,遍检无可覆奏。彼时敬堂先生云此稿出邵会元之手,便中希问之,将"玉闻"二字出处寄示为嘱。又拜。"

　　按:此札云"前岁圣母万寿诗册……出邵会元之手",邵晋涵为乾隆三十六年进士,则此札当作于三十八年。又第十二通云:"'玉闻'既无别据,则旧疑已释矣。"即是对此札之回应,则此札与第十二通时间相近。第十二通作于六月十七日（详下），此札当在六月中旬。

六月十五日，致札陆锡熊，命校勘《鹖冠子》，将书中讹舛之处录单寄示，以相印证，并酌拟刻样，又嘱凡经御题之应刊各书即在京办理，不必发往各省刻板。

《于文襄公手札》第七通："昨送到马裕家书十种，内《鹖冠子》已奉御题，先行寄回，即派纂修详细校勘，其书计一百三十余页，约须校勘几日，似宜酌定章程，将来虽诸书坌集，办之自有条理，其期不可太缓，致有耽延，亦不可太速而失之草率。书内讹舛甚多，顷随手翻阅，记有三四条，将来纂修校勘后，可将校出误处录一草单（不必楷书）寄来，以便印证愚见是否相合。校勘成，即一面缮写红格《全书》正本及《荟要》本，一面酌定刻样，查原书篇数流水，其不画一，卷上卷中则并序同编，卷下则另编，无此体例。现办写刻篇数，自应各卷各编卷前首冠御题。御制诗合注再行录寄，以便恭裁。次及原序，附以提要。此二页不必编篇数流水，即刻本亦须写此两页作标。其余止须卷上写数行刻本样，首行写"鹖冠子卷上"，次行作"宋此字旧无，应增陆佃解"，三行作"博选第一"，标题似止须低二格写。四行"王铁"云云，顶格写。五行"王铁法制也"云云，低一格写。板心：鹖冠子【卷上】流水处签明各卷各编。大略如此。回明中堂各位大人酌定。此寄。六月望日，中顿首。校勘发写时，首页御笔，似应拆下尊藏，俟办毕再行订入。再，凡奉御题之书，应刊者即在京城办理，不必发往各省刻板。"

按：《鹖冠子》为扬州马氏小玲珑山馆旧藏，现藏国家图书馆。系明碧云馆活字本。每半页十行，行二十字，白口，四周单边。书衣印有"乾隆三十八年四月两淮盐政李质颖送到马裕家藏鹖冠子壹部计书一本"朱文方印。据三十八年五月初一日上谕："各家进到之书，俟校办完竣日仍行给还原献之家。……应刊刻木记一小方印，于各书面页填注'乾隆三十八年某省督抚某盐政某送到某人家所藏某书计若干本'，并押翰林院印，仍分别册档存记。将来按书面及底档行文发还督抚等，转饬献书人领回取具收领存案。"知《鹖冠子》一书系三十八年进呈，则此札既云"昨送到马裕家书十种，内《鹖冠子》已奉御题，先行寄回"，则当在三十八年。

同日，另有札致锡熊，以《中兴小历》名实不符，嘱宜抄而不宜刻，并再论丛书著录之方式，又谕馆臣严核应刊各书，不宜泛滥，另询催《热河志》，促其赶办。

《于文襄公手札》第八通："接来札,悉种种。又,另札并御制诗连注稿同《鹖冠子》另寄。寄到抄本两部已汇商。日前所寄,照单分列四库,随折进呈。惟《中兴小历》一种,原单注拟刊刻,愚见以建炎南渡,乃偏安而非中兴,屡经御制诗驳正,且阅提要所开,是偏颇有未纯之处,似止宜抄而不宜刻,已于单内改补奏进。至《汉魏丛书》《津逮秘书》所收各部,尊意欲分隶四库而不必归总,所见亦是,但须于各部散见处提要内叙及《汉魏丛书》《秘书》一语,而于辑《总目》时集部内存两书总名而注其分系之故,似为两得,仍惟酌之。各省书单大约陆续到齐,似即须行文咨取,毋庸再奏。并须除去重复□□其概以《全书》送馆不宜专取略节也。又分别应刊、应抄两项,吾固早计及,诸公嗜好不同,难于画一。就二者相较,应抄者尚不妨稍宽其途,而应刊者必当严为去取,即不能果有益于世道人心,亦必其书实为世所罕见,及板久无存者方可付梓流传,方于艺林有益,非特词章之类未便广收,即道学书亦当精益求精,不宜泛滥。并当以理折衷,自无或遗或滥之病。《经解》亦然,与其多刻无要篇策,徒灾枣梨,不如留其有余,使有用之书广传不缺,更足副圣主阐扬经籍之盛意。是否可与晓岚先生商之,并告同事诸公妥酌,并于便中回明。中堂大人校辱《热河志》,屡奉询催,万难再缓,可切致习庵,其'互相查证'及'缮齐汇交'云云,乃历来推托耽延之故调,幸勿以此相诳也,率覆不备。中顿首,六月望日。数阅进呈本内竟有黄斑污迹,此后宜留心。今日抄本内《易象意言》习之云,尊札言是励世兄所校,已为挖改,凡类此者,切不可丝毫迁就。又如字体中'恭'误作'㳟'之类,乃不可不讲究者,可与各誊录言之。又昨见《鹖冠子》内夹签'宏治'二字,此曾奉有谕旨,止须缺笔而不必改避,并及之。"

曹仁虎(1731—1787),字习庵,一字来殷。江苏嘉定人。"吴中七子"之一。乾隆二十二年召试一等,赐举人,授内阁中书。二十六年进士,选庶吉士,授翰林院编修。历官至侍讲学士。著有《宛委山房集》。传见《国朝耆献类征初编》卷一二九、《清朝先正事略》卷四一、《清史列传》卷七二等。

　　按:此札"《汉魏丛书》《津逮秘书》所收各部,尊意欲分录四库而不必归总"一语,即是针对第五通(三十八年六月初九日)"《汉魏丛书》目虽分列四库,书仍汇装,方不致于散漫无统"之指示而提出相反意见。故亦作于三十八年。

六月十六日，奉命纂办《日下旧闻考》，总摄其事。

《乾隆朝上谕档》："乾隆三十八年六月十六日，内阁奉上谕：本朝朱彝尊《日下旧闻》一书，博采史乘，旁及稗官杂说，荟萃而成。视《帝京景物略》《燕都游览志》诸编较为该备，数典者多资其。第其书详于考古而略于核实，每有所稽率难征据，非所以示传信也。朕久欲详加考证，别为定本。方今汇《辑四库全书》，典籍大备，订讹衷是之作，正当其时。京畿为顺天府所隶，而九门内外并辖于步军统领衙门，按籍访咨，无难得实。著福隆安、英廉、蒋赐棨、刘纯炜选派所属人员将朱彝尊原书所载各条逐一确核，凡方隅不符记载失实及承袭讹舛遗漏未登者，悉行分类胪载，编为《日下旧闻考》。并着于敏中总其成，每辑一门，以次进呈，候朕亲加鉴定。使天下万世知皇都闳丽，信而有征，用以广见闻而供研炼。书成并即录入《四库全书》，以垂永久。其如何厘定章程，发凡起例之处，着于敏中等悉心酌议以闻。钦此。"

《四库全书总目》卷六八："《钦定日下旧闻考》一百二十卷。乾隆三十九年奉敕撰。因朱彝尊《日下旧闻》原本删繁补阙，援古证今，一一详为考核，定为此本。原书分星土、世纪、形胜、宫室、城市、郊坰、京畿、侨治、边障、户版、风俗、物产、杂缀十三门。……今增列苑囿、官署二门，并前为十五门。原本所列古迹皆引据旧文，夸多务博，不能实验其有无，不免传闻讹舛，彼此互岐，亦皆一一履勘遗踪，订妄以存真，阙疑以传信。所引艺文或益其所未备，或删其所可省，务使有关考证不漏不支。"

刘纯炜(1708—?)，字仰仲，号霁庵。山东诸城人。乾隆四年进士。十三年授江西分宜县知县。历官至光禄寺卿。著有《霁庵诗略》。传见《(民国)杭州府志》卷一二二、《晚晴簃诗汇》卷六七。

六月十七日，札致陆锡熊，询《王子安集》校勘情况并催寄《热河志》。

《于文襄公手札》第十二通："来札具悉种种，历代求书本末迟日另录清单进呈。'玉闸'既无别据，则旧疑已释矣。前奉托校《子安集》，略有头绪否？《热河志》总以速催来寄为妙，愈速则愈佳耳。'赡思'作'沙克什'即可照用，但似须注，旧作'赡思'，今从《元国语解》改正。似为更妥，酌之。闻供事不应手，此何故耶？便希示其大概，以便商办，专此。中顿首。"

　　按：第十通(约三十八年六月中上旬)云："历代访求遗书之事，何代最多，最为有益？可即详悉查明，于十七日随报发来。"此札云："历代求书本末迟日另录清单进呈。"知陆锡熊查明历代访求遗书之事，已于十七日递到山庄。故此札当作于三十八年六月十七日。

六月十七日，致札陆锡熊，嘱其拣选纂办《日下旧闻考》之人员，并代为酌定是书凡例。

《于文襄公手札》第九通："昨奉办《日下旧闻考》，命仆总其成，此时所最难者，办书之人翰林中非各馆专课，不能分身，即在四库书局，以此甚难其选。此外若甲乙两榜及诸生内如有好手，自为最妙。但难得学问淹博，兼通时务，并略悉京师风土者为佳，且欲其文笔可观，辞能达意者，凡有考订，庶不至过于推敲费力。足下夹袋中必有所储，或能觅得三四人，则此书即可速就。若翰林或现任小京官，即须奏派。若未仕之人，即当延请。其局辄设于蒋大人宅，修脯等项，愚当帮办。祈即商定寄知，或即与蒋少司农面商亦可。此事私办更胜于官办，并与蒋大人商之。又，此书凡例，茫无头绪，足下可为我酌定款式除星野、沿革一两样，略具大概寄示。琐事相渎，幸勿辞劳，又拜。"

> 按：乾隆三十八年六月十六日上谕命先生纂办《日下旧闻考》，此札既云："昨奉办《日下旧闻考》，命仆总其成。"则当作于六月十七日。

六月二十一日，致札陆锡熊，论《日下旧闻考》款式，嘱其略为酌拟，以发凡起例，并命将热河等处书单内书校明寄来。

《于文襄公手札》第十三通："书来悉种种，'沙克什'既于提要内声明，自毋庸另注。《日下旧闻考》款式极难，愚意欲尽存其旧而附考于后，其式当如何，可酌拟一二样，便当商择妥当，以便发凡起例耳。热河等处书单二件系奉旨交我，将书名与《四库全书》校勘，似无甚不经见之本，且与内廷书多重复，而书名更多讹谬。希即校明寄来，书名讹者改不改俱可。恐尚需覆奏也。编纂之人最为紧要，非实在好手不能得益，务即留心酌定见寄为感。覆候近禧不一。丹叔、念孙此次均不另覆，因无暇也。中顿首，六月廿一日。"

> 按：第九通（三十八年六月十七日）既云："昨奉办《日下旧闻考》……此书凡例，茫然无所绪，足下可为我酌定款式一两样，略具大概寄示。"此札又云："《日下旧闻考》款式极难……其式当如何，可酌拟一二样。"当是承第九通而言，故为三十八年事。

六月下浣，致札陆锡熊，嘱其另选本地博洽之人帮办《日下旧闻考》，并驳

王际华"刻书列衔"之请。

　　《于文襄公手札》第十四通："顷有人云：誊录中有未补而写书者，有已补而不写者，其说确否？未补而先写，尤所未喻，希查明寄示。来书具悉，所定凡例大致极佳，感佩之至。俟细阅，下报再覆。惟纂书甚难其人，所选三人恐尚不救，且其中或尚有不能尽如所愿之处，至本地必得一人博洽者为之指示，方能周妥。希与晓岚先生商之，迟日当专札奉恳也。刻书列衔之说，宗伯所议未当，此时所刻，并不标《四库全书》之名，且板片大小不一，岂可列衔耶？稍迟当致札宗伯也。匆匆不暇细及，余再悉。中顿首。"

　　　按：第九通（三十八年六月十七日）云："昨奉办《日下旧闻考》……此书凡例，茫然无所绪，足下可为我酌定款式一两样，略具大概寄示。"又，第十三通（三十八年六月二十一日）云："《日下旧闻考》款式极难……其式当如何，可酌拟一二样。"知先生曾嘱陆锡熊代为酌拟《日下旧闻考》凡例。此札中"所定凡例大致极佳，感佩之至"云云，所指即此，皆三十八年事，且当在六月二十一日之后。

　　　此札又云："刻书列衔之说，宗伯所议未当，此时所刻，并不标四库全书之名，且板片大小不一定，可列衔耶？稍迟当札致宗伯也。"则知先生于王际华刻书列衔之说颇不以为然，故曰："稍迟当札致宗伯也。"考第十五通（三十八年七月初一日，详下）云："刻书列衔之说，断乎不可，已切致大宗伯矣。"则知彼时已札致王际华。则此札当作于七月初一日之前。综上，此札时间当在六月二十一日至三十日之间。

　　　又按：陆锡熊《颐斋文稿》有《谨拟日下旧闻考凡例》，与今本《凡例》互有异同，此札所云"所定凡例大致极佳"即指此。

六月二十三日，刘纶卒，年六十有三。其所遗大学士员缺，刘统勋题请充补。

　　刘纶《绳庵内外集》卷首《皇清诰授光禄大夫经筵讲官太子太保文渊阁大学士兼工部尚书直南书房军机大臣晋赠太子太傅入祀贤良祠谥文定武进刘公墓志铭》："三十八年春，公得疾。……六月二十三日薨于阜成门内之赐第。"

　　刘统勋《题为遵旨补授于敏中大学士请旨事》："内阁大学士刘纶员缺，臣部遵旨开列具题。"（一史馆，02—01—03—06727—002 号）

七月初一日，致札陆锡熊，以纂办《日下旧闻考》尚缺一人，嘱其留心拣选，

并命催取浙省书籍，另嘱黄瀛元详勘《鹖冠子》。

《于文襄公手札》第十五通："前两次信至，匆冗未得即覆。璞函从军死事亦当垂名不朽，惟其嫠妻孤子留滞京城，实堪怜悯，当为彼筹之，仆亦愿助微力也。《日下旧闻》原拟三人，今又缺其一，奈何？幸更留意。浙省书籍竟未起解，前询郝枲台始知之，宜即行文催取为妥。热河书单已收到，未集之爵里片迟日当另誊恭进，乃浙省之误耳。莨塘所校《鹖冠子》可为尽心，其各条内有应斟酌者俱已志出。嗫其里一条，则竟驳去，未知当否，并酌。足下同为酌定之。愚所阅四条止一条相合，今复检寄莨塘，嘱其更加详勘。落叶之喻自昔有之，莨塘不必以此介意也。刻书列衔之说，断乎不可，已切致大宗伯矣，外附励世兄一札，祈转致之。余再悉。中顿首，七月朔日。"

　　按：璞函即赵文哲，三十八年六月卒于军中。此札既云："璞函从军死事亦当垂名不朽，惟其口妻孤子留滞京城，实堪怜悯。"则当为本年所作。

七月初七日，致札陆锡熊，论裒辑《永乐大典》散片事，又以考辑《日下旧闻考》难于即办，令回銮后再行酌商。

《于文襄公手札》第十六通："札来悉一切。抄本书二种已收到，俟寄全恭进。《永乐大典》内散片可辑者，自当即为裒录。若多至三四百条，较之旧有完善本仅止数篇者已胜，即偶有缺佚，于提纲内声明亦无碍耳。考辑《日下旧闻》一事，此时难于即办，只可先行查明，俟回銮后再酌商妥办也，率覆不一。中顿首，七月七日。"

　　按：此札中述及"考辑《日下旧闻考》一事"，盖承第九通（三十八年六月十七日）、第十三通（三十八年六月廿一日）而言，故系于三十八年。

七月初十日，致札陆锡熊，酌商集凑《永乐大典》散片事。

《于文襄公手札》第十七通："书来具悉种种，书三部亦收到，今又奉交取六部，可即查寄。《大典》内集凑之书，原不能指定何类，即集部较多，亦无妨耳。至各省送到遗书，必须各门俱备数种方成大观。惟多者限数之说，似尚未妥。经部本多于他种，如果义有可取，诠解十得二三，即不可弃，虽稍滥亦无碍。若肤浅平庸及数见不鲜者，则在所屏耳，仍酌之，并不妨与晓岚先生酌商也。率覆不一。中顿首，七月十日。"

　　按：此札所云"《大典》内集凑之书"，与第十六通（三十八年七月
　　初七日）"《永乐大典》内散片可辑者，自当即为裒录"所言皆属一事，
　　当作于一时，故系于三十八年。

七月十三日，致札陆锡熊，命各纂修裒辑《永乐大典》散片之情形录单寄阅，并欲择选一人总其成，又力主裒辑《永乐大典》内集部之散片，未因其多于他部弃置不办。

　　《于文襄公手札》第十八通："《永乐大典》内凑集散片，原如鸡肋。诸城似有不乐于裒辑之意，然未明言也，秘之。但既办辑多时，似难半途而废。此时各纂修自俱采完，何人所采最多，或竟有全无所得者，便中约叙草单寄阅，并各衔名，密行。至于大部之书，攒凑非易，不可不专归一人以总其成，若纂修内有能独当一面者固佳，否则诸征君中渊才既多，且新奉恩旨，尤当及此稍逮劳绩。或回明各总裁，令其分占一部何如？若各纂修于此不甚乐从，则又不必以小节拂众人之意，即于纂修内请总裁派一精细耐劳之人专心合凑，亦无不可。至《大典》内集部概行不办，此与原奉谕旨不符。愚见以为既办《四库全书》，似属多多益善，断无因多而弃斥弗顾之理，为此言者盖未通盘筹画耳。前此奉旨：查历代所购遗书，何代最多，已据录寄，尚未覆奏，愚意以历朝之书多以卷计，此次书局所开及外省所送，各以部计，若就其卷帙折衷定数，不知当得几十万卷，希足下约核一大概寄知，以便奏覆也。匆匆字此，不一一。中顿首，七月十三日。"

　　　　按：此札内"诸城"即刘统勋。乾隆三十八年十一月十六日上谕
　　　　云："大学士刘统勋……今晨肩舆入直，至东华门忽婴痰疾。比闻之
　　　　即遣御前大臣尚书公福隆安赍药驰往看视，至则业已无及。遽闻溘
　　　　逝，深为震悼。"知刘统勋卒于三十八年十一月，则此札必作于此前。
　　　　札中又云"《永乐大典》内凑集散片"之事，则在乾隆三十八年二月初
　　　　六日以后（详上谱）。故当是三十八年事。

七月十六日，致札陆锡熊，商酌校勘《永乐大典》遗书等事。

　　《于文襄公手札》第十九通："《永乐大典》十种写本四种已收到，略节亦得。其缮出正本似止须七月应恭进一次，八月即可不办，整停。俟回銮再行汇进，已札商王大宗伯矣。《鹖冠子》葭塘添出之处甚多，此番可谓尽心。'校书如扫落叶'出自何书，便中希查示。但止寄签出之条，无书可对，难于悬定，因将来单寄回。足下可并前日之单，回原书校勘，酌其去留，无庸再寄

此问也。校对遗书夹签送总裁阅定,即于书内改正,此法甚好。可即回明各位总裁酌定而行,即或将涂乙之本进呈,亦属无碍,惟改写略工,以备呈览。至红笔究不宜用,或以紫色何如?卷后纂修之名,似可不添,因其书仍须发还本家,毋庸多此一办,且官书须署'臣某'而给还各家又不宜用'臣'字,莫若不列名为妥。散篇不可不办,其大略已与大宗伯言之,此时且不必琐谈,俟办有眉目,总录清单告之。诸城中堂当无异议耳。余并悉大宗伯札中。附候不一。中顿首,七月既望。"

同日附函:"莨塘不另覆,遗书毋庸录副,与愚前奏相合。至应抄之书,即交四百誊录缮写,毋庸另添誊录,前已面奏允准,随即寄信通知馆中,众所共闻者。今日王大人忽又有因遗书添传誊录,与原奏不符,断不可行也。"

　　按:此札云:"《鹖冠子》莨塘添出处甚多,此番可谓尽心。"当是承第十五通(三十八年七月初一日)"莨塘所校《鹖冠子》可为尽心"而言。又,此札提及"诸城中堂"刘统勋,故当系于三十八年。

　　又按:"莨塘不另覆"至"断不可行也"一段文字,同第十九通"其大略已与大宗伯言之"至"七月既望"一段在同一页内。当是其附函,故系于同一日。

七月二十日,札寄陆锡熊,谕御名"弘"只须阙笔;如改作"宏"字,则不宜复缺笔。

《于文襄公手札》第二十一通:"十八之报为雨水阻滞八时,直至今早始到。两淮书昨已奏到书单,似其中尚有可观者,但觉重复耳。御名字样,奉旨止今缺笔,人名地名大略相同,惟随常行文或作'宏'字亦可,但已写宀头另是一字,不宜复缺笔矣。率此致复不一。中顿首,七月二十日。"

　　按:《纂修四库全书档案》载乾隆三十八年七月十一日《两淮盐政李质颖奏续获旧版等书开单呈览》。此札"两淮书昨已奏到书单"所指殆此。故系于三十八年。

七月二十三日,致札陆锡熊,嘱散篇之纂辑,需俟草本粘缀成帙,视其适用与否,酌定去取,再行誊录,以省功夫,并询《王子安集》校勘情形。

《于文襄公手札》第二十二通:"抄本五种已收到,应刊应抄须详定为嘱。阅酌定散篇条例。妥协周详,钦佩之至。惟末条云:'纂定之时另录副本,方无舛漏。'似应略有分别。盖所集四百余种,未必尽能凑合成书,亦未必尽皆有用,诚如前札所云'不过得半之局'。俟草本粘缴成帙,即可辨其适用与否,以定去留。如应刊应抄者,自须先誊副本,俾有成式可循。若止须存名之书,即无庸再行录副,约计可省一半工夫,自必须如此纂办,方不繁冗。希以此意先与钱塘宫傅商之。连日鲜暇,作书不能详及,余再悉。中顿首,七月廿三日。晓岚先生希为致候,邵、周两君并希稍贺。《王子安集》约计何时可得,便希示及。"

按:乾隆三十八年七月十一日上谕:"前据办理四库全书总裁奏请将进士邵晋涵、周永年、余集,举人戴震、杨昌霖调取来京,同司校勘业,经降旨允行。但念伊等现在尚无职任,自当予以登进之途,以示鼓励。着该总裁等留心试看年余,如果行走勤勉,实于办书有益,其进士出身者准其与壬辰科庶吉士一体散馆,举人则准其与下科新进士一体殿试。"此札"邵、周两君并希稍贺"所指即此。故系于三十八年。

八月初二日,致札陆锡熊,以李焘《续资治通鉴长编》英宗之前既有旧本,命草本内止须抄神宗、哲宗两朝即可。

《于文襄公手札》第二十三通:"接来札,所定抄写散片单本之法,极为妥洽。李焘《长编》宋英宗以前既有旧本,似草本止须抄神、哲两宗,较为省便。但不知英宗以前旧本较之《永乐大典》详略多寡若何,如并无分别,则大为省力耳。寄到缮出各种书昨已进呈,其八月以后不复再进,统俟回銮再行进呈之说,亦于日前奏及矣。余再悉。中顿首,八月初二日。"

按:此札云:"李焘《长编》宋英宗以前既有旧本,似草本止须抄神、哲两宗,较为省便。"第二十四通又云:"《长编》既已抄得,自为省便。"则此札作于第二十四通稍前。第二十四通为乾隆三十八年八月初五日作(详下),此札亦在本年。

八月初二日,擢授大学士。具折谢恩。

《乾隆帝起居注·三十八年八月》:"初二日戊子……吏部奏请补授大学士员缺一疏,奉谕旨:于敏中补授大学士。"

《清高宗实录》卷九四〇:"戊子……以协办大学士户部尚书于敏中为大学士。"

《素余堂集》卷二八《奏为恭谢天恩事》:"自擢长农曹,旋又协参阁务。……兹复仰承渥眷,简授纶扉。……藉俯申臣分于秋豪,冀上报圣恩于万一。"

《大清会典》卷三:"内阁大学士……正一品。"《清通典》卷二三:"殿阁大学士,满、汉各二人。_{兼各部尚书衔。}……掌宣纶绋,赞理庶政。内外诸司题疏到,票拟进呈,得报转下部科。凡上徽号,进册宝、册印,俱由内阁撰拟文篆。至皇子、皇孙及王公、公主名号,俱承旨拟奏。凡纂修实录、史志诸书,充监修、总裁官,经筵领讲官,会试充考试官,殿试充读卷官。"

王正功《中书典故汇纪》卷八:"本朝百余年,状元入相者五人:顺治丙戌傅以渐,丁亥吕宫,己亥徐元文,乾隆丁巳于敏中,己未庄有恭。"

八月初三日,奉命仍管理户部事务。

《乾隆朝上谕档》:"乾隆三十八年八月初三日内阁奉上谕:大学士于敏中仍着管理户部事务。程景伊着协办大学士。户部尚书员缺,着王际华调补。"

八月初五日,致札陆锡熊,命将校毕之《建炎以来系年要录》发誊,并嘱酌定章程,核计候补誊录未补以前所写之书。

《于文襄公手札》第二十四通:"叨荷渥恩,实惭非据,奖藉过甚,增我汗颜。有当规劝以不逮者,方见通门关切之意耳。《长编》既已抄得,自为省便。《系年要录》既经校毕,亦即可发誊,则回銮恭进之书更可观矣。候补誊录即传令抄书,未补之前所写之书如何核计,似当定以章程,方为周妥。昨已有札致王大农矣。《禹贡指南》因有御题诗句,尚存直次,俟办成再寄,率布覆谢,并候近禧。同事沈、施、龚、汪、王五君子俱为道谢不一。中顿首,八月初五日。《王子安集》所办如何,或新到之集,有前序后跋,并希录入。"

　　按:此札云"叨荷渥恩"当指八月初二日升授大学士一事,又云"《长编》既已抄得,自为省便",当是承第二十三通(三十八年八月初二日)"李焘《长编》宋英宗以前既有旧本,似草本止须抄神、哲两宗,较为省便"而言,故系于三十八年。

八月初,致札陆锡熊,酌商京城、外省交到各书分别办理之法,并询添传誊录事。

《于文襄公手札》第二十通:"公札已另覆。《四库》各书总数已至八千,原不为少,但见所开之单,止论部数,似尚汇总而计,如《汉魏丛书》《津逮秘书》之类。若分列书名不下百余,而总计只两种耳。旧书去取,宽于元以前,严于明以后,深得肯綮。朝鲜《孟子考异》,入于应抄之列,亦见同事之查,但不必刻也。京城内交出之书,与外省重复者,自不妨仅现本校办,但外省交到者,但有全单总数,且系奉旨仍行给还者,似不便扣除,并有同系一书而两本互异,又当择其善者,止须于原单内注明重复,并于书局档册注明。若外省已经交到而京城复又送馆,其书不过相仿佛,即可毋庸列入借单。顷接钱塘宫傅字,云添传誊录四十人而札中又云六十,何耶?《王子安集》承费心,谢谢。余再悉。中顿首。"

　　按:第二十四通(三十八年八月初五日)云:"候补誊录即传令抄书。……昨已有札致王大农矣。"此札云:"顷接钱塘宫傅字,云添传誊录四十人而札中又云六十,何耶?"当是就王际华覆信而发。又第二十四通云:"《王子安集》所办如何?"此札云:"《王子安集》承费心,谢谢。"故系于第二十四通(三十八年八月初五日)之后。第二十五通云:"无故添人实非好事,言之再三而不见醒,亦无可奈何耳。……誊录之事,若再有更张,即易招物议,幸已安帖。"当是就此札所云"添传誊录四十人而札中又云六十"而言,故当系于第二十五通(三十八年八月初八日,详下)之前。

八月初八日,致札陆锡熊,称不可再平添誊录,并嘱馆内诸公务须留心,毋留错误。

《于文襄公手札》第二十五通:"无故添人实非好事,言之再三而不见醒,亦无可奈何耳。接来信,悉种种。誊录之事,若再有更张,即易招物议,幸已安帖,然所办究未老到,恐仍不免口舌耳。此次进呈各书,一日之间,奉上指出两错,书签之错,尤其显而易见者,此后务须留心。至《折狱龟鉴》内错处当切告承办《永乐大典》诸公,各宜加意,若再经指斥,即削色矣。至承办《全书》及《荟要》分校诸公,当请其到署,以此切致之,各宜经意,毋留错误之迹,日后取咎。总祈慎之又慎为嘱,并与丹叔言之。《经解》提要尚未及见,自必妥当也。顷承同事诸公致札,附有覆柬,希为遍致之不一。金光五系七月何日事,本省曾题□石渠无甚关系,光四则以早得信为佳耳。中顿首,八月初八日。"

　　按:此札云"无故添人实非好事,言之再三而不见醒",又云"誊录之事,若再有更张,即易招物议,幸已安帖",当是针就第二十通"添传誊录四十人而札中又云六十"而发。第二十通知作于三十八年(详上谱），此札亦当在本年。

同日，先生既授大学士，依定例，刘统勋以先生应授为何殿阁及兼某部尚书事请旨。

刘统勋《题为遵旨补授于敏中大学士请旨事》："臣刘统勋谨题为请旨事。内阁大学士刘纶员缺，臣部遵旨开列具题。于乾隆三十八年八月初四日奉旨：于敏中补授大学士，钦此。查定例，大学士补授后，吏部将应授为何殿阁及兼某部尚书题请旨。今大学士于敏中应授为何殿阁及兼某部尚书职衔，恭候皇上钦定。……乾隆三十八年八月初八日。"（一史馆，02—01—03—06727—002 号）

《清通典》卷二三："凡擢任大学士，膺简命后，奏请殿阁名及各部兼衔。"

八月上浣，奉敕书御制《咏白鹰》诗。

《石渠宝笈续编》著录有"《艾启蒙画土尔扈特白鹰》一轴"。题云："御制土尔扈特贝子锡喇扣肯恭进白鹰，命画院绘图，因成是什。乾隆癸巳仲秋月上浣，臣于敏中奉敕敬书。"

　　按：高宗诗见《御制诗四集》卷一六，题作《咏白鹰土尔扈特贝子锡喇扣肯所进》。

八月十一日，授文华殿大学士兼户部尚书。同日，序列行走班次，在舒赫德、刘统勋、高晋之后。

《耐圃府君行述》："癸巳……八月……奉旨：实授文华殿大学士兼户部尚书，仍管理户部事务。"

《乾隆帝起居注·三十八年八月》："十一日丁酉……吏部奏大学士于敏中应授何殿阁及兼某部尚书一疏，奉谕旨：于敏中着为文华殿大学士兼户部尚书。"

《乾隆朝上谕档》："乾隆三十八年八月十一日奉旨：大学士行走班次舒赫德着在刘统勋之前，高晋着在刘统勋之后，于敏中着在高晋之后，钦此。"

平步青《霞外攟屑》卷一："乾隆朝以汉人而授文华者：朱文端、张文和、蒋文肃廷锡、嵇文敏曾筠、赵泰安国麟、于文襄敏中、蔡文恭新，凡八人。"

　　按：《清高宗实录》卷九四〇："己亥……吏部奏请大学士于敏中应授何殿阁及兼衔，得旨：于敏中授为文华殿大学士兼户部尚书。"将其系于八月十三日,非。

八月中浣,题《吴镇晴江列岫图》。

《石渠宝笈续编》著录有"《吴镇晴江列岫图》一卷"。御款作"癸巳中秋节御题"。后附先生题识:"《吴镇晴天列岫图》一卷。元人跋二,明人跋三。卷长三丈三尺有奇。……山石草树,舟屋人物,悉以书家中锋运之。……乾隆癸巳仲秋月中浣。臣于敏中敬识。"

八月二十一日,致札陆锡熊,令查酌《南宋两朝纲目》内舛错、倒置之处,并嘱将进书一百种以上者,拣择数种进呈,以冠御题。

《于文襄公手札》第二十六通:"前接两札,俱未及覆。《王子安集》承费清心,谢谢。既已增订,必须另抄其缺者,亦当补入,只可俟回家再办耳。《南宋两朝纲目》已奉御题,其前后倒置,目内尚觉无妨,纲内则断乎不可,已与大农面言。今将《全书》寄回,即可查酌加按,恐别本亦有类此者,似须一并查酌,或系抄辑时舛错,亦未可知也。在京进缴各书,蒙谕旨在一百种以上者,即照马裕家例,拣择数种进呈题诗,以示荣宠,祈即为速办。又蒙询及各种遗书分别应刊、应抄、应存,总叙、提要约计何时可完,愚覆奏以'约计后年当有眉目'。此即两公承恩之由,祈即与纪大人相商酌办,但不知果能如愚所言否。冗中寄此,不及详叙,余再悉。耳山侍读。中顿首,八月廿一日。"

> 按:此札云:"《王子安集》承费清心,谢谢。"其事详第六通(三十八年六月初九日):"《王子安集》二本,余童时曾有手抄之本,后为梁瑶峰中丞借去遗失,因而传抄者颇多,此又从他处托丹叔抄回者,集内有逸有损,讹字缺字,虽经校雠,未能尽得,近见江浙进到之书,有专集,有四杰集,希为拨冗详校改正或托人同校亦可,如有缺漏,并希补足,办得仍祈即行寄还。"此后又屡加催询:"《王子安集》约计何时可得?"(七月二十三日)"《王子安集》所办如何,或新到之集,有前序后跋,并希录入。"(八月初五)"《王子安集》承费心,谢谢。"(八月初)此札再次提及,并称:"《王子安集》……既已增订,必须另抄其缺者,亦当补入,只可俟回銮再办耳。"知陆锡熊前札已具告校勘《王子安集》诸情形。故此札当作于三十八年。

九月初五日,充国史馆正总裁,并蒙赏刘纶生前所居之海淀园屋。具折谢恩。

《耐圃府君行述》："癸巳……九月,充国史馆……正总裁,奉命以刘文定公海淀园屋并赐府君居住。"

《乾隆朝上谕档》："奉旨:于敏中现充国史馆副总裁,今已授为大学士,着充正总裁,钦此。九月初五日。"

《乾隆帝起居注·三十八年九月》："初五日辛酉……谕旨:海淀哈达哈官房一所,前经赏给刘纶、于敏中分住。今刘纶所住之房并着赏给于敏中。"

《素余堂集》卷二三《恩赐画像恭纪》"赐第荣光素壁前"句,自注云:"臣近蒙恩加赐园居。"

又卷二八《奏为恭谢天恩事》:"忝与修国史为荣,敢望总裁之擢。正幸得托赐园而憩,更叨广厦以居。……惟有益增秉直之书,倍凛忘家之念,勉竭愚悃,仰答圣慈。"

九月初八日,致札陆锡熊,嘱东进之《金石录》毋庸查办,并以本朝翰林未有兼军机之成例以宽其心。

《于文襄公手札》第二十七通:"前闻尊体违和,甚为悬念,今接手书稍慰。东进《金石录》乃崔大司寇是富制台在东省时恭辑御制诗章联篇装册进呈,其所开《御制诗金石录》亦即此种,皆毋庸查办也。《坡门酬唱》及《诗宿》二部自当取阅再定。热河应查各种已托明道查办再覆。顷晤诸城,谈及翰林从无兼军机者,不可忽尔破例,诸城云足下意尚恋恋于此,则非仆所能料,清华妙选与含香载笔判然两途,足下似不应见及于此。或旁人欲借此攀留架言,出自心愿,前闻有同人公信已料及一二,书来务详覆为嘱,便候不一。中顿首,九月八日。"

　　按:此札提及"诸城"(刘统勋),刘统勋卒于三十八年十一月,此札末署"九月八日",则当作于三十八年。

九月初九日,充三通馆正总裁。具折谢恩。

《耐圃府君行述》："癸巳……九月,充……三通馆正总裁。"

《乾隆朝上谕档》："乾隆三十八年九月初九日内阁奉上谕:现在三通馆止有正总裁大学士刘统勋一人,着添派大学士于敏中为正总裁,协办大学士尚书程景伊为副总裁,钦此。"

《素余堂集》卷二八《奏为恭谢天恩事》:"昨已叨尘国史,特予正衔;兹复简总三通,俾赝兼领。……惟有勉竭焚膏,勤资汲绠,庶几稍尽臣职,藉以仰答圣慈。"

十月十八日，奏请于分校之中拣选校书精确者充《全书》及《荟要》覆校官，并奏进《功过处分条例》。

　　《纂修四库全书档案》一二五《多罗质郡王永瑢等奏议添派覆校官及功过处分条例折》："多罗质郡王永瑢等谨奏为遵旨议奏事。……此次恭进缮写《荟要》各种书内，经我皇上几余偶阅，即指出错字二处。……兹覆命臣等议定章程，臣等谨详加核议。……臣等公同酌议……若不添设覆校一层，则分校、誊录之是否尽心，无从稽核，仍恐因循贻误。谨拟嗣后《四库全书》缮本添派覆校官十六员，《荟要》缮本添派覆校官六员，……每于分校交书后，令覆校之员，细加覆勘。仍各严立功过处分，俾其共知儆勉，庶不致复滋轻率谬误。……臣永瑢、臣舒赫德、臣刘统勋、臣于敏中、臣福隆安、臣王际华、臣蔡新、臣英廉、臣张若溎、臣曹秀先、臣李友棠。乾隆三十八年十月十八日奉旨：所议甚好，依议，钦此。"其后附《功过处分条例》，略云："严核功过，以示劝惩也；添设功过簿，以专责成也；校出原本错讹更正之处，应附载卷末也。"

　　永瑢（1744—1790），爱新觉罗氏。高宗第六子。号九思主人，又号西园主人。乾隆二十四年，出继慎靖郡王允禧，封多罗贝勒。三十七年，晋多罗质郡王。五十四年，晋和硕质亲王。又兼四库全书馆总裁。卒，谥庄。工诗擅画，著有《九思堂诗钞》等。传见《清史稿》卷二二〇。

十月二十四日，蒙赏黑狐端罩，具折谢恩。

　　《乾隆朝上谕档》："乾隆三十八年十月二十四日内阁奉上谕：大学士舒赫德、于敏中俱着赏给黑狐端罩，钦此。"

　　《素余堂集》卷二八《奏为恭谢天恩事》："本月二十四日荷蒙圣恩，特赐臣等黑狐端罩各一件，谨叩头祇领讫。……臣等曷胜感谢荣幸之至。"

　　　　按：《耐圃府君行述》："癸巳……十一月……奉上谕：在阿哥书房为总师傅，赐黑狐端罩一袭。"将赐黑狐端罩事系置十一月任阿哥书房总师傅后，非。

十一月初五日，代纪昀等奏进《恭谢恩赐题诗折》。

　　《纂修四库全书档案》一三一《多罗质郡王永瑢等代纪昀等恭谢恩赐题诗折》："多罗质郡王臣永瑢等谨奏为据情代奏恭谢天恩事。据办理四库全书处总纂官侍读纪昀、纂修官编修励守谦、学正汪如藻呈称：本年十一月初五日,四库全书处总裁官钦遵谕旨,将京城官员所进之书数在一百部以上者,分别拣取进呈。所有在馆纂修各员内,蒙恩赐题纪昀所进孙觉《春秋经解》七言排律六韵,励守谦所进赵蕤《长短经》七言绝句四首,汪如藻所进陈经《尚书详解》七言排律六韵。昀等俱各叩首跪领讫。……欢忻曷极,抃舞难名。……所有感激下忱,呈请代奏等情。臣等理合据情代奏,伏祈圣鉴。谨奏。臣永瑢、臣舒赫德、臣刘统勋、臣于敏中、臣福隆安、臣王际华、臣蔡新、臣英廉、臣张若澍、臣曹秀先、臣李友棠。乾隆三十八年十一月十五日奉旨:知道了,钦此。"

励守谦,字自牧,号检之,晚号双清老人。直隶静海县人。刑部侍郎励宗万子。乾隆十年进士,选庶吉士。历官至内阁侍读学士。另兼四库馆纂修。工绘花鸟。传见《词林辑略》卷四、《国朝书画家笔录》卷一等。

按:高宗之题诗见《御制诗四集》卷一七(《题孙觉春秋经解六韵》《题陈经尚书详解六韵》)、《御制诗四集》卷二〇(《题赵蕤长短经》)。

十一月十六日,刘统勋卒,年七十有四。

《清高宗实录》卷九四七:"乾隆三十八年癸巳十一月辛未……谕曰:大学士刘统勋……自简任纶扉,兼综部务。……并命为诸皇子总师傅,久直内廷,勤劳懋著。……今晨肩舆入直,至东华门,忽婴痰疾。……遽闻溘逝,深为震悼。着加恩晋赠太傅,入祀贤良祠。"

昭梿《啸亭杂录》卷七:"于文襄敏中……入调金鼎。……当时傅文忠、刘文正诸公相继谢事,秉钧轴者惟公一人,故风气为之一变。……政府之事益坏,皆由公一人作俑,识者讥之。"

十一月十七日,充阿哥书房总师傅兼翰林院掌院学士。具折谢恩。

《耐圃府君行述》:"癸巳……十一月兼管翰林院掌院学士。"

《乾隆朝上谕档》:"乾隆三十八年十一月十七日内阁奉上谕:大学士于敏中着在阿哥书房为总师傅,钦此。同日内阁奉上谕:大学士于敏中着兼管翰林院掌院学士务,钦此。"

《清高宗实录》卷九四七:"壬申……命大学士于敏中为尚书房总师傅。"

《素余堂集》卷二八《奏为恭谢天恩事》:"臣业未通经,仕由珥笔,叨塵禁近,备沐恩荣。兹复叠荷纶言,载膺宠任。抗颜而居师席,说愧退之;翔步以领词垣,职惭张说。……所有臣感激微忱,理合缮折,恭谢天恩。"

十一月十八日,先生身兼数职,应办之事甚多,高宗特遣梁国治回京,襄理机务。

《乾隆朝上谕档》:"乾隆三十八年十一月十八日奉上谕:……军机汉大臣现在只有于敏中一人,而应办之事甚多。着传谕梁国治于奉到此旨后速即起程驰驿来京,务于岁内赶到。……将此由五百里传谕知之,钦此。"

十一月二十九日,以原衔充日讲起居注官。具折谢恩。

《耐圃府君行述》:"癸巳……十一月……仍充日讲起居注官。"

《素余堂集》卷二八《奏为恭谢天恩事》:"乾隆三十八年十一月二十九日,翰林院衙门题补日讲起居注官一本,奉旨:于敏中着以原衔充日讲起居注官,钦此。窃臣荷蒙恩命兼管翰林院掌院学士,兹复奉旨充日讲起居注官。……惟有勤司记注,益矢冰兢,以期仰报高厚洪慈于万一。"

十一月,以艾启蒙此前所绘先生肖像装池颁赐。

《素余堂集》卷二三有《恩赐画像恭纪》。其序云:"乾隆三十六年九月,上以土尔扈特汗渥巴锡等率属归顺,朝于避暑山庄,特命画院艾启蒙往图其形。臣以叨与扈从,蒙恩并写臣像。今年十一月敕以画幅颁赐,谨叩头祇领。……爰抒长律,敬志鸿施。敢竭芜词,冒陈睿览。"又"武成伫奏金川捷,紫阁园增纪睿篇"句,自注云:"平定西陲时,命画五十功臣像于紫光阁,御制亦系以赞并绘战图于武成殿,臣幸得与给札恭录之役。兹金川大功计日告藏,行见壁画增新臣,惟珥笔以待策勋耳。"

> 按:《恩赐画像恭纪》于集中系于《癸巳春帖子词》后、《甲午春帖子词》前。则此诗当作于乾隆三十八(癸巳)年。

十二月初,以寒疾告假。

《耐圃府君行述》:"癸巳……十二月以寒疾暂假。"

十二月初四日,蒙赐人参一斤。具折谢恩。

《耐圃府君行述》:"癸巳……十二月……奉旨:赐人参一斤。"

《乾隆帝起居注·三十八年十二月》:"初四日戊子……谕旨:大学士于敏中着赏给人参一斤。"

《素余堂集》卷二八《奏为恭谢天恩事》:"乾隆三十八年十二月初四日奉上谕:大学士士于敏中着赏给人参一斤,钦此。臣当即叩头祇领讫。伏念臣猥以孱躯,兼婴羸疾。每遇寒而益甚,辄切体之难支。……虽趋承自勉,未敢偃息为安;而衰劣相仍,惟惧驰驱不逮。仰荷我皇上赐医诊视,慰谕矜全。……复俯询乎药剂,知近益乎参珍。谓臣禀之尪羸,宜局方之滋补。特蒙锡之上药,价倍兼金。……所有感激微忱,谨缮折恭谢天恩。"

十二月十七日,刘统勋、刘纶、裘曰修俱经病故,所遗经筵讲官员缺,开列职名题请充补。

《题为补充经筵讲官将应充补各员开列职名请旨简用事》:"臣于敏中等谨题为补充经筵讲官事。臣等查得原充经筵讲官大学士刘统勋、刘纶、工部尚书裘曰修俱经病故,所遗经筵讲官三缺应题请充补。臣等谨将……应行充补各员开列职名,恭请皇上简用三员。……乾隆三十八年十二月十七日。得旨:嵇璜、谢墉、董诰俱着以原衔充经筵讲官,该部知道。"(一史馆,02—01—03—06742—015 号)

十二月十九日,蒙赏《评鉴阐要》。

《乾隆朝上谕档》:"臣等遵旨拟赏《评鉴阐要》一百部,谨开列清单进呈,伏候钦定。"后附十二月十九日"拟赏《评鉴阐要》清单",内有大学士四人:舒赫德、高晋、于敏中、李侍尧。

十二月二十三日,立春。有《甲午春帖子词》。

《素余堂集》卷二三有《甲午春帖子词》。"雪岭桃关晴色畅,红旗三捷共春驰"句自注云:"冬间川省军营晴和之日居多,是以旬日即克复偾拉,现在克期进剿金川,计日可望捷音之达奏也。""联句先赓四库书"句注云:"新正以四库全书联句。"

按:据《近世中西史日对照表》,乾隆三十九年(甲午)立春在三十八年十二月二十三日。

是岁,奉敕书《御制白塔山四面四记》,树碑涤霭亭。

《清通志》卷一一七载"御制白塔山四面四记":"乾隆三十八年于敏中奉敕正书。涤霭亭内石幢。"

是岁,托庸、陆宗楷、杭世骏卒。

乾隆三十九年　甲午(1774)　六十一岁

正月初一日,邀同王际华、董诰等食于南斋。

《王文庄日记·三十九年正月》:"初一……金坛相公具食于南斋邀同董学士、陈道长。……顺贺傅文忠师母及金坛相公。"

　　　　按："董学士"即董诰,时任内阁学士兼礼部侍郎;"陈道长"即陈
　　孝泳,时任陕西道监察御史。

同日,高宗有《甲午元旦试笔》。为之跋。

　　《素余堂集》卷二五《恭跋御制甲午元旦试笔诗》:"元辰肇卯,木生东
而万宝占丰;岁午司南,火克金而两川应捷。……红笺初书吉字,丹豪恰
试清吟。……岂惟星凤,仅怀先睹为荣;允若岱嵩,讵曰微尘可助。"

　　　　按:三十九年正月,时小金川全境再度收复,克期乘胜进剿大金
　　川,故有"火克金而两川应捷"之语。

正月初,高宗有咏芝屏诗。有和作。

　　《素余堂集》卷二〇有《咏芝屏八韵》。诗中自注云:"芝凡三层。"又注
云:"芝旁镂紫檀为云文。"

　　　　按:《御制诗四集》卷一七(甲午)有同题之作,系于《甲午元旦》之
　　后、《人日悦心殿》之前。

　　　　又按:《素余堂集》卷二〇自《咏芝屏八韵》以下为乾隆三十九
　　年作。

正月初七日,钱陈群卒,年八十有九。应其子钱汝诚之请,为志其墓。

　　《碑传集》卷三四有先生所作《诰授光禄大夫内廷供奉经筵讲官太子
太傅刑部尚书晋赠太傅入祀贤良祠谥文端钱公陈群墓志铭》。内云:"宫
傅太司冠嘉兴钱公以三朝旧德,荷圣主殊眷,颐养林泉,海内识与不识,以
泰山北斗宗之。……余为公年家子。曩自孝廉计偕来京师,辱公奖许殊
特,亲为评乙课业,暇辄指授诗学津梁。……通籍后复得追趋馆阁,垂二
十年公顾余益厚,而余亲炙公之言论风旨者益深。闻公之丧,感忆平生知
己,悲从中来,莫能自已,既为位以哭,适孤子汝诚等奉公治命属志墓石,
余何可以辞。按状,公讳陈群,字主敬,号香树。……公生于康熙丙寅五
月二十九日,卒于乾隆甲午正月初七日,年八十有九。……以本年十二月
丁酉合葬于海盐生坊之南化城。"

**正月初八日,预重华宫茶宴,以"汇辑四库全书"为题联句。同日,王际华
具馔相邀。**

　　《清高宗实录》卷九五〇:"壬戌……召大学士及内廷翰林等茶宴,以
汇辑四库全书联句。"

　　《御制诗四集》卷一七有《汇辑四库全书联句》。联句者自高宗以下依

次为:舒赫德、于敏中、程景伊、福隆安、王际华、蔡新、英廉、观保、张若淀、曹秀先、倪承宽、梁国治、庄存与、奉宽、袁守侗、谢墉、李友棠、汪廷玙、汪永锡、钱大昕、毛辉祖、胡高望、董诰、李汪度、童凤三、纪昀、陆锡熊、陆费墀。

《王文庄日记·三十九年正月》:"初八……辰正奉派偕大学士舒公赫德、于公敏中、协揆冢宰程公景伊、司马福公隆安、宗伯蔡公新、司寇英公廉、总宪观公保、张公若桂、少宰曹公秀先、仓场倪公承宽、少宗伯梁公国治、少司马奉公宽、少司寇袁公守侗、少司空谢公墉、李公友棠、读学董公诰、侍读纪公昀、陆公锡熊、编修陆公费墀共二十人诏重华宫茶宴,赐坐于东厢。辰正三刻,御制诗下,各恭和二章。看戏三出:《柏梁体》《柳梦梅上路》《张旭等饮中八仙》。"

《清通志》卷一一六:"四库全书联句,乾隆三十九年。……七言排律。王际华奉敕正书。"

《王文庄日记·三十九年正月》:"初八……是日予具馔食于公,未正陪食。"

袁守侗(1723—1783),字执冲。山东邹平人。乾隆九年举人,入赀授内阁中书。历官至刑部尚书、直隶总督。卒赠太子太保,谥清悫。传见《碑传集》卷七三、《国朝耆献类征初编》卷一八二、《清史列传》卷二四。

钱大昕(1728—1804),字晓征,又字及之,号辛楣,晚号竹汀居士。江苏嘉定人。乾隆十六年召试一等二名,赐举人,授内阁中书。乾隆十九年进士,选庶吉士,授翰林院编修。历官至广东学政。回籍后历主钟山、娄冬、紫阳书院讲席。精研经史、金石、文字、音韵、天算、舆地诸学,著有《廿二史考异》《十驾斋养新录》《潜研堂集》等。传见《清史列传》卷六八、《清史稿》卷四八一等。

童凤三(1732—1802),字梧冈,一字鹤衔。浙江山阴人。乾隆二十二召试,赐举人,授内阁中书。乾隆二十五年进士,选庶吉士,授翰林院编修。历官至顺天学政、吏部左侍郎。著有《慎独斋吟剩》。传见《国朝耆献类征初编》卷九四。

正月上浣,题《王著书千文真迹》。

《石渠宝笈续编》著录有"《王著书千文真迹》一卷"。后附先生题识:"谨按:王著以善书事宋太宗为侍书,尝命审定《淳化阁帖》。而著昧于考

古,帖中世次、爵里多所伪舛。米芾、黄伯思辈每訾议之。然摹勒精工,古
今刻本,无出其右。……乾隆甲午孟春月上浣。臣于敏中敬识。"

正月十三日,蒙恩赐灯。

《素余堂集》卷二〇《上元后一日小宴廷臣》自注云:"上元前二日,蒙
恩赐灯。"

正月十五日,设宴邀嵇璜、蔡新、观保等人。

《王文庄日记·三十九年正月》:"十五……金坛相公邀同嵇大马、蔡
宗伯、观总宪、程协揆、李学使、申、倪两仓场、蒋少农、董学士、陈道长饭。"

> 按:"嵇大马"为嵇璜,"蔡宗伯"为蔡新,"观总宪"为观保,"程协
> 揆"为程景伊,"李学使"为李友棠,"申、倪两仓场"为申保、倪承宽,
> "蒋少农"为蒋赐棨,"董学士"为董诰,"陈道长"为陈孝泳。

**正月十六日,预宴正大光明殿,蒙赏文竹如意、磁斋牌、竹烟壶、橘子、燃夕
联句、宁绸袍褂等物。**

《乾隆帝起居注·三十九年正月》:"十六日庚午……未刻上御正大光
明殿,升座,赐廷臣宴。"

《素余堂集》卷二〇有《上元后一日小宴廷臣》一首。其一诗中注云:
"是日为雨水后八日。"又云:"与宴凡十三人。"其二"鳌山指令殊方抃,莲
炬携经信宿燃"句,自注云:"殿东西壁陈鳌山,今早命引哈萨克侍子入殿
瞻仰。"又"捷音催递蛰雷前"句,注云:"以初十日会剿之期计之,此月廿三
四当闻捷奏,廿三乃惊蛰节也。"

《王文庄日记·三十九年正月》:"十六……未初诣正大光明殿偕舒、
于两相公,福额驸,努大人,札贝子,罗公名罗卜藏锡拉布,官、程两协揆,予、
英司寇,四都统,荣将军保,富将军椿共十三人候至未正一刻五分,上升殿
御宝座。乐作,同列以前所指之次分东西行礼入宴。共六席,予坐第三席
第一位一座,饮食典礼与上年同,不爽毫发。……赐文竹如意一枝、磁斋
牌一、竹烟壶一、橘子一盘、燃夕联句一册、宁绸袍褂二端,十三人皆
同。……予辈拜恩而出,时已申初二刻矣。"

> 按:《上元后一日小宴廷臣》诗中注云:"廿三乃惊蛰节也。"据《近
> 世中西史日对照表》,惊蛰在正月二十三日者为乾隆三十九年,故此
> 诗作于是年。

正月十九日,具馔邀王际华、嵇璜同食。

《王文庄日记·三十九年正月》:"十九……于公为予设食，嵇大司马同席。"

正月二十九日，王际华具馔相请。

《王文庄日记·三十九年正月》:"廿九……是日，予送菜五器请金坛。"

二月初四日，祭先师孔子，遣先生行礼。

《清高宗实录》卷九五二:"丁亥，祭先师孔子，遣大学士于敏中行礼。"

同日，长孙女聘定户部侍郎蒋赐棨次子蒋继焕。

《王文庄日记·三十九年二月》:"初四……为蒋少农次郎执柯聘金坛相公孙爱。"

《耐圃府君行述》:"孙女二人，长适常熟文渊阁大学士谥文恪蒋公孙，户部仓场侍郎戟门公名赐棨子，现任工部营缮司主事名继焕。"

蒋继焕，江苏常熟人。仓场侍郎蒋赐棨子。贡生。历官济南府监兑督粮道。传见《(道光)济南府志》卷二九。

二月初五日，王际华具食相邀。

《王文庄日记·三十九年二月》:"初五……廿九同此日，予具食食于公。"

二月初六日，经筵侍班。

《乾隆帝起居注·三十九年二月》:"初六日己丑辰刻，上御文华殿。讲官永贵、王际华进讲《论语》'仁者先难而后获'一句，嵇璜、觉罗奉宽进讲《尚书》'功崇惟志，业广惟勤'二句毕。……大学士舒赫德、于敏中奏曰:皇上……思艰图易，宵旰勤求。……臣等幸侍讲筵，亲承圣训，不胜荣幸之至!"

《王文庄日记·三十九年二月》:"初六……辰初一刻，驾莅文华经筵，行礼如常仪。永大司农同予进讲'仁者先难而后获'，奉少司马、嵇大司马进讲'功崇惟志'二句。上亲宣御论，同列跪聆。赐茶而退。是日满讲官大学士舒公赫德、协揆冢宰官公保、大宗伯素公尔讷、少宰迈公拉逊、胡公世泰、大司寇英公廉、汉讲官大学士于公敏中、协揆冢宰程公景伊、大宗伯蔡公新、少宰曹公秀先、少司空谢公墉、学士董公诰咸侍班。"

迈拉逊(？—1788)，佟佳氏。满洲正蓝旗人。湖北布政使安图子。乾隆八年，以荫生授吏部主事。历官至镶蓝旗满洲都统。传见《国朝耆献类征初编》卷八七。

胡世泰，又作瑚世泰。满洲正白旗人。历官至吏部左侍郎兼正红旗汉军副都统。传见《国朝御史题名》。

二月十三日，奏请四库馆誊录中如已报捐而得缺尚遥者仍准其留馆效力。

《奏报编写四库全书事》："窃臣等奉命办理《四库全书》。……节经臣等奏明收用誊录之举、贡、监生不下六七百人。……近因川运事例既开，誊录中颇有急公之人报捐各项班次，冀得早为选用，其誊录缺例应告退，但该生等俱系熟手，一经退缺即须另补。现在记名誊录将次用完，既不敷补用，若另行召募，考试亦费周章，且易一生手，一应誊写体例未能熟谙，易致错误。而各誊录就捐之缺多寡不一，故得缺亦迟早不齐。……臣等公同商议，凡誊录中报捐人员除捐至郎中、员外及道府大员并各项中捐至分发者，俱照例退缺毋庸议外，其余已就捐而得缺尚遥，如有情愿仍在四库全书处效力者，请准其照常缮写，统俟五年期满，课程如额，请旨一体酌予优叙。……其有在馆未满五年而选期已届者，核其现交字数……分别示以鼓励。如此则本处缮写既免纷更召募之烦，而各该誊录益踊跃趋事。……乾隆三十九年二月□日。臣永瑢、臣舒赫德、臣于敏中、臣福隆安、臣王际华、臣蔡新、臣英廉、臣张若溎、臣曹秀先、臣李友棠、臣金简。乾隆三十九年二月十三日奉旨：依议，钦此。"（一史馆，03—0136—066 号）

金简(？—1794)，字可亭。正黄旗满洲包衣，后抬入满洲正黄旗，赐姓金佳氏。武备院卿三保子，淑嘉皇贵妃弟。乾隆中授内务府笔帖式。历官至工部尚书、吏部尚书，并兼四库馆副总裁。卒，谥勤恪。奉敕编有《武英殿聚珍板程式》《校正淳化阁帖释文》等。传见《国朝耆献类征初编》卷九〇、《清史稿》卷三二一。

同日，同王际华共餐议事。

《王文庄日记·三十九年二月》："十三……巳正归南斋，俟金坛议事，至申正方出，遂留同食，匆匆议事而归。"

二月二十一日，《圣祖御制文集》内有讹字，未经校出，为高宗斥责。然因身兼军机处与内廷事务，暇时甚少，难得兼顾，免于议处。

《乾隆朝上谕档》："乾隆三十九年二月二十一日内阁奉上谕：四库全书处进呈录成书本内有《圣祖仁皇帝御制文集》。……及偶取披阅，则《圣祖仁皇帝御制集诗》内'桃花''桃'字误写'梅'字,未经校出。朕于所缮各种书籍原未尝有意苛求,亦实无暇通身细阅,而信手披翻错字自然呈露,则其他舛误处谅更不少。总裁等岂宜概以轻心掉之耶? 此内如皇六子质郡王永瑢、舒赫德、福隆安虽派充总裁,并不责其翻阅书籍,乃令统理馆上事务者。英廉办理部旗及内务府各衙门事件较繁,亦难悉心校阅。金简另有专司,此事本非其职。至于敏中虽系应行阅书之人,但伊在军机处办理军务兼有内廷笔墨之事,暇时实少,不能复令其分心兼顾。所有皇六子永瑢、舒赫德、于敏中、福隆安、英廉、金简俱着从宽免其交部。其余总裁每日到馆,岂可于呈览之书竟不寓目? 且全书卷帙浩繁,朕并非责伊等挨篇细校,俱能每本抽阅数处,时为驳正,则校对及誊录等皆知有所儆畏经心。何竟见不及此耶! 王际华、蔡新、张若淮、曹秀先、李友棠俱着交部察议,其覆校、分校等员并着一并交部议处,钦此。"

二月二十二日,奏请于国子监拣派贡生十名校录应刊散篇副本,并派祥庆承办摆板之事。翌日,奏请再添六名供事协办摆板。

《纂修四库全书档案》一四八《多罗质郡王永瑢等奏拟派肄业贡生校录永乐大典应刊书籍并再添摆板供事折》:"臣永瑢等谨奏:臣等办理四库全书,所有《永乐大典》内采出散篇汇辑成部者,颇有堪以刊行之书,应行刊刻。前经臣金简奏准用活字板摆刷,现在筹商应办诸事。因此等散篇原录草本,移改增易,行字参差,难以照式排板,而正本又不便令其校对,致有污损,臣等公同酌议,此等应刊书籍,非另办副本不可。拟于国子监拣派现食膏火之内肄业贡生十名到武英殿,照现在行走贡生例,专供校录刊本之用,并拟派原任翰林院编修祥庆承办摆板之事。业于本月二十二日臣于敏中面奏,仰蒙俞允。再,检摆字板必须供事经手,前经臣金简奏明,额设供事六名在案。但查字板头绪纷繁,六人尚不敷用,拟再添供事六名,统照武英殿供事之例,一体行走,以资供役。……臣永瑢、臣舒赫德、臣于敏中、臣福隆安、臣王际华、臣蔡新、臣英廉、臣张若淮、臣曹秀先、臣李友棠、臣金简。乾隆三十九年二月二十三日奉旨:知道了,钦此。"

祥庆,字素云。满洲正黄旗人。乾隆二十八年进士。历官翰林院编修、吏部主事。传见《清秘述闻》卷八。

二月二十三日,奏请令郭长发充《四库全书》内天文演算法等书之分校。

《纂修四库全书档案》一四九《多罗质郡王永瑢等奏令郭长发在四库

全书分校上行走折》:"臣永瑢等谨奏:臣等办理四库全书,内有天文演算法等书,必须专门之人分校。查有算学馆助教郭长发,留心演算法,堪司校阅。理合奏明,令其在《四库全书》分校上行走。谨奏。臣永瑢、臣舒赫德、臣于敏中、臣福隆安、臣王际华、臣蔡新、臣英廉、臣张若淮、臣曹秀先、臣李友棠、臣金简。乾隆三十九年二月二十三日奉旨:知道了,钦此。"

二月杪,高宗题钱维城《龙井八景册》。步韵和之。

《素余堂集》卷二〇《泉香亭再题钱维城画龙井八景册元韵》:"临流恰是暮春月,展册回思乙酉年。"

《御制诗四集》卷二〇《龙井八景册》内高宗自注:"乙酉南巡,时维城为浙江学政,图此册以进,因此间结构仿似龙井,遂以题弄。今册在人亡,为之慨然。"

> 按:此诗并见《石渠宝笈三编》内"《钱维城画高宗纯皇帝御制龙井八咏诗图》一册"后附臣工和章。其中御款作"甲午仲春",先生诗中则有"临流恰是暮春月"之句,味其诗意,先生此诗似当奉和于三月。

三月初三日,王际华有札致之。

《王文庄日记·三十九年三月》:"初三……札致耐圃。"

三月初八日,吏部考绩,内阁大学士按例向不预列,然以勤慎称职,特加优叙。

《乾隆朝上谕档》:"乾隆三十九年三月初八日内阁奉上谕:今年京察届期。……内阁大学士以领袖班联向不预列,第念大学士舒赫德等或赞襄机务,兼掌部曹,或扬历封疆,勤劳夙著,均能敬公称职,宜加优叙,以昭恩眷。舒赫德、高晋、于敏中、李侍尧俱着交部议叙,钦此。"

四月初二日,蒙赏《古今图书集成》,特筑"集成阁"以贮之,并录上谕"传付子孙,守而弗失"二语,镌诸印章,分识卷端。

《耐圃府君行述》:"乙未十月,诏赐大学士舒文襄公及府君《古今图书集成》各一部。府君拓地筑'集成阁'三楹,列架恭贮,并录上谕中'传付子孙,守而弗失'二语,镌诸印章,分识卷端,以昭示来裔,永加宝弄。"

《乾隆朝上谕档》:"乾隆三十九年四月初二日内阁奉上谕:大学士舒赫德、于敏中着各赏《古今图书集成》,其收藏传付子孙,守而弗失。"

《军机处随手登记档》:"三十九年四月初五日。递舒、于中堂谢赏《图书集成》恩折一件。"

《素余堂集》卷二八《奏为恭谢天恩事》："逮兹册府腾辉,四库则装分缥碧;溯昔西山荟帙,万卷则富轶婵嫣。……臣等惟当诚励子孙,恪遵训谕。幸赐书之能读,胜贻韦氏一经;尚数典之毋忘,善守张家三箧。……所有感激微忱,谨缮折恭谢天恩。"

　　按:蒙赏《古今图书集成》事,《行述》载在"乙未十月",误。

四月初六日,奉命同程景伊、蔡新、梁国治等阅看试卷,将文理清顺者不分等第,拣选进呈。

《乾隆朝上谕档》："臣于敏中、程景伊、蔡新、梁国治谨奏:蒙发下试卷一百七十六本,臣等公同阅看,谨将文理清顺之卷拟取入选者共一百本。遵旨仍照上届之例不分等第,其余拟不入选共七十六本,谨分束进呈。谨奏。四月初六日。"

四月初七日,荐举阿肃任十七阿哥师傅,在上书房行走。

《乾隆朝上谕档》："臣舒赫德、于敏中谨奏:臣等面奉谕旨,令选派满洲翰林为十七阿哥师傅。臣等查得候补侍讲阿肃,人勤慎妥当,学问亦好。商之蔡新、观保,意见相同,似可令其在阿哥书房行走,理合奏闻请旨。"

阿肃(?—1792),伊尔根觉罗氏,字敬之,号雨斋。满洲镶白旗人。乾隆十九年进士,选庶吉士。历官至光禄寺少卿。传见《国朝耆献类征初编》卷九二、《清史列传》卷二五、《词林辑略》卷四。

四月初十日,晤王际华于南斋。十二日,王际华入馆相谢。

《王文庄日记·三十九年四月》："初十……晤金坛于南斋。""十二,入馆顺途谢金坛。"

四月十四日,王际华具馔相招。

《王文庄日记·三十九年四月》："十四……是日予具菜请于公。"

四月十八日,陕甘总督勒尔谨奏请开甘省之捐监,先生力主之,以为部中可省拨解之烦,民间亦可得粜贩之利。高宗特调王亶望前往经理。

《清高宗实录》卷九五七："庚子……谕军机大臣等:勒尔谨奏报肃州、安西两州收捐监粮一折,已批交该部议奏矣。……业经部议,准令本色报捐。……特调王亶望前往甘省。……务率同实心查办,剔除诸弊。"

《乾隆朝上谕档》："甘肃捐监……前经舒赫德奏请停止,而于敏中于朕前力言甘省捐监应开,部中既省拨解之烦,而闾阎又得粜贩之利,实为一举两得。朕以其言尚属有理,是以准行。讵知勒尔谨如木偶,为王亶望所愚,遂通同一气,肥橐殃民,竟至酿成大案。设非于敏中为之主持,勒尔谨岂敢遽行奏请。"

勒尔谨(1719—1781),宜特墨氏。满洲镶白旗人。乾隆十年翻译进士,授刑部主事,迁员外郎。外授直隶天津道,历官至陕甘总督。因涉甘肃贪捐冒赈案被斩。传见《清史列传》卷二五。

王亶望(？—1781),字诞凤。山西临汾人。江苏巡抚王师子。自举人捐纳知县,历官至浙江巡抚。以甘肃布政使任内私留捐银、虚销赈粟被斩。传见《清史稿》卷三三九。

按:捐监即捐粟纳监入国子监为监生。王亶望任甘肃布政使时于当地推行捐监,以内地储粮未满为名,命诸州县收捐;旋令士民改捐银两;后又虚报当年旱灾,谎称以粟治赈,而私留捐银。捐监之法施行半年,王亶望奏称"现在收捐之安西州、肃州及口外各属扣至九月底止共捐监一万九千十七名,收各色粮八十二万七千五百余石"。对此高宗深表怀疑,认为其中有"四不可解"(《乾隆朝上谕档》三十九年十一月十九日上谕)。勒尔谨饰辞具覆,王亶望亦称"并无影射虚收等弊"(王亶望《奏陈办理捐监情形事》,一史馆,04—01—35—1172—046号)。高宗一时即未深究,称其"所办可嘉"。

四月二十日,王际华以定窑娃娃枕及文五峰画为先生寿。

《王文庄日记·三十九年四月》:"二十……以定窑娃娃枕一、文五峰画一为金坛寿。"

四月二十一日,先生六十一初度。于易简、王际华等往贺。

《王文庄日记·三十九年四月》:"廿一……早至金坛赐园祝寿,见其介弟易牧。……晚,金坛馈食。"

按:"易牧"即于易简。据《清代官员履历档案全编》,其于乾隆三十六年至四十年间任易州直隶州知州。

五月十二日,夜访王际华。

《王文庄日记·三十九年五月》:"十二……金坛相公晚过,步周赐第焉。"

五月十四日,奉命将《古今图书集成》拟备各省行宫七处陈设,并赏给各省

交送遗书最多之四家,另拟赏进书百种以上之周厚堉等九家《佩文韵府》一部深得上意。

《乾隆朝上谕档》:"臣于敏中谨奏:蒙发下《古今图书集成》十一部,交臣拟备各省行宫陈设外,其余拟赏各省交送遗书最多之家。臣恭拟各省行宫七处陈设各一部,余四部拟赏进书五百种以上之鲍士恭等四家各一部,俾得宝贵尊藏。又查交书一百种以上均经奉旨于所进书内查其最佳者呈览,奉有御题。通计进书一百种以上者在京及外省共有周厚堉等九家,谨拟赏以《佩文韵府》初印本各一部,用示嘉奖,并拟写明发谕旨进呈。所有拟备陈设及拟赏之处,另行分缮清单,恭呈御览,是否伏候训示。谨奏。乾隆三十九年五月十四日奉旨:所办甚好,钦此。"

周厚堉,字仲育。江苏娄县人。四库开馆诏求天下遗书,以经进者百余种,蒙赐《佩文韵府》及御制石刻。传见《湖海诗传》卷三九。

五月十五日,同王际华、梁国治等相晤。

《王文庄日记·三十九年五月》:"十五……与群公相周旋,至未初二刻乃散。送梁少宗伯、金坛相公,见其介弟易牧。"

五月十六日,随扈热河。

《清高宗实录》卷九五九:"乾隆三十九年甲午五月戊辰,上以秋狝栏,奉皇太后自圆明园启銮。"

《王文庄日记·三十九年五月》:"十六……上以卯初刻启銮幸避暑山庄。……扈行:于、福、梁、嵩贵、曹秀先、范时纪、蒋元益、崔应阶、刘浩。"

五月中浣,同王际华、梁国治等联名跋《敬胜斋法帖》。

《石渠宝笈续编》著录有"《敬胜斋法帖》四十册"。后附臣工跋云:"我皇上……以乐寿堂成,命臣等排次旧刻,御书《敬胜斋法帖》,分嵌廊壁。谨按:石凡三百六十有五,较楹数稍绌,使即卷尾续增,不能依卷自为起讫。爰敬谨酌拟,就各卷可增处,钩摹未镌宸翰十帖附入。其体裁之为作为述岁月之或后或先,一依原例,而于御临内减去一帖,凡三百七十六石,以符楹数。……乾隆三十九年仲夏中浣。臣于敏中、臣王际华、臣梁国治、臣董诰、臣沈初拜手稽首恭跋。"

五月二十二日,王际华有札致之。

《王文庄日记·三十九年五月》:"廿二……札致金坛。"

五月二十三日,致札陆锡熊,嘱蒙赏《佩文韵府》之纪昀、励守谦、汪如藻具

折谢赏,并询外间通行之书查办情形。

《于文襄公手札》第二十八通:"接阅来札,悉种种。外省进到奉有御题之书,所酌甚妥。既云不过月余可毕,尤与谕旨相合也。今日黄副宪有谢赏《佩文韵府》之折,馆中纪侍读、励编修、汪学正三君似亦当呈谢,未识曾办及否?再,前曾面商外间通行之书不在遗书以内者,亦当查明分别抄存,业承允诺,未识连日所查如何?因忆及制义一项,自前明至今以此取士,流传者不下千百家,即不必抄录,其名目固不可不存,惟《钦定四书文》抄之以备一体,亦集中所当及也。统希留意,率候不一。中顿首,五月廿三日。晓岚先生均此致候。"

黄登贤(1709—1776),字云门,一字筠盟,号忍庐。直隶大兴人。吏部侍郎黄叔琳子。乾隆元年进士。七年,授户部江南司主事。历官至左副都御史。卒,谥恭悫。传见《碑传集》卷七二、《国朝耆献类征初编》卷六四、《清史列传》卷一四。

　　按:此札中"黄副宪有谢赏《佩文韵府》之折,馆中纪侍读、励编修、汪学正三君似亦当呈谢",其事见乾隆三十九年五月十四日上谕:"进书一百种以上之江苏周厚堉、蒋曾莹、浙江吴玉墀、孙仰曾、汪汝瑮及朝绅中黄登贤、纪昀、励守谦、汪如藻等亦俱藏书之家,并着每人赏给内府初印之《佩文韵府》各一部,俾亦珍为世宝,以示嘉奖。"故系于三十九年。

五月二十五日,王际华接先生札。

《王文庄日记·三十九年五月》:"廿五……报至,接金沙札。明亭相公邀坐政事堂议事,并俟书稿答金沙,即归。"

五月二十七日,王际华有札致之。

《王文庄日记·三十九年五月》:"廿七……札致金坛,寄雀扇一。"

六月初二日,王际华接先生所寄札。

《王文庄日记·三十九年六月》:"初二……接金坛并庄凤翯札。"

六月初五日,札复陆锡熊,因此前所列外间通行而不在遗书内之书仅止百余种,复询是否续有所得,并酌商《弇州四部稿》《旧五代史》之办理。

《于文襄公手札》第二十九通:"连接两函,俱未及裁覆,今日又得手书,具悉种种。外间通行之书,止开出一百余种,似尚不止此。近日不知曾续有所得否?制义存目亦当核实,分别其源流正变,则于节略内叙明可耳。五征君所分五种书甚好,将来进呈时或有续蒙评赏,亦未可知也。余归各纂修阆分亦妥。遗书目录六月底又可得千种,甚好。若办得即可寄来呈览,但须详对错字,勿似上次之复经指摘也。至每进目录一次,即将交到遗书点检清厘一次,此法极妥,不知前次所办之书曾归妥否?应刊各种自应交武英殿录副,其应抄各种亦应随时办理也。《弇州四部稿》书非不佳,但卷帙太繁,且究系专稿,抄录太觉费事,存目亦不为过。但题辞内不必过贬之也。薛《史》自应刊刻流传,但欲颁之学官,须与廿三史板片一例,未免费力,或可止刊行而不列于正史否?并酌之。灯联曾否办得?《热河志》应查各条务向习庵促之,恐其一经得差即无心及此也。率布奉覆不一。晓岚先生及五征君均此。中顿首,初五日。"

　　按:此札云:"制义存目亦当核实,分别其源流正变,则于节略内叙明可耳。"即承第二十八通(三十九年五月二十二日)"因忆及制义一项,自前明至今以此取士,流传者不下千百家,即不必抄录,其名目固不可不存"而言,故当系于三十九年。此札所云:"灯联曾否办得?《热河志》应查各条务向习庵促之。"同其后第三十通(六月十一日):"灯联为日已不少,何甫脱稿耶?其《热河志》应查各件,速促习庵开单早寄"所言盖为一事。此札又云:"遗书目录六月底又可得千种,甚好。"据此,知此札作于六月。

六月上浣,同王际华有书札往来。

　　《王文庄日记·三十九年六月》:"初六……札致金坛。""初十……接金坛札即答之。"

六月十一日,致札陆锡熊,酌商佛、道书籍去取准则,并促办灯联及《热河志》应查各件等事。

　　《于文襄公手札》第三十通:"来函已悉,应抄各书业经查清另存,甚好。并示现催各纂修上紧校勘,自可不致迟误。二氏书如《法苑珠林》之类,在所必存,即《四十二章经》共来最交文法,亦与他经不同。且如《黄庭内外景》未尝非道家之经,势必不能删削,何宽于羽士而刻于缁流乎?至僧徒诗文,其佳者原可录于集部,若语录中附见者,即当从删,其虽名语录实系诗文,所言亦不专涉禅理者,又不妨改正其名而存之。灯联为日已不少,何甫脱稿耶?其《热河志》应查各件,速促习庵开单早寄,余再悉。耳山侍读文几,中顿首,六月十一日。"

按：第二十九通（三十九年六月初五日）云："每进目录一次，即将交到遗书点捡清厘一次，此法极妥，不知前次所办之书曾归妥否？应刊各种自应交到武英殿录副，其应抄各种亦应随时办理也。"盖嘱陆锡熊将进到之遗书加以拣选，分别应刊、应钞，其后各自办理，并询前次进到图书是否照此分类归置妥当。此札所云"来函已悉，应抄各书业经查清另存，甚好"，即是陆锡熊针对第二十九通"不知前次所办之书曾归妥否"之回复。又与第二十九通均提及"灯联""热河志"等问题，故当作于三十九年。

六月十七日，致札陆锡熊，询何焯评点之《文选》刻本，并诫谕官书之纂办务求妥速，不可节外生枝。

《于文襄公手札》第三十一通："闻谢承《后汉书》江南近有刻本，确否？再，此外现有传本否？今遗书有此种否？希查示。又闻义门先生所批《文选》近有刻者，或云是□正□所为，确否？又云义门先生手批俱已有刻本，其说更不知确否？灯联已收到，甚费两公之心。因前奏此事时，上云其联语颇好，甚爱之，自不便多易。来稿更改处太多，恐不相合，因另酌一稿，仍将原句录为一折，将拟改处粘签呈览。至《热河志》内表及凡例，非目下所急，暂存此，俟得暇阅定寄回。顷已奉旨：俟□事再办，已有信致办事诸公矣。其千佛阁碑文及河屯协莅官月日，俟查明再寄。惟所查各处行宫间架、方向、新旧俱有。愚意窃谓可以不必此时，若欲细查间架、方向，非亲履其地不能真灼。热河一处已难一一身经目睹，他处更势有不能。况旧纂之书并未繁琐及此，何必为此费力不讨好之事。若如来单所云，细加查核，则此志不但今年不完，即明年亦未能竟其役，且恐告成之日遥遥，莫必无此办书法也。况原奉谕旨，改正原稿，本因古今疆域不合，及对音字面不准。此时惟当注力于此，庶可早完。若欲节外生枝，徒自苦而无益，切勿误办也。前所须查者系白玉观音像，而此次未录，何耶？类此者即速查寄为妥。至各庙扁对及各行宫扁对原稿如已载，则仍之。否则难以遍及，若果必需则尚较间架、方向易办，速寄信来，率布覆候，余再悉。习庵、耳山两年兄同照。中顿首，六月十七日。十七日接耳山年兄信云：'外省各书已有十种可交，□上□□□□两三日可以全竣，不致逾期。'甚好。至各书应载著书人姓氏，若系国朝人即书某官某，其诸生布衣亦详实标题，是亦画一之一法。《通鉴长编》应□□人及两书部族名即交办国语□□查办。"

按：此札云："灯联已收到，甚费两公之心。""灯联"一事，前札已两番提及,分别为第二十九通(三十九六月初五日):"灯联曾否办得?"及第三十通(三十九年六月十一日):"灯联为日已不少,何甫脱稿耶?"此札又询及"闻义门先生所批《文选》"等事。"义门先生"即何焯,其批《文选》所据之本即汲古阁本。第三十二通(六月二十三日)所云"《文选》照汲古阁本抄录最妥"殆承此而言。故此札宜系于三十九年。

六月十九日,王际华接先生札,即以《遵生八笺》封寄行在,并札复之。

《王文庄日记·三十九年六月》:"十九……入直。以《遵生八笺》封寄行在。金坛札知上宣取也。至传心殿会英公言事,札答于中堂即归。"

六月二十三日,致札陆锡熊,商酌《文选》版本之选用,并询《佩文韵府》内"回雁高飞太液池"一句作者,命核之《永乐大典》。

《于文襄公手札》第三十二通:"上报接手书,未即致覆。今日复披翰札,具悉种种。《热河志》所论极是,即照此速办,能早进呈更佳。《文选》照汲古阁本抄录最妥,以上所常阅及。前此命翰林所写缩本即系汲古阁刻,若专录李注,不及五臣,而别用明人六臣注本删去李注,是并写既多费工夫,且又与御览之本不能相合,似未悉协,希再酌之。《癸签》既系诗话及临诗语,自应摘抄。若刊本无多,并不妨另刻,《统签》则可不复也。今日召见时又问及各省进到遗书曾经御题者已发还未,我覆奏:'现在赶办大约出月可毕,即当发往。'上以此等书册无多,宜早发还,使人倍知鼓舞,专此寄闻,即以此遍致诸公,速办为妥。又前日发出《佩文韵府》一本,内引'回雁高飞太液池',作王涯诗,而《全唐诗》刊作张仲素,《全唐诗录》又作王涯。上以此诗究系何人所作,查《永乐大典》所载如何,《韵府》即照改。专此寄知,并即查示为嘱。余再悉。中顿首,六月廿三日。《遵生八笺》日前觅到一部,板缺误不堪,未知外间有初印本否?"

> 按:此札云:"《遵生八笺》日前觅到一部",与《王文庄日记》乾隆三十九年六月十九日所记"以《遵生八笺》封寄行在"为同一事。故系于三十九年。

六月二十五日、二十八日,同王际华屡有书札往来。

《王文庄日记·三十九年六月》:"廿五……两札素余相公。"又:"廿八……札答素余。即金坛也。……金坛字内知廿五日请安折下赏收如意一柄、大玉海棠洗一件、景泰珐琅香炉一件、定窑小合一件、明人画扇十柄、宋牟益《茅舍闲吟图》一轴卷、元赵子俊《乔木高斋图》一轴。约费四百金。"

六月二十九日,致札陆锡熊,酌商《意林》内讹舛处改正之法。

《于文襄公手札》第三十三通:"前报接信,匆匆未及具覆。《意林》内讹舛之处,当如何改正方不费事,可详细写一说帖再下报寄来,以便遇便具奏。原本书内阙佚处添注格式,所定章程极妥。即于原字内批〇寄回,希酌定。'回雁'句改,已查明甚好,当觅便奏之。顷有两诗须查者,其名为'祐有原传图',书不知何姓,在书画谱,查之不得,特奏明寄归,于元明人之名祐者诗集内查寄为感。匆匆寄此,余再悉。中顿首,六月廿九日。晓岚学士不另启,希道候。《说文篆韵谱》专系拟抄存否,若刻则非活字所能也。"

> 按:此札云:"'回雁'句改正查明甚好。"所指即第三十二通(三十九年六月二十三日)所云"前日发出《佩文韵府》一本,内引'回雁高飞太液池'作王涯诗……查《永乐大典》所载如何,《韵府》即照改"一事。故系于三十九年。

同日,王际华接先生札。

《王文庄日记·三十九年六月》:"廿九,接素余札。"

> 按:《于文襄公手札》第三十四通:"顷接李少司空札,以《水经注》尚有可商者,不可不酌。……其中或尚有应行酌定者,不妨再为覆核。大农处亦有札致及,李公原书并希于便中送阅。"该札作于三十九年七月初一日(详下谱),则王际华六月二十九日所接先生手札或与《水经注》有关。

六月,高宗题钱陈群诗册。步韵和之。

《素余堂集》卷二〇有《题钱陈群所书诗册二首一韵》。"津水即今余雅韵"句,自注云:"此钱陈群所书《御制春巡津水诗册》也。陈群有《津水早春词》,上曾叠其韵,亦在册内。"又"香山长此足华誉"句,注云:"今春陈群遗疏至,上成诗志惜,有'香山那复鹿重扶'之句,犹念其辛卯和诗'鹿驯岩畔当童扶'什也。"

> 按:此诗并见《石渠宝笈三编》"《钱陈群书高宗皇帝御制春巡津水各体诗》一册"后附之臣工和章。御题曰:"阅钱陈群所书诗册,自今不可复得矣,因题一律藏之。甲午季夏御笔。"又:"此钱陈群和韵诗册也。仍用题手书册韵,识其帙端。甲午季夏御笔。"

七月初一日,致札陆锡熊,嘱覆核《水经注》中应行商榷处。

《于文襄公手札》第三十四通:"耳山年兄上报曾有字否,记匆冗时一阅,欲留俟下报再覆。今日遍检不得,不知所言云何,下报寄知并覆。接读手教,得悉种种。《意林》一事容俟从容再覆。顷接李少司空札,以《水经注》尚有可商者,不可不酌,求其是。愚学殖浅薄,不敢轻议,且相隔甚远,尤难彼此折衷。此事知东园深费苦心,且向曾探讨及此,自当有所依据。其中或尚有应行酌定者,不妨再为覆核。大农处亦有札致及,李公原书并希于便中送阅。圣主稽古右文,凡事集思广益。今访求遗书,嘉惠后学。往往一字一义,询及刍荛。我辈钦承恩命,岂可不仰体圣衷,虚公斟酌,以期无负委任,尚敢稍存成见乎?此意并希与东园言之。李大人原书奉寄,事后仍希寄还,不一。晓岚先生、耳山年兄、八座。中顿首,七月初一日。"

　　按:此札所云"《意林》一事容俟从容再复",盖承第三十三通(三十九年六月二十九日)"《意林》内讹舛之处,当如何改正方不费事,可详细写一说帖"而言。故系于三十九年。

　　又按:"李少司空"即李友棠。"东园"即戴震。

七月初一、初四、初八日,同王际华屡有书致之。

　　《王文庄日记·三十九年七月》:"七月朔……复致金坛相公书。""初四……札致金坛。""初八……直武英殿再作字致金坛。"

七月十三日,致札陆锡熊,嘱其调停朱筠之事。

　　《于文襄公手札》第四十通:"上报邮章为河涨所阻,到迟一日两时,匆匆未及具覆。遗书总目续撰可得千种,甚好。但必须实系各纂修阅讫,一经呈览即可付刊、付缮方好,勿又似从前之沈搁也。《开元占》既见于历代史志,《灵台秘苑》见于《文献通考》,皆不便删去,以应钞而不梓,于提要内详晰声明,似属无碍。昨得贵房师竹君先生札,火气太盛,办书要领并不在此,具札覆之。至其误认东皋亦系纂修,并未悉原奉谕旨,令愚总其成之故,抄录节次谕旨寄回。但愚不便言及,祈足下转送一阅,其原札并寄阅。所寄贵房师一札,希于阅后致之,并希劝贵房师办公勿过生意见,庶不失和衷共济之意。此事专仗足下调停,勿使稷堂独为难人为幸。率布且覆,并候不一。中顿首,七月十三日。"

　　吴省兰(1737—1810),字泉之,号稷堂。江苏南汇人。乾隆二十八年举人,授咸安宫官学教习。四十三年进士,选庶吉士。官至工部侍郎,后降补侍讲,升侍讲学士。著有《听彝堂偶存稿》《河源纪略承修稿》等。传见《清史列传》卷二八。

按：此札云："昨得贵房师竹君先生札，火气太盛，办书要领并不在此，具札复之，至其误认东皋亦系纂修，并未悉原奉谕旨，令愚总其成之故。"其事当与纂办《日下旧闻考》有关。乾隆三十八年六月十六日上谕："着福隆安、英廉、蒋赐棨、刘纯炜选派所属人员将朱彝尊原书所载各条逐一确核，凡方隅不符记载失实及承袭讹舛遗漏未登者，悉行分类胪载，编为《日下旧闻考》。并着于敏中总其成，每辑一门，以次进呈。"即札中"令愚总其成"之意。"竹君先生"即朱筠，据三十八年九月二十一日上谕："朱筠……着加恩授为编修，在办理四库全书处行走。"旋充《日下旧闻考》总纂官（见姚鼐《朱竹君先生别传》、李威《从游记》）。"东皋"即窦光鼐，据三十八年九月二十九日上谕："现在纂订《日下旧闻考》，着窦光鼐随同校办。"则此札似应作于三十八年九月后。又考第二十九通（三十九年六月初五日）："遗书目录六月底又可得千种，甚好。若办得即可寄来呈览，但须详对错字，勿似上次之复经指摘也。"知三十九年六月底又进到遗书目录千种，是以先生特嘱"须详对错字"，其后"即可寄来呈览"。此札所云"遗书总目续撰可得千种，甚好，但必须实系各纂修阅讫，一经呈览即可付刊、付缮方好，勿又似从前之沈搁也"同第二十九通所言疑为同一事，故暂系于三十九年。

又按：朱珪《知足斋文集》卷三《翰林院编修诰授中议大夫前日讲起居注官翰林院侍读学士加二级先叔兄朱公墓志铭》，略叙朱筠同先生龃龉之由："是时金坛于文襄公敏中掌院为总裁。于公直军机，凡馆书稿本，披核辨析，苦往复之烦，意欲公就见面质，而公执翰林故事，总裁、纂修相见于馆所，无往见礼，讫不肯往。爱公者强拉公至西园相见，公持论侃侃，不稍下金坛。间为上言'朱筠办书颇迟'，上不之罪，曰：'命蒋赐棨趣之。'真特恩也。"

七月十四日、十七日，王际华连接先生札，内命查天禄琳琅及影宋抄书。

《王文庄日记·三十九年七月》："十四……随接于中堂札，入直查天禄琳琅，作札答之。""十七……接金坛札，内传旨为命查影宋抄书等事。随至传心殿作书答之。"

沈初《西清笔记》卷一："上于乾清宫东昭仁殿藏宋金元板书，明板之佳者亦列焉。御笔题曰'天禄琳琅'。"

七月二十三日，因交接宦官高云从，探问内廷消息，为高宗深斥。虽免于治罪，仍交部严加议处。余涉此案者俱着革职查办，交刑部严讯。

《耐圃府君行述》："甲午七月扈跸热河，因太监高云从一案狱词连引，荷蒙圣慈宽大，不加重谴，特降旨明白宣示，仅予交部严加议处。"

《乾隆朝上谕档》："乾隆三十九年七月二十三日内阁奉上谕：前兵部侍郎高朴来热河带领引见，询以近日外间有何见闻。据奏风闻内监中有将记名人员、硃批记载泄漏外廷之事。朕尚以为必无因，问其有何实据。伊所奏含糊，惟称系管理记载身材矮小之内监，不知姓名。即令福隆安详悉询问，始据高朴称，观保、蒋赐棨、吴坛俱曾在九卿班上谈及道府记载优劣，问以得自何人，仍无实据等语。经福隆安据情转奏，朕以所言既无实据，因暂缓究问。随将太监高云从撤至别处当差，不令经管记载。昨朕面诘高云从，因何与蒋赐棨认识交言，所指仍系记载一事。乃所供则称伊买地受骗具控，曾恳大学士于敏中转托蒋赐棨办理等语。朕闻之不胜骇异，随面询于敏中，据奏'高云从向伊面说并未允为转托，但不即据实奏参实属错谬'等语。内廷诸臣与内监等差使交涉，事所必有。若一言及私情，即应据实奏闻，朕方嘉其持正，重治若辈之罪，又岂肯以语涉宦寺转咎参者耶？于敏中侍朕左右有年，岂尚不知朕之办事，而思为此狗隐耶？再高云从供有于敏中曾向伊问及观亮记载若何之语，于敏中以大学士在军机处行走，日蒙召对，朕何所不言，何至转向内监探问消息耶！自川省用兵以来，于敏中书旨查办，始终是其经手，大功告竣在即，朕正欲加恩优叙如大学士张廷玉之例，给以世职，乃事属垂成而于敏中实有此事，实伊福泽有限，不能承受朕恩。于敏中宁不知痛自愧悔耶！因有此事相抵，于敏中着从宽免其治罪，仍交部严加议处。至朕日理庶政，事事躬亲，即所写谕旨亦时加改正。至笔墨之事，尤不过寻常录写，岂借一二翰林所能佽助？即如从前大学士公傅恒侍直禁近最久，襄赞诸务。及伊身后，并不因少此一人遂致不能办事。于敏中岂不稔知？朕因其数十年以来小心行走，因为此姑息，格外加恩免其重罪。朕先认过，于敏中务宜痛自湔洗，以盖前愆。倘此后再有过犯，朕不能复为曲贷也。……观保、蒋赐棨、吴坛身为九卿，岂宜如此多事！俱着革职，交刑部查审。……倪承宽亦着革职交刑部讯问，仍着申保明白回奏。"

又："乾隆三十九年七月二十四日内阁奉上谕：昨高朴奏太监高云从

泄漏道府记载。……召见军机大臣时论及此事,察于敏中所奏尚欲意为回护,希冀颟顸了事。今据审出即有与伊干涉之事,是于敏中尚不能在朕前稍存饰混,况他人乎!"

　　　　按:此上谕《起居注》载在二十一日,非。

七月三十日,因涉高云从案,处以革职留任。翌日,具折谢恩。

　　《耐圃府君行述》:"比部议革职,复蒙恩从宽留任。府君念覆载矜全,恩泽再造,宵分感涕,顶踵难酬,益悚仄不能自已。"

　　《乾隆朝上谕档》:"乾隆三十九年七月三十日奉旨:于敏中着革职,从宽留任,钦此。"

　　《奏为恭谢革职留任事》:"窃臣叼沐圣恩优渥,实逾常格。……乃于高云从一案种种谬戾,身罹重愆,自问万难幸免。仰蒙圣主鸿慈,格外姑容,不加治罪。……兹复蒙圣恩,曲赐矜全,仍予从宽留任,闻命蹐踧,感极涕零。……惟有痛加悛改,益矢敬诚,庶几稍赎前愆,力图后效,以期仰报高厚生成之恩德于万一。……乾隆三十九年八月初一日。"(一史馆,03—0139—002号)

八月初五日,高宗寄谕各督抚查办违碍书籍。

　　《乾隆朝上谕档》:"乾隆三十九年八月初五日奉上谕:……各省进到书籍,不下万余种,并不见奏及稍有忌讳之书。岂有裒集如许遗书,竟无一违碍字迹之理?况明季末造野史者甚多,其间毁誉任意,传闻异词,必有诋触本朝之语,正当及此一番查办,尽行销毁,杜遏邪言,以正人心而厚风俗。……至各省已经进到之书,现交四库全书处检查,如有关碍者,即行撤出销毁。"

同日,王际华接先生札,内奉旨查件寄送行在。

　　《王文庄日记·三十九年八月》:"初五……接于公札,有奉旨查件送。"

八月初八日,王际华札复之。

　　《王文庄日记·三十九年八月》:"初八……直武英答于公书。"

八月初九日,致札陆锡熊,酌商《容台集》之查办及提要之形式,并询《日下旧闻考》之办理情形。

　　《于文襄公手札》第四十四通:"前两次接书,俱未及覆。《太平寰宇记》与《元和郡县志》皆系必应刊行之书。或俟两书同奏,此时且无庸更改,总俟愚回京再定可耳。前以检查有无干碍之书,专仗足下及晓岚先生,曾嘱大农转致,并札致舒中堂知,以上谕稿交阅,恭绎圣训,便可得办理之道也。即如《容台集》,仆已奏明,尤不可不先办者。此书尚恐有版流传,并须画一查毁。不知何处缴到此本,可查明办之。其书有碍者,尚系述而不作,删去此数卷,似止二卷。其余似尚可存。然足下尚须详细阅定,愚只能约略言之。其余类此者,并须细心检办,不可稍误,甚有关系也。进呈书目提要此时自以叙时代可正,且俟办总目时再分细类批阅,似较顺眼。其各书注藏书之家,莫若即分注首行大字下,更觉眉目一清,且省提要内附书之繁。惟各家俱进之书,若仅最初者,似未平允;若俱载又觉太多,似须酌一妥式进呈,方可遵办耳。至《简明目录》,此时且可不办,或再蒙询及,酌办一样进呈,亦无不可。《水经注》既已另办,须善为调停,使彼此无嫌无疑,方为万妥。习庵所办热河建置,近日所增与前办大异殊,不可解。现已有札致彼,足下或便一商之。即索愚原札一阅亦可。《日下旧闻》戈、许两君分校,恐成书更迟,不知曾略有端倪,足下得见之否?率此附覆,余再字。晓岚先生均此致意。中顿首,初九日。"

戈源(1738—1800),字仙舟,号橘浦。直隶献县人。乾隆十九年进士。历官至山西学政。传见《国朝御史题名》《戈太仆传》。(《纪文达公文集》卷一五)

许宝善(1732—1804),字敩愚,号穆堂。江苏青浦人。乾隆二十五年进士。历官至监察御史。著有《自怡轩词》。传见《国朝词综》卷四八。

按:此札云:"《简明目录》此时且可不办,或再蒙询及,酌办一样进呈,亦无不可。"《简明目录》见于乾隆三十九年七月二十五日上谕:"现办《四库全书总目提要》多至万余种,卷帙甚繁。……自应于提要之外另列《简明书目》一编。"此札又云:"其各书注藏书之家,莫若即分注首行大字下,更觉眉目一清,且省提要内附书之繁。"其事并见七月二十五日上谕:"着通查各省进到之书,其一人而收存百种以上者可称为藏书之家,即应将其姓名附载于各书提要末;其在百种以下者亦应将由某省督抚某人采访所得附载于后;其官板刊刻及各处陈设库贮者,俱载内府所藏。使其眉目分明,更为详备。"则此札当作于三十九年七月二十五日后。此札又提及《容台集》之查办,及《太平寰宇记》《元和郡县志》之刊钞,以上三书复见第四十五通(八月十五日),

则此札当在八月十五日之前。故"初九日"宜为三十九年八月初九日。

八月上浣,扈跸山庄期间,于高宗题咏,多有奉和。

《素余堂集》卷二一有《避暑山庄仲秋尚有荷因仿文嘉莲藕净因图写之并再叠前韵》《赋得九方皋相马得黄字八韵》等诗。

按:《御制诗四集》卷二四(甲午)有同题之作,俱系于《中秋即事》之前。

又按:《避暑山庄仲伙尚有荷因仿文嘉莲藕净因图写之并再叠前韵》为《素余堂集》卷二一之首篇,该卷自此诗以下为乾隆三十九年作。

八月十一日,王际华有札致之。

《王文庄日记·三十九年八月》:"十一……入武英,答金坛。"

八月十五日,致札陆锡熊,嘱其禁毁及刊、钞之标准。

《于文襄公手札》第四十五通:"两接手书,匆冗未及具覆。查检明末诸书,宁严毋宽最得要领。如查有应毁之书,不可因其文笔稍好,略为姑容。如《容台集》之述而不作,只须删去有碍者数本,余外仍存,然亦须奏闻办理。此外或有与之相类者,即仿办之。至南宋明初人著作,字句粗累者,止须为之随手删改,不在应毁之列,此又不可不稍示区分。若无精义之书,亦不必列于抄刊也。《元和郡县志》既在应刊之列,《太平寰宇记》似当画一办理。此后诸有相类者,查检宜清,勿致歧误为要。率候不一。晓岚学士均此致候。中顿首,中秋日。"

按:此札讨论"应毁之书"问题,末款作"中秋日",未著年月。《四库全书》纂办之初,于图书仅以应抄、应刊、存目分别对待。乾隆三十九年八月初五日,高宗方明令对全国图书大规模审查,将其中违碍者查缴销毁,则此札当在三十九年八月初五日之后。札中又举《容台集》与《太平寰宇记》为例,称"或有与此相类者,即仿办之""此后诸有相类者,查检宜清,勿致歧误耳",知关于应毁之判定标准尚在商讨拟定阶段,故距三十九年八月初五日上谕颁行未远。又第三十六通(四十年六月十一日,详后谱):"昨江西续进现在交馆采办遗书,其书单内重复者甚多。查有《太平寰宇记》一部,不知较馆中所有卷数能略多否。"知彼时进到之江西采办遗书内,《太平寰宇记》同馆中现有重复,则在此之前馆内已有《太平寰宇记》一部,盖即此札中提到之《太平寰宇记》。故此札当作于四十年六月十一日前。综上,此札末款"中秋日"当在三十九年。

八月十七日,王际华接先生札,即复之。

《王文庄日记·三十九年八月》:"十七……接金坛札,遂至武英作札答之。并案查办三书奏稿。"

八月十九日,由崖口入围场。

《素余堂集》卷二一《入崖口》:"射雕云外九曲水,选马峰前一片诗。"自注云:"距崖口里许有峰秀出其下,为每年简马处。国语称为'依尔格绷哈达'。'依尔格本'谓诗。'哈达',峰也。因其处有圣祖御制诗碑得名。今俗称'石片子',盖未解名之由,遂讹诗为石耳。"诗中又注云:"前一日为秋分节。"

《(嘉庆)大清一统志》卷四二:"木兰围场……其南为入围场之路。自波罗河屯入围场有二道:东南由崖口入,即石片子也;西道由济尔哈朗图入。初每岁行围俱出入崖口,乾隆二十四年建行宫于济尔哈朗图,于是圣驾行围由崖口入,则回銮由济尔哈朗图;若由济尔哈朗图入,则回銮由崖口。岁以为常。"

　　按:《据近世中西史日对照表》,乾隆三十九年秋分在八月十八日,则此诗当作于八月十九日。

同日,致札陆锡熊,酌拟违碍之书处理办法。

《于文襄公手札》第四十六通:"邮来得书,悉种种。应毁三书,既经办出,自以奏请销毁是。来稿已为酌易数字,寄大农与中堂大人商行。明人文集若止系章奏干碍,字面词意不涉狂悖者,则查其余各种,实无贻害人心之语,即删去字面有碍数篇,余尚可存目。若章疏妄肆猖吠及逞弄笔墨、病呓狂嗥者,必当急行毁禁,以遏邪言。无论是诗是文,务须全部焚斥,此必应详细留神妥办者。至《香光集》若觅得旧板酌办更妥,已札商大农矣。南宋明初之书如字迹有碍,分别另办足矣。率此致覆,不一。晓岚先生不另字。中顿首,十九日木兰第一程寄。"

　　按:此札仍讨论"应毁之书"问题,故当在三十九年八月初五日上谕颁行后。对于明人文集中"章奏干碍"与"妄肆猖吠"者分别对待,前者仅"删去字面有碍数篇,余尚可存目",后者则"全部焚斥",乃先生根据上谕而发纵指示,初步拟定应毁之标准,故当距八月初五上谕颁行不远。此札又云:"应毁之书,既经办出,自以奏请销毁为是,来稿已为酌易数字,寄大农与中堂大人商行。"则先生已将销毁违碍书籍之奏稿分寄王际华、舒赫德共同商酌。考《王文庄日记》三十九年八月十七日载:"接金坛札,遂至武英作札答之。"自注云:"并案查办三书奏稿。"所指即此。故此札末款"十九日"宜在三十九年八月。

八月二十日,扈跸海拉苏台大营。

《素余堂集》卷二一《永安莽喀》"场选榆林迤右边"句,自注:"大营驻海拉苏台,蒙古语谓有榆树处,围场在大营西南。"

《乾隆帝起居注·三十九年八月》:"二十日辛丑……驻跸海拉苏台大营。"

胡季堂《扈从木兰行程日记》:"国语'永安',沙子也;'莽喀',山冈也。此处系沙冈,故名。"

八月二十二日,致札陆锡熊,询阿圭图哨门外"石片子"于《热河志》中作何字。

《于文襄公手札》第四十七通:"阿圭图哨门外地名有所为石片子者,每年进围时于此放给马匹。其地国语称'依尔格本哈达'。'依尔格本'谓诗。'哈达',峰也。询之向导处,云:其地有圣祖御制诗碑,现在令围场总管查勘。不知《热河志》载此地作何字,可向习庵询明寄知,余再悉。中顿首,廿二日。"

胡季堂《扈从木兰行程日记》:"蒙古语'阿圭图',洞也。此山有洞,故名。"

> 按:第四十六通(三十九年八月十九日)云:"木兰第一程寄。"同日入围场,有《入崖口》诗,内自注云:"距崖口里许有峰秀出其下,为每年简马处。国语称为'依尔格绷哈达'。'依尔格本'谓诗。'哈达',峰也。因其处有圣祖御制诗碑得名。今俗称'石片子',盖未解名之由,遂讹诗为石耳。"此札云:"'依尔格本'谓诗。'哈达',峰也。询之向导处,云:其地有圣祖御制诗碑。"与《入崖口》诗注基本一致,当作于同一时段。故此札末款"廿二日"当在三十九年八月。

八月二十八日,致札陆锡熊,命于《御制诗集》中检有无语涉"石片子"或"诗峰"者,并讨论《永乐大典》御题诸书之抄存问题。

《于文襄公手札》第四十八通："书来悉一切,依尔格本哈达前询向导处,言其地因有圣祖诗碑得名,及有旨问及围场总管,则又云诗峰之名,因皇上御制诗碑得名。其实石片子在哨外,诗碑在哨内,相隔四五里,似不应以此得名。且诗碑云系辛未年事,而依尔格本之名记从前曾有之,似其说又未甚确。或有云因其山峰皱皴处有似题诗磨崖,故得诗峰之名,然亦无可据。或于天章内细查圣祖《御制诗》有无提及石片子或诗峰之语,并今上《御制诗》亦须检明,即行寄覆。至《永乐大典》内御题各书,如《井田谱》未经深斥,自应抄存。其余如《重明节馆伴录》《都城纪胜录》《中兴圣政草》亦在驳饬之列,其应否抄存,自应通行酌核,非匆猝所能遽定也。率此致覆,不一一。中顿首,廿八日。"

　　按:此札承第四十七通(三十九年八月二十二日),讨论"依尔格本哈达"之得名。故亦在三十九年八月。

八月,高宗题米芾所书《离骚经》,嗣同王际华、梁国治等联名跋尾。

《石渠宝笈续编》著录有"《米芾书离骚经》一册"。款作"甲午仲秋御识"。后附臣工跋云:"右《离骚经》墨迹,凡二千四百余字,首尾完善。法书中至宝也。李东阳跋为米芾书,称其温润缜密。董其昌《容台集》亦载《米元章行书离骚》,宜兴吴民部所藏。……第李跋为克温学士出此卷,董跋谓近始装潢成帙。两人所见不同,初窃疑之。及谛视册纸,每阅五幅,即有一接凑而成者,或前或后,不过一二寸,使当日就方幅作书,不应襞积若此。今以合缝量之,相去约五尺许,可见纸幅本长。曩固通联成卷,后乃分钉为册耳,即此可为由卷改册之据。至纸间勤有二字,评纸诸书,虽无可考,而天禄琳琅所藏宋板《古列女传》有建安余氏靖庵,刊于勤有堂标记,考岳珂《九经三传沿革例》云:'世传九经有建安余氏所刊者,称为善本。'按:宋真宗咸平四年,摹印九经颁行,其时海内盛行镂版。是珂所云建安余氏善本,当在其时。第勤有堂名,未详所自始,兹蒙宣谕闽浙督臣钟音,于建安访之。覆奏云'核其家谱,余氏祖焕,自南北朝迁入闽中,其十四世孙徙居建阳之书林。书林在唐时已为鬻书之地,余氏即习其业。焕之二十五世孙余文兴,以旧有勤有堂之名,号为勤有居士'云云。则知勤有之名,在北宋已有之。又云建安书籍盛行,余氏独于他处购选纸料,印记'勤有'二字,此纸或出建安余氏所购,未可知也。又考克温乃吴俨字,宜兴人,明成化丁未进士,官礼部尚书,曾为侍讲学士。东阳所指,盖即其人。而其昌所云吴民部者,名鸣虞,亦宜兴人,嘉靖壬戌进士,由户部主事晋郎中,终于吏部。以其科第年分计之,鸣虞后俨七十余年,当是其孙辈。盖俨所藏,本系字卷。或年久损敝,鸣虞重装为册,以便披阅,亦不可知。独未解其既宝世泽弗失,而于藏弄之由,改装之故,不一识之。何率略乃尔?至其昌既已笔之于书,而不为题之于册,理皆不可晓。或董跋向固在册间,后乃散佚不全耶。夫芾书至今六百余年,东阳未跋以前,不闻有人称道之。既跋以后,又不见有人踵题之。而是米迹也,始何以归之于吴,继复何以由吴归车氏,亦更无人为之详叙而备识之。说者几以芾书之赉所表见为憾。今一旦登石渠,尘乙览,经大圣人之品题,而其书以显,其名益因以信。……臣于敏中、臣王际华、臣梁国治、臣董诰、臣沈初恭跋。"

九月初二日,致札陆锡熊,命查"柳影横斜"及"水田飞白鹭"原系何人诗句,以便覆奏。

《于文襄公手札》第五十通:"林和靖'疏影''暗香'一联系袭人'柳影横斜水清浅,桂香浮动月黄昏'之句,系何人诗句,何人书内曾论及之。又,王摩诘'漠漠水田'一联止添'漠漠''阴阴'四字,系何人诗。并即查明,务于下报寄来,因奉询及须覆奏业。不一一。中顿首,九月初二日。"

> 按:此札命检林和靖"疏影""暗香"一联袭何人之句,第五十二通则云:"前报接寄覆查检和靖诗句之信。"知此札与第五十二通时间接近。第五十二通作于乾隆三十九年(详下),故此札亦在本年。

九月初四、初六、初九日,王际华屡有札致之。

《王文庄日记·三十九年九月》:"初四……札致于、梁、张、蒋。""初六……直武英。札答于公。""初九……入直……札于。"

九月初,致札陆锡熊,嘱于唐人诗中检可与"渔人网集澄潭下"句作对者寄来。

《于文襄公手札》第五十一通:"顷奉旨处:杜诗'渔人网集澄潭下'句,命于杜诗中检其言农事可与此作对者数句,夹签呈览。今行箧所携,止有《诗醇》,并无《少陵全集》。且恐杜诗言耕种者少,未必恰与此句相对。或于唐人诗内检'耕农'语可对'渔人'工稳者数句呈览,似亦无妨。但此间无《全唐诗》,特恳代为检查。若能于初十随报寄来尤感。并候迩禧,不一一。晓岚先生均此,中顿首。"

按：此札命检唐人诗中可与"渔人"句作对者，并云"若能于初十随报寄来尤感"。第五十二通末署"九月初十日"，并云"写信后得初九日字"，疑与此相关。第五十二通为乾隆三十九年九月初十作（详下），此札当在此稍前。

九月初十日，致札陆锡熊，以《永乐大典》办理迟慢，命将相关纂修名单寄示，并嘱查《明史纪事本末》徐鸿儒及流贼二事，随报寄来。

《于文襄公手札》第五十二通："前报接寄覆查检和靖诗句之信，因书尚未得，故未奏覆。但李嘉祐诗句，云摩诘点化而成佳句，义殊未安，或当就旧书驳之。至《永乐大典》办已年余，当有就绪。若初次所分至今未能办得，亦觉太迟。俱系何人所迟，光景若何，即查明开单寄知。又，摘出书名自应办入存目内，但其中有卷帙尚存者，亦有止一两条而具一书名者，办提要时自应略有分别为佳。再，行箧所携书籍无多，偶欲查《明史纪事本末》徐鸿儒及流贼二事，竟不可得，希即查出于十二日随报付来嘱之。余再悉。中顿首，九月初十。写信后得初九日字并《居易录》一条，只可暂存。或前人有论及者更好，渔洋所论似亦未允也。"

按：三十八年二月初六日，军机大臣详议朱筠《谨陈管见开馆校书折子》，称："前明《永乐大典》一书陈编罗载，请择其中若干部分别缮写，以备著录查。"（《清高宗实录》卷九二六）是为《永乐大典》纂办之始。此札云"《永乐大典》办已年余"，则当在三十九年。

九月十二日，王际华接先生札，内索直隶、山东、河南舆图，即取以封寄。

《王文庄日记·三十九年九月》："十二……接金坛札，索直隶、山东、河南舆图，即至武英嘱所司捡出，札寄之。"

九月十四日，奏进新修之觉罗华显、阿南达、玛祜列传满文并汉文本。

《清国史馆奏稿》："国史馆总裁大学士臣于等谨奏：臣等今将进呈过新修觉罗华显、阿南达、玛祜汉字列传敬谨翻译，清文与汉本一并恭呈御览。……三十九年九月十四日具奏。"

九月二十日，随銮返至密云，晤王际华。

《清高宗实录》卷九六七："庚午……驻跸密云县行宫。"

《王文庄日记·三十九年九月》："二十……赴密云接驾。……见金坛。"

九月二十二日，返抵京师，于南斋同王际华叙谈。翌日，同王际华、梁国治共餐。

《清高宗实录》卷九六七:"壬申……上回銮。"

《王文庄日记·王十九年九月》:"廿二……辰正三刻驾回。……坐南斋,于公出谈。未正归,顺候之。"又:"廿三……同于、梁二公晚食。"

九月二十六日,王际华馈之食。

《王文庄日记·三十九年八月》:"廿六……是日予送菜起,并馈金坛五器。"

九月三十日,核议柯瑾条奏,驳其扣俸买书之请。

《纂修四库全书档案》一九三《多罗质郡王永瑢等奏柯瑾所请刷印藏书扣俸承买毋庸议折》:"多罗质郡王臣永瑢等谨奏为遵旨议奏事。掌广东道监察御史柯瑾条奏,请刷印藏书扣俸承买一折,乾隆三十九年九月初五日奉旨:着交办理四库全书处总裁议奏。钦此。臣等查核该御史原奏,据称'各馆修书诸臣当编纂时遇有讹误疑难必资考订之处,率赴藏书家借本查核,而京中藏弆称富者亦不多有,往往觅借无获,竟至缩手不敢下笔,或欲向坊间寻买,既乏善本,而其价昂,一时实难措给。此编纂诸臣竭蹶情形也。……今兹编纂诸臣,需书孔急,价购为艰,恳敕下总理书籍大臣,于官板藏书内,拣其关切考订,如经史、三通等类,计若干种,先期咨询各馆纂修并移咨部寺衙门,凡有情切购买者,各自咨明总理处,登记名册,俟汇齐人数若干,需书若干,即行动项鸠工,赶紧刷印,按名给领。其应缴纸工银两,即请仿照屋租、豆价之例,于季俸公费项下扣抵归款。再,现在办理遗书,多属人间未有,将来镂板流传,亦应就中择其最关实用者,标明若干种,于初印时,咨明在京臣工,俱照前件办理,准其扣项承买'等语。……该纂修等承命编纂,务在折衷至当,自应博采诸书,以收厘正考稽之益。查现在三通等馆,原置有各种书籍,存贮甚富,尽敷翻阅,即间有应需核对之本,亦均经奏明,准向武英殿移取备查,毋虞竭蹶。至办理四库全书处,搜辑尤为浩博,毋论官板诸书,无不备具。……不特原有官书,取阅甚易,即使奇文僻典,世罕流传,亦无不可就馆检寻,旁参互证。臣等体察情形,并询之各纂修、校对等,并未有需阅官板诸书,借觅无获,以致竭蹶之事。……至现在武英殿新刊聚珍版……所有应刊之书,以次排印,酌量多刷,每部完竣进呈之后,即核定纸张工价,听情愿承买者,照例认买在案,亦毋须重复办理。应将该御史所奏扣俸买书之处,均毋庸议。……

臣永瑢、臣于敏中、臣福隆安、臣王际华、臣蔡新、臣英廉、臣张若溎、臣曹秀先、臣金简。乾隆三十九年九月三十日奉旨：依议，钦此。"

柯瑾(1715—1786)，字醇倩，号禺峰。湖北大冶县人。乾隆十九年进士，授翰林院庶吉士。历官广东道御史、兵科给事中、礼科掌印。传见《国朝御史题名》《清秘述闻》卷一六。

十月初八日，翰林院同王际华办事，后同赴户部。

《王文庄日记·三十九年十月》："初八……卯正入翰院同金坛办事，又同赴户部。"

十月十五日，奏请将汪日章补内阁中书员缺，为高宗所准。

《乾隆朝上谕档》："大学士臣于敏中等谨奏为请旨事。……兹有中书史梦琦经臣福奏，请升用兵部额外主事。所遗中书员缺，查有候补中书汪日章，行走勤慎，现在尚未得缺，可否即将该员补授之处，出自皇上天恩。谨奏。乾隆三十九年十月十五日奉旨：知道了，钦此。"

十月十九日，奏请令张羲年在四库全书处纂修上行走。

《纂修四库全书档案》一九九《多罗质郡王永瑢等奏请令张羲年在四库全书处纂修上行走折》："多罗质郡王臣永瑢等谨奏为奏闻请旨事。据浙江俸满训导候选知县张羲年呈称：羲年系乾隆乙酉科选拔贡生，以教谕衔任于潜县训导，大计卓异，兼俸满保题，送部引见。奉旨：着照例用，钦此。……臣等查张羲年原系拔贡出身，学问尚优，以教职卓异，俸满保荐，特蒙恩准例得即选知县。前此曾经该抚派入总局，承办采访遗书，询以各种书籍，亦颇谙晓。今具呈情愿赴馆效力。……而现在书籍浩繁，得一曾办遗书之人，分头校勘，于事亦为有益。至张羲年原系应补知县实缺之员，如蒙俞允，准其在馆办事，应请咨明吏部，暂行扣停铨选。但知县难以在书馆行走，可否仰恳圣恩，赏以国子监助教衔，并给予单俸，以资行走。如该员果能实在得力，俟全书办成一分后，臣等另行奏明请旨，恭候皇上施恩。为此谨奏。臣永瑢、臣于敏中、臣福隆安、臣王际华、臣蔡新、臣英廉、臣张若溎、臣曹秀先、臣金简。乾隆三十九年十月十九日奉旨：依议，钦此。"

张羲年(1737—1778)，字淳初，号潜亭。浙江余姚人。乾隆四十二年举人，授国子监助教衔，充四库馆总目协勘官。乾隆四十三年进士。传见《两浙輶轩录》卷三二。

同日，奏请令候补誊录额外效力并添设篆字、绘图之誊录。

《纂修四库全书档案》二○○《多罗质郡王永瑢等奏请准候补誊录额外效力并添篆字绘图誊录折》："多罗质郡王臣永瑢等谨奏为奏闻事。查《四库全书》并《荟要》二处，需用誊录人员，前经遵照谕旨，于乡试落卷内挑取备用。……业经臣等按照空缺额数，咨取五十名到馆，挨次充补。而此外名次在后挨补需时之人，连日颇有具呈情愿额外效力者。……今该誊录等因补期尚远，多愿额外效力，似未便阻其急公向上之心，而本处应缮书籍纷繁，多得一人，即可多收一人之用，于公事亦有裨益。理合奏明，于此次挑取候补誊录人员内，有情愿效力者，俱准其具呈报明，先在额外行走，俟挨次应补时顶补起限，扣足五年议叙。其未补缺以前缮写之书，统计字数若干，入于赢余项下，照奏明之例，分别议叙。……又，查应缮遗书内，如许慎《说文》、郭忠恕《汗简》、楼昉《汉隶字源》等类，多专系篆、隶字体及钟鼎古文，必得通晓六书者，方能篆写无误。……应请添设篆字誊录四名，于在京之举贡监生内，择其精于篆学者，召募充补。……又，应缮天文演算法各书内，图样极多，其中尺寸疏密，铢黍难差，必须略识推步者，方能布置无讹，自非原设绘图之誊录等所能通晓，亦应请于钦天监天文算学生内，择其谙悉图像者，挑取二名充作誊录，在馆一体行走。庶承办各有专门。……臣永瑢、臣于敏中、臣福隆安、臣王际华、臣蔡新、臣英廉、臣张若溎、臣曹秀先、臣金简。乾隆三十九年十月十九日奉旨：是，依议。钦此。"

十月，奉命详勘刑部招册，审定各省应勾决狱犯。

《乾隆帝起居注·三十九年十月》："初六日丙戌辰刻，上御丰泽园惇叙殿，大学士于敏中、协办大学士尚书官保、程景伊、刑部尚书英廉、崔应阶、左侍郎阿扬阿、袁守侗、右侍郎永德、学士塔永阿、博清额、嵩贵、索琳、塘古泰、汪廷玙以刑科覆奏九卿、詹事、科道秋审广东、福建情实罪犯应勾决者一百三十九人请旨定夺。上命大学士于敏中秉笔将刑部招册详勘审定。"

据《起居注》，嗣后本月覆奏之秋审勾决诸省罪犯依次为：十月十二日，奉天、陕西；十六日，湖广、浙江；十九日，江西、安徽、江苏；二十六日，河南、山东；二十八日，山西、直隶。

十月，刘纶将葬，其子图南具状请铭。先生嘱陆锡熊代撰。

刘纶《绳庵内外集》卷首有《皇清诰授光禄大夫经筵讲官太子太保文渊阁大学士兼工部尚书直南书房军机大臣晋赠太子太傅入祀贤良祠谥文定武进刘公墓志铭》，内云："三十八年春公得疾……六月二十三日薨于阜成门内之赐第。……公薨之明年，图南等奉柩归常州，将以其年十月葬公于泽巷之赐茔而先期来谒铭。始余为翰林居宣南坊，与公舍不数武，暇辄走就公语。比在军机处，更得日夕从公。后公又尝以女孙许字余孙为姻娅，周旋最久，且每岁时蒙恩燕赉，赐予两人者盖无不同。……余所居海淀与公同赐园一区而中分之。……呜呼，公行卓卓大者在人口，而以余平日亲见公言语动作之微，有他人所不及知而余独知之者。……金坛于敏中撰文。"

按：此文并见陆锡熊《宝奎堂集》卷一二《光禄大夫赠太子太傅文渊阁大学士文定刘公墓志铭》。其题下注云："代于文襄公作。"

十一月初三日，王际华以面试应考篆隶誊录及绘图人员结果封送先生。

《王文庄日记·三十九年十一月》："初三……至翰院面试应考篆隶誊录十八人、绘图三人，试毕，封送金坛。"

十一月初七日，审拟王珣、王琦造作妖书、诋毁当朝一案，处王珣以斩刑，余者或流或黜。

《乾隆朝上谕档》："大学士臣于敏中等谨奏为审拟具奏事。窃查本年九月二十一日，据侍郎金简奏，投递字帖之人王琦并起获集抄诗文四本，讯系沧州人，王珣令其进京投献等因一折，奉旨交臣等因看随检阅该犯书内有悖逆字样，粘签呈览，奉旨：提拿王珣讯究。臣福隆安密差番役提拿王珣到案。诘其钦进京作何事，则称家藏围屏上及对联的字俱是仙乩所写，其书《滕王阁序》内有'非无圣主'四字，自应进献。……王珣系读书不就，遂捏造乩仙对联字幅，希图哄骗银钱，甚至敢于编造悖逆字迹，妄肆诋毁本朝。……应将该犯王珣照造作妖书律拟斩，请旨即行正法，以申国宪。至该犯之兄王琦……代为进京投递字迹。……应发往乌鲁木齐给兵丁为奴。盐山县知县陈洪书虽未见王珣书字，但本管地方有此等狂悖之人，平时既毫无觉察，及千总张成德告知其事，又不即行查拏禀详上司严办，殊属溺职，应请将陈洪书照溺职例革职。……其该犯编造狂悖书词四本，俱应即行晓毁。……所有审拟缘由，理合具奏，伏候圣鉴施行。谨奏。乾隆三十九年十一月初七日奉旨：王珣著即处斩，余依议，钦此。"

同日，奏进增修之郎坦、格尔古德、格斯泰、李荫祖四人列传。

《清国史馆奏稿》："国史馆总裁大学士臣于等谨奏为恭进《国史列传》事。臣等现在增修旧传郎坦、格尔古德、格斯泰、李荫祖四篇，分别缮写正本，粘签声明，恭呈御览。……三十九年十一月初七日具奏。"

十一月十四日，奉和《咏周乐天钟》《咏汉蟠夔钟》。

《素余堂集》卷二一有《咏周乐天钟》。诗中自注："铭辞二十二字，可辨者凡十九。"

同卷又有《咏汉蟠夔钟》，内注云："钟纹蟠夔，兼缀科斗。""其地并作雷纹。"

> 按：《王文庄日记·三十九年十一月》："十四……奉诏和《周乐天钟》《汉蟠夔钟》五律二首。"则先生此二诗亦当奉和于该日。

十一月二十日，王际华具食相招。

《王文庄日记·三十九年十一月》："二十……以菜五器请于公，因上命早散，乃留于次日。"

十一月二十五日，邀王际华陪周元理饭。

《王文庄日记·三十九年十一月》："廿五……金坛邀陪爕堂饭。"

> 按："爕堂"为周元理。

十二月初四日，奏请添派分校、覆校等员，并酌定相应章程。

《奏明选取翰林誊录等事》："多罗质郡王臣永瑢等谨奏为奏明请旨事。窃臣等前次奏准所有顺天乡试落卷内选取之誊录各生，于未经挨补之前，如有情愿赴四库全书处预行效力者准其呈明，赴馆一体缮写在案。今据呈请，效力者已有六七十名。臣等酌拟俱令分缮《荟要》，以期完竣稍速。但现在武英殿分校《荟要》翰林每员各管誊录十数人，每日所收之书，校阅已属竭蹶，若更增派誊录，势难兼顾。臣等拟就效力誊录之数于《荟要》处酌添分校翰林四人，请以编修杨寿楠、马启泰、庶吉士周厚辕、莫瞻菉充补；并添覆校翰林二人，请以编修刘种之、萧际韶充补。庶得以分头校阅办理，不致贻误。……臣等公同酌议，此等效力誊录，行走一年之后果能勤勉者，即咨明吏部遇缺即补，仍于补缺后令其自备资斧，扣足五年，方准议叙，则于整齐之内予以报效之阶，自不致阻其勇往矣。再，臣等前奏准添设篆隶誊录四人，业已公同考取，得举人王念孙等四名。现在发书缮写，但必得通晓篆隶之员汇总校阅，方无舛误。现据有在京候补之原任广西西隆州州同朱文震呈称'素习篆隶三十余年……情愿与校雠之列'等语,臣等查得该员颇谙篆隶,应请准其所呈,令往武英殿分校上行走,以资篆隶校阅。……乾隆三十九年十二月初四日。臣永瑢、臣舒赫德、臣于敏中、臣福隆安。"(一史馆,03—0141—020 号)

杨寿楠(1714—?),字培山;一曰字蘧植,号培山。江西清江人。乾隆三十四年进士,选庶吉士,授翰林院编修。历官至陕西延榆绥道。传见《国朝御史题名》《(同治)清江县志》卷八。

马启泰,号雪桥。陕西泾阳人。乾隆三十六年进士,授翰林院编修。先后充国史馆武英殿纂修。传见《(乾隆)西安府志》卷四三、四四,《(道光)重修泾阳县志》卷二一。

周厚辕(1746—1809),字驭远,一字驾堂,号载轩。江西湖口人。乾隆三十六年进士,授翰林院编修。后充四库馆纂修。历官至监察御史。著有《蜀游草》。传见《国朝御史题名》《湖海诗传》卷三二、《(同治)九江府志》卷三二。

莫瞻菉(1743—1813),字青友,号韵亭,又号菊人。河南卢氏人。乾隆三十七年进士,选庶吉士。历官至太仆寺少卿。另兼四库馆纂修。工绘山水及兰。传见《国朝耆献类征初编》卷一〇二、《墨香居画识》卷四、《词林辑略》卷四。

刘种之(?—1810),字存子,号檀桥,又号莲勺。江苏武进人。工部侍郎刘星炜子。乾隆三十一年进士,选庶吉士。历官至右春坊右赞善。传见《刘赞善哀辞》(收《亦有生斋集·文》卷二〇)、《词林辑略》卷四、《清秘述闻》卷七。

萧际韶,字玉亭,一字鸣球。安徽合肥人。乾隆三十四年进士。历官至礼科给事中。并先后兼四库馆提调、荟要处分校、覆校。传见《萧玉亭师馆课诗遗墨跋》(《存素堂文集》卷三)、《国朝御史题名》《清秘述闻》卷一六。

王念孙(1744—1832),字怀祖,号石臞。江苏高邮人。乾隆四十年进士。历官至直隶永定河道。精音韵、训诂、考据之学。著有《广雅疏证》《读书杂志》等。传见《碑传集补》卷三九、《清史列传》卷六八、《清史稿》卷四八一等。

朱文震,字青雷,号去羡。山东历城人。工书善画。初官西隆州州同,后于四库馆专司篆隶校阅,历官至詹事府主簿。传见《国朝画识》卷一二。

十二月初四日,以四库全书处供事不敷使用,奏请额外添派,并酌定奖励章程。

《奏请将额外供事差役注册事》:"多罗质郡王臣永瑢等谨奏为奏明事。查四库全书处供事一项,上年初办时翰林院设供事二十名,武英殿缮写处设供事十二名,荟要处设供事四名,聚珍版处设供事十二名,俱以次奏请,荷蒙允准在案。但设立之初,止就当时应用酌量定额,未及通盘筹计。迨行之既久,实有未敷。如翰林院办书,自总裁以下官至七十余员,各有所司之事,皆需供事供役。又《永乐大典》而外,各省送到遗书甚多,一切登记、搬贮、收发等件分派承管,头绪纷繁,实非二十人所能了事。是以臣等于上年七月内募选额外供事二十七名帮助办理。又武英殿及荟要处共誊录六百余名,校阅各官七十余员,所有收发书籍、综核字数、登记各种档案,日久益繁,近又添有额外誊录,人数愈多,前设供事十六名仍不敷分办,臣王际华亦节次募选额外供事十三名应役。又聚珍版处刊刻木字数十万,检查排版、换篇归类,头绪更繁,现有供事亦不敷使用,经臣金简亦募选额外供事十一名协同帮办,以上各供事等俱仕额设之外,自备资斧饭食效力,其逐日到各该处供役,与额设供事无异。现在既不可少,但无实缺可补。将来即行走多年,亦例不议叙。同一办事,未免向隅。臣等酌议将此等额外供事三处共五十二名一并奏明。……仍毋庸给与公费饭食,俟行走五年之后,如果勤慎得力,与役满额设供事一同议叙,庶各供事更加鼓励,于办书亦有裨益。为此公同具奏请旨。谨奏。乾隆三十九年十二月初四日。臣永瑢、臣舒赫德、臣于敏中、臣福隆安、臣程景伊、臣王际华、臣蔡新、臣嵇璜、臣英廉、臣曹秀先、臣金简。十二月初四日奉旨:依议,钦此。"(一史馆,03—0141—021号)

十二月二十三日,奏报四库馆员授用情形。又以徐步云办书勤慎,奏请赏给其内阁中书原官。

《奏报授用翰林四库人员事》:"多罗质郡王臣永瑢等谨奏为奏明请旨事。乾隆三十八年七月十一日奉上谕:前据办理四库全书总裁奏请,将进士邵晋涵、周永年、余集,举人戴震、杨昌霖调取来京,司校勘,业经降旨允行。……伏查进士邵晋涵等自上年到馆纂辑《永乐大典》内之五经散片及成部之书,迄今已一载有余。……均属实力编排,行走勤慎,理合奏明。遵旨将进士邵晋涵、周永年、余集俱授为翰林院庶吉士,准其与壬辰科庶常一体散馆。举人戴震、杨昌霖作为进士准其与乙未科进士一体殿试,以示鼓励。再查原任中书徐步云前经缘事革职,发往伊犁,期满回京。上年九月内奉旨:徐步云系南巡召试考取,学问亦优,着加恩令在四库全书处以分纂效力行走,钦此。查该员分纂《永乐大典》内之子、集二门,考订颇见细心。前又经奏明,派在武英殿分校四库全书所办各书,亦俱能认真校勘,尚属勤勉。……可否仍赏给内阁中书原官。……谨奏。乾隆三十九年十二月二十三日。臣永瑢、臣舒赫德、臣于敏中、臣福隆安、臣程景伊、臣王际华、臣蔡新、臣嵇璜、臣英廉、臣张若淮、臣曹秀先、臣金简。乾隆三十九年十二月二十三日奉旨:依议,钦此。"(一史馆,03—0142—040 号)

是岁,戴衢亨因梁国治之荐得晤先生。

《素余堂集》卷首戴衢亨跋云:"其时金坛于文襄夫子以相国绾枢禁,直南斋,掌翰苑。士大夫仰之如泰山北斗,景星卿云,以望见颜色为幸。衢亨末学凡品,窃喜读公之文,慕公之书翰,而未敢轻于造谒。乾隆甲午因会稽梁文定夫子,始修进见之礼。盖衢亨先游文定公之门,而文定公又公门下士,以故汲引之如恐不及也。衢亨初侍坐隅,即蒙优异,叩以所业诗文,则期许备至,称道不绝口。"

戴衢亨(1755—1811),字荷之,号莲士。江西大余人。乾隆四十三年一甲第一名进士,授翰林院修撰。历官至兵部尚书、户部尚书、工部尚书。并先后兼荟要处分校、四库馆提调及武英殿、会典馆、文颖馆总裁。卒,赠太子太师,谥文端,入祀贤良祠。著有《震无咎斋诗稿》。又奉敕纂办《平定三省方略》等。传见《国朝耆献类征初编》卷三七、《清朝先正事略》卷三〇、《清史列传》卷二八。

是岁,奉宽、张泰开卒。

乾隆四十年　乙未(1775)　六十二岁

正月初一日,高宗有《乙未元旦试笔》。为之跋。

《素余堂集》卷二五《恭跋御制乙未元旦试笔诗》:"庆此际宫成宁寿,那居计越两旬;喜逾时室坐重华,开祚适传初句。……先睹快于星凤,讵惟韩笔之形容;书诵继以沫胝,窃效李诗之情愫。"

正月初三日,预重华宫茶宴,以"天禄琳琅"为题联句。

《清高宗实录》卷九七四:"辛亥……召大学士及内廷翰林等茶宴,以'天禄琳琅'联句。"

《素余堂集》卷二三《乙未春帖子词》"先来东壁咏琳琅"句,自注云:"初三日召臣等至重华宫以《天禄琳琅》联句。"

《御制诗四集》卷二五有《天禄琳琅鉴藏旧版书籍联句》。联句者自高宗以下依次为:舒赫德、于敏中、李侍尧、福隆安、官保、程景伊、王际华、蔡新、嵇璜、英廉、阿思哈、张若溎、曹秀先、梁国治、周煌、王杰、彭元瑞、汪廷玙、董诰、阿肃、达椿、汪永锡、吴绶诏、曹文埴、沈初、纪昀、陆锡熊、陆费墀。

《清通志》卷一一六:"天禄琳琅鉴藏旧板书籍联句,乾隆四十年。……七言排律。王际华奉敕正书。"

阿思哈(1707—1776),萨克达氏。满洲正黄旗人。自官学生考授内阁中书,历官至漕运总督。卒,谥庄格。传见《国朝耆献类征初编》卷一七二、《清史列传》卷二二、《清史稿》卷三三七。

达椿(? —1802),乌苏氏,字香圃。满洲镶白旗人。乾隆二十五年进士,选庶吉士。历官至礼部尚书,又任四库全书总阅。传见《国朝耆献类征初编》卷九四、《清史稿》卷三五三、《壬寅销夏录》。

吴绶诏,字澹人,号韦齐,又号菊如。安徽歙县人。乾隆十三年进士,授翰林院编修。历官至通政使。传见《国朝御史题名》《壬寅销夏录》。

> 按:《王文庄日记·三十九年十二月》:"初七……予辰初入直联句。……构思竟日,迫暮乃散。""初八……予辰初入直联句竟日,迫暮归。""初九……卯初二刻入直……联句,未刻进呈。"则本年重华宫联句诗似已于上年拟就。

正月初五日,立春。有《乙未春帖子词》。

《素余堂集》卷二三《乙未春帖子词》诗中自注:"腊前畿封屡得瑞雪,豫、齐各省多有盈尺者。"又注云:"新建文渊、文源、文津三阁,贮《四库全书》并有御制记。"

> 按:据《近世中西史日对照表》,乾隆四十年(乙未)立春在正月初五日。

正月上浣，编校《天禄琳琅书目》十卷毕，具折奏进。

《钦定天禄琳琅书目》卷首有《凡例》八则，末署"乾隆四十年岁次乙未新正上浣，臣于敏中、臣王际华、臣梁国治、臣王杰、臣彭元瑞、臣董诰、臣曹文埴、臣沈初、臣金士松、臣陈孝泳奉敕编校"。

《四库全书总目》卷八五："《钦定天禄琳琅书目》十卷。乾隆四十年奉敕撰。初乾隆九年，命内直诸臣检阅秘府藏书，择其善本进呈御览。于昭仁殿列架庋置，赐名曰'天禄琳琅'。……又以诏求遗籍，充四库之藏。……因掇其菁华，重加整比，并命编为目录，以垂示方来。……其书亦以经、史、子、集为类，而每类之中宋、金、元、明刊版及影写宋本各以时代为次。或一书而两刻皆工致，则两本并存，犹尤袤《遂初堂书目》例也。一版而两印皆精好，亦两本并存，犹汉秘书有副例也。每书各有解题，详其锓梓年月及收藏家题识印记，并一一考其时代爵里，著授受之源流。……至于每书之首，多有御制诗文、题识并恭录于旧跋之前。"

正月十二日，因未加详检，误准吕懿兼、吕敷先之捐监，然先生因日直内廷，忙于机务，着免于交部。其余画稿堂官俱交部议处。

《乾隆朝上谕档》："乾隆四十年正月十二日内阁奉上谕：据弘晌等奏查审吕留良之孙吕懿兼、曾孙吕敷先幸列开户及混行捐监一事，检阅原案，刑部既误于前，户部复误于后。……吕懿兼、吕敷先捐监，户部两次准其捐监，则系近年之事。阅户部原稿，大学士于敏中亦曾画行一次。念其日直内廷，所办事务较多，于部内常行稿件未暇详加检阅，着从宽免其交部。即侍郎梁国治彼时亦尚未到任画稿，其余各堂官办理部务理宜详慎，何乃于此等稿件全未寓目，率行画诺耶！着将此案画稿之户部堂官俱交部议处。钦此。"

吕留良（1629—1683），初名光纶，后改名耐可。字用晦，一字庄生。号晚村，别号何求老人、南阳村翁。浙江崇德人。顺治十年应试为诸生，后隐居不出，拒康熙博学鸿儒之征，剪发为僧。雍正十年，因曾静之狱而遭剖棺戮尸，著述多毁，现存《吕晚村先生文集》《东庄诗存》。传见《碑传集补》卷三六、《清儒学案小传》卷一。

正月十七日，预宴正大光明殿。

《素余堂集》卷二一有《十七日小宴廷臣》。诗中自注："初三日重华宫茶宴，距今恰半月。"又注云："六昌六府，西藩七星，在紫微垣两旁，是日座次适协。"

《乾隆帝起居注·四十年正月》:"十七日丙申……未刻,上御正大光明殿升座,赐廷臣宴。"

> 按:诗中自注:"初三日重华宫茶宴,距今恰半月。"重华宫茶宴例于每岁正月举行,则诗题中"十七日"当指正月。又此诗于集中系于《永安莽喀》后,据前谱知《永安莽喀》所纪为三十九年八月间事。此诗既作于正月,则当是乾隆四十年之正月。

> 又按:《素余堂集》卷二一自《十七日小宴廷臣》以下为乾隆四十年作。

二月初六日,经筵侍班。复蒙赐宴本仁殿。

《乾隆帝起居注·四十年二月》:"初六日甲申辰刻,上御文华殿。讲官永贵、王际华进讲《大学》'日日新,又日新'二句,嵇璜、觉罗永德进讲《易经》'有孚惠我德'一句。……大学士舒赫德、于敏中奏曰:皇上圣敬日跻,大德天覆。本自新以作民新,不烦训诫而化;推实心以敷实惠,不计爱戴而施。……臣等亲承训示,曷胜钦仰。"

《清高宗实录》卷九七六:"甲申以举行仲春经筵遣官告祭奉先殿、传心殿。……礼成,上还宫,赐讲官暨侍班官等宴于文华殿东庑之本仁殿。"

二月初七日,奏进增修之马斯喀、乌达禅、素图传及新修之徐乾学传。

《奏为恭进国史列传事》:"国史馆总裁大学士臣舒赫德等谨奏为恭进国史列传事。臣等现在增修旧传马斯喀、乌达禅、素图三篇,添立新传徐乾学一篇,分别缮写正本,其有原传者粘签声明,恭呈御览。伏候皇上训示。谨奏。乾隆四十年二月初七日。臣舒赫德、臣于敏中、臣官保、臣永贵。"(一史馆,04—01—38—0010—024 号)

二月初九日,祭先师孔子,遣先生行礼。

《清高宗实录》卷九七六:"丁亥祭先师孔子,遣大学士于敏中行礼。"

二月,高宗题《李昭道洛阳楼图》。奉敕敬书。

《石渠宝笈续编》著录有"《李昭道洛阳楼图》一轴"。御题行书云:"乙未仲春御题。"末款"臣于敏中奉敕敬书"。

三月十六日,奉命为齐云山真武祠拟写匾额。

《军机处随手登记档》:"四十年三月十六日。硃批裴宗锡折:齐云山真武祠重建完竣,请重颁匾额。知道了,传旨交于中堂拟额。"

三月中浣,高宗作《赋得灯右观书》。有奉敕和作。

《素余堂集》卷二三有《奉敕赋得灯右观书得风字五言八韵》。

　　　按:《御制诗四集》卷二八(乙未)有同题之作,系于《夜雨三月初九日》之后、《微雨三月廿二日》之前。

三月二十九日,因进呈之《续通志》内字句错误,自请交部察议。因身兼数任,独获宽免。

《军机处随手登记档》:"四十年三月二十九日。于中堂奏《进呈续通志字句错误总裁及纂修交部察议》。随旨交。"

《乾隆朝上谕档》:"三月二十九日……同日奉旨:于敏中应办事务较多,着免其交部。程景伊及纂修黄良栋俱着交部察议,钦此。"

黄良栋,字翚函,一字翼安、芝云。安徽休宁人。乾隆三十一年进士,授翰林院编修。后充四库馆纂修。历官至江西南昌府知府。编有《南昌府志》。传见《清秘述闻》卷七、《(道光)苏州府志》卷六三。

四月十五日,核议戈源条奏,驳其将誊录计字议叙之请。

《纂修四库全书档案》二五七《多罗质郡王永瑢等奏戈源请将誊录计字议叙应毋庸议折》:"多罗质郡王臣永瑢等谨奏为遵旨议奏事。山西道监察御史戈源条奏,请将在馆誊录计字议叙不拘年限一折,乾隆四十年四月初二日奉旨:四库全书处总裁议奏。钦此。……臣等伏查各馆誊录定例,统限五年为满,原不核计字数。惟办理《四库全书》……期于缮写工整,不得不立定课程。是以臣等议定,每人日以千字为准,酌量迟速适中,使之力可优为,而亦不至于草率。仍计五年之期,扣足字数,准其报满议叙。其中如有踊跃急公,于正额外,复有盈余,且字体工妥者,即按所余字数,递加议叙,以示鼓励。其虽及五年而字数不足者,仍俟补足,方准报满。又有限满时字数虽符,而核其平日字迹讹脱记过多者,酌量再留一二年,方准咨部议叙,以示惩儆。……今该御史奏请四库全书誊录不拘年限,有能随时交足一百八十万字者,即与议叙等语,虽似为趱办全书起见,而所言颇有难行者。……且现在办书大局,非缮写之难,而校对之为难。……若复不拘五年定限,则日收之字愈多,校勘尤不易为力,非因循稽缓,即潦草当差,皆属势所不免。……再,臣等现定规条,誊录所交之书,校对时有应驳换者,仍驳回换写。其讹错多者,并须记过总核,于议叙时分别劝惩,非限以五年之期,不能详细妥核。若如该御史所奏,交足字数,即行议叙,则所交之书涌积,势难随时稽考,其中不合式者,转得早就铨选。迨校勘及之,其人业已得缺,若驳换既费周章,而姑容又难迁就,于办书之法,亦多未协。……应将该御史所奏之处毋庸议。是否有当?恭候命下,臣等遵奉施行。谨奏。臣永瑢、臣舒赫德、臣于敏中、臣福隆安、臣程景伊、臣王际华、臣蔡新、臣嵇璜、臣英廉、臣张若溎、臣曹秀先、臣金简。本日奉旨:所奏是,依议。钦此。乾隆四十年四月十五日。"

同日,以议覆题豁时遗漏声叙,致吴玉麟沉铜险滩,未得完运,照例罚俸六个月。

舒赫德《题为遵议大学士兼管户部事务于敏中等题豁未详声叙照例罚俸事》:"查此案委员吴玉麟未完运铜脚费银两。沉铜处所既系著名险滩,户部于议覆题豁时未经声叙,实属遗漏。……均照遗漏声叙罚俸六个月例罚俸六个月。查于敏中有纪录一次,前议罚俸一个月注册在案,今议罚俸六个月连前共罚俸七个月,应销去纪录一次,抵罚俸六个月,仍罚俸一个月。……乾隆四十年四月十五日。"(一史馆,02—01—03—06963—006号)

四月二十七日,同舒赫德、福隆安等共阅庶吉士散馆试卷,分别等第,粘签进呈。

《乾隆朝上谕档》:"臣舒赫德、于敏中、福隆安、程景伊、王际华、袁守侗、梁国治谨奏:臣等奉旨阅看庶吉士散馆试卷共三十四本,谨公同校阅,酌拟清书一等一本,二等二本,三等四本;汉书一等八本,二等十七本,三等二本。谨粘签包封进呈,伏候钦定。俟发下即交该衙门于二十八日带领引见。谨奏。四月二十七日。"

四月二十八日,奉旨校修《开国方略》,先行缮录四卷进呈。

《清国史馆奏稿》:"大学士臣舒、臣于谨奏:臣等奉旨校修《开国方略》,先经派员恭录旧藏太祖高皇帝图本原文,随于国史馆纂修内选派赞善彭绍观恭录内阁库存《实录》原文,校对编纂,嗣复奏明添派署副都御史申甫会同彭绍观续编太宗文皇帝至世祖章皇帝入关定鼎以前事,谨拟共编三十二卷,谨按《实录》年月并参酌图本标题,敬谨编叙。其癸未年以前不纪年月之事,今遵《实录》合为发祥世纪一篇,冠列卷首。至各卷叙述辞句,谨依《实录》及图本原文酌就简明质直者从之。其中人名、地名悉遵《钦定对音字式》与新修《国史馆列传》所载画一校正,粘贴黄签,谨先缮录四卷,恭呈御览,伏候皇上训示,以便遵照续办。谨奏。乾隆四十年四月二十八日具奏。奉旨:着照进《实录》例按期奏进,钦此。"原注:此件折片存军机处。

彭绍观,字容若。江苏长洲人。乾隆二十二年进士,选庶吉士。授翰林院编修。历官至侍读学士。传见《(同治)苏州府志》卷八九、《清秘述闻》卷七。

四月二十九日,蒙询科场拨房向例。

《清高宗实录》卷九八一:"丙午,谕曰:御史孟邵奏'会试磨勘签出应议之许士煌一卷,原系诗三房李殿图呈荐,经主考取中,拨入诗四房白麟名下。今白麟固应照例处分,其原荐之房考转得置身局外,似觉偏枯,请敕部厘定处分,以昭平允'等因一折。朕初阅之时,以其言为近理。及召见军机大臣,询以此事,据大学士于敏中奏称'向例,拨房之卷,原尽受拨之房考覆阅,必其文果当意方交内监试,改用荐条,如阅有疵颣,不愿受拨,主考官亦不能相强'等语。"

五月初六日,奏请自即日起将缮成之《开国方略》间日奏进一本,其余各卷俟缮成则陆续进呈。

《清国史馆奏稿》:"大学士臣于、臣舒谨奏:臣等于四月二十八日将恭纂《开国方略》缮写四本进呈,奏请训示,以便遵照续办。奉旨:着照《进实》录例,按期奏进,钦此。臣等钦遵谕旨,于本月初六日起将《开国方略》间一日恭进一本。再,臣等现在缮成者仅有四本,其余恭纂各卷俟缮得陆续进呈。谨奏。四十年五月初六日奏。"

五月初九日,遵旨于《开国方略》卷面黄签添写"皇清"二字,奏请首行、板心等处,俟考证明季各书添写按语时再行增添。

《清国史馆奏稿》:"大学士臣舒、臣于谨奏:臣等遵旨将《开国方略》卷面黄签敬谨添写"皇清"二字,其每卷首行并板心应行添写之处,俟考证明季各书恭加按语时再行增添呈览。谨奏。四十年五月初九日具奏。"原注:此件折片存军机处。

五月十六日,奏请添派吴锡龄、严福、于鼎、侍朝、陈崇本、陈文枢、吴锡麟、徐如澍等八人充《四库全书荟要》之校对,并以曾廷枟顶补分校中书。

《纂修四库全书档案》二六六《大学士于敏中等奏请添派四库全书荟要校对折》:"臣于敏中、臣王际华谨奏为请旨事。臣等办理《四库全书荟要》,前经奏准,所有顺天乡试落卷内选取之誊录,未经得缺者,准其在额外效力缮写,并选派分校翰林四员、覆校翰林二员,专司校阅。迄今数月,誊录等具呈效力者渐增,所有原派校对之员,办理未能裕如。臣等酌拟添派翰林四员,俾得从容校阅。再,查聚珍版各书,前奏派翰林四员,专司校刊,嗣因办理《荟要》,需员分校,而翰林人数不敷选派,即以所派校刊之员,兼司其事,但日久书多,未免顾此失彼。臣等亦拟添派四员,俾校缮与校刊,各专其责。以上二项,共拟添派校对八员。臣等公同选得原充全书校对今授翰林修撰之吴锡龄,庶吉士严福、于鼎,候补监丞侍朝,并新授庶吉士陈崇本、陈文枢、吴锡麟、徐如澍充补。又分校中书冯培,派在军机司员上行走,所遗之缺,拟以庶吉士曾廷枟顶补。仍与原派各员,统行酌量,视其孰宜校刊,孰宜校缮,分别派办,庶责成既专,程功较为详密。其全书分校、覆校各员缺,另行会同各总裁派员充补。为此谨奏。乾隆四十年五月十六日奉旨:知道了,钦此。"

五月十六日,以项家达校对疏忽,请旨将其交部议处。

《奏请将校勘疏忽之项家达交部议处事》:"臣于敏中、臣王际华谨奏。……臣等办理聚珍板书籍。……选派翰林院四人专司校对,每页俱刊列'某人校'字样,舛误惟刊名之人是问。今查聚珍板摆刷《直斋书录解题》第十六卷末标题一行'直斋'二字倒置,错误显然。……该翰林项家达并未校正,率行付刷。……请将该员交部议处。……以为校勘疏忽者戒。为此谨奏请旨。"乾隆四十年五月十六日奉旨:"知道了,钦此。"(一史馆,03—1150—033号)

五月中浣,充方略馆正总裁。奉命改辑《明纪纲目》并改译《明史》中蒙古等人名、地名。

《乾隆朝上谕档》:"大学士臣舒等谨奏:本年五月十五日奉旨:改辑《明纪纲目》,以昭传信。又奉旨:将《明史》所有蒙古等人、地名一体改译。并面奉谕旨,派臣舒、臣于为正总裁,臣福、臣阿、臣袁、臣梁为副总裁,又蒙派令侍讲学士朱珪为纂修。臣等查《明纪纲目》既在方略馆办理,所有提调、收掌、誊录、供事等员,该馆现有之人尽可兼办。"

　　按:"改辑《明纪纲目》",事见乾隆四十年五月十五日上谕:"前曾命仿朱子《通鉴纲目》体例纂为《明纪纲目》,刊行已久。……张廷玉等原办《纲目》惟务书法谨严,而未暇考核精当,尚不足以昭传信。着交军机大臣即交方略馆将原书改纂,以次进呈,候朕亲阅鉴定。其原书着查缴。钦此。"'将《明史》所有蒙古等人、地名一体改译",事见同年五月十八日上谕:"昨因《明纪纲目》考核未为精当,命军机大臣将原书另行改辑,候朕鉴定。……又《明史》内于元时人、地名对音讹舛,译字鄙俚,尚沿旧时陋习。……既于字议无当,而垂之史册殊不雅驯。……现在改办《明纪纲目》着将《明史》一并查改,以昭传信。"则"派臣舒、臣于为正总裁"总理以上之事当距十五、十八日上谕未远,姑系于此。

五月中浣,高宗题赵宗汉《雁山叙别图》。为之跋。

《石渠宝笈续编》著录有"《赵宗汉雁山叙别图》一轴"。后附先生题识:"按:赵宗汉,书画谱未载其名。考《宣和画谱》,宗汉字献甫,濮安懿王幼子,历官秦宁军节度使、兖州管内观察处置等使,检校太尉开府仪同三司,嗣濮王。以丹青自娱,屡以画进,每加赏激。邓椿《画继》,亦称其见赏于米芾。是其画格在宋时已为推重。而宣和内府所藏,只有八幅。宜其流传之少也。幅内题识,自署定远将军。核之《宋史·职官志》,系武散官。或其初授之阶,第史未立传。与其出镇广南,事俱无可详考耳。臣于敏中敬识。"

　　　　按:图中又有高宗御题行书。一作"乙未仲夏中浣,御题",一作"丙申新正月,再题"。

五月二十四日,以《古今图书集成》缮写书签之需,奏请于朝考卷内检选字画端楷者十二员,令在武英殿内行走,派写书签。

《奏请令吴绍濂等在武英殿上行走事》:"臣于敏中、臣王际华奏为奏明请旨事。据侍郎臣金简向臣等言,奉旨装潢《古今图书集成》三部,分贮文渊、文源、文津三阁,现在赶办装潢,即需缮写书签之人,商之臣等。查向来一应陈设书签,俱系武英殿行走、翰林、贡生等缮写。今通计《古今图书集成》三部书签不下一万五千余,又系装钉成书,即于页面界划乌丝签阑缮写,稍有舛误不整便须另换绸面重装,必得细心工书之人,每日至公所承办方为妥协。现在行走之翰林、贡生既日有应办课程,此外翰林及中书等员又俱有纂修、校对之事,难以专心办理,臣等再三商酌,查新进士归班各员其中不无工者,而朝考卷皆各进士加意缮写,较为可信,若于此内挑选,尽可得人。业经臣于敏中面奏,仰蒙俞允,兹会同臣王际华于朝考己未取各卷悉心检阅,择其字画端正、笔法匀净者三十本,随即开拆弥封,内有已蒙皇上录用者十二人,又已经出京者六人,止存吴绍濂、陈凤旌、胡荣、靖本谊、罗锦森、石养源、丘桂山、徐秉文、钱致纯、王元照、王履谦、费振勋十二人,臣等传令验看年力俱堪行走,理合将原由奏明,请旨令在武英殿行走,随臣金简派写书签。俟《古今图书集成》各签办完后,即令接办《全书》及《荟要》书签。……乾隆四十年五月二十四日。"(一史馆,03—1150—035号)

五月二十九日,致札陆锡熊,嘱其留意错字,并命酌改《宝真斋法书赞》《金氏文集》《北湖集》等书之提要。

《于文襄公手札》第三十五通:"前接手函,匆匆未及作答。散篇书存留数日,随意翻阅,见有讹字,其应改者即为改补,可疑者存记另单附寄。愚不过偶尔抽看,即有错字如许,恐舛误尚未能免,应切致原纂及校对诸公,嗣后务须加意,或告总裁各大人知之。又阅提要内《宝真斋法书赞》有'朱子储议一帖'云云数句,与此书无大关系,而储议事尤不必举以为言,因节去另写,将原篇寄还。嗣后遇此等处,宜留意斟酌。又见所叙《金氏文集》《北湖集》两种,誉之过甚。果如所云,即应刊刻,不止抄录而已。及读其诗文不能悉副所言。且《金氏集·忠义堂记》列入扬雄,其是非尤未能得当。愚见以为提要宜加核实:其拟刊者则有褒无贬,拟抄者则褒贬互见,存目者有贬无褒,方足以彰直笔而示传信。并希留神,率布奉候,不一一。晓岚先生不另启,乞为致意。中顿首,五月廿九日。"

按:据民国二十二年(1933)北平国立北平图书馆影印本之编次,自第三十五通以下,均为短札。暂依影印本次第,系于此年。

又按:此札论及应刊、应钞、存目之判定标准:"拟刊刻者则有褒无贬,拟抄者则褒贬互见,存目者有贬无褒。""应刊""应钞""存目"之说,最初见乾隆三十八年四月二十八日上谕:"现今所有内府旧藏,并《永乐大典》内检出各种及外省进到之书,均分别应钞、应刊,以垂永久。无论应刊者,另须缮写付梓,其原本无庸复留。即应钞者,皆一律缮写,装潢收贮。其本省进到钞本大小长短不齐,与现写陈设本不能画一,留之亦属无益。或其中并有不必存者,俟编纂书目时只须载其名,而不必留其书。"其后,五月十六日上谕进而规定应刊、应钞、存目之标准:"所有进到各书,并交总裁等同《永乐大典》内现有各种详加核勘，分别刊、钞，择其中罕见之书、有益于世道人心者寿之梨枣，以广流传。余则选派誊录，汇缮成编，陈之册府。其中有俚浅讹谬者，止存书名，汇入《总目》，以彰右文之盛。"据此，则"有益于世道人心"之书为应刊，其余为应钞，"俚浅讹谬"者为存目。此札以褒贬为限，进一步明确应刊、应钞、存目的判定标准：有褒无贬者应刊、褒贬互见者应钞、有贬无褒者者存目。

六月初九日，因军机处行走司员误写谕旨，奏请将其交部察议。

《奏请察议错写所奉谕旨之司员事》："臣于敏中等谨奏：据军机处行走司员禀称：五月十四日直隶总督周元理奏请以栾城令张光曾调补长垣令一折，奉硃批：该部议奏，钦此。该班司员将原折抄录，发内阁转交吏部遵办。嗣经内阁将原折缴还军机处，职等将缴还各折与登记档详加核对，则此折档册内系写'该部议奏'，而缴还之原折系误写'该部知道'，实属疏忽，理合据实检举等语，相应奏明。将原折所奉谕旨交吏部更正办理，所有错写之司员请交部察议。谨奏。乾隆四十年六月初九日奉旨：知道了，钦此。"（一史馆，03—0145—069 号）

六月十一日、十二日，致札陆锡熊。命查江西续进遗书内《太平寰宇记》《天下金石志》卷数及编辑情形。另托戴震等五人共校《玉海》。并论及散片中青词之处理。

《于文襄公手札》第三十六通："屡接手书，匆冗未即裁答。昨江西续进采办遗书现在交馆，其书单内重复者甚多。查有《太平寰宇记》一部，不知较馆中所有卷数能略多否，又有《天下金石志》一种，不知编辑何如，若果可观，与《续通志·金石略》甚有裨益，祈即检查分晰寄覆。又单内有《玉海》一部，不知何时印板，有无讹舛，亦希留心一查。愚欲将《玉海》校正，另为刊版，以公同好，并拟不由官办更妥。曾觅稍旧版一部，付丹叔处校已年余。彼处止有一人校勘，断难即完。毫无□□，恐日久终归无益，意欲将此书烦五征君共校，想俱乐从。希将此札致丹叔取回，并致五征君，如有不暇兼顾者，亦不敢强也，仍希即付回示。再，散片中宋人各集内如有青词致语，抄存则可不删，刊刻即应删。《胡文恭集》已奉有御题指示，《胡集》删去应刊，亦有旨矣。自不便两歧耳。《开国方略》需用明末之书本自无多，而馆中开付太详，既列目与具，即当速捡全行付去，勿为取藉口也。至各省送到违碍各书，前曾奏明陆续寄至行在呈览。《黄忠端集》内所夹熊经略片一件，希即检寄。昨江西奏到应毁书籍,已送热河。奉旨交愚处寄京,俟回銮呈览。则家中所有之书自不便转送此间。统检明开单存馆,俟回銮再办。此事并□□舒中堂及王大人。或先将《五代史》寄呈。近见有称新旧五代史者,未知何据?昔人曾有此称否?或以薛史为旧,欧史为新乎?并希详示。其余各种以次缮装呈进,亦足供长夏几余披览也。率布覆候迩禧,余再悉。晓岚先生不另启。中顿首,六月十一日。寄到应销廿三种,暂存交拂珊副宪另看。此板各种俱应存馆中,俟回銮再进可耳。又拜。十二日附此。"

> 按:此札云:"先将《五代史》寄呈。"四十年七月初三日有《进旧五代史表》。此札当作于四十年七月初三日前。札中又云:"《胡文恭集》已奉有御题指示。《胡集》删去应刊,亦有旨矣。"所谓"御题指示"见《御制诗四集》卷二八《题胡宿文恭集》,诗中元注:"胡宿文笔颇佳,允宜刊以传世。第集中兼及道场青词,殊乖正道。且代教坊致语及为内中侍御贺词,则尤为琐狎,自当存其正者刊行,全集钞存可耳。"该诗于集中系于乙未年,即乾隆四十年。则此札亦当作于是年。

> 又按:"拂珊副宪"即申甫。

六月十五日,札寄陆锡熊。嘱存抄一事,当视其人而去取。

《于文襄公手札》第三十七通:"接来信,悉种种。存抄一事,视其人为去取极好。至刊刻一项,明人集虽少无妨,此时所重在抄本足充四库及书名列目足满万种方妥也。遗书事另嘱星实寄信诸公妥议,生恐其中有稍存意见者,恐于公事贻误,故著急耳。匆匆寄候,余再悉。晓岚先生不另札。中顿首,六月望日。"

> 按:"星实"为冯应榴。

六月十七日,奏进太祖高皇帝乙卯年册档音写一本,并照写原档一本。

《清国史馆奏稿》:"大学士臣舒、臣于谨奏为恭进无圈点册档事。臣等敬谨办理太祖高皇帝乙卯年册档音写一本,并照写原档一本,恭呈御览,其余册档现在赶办,陆续进呈。谨奏。乾隆四十年六月十七日发围具奏。二十日奉旨:知道了,钦此。"

六月二十三日,奏进天命元年、二年册档。

详《清国史馆奏稿》。

六月下浣,高宗画西番莲。为之题识。

《素余堂集》卷二三《敬题御笔画西番莲》:"讶是西番种,何来陆地莲。"又"素心通宛转"句,自注云:"花心五粒,拨之可转。"

按:此诗并见《石渠宝笈续编》"《御笔画西番莲》一轴"后附之臣
工和章。御款作"乙未季夏下浣"。

七月初三日,同永瑢、舒赫德等奏进《永乐大典》内辑出之《旧五代史》。

《旧五代史》卷首《进表》:"多罗质郡王臣永瑢等谨奏为《旧五代史》编
次成书恭呈御览事。臣等伏案薛居正等所修《五代史》,原由官撰,成自宋
初,以一百五十卷之书,括八姓十三主之事,具有本末,可为鉴观。……臣
等谨率同总纂官右春坊右庶子臣陆锡熊、翰林院侍读臣纪昀、纂修官编修
臣邵晋涵等,按代分排,随文勘订,汇诸家以搜其放失,胪众说以补其阙
残,复为完书,可以缮写。……臣等已将《永乐大典》所录《旧五代史》,依
目编辑,勒成一百五十卷,谨分装五十八册,各加考证、粘签进呈。敬请刊
诸秘殿,颁在学官。……谨奏。乾隆四十年七月初三日。臣永瑢、臣舒赫
德、臣于敏中、臣福隆安、臣程景伊、臣王际华、臣蔡新、臣嵇璜、臣英廉、臣
张若溎、臣曹秀先、臣金简。"其卷首《奉旨开列校刻旧五代史诸臣职名》列
总裁十二人:永瑢、舒赫德、于敏中、福隆安、程景伊、王际华、蔡新、嵇璜、
英廉、张若溎、曹秀先、金简,总纂二人:陆锡熊、纪昀,纂修一人:邵晋涵。

按:此文并见陆锡熊《宝奎堂集》卷四,题作《为总裁进旧五代史
札子》,当陆锡熊代作。

同日,奏请令郭祚炽在额外校对上效力行走。

《纂修四库全书档案》二七六《多罗质郡王永瑢等奏奏请准郭祚炽在
额外校对上效力行走折》:"多罗质郡王臣永瑢等谨奏为奏明请旨事。乾
隆四十年六月二十九日,据四库全书处分校原任太常寺典簿郭祚炽呈称:
'窃炽于乾隆三十八年闰三月充全书处分校,现于太常寺典簿任内,因地
坛神座擦污,未经预先看出,部议革职。所有在馆以来承领各誊录分缮工
课,现在造具清册,交明提调,恭候派员接办。伏思炽系辛巳进士,在京历
俸七年,毫无报效,欣逢我皇上开馆搜辑群书,得厕校勘之列,方以躬与右
文盛典,稍效微劳为幸。……情愿自备资斧,在额外校对上效力行走,以
赎前愆。呈请代奏。'具呈前来。臣等谨查郭祚炽自奏派分校以来,尚知
勤勉,校对书籍,亦颇留心。……该员在馆行走三年,校对颇称熟手,工课
亦并无贻误,且其年力强壮,尚堪驱策。……可否仰恳皇上天恩,准其在
额外校对上效力行走。……臣永瑢、臣舒赫德、臣于敏中、臣福隆安、臣程

景伊、臣王际华、臣蔡新、臣嵇璜、臣英廉、臣张若溎、臣曹秀先、臣金简。乾隆四十年七月初三日。"乾隆四十年七月初四日奉旨："准其留馆校对。钦此。"

郭祚炽,字筠池。江西建昌人。乾隆二十八年进士。官通政司经历,擢主事。先后主讲豫章、鹿洞书院。传见《(光绪)江西通志》卷一六四、《养吉斋丛录》卷九。

七月初四日,舒赫德儿妇栋鄂氏自经殉夫。先生为哀辞以悼之。

《素余堂集》卷三四《栋鄂烈妇诗为明亭相国作》:"季子奉母旋,中路病且羸。……生年甫三十,奄忽浮云飞。妇恸不愿苏,矢死坚靡移。……言讫因投缳,谅哉甘如饴。颜色弗变更,闻者咸伤赏。"

> 按:"明亭相国"即舒赫德。"季子"即舒安。据梁国治《敬思堂文集》卷六《栋鄂烈妇哀辞》序:"其死也言告舅姑,言告家人,整仪饬佩,从容就义者焉。春秋三十,时乾隆四十年七月四日也。"知栋鄂氏卒于四十年七月初四日。又此诗于集中系于《巴颜沟围场作次瑶华贝子韵》后,则此诗当作于四十年秋以后。

七月初七日,《旧五代史》进呈后,蒙询办书之人,因奏邵晋涵采辑之功及受恩之由,并奏请将《旧五代史》内标题"某书"改为"某史",为高宗所准。同日,致札陆锡熊。嘱查"李镇东"系何人及"却扫"之意。

《于文襄公手札》第三十八通:"《耕织图》《棉花图》自应载入,《礼道图》已载否?其图或就原板刷印似稍省力耳。《授时通考》其图与《耕织图》相仿,曾办与否?《井田谱》等曾经御题之书,必在抄存。《旧五代史》进呈后,昨已蒙题诗,札子亦俱发下。暇时尚欲请述旨意,以便刻入卷前也。今日召见,极奖办书人认真,并询系何人所办。因奏二云采辑之功。并询及邵君原委,亦将其受恩之故奏及矣。其标题'梁书''唐书'等'书'字,愚今早亦顺便奏请应改'某史',亦蒙俞允矣。前此托丹叔转向足下查李镇东系何人,未见示覆,岂丹叔忘之耶?又'却扫'二字大率本之《南北史》及《文选》,俱作'谢客'解。今早上论及,云:或当从《汉书》'太公拥彗却行',意为权舆。不知有作此解者否?希查示。又柳柳州《乞巧文》是其何时所作,如有可考,亦希寄示。率布致候不一。中顿首,七夕雨□。七夕洗车雨有云六日及八日者,以何为正?《岁时记》外另有记载否?并希查示,又拜。"

> 按:此札既云:"《旧五代史》进呈后,昨已蒙题诗,札子亦俱发

下。……七夕。"《进旧五代史表》,末款作"乾隆四十年七月初三日"。则此札亦四十年所作。

七月初八日,朱筠有札致之。

朱筠《上日下旧闻馆于梁两总裁书》:"《日下旧闻考》总纂朱筠谨问中堂、侍郎大人前辈阁下近安。启者:某所汇总增校之书七月以前发写者,已十有九卷矣,其世祀二卷,二月内已经总裁阅定,所签商俱已会覆,即可缮录进呈,后经东皋前辈覆看久之,于七月初始写清正本送某校字,已于初七日校讫付去。其字画讹错处并已签改讫,至于书中有可以不必移改别门而纷纷移改处太多,将来恐难免其遗漏,又有不置一词径取竹垞由原文删去者,不一而足,尤非所安。某所承纂,遇有更改原文一句一字者,必加案语,申明其故,今无故径行乙去,则此书非《日下旧闻考》,乃《日下旧闻删》也,与奏定凡例似未符合。本欲以此意商之东皋前辈,窃恐现在有误进书之期,若默而不言,倘一经旨询,脱漏原文,无所登答,又不豫言,咎将谁执,用敢悉陈,伏惟裁酌。又诸馆纂书向来定式,分纂有草本,总纂有副本,总裁阅过,签商纂修,据签登覆,并存馆中,是非他日有所稽考,从无有径用己意涂抹他人之文至于磨灭断烂而不可辨识者。东皋前辈与某同奉命纂修此书,将来若有询考之处,孰为臣光鼐之所纂乎?孰为臣某之所纂乎?亦祈总裁大人酌定宣示,俾责有所归。幸甚幸甚!附问日安不备。七月八日筠谨启。"

　　按:此札收京都大学人文科学研究所所藏之《古文稿本》第三册,经李成晴先生考定,该稿本系朱筠手稿。此札题目旁署"乙未七月八日",知为乾隆四十年作。

七月十一日,致札陆锡熊,以大典本卷帙浩繁,促其速办。又嘱查"赓"字于《经典释文》内作何读。

《于文襄公手札》第三十九通:"顷接大农札,知有重书一事,尤为未妥。此后务设法杜之。昨阅程功册,散篇一项,除周山东编修外,认真者极少。然每日五页尚有一定之程。惟遗书卷帙甚多,每纂修所分,俱有一千三百余本。今此内有每月阅至一百六、七十本者,告竣尚易。其一百本以外,亦可以岁月相期。乃有不及百本,甚至有不及五十本者,如此办法告成无期。与足下及晓岚先生原定之期原定上年可完,今已逾期矣,尚忆此言否?太觉悬远。倘蒙询及,将何以对?愚实惶悚之至,足下当与看遗书诸公细商,自定限期,总录单寄示,庶得按册而稽,亦可稍救前言之妄,幸勿以泛语置之。昨翁学士寄到'八庚韵','赓'下注云:'按《说文》:赓,本古文续字。徐铉等曰:今俗作古行切。'此虽采自《说文》,但与'赓'入'庚'韵之意相反。愚意谓当查陆德明《经典释文》作何读,采而用之,则在徐注之前,自为可据。如《释文》无此字音,则于他书查一'赓'字与'庚'同音者寄来为嘱。今日报到已申正,不及细覆,余再悉。中顿首,七月十一日。'牛渚几'有作'牛渚圻'者,记曾于《一统志》见过,亦希查录寄示。"

　　按:此札所云"周编修"即周永年。据《清高宗实录》卷九八一,知周永年于乾隆四十年四月二十七日方授为编修。此札即称其"编修",则必是四十年四月以后事。此札又云:"惟遗书卷帙甚多。……如此办法告成无期,与足下及晓岚先生原定之期太觉悬远。原定上年可完,今已逾期矣,尚忆此言否?倘蒙询及,将何以对,愚实惶悚之至。"第二十六通(乾隆三十八年八月二十一日)云:"蒙询及各种遗书分别应刊、应抄、应存,总叙、提要约计何时可完,愚复奏以约计后年当有眉目,此即两公承恩之由,祈即与纪大人相商收办,但不知果能如愚所望否。"可知,据最初之计划,应刊、应钞、应存、总叙、提要各项工作于乾隆三十九年可按期完竣。此札云:"原定上年可完,今已逾期矣。"据此推之,则此札当作于四十年。

七月中浣,书五律"水裔敞书轩"一首。

　　见中信国际拍卖有限公司 2018 年秋季艺术精品拍卖会中国书画专场。诗云:"水裔敞书轩,清波绿映门。风纨细纹滟,月镜静机存。茹古涵今永,学诗说礼敦。澄观图底事,出治审其源。乙未新秋中浣。于敏中。"

　　按:拍卖时间为 2018 年 10 月 6 日。LOT 号:0075。尺寸 130×48 厘米。印两方,殆不可辨。

七月,奏进天命三年正月至四年四月之册档。

　　据《清国史馆奏稿》,七月初三日,奏进天命三年正月至闰四月册档;初九日,奏进五月至十二月册档;十五日,奏进四年正月、二月册档;二十四日,奏进三月、四月册档。

约七八月间,跋《御制避暑山庄百韵诗》。

　　《素余堂集》卷二五《恭跋御制避暑山庄百韵诗》:"斯为避暑之庄,实乃矢音之境。昔标三十六景,今成百韵五言。……正幸功成玉垒,伫觇奏

捷于红旗;适逢庆演瑶枢,敬藉延洪于绿字。愿书万本,敢云嵩岱助尘;永
绎千言,窃比京垓积算云尔。"

> 按:《避暑山庄百韵诗》见《御制诗初集》卷四三,该卷之下注云
> "丁卯",知作于乾隆十二年。此跋于集中系于《恭跋御制乙未元旦试
> 笔诗》之后、《恭跋将军阿桂奏攻克勒乌围贼巢红旗报捷凯歌》《恭跋
> 御制丙申元旦试笔诗》之前,则当作于乾隆四十年。又跋中云:"正幸
> 功成玉垒,仑岘奏捷于红旗。""玉垒"即四川省理县东南之玉垒山。
> 此句当指平定大金川之役。据《起居注》,是年八月二十四日阿桂捷
> 报奏至,此跋既云"仑岘奏捷于红旗",且编次于《恭跋将军阿桂奏攻
> 克勒乌围贼巢红旗报捷凯歌》之前,则当作于七八月间。姑系于此。

**八月十二日,以奏进之《徐元梦列传》抬头错误,自请同纂修、誊录等交部
议处。**

《清国史馆奏稿》:"臣舒、臣于、臣官、臣程、臣永等谨奏:本月初七日
覆进《徐元梦列传》,蒙指出抬头错误之处,臣等实属粗心,未能详细检
点。……相应请旨将臣等交部议处,为此谨奏。四十年八月初九日发围。
八月十二日回报奉旨:交部察议,其纂修、誊录之员因何不细心校对,着该
总裁等一并查明交部议处,钦此。"

八月十五日,进哨行围,弘旿以诗见投,次韵酬赠。

《素余堂集》卷三四有《中秋日进哨次瑶华贝子韵》。其"差马惟庚吉
日从"句,自注云:"是日庚寅。贝子时奉命简放随围官马至此。"又"候迟
白露前朝过"句,注云:"十四日为白露节。"

"瑶华贝子"即爱新觉罗·弘旿。弘旿(1743—1811),字仲升,号瑶华
道人。诚恪亲王允秘第二子。封镇国将军,进贝子,坐事夺爵。嘉庆间授
奉恩将军。工画。著有《醉墨轩存稿》《瑶华道人诗钞》。传见《清史稿》卷
二二〇、《晚晴簃诗汇》卷七。

> 按:诗题作"中秋日",诗中自注云:"是日庚寅。"又云:"十四日为
> 白露。"据《近世中西史日对照表》,十五日为庚寅者在乾隆四十年。

八月二十四日,奉到攻克勒乌围捷报,高宗诗以志喜。步韵和之,并为之跋。

《素余堂集》卷二一《将军阿桂奏攻克勒乌围贼巢红旗报捷喜成七言
十首以当凯歌》:"仲秋月望夜分时,捣窟威扬上将旗。"自注云:"官兵以八
月十五夜亥、子、丑三时攻破勒乌围贼巢及转经楼等碉寨。"又"八日行营

弛露布,主臣中外喜同之"句注云:"八月十六日清晨所发红旗于廿四日丑时递到,计程甫八日。上驻跸木兰,红旗适至。时蒙古诸札萨克及年班之土尔扈特都尔伯特等部以扈围咸集,与随从诸臣以次称贺,喜洽行营。""谱同凯唱入桃关"句注云:"捷音至行营,天尚未曙即召见。臣等既承旨出,剪烛待晓之顷,御诗砵片随下,不加点乙而音节闳壮洵,当谱为郊劳时凯奏乐章也。"

又卷二五《恭跋将军阿桂奏攻克勒乌围贼巢红旗报捷凯歌》:"功成一夕,圆轮正朗于中秋;捷奏八朝,露版初飞于上塞。溯惟传餐待晓,行橐则寸烛犹余;因之纪事作歌,衍纸则十章立就。允宜付在乐官,谱为凯歌者也。臣职忝承纶,扈叨橐笔。红旗递到,与闻忭早于鹓鸾;朱稿綮来,先睹快同于星凤。"

《御制诗四集》卷三二《将军阿桂奏攻克勒乌围贼巢红旗报捷喜成七言十首以当凯歌》"向十余朝兹八朝"句自注云:"向来六百里加紧军报俱以十一二日递到。兹军营八月十六日所发红旗于廿四日丑时已达木兰行在。途中仅行八日。"

《乾隆帝起居注·四十年八月》:"二十四日己亥……是日大学士丁敏中等奉谕旨:据定西将军阿桂等驰奏红旗捷报于八月十六日已攻得勒乌围贼巢。"

八月二十六日,扈跸巴颜沟围场,同弘旿有诗酬和。

《素余堂集》卷三四《巴颜沟围场作次瑶华贝子韵》:"直北才过碧嵝巅,过碧嵝哈尔巴齐达巴罕而北即此地。'碧嵝'云云蒙古语,谓牛犊;'达巴罕'谓岭也。巴颜坑谷富相连。巴延沟与巴延穆敦同一山沟,巴颜,蒙古语,富也。周陉底籍张罘合,满载偏欣炙毂圆。贝子时典杭爱事,杭爱国语谓载牲车也。此是山川雄且壮,谁如文武习而便。贝子有'文武侍从'之章。昔年曾读锤峰赋,今日诗豪更胜前。"

胡季堂《扈从木兰行程日记》:"巴彦沟大营,蒙古语。'巴彦',多也。此处多山沟,故名。"

按:《乾隆帝起居注·四十年八月》:"二十六日辛丑……是日驻跸巴颜沟大营。"又:"二十七日戊申……是日驻跸达颜达巴罕北口大营。"则巴颜沟围场行围只八月二十六日一天,故系之该日。

又按:此诗注"碧嵝哈尔巴齐达巴罕"云:"'碧嵝'云云蒙古语,谓牛犊;'达巴罕'谓岭也。"《扈从木兰行程日记》则云:"'毕娄哈尔巴

齐',蒙古语,草帽子也;'达巴汉',国语,山梁也。山梁形似草帽子,
故名。"未知孰是。

致札陆锡熊,嘱其询邵晋涵《旧五代史》之分代原委,并命查明《金章宗传》专用《新五代史》之意,以便覆奏。

《于文襄公手札》第四十一通:"昨面奉发下《五代史·华温琪传》,谕云:'华温琪仕庄宗、明宗,于清泰间乞归,始终系唐臣,并未仕晋,何以列于唐史?'承旨既退,反覆披寻,不得其解。华琪虽卒于晋天福初,但未曾食禄石晋,不应从贬。岂以其太子太保为晋时所赠,遂属之晋乎?复检阅《凡例》,并未将此等分代原委叙明,及考欧《史》,温琪列为杂传,不属何朝,似较妥协。希即询之二云太史,将因何列为唐臣之故详晰寄知,以便覆奏。又奉询《金章宗传》专用欧《史》系何意,或因薛《史》措辞有碍大金否?并查明覆奏。此字接到后,希告之王大人、嵇大人查覆语,并祈公商妥协寄来。"

　　按:此札云:"昨面奉发下《五代史·华温琪传》。"又云:"复检阅凡例,并未将此等分代原委叙明。……希即询之二云太史。"知札中所云《五代史》为邵晋涵自《永乐大典》辑录之《旧五代史》。是书进呈于四十年七月初三日,则"发下《五代史·华温琪传》"事当距此未远,故系于四十年。又,其后第四十二通(四十年八月二十八日,详下)云:"二云覆载甚念之,嘱其加意调摄,不但不宜早出,并当嘱其慎起居饮食,俟元气全复方可无虞。此时并不必急于看书,即《旧五代史》致有奉旨指询之处,亦与彼无涉,不必虑也。"第四十九通(四十年八月二十九日):"二云公全愈否"俱承此札而言。故此札当作于七月初三之后、八月二十八日之前。

　　又按:此札"华温琪……始终系唐臣,并未仕晋,何以列于唐史?……希即询之二云太史,将因何列为唐臣之故详晰寄知",语意牴牾。检《旧五代史》,华温琪实载在《晋书》,疑札中"何以列于唐史"当为"何以列于晋史","列为唐臣之故"当为"列为晋臣之故"。

八月二十八日,致札陆锡熊,以提要稿事相嘱,并令邵晋涵加意调摄,以宽其心。

《于文襄公手札》第四十二通:"接信已悉。提要稿吾固知其难,非经足下及晓岚学士之手不得为定稿,诸公即有高自位置者,愚亦未敢深信也。五代史传既悉,愚意自不致相左,且俟寄到再商。二云复载甚念之,

嘱其加意调摄。不但不宜早出,并当嘱其慎起居饮食,俟元气全复方可无虞。此时并不必急于看书,即《旧五代史》虽有奉旨指询之处,亦与彼无涉,不必虑也,率覆不一。中顿首,廿八日。"

> 按:此札无年月。胡适据第四十九通"二云公全愈否,念甚。⋯⋯八月廿九日"认为此札既提及"二云复载甚念之,嘱其加意调摄"云云,则某款"廿八日"当在八月。

致札陆锡熊,因蒙询《古史考》内所引野妇事,嘱代查其出处。

《于文襄公手札》第四十三通:"顷御制有《读夷齐传》,文用'采薇而食',引《古史考》载野妇事,并谕查系何人之书,兹已查得《古史考》系谯周所著,但从未见过此书,并不知何处引此,有无此事,希即查覆,能随报即覆尤妙。又拜。"

> 按:此札无日期。胡适以其笔迹与第四十二通最相仿,认为系第四十二通之附函。姑系于此。

> 又按:札中所云"御制有《读夷齐传》⋯⋯引《古史考》载野妇事",即《御制文二集》卷三五《读伯夷列传》,内云:"夷、齐不食周粟,盖谓义不仕周受禄,贫饿以终其身而死耳。自司马迁有'采薇食之,遂饿死首阳山'之言,而谯周《古史考》遂举野妇之语以实之。"

八月二十九日,致札陆锡熊。酌商《宋史新编》《北盟汇编》之抄存问题,并询邵晋涵病情。

《于文襄公手札》第四十九通:"章程稿所议极妥,即可照办。《宋史新编》体例既乖,即非史法。若删去附传,尚可成书,则抄存亦似无碍,第恐每篇叙事或多驳而未纯,改之不可胜改,又不如存目为妥。至《北盟会编》历来引用者极多,未便轻改。或将其偏驳处于提要声明,仍行抄录似亦无妨。但此二书难于遥定,或俟相晤时取一二册面为讲定,何如? 二云公全愈否,念甚。率布致覆,并候不宣。中顿首,八月廿九日。"

> 按:第四十一通(约四十年七八月间)询邵晋涵《旧五代史》相关问题。第四十二通闻邵晋涵病,嘱其加意调摄,"即《旧五代史》虽有奉旨指询之处,亦与彼无涉,不必虑也"。此札复询"二云公痊愈否,念甚"。则当与第四十一通、四十二通同作于乾隆四十年。

九月初五日,奉旨将新疆秋审实人犯处决缘由摘叙数语进呈。

《乾隆朝上谕档》:"大学士臣于敏中等恭查乾隆三十八年十月十七日

内阁奉上谕:嗣后办理各省秋审勾到时,着大学士、刑部每次将各犯应勾应免情节一体摘叙数语奏闻。……所有本日具奏新疆秋审情实人犯,理合将奉旨处决缘由摘叙简明略节,另缮清单,恭呈御览,即行令各该处办事大臣于处决时榜示晓谕。……九月初五日。"

九月十五日,题陈维崧《填词图》。

《素余堂集》卷三四《题陈其年先生填词图》:"展卷钦前辈,题诗数胜游。"

　　按:北京泰和嘉成拍卖有限公司2019秋季艺术品拍卖会行书绢本有此诗之行书绢本。拍卖时间:2019年11月30日。LOT号:2036。尺寸:26×19厘米。末款"乾隆乙未秋九月望日。金坛后学于敏中"。钤印二:于敏中印、耐圃。

九月,奏进天命四年五月至七月之册档。

据《清国史馆奏稿》,九月二十七日,奏进天命四年五月、六月册档;二十九日,奏进七月册档。

十月二十一日,弟于易简奉命补授山东青州知府。临行惜别,痛哭不已。

《耐圃府君行述》:"乙未十月春圃公奉命特授山东青州府知府,将束装赴任。府君念山左道途稍远,从此会晤弥艰,握手惜别,至于恸哭不已。"

《乾隆帝起居注·四十年十月》:"二十一日乙未……奉谕旨:山东青州府知府陈诏现经钦差侍郎穆精阿参奏,交部严加议处,所有青州府知府员缺紧要着于易简补授。"

十月,奏进天命四年八月至六年三月之册档。

据《清国史馆奏稿》,初二日,奏进天命四年八月册档;初四日,奏进九月至十二月册档;初八日,奏进天命五年正月至三月册档;十六日,奏进七月至九月册档;二十三日,奏进天命六年正月至闰二月册档;二十六日,奏进闰二月、三月册档;二十八日,奏进三月册档。

十月,奉命详勘刑部招册,审定各省应勾决狱犯。

据《起居注》,本月覆奏之秋审勾决诸省罪犯依次为:十月初六日,广东;十一日,福建;十九日,陕西、湖广。

闰十月中浣,奉命查缴高秉、高稷、高效墀三家所藏违碍书籍。

《清代文字狱档》第三辑《福隆安奏查办高秉等住房书籍折》:"臣遵旨

前往原任广东韶州府知府高纲家查得伊子高秉在地安门内宫监胡同居住。……详加搜查。……查高秉家所有书籍甚多,惟查有千山和尚诗钞一本、钱谦益《初学集》十五本,其余繁冗一时难以检查,请交大学士于敏中等派员详细检阅有无违碍字迹,另行具奏办理。……乾隆四十年闰十月十五日。"

又第三辑《于敏中奏派员检查高秉等三家书籍折》:"大学士臣于敏中谨奏:经臣福隆安奏交臣查看高秉、高稬、高效墉三家书籍。臣随选派办事翰林梦吉、刘锡嘏二员前往将各家书籍逐细检查。除高稬家并无违碍之书,高效墉家书内查有应缴之《御制乐善堂全集》一部二十四本未经呈缴,至高秉家书内查出有违碍者五种,现经臣福隆安另折奏办,又虽无违碍亦应查办者十一种,谨一并缮写清单呈览。谨奏。"

梦吉(1736—?),章佳氏,字献征,号鉴溪。满洲正白旗人。乾隆三十四年进士,选庶吉士,授翰林院编修。历官至通政使。并兼四库馆提调。传见《清秘述闻》卷七等。

刘锡嘏(1745—?),字纯斋,号介眉。顺天府通州人。乾隆三十四年进士,选庶吉士,授翰林院编修。历官至湖北粮道。另兼四库馆提调、方略馆纂修。著有《快晴小筑词》。传见《国朝御史题名》。

按:《于敏中奏派员检查高秉等三家书籍折》无具奏日期。福隆安于四十年闰十月十五日折内称:"高秉家所有书籍甚多。……请交大学士于敏中等派员详细检阅有无违碍字迹,另行具奏办理。"则查缴高秉家违碍书籍事当在此同时。又闰十月十八日上谕称:"高秉家查有陈建所著《皇明实纪》一书。……又查出《喜逢春传奇》一本。"知至十八日,高秉家所藏书籍已奏闻于上,则查缴时间当在闰十月十五日左右,至晚不超过十八日。

闰十月二十五日,以本年冬至停止行礼,奏请照例将庆贺皇太后长至表文收贮内阁,俟皇太后寿辰时一并进呈。

《奏为皇上恭进庆贺皇太后长至表文俟皇太后圣寿行礼时一并恭进事》:"大学士臣舒赫德等谨奏:恭查每年皇上恭进庆贺皇太后长至表文俱恭送皇太后宫。……本年钦奉皇太后懿旨:今年冬至着停止行礼,钦此。……应照例敬谨收贮内阁,俟十一月二十五日恭遇皇太后圣寿行礼时一并恭进。为此谨奏。乾隆四十年闰十月二十五日。臣舒赫德、臣于

敏中、臣官保、臣程景伊。"(一史馆,04—01—14—0042—111 号)

闰十月二十七日,以赶办无圈点老档及《开国方略》《恩封王公表》等书,奏请酌留年满之供事八名,自备资斧,在馆效力。

《奏请酌留年满供事八名在馆自备资斧效力事》:"大学士臣舒赫德、臣于敏中谨奏为请旨事。窃查国史馆纂修列传,前经奏明酌留熟手供事八名在馆效力行走在案。现今奉旨修办无圈点老档及《皇清开国方略》并《恩封王公表》,节经移取内、翰、詹三衙门供事在馆效力。缘各该衙门俱按资深者送馆,到馆后不过一二年间即届五年期满,例应离馆回籍。查现在赶办一应书籍,篇页浩繁,收藏存贮头绪繁多,若屡易生手,未免无益。欲额外咨留,又与成例不符。合无于年满供事内择其勤慎者再酌留八名在馆,自备资斧效力,当差不占实缺,庶得稍资驱使之效,于馆务似觉有裨。臣等未敢擅便,谨奏请旨。乾隆四十年闰十月二十七日。"同日得旨:"知道了,钦此。"(一史馆,03—1151—025 号)

闰十月,奏进天命六年三月至九月之册档。

据《清国史馆奏稿》,初三日,奏进天命六年三月、四月册档;初八日,奏进四月、五月册档;十八日,奏进六月册档;二十二日,奏进七月册档;二十四日,奏进八月册档;二十五日,奏进五月册档;二十七日,奏进九月册档。

十一月初七日,奏报高稌等家内查出御笔并应毁书籍事。

《清代文字狱档》第三辑《于敏中奏查阅高棚高稌家存书籍折》:"大学士臣于敏中谨奏:先经臣福隆安奏交臣查阅高棚、高稌家在天津所有书籍,谨将送到之《遍行堂集》四十四本及澹归和尚草字三轴查明应行呈缴销毁。又据天津道额尔金泰、知府明兴将高棚、高稌家所有各项书籍委员解到,臣随派原办之翰林梦吉、刘锡嘏前往逐细检查。……查得《明诗钞》一本内有屈大均诗二首,虽无悖逆语句,亦应销毁。又于《韶州府志》内查有澹归和尚丹霞山事迹及所作诗词,亦应撤毁。请敕交李侍尧、德保一并查办。……乾隆四十年十一月初七日。"

十一月,奏进天命六年九月至十二月册档。

据《清国史馆奏稿》,本月初三日,奏进天命六年九月、十月册档;初七日、初十日,奏进十一月册档;十二日、十七日,奏进十二月册档。

十二月上浣,以寒疾暂假。屡蒙存问,并蒙赐梨膏一盘。

《耐圃府君行述》:"乙未……十二月复以寒疾在告,蒙恩派御前侍卫两次就第存问,并赐梨膏一盘。"

　　按:《起居注》自是年十二月初一日起,均载为"舒赫德等奉谕旨",先生不预其列。初七日,乾清门议政诸臣中亦无先生之名。至初九日,方有"舒赫德、于敏中奉谕旨"之记载,则此前先生当在病假中。

十二月初二日,以拟签错误,处以罚俸六个月。

《乾隆帝起居注·四十年十二月》:"初二日乙巳……吏部等衙门议内阁办本官拟签错误之中书田尹衡等分别降级罚俸一疏,奉谕旨:于敏中、官保、程景伊俱着罚俸六个月。"

十二月初五日,奏进天命七年正月册档。

详《清国史馆奏稿》。

十二月初八日,以办书之需,奏请将山西道监察御史刘锡嘏仍留翰林院行走。

《奏请将刘锡嘏留翰林院行走事》:"臣舒赫德等谨奏……今臣衙门办事翰林刘锡嘏于本年十二月初六日奉旨补授山西道监察御史。该员自奏派办理院事以来,行走奋勉,办事勤干,现在兼充四库全书处提调。馆中誊录七百余人,一切稽察功课、综核档案均资熟手。再查该员系清书翰林,通晓满文,学问亦好。前经臣等奏,充方略馆纂修,校勘辽、金、元三史。嗣奉旨校正《明史》,又经臣等奏派该员兼办,于考订书籍颇属留心。臣等伏查《四库全书》暨辽、金、元、明四史正在赶办,该员实系得力之员。……仰恳皇上天恩准照御史兼部行走之例,仍将刘锡嘏留臣衙门行走,庶于办事、校书实为有益。如蒙俞允,臣等即行文都察院,凡遇巡城、巡漕、查仓等差暂停开列请派,以便令该员专心办理。统俟《大典》散片、四史告竣,再行咨明都察院一体开列。为此谨奏。乾隆四十年十二月初八日。大学士兼管翰林院掌院学士臣舒赫德、大学士兼管翰林院掌院学士臣于敏中。"(一史馆,03—1151—029号)

十二月初九日,以《荟要》处分校、覆校彼此倚恃,多所挂漏,奏请将覆校通改为分校,另设张能照、侍朝总校二员,专司其事,以期速竣。并奏恳赏此二人,以示鼓励。

《奏请令侍朝等补荟要处总校官事》:"臣于敏中、臣王际华谨奏为奏明请旨事。臣等承办《四库全书荟要》原拟二年半缮竣,续因书有增添,较初定几加一倍,是以展限一年。……惟是缮写虽可竣,而校对难以克期。虽曾定有分校、覆校字数章程,而亏欠累累,且所校之书仍多亥豕,须臣等逐一签改,始克进呈。……亟应设法调剂,以冀早得观成。……向以分校收校誊录之书,以覆校稽核分校之书,层层相临,原期毫无舛误。但行之既久,觉多一层转折,即多数日稽迟。且或分校、覆校彼此互相倚恃,反致多有挂漏,应请将《荟要》覆校通改为分校,所有誊录二百人均匀分派,每员约管六人,则每日仅各收缮书六千字,仅可从容详校。其中誊写平常者亦责令即行驳换,以便及时赔写。……但书籍浩繁,目力一时难周,仍恐不能迅速。臣等公同商酌,应请添设总校二员,专司其事。凡各分校已校之书汇交提调登册,由提调分发两总校细加磨勘,分别功过,改正舛误,登列黄签并各书衔于上,以专责成。俟积得数百册仍汇交提调呈送臣等再加详核,然后进呈御览。所需之员臣等查有候补国子监监丞侍朝,原充本处覆校,又查有候选内阁中书张能照,臣等现在延致办书。二人俱系江南进士,学问素优,办事实心,堪任其事。理合奏明请旨,即令二人补《荟要》处总校官。如蒙俞允,臣等即将《荟要》一万册每人各派给五千,令其陆续上紧赶办。仍勒限以开年为始,每季办成书二千册,统于乾隆四十二年春季将第一分《荟要》全行告竣,如此则事有专责,不致散漫难稽,而书得速成,亦可递办次分矣。再查侍朝张能照俱系应补七品京官,自备资斧效力,可否仰邀圣恩,照《四库全书》纂修邵晋涵等之例赏给庶吉士衔,毋庸给与俸禄。俟一年之后,如果奋勉得力,依限完工,臣等届时再行奏闻,请旨实授与乙未科庶吉士一体散馆,以示鼓励之处出自皇上天恩。臣等为办书速竣起见,不揣冒昧,据实陈奏,伏乞训示。”(一史馆,03—1151—031 号)

《乾隆帝起居注·四十年十二月》:“初九日壬子……大学士于敏中等奏请设办理《四库全书荟要》处总校官二员,将国子监监丞侍朝、候选内阁中书张能照充补,可否给与庶吉士衔,以示鼓励一疏,奉谕旨:依议。”

张晖吉,字若临,号梦草,榜名张能照。江苏仪征人。乾隆三十七年进士,四十年以中书充四库全书荟要处总校官。历官至浙江按察使。传见《(道光)重修仪征县志》卷三一。

侍朝,本姓侍其,字潞川,或作鹭川。江南泰州人。乾隆二十五年进士。任四库全书馆总校官,选庶吉士。淹通经史,工诗文。传见《翰林院庶吉士侍君权厝铭》(收《惜抱轩诗文集·文集》卷一二)、《侍墓志》(收《退庵笔记》卷二)、《思益堂日札》卷九。

十二月十二日,奏进天命五年四月至六月册档。

详《清国史馆奏稿》。

十二月十四日,蒙赏人参一斤。

《乾隆朝上谕档》:"乾隆四十年十二月十四日内阁奉上谕:大学士于敏中着赏给人参一斤,钦此。"

十二月十五日,立春。有《丙申春帖子词》。

《素余堂集》卷二三《丙申春帖子词》:"五袭开新篇,三番报早春。"自注云:"春在腊内半月,适符花信三候。"

> 按:据《近世中西史日对照表》,乾隆四十一年(丙申)立春在四十年十二月十五日。

十二月十八日,奏进纂就之《恩封王公表》,并请旨将准达、额尔图自《功绩表》移至《恩封表》。

《清国史馆奏稿》:"大学士舒、于谨奏为恭进恩封王公表事。臣等前经奉旨纂辑《恩封王公表》,现俱纂辑完竣。……谨缮录汉表四本并酌拟凡例目录一本,恭呈御览,伏候钦定。所有翻写清文臣等即父国史馆满纂修等官敬谨办理,再行进呈。谨奏。查博尔忠鄂之曾祖准达原系岁满封授贝子,再宁盛额之高祖额尔图原恩封镇国公,均非功绩所得,前经将此二人叙入《功绩表》内,臣等已于本年二月初七日会同宗人府奏明,俱应递降承袭在案,今拟改载入《恩封表》,具从前载入功绩表传及原板,俱应请旨删改。谨奏。四十年十二月十八日具奏。"

十二月二十日,蒙赏《易象意言》《春秋辨疑》。翌日,具折谢恩。

《奏谢恩赐易象意言春秋辨疑书事》:"多罗质郡王臣永瑢等谨奏:本月二十日,蒙恩赐臣等《易象意言》《春秋辨疑》各一部,臣等随叩头祗领讫。窃惟《意言》成自蔡渊,约诸儒之理数;《辨疑》著于萧楚,正'三传'之异同。久惜佚而不存,今幸辑而复出。……洵人间未见之书,博艺苑无穷之惠。何期殿本分赐馆臣。……为此合词恭谢天恩。伏祈圣鉴。谨奏。乾隆四十年十二月二十一日。臣永瑢、臣舒赫德、臣于敏中、臣福隆安、臣程景伊、臣王际华、臣曹秀先、臣蔡新、臣英廉、臣嵇璜、臣张若淮、臣金简、臣陆费墀、臣陆锡熊、臣纪昀。"(一史馆,03—1151—035 号)

冬,金坛因旱荒欠收,先生特捐千金以赈。

《耐圃府君行述》:"府君天性仁厚,好善不倦。乙未岁,吾邑偶遇歉收,特捐千金赈之。"

《于氏家乘》:"丙申,坛邑旱荒,公倡始捐资千两以协赈。"

　　按:金坛旱荒,《行述》载在乾隆四十年(乙未),《族谱》载在乾隆四十一年(丙申)。考《清高宗实录》,金坛旱荒在乾隆四十年,四十一年江苏未见明显旱情,故当以《行述》所记为是。金坛此次旱情,官方亦加赈济,最早者在乾隆四十年十月:"乙未……加赈江苏句容、江浦、六合、宜兴、荆溪、丹阳、金坛……等四十七州。"(《清高宗实录》卷九九三)次年正月,复命加赈:"昨岁安徽、江苏地方七八月间偶有雨泽愆期之处,以致上江之庐、风等属,下江之句容等属,高阜田亩,间被偏灾。……着加恩……江苏被旱较重之句容、江浦、六合、宜兴、荆溪、丹阳、金坛、溧阳、甘泉、东台等十县……各加赈一个月,以资接济。"(《清高宗实录》卷一〇〇〇)故先生"捐资千两以协赈"一事,约在四十年十月至四十一年正月间。

是岁,子齐贤归葬南店。有诗怀之。

《素余堂集》卷三四《亡儿归殡有日诗以寄恸》:"隐忧一子险,珍爱廿年深。"自注云:"儿失恃时甫十五,距今二十五年矣。"

《于氏家乘》:"齐贤……葬南店。"

　　按:齐贤生于乾隆元年,俞光蕙卒于乾隆十五年,故有"儿失恃时甫十五"之语。诗注又谓齐贤失恃时"距今二十五年",依此推之,则此诗当作于乾隆四十年。

本年所为诗,另有《应制咏玲峰》《应制敬题定瓷娃娃枕》。

诗见《素余堂集》卷二三。

　　按:二诗于集中系于《乙未春帖子词》之后、《丙申春帖子词》之前。据《近世中西史日对照表》,乾隆四十一(丙申)年立春在乾隆四十年十二月十五日,则此二诗均为四十年作。

乾隆四十一年　丙申(1776)　六十三岁

正月初一日,高宗有《丙申元旦试笔》。为之跋。

《素余堂集》卷二五《恭跋御制丙申元旦试笔诗》："于是供绛砚,御丹豪,七字初成,两章连就。……幸矣快钦先睹,赞莫罄于一辞;洵哉诚悦中心,书愿盈乎万本。"

正月初二日,以新年祀神,蒙召至坤宁宫,颁食福胙。

《素余堂集》卷二一《正月初二日雪》："亚朔承欢燕,庆成苞茂祥。"自注云:"因宁寿宫落成,恭奉皇太后侍宴。"又"况逢富禧受"句,注云:"是日新年祀神,臣等蒙召至坤宁宫,颁食福胙。"

又卷二三《丙申春帖子词》内自注:"上拟以新正二日恭奉皇太后于宁寿宫之颐和轩侍宴。"

《清高宗实录》卷一〇〇〇:"甲戌,上奉皇太后幸宁寿宫侍早膳,重华宫侍晚膳。"

> 按:此诗于集中系在《将军阿桂奏攻克勒乌围贼巢红旗报捷喜成七言十首以当凯歌》后。据前谱,知《将军阿桂奏攻克勒乌围贼巢红旗报捷喜成七言十首以当凯歌》所纪为四十年八月之事,则《正月初二日雪》当作于四十一年。

> 又按:《素余堂集》卷二一自《正月初二日雪》以下为乾隆四十一年作。

同日,以教诫绵德阿哥不力,从宽免于议处。同舒赫德等具折谢恩。

《奏为不能教诫绵德阿哥宽免议处谢恩事》:"臣舒赫德、臣于敏中、臣努三、臣蔡新、臣阿思哈谨奏为恭谢天恩事。窃臣等于绵德阿哥不能教诫查察,实属咎有应得。兹复仰蒙皇上格外恩施,宽免议处。恭承恩命,感悚倍深。惟有益加实力教导,时时留心防范。……谨缮折恭谢天恩。伏祈恩鉴。谨奏。"(一史馆,03—0151—002号)

绵德(1747—1786),爱新觉罗氏,永璜长子,高宗长孙。乾隆十五年袭封和硕定亲王。三十七年,降多罗定郡王。乾隆四十一年,以交接官员,削去爵位。四十二年,封镇国公。四十九年,封固山贝子。五十一年,卒。事迹见《清高宗实录》卷九一七、一〇〇〇、一一九六等。

> 按:此折日期缺失,惟"臣舒赫德"右墨笔标有"正月初二日"五字。折中语及"臣等于绵德阿哥不能教诫查察",当指绵德阿哥交接秦雄褒一事,具见《清高宗实录》卷一〇〇〇:"甲戌……前据迈拉逊奏,拾获匿名揭帖一纸,内有开写绵德阿哥赏给礼部郎中秦雄褒字

画、食物,并经相见送礼一节。……阿哥在内廷读书,理应谨慎自持,不当与外人交接。……绵德着革退王爵。……绵德之师傅李中简不能教诫管束。……即着革职,逐出书房。"其时在乾隆四十一年正月初二日。

正月初五日,预重华宫茶宴,以"宁寿宫落成"为题联句。复即席奉和御制元韵二章。深得高宗奖许,蒙赐雕漆盘贮梅朵,以为"调梅"之义。

《清高宗实录》卷一〇〇〇:"丁丑……召大学士内廷翰林等茶宴。以宁寿宫落成联句。"

《耐圃府君行述》:"丙申正月,重华宫茶宴,以'宁寿宫落成'命题联句。府君即席和诗二章,上深奖许,特以雕漆盘贮梅朵颁赐,且蒙传谕:'汝此诗真不愧状元宰相,以此相赐,亦调梅之义也。'府君顿首谢,复成纪恩二章奏进焉。"

《素余堂集》卷二一《重华宫茶宴即席成什》诗中自注:"臣蒙恩得至宁寿宫瞻仰。"又注云:"大学士高晋以两江总督述职来京,亦命与宴。"

同卷《正月十六日小宴廷臣叠去岁诗韵》诗中自注云:"初五日恭和御制即席元韵,蒙恩褒奖,得拜盘梅之赐。"

又卷二三《新正五日》,序云:"重华宫茶宴,臣敏中恭和御制即席元韵奏进,仰邀恩赐梅朵,贮以雕漆朱盘。重蒙天语褒嘉,实逾涯分。臣跪聆跼蹐,拜赐兢惶。敬叠前韵,录呈乙览。用志感私,兼申谢悃。"其"廿载承恩忝拜赓"句,自注:"臣得与联句,至今廿五年矣。"

《御制诗四集》卷三三有《新葺宁寿宫落成新正恭侍皇太后宴因召廷臣即事联句》。联句者自高宗以下依次为:舒赫德、高晋、于敏中、福隆安、程景伊、王际华、曹秀先、蔡新、英廉、嵇璜、阿思哈、张若溎、梁国治、周煌、王杰、董诰、汪廷玙、钱载、汪永锡、阿肃、吴绶诏、沈初、陆锡熊、陆费墀、金士松、陈孝泳、纪昀、倪承宽。

《清通志》卷一一六:"宁寿宫落成恭侍皇太后宴即事联句,乾隆四十一年。……七言排律。董诰奉敕正书。"

钱载(1708—1793),字坤一,号箨石,又号百福老人、匏尊、万松居士。浙江秀水人。乾隆十七年进士,选庶吉士。历官至礼部侍郎,并兼四库馆总阅官。著有《箨石斋诗集》《箨石斋文集》《十国词笺略》。传见《碑传集》卷三六、《国朝耆献类征初编》卷九一、《清朝先正事略》卷一五。

按:《新正五日》其前为《丙申春帖子词》,其后为《恩赐双眼翎黄
褂恭和赐诗元韵》,俱乾隆四十一年间事。则知"新正五日"系是年正
月初五日。

又按:先生《新正五日》诗中元注:"臣得与联句,至今廿五年矣。"
依此推之,则先生初次联句当在乾隆十七年。然检历年新正联句,乾
隆十八年方首见于敏中之名,疑"廿五年"为先生误记。

正月初七日,金川之役将藏,以先生办理军务以来,承旨书谕,巨细无遗,勋劳尤著,谕赏一等轻车都尉,世袭罔替。具折谢恩。

《耐圃府君行述》:"丙申……时两金川荡平,捷书至京师,钦奉上谕:
'……着赏给一等轻车都尉……世袭罔替。'……曾于退直闲宴时见不孝
等侍侧,府君呼而告之曰:'……金川军务,仰赖圣主炳烛几先,运筹独断,
遂藏大功。吾备员机地,每跪聆圣训,周详指示,一室万里如在户庭,及退
而敬谨缮写长篇短牍,悉禀睿裁,尚愧才识暗弱,无以发挥万一。'"

章学诚《为座主梁尚书撰于文襄公墓志铭》:"金川之役,首尾五年,耗
户部帑七千余万。……公终始其间,仰体皇衷,俯察机要。拟为诏旨,纤
悉周至,曲当无遗。上允裁出之,达于阃外,与疆场用武之臣,万里心谋,
合如左契。"

《乾隆帝起居注·四十一年正月》:"初七日己卯……奉谕旨:……
征剿金川之役已属藏功。……大学士于敏中自办理军务以来,承旨书
谕,夙夜殚心,且能巨细无遗,较众尤为劳勚。其前此过失尚可原恕,着
赏给一等轻车都尉,以示格外恩眷。所有此次恩赏世爵世职,均着世袭
罔替。"

《素余堂集》卷二一《正月十六日小宴廷臣叠去岁诗韵》"世官何幸厕
勋班"句,自注云:"昨奉温纶,奖锡成功将帅勋爵,臣亦蒙特赏一等轻车都
尉世职,各位恩施,实深感悚。"

又卷二九《奏为恭谢天恩事》:"窃臣仰叩恩命,侍直禁垣。近前席以
书思,奉纶言而视草。……臣未娴军旅,幸际师贞,凡属长篇短札之手书,
悉承一室万里之指示。臣勉循常分,讵有微劳。矧昔自蹈愆尤,得荷曲从
矜宥,仍予留任以图效,并邀宣谕以示公。……乃当大功告藏,复蒙世职
特加,非惟荣及其身,抑且赏延于后。随将帅而同为叙绩,较俦辈而独得
拜恩。……所有臣感激下情,谨缮折恭谢天恩,仰祈圣鉴。"

正月十六日,惊蛰,预宴正大光明殿。

《素余堂集》卷二一《正月十六日小宴廷臣叠去岁诗韵》诗中自注:"是日为惊蛰节。"又注云:"与宴者凡十三人。"

《清高宗实录》卷一〇〇一:"乾隆四十一年丙申正月戊子,上御正大光明殿,赐大学士尚书等宴。"

正月,高宗题董诰《五君子图》。步韵和之。

《素余堂集》卷二一《题董诰五君子图五叠旧作韵》:"潜抚松猷爱竹子美吟柏,铁石广平梅如水郑。水仙,借用郑崇'臣心如水'语。"

> 按:《御制诗四集》卷三三(丙申)有同题之作,系于《宁寿宫落成联句召大学士及内廷翰林等至重华宫茶宴即席成什》之后、《正月八日诣斋宫作》之前。《素余堂集》则将此诗编次在《(正月)十七日小宴廷臣》之后。当系正月之作。

二月初二日,经筵侍班。

《乾隆帝起居注·四十一年二月》:"初二日甲辰辰刻,上御文华殿。……大学士舒赫德、于敏中奏曰:钦惟皇上大德天覆,圣敬日跻。……臣等幸聆御论,敬体圣衷,曷胜诚服之至。"

《清高宗实录》卷一〇〇二:"甲辰……上御文华殿。……直讲官永贵、曹秀先进讲《论语》'百姓足,君孰与不足'二句。"

《素余堂集》卷二一有《春仲经筵》。诗中自注云:"御论谓视百姓常若不足,皆本之爱民实心实政以发挥也。"又注云:"《无逸》之篇,凡七发端,及引'王敬作所'为证,上皆阐示躬行心得之要,是以言之亲切。"

同日,经筵礼毕,蒙宣至文渊阁赐茶,复蒙赐宴本仁殿。

《清高宗实录》卷一〇〇二:"甲辰……讲毕。……上御文渊阁,赐茶。还宫,复赐讲官暨侍班官等宴于文华殿东庑之本仁殿。"

《素余堂集》卷二一《春仲经筵》"阁里渊窥四库寻"句,自注云:"是日进讲礼成,蒙召臣等至文渊阁赐茶,并谕臣等以是阁为贮四库全书之所,俾共瞻仰。"

同卷《题文渊阁》:"阁倚文华焕,签供册府珍。阁中预列书架,待四库全书缮成贮之。津源依次逮,初于避暑山庄建文津阁,次建文源阁,于御园近复建此阁,规制皆相依。渊海讵因陈。天一从其朔,阶三创以新。是阁虽仿范氏天一阁之意,而规模则较彼倍阔壮也。函储六千富,《四库全书》通计得六千函。库汇四时春。书函标字及装书面叶，并按四时之色为之。圆管昭金彩，《御制文渊阁记》屏扆及扁联皆以髹金为饰。方流引玉彬。阶下凿方池引活水以注。近知颜有喜，宠其绣章身。臣等备员讲幄者进讲日并得衣彩袖。幸拜芳甘沁，侍坐诸臣并蒙赐茶。兼聆笑语频。上以藏书源委温谕再三，命详细瞻仰。校藜期共勉，臣忝充四库馆总裁。学步愧墙循。"

二月初三日，纂辑《户部则例》告竣，奏请照例从优议叙提调、纂修各官。

《钦定户部则例》卷首《进表》云："户部谨奏为奏闻事。窃查臣部办理一切钱粮，向无《则例》颁行。先经奏明，拣派谙练司员将各司历年有关成例案档详细检查，公同参校，分门别类，逐条编辑。……嗣缘臣部档案繁多，检查汇辑事属创始，与吏兵等部原有《则例》随时修改者不同。且钱粮出入，悉准各省情形，一切案牍均关紧要。是以臣等时饬纂修等官务期编辑详明，不得稍有舛漏。其一切应纂时间，俱令咨查外省，核之存部档案，毫忽无差，始准纂入例文，以垂永久。今自编纂以来，臣等督率提调、纂修各官悉心详校，编辑成帙，计一十二门，共例二千七百二十九条，汇为一百二十六卷，复派谙练司员详加校勘，考订无讹，谨缮造黄册进呈。……伏查吏、兵等部纂修《则例》，五年告竣，均邀议叙。今臣部案件纷繁，事经创始，与各部原有《则例》重加修改者办理本为较难……可否照依修书各馆供事从优议叙之例一体议叙之处，出自皇上天恩。……为此谨奏请旨。乾隆四十一年二月初三日奏。"其卷首《职名》列有"户部堂官"六人：于敏中、英廉、梁国治、和珅、董诰、金简。

《清文献通考》卷二二二："《钦定户部则例》一百二十六卷。乾隆四十一年大学士于敏中等奉敕纂。臣等谨按：户部向无则例，创始乾隆二十六年，至四十一年告成，奏御刊布。嗣是五年一修，如刑部律例馆之例。"

和珅(1750—1799)，钮祜禄氏，字致斋。满洲正红旗人。乾隆三十四年承袭三等轻车都尉。历官至吏部尚书、户部尚书，并任国史馆、四库馆、清字馆总裁。嘉庆四年，被赐自尽。奉敕撰有《钦定热河志》《嘉乐堂集》等。传见《清史稿》卷三一九、《清史列传》卷三五等。

二月初四日，荐郑际唐入尚书房。

《清高宗实录》卷一二〇〇："丙午……命编修郑际唐在尚书房行走。"

汪启淑《飞鸿堂印人传》卷七《郑际唐传》："郑际唐……早岁登贤书，己丑入词垣。圣天子慎选师傅官，刘文正公、于文襄公交章荐之，遂供职尚书房。"

郑际唐,字大章,号云门。福建侯官县人。乾隆三十四年进士,授翰林院编修。历官至内阁学士兼礼部侍郎。传见《飞鸿堂印人传》卷七、《清秘述闻》卷七等。

二月初八日,酌拟明代殉难诸臣赐谥章程,并议驳张若溎采访明季殉节事迹之请。

《胜朝殉节诸臣录》卷首载"酌拟明代殉难诸臣分别予谥"之议奏:"大学士臣舒赫德、臣于敏中等谨奏为遵旨集议具奏事。乾隆四十年十一月初十日奉上谕:崇奖忠贞,所以风励臣节。……凡明季殉节诸臣,既能为国抒忠,优奖实同一视。……所有应谥诸人并查《明史》及《辑览》所载,遵照世祖时之例,仍其原官,予以谥号。其如何分别定谥之处,着大学士、九卿、京堂、翰詹、科道集议以闻。……又乾隆四十一年正月初七日奉上谕:……兹复念建文革除之际,其臣之仗节死难者,史册所载甚多。……自当一体议谥,以发幽光而昭公道。其应如何分别予谥之处,着同前旨交大学士等一体详查集议具奏。……臣等伏读钦定《明史》诸卷,或专传特书,或因文附见,义法精严,显微共贯。皇上申命儒臣增修《辑览》,于福、唐、桂三王事迹,诠次厘订,褒诛笔削,仰承睿裁。盖自万历以降,诸臣效节始末具载二书者,臣等祗遵训示,分析考稽。而以《大清一统志》与直省《通志》互校,亦可参异同而核详略。至建文诸臣遗闻轶事,附会不经。若《表忠》《致身》等录,皆无足征据,而一以正史为断。其中区别流品,斟酌典章,谨拟数条胪列如左。……臣等谨遵旨集议,按款分列缮册进呈,伏候钦定。俟命下之日,一体遵奉施行。"

《胜朝殉节诸臣录》卷首又载议驳张若溎"请交直省督抚采访明季殉节事迹"折:"大学士臣舒赫德、臣于敏中等谨奏:奏为遵旨一并议奏事。左都御史张若溎奏'请交直省督抚采访明季殉节事迹'一折,乾隆四十年十一月二十三日奉旨:此折并着大学士、九卿等一并议奏。……今该左都御史以《明史》《通志》所载无多,请行各督抚再加采访。……臣等现在核办各项,本于《明史》者实什之七八,并未有如该左都御史所云不能多睹,以致埋没疏虞之处。……若因其间尚有遗佚,复令督抚采访增加。……转恐真伪混淆,毋裨彰瘅。……应该将左都御史所奏之处毋庸议。除谥典各条款已另行拟议具奏外,臣等谨遵旨将此折一并会议。"

按:《清高宗实录》卷一〇〇二:"庚戌……大学士九卿等议奏遵

旨酌拟明代殉难诸臣,分别予谥。……又议驳左都御史张若淮奏'请
交直省督抚采访明季殉节事迹'。……谕曰:大学士九卿等将明季并
建文时殉节诸臣,悉按史乘核查,拟予专谥、通谥及应入忠义祠者,分
册具奏,甚为允协,着照所议行。……着名为《胜朝殉节诸臣录》,交
武英殿刊刻颁行。……至大学士等议覆张若淮奏请勒限访查一折,
所驳亦甚是。……此事亦着照所议,无庸办理。"知舒赫德及先生酌
拟明代殉难诸臣赐谥章程及议驳张若淮采访明季殉节事迹二折均于
四十一年二月初八日进呈。

又按:张若淮奏"请交直省督抚采访明季殉节事迹"具见《奏请查
恤前明殉节人物事》:"臣张若淮谨奏本年十一月十三日钦奉上谕,命
查前明殉节之人。……窃闻定稿衙门以《明史》及各省《通志》为
断……欲专求之《明史》《通志》,除峻秩显官有关大局者之外,其余人
等,臣疑其不能多睹也。……臣请先就《明史》《通志》查考贬词进呈,
并请行文直省各督抚再加采访。……臣等详加考核,取其信而有征
者,编纂成书,恭候钦定。"(一史馆,03—0300—042 号)折中称"本年
十一月十三日钦奉上谕,命查前明殉节之人",据《上谕档》,知其事在
乾隆四十年。故折中"本年"即乾隆四十年。该折日期虽缺,然"臣张
若淮"旁墨笔标有"十一月廿一",则张若淮折当在四十年十一月二十
一日奏进。

**二月十二日,大金川土司索诺木请降,捷报红旗递至桃花寺行在。至此,
金川全境荡平。**

《清高宗实录》卷一二〇〇:"甲寅……两金川平,露布至行在。……
定西将军协办大学士尚书公阿桂、定边右副将军尚书公丰升额、内大臣明
亮奏:臣等督兵将噶喇依贼巢,合力攻围。……初四日早,索诺木跪捧印
信,带同兄弟并伊妻及其大头人、喇嘛、大小头目二千余人出寨,乞免诛
戮。……谨将武功全葳,恭驰露布奏闻。……是日,驻跸桃花寺行宫。"

明亮(1736——1822),富察氏。满洲镶黄旗人。大学士傅恒之侄。
乾隆十九年授整仪尉。历官至兵部尚书,加太子太保。卒,谥文襄。传见
《清史列传》卷二九。

**二月十四日,以金川之役前后五载,先生倍著勤劳,命列入紫光阁前五十
功臣,画图写像,以示褒宠。并奉命拟写后五十功臣像赞。具折谢恩。**

《耐圃府君行述》:"丙申……二月,奉旨:'大学士于敏中着加恩画入紫光阁五十功臣像。'……御制《紫光阁五十功臣像赞》,府君名在第五。"

《乾隆帝起居注·四十一年二月》:"十四日丙辰,大学士于敏中等奉谕旨:此次平定金川,大功告蒇,自应照从前平定准噶尔回部之例,于紫光阁图画功臣像。抡其功绩最著者为前五十功臣,朕亲制赞并录。其较次者为后五十功臣,著大学士于敏中等拟赞。纪实铭勋,用昭褒宠。……至随朕办理军务之军机大臣,五载以来始终其事者:如大学士于敏中承旨书谕,倍著勤劳;尚书公额驸福隆安夙夜在公,克宣劳绩;大学士舒赫德于此事虽未全行承办,而剿捕临清逆匪,实属可嘉。并着一体画入前五十功臣像,以示核实酬庸之意。"

《素余堂集》卷二九《奏为恭谢天恩事》:"昨蒙圣恩,赏臣世职。……兹复荷格外鸿慈,令绘入功臣图像。本属史册稀逢之盛典,尤为文臣未有之殊荣。……为此缮折恭谢天恩,谨奏。"

二月中浣,因画像紫光阁,乞赐以花翎、黄褂,高宗允之。

《御制诗四集》卷三五有《大学士于敏中乞翎帽黄褂笑而俞之并成是什仍命和韵》,内自注云:"汉文职大臣由鼎甲出身者无赏花翎、黄褂之例,昨因金川功成,诏同诸功臣画像紫光阁中。敏中以是为请,故赐之。"

　　按:高宗诗注云:"昨因金川功成,诏同诸功臣画像紫光阁中。"据《起居注》,画像紫光阁为二月十四日事;"赏花翎、黄褂",为二月二十一日事。则"乞翎帽黄褂"当在十四日至二十一日之间。

二月二十一日,扈跸谒陵途次,蒙赐花翎及黄褂,用示优眷。具折谢恩。

《耐圃府君行述》:"会扈跸恭谒东陵、西陵途次,奉上谕:文职汉臣由鼎甲出身者向无赏戴花翎及赏黄褂之事,大学士于敏中……着加恩赏戴花翎并赏黄褂。"

《乾隆帝起居注·四十一年二月》:"二十一日癸亥,大学士于敏中等奉谕旨:文职汉大臣由鼎甲出身者向无赏戴花翎及赏黄褂之事,大学士于敏中于办理金川军务承旨书谕,倍著勤劳。昨因大功告蒇,特沛恩纶,画入紫光阁功臣像,与其余词臣不同。着加恩赏戴花翎并赏黄褂,以示优眷。"

《素余堂集》卷二九《奏为恭谢天恩事》:"职袭轻车,何意赏延于世;形图紫阁,深惭拟不于伦。……兹复仰叨优眷,特锡采章。加冠耀孔翠之翎,被体艳鹅黄之褶。……欣羡久而竟得,泃词臣未有之遭逢;光辉顿尔殊常,尤翰苑将来之典故。……为此缮折恭谢天恩,谨奏。"

吴振棫《养吉斋丛录》卷二二:"大臣立勋赏黄马褂,亦有行围随扈而赏者。满蒙一、二品多有之,汉文职大臣而蒙赏则自乾隆[四]十一年大学士于敏中始。"

> 按:据高宗《大学士于敏中乞翎帽黄褂笑而俞之并成是什仍命和韵》诗中自注:"敏中以是为请,故赐之。"则赏戴花翎、黄褂,乃是应先生之请,非高宗主动颁赐。

二月二十二日,高宗以先生与舒赫德、福隆安同列紫光阁功臣,翎帽宜画一,特赏双眼翎。先生具折谢恩,并赋诗纪之。

《耐圃府君行述》:"翼日又奉上谕:'……于敏中着加恩赏戴双眼翎。'是日,蒙御制七言律诗一章以赐及。"

《乾隆帝起居注·四十一年二月》:"二十二日甲子,大学士于敏中等奉谕旨:于敏中既赏戴花翎并赏黄褂,伊系大学士,且与大学士舒赫德、尚书公福隆安同列紫光阁功臣画像,三人翎帽自应画一,于敏中着赏戴双眼翎。"

《御制诗四集》卷二五《人学士十敏中乞翎帽黄褂笑而俞之并成是什仍命和韵》:"儒服由来本称身,乞恩因以画麒麟。诇图章采荣梓里,亦谓勤劳同荩臣。缁席宁如赤芾子,莺衣合著鹭翎人。木天从此增佳话,黄绢原归冠榜宾。"

《素余堂集》卷二九《奏为恭谢天恩事》:"冠加上采,足夸貂珥之非崇;服赍中黄,只惧鹓梁之不称。……何期温纶之再宣,特晋花翎于双眼。……为此缮折恭谢天恩,谨奏。"

又卷二三《恩赐双眼翎黄褂恭和赐诗元韵》:"恩承耀首复章身,更荷褒荣焕炳麟。宣力惭非随武旅,拜嘉感独异词臣。"

昭梿《啸亭续录》卷一:"国初勋臣功绩伟茂,多有赐双眼花翎者。乾隆中赐双眼花翎者阁臣为傅文忠公恒、尹文端继善、兆文毅惠、舒文襄赫德、于文襄敏中、阿文成桂、和相珅、福文襄康安、孙文靖士毅。"

梁玉绳《瞥记》卷七:"本朝状元出身无戴孔雀翎毛者。乾隆四十一年……大学士于敏中,丁巳殿元,赏戴花翎及图形紫光阁,又赏戴双眼翎。……前此未有也。"

三月初一日，因误圈句读，涉事之纂修俱交部议处，先生则独获宽免。

《乾隆朝上谕档》："乾隆四十一年三月初一日奉旨：于敏中着宽免，余交部，钦此。误圈句读之纂修等请交部。"

三月初九日，扈跸曲陆店行馆。

《素余堂集》卷二一《题曲陆店行馆》有"行馆初临憩"之句。

> 按：陆店行馆之营建，盖因"德州至平原李六庄程途较"，遂于途中"建行馆数楹，为憩息之所"（《御制诗四集》卷三六《题曲陆店行馆》元注）。此诗云"行馆初临憩"，则当为行馆建成后首次驻跸。据《清高宗实录》卷一〇〇四："壬子……巡抚杨景素以遵陆后沿途虽旧有行宫，而自德州至平原程站较长，因于适中处所添设朴屋数楹，以备圣母慈躬安憩。……兹临驻所至，见其规制虽不事奢华，而结构究不无所费。"知四十一年东巡，方初次驻跸曲陆店行馆。《实录》同卷："庚辰……驻跸曲陆店行宫。"知是年三月初九日驻跸行馆。

三月十六日，王际华卒，年六十。及葬，其子朝梧具状请铭。先生嘱陆锡熊代撰。

陆锡熊《宝奎堂集》卷一二有《光禄大夫赠太子太保户部尚书文庄王公墓志铭》，题下注云："代于文襄公作。"其文曰："户部尚书钱塘王公与余对直最久，其交契亦最笃，自非春秋扈跸以行，未尝一日不相见也。比余以尚书入阁，而公亦晋领司徒。又同被命为《四库全书》及《荟要》总裁官。……所集文学学士百数十人，部帙填委数万计，而余参预军机，旦夕有所宣召，不克专意馆事。自发凡起例以逮丹铅甲乙之式，一切多决于公。……今《全书》进御者什才三四，《荟要》亦方待彻编。公之遗志未泯，而窀穸遂已有期。余乃复泫然执笔而为之铭。……薨于乾隆四十一年三月十六日，年六十。……朝梧等将以乾隆某年某月某日葬公之赐茔，以两夫人祔而请文刻诸幽，余不得辞。"

三月中浣，高宗巡幸山左，召试山东、直隶诸生。奉命阅看考卷。十七日，取士黄道煜、窦汝翼等人。

《耐圃府君行述》："丙申……三月扈跸东巡，奉命阅山东、直隶召试诸生卷。"

法式善《槐厅载笔》卷七："乾隆四十一年召试山东诸生。……阅卷大臣：文华殿大学士掌翰林院事于敏中、原任兵部尚书彭启丰、户部左侍郎梁国治。"

秦瀛《小岘山人诗集》卷四有《丙申春迎銮山左召试于泰安行在特授内阁中书感恩述事敬赋一律》,诗中自注云:"上召见大学士金坛于公,问诸生中有知'东方三大赋'题来历者否。"

《乾隆帝起居注·四十一年三月》:"十七日戊子,大学士于敏中等奉谕旨:朕因平定两金川集勋奏凯,巡幸山左,告成泮林。山东及各省士子连袂迎銮,抒诚抃颂进诗献赋者甚多。因照从前巡幸之例命题考试,就其文义,量加甄录。所有列在一等之贡生黄道溭、李宪乔、监生蔡廷衡,俱着赏给举人。其举人窦汝翼、秦瀛著以内阁中书补用。其列在二等之举人贡监生员……俱赏缎二匹。"

法式善《槐厅载笔》卷七:"乾隆四十一年召试山东诸生题目:东方三大赋,'惟大人为能尽其道'论,赋得昆山片玉。得精字五言八韵。"

黄道溭,字冶斋。山东郓城人。乾隆四十一年召试(《(光绪)郓城县志》作"甲申",当是"丙申"之讹),列一等第一名,赐举人。历官崇信、安定县知县。传见《(光绪)郓城县志》卷五。

李宪乔(1746—1797),字子乔,号少鹤。山东高密人。乾隆四十一召试,赐举人。历官至归顺州知州。著有《少鹤诗钞》《鹤再南飞集》《龙城集》《宾山续集》等。传见《国朝诗人征略》卷四四、《晚晴簃诗汇》卷九八。

蔡廷衡(1747—?),字咸一,号小霞。浙江仁和人。乾隆四十一年召试,赐举人。乾隆四十三年一甲第二名进士,授翰林院编修。历官至甘肃布政使。事行见《词林辑略》卷四、《清秘述闻》卷一六、《清代官员履历档案全编》册二。

秦瀛(1743—1821),字凌沧,号小岘,一号遂庵。江苏无锡人。乾隆三十九年举人,四十一年召试,赐内阁中书。历官至刑部右侍郎。著有《小岘山人集》《己未词科录》等。传见《国朝耆献类征初编》卷一〇三、《清史列传》卷三二、《清史稿》卷三五四。

　　按:据《起居注》,召试诸生已于三月十七日分别等第,赏给功名。则召试时间当在十五日左右。

奉和御制《赋得昆山片玉》。

《素余堂集》卷二一有《赋得昆山片玉》。

　　按:《御制诗四集》卷三六(丙申)有同题之作,题下注云:"召试题。"即此次召试山东诸生之题。

三月二十九日,和珅奉命在军机处行走。

《清高宗实录》卷一五〇〇:"庚子……命户部侍郎和珅在军机处行走。"

昭梿《啸亭杂录》卷七:"于文襄……广接外史,颇有簠簋不饰之议。……风气为之一变。其后和相继之,政府之事益坏,皆由公一人作俑。"

四月初二日,因本年须随扈热河,所管户部事务暂交英廉署理。俟川省军需奏销事竣,再交丰升额接办。

《乾隆朝上谕档》:"乾隆四十一年四月初二日,内阁奉上谕:户部尚书已令丰升额补授,现在凯旋到任后,英廉即不兼署户部。但户部事务较繁,且现有川省军需报销诸案丛集,不可无熟手经理。丰升额初莅户部,未能即谙。……大学士于敏中又须随往热河。……英廉此时未便遽离户部。丰升额回京后且不必赴户部任事,所有户部尚书事务仍着英廉兼署。"

四月初五日,孙士毅、冯光熊因军功优叙,具折谢恩,先生据情代奏。

《乾隆朝上谕档》:"大学士于敏中等谨奏为据情代奏恭谢天恩事。本年四月初五日,据此次随从之军机处行走汉章京大理寺少卿孙士毅、户部郎中今升广西右江道冯光熊等呈称本日吏部进呈随同办理军务之行走司员等议叙一本,奉旨俱著军功加一级,钦此。窃士毅等叨沐圣恩,在军机处行走,值兹大功告成,方愧微劳莫效,乃蒙隆施逾格,宠加录叙。……所有感激下忱,理合呈请代奏等语。臣等谨据情代奏,恭谢天恩。谨奏。四月初五日。"

四月十七日,蒙赐御制像赞,具折谢恩。

《耐圃府君行述》:"《御制紫光阁五十功臣像赞》府君名在第五,蒙御笔赐赞。……仰惟天威远播,歼渠扫穴,诞奏肤功。府君鬷直机廷,恪恭奉职,明在圣主临鉴之中。褒锡奎章,光垂奕祀,而儒臣获邀武功懋赏,至于服章异等,延世图形,尤本朝故事所未有,旷代遭逢,于兹为极。"

《奏谢将臣列入前五十人功臣画像事》:"臣于敏中谨奏为恭谢天恩事。窃惟平定两金川大功告成,命画功臣像于紫光阁,臣敏中蒙恩得预前五十人之列。兹复蒙新制像赞,臣跪诵硃稿,感忭惭悚交切于中。伏念臣……因内地用兵……以汉字承旨五年。……乃荷恩加复优渥,曲邀录及纤微,授职而世及子孙。……五十人品题珍重,居然价倍常人。……为此缮折恭谢天恩。谨奏。乾隆四十一年四月十七日奉旨:知道了,钦此。"(一史馆,03—0154—028 号)

《御制文二集》卷四三《平定金川五十功臣像赞》之"大学士一等轻车都尉于敏中":"内地土司,事须汉字。自始至终,勤劳弗替。相机拟谕,厥功茂焉。赐翎写象,儒臣孰肩。"自注云:"国家用兵,一切机宜率以清字书旨。兹金川乃内地土司,军书往来多用汉字。五年以来,于敏中始终其事,禀受机宜,承旨书谕,颇著勤劳。既加恩赏以世职,并赐双眼孔雀翎,图形紫光阁,尤儒臣从来未有之荣遇。"

　　按:1992 年苏富比纽约拍卖会有"大学士一等轻车都尉于敏中"画像并像赞。

四月中浣,高宗巡幸天津,召试诸生,奉命同德保、梁国治、李宗文阅看考卷。十八日,分别等第,粘签进呈。二十一日,取士丘桂山、戴衢亨等。

法式善《槐厅载笔》卷七:"乾隆四十一年,天津召试诸生。……阅卷大臣文华殿大学士掌翰林院事于敏中、吏部左侍郎德保、户部左侍郎梁国治、礼部左侍郎李宗文。"

《乾隆朝上谕档》:"臣于敏中、臣德保、臣梁国治、臣李宗文谨奏:蒙发下试卷直隶六十六本,各省六十六本内除直隶省墨污卷一本遵旨扣除外,臣等公同阅看就其中诗赋清顺者,直隶四本,各省四本,拟为一等;其诗赋平顺者,直隶十本,各省十本,拟为二等。谨将原卷粘贴黄签,恭呈御览,伏候钦定。谨奏。"

《清高宗实录》卷一○○七:"壬戌……谕:朕因平定两金川,告成阙里。回銮举行郊劳盛典,跸途经过津门。直隶及各省士子……进献诗赋者甚多。因照此次在山东召试之例,就其文义,量加甄录。所有列在一等之进士举人丘桂山、祝堃、洪榜、戴衢亨、关槐,俱着以内阁中书补用。"

《素余堂集》卷首戴衢亨跋云:"迨丙申衢亨献赋津门预召试,公拔取进呈,列高等,官中书。"

法式善《槐厅载笔》卷七:"乾隆四十一年天津召试诸生题目:黄金台赋,'神者太虚妙应之目'论,赋得天道无为。得然字五言八韵。"

李宗文,字延彬,号郁斋,又号竹人。福建安溪县人。礼部侍郎李清植子。乾隆十三年进士,选庶吉士。历官至工部侍郎。卒,授礼部右侍郎。著有《律诗四辨》。传见《礼部右侍郎安溪李公郁斋先生行状》(《陶山文录》卷八)。

丘桂山,字依千,或作衣千。顺天大兴人。乾隆四十年进士,四十一年召试授内阁中书。历官至广东潮州府同知。著有《依绿山房诗剩》。传见《(光绪)顺天府志》卷一二六、《国朝畿辅诗传》卷四八、《清秘述闻》卷一六。

祝堃,字厚臣。顺天大兴人。乾隆三十年举人,四十一年召试授内阁中书,四十六年进士。传见《清秘述闻》卷七。

洪榜(1745—1780),字汝登。安徽歙县人。乾隆二十三年举人,四十一年召试授内阁中书。精于经学、声韵学。著有《易述赞》《四声均和表》《示儿切语》等。传见《国朝耆献类征初编》卷一四七、《清朝先正事略》卷三五、《清史列传》卷六八等。

关槐(1749—1806),字柱生,号云岩,一号晋轩,晚号青城山人。浙江仁和人。乾隆四十一年召试,赐内阁中书。四十五年进士,选庶吉士。历官至礼部侍郎。工画山水,供奉内廷。绘有《上塞锦林图》《群仙胪祝》《溪山秋爽》等。传见《两浙輶轩续录》卷一三、《枢垣记略》卷一八。

　　按:分别等第进呈事,《上谕档》载在四月十八日。赏给丘桂山等人功名事,据《实录》知在四月二十一日。则召试、阅卷之时间在此稍前。

四月二十七日,以金川荡平,于良乡城南举郊劳礼。先生撰《铙歌》十六章,依次诠叙,纪是役之始末,谱以为劳还之乐。

《素余堂集》卷六有《平定两金川功告成恭纪》,题下注云:“《铙歌》十六章。”其序云:“定西将军阿桂以乾隆乙未十二月尽得金川之地,遂进兵围噶喇依贼巢。丙申二月四日克之,获逆酋索诺木暨其兄弟属党,槛车献俘。越八日,露布驰达行在。上适告功珠丘礼成,驻蓟州之桃花寺。……上展阅红旗,立成凯歌十章,复制为郊劳纪勋之辞,合前此勒乌围志事之作,又各十章,通为三阕。授工肄习,被诸管弦。于东巡回跸郊台陈耰拜天,将士谒见时谱以为劳还之乐,而以仗前铙歌乐曲命臣敏中为之。……臣窃幸叨尘禁近,臣职又在文章。溯自军兴以来,承旨书事,记睹略得什一,谨依次诠叙,撰《铙歌》十六章,愧于乐府无似,仅仅塞白而已。……至臣猥以庸下,乃得蒙渥恩,授世职,赐翎双眼,图形锡赞,荣宠实逾涯分,则又非长言短引所能罄其衔感之忱者也。"其十六章分别为:《皇威邑》《慎行师》《掎角攻》《趱拉平》《讨促浸》《迅霆复》《八旗勇》《穷猿僵》《扼宜喜》《越重壕》《河之西》《后路清》《一窟摧》《釜底魂》《穴蚁扫》《武功成》。

《清高宗实录》卷一○○七:"戊辰,上自行宫启銮,幸良乡城南,行郊劳礼。……将至坛,军士鸣螺,铙歌乐作。……自将军以下及在京王公大臣,皆随行礼。"

> 按:序中"于东巡回跸郊台陈纛拜天,将士谒见时谱以为劳还之乐",所指即本年四月二十七日之郊劳礼。

四月二十八日,紫光阁凯宴成功诸将士,先生亦与其列。高宗亲赐卮酒,用示优眷。

《御制诗四集》卷三七有《二十八日紫光阁凯宴成功诸将士》诗,序云:"绩宣西巤洗兵,波靖金川凯叶。南薰锡宴,筵开紫阁。"其"金卮手赐按名呼"句自注云:"宴间召将军阿桂、丰升额、参赞海兰察、额森特、领队大臣奎林、和隆武、福康安、普尔普并择其余劳绩茂著之人及军机大臣舒赫德、于敏中、福隆安等至座前,亲赐卮酒以示优眷。"

《清高宗实录》卷一○○七:"己巳……上御紫光阁,行饮至礼,赐将军阿桂、副将军丰升额等卮酒,成功将士并王公大臣咸入宴,奏凯宴乐,各番人以次歌舞。退,赐将军至随征将士银币有差。"

四月下浣,高宗序《平定两金川战图》。同舒赫德等联名跋尾。

《石渠宝笈续编》著录有"《平定两金川战图》一册"。御款作"乾隆丙申孟夏下浣御笔"。后附臣工跋:"乾隆丙申岁,两金川既平定。……爰命绘战图十有六帧,用庆武成,垂示万祀。……俾臣舒赫德等缀言简末。……图始于收复小金川,终于郊劳凯旋宴。帧幅与《平定伊犁战图》相合。臣等亲睹策勋之盛典,自愧管窥蠡测,不足以颂圣武之远扬。……大学士臣舒赫德、臣于敏中、协办大学士尚书公臣阿桂、尚书公臣福隆安、臣丰升额、侍郎臣梁国治、臣和珅拜手稽首恭跋。"

五月十一日,蒙赏《钦定淳化阁帖释文》。

《乾隆朝上谕档》五月十一日有"拟赏《钦定淳化阁帖释文》名单",内有军机大臣舒赫德、于敏中、阿桂、福隆安等人。

约五月中浣,先生暴得痰症。诏遣太医诊治,赐药疗救。间遣天使及侍郎

和珅存问探视。询先生所嗜饮食,命御厨烹饪以赐。并谕缓程随往木兰。俟痰疾稍平,即趋往行在谢恩。

《耐圃府君行述》:"丙申……五月以暴得痰症诏遣太医院堂官陈世官、罗衡胗治,复特颁九剂疗救,天使问一日五至,又间日遣侍郎和公珅看治。比疾稍间,蒙俯询所嗜饮食,命御厨烹饪以赐。时驾幸热河,府君职当扈从,蒙谕缓程前往。迨疾既平复,即趋行在谢恩。"

《素余堂集》卷二九《奏为恭谢天恩事》:"伏念臣素禀尪羸,动多疾病。昨者忽婴危症,乃致上廑圣怀。天使频临,御医遄遣。重以温旨之存问,锡以珍丸而获苏。……继复命展期而行,因遂得缓程以养。比至山庄叩谒,更邀天语慰询。"

　　按:据《起居注》,是年五月十二日尚有"大学士舒赫德、于敏中奉旨"之记载。十三日,自京师启銮往避暑山庄,此后数日《起居注》均未见"于敏中奉旨"之记录,至五月十七日方见"大学士于敏中等奉谕旨"。则迟至十七日,先生已赴行在。此次痰症当在五月十二至十七日间。

五月二十二日,以金川大功告蒇,奏请续编乾隆二十三年以来入祀昭忠祠之官兵列传。仍遵前例,不另设馆,只派专员办理。

《奏为续编昭忠祠官兵列传不另设馆只派专员办理事》:"大学士兼管翰林院掌院学士臣舒赫德、臣于敏中谨奏为奏闻请旨事。臣衙门前经奏请遵照雍正二年谕旨纂修昭忠祠官员兵丁列传。……嗣于乾隆二十六年汉文初集告竣,二十九年汉文二集告竣,三十二年清文告竣,节经进呈。……兹逢圣武远扬,两金川大功全蒇。军兴之际,将士奋勇效命者甚多。允宜续行编辑,以垂久远。臣等公同酌议,请自乾隆二十三年以来,讫于两金川荡平之日,通行排纂,汇为一编,缮写汉文分卷进呈,恭候钦定。俟汉文告竣之后,再行奏请另派满洲纂修、翻译、誊录各员纂办清文。臣等现在仍请照二十三年编纂列传之例,无庸另行开馆,就近在臣衙门办理。……至编纂事实,仍照上次功臣馆之例办理,无庸另议章程。……乾隆四十一年五月二十二日。"(一史馆,03—0301—016号)

同日,致札陆锡熊,以纂办黄签只有录出底档而无原书可查,难于校核,促锡熊等章程内筹及此事。

《于文襄公手札》第五十三通:"曹老先生在此,言及纂办黄签一事,只有录出底档并无原书可查,难于校核,陆少詹所虑亦同。日前两学士酌议章程曾为筹及否?希即核定示知,以便催其趱办,因已屡蒙询及此事也。率布不一一。纪、陆两学士同览。中顿首,五月廿二日。"

曹锡宝(1719—1792),字鸿书,号剑亭。江苏上海人。乾隆六年举人,授内阁中书。二十二年进士,选庶吉士。历官至陕西道监察御史。奉敕撰有《四库全书考证》。传见《国朝耆献类征初编》卷九三、《清史列传》卷七二。

同日,蒙赏人参一斤。具折谢恩。

《耐圃府君行述》:"趋行在谢恩。复蒙赐人参一斤。"

《乾隆帝起居注·四十一年五月》:"二十二日壬辰……又奉谕旨:大学士于敏中着赏给人参一斤。"

《素余堂集》卷二九《奏为恭谢天恩事》:"本月二十二日奉旨:大学士于敏中着加恩赏给人参一斤,钦此。……特赐参斤,俾和药剂。……为此缮折恭谢天恩,谨奏。"

> 按:乾隆四十一年赏给人参事,《上谕档》载在"五月二十三日",《起居注》《实录》则在"五月二十二日"。考《素余堂集》卷二九谢赏人参折,其引上谕作:"本月二十二日奉旨:大学士于敏中着加恩赏给人参一斤,钦此。臣叩头祗领,感激难名。"又户部《为奉旨大学士于敏中着赏给人参事致内务府》咨文,亦引作:"户部为钦奉谕旨事广东司案呈乾隆四十一年五月二十二日奉旨:大学士于敏中着赏给人参一斤,钦此。"(一史馆,05—13—002—000438—0058号)故当以"五月二十二"为是。

五月至六月初,奏进天命七年正月至二月之册档。

据《清国史馆奏稿》,五月十九日,奏进天命七年正月册档;二十二日,奏进正月、二月册档;五月二十八日及六月初二、初五日,奏进二月册档。

六月二十三日,奏请将国史馆效力之誊录留馆一年,赶缮册档。

《清国史馆奏稿》:"大学士臣舒、臣于谨奏为请旨事。窃臣等于上年二月内奏明音写内阁恭藏无圈点老档一折。……旋因国史馆人员不敷派办,续经奏请照乾隆三十二年恭修玉牒帮办誊录之例,拣选满誊录二十员在馆赶缮,勒限一年完竣,嗣以篇页浩繁,尚恐不敷赶办,复额外选取满誊录二十员,令其一体自备资斧在馆,敬谨分缮在案。届今岁五月已满一年,所有册档俱已办理完竣,陆续恭呈御览。臣等前经面奉谕旨:将现在进呈之册档另行缮写,一分送阿哥书房内存贮,随时恭阅。应即令现在效力人员敬谨缮写。此时办理尚未完竣,臣等酌商将伊等留馆一年,仍自备资斧行走,统俟办理完竣,将应否议叙之处请旨遵办,是否可行,臣等未敢擅便,伏乞皇上训示。谨奏。四十一年六月二十三日具奏。"

六月二十四日,致札陆锡熊,嘱另酌《子渊集》内"迺贤"之音译,并嘱各纂修留心细检书中改正之字及页内黄斑。

《于文襄公手札》第五十四通:"两次寄到散篇一百十本,已随报呈进。提要俱逐本检阅,惟《景文集》略有可商,另单请酌。因尚非不可不改之病,仍照原本送上,俟寄回后酌定可耳。又,《子渊集》'迺贤'作'纳新',对音甚不妥,不知馆上何人所定,南音'贤''延'音近,或作'纳延'尚相合,若作'新'则与'贤'字母不同,断难强就。祈即告之小岩、纯斋,嘱其即为另酌,并将何时改译之处寄覆。其各卷内错字随手披翻,实见其误者即为补改,凡六处。余俱记出另单酌商。又《景文集》内改正之字,多系改笔,浓浊甚不适观。今略指数处相商。他书亦有相类者,《景文集》则尤甚耳。其实各本皆然,宜切嘱原纂诸公各宜留心细检,若经指问,难于登答也。又凡有黄斑者亦应换。今《产育集》内已录入另单。前日因查隐公事所寄《经解》一本,其黄斑更甚,可细检之。至签内酌商之处,似不便直致总裁,又不可不以相闻,祈婉达之。外单附阅。余再悉。耳山学士,晓岚先生均此。期中顿首,六月廿四日。"

　　　　按:此札提及宋祁《景文集》,第五十五通复提及《二宋集》,即宋庠《元宪集》、宋祁《景文集》,则此二札当作于同一时段。第五十五通知为乾隆四十一年作(详下),此札并系于本年。

六月二十六日,详议文渊阁官制及赴阁阅抄章程进呈。

《纂修四库全书档案》三三一《大学士舒赫德等奏遵旨详议文渊阁官制及赴阁阅抄章程折》:"大学士兼管吏部事务翰林院掌院学士臣舒赫德等谨奏为遵旨议奏事。乾隆四十一年六月初一日,内阁奉上谕:……方今搜罗遗籍,汇为《四库全书》,每辑录奏进,朕亲披阅厘正,特于文华殿后建文渊阁弄之。……第文渊阁国朝虽为大学士兼衔,而非职掌,在昔并无其地。兹既崇构鼎新,琅函环列,不可不设官兼掌,以副其实。……其每衔应设几员,及以何官兼充,着大学士会同吏部、翰林院定议,列名具奏,候朕简定。令各分职系衔，将来即为定额，用垂久远。至于四库所集，多人间未见之书。……翰林原许读中秘书，即大臣官员中有嗜古勤学者，并许告之所司，赴阁观览，第不得携取出外，致有损失。其如何酌定章程，并着具议以闻。钦此。……谨遵旨悉心详议，分条胪列，开具于后。……至应派之领阁事、直阅事各员，恭候命下后，即遵照开列职名，请旨简放。……为此谨奏，请旨。臣舒赫德、大臣于敏中、臣阿桂、臣程景伊、臣德保、臣瑚世泰、臣董诰、臣吴嗣爵。乾隆四十一年六月二十六日。乾隆四十一年六月二十七日奉旨：所议是，依议。钦此。"

　　吴嗣爵(1707—1779)，字尊一，号树屏，一号澹轩。浙江钱塘人。雍正八年进士，授礼部精膳司主事。历官至吏部右侍郎。传见《碑传集》卷七六、《国朝耆献类征初编》卷七九、《清史稿》卷三二五。

　　　　按：陆锡熊《颐斋文稿》有《恭拟文渊阁官制条例》，此折系由陆锡
　　熊所拟条例增补而成。

六月二十七日，致札陆锡熊，嘱将"不刊青词"之意添入提要，并嘱将《大典》辑出之集部散片，陆续付钞，以期按时藏工。

　　《于文襄公手札》第五十五通："前次呈进散篇，发下已过半。奉旨将不刊青词之意添入提要。并面询《灌园集》内'主人第一河南守'意，令查明覆奏，已嘱春台详致矣。《二宋集》顷蒙御制合题一诗，谕于两集前并书之，自当将此意并入提要。或将后一版意改作兄弟齐名，其遗集同时并出，且均邀题赏，似更亲切耳。《荟要》处经、史、子三种，俱已足数。惟集部所缺尚多，散片内办出之集，以陆续付钞为妙，庶可如期藏工也。率候不一一。晓岚先生均此。敏中顿首。六月廿七日。"

　　孙永清(1732—1790)，字宏度，一字春台，号絜斋，又号宝严。江苏无锡人。乾隆三十三年举人，授内阁中书。历官至广西巡抚。曾兼四库馆提调。著有《宝严堂诗集》。传见《清史稿》卷三三二、《皇清书史》卷一〇、《国朝书画家笔录》卷二。

　　　　按：第五十四通提及宋祁《景文集》，此札又云"《二宋集》顷蒙御
　　制合题一诗"，其"御制合题诗"即《题元宪景文集并各书其卷首》(见
　　《御制诗四集》卷四一)。考该诗于《御制集》内编次，系于四十二年正
　　月，则其初稿当成于四十二年正月之前。此札又云："奉旨将不刊青
　　词之意添入提要。""不刊青词之意"见四十年十一月十六日上谕："盖

青词迹涉异端,不特周、程、张、朱诸儒所必不肯为,即韩、杨、欧、苏诸大家,亦正集所未见。……再所进书内……有青词一种,并当一律从删。此二书著交该总裁等重加厘订,分别削存,用昭评骘之允。……惟当于提要内阐明其故,使去取之义晓然。……该总裁等务须详慎决择,使群言悉归雅正,副朕鉴古斥邪之意。钦此。"(《乾隆朝上谕档》)则此札当作于该上谕发布之后,故系于四十一年。

夏,题关槐《枯木逢辰图》。

见株式会社东京中央拍卖第二回珍藏艺术品拍卖会中国书画专场。跋云:"爱听秋声进,何所从惬思。凉教双耳洗,闲把老竹移。湘水□□好,淇围乞种宜。云锄酣醉日,枯木逢佳辰。乾隆丙申夏,臣于敏中敬题。"钤印二:敏中、敬书。

> 按:拍卖时间为 2012 年 11 月 24 日。LOT 号:1062。尺寸 122×49 厘米。幅内另有关槐款识:臣关槐恭绘。钤印二:一曰"臣槐",一曰"乾隆御览之宝"。

七月初四日,代王际华子朝梧、朝飏奏谢为故父开复追奠之恩。

《奏为代已故户部尚书王际华之子谢开复追奠恩事》:"大学士臣于敏中等谨奏为据情代奏恭谢天恩事。据原任户部尚书王际华之子监生王朝梧、礼部司务王朝飏呈称:窃朝梧等故父际华……身殁之后,复蒙皇上恩晋宫衔,开复原职,遣奠茶酒,赐恤、赐谥。饰终之典,备荷恩荣。……兹百日已满,拟于八月内扶榇回浙营葬。……理合据呈转奏。……乾隆四十一年七月初四日奉旨:知道了,钦此。"(一史馆,03—0156—011 号)

> 按:王际华"赐恤"事,见四十一年三月二十日上谕:"辛卯……谕曰:户部尚书王际华……着加恩晋赠太子太保,并派散秩大臣一员、侍卫十员前往奠醊。其各任内革职、革任之案,俱准开复。所有应得恤典,仍着该部察例具奏。"(《清高宗实录》卷一〇〇五)"赐谥"事,见四十一年四月十九日上谕:"庚申……予故户部尚书王际华祭葬如例,谥文庄。"(《清高宗实录》卷一〇〇七)

七月初六日,命以原衔充文渊阁领阁事。具折谢恩。

《耐圃府君行述》:"丙申……七月上以文渊阁新建,特诏仿宋制设官,以重其职,府君奉命充文渊阁领阁事。"

《乾隆朝上谕档》:"乾隆四十一年七月初六日奉旨:大学士舒赫德、于敏中着以原衔充文渊阁领阁事,署内阁学士刘墉、詹事金士松、侍读学士陆费墀、陆锡熊、侍讲学士纪昀、朱珪,俱着以原衔充文渊阁直阁事,钦此。"

《素余堂集》卷二九《奏为恭谢天恩事》:"本月初六日奉旨派臣为文渊阁领阁事。……阁制仿诸范氏,排签罗四库之书;官阶考自宋时,数典沛十行之诏。遂俞佥议,特锡嘉名。……理合缮折恭谢天恩,伏祈皇上圣鉴。"

《清通典》卷二三:"文渊阁领阁事,满洲、汉人各一人。以大学士、协办大学士、掌院学士兼充。掌总领祕书,典司册府。"

刘墉(1720—1804),字崇如,号石庵。山东诸城人。刘统勋之子。乾隆十六年二甲第二名进士,选庶吉士,授翰林院编修。历官至吏部尚书,又兼三通馆正总裁及四库馆副总裁。卒,赠太子太保,谥文清,入祀贤良祠。工于书法。著有《刘文清公遗集》《石庵诗集》等。传见《国朝耆献类征初编》卷三〇、《清朝先正事略》卷一六、《清史列传》卷二六等。

七月,书赠陆时化。

见上海朵云轩拍卖有限公司朵云四季第 19 期拍卖会。其文作:"品比琅玕,德同琼玖。追琢千载,吸精华于二酉,凛白玉兮无瑕,坐青毡兮谁偶。一任浮华之习,于我何加;争怜日月之光,自他而有。以彼功著名山,韵流金石。既有志于穷经,亦何嫌于怀璧。虽他日钓璜浔兆,应知升彼明堂。即令时抱璞而居,只各安乎小学。偕璆琳而可信无惭,杂碔砆其焉能为役。功深酝酿,力尽磨硋。丙申七月,以应润之五兄大人正之,于敏中。"钤印一,殆不可辨。

陆时化(1714—1779),字润之,号听松。江苏太仓人。国子监生。嗜书画,购藏极富。著有《吴越所见书画录》等。传见《国子监生陆君润之墓志铭》(《春融堂集》卷五八)。

　　按:拍卖时间为 2019 年 10 月 20 日。LOT 号:1196。尺寸:17×49 厘米。

八月二十五日,有狍自围中逸出,奔至先生帐前,家人捉获以献。高宗、王昶俱有诗纪之。

胡季堂《扈从木兰行程日记》:"乾隆四十一年八月……甲子……是日狍鹿颇多:计获鹿一百五十三只,狍子二十八只,獐二只。活狍子一只从围中逸出,奔至大学士臣于敏中帐房前,经于家人捉获以献。上纪之以诗,有'直闯帐棚入,生搏仆狡争。献禽署阁部,翎褶是循名'之句。先是春仲金川平定,上赐于双眼翎、黄褶,故及之。"

《御制诗四集》卷九二《戴衢亨获狍即赐之因成是什并令和韵》"状元端是让前辈"句,自注云:"丙申年木兰行围时,大学士于敏中于行帐中获一鹿以献,有'献禽署阁部'之句。"

王昶《春融堂集》卷一五《合围后有鹿逸至金坛相国帐中絷以呈献膳房特赐双眼花翎以志嘉瑞》内自注云:"相国时掌翰林院事。"

王昶(1725—1806),字德甫,号述庵,又号兰泉。江苏青浦人。"吴中七子"之一。乾隆十九年进士,二十二年召试授中书。历官至刑部右侍郎。后主讲娄东书院、敷文书院。工诗文及金石之学。著有《春融堂集》《金石萃编》,另辑有《明词综》《国朝词综》《湖海诗传》《湖海文传》等。传见《碑传集》卷三七、《清朝先正事略》卷二〇。

> 按:《扈从木兰行程日记》所引高宗"直闯帐棚入"诗见《御制诗四集》卷四〇《木兰杂咏》。

约八月中浣,以国史馆进呈之朱昌祚新传删节太多,添叙改正再行进呈,并奏请将相应疏忽之员交部议处。

《奏明添叙改纂朱昌祚传等事》:"国史馆总裁大学士臣舒赫德等谨奏为奏明事。本月初九日进呈列传内有朱昌祚原传,内'圈丈地亩'疏词删节太多。蒙皇上指示,臣等细检原传所载之疏,理应详悉录叙。今新传所删,实属简略。除遵旨将《朱昌祚传》另行查照原传疏语添叙,并原传内'东'字讹写'冬'字,一并改正,粘贴黄签进呈外,所有纂修兼校勘之彭绍观、芮永肩二员疏略之咎,实所难辞,请俱交部议处。至臣等未经看出,亦属疏忽,请一并交部察议。为此谨奏请旨。乾隆四十一年八月□日。臣舒赫德、臣于敏中、臣丰升额、臣程景伊、臣永贵。"(一史馆,03—0157—030号)

> 按:此折末署"乾隆四十一年八月□日",具奏日期原阙。折中称"本月初九日进呈列传内有朱昌祚原传……疏词删节太多",知朱昌祚传初次进呈在八月初九日,则添叙改正后再次进呈之时间当在八月中旬或下旬。

九月初二日,因钦天监监副何廷璇未能登答明年八月小大建之处,奉旨询明缘由回奏。

《乾隆朝上谕档》:"臣于敏中等谨奏:臣等遵旨询问钦天监监副何廷

璇,据称'廷璇于八月初自京起身前来接班时,所有乾隆四十二年时宪书
尚未刊成,其写本又未便携带,是以明年八月小大建之处一时未能登答,
至推算一切,必须查照万年书立表推测,方能算出,廷璇未经带有万年书,
是以未能推算,实深悚惧惶恐'等语。理合将何廷璇参奏请旨交行在吏部
议处。谨奏。乾隆四十一年九月初二日奉旨:着加恩宽免,钦此。"

九月,奏进天命八年六月至七月之册档。

据《清国史馆奏稿》,本月二十七日,奏进天命八年六月册档;三十日,
奏进六月、七月册档。

**十月十七日,吏部侍郎吴绍诗卒,年七十有八。翌年,归葬邑东之赐茔,其
子吴垣、吴坛具状请铭。先生倩陆锡熊代撰。**

陆锡熊《宝奎堂集》卷一二有《荣禄大夫吏部右侍郎加尚书衔恭定吴
公墓志铭》,题下注云:"代于文襄公作。"内云:"海丰吴公以持法明允,受
上知遇,由诸生奋庸汔位常伯。……比告薨于家。……谥曰恭定。越明
年,其孤垣、坛等将奉公柩葬于邑东之赐茔而先期来谒铭。初公之在朝
廷,予数相见。……而垣、坛又先后出予门。……今辱垣、坛之请不可以
辞。乃按公所自撰次年谱删掇而铭之曰:公讳绍诗,字二南。……享年七
十八。薨于乾隆四十一年十月十七日。"

吴绍诗(1699—1776),字二南。山东海丰人。以诸生进。历官至吏
部侍郎。卒,谥恭定。传见《国朝耆献类征初编》卷八○、《清史稿》卷三二
一、《晚晴簃诗汇》卷六九。

吴垣(1727—1786),字树堂。山东海丰人。吴绍诗子。乾隆十七年
举人,授兵部郎中。历官至湖北巡抚。传见《清史稿》卷三二一、《国朝御
史题名》。

吴坛(?—1780),字紫庭。山东海丰人。吏部侍郎吴绍诗子。乾隆
二十六年进士,授刑部主事。历官至江苏巡抚。著有《大清律例通考》。
传见《清史稿》卷三二一、《(民国)无棣县志》卷一○。

**十一月初七日,以本年冬至停止行礼,奏请照例将庆贺皇太后长至表文收
贮内阁,俟皇太后寿辰时一并进呈。**

《奏为皇上庆贺皇太后长至表文俟皇太后圣寿时一并恭进事》:"大学
士臣舒赫德等谨奏:……本年钦奉皇太后懿旨:今年冬至著停止行礼,钦
此。……此次皇上恭进庆贺皇太后长至表文应照例敬谨收贮内阁,俟十

一月二十五日恭遇皇太后万寿行礼时一并恭进。……乾隆四十一年十一月初七日。臣舒赫德、臣于敏中、臣阿桂、臣程景伊。"(一史馆,04—01—14—0042—104号)

十一月,奏进天命九年七月至九月之册档。

据《清国史馆奏稿》,本月初二日,奏进天命九年七月、八月册档;初八日,奏进九月册档。

十二月十三日,因侍朝、张能照办书奋勉勤慎,奏请将二人实授乙未科庶吉士。

《奏请将侍朝张能照实授乙未科庶吉士事》:"臣于敏中、臣董诰奏为奏明请旨事。查乾隆四十年十二月内因筹办《四库全书荟要》,务期妥速详慎,经臣于敏中会同原任总裁臣王际华,以覆校内候补国子监监丞侍朝及臣等延致办书之候选中书张能照尤为奋勉出力。……因酌请添设总校官二员,专司办理,即以二人充补,并请旨赏给庶吉士衔。……今已届一年之期,臣等留心察看,该员等承办以来陆续呈览及现已办成备进之书,共得五千余册,尚属奋勉勤慎。相应请旨将侍朝、张能照二员准其实授,与乙未科庶吉士一体散馆。……为此恭折具奏请旨。谨奏。乾隆四十一年十二月十三日。"(一史馆,03—0159—042号)

十二月二十六日,立春。有《丁酉春帖子》。

《素余堂集》卷二三《丁酉春帖子》:"腊前三白瑞,盈尺遍方州。京畿三冬得雪几次,而嘉平九日之雪积几盈尺,山东、山西、河南奏报相同,其余远近各省祥霙亦皆遍及。……王会新添鳞集侣,群番拜舞入桃关。两金川荡平,其余各土司群吁来京瞻仰,许其轮班入觐,随新旧诸藩朝正拜贺,即以今岁为始。璇闱肇庆协安怡,豫顺康宁福并绥。丙申大功告成,恭晋皇太后册宝,加上徽号曰宁豫。户口今看加万万,同时增寿祝慈禧。昨岁命大吏确核各直省滋生册,所奏报者比上届并有增加,通计天下户口二万六千四百余万人,较乾隆七年奏敕初登民籍之数共增一万万有奇。"

按:据《近世中西史日对照表》,乾隆四十二年(丁酉)立春在四十一年十二月廿六日。

十二月二十八日,蒙赏《御制拟白居易新乐府》。

《乾隆朝上谕档》十二月二十八日有"拟赏《御制拟白居易新乐府》刻本名单",内有军机大臣九人,依次为:舒赫德、于敏中、阿桂、福隆安、丰升额、明亮、袁守侗、梁国治、和珅。

　　按:华东师范大学图书馆所藏《白居易新乐府》册四卷末题署"臣
　于敏中敬书"。

冬,因感风寒,痰喘复发。

　　《素余堂集》卷二九《奏为恭谢天恩事》:"乾隆四十二年二月二十五日
奉旨:大学士于敏中着加恩赏人参一斤,钦此。……窃臣自上年冬月偶患
寒侵,旧疾举发。"

　　　　按:据四十三年三月初五日臣余文仪诊视结果,先生"系阳气上
　　炎,阴气下降,名为子午不交,以致痰气不安"。(详下)

是岁,跋御制《玲峰》《文峰》《青芝岫》诸诗。

　　《素余堂集》卷二五《恭跋御制玲峰文峰青芝岫诗》:"繄兹灵石,产自
大房。……臣识陋豹窥,志殷鳌忭。……敬思骈缀以函三,窃效喁于而
呼万。"

　　　　按:上述御制诸诗,《青芝岫》作于乾隆十六年(《御制诗二集》卷
　　二八),《玲峰歌》作于乾隆四十年(《御制诗四集》卷三〇),《文峰诗》
　　作于乾隆四十一年(《御制诗四集》卷三四),则此跋当作于《御制文峰
　　诗》之后。又,此跋于集中系于《恭跋御制丙申元旦试笔诗》之后、《恭
　　跋御制丁酉元旦试笔诗》之前,则作于乾隆四十一年。

是岁,官保、黄登贤、阿思哈、观保卒。

　　　　乾隆四十二年　　丁酉(1777)　　六十四岁

正月初一日,高宗有《丁酉元旦试笔》。为之跋。

　　《素余堂集》卷二五《恭跋御制丁酉元旦试笔诗》:"乃捵丹豪而乍试,
遂舒瑶检以频挥。……臣诵稿增欣,缮函窃喜。譬之纤尘附岳,曾无裨助
于崇隆;拟以寸管窥天,讵足形容其高大。"

正月初六日,预重华宫茶宴,以"新正紫光阁赐宴"为题联句。

　　《清高宗实录》卷一〇二四:"癸酉……召大学士并成功将佐及内廷翰
林等茶宴,以新正紫光阁赐宴联句。"

　　《素余堂集》卷二一有《正月十六日小宴廷臣》,内自注云:"初六日,恭
预重华宫茶宴,距今甫旬日。"

　　《御制诗四集》卷四一有《新正紫光阁锡宴联句》。联句者自高宗以下

依次为:舒赫德、于敏中、阿桂、程景伊、福隆安、丰升额、明亮、海兰察、英廉、曹秀先、蔡新、嵇璜、袁守侗、奎林、和隆武、福康安、梁国治、和珅、沈初、钱汝诚、彭元瑞、董诰、刘墉、金士松、陆费墀、朱珪、陆锡熊、纪昀。

《清通志》卷一一六:"紫光阁锡宴联句,乾隆四十二年。……七言排律。董诰奉敕正书。"

按:《正月十六日小宴廷臣》于集中系于《春仲经筵》《题文渊阁》等诗后。据前谱可知,《春仲经筵》所纪为乾隆四十一年二月之经筵。则此诗诗题中之"正月"当指四十二年之正月。

又按:《素余堂集》卷二一自《正月十六日小宴廷臣》以下为乾隆四十二年作。

正月上浣,高宗作《咏周太公钟》。步韵和之。

《素余堂集》卷二一有《咏周太公钟》。"宝如公鼎勋"句,自注云:"《西清古鉴》有周大公鼎,亦铭曰永宝用。"

按:《御制诗四集》卷四一(丁酉)有同题之作,系于《新正紫光阁锡宴联句》(卷四一)之后、《阅武楼阅武因成六韵志事》(卷四二)之前。据《清高宗实录》,该年紫光阁联句在正月初六日,阅武楼阅兵在正月初九日。则高宗此诗当作于正月上旬。

正月十六日,预宴正大光明殿。位列汉臣之首。

《素余堂集》卷二一《正月十六日小宴廷臣》:"人向光明天上坐,曲宴例于正大光明殿陈设。春从太簇琯中还。殿前韶乐以太簇为宫。群藩列职联薰陛,谓扎萨克之兼京职者。诸将宣劳扫雪山。……王会真同乐府传,宴间例陈万国来朝观灯队子。合教庆赏岁华沿。馔分爵捧沾油尔,宴时仍分赐克食并各沾一爵。虫语花香对盎然。御座旁每陈盆花及绣笼络纬。五五中和符列序,是日派出与宴者二十七人,只二十五人入座。三三左右倍张筵。迩年左右惟三席,今岁入宴人多两行,各授六几。屡叨宠遇酬难副,诘屈还如曼倩篇。"

《御制诗四集》卷七八《上元后一日小宴廷臣二律》"领班率已易丝纶"句,自注云:"丁酉上元后,小宴廷臣,以大学士舒赫德、于敏中领班。"

《乾隆帝起居注·四十二年正月》:"十六日癸未……未刻上御正大光明殿升座,赐廷臣宴。"

正月二十三日,丑刻,皇太后崩,齐集举哀。先生襄理丧仪,勤慎将事。期间应奉文字,或委之陆锡熊、许祖京代为撰进。

《耐圃府君行述》:"丁酉正月,襄理孝圣宪皇后丧仪,府君敬稽典礼,祗慎将事。"

《乾隆帝起居注·四十二年正月》:"二十三日庚寅子刻,皇太后疾大渐。上诣长春仙馆问侍。丑刻,皇太后崩逝。"二十四日至二十八日间,每日"上诣大行皇太后梓宫前行朝奠礼……男妇俱齐集举哀"。

王昶《春融堂集》卷五五《都察院左副都御史陆君墓志铭》:"君讳锡熊。……四十二年春,孝圣宪皇后宾天,凡大祭殷奠、上尊谥,典礼严重,应奉文字,大学士于文襄公属君撰进,皆被旨嘉赏。"

许宗彦《鉴止水斋集》卷一九《先考方伯府君行状》:"考……讳祖京。……四十二年正月,孝圣宪皇后升遐。舒、于两相国总丧务。方是时国家鸿庆绵长,国恤礼久旷,故事鲜知者,先府君悉心检考,语必有据,两相国倚如左右手。"

许祖京(1732—1805),字依之,一字春岩。浙江德清人。乾隆三十四年进士,授内阁中书。历官至广东布政使。参编《西域图志》《大清一统志》《胜朝殉节诸臣录》等。传见《先考方伯府君行状》(《鉴止水斋集》卷一九)。

二月初四日,因寒疾复发,日益加剧,告假调治。高宗特遣太医诊治,并嘱安心摄养。

《耐圃府君行述》:"丁酉……二月以寒疾较剧,给假调治。……至四月初销假入直。"

《素余堂集》卷二九《奏为恭谢天恩事》:"窃臣自上年冬月偶患寒侵,旧疾举发。因不善于调摄,经春未瘥,日益加剧,至二月初四以后尤不能支。仰蒙圣恩赏假调理,遣医院堂官诊治俯询眠食者日常再三,且两旬以来屡命侍郎臣和珅传旨,令臣安心摄养,勿以急于销假为事。……虚羸既甚,平复为难。扶掖尚艰于行,支持恒觉其弱。"

> 按:据《奏为恭谢天恩事》,知先生于二月初四日告假调治,直至四月。然《起居注》本年二、三月均有"舒赫德、于敏中奉谕旨"之记载,未解其故。

二月二十五日,奏请将天命九年敕谕册档内满文照写存收,原注汉字删去,另签进呈。

《清国史馆奏稿》:"大学士臣舒、臣于谨奏:臣等遵旨办理无圈点册档陆续缮写进呈,今恭查太祖高皇帝天命九年敕谕册档一本,有兼注汉字数页,字迹既多讹错,文义亦不甚连合,盖当时惟期记载数目。今臣等钦遵谕旨将无圈点老档敬谨添加圈点,另写以昭永久,所有原注汉文似可不用录,谨将老档照抄一分,注汉字处粘贴黄签,恭呈御览。如蒙俞允,臣等即将原注汉字删去,只将清字照写收存,后有似此者,臣等临时请奏。四十二年二月二十五日进呈。"

二月二十五日,蒙赏人参一斤。具折谢恩。

《耐圃府君行述》:"丁酉……复颁赐人参一斤。"

《乾隆朝上谕档》:"乾隆四十二年二月二十五日奉旨:大学士于敏中着加恩赏人参一斤,钦此。"

《素余堂集》卷二九《奏为恭谢天恩事》:"伏念臣当大礼殷繁之际,不能勉力奔走,稍效微劳。……而虚羸既甚,平复为难。……何期曲体自天,复尔仁施逮下,重蒙恩谕,特赏人参。……窃惟臣数年之间,屡以衰病屡荷赐参,前后已至于三,沦浃实倍于万。……惟有加意调治,冀速就瘥。"

三月初五日,诏遣余文仪、和珅探视先生寒疾,以加味金水六君子汤进补。

《乾隆朝上谕档》:"臣余文仪、臣和珅谨奏:臣余文仪奉旨看得大学士于敏中所患病症,系阳气上炎,阴气下降,名为子午不交,以致痰气不安。法当阴阳兼补,少加治痰之药,自得瘥可。但久虚之症,不宜重补,须缓缓补之。用加味金水六君子汤,服之半月可愈。并将药方呈览。谨奏。初五日。"

余文仪(1705—1782),字叔子,号宝冈。浙江诸暨人。乾隆二年进士。以咸安官教习升授刑部山东司主事。历官至刑部尚书,加太子少傅。著有《嘉树堂集》。传见《国朝耆献类征初编》卷八三、《(乾隆)绍兴府志》卷五〇。

　　按:此折仅具日期,未书年月,《上谕档》将其系于四十二年三月。

同日,因新封绵德为镇国公,奏请将其添入《恩封王公表》内,交武英殿刊刻。

《清国史馆奏稿》:"大学士臣舒、于谨奏为请旨事。臣等恭修《恩封王公表》业经恭呈御览,并请交武英殿刊刻。……查现在清汉刻本,尚未完竣。本年二月初二日奉上谕:绵德着封为镇国公,前往泰陵、泰东陵侍奉,钦此。应请旨一并添入《恩封王公表》内刊刻。……四十二年三月初五日具奏。"

同日，本年京察，因敬公称职，着交部优叙。

《乾隆朝上谕档》："乾隆四十二年三月初五日内阁奉上谕：今年京察届期。……内阁大学士以领袖班联向不预列，第念大学士舒赫德等或兼襄机要，兼统部曹，或扬历封疆，勤劳懋著，均能敬公称职，宜加优叙，以昭恩眷。舒赫德、高晋、于敏中、李侍尧俱着交部议叙，钦此。"

四月初一日，销假入直。同日，京察议叙加一级。

《耐圃府君行述》："四月初销假入直。"

《乾隆帝起居注·四十二年四月》："初一日丙申，吏部议四十二年遵旨京察议叙大学士舒赫德、高晋、于敏中、李侍尧均应加级分别抵销一疏，大学士舒赫德、于敏中等奉谕旨：舒赫德、于敏中俱着加一级。"

> 按：《乾隆帝起居注·四十二年四月》初一日有"舒赫德、于敏中等奉谕旨"之记载，则于敏中此时当已销假入直。

四月二十二日，舒赫德病故，年六十有八。及葬，其子舒常具状请铭。先生倩陆锡熊代撰。

陆锡熊《宝奎堂集》卷一二有《光禄大夫赠太保武英殿大学士文襄舒公墓志铭》，题下注云："代于文襄公作。"其文略云："乾隆四十二年四月，泰东陵复土有期，上躬奉孝圣宪皇后梓宫发自京师，大学士舒公实从。甲寅次良各庄，公暴得疾，不能兴。……丙辰公薨。……公长子今仓场侍郎舒常驰驿自蜀奔丧，卜以某月日，葬公东直门外望京村之先茔，而以状乞隧道之铭。……余始官翰林时即识公。及备卿于朝，参预军机，而公方自新疆召还，在直庐益得朝夕共言论。迨公再出复入，遂任大政，而余亦已蒙恩入阁。盖后先从公者数年，辱公交契甚厚。……今承侍郎君之请，不敢以辞，故论次其事，独载其系于军国之大者以铭公。"

四月二十五日，奉孝圣宪皇后梓宫至泰东陵，奉命行点主礼。

《耐圃府君行述》："四月……扈驾恭送梓宫至泰东陵，奉命行点主礼。"

《乾隆帝起居注·四十二年四月》："二十五日戊申，上摘冠缨，诣泰东陵。……跪抚梓宫呼号哭泣，哀恸良久。……礼臣奏点主吉时将届。……大学士于、暂署大学士尚书永贵恭点神主，奉安宝座，上就位行虞祭礼。"

四月二十八日，以孝圣宪皇后梓宫已奉安，遵例奏请停止朝鲜国使臣之祭祀。

《乾隆朝上谕档》："大学士臣于敏中等谨奏：……今孝圣宪皇后梓宫现已奉安，地宫礼成。朝鲜国进香使臣到京时，似应遵照孝惠章皇后山陵礼成，停止朝鲜国使臣祭祀之例办理。……乾隆四十二年四月二十八日奉旨：知道了，钦此。"

五月初二日，诰赠先生曾祖父于嗣昌、曾祖母王氏、祖父于汉翔、祖母王氏、生父于树范、母吕氏、钱氏、生母张氏、嗣父于枋、嗣母史氏、本身及妻室俞光蕙。

《于氏家乘》有"经筵日讲起居注官太子太保文渊阁领阁事文华殿大学士兼户部尚书管理户部事务掌翰林院事世袭一等轻车都尉加四级于敏中本身妻室诰命一道"，略云："于敏中……属在论思之地，参机务之殷繁；每抒钦翼之忱，佐经猷于密勿。崇阶早涉，载晋公狐。茂奖申嘉，庸昭宠渥。兹以覃恩特授尔阶光禄大夫锡之诰命。……乾隆四十二年五月初二日。"

《于氏家乘》另有贶赠先生曾祖父母、祖父母、父母、妻室、嗣父母之诰命各一道，详本谱"附录三"。

> 按：贶赠先生曾祖父于嗣昌、曾祖母王氏、祖父于汉翔、祖母王氏、生父于树范、母吕氏、钱氏、生母张氏、妻室俞光蕙之诰命，俱题作"乾隆四十二年五月初二日"，惟嗣父母之诰命，末署"乾隆四十一年五月初二日"。据《上谕档》，乾隆四十一年七月初六日先生授为文渊阁领阁事，其嗣父母诰命中既称"文渊阁领阁事"，则当作于四十一年七月后，故其末款"四十一年五月初二日"当为"四十二年"。

五月初八日，奉旨阅办《元史》《辽史》《明史》《通志》《通典》《音韵述微》《蒙古源流》《临清纪略》等书。

《乾隆朝上谕档》："乾隆四十二年五月初八日奉旨：《元史》《辽史》《明史》《通志》《通典》《音韵述微》《蒙古源流》《临清纪略》各书仍着于敏中同原派之大臣阅办，钦此。"

> 按：此上谕《起居注》《实录》皆误作"初七日"。

五月十二日，以皇太后丧事已过百日，奉命据亲疏品级，酌量嫁娶期限章程。

《奏议丧仪后嫁娶期限事》："大学士臣于敏中等谨奏为遵旨会议具奏

事。五月初九日奉上谕：满洲旧例，丧事过百日后即举行大祀。今圣母孝圣宪皇后大事已过百日，既立杆大祀，所有王公大臣、官员、兵民人等嫁娶皆伊等要事，若必俟二十七月始准举行，殊与众无益。其如何酌量亲疏品级、立定章程遵行之处，着军机大臣会同礼部详悉妥议具奏，钦此。……臣等公同酌议，谨将宗室之亲疏、官员之品级，分别嫁娶期限，拟列四款，恭请钦定。

一、近派宗室请自圣祖仁皇帝子孙，均俟二十七月后举行嫁娶礼。

一、远派宗室以至觉罗及三品以上满汉大臣官员，俟期年之后举行嫁娶礼。其嫁娶之日准其作乐。至寻常作乐宴会，仍俟二十七月后。

一、四品以下满汉官员等，百日后均听其举行嫁娶礼。其嫁娶之日准其作乐。至寻常作乐宴，会仍俟期年后。

一、兵民人等百日后听其嫁娶作乐。

以上四条臣等遵旨按其亲疏品级分别酌拟具奏。……乾隆四十二年五月十二日。乾隆四十二年五月十三日奉旨：依议，钦此。"（一史馆，03—0287—051 号）

五月十五日，奉旨删节《隆科多列传》内"舅舅"字样，再行进呈。

《清国史馆奏稿》："国史馆总裁大学士臣于等谨奏臣等遵旨将《隆科多列传》内'舅舅'字样删节，其佟国纲附载佟国维。恭阅《实录》，康熙四十八年正月、二月曾奉谕旨诘问，申饬谨录。增传内同《隆科多列传》一并粘贴黄签，恭呈御览，并拟将佟国维另立专传，伏祈皇上训示。谨奏。四十二年五月十五日奉旨：知道了，钦此。"

五月二十二日，选派周煌、汪廷玙等翰林六员，会同八阿哥、十一阿哥共校《四库全书》。

《乾隆朝上谕档》："臣等昨面奉谕旨：派八阿哥、十一阿哥同校《四库全书》，并着派书房行走之翰林等一同校勘，钦此。臣于敏中随询商蔡新，择书房行走之翰林中可兼校勘者六员，拟写谕旨进呈，谨奏。"

《清高宗实录》卷一〇三三："辛卯，谕：四库全书馆缮写之书虽多，而各总裁校勘者少，不能供进呈披阅。即再添总裁数人，仍恐无益。着派皇八子、皇十一子及书房行走之侍郎周煌、内阁学士汪廷玙、卿吴绶诏、侍读学士朱珪、侍讲姚颐、编修倪承宽分与应校之书，同该馆总裁，一体校勘，陆续呈进。"

姚颐,字震初,号雪门,江西泰和人。乾隆三十一年一甲二名进士,授翰林院编修。后充四库馆纂修。历官至甘肃按察使。传见《壬寅销夏录》。

按:《上谕档》称于敏中"择书房行走之翰林中可兼校勘者六员",拟写谕旨进呈。此六人,据《纂修四库全书档案》五九三《军机大臣奏遵旨选得阿哥书房行走人员谢墉等五员阅看全书片》:"谨查阿哥书房行走之翰林等,前岁经臣于敏中等遵旨选派周煌、汪廷玙、朱珪、倪承宽阅看全书。"知即《高宗实录》卷一〇三三所列"书房行走"诸人。

五月二十四日,奏请赏给候补学习中书宋枋远、中书科学习中书孙溶等员封典。

《奏请恩准赏给封典事》:"大学士臣于敏中等谨奏为请旨事。本年五月初二日,钦奉恩诏,内外官员均得叨锡类之仁,给予封典。……今据候补学习中书宋枋远等三十二员援例吁请前来,臣等查该员等现在中书上行走,与实缺中书一同该班办事,可否仰邀圣慈,照伊等品级给予封典之处,出自皇上天恩。又据中书科学习中书孙溶等五员具呈恳奏赏给封典,查中书科向无学习人员,是以未有成例可援,今孙溶等遵川运例捐学习,即在中书科行走,缮写诰敕,同实缺人员一体办事,与内阁候补中书无异,可否加恩一并准给封典。理合具奏,请旨遵行,为此谨奏。乾隆四十二年五月二十四日。"(一史馆,03—0163—049号)

六月初三日,请旨升用军机处中书伊江阿、刘谨之、陆瑗等熟练之员,充各部主事。

《乾隆朝上谕档》:"大学士臣于敏中等谨奏为请旨事。……臣等看得现在军机处之中书伊江阿、刘谨之、陆瑗,笔帖式齐克慎,各已行走五六年,俱属勤慎奋勉,于各部事务见闻尚能谙习。可否……先令其在额外主事上行走,遇有缺出奏请补授。……如蒙愈允,交吏部带领引见,俟命下臣等公同酌派分部行走。……乾隆四十二年六月初三日奉旨:知道了,钦此。"

伊江阿(?—1801),拜都氏,字诚庵。满洲正白旗人。尚书永贵子。初授理藩院笔帖式,乾隆三十六年任军机章京。历官至山东巡抚。因依附和珅见黜,奉命戍伊犁,授蓝翎侍卫,古城领队大臣。传见《国朝耆献类征初编》卷一九一、《清史稿》卷三二〇。

刘谨之(1739—1787),字朴夫,一字退谷。江苏武进人。工部侍郎刘星炜子。乾隆二十四年举人。三十一年授内阁中书。历官至礼科掌印给事中,赠鸿胪寺卿。另兼四库馆提调。传见《特赠鸿胪寺卿礼科掌印给事中刘君碑文》(收《亦有生斋集·文》卷一五)。

陆瑗(1744—1789),字耕芳,一字蘧庵。江苏阳湖人。乾隆三十四年进士。三十六年授内阁中书。历官至浙江温处道。传见《(光绪)武进阳湖县志》卷二二、《枢垣记略》卷一八。

齐克慎,一名齐布森,字立亭。满洲镶红旗人。乾隆三十六年由笔帖式入直,官至盛京刑部侍郎。传见《国朝御史题名》《枢垣记略》卷一六。

六月十四日,以彭元瑞在外出差,奉命会同钱汝诚、和珅阅办《明纪纲目》。

《乾隆朝上谕档》:"乾隆四十二年六月十四日内阁奉上谕:彭元瑞现在出差,所有承办《明纪纲目》着派于敏中、钱汝诚会同原派之和珅阅办,钦此。"

六月十七日,奏进增修之黄机、佟凤彩、刘之源、齐苏勒四人列传。

《清国史馆奏稿》:"国史馆总裁大学士臣于等谨奏为恭进《国史列传》事。臣等现在增修旧传黄机、佟凤彩、刘之源、齐苏勒四篇,缮写正本,其有原传者粘签声明,恭呈御览。……四十二年六月十七日具奏。"

六月十八日,具折奏谢貤奉嗣父母事。

《军机处随手登记档》:"四十二年六月十八日,于中堂谢恩折。貤封嗣父母。"

六月二十日,侍郎彭元瑞得明臣史可法画像及其札稿合卷进呈,高宗题诗于卷端,并命先生书《御制书事》及《复摄政王书》于卷内,另为装潢箧贮,奔于扬州史可法祠,以垂永久。

《乾隆朝上谕档》:"乾隆四十二年六月二十日奉上谕:侍郎彭元瑞以所得明臣史可法画像及其札稿合卷进呈,朕亲制诗一章题于卷端。命廷臣和韵,并命大学士于敏中书《御制书事》一篇及史可法《复摄政王书》于卷。兹另为装潢箧贮,着发交寅著,令将此卷奔于扬州梅花岭史可法祠中,并将卷内所有诗文、画像、札稿勒石祠壁,以垂久远。至此卷如有愿求展阅者,亦听其便。但当加意护守,勿致稍有污损,将此传谕寅著知之,钦此。"

《素余堂集》卷二一《题史可法像》"臣与荣焉载笔扬"句,自注云:"臣敏中奉敕敬书御制书事文于卷内,与有荣幸。"

《御制诗四集》卷四三《题史可法像》诗中自注:"侍郎彭元瑞以所得史可法画像并其家书,装卷呈进,乞书御制文。因成此诗题卷首。而向所制书事一篇,及可法复书,则命大学士于敏中书于卷中。即以此卷邮发两淮盐政,置梅花岭可法祠中,并听镌石,以垂久远。"

六月二十八日,经英廉奏请,奉派同英廉、钱汝诚阅办《西域图志》《日下旧闻考》等书。

《纂修四库全书档案》三九五《四库全书馆总裁英廉奏请旨仍令于敏中纂办日下旧闻考》:"臣英廉谨奏为请旨事。窃臣奉旨同臣刘墉办理《日下旧闻考》,所有'星土''中城'等卷业经纂出,遵照奏定限期,节次进呈在案。今刘墉奉命典试江南,理应请旨添派大臣一同办理。查《日下旧闻考》一书,乾隆三十八年恭奉谕旨,原系大学士于敏中同臣等承办。凡一应体例规制,均经于敏中向臣等悉心商定,现在纂办各门,俱照初定章程,并无更易。况全书大局,于敏中初办时业已商有就绪,于此书实熟悉于中。今刘墉出差,合无仰恳皇上天恩,仍令于敏中照旧同臣纂办,庶编辑校雠,彼此便于详细商榷,而是书更可期妥协速竣矣。……乾隆四十二年六月二十八日。"

《乾隆朝上谕档》:"乾隆四十二年六月二十八日奉旨:《西域图志》《日下旧闻考》俱派于敏中同英廉、钱汝诚阅办,钦此。"

> 按:此上谕时间《起居注》所记与《上谕档》同,《实录》误载在"六月二十日"。

七月初五日,奏进新修之佟国纲、佟国维列传满文并汉文本。

《清国史馆奏稿》:"国史馆总裁大学士臣于等谨奏:臣等今将进呈过新修佟国纲、佟国维汉字列传敬谨翻译,清文与汉字本一并恭呈御览。……乾隆四十二年七月初五日具奏。"

七月初十日,自直次回园,路遇言语诞妄之人,恐其藏不法字迹,严加搜检,诘问再三。翌日,奏请交刑部严讯。

《奏报将谎言悖逆之人交部审讯事》:"臣于敏中谨奏:初十日,臣自直次回园,忽有一人在臣园门外称系浙江嘉兴人姚增,能知天时地理,有治天下之道,如用之可令人知礼义。臣见其语言诞妄,恐藏有不法字迹,即在其身间检查,并无片纸只字。……向其寓处搜检,止有衣包一个,内惟衣服数件及当票钱文,并无带有字纸书本。臣令其书写来京之意,取有亲供一纸,多属荒唐。臣再三诘问,始终言语支离,虚夸无实,看来必非安分之人,理合奏明。请敕交刑部严行讯明,据实定拟。所有该犯亲供一并进呈。……乾隆四十二年七月十一日。"(一史馆,03—1424—025 号)

七月十一日,奏请添派吴绍溁、胡荣充《四库全书荟要》总校。

《纂修四库全书档案》四〇二《大学士于敏中等奏请再添设总校办理四库全书荟要折》:"臣于敏中、臣董诰谨奏为请旨事。乾隆四十年十二月内,臣于敏中、臣王际华筹办《四库全书荟要》公同酌议,请旨添设总校侍朝、张能照二员,专司办理,勒限速完,并蒙恩赏给庶吉士在案。今查该二员自承办以来,节次办出已进之书,几及八千册,所余未进之书,现在上紧赶办。本年内第一分《荟要》一万二千册可期全竣,其第二分业经发交誊录缮写。据陆续交到已有三千二百余册,存贮武英殿。臣等伏思俟至第一分全竣后再行办理,未免有羁时日,莫若先行另派妥员校办,庶可迅速无误。且侍朝现患疮疾,势颇沉重。……查有进士候补中书吴绍溁、进士候选知县胡荣,均系乾隆四十年朝考钦取归班,在武英殿效力行走之员。……可否仰恳天恩,将此二员充为总校,先将写得之书三千二百余册分给办理。其余八千余册,以誊录二百人写书,日课计之,约至乾隆四十四年可以缮毕。随写随校,亦即勒限于是时全行告竣。其侍朝、张能照二员俟第一分办完后,仍令协同校勘。……如果办理妥速,著有成效,可否仰邀圣恩,照侍朝、张能照之例,赏给庶吉士衔,毋庸给与俸禄,再俟一年期满,题请实授,准与下科庶吉士一体散馆。……乾隆四十二年七月十一日。乾隆四十二年七月十一日奉旨:知道了,钦此。"

吴绍溁(1744—1798),字澄野,一字苏泉。安徽歙县人,寄籍扬州。乾隆四十年进士。四十二年任《四库荟要》总校官。后任三通馆纂修。编选有《金薤集》。传见《家苏泉编修传》(《有正味斋集·骈体文》卷二四)。

胡荣,字安止。江西新建人。乾隆四十年进士。四十二年任《四库荟要》总校官。历官江南道御史、陕西榆林府知府。传见《国朝御史题名》。

同日,因四库全书处供事不敷差遣,奏请添设额缺十名,由效力年久者充补。

《纂修四库全书档案》四〇一《大学士于敏中等奏请旨添设供事额缺折》:"臣于敏中、臣董诰谨奏为奏明请旨事。查办理四库全书处原设供事十二名，荟要处供事四名。后经臣王际华奏明不敷应用，添设十三名，不给工食，与额内供事一体著役五年，期满议叙在案。今历年办理书册日多，一切核计字数、登记档案、搬贮收发事务，倍繁于前，所有现在供事，实不敷差遣。今又办理《荟要》，次分头绪益多，尤难兼顾。臣等节次募选效力供事十数名，自备资斧，协同帮办，逐日供役，与额内无异。但无实缺可补。……请旨添设额缺十名，即将现在效力年久者充补，咨明吏部，于奉旨之日著役注册。仍毋庸给与工费饭食，俟五年之后，如果勤慎，一体议叙，庶各加鼓励，于办书更为有益。为此谨奏请旨。谨奏。乾隆四十二年七月十一日奉旨：知道了，钦此。"

七月十五日，收明亮关于"噶喇采得美诺碑石"之咨文原件。

《军机处随手登记档》："四十二年七月十五日，冯杜收明亮等咨文一件，噶喇采得美诺碑石。丈尺纸样一张。原文送存于中堂处。"

七月十六日，序列行走班次，列于阿桂之后、高晋之前，为汉大学士之首。

《乾隆朝上谕档》："乾隆四十二年七月十六日内阁奉上谕：阿桂系满洲大学士，其行走班次自应居首。至汉大学士亦应有在前之人，于敏中行走班次着在阿桂之后，高晋之前，钦此。"

八月初六日至十九日，陆续奏进太宗文皇帝天聪元年正月至四月之册档。

《清国史馆奏稿》："大学士公臣阿、大学士臣于谨奏为恭进无圈点册档事。臣等恭查太祖高皇帝天命年间册档八十一卷，俱已音写陆续进呈，今谨将太宗文皇帝天聪元年正月至二月册档音写一本，并照写原档一本，恭呈御览。谨奏。四十二年八月初六日。"

另据《清国史馆奏稿》，本月初九日，奏进天聪元年三月至四月册档；十九日，奏进元年四月档册。

八月十九日，奉派会同阿桂、和珅等纂办《钦定满洲源流考》。谕将本朝"得天下之正"传信当世。

《乾隆朝上谕档》："乾隆四十二年八月十九日内阁奉上谕：顷阅《金史世纪》云：'金始祖居完颜部，其地有白山、黑水。白山即长白山，黑水即黑龙江。'本朝肇兴东土，山川钟毓与大金正同。又史称金之先出靺鞨部，古肃慎地。我朝肇兴时旧称满珠，所属曰'珠申'，后改称'满珠'，而汉字相沿讹为'满洲'。其实即古肃慎，为'珠申'之转音。更足征疆域之相同矣。……顾昔人无能考证者，致明季狂诞之徒，寻摘字句，肆为诋毁。……而舛误之甚者,则不可以不辨。……我朝得姓曰爱辛觉罗氏,国语谓金曰爱辛,可为金源同派之证。……我朝初起时,明国尚未削弱,因欲与我修好,借此以结两国之欢,我朝固不妨为乐天保世之计。迨我国声威日振,明之纲纪日堕,且彼妄信谗言,潜谋戕害。于是我太祖赫然振怒,以七大恨告天,兴师报复。萨尔许、松山、杏山诸战,大败明兵。……若我朝乃明之与国,当闯贼扰乱明社,既移之后,吴三桂迎迓王师入关,为之报仇杀贼。然后我世祖章皇帝定鼎燕京,统一寰宇,是得天下之堂堂正正,孰有如我本朝者乎?至若我国家诞膺天眷,朱果发祥,亦如商之玄鸟降生,周之高禖履武纪以为受命之符,要之仍系大金部族。且天女所浴之布勒瑚里地,即在长白山,原不外白山黑水之境也。又《金世纪》称唐时靺鞨有渤海王,传十余世,有文字礼乐。是金之先即有字,而本朝国书则自太祖时命额尔德尼巴克什等遵制通行。或金初之字其后因式微散佚,遂尔失传。至我朝复为创造,未可知也。他如建州之沿革,满洲之始基,与夫古今地名同异并当详加稽考,勒为一书,垂示天下万世。着派大学士阿桂、于敏中、侍郎和珅、董诰悉心捡核编辑,以次呈览,候朕亲加厘定,用昭传信而辟群惑,并将此通谕知之,钦此。"

九月初八日,酌议《满洲源流考》编纂凡例奏进,并请高宗赐示书名。

《钦定满洲源流考》卷首《序》云:"臣阿桂、臣于敏中、臣和珅、臣董诰谨奏……所有编纂事宜,臣等酌议凡例七条,缮写清单,恭呈御览,伏祈训示,并请钦定嘉名,用光典册。至此项书籍拟在方略馆就近办理,所需编纂及译汉人员,拟派内阁侍读麟喜、中书呈麟、笔帖式七德为满纂修官。理藩院笔帖式临保、补笔帖式明伦、工部库使巴尼泰为译汉官,照满誊录之例行走。翰林院编修宋铣、平恕、候补部员曹锡宝为汉纂修官。并派郎中巴尼珲、侍读孙永清为提调官,专司督催稽核。至缮写收发之誊录供事等,应即在方略馆通融抽拨。惟查该馆现在赶办《平定两金川方略》并《大清一统志》《西域图志》《热河志》及元、辽《史》《明纪纲目》《明史本纪》等书,各有卯限,原设之誊录供事仅供各书之用,难以再为分拨。臣等公同酌拟,应再咨取汉誊录四名、供事六名,令其专心承办,庶有责成。俟将来书成之日,照例给予议叙,以示鼓励。……乾隆四十二年九月初八日奏。初九日奉旨:知道了,书名著定为《满洲源流考》,钦此。"

《四库全书总目》卷六八:"《钦定满洲源流考》二十卷。乾隆四十三年奉敕撰。……是编……参考史籍,证以地形之方位,验以旧俗之流传,博征详校,列为四门:一曰部族……二曰疆域……三曰山川……四曰国俗。……其体例每门以国朝为纲,而详述列朝,以溯本始。其援据以御制为据,而博采诸书以广参稽允,足订诸史之讹而传千古之信。"

九月二十四日,因内阁所拟批答误将签内"该抚"作"该督",未经看出,以疏忽之过自请交部察议。

《乾隆朝上谕档》:"蒙发下三宝题参钱塘县知县熊珍革审一本,臣阿桂、于敏中检阅内阁票拟,签内有'该督严审究拟'字样,查闽浙总督与巡抚本不同省,应即票'该抚审拟'。今将原签粘签改正,同原本一并进呈。所有票拟此本错误之员应请旨交部察议,臣等未经看出亦属疏忽,请一并交议。谨奏。乾隆四十二年九月二十四日奉旨:知道了,钦此。"

十月二十三日,以王锡侯删改《康熙字典》另刻《字贯》,请旨将其解京严讯,并将《字贯》版片及已印之书解京销毁。

《清代文字狱档》补辑《奏王锡侯实为大逆之尤折》:"大学士诚谋英勇公臣阿桂等谨奏为遵旨议奏事。据江西巡抚海成参奏新昌县民王泷南呈首举人王锡侯删改《康熙字典》另刻《字贯》狂悖不法应请革审一折。……臣等恭查圣祖御纂《字典》一书……王锡侯辄称'难于穿贯',漫加訾讪,公然另著《字贯》书本。……且胆敢将庙讳、御名逐字排书,列于凡例。……应饬该抚即委大员迅速锁押解京严切鞫审。……所有《字贯》版片及已刷印书本并令解京销毁。……乾隆四十二年十月二十三日。大学士诚谋英勇公臣阿桂、大学士臣于敏中、协办大学士臣英廉、协办大学士臣程景伊等。"

十一月初一日,以吏部主事程晋芳在馆五年,办书勤勉,奏请将其改授翰林院编修。

《奏请将程晋芳改授翰林院编修事》:"多罗质郡王臣永瑢等谨奏:查乾隆三十八年《四库全书》开馆时,除将翰林各员分派纂校外,经臣等于部属等员内择其学问优长者遴选奏明,将郎中陆锡熊派充总纂,郎中姚鼐、主事程晋芳、任大椿、学正汪如藻派充纂修,进士邵晋涵、余集、周永年、举人戴震、杨昌霖派充分校,令其分头纂办在案。历年以来,该员等裒辑散片、阅校遗书均属详慎出力。……惟程晋芳一员仍系吏部主事。该员在馆五年,纂校之书颇多,并派令协同总纂查办总目,均属尽心。该员系二甲进士出身,学问本优。可否仰恳天恩将程晋芳改授翰林院编修,以示鼓励。……乾隆四十二年十一月初一日。臣永瑢、臣阿桂、臣于敏中、臣福隆安、臣英廉、臣程景伊、臣嵇璜、臣王杰、臣梁国治、臣董诰、臣钱汝诚。乾隆四十二年十一月初一日奉旨:程晋芳准改编修,钦此。"(一史馆,03—0166—007 号)

程晋芳(1718—1784),初名程廷璜,字鱼门,号蕺园。江苏江都人。乾隆二十七年召试,授内阁中书。乾隆三十六年中进士,充四库馆总目协勘官。书成,授翰林院编修。晚岁贫困,客死关中。著有《周易知旨编》《尚书今文释义》《礼记集释》《群书题跋》《勉行斋文集》《蕺园诗文集》。传见《碑传集》卷五〇、《国朝耆献类征初编》卷一三〇、《清史列传》卷七二等。

十二月十八日,以文渊阁直阁事刘墉升授户部侍郎,文渊阁校理刘亨地病故、萧芝丁忧,其所遗之员缺,奏请派员充补。

《奏请简员充补文渊阁直阁事事》:"臣于敏中等谨奏为充补文渊阁直阁事事。窃臣等前经奏准文渊阁直阁事应设六员。……以后如遇员缺,应由翰林院列名奏请简授。……现充文渊阁直阁事署内阁学士刘墉奉旨升授户部侍郎,所有直阁事一缺……恭请皇上简派一员充补。……乾隆四十二年十二月十八日。"同日奉旨:"彭绍观着以原衔充文渊阁直阁事。"(一史馆,03—0167—084 号)

《奏请简员充补文渊阁校理事》:"臣于敏中等谨奏为请充署文渊阁校理事。窃臣等前经奏准文渊阁校理应设十六员。……嗣经臣等拣选,得校理拟正十六员,拟备十六员,开列名单带领引见。业蒙皇上简派校理十六员。……今现充文渊阁校理侍讲刘亨地病故,检讨萧芝丁忧,所遗校理二缺,应请将拟备之庶子邹奕孝、侍讲张焘挨次充补。又御史刘锡嘏、编修百龄、洗马刘权之俱奉派学政,所有校理三缺应请将拟备之修撰陈初哲、编修王嘉曾、吴寿昌挨次充署。为此谨奏。乾隆四十二年十二月十八日。"(一史馆,03—0167—086 号)

刘亨地(1734—1777),字载人,号寅桥。湖南湘潭人。乾隆二十二年进士,选庶吉士,授翰林院编修。后兼四库馆纂修。历官至翰林院侍讲。传见《(嘉庆)湖南通志》卷一四一、《清秘述闻》卷一六。

萧芝,字昆田,号俨斋。湖北汉阳人。乾隆二十五年进士。后任四库馆纂修。历官至吏科给事中。传见《国朝御史题名》。

是岁,奉敕将满文《满洲祭神祭天典礼》译为汉文,纂入《四库全书》。

《钦定满洲祭神祭天典礼》卷四后跋云:"谨案:《钦定满洲祭神祭天典礼》一书稽考旧章,厘正同异,允足昭信而传远。兹复仰承谕旨,令臣等译汉,纂入《四库全书》。臣等依据清文详加推绎,伏考坤宁宫所朝祭者为释迦牟尼佛、观世音菩萨、关圣帝君,所夕祭者为穆哩罕、画像神、蒙古神,其月祭、大祭翌日则敬申报祀于天神,而祝辞所称乃有阿珲年锡、安春阿雅喇、穆哩穆哩哈、纳丹岱珲、纳尔珲轩初、恩都哩僧固、拜满章京、纳丹威瑚哩、恩都蒙鄂乐、喀屯诺延,诸号中惟纳丹岱珲即七星之祀,其喀屯诺延即蒙古神,以先世有德而祀。其余则均无可考。……祝辞所称纽欢台吉武笃本贝子者,则亦不得其缘起。……又祝辞之文有意义可寻绎者,皆依类译汉。至于卓尔欢钟依珠噜珠克特亨、哲伊呼呼、哲纳尔珲、哲古伊双宽、斐孙、安哲、鄂啰罗诸字,皆但有音声,莫能训解。……今亦恭录原文,不敢强为窜易,以存其本真焉。臣阿桂,臣于敏中。"

《钦定满洲祭神祭天典礼》卷四后附阿桂奏折:"查《满洲祭祀》一书共六卷,钦奉谕旨令臣阿桂同于敏中译汉编入《四库全书》,臣等业将卷一至卷四敬谨译出进呈,荷蒙睿鉴。其卷五系器用造作之法,卷六系器用形式图,久经译出,今复加详细校对绘图,恭呈御览。再原奉谕旨令臣等将坤宁宫所祭之佛、菩萨、关帝以及堂子所祭之神并祭天之处详细分别,其不能详溯缘起及祝辞内相传旧语有其声而无其义者,并以阙疑传信之意敬撰跋语,缀于简末。所有谨拟跋语一条附于汉本卷四之后,粘贴黄签进呈,统俟钦定发下时交馆编入《四库全书》,以垂永久。……为此谨奏。乾隆四十五年七月初二日奉旨:知道了,跋语即行翻出清文,钦此。"

　　按:翻译《满洲祭神祭天典礼》之时间,《起居注》《实录》无载。《四库全书总目》卷八二称:"《钦定满洲祭神祭天典礼》六卷。乾隆十二年奉敕撰。……以国语、国书定著一编。……乾隆四十二年,复诏依文音,释译为此帙。"姑系之本年。

　　又按:《满洲祭神祭天典礼》凡六卷,据卷四后所附阿桂奏折,知先生、阿桂等先译出前四卷进呈,并有跋语附于卷四之末。其后四十五年七月阿桂复奏进卷五、卷六。先生卒于四十四年十二月,则其生前应已主持完成前四卷之翻译。

是岁,奏进奉敕编纂之《临清纪略》。

《四库全书总目》卷四九:"《钦定临清纪略》十六卷。乾隆四十二年大学士于敏中等恭撰奏进。乾隆三十九年九月,山东寿张逆寇王伦反,突掠阳谷,趋临清。直隶、山东合兵蹙之,而大学士舒赫德奉诏统八旗劲旅亦至。王伦穷迫自焚死,尽俘其党械送京师磔于市,因命述戡定始末为此编。……是编所录,详述制胜之机宜,并明倡乱之缘起。"

《钦定临清纪略》卷首《总裁提调收掌纂修诸臣职名》列总裁三人:舒赫德、阿桂、于敏中。

> 按:《临清纪略》一书,乾隆四十二年三月三十九日曾派舒赫德、彭元瑞赶办:"乙未……军机大臣等奏:遵查承办未竣书籍,共十六种。……《临清纪略》……详悉原委,亦须一手编纂,请仍交军机处赶办。得旨:依议。……《临清纪略》著派舒赫德、彭元瑞。"(《清高宗实录》卷一〇二九)同年五月初八日,先生奉派参与阅办(《乾隆朝上谕档》)。故奏进则当在是年五月初八日之后。

是岁,奉敕正书《御制七佛塔碑记》。

《清通志》卷一一六:"《御制七佛塔碑记》。乾隆四十二年。国书、正书、蒙古、托忒四体书。其正书为于敏中敕书。"

是岁,戴震、侍朝、丰升额卒。

乾隆四十三年　戊戌(1778)　六十五岁

正月二十二日,以孝圣宪皇后丧事已届一年,奏请服色、朝珠及穿用补褂蟒袍日期并嫁娶、宴会、作乐等事悉应复旧如常。

《清高宗实录》卷一〇四九:"癸未……大学士于敏中等奏:本月二十三日孝圣宪皇后大事已届初周,诸皇子及王公大臣等持服期年,较从前以日易月之制已属有加,一切悉应如常。其服色、朝珠及穿用补褂蟒袍日期并嫁娶、宴会、作乐之处亦俱应如旧。得旨:本月二十三日圣母孝圣宪皇后大事业届初周,诸皇子及王公大臣等已满期年。今既经查照旧例,一切自应如旧。……所有王公大臣等如遇朕在宫内及诸臣有事进朝服色,俱着照旧。……统俟过二十七月后再行复旧。"

二月初三日,奏进新修之能图、赛喀纳列传满文并汉字本。

　　详《清国史馆奏稿》。

二月,高宗题陈容《六龙图》。步韵和之。

　　《素余堂集》卷二一《题六龙图》:"破壁风微继此翁,笔踪先后擅灵通。"

　　　　按:此诗并见《石渠宝笈续编》"《陈容六龙图》一卷"后附之臣工和章。御款作"戊戌仲春"。《御制诗四集》卷五六有同题之作,编次在乾隆四十四年(己亥),误。

　　　　又按:《素余堂集》卷二一自《题六龙图》以下为乾隆四十三年作。

三月初六日,随銮谒泰东陵途次,奉命充会试正考官,星驰回京。

　　《耐圃府君行述》:"戊戌三月,扈跸谒泰东陵,行次半壁店,奉旨:'充会试正总裁。'府君星驰回京。"

　　《乾隆帝起居注·四十三年三月》:"初六日丙寅,礼部奏乾隆四十三年戊戌科会试请钦点正副考官一疏,奉谕旨:遣于敏中为正考官,王杰、嵩贵为副考官。"

　　《军机处随手登记档》四十三年三月初七日登载有"于中堂折一件",其下注云:"初六日到京。"

三月初七日,于内阁听候宣旨入围。

　　《耐圃府君行述》:"府君……偕吏部侍郎王公、内阁学士嵩公入闱。"

　　《军机处随手登记档》:"四十三年三月初七日。于中堂折一件。初六日到京,在内阁俟宣旨行礼即行入闱。"

三月初八日,以同考官批阅朱卷近例改用紫笔,其色与朱相近,易滋弊混,奏请仍用蓝笔。翌日,得旨允行。

　　《耐圃府君行述》:"闱中房考近例改用紫笔,府君以其非便,奏请仍用蓝笔,亦得旨允行。"

　　《奏为同考阅卷请仍用蓝笔事》:"臣于敏中谨奏为请旨事。窃臣仰蒙恩命为会试正考官。……会同臣王杰、臣嵩贵率同考诸臣悉心校阅。……向例:评阅朱卷,同考用蓝笔,主考用墨笔。……蓝笔用于朱字之旁亦不嫌太素,相沿已久。……乾隆三十六年,经礼部议定。……将同考阅卷改用紫笔。夫紫与朱其色相近。……易与朱相混。圈点加于字旁,久不甚分明。……日久难保其不滋流弊。臣愚以为同考阅卷应仍照旧用蓝笔,其内收掌及书吏并当一体更正。惟内帘监试应仍用紫笔。庶

更足以昭慎重。……三月初八日。乾隆四十三年三月初九日奉旨：依议，钦此。"（一史馆，03—1174—051 号）

　　按：奏请改用蓝笔之事《起居注》《实录》俱系于三月初九日，非。

三月，主试春闱。题目为："子曰：'其言之不怍，则为之也难'"一节，"反古之道"，"且子食志乎？食功乎？曰食志"，赋得春服既成。得鲜字。先生阅卷数千，详加批点。力取义理醇正、笔力清刚者，以挽空疏颓风。得士戴衢亨、蔡廷衡、孙希旦、缪祖培等。

《耏圃府君行述》："府君……校阅得士缪祖培等一百五十六人。府君念场屋风尚竞趋墨裁，其弊将渐流于庸廓，因力取义理醇正、笔力清刚者以为之式。凡阅卷数千，皆详加批点，再四审慎甲乙去取，不爽毫厘，虽被放者无不翕然心服。"

法式善《清秘述闻》卷七："乾隆四十三年戊戌科会试……会元缪祖培，字敦川，江南泰州人。状元戴衢亨，字荷之，江西大庾人。榜眼蔡廷衡，字咸一，浙江仁和人。探花孙希旦，字绍周，浙江里安人。"

《素余堂集》卷首戴衢亨跋："戊戌会试，公为正总裁，衢亨猥荷鉴赏，幸魁同列，自是始得厕弟子行，所谓感恩又兼知已者矣。……衢亨始以文辱公之知，私淑者积有岁年，乃幸出公之门。"

陈康祺《郎潜纪闻》卷六："乾隆戊戌会试，金坛于文襄公、韩城王文端公为总裁。文襄丁巳状元，文端辛巳状元。王出于门，盖师生也。时于已大拜，王亦相继入阁。……是科状元大庾戴文端公……后亦为宰相，继两总裁衣钵，洵盛事之希有者。"

孙衣言《逊学斋文钞》卷六《敬轩先生行状》："先生孙氏讳希旦。……于文襄主戊戌礼闱，得先生所对策。读之曰：'使他人检书为之，不能有此。'"

法式善《清秘述闻》卷七："乾隆四十三年戊戌科会试。……题：'子曰其言'一节，'反古之道'一句，'且子食志……食志'，赋得春服既成。得鲜字。"

缪祖培，字晴岚，号敦川。江苏泰州人。乾隆四十三年会试第一。著有《修月楼诗稿》。传见《淮海英灵集·丙集》卷四、《清秘述闻》卷七。

孙希旦（1736—1784），字肇周，号敬轩。浙江瑞安人。乾隆四十三年一甲第三名进士，授翰林院编修。著有《礼记集解》《敬轩诗稿》《求放心斋诗文集》。传见《两浙轻轩录》卷三三、《清秘述闻》卷七。

有《赋得春服既成》诗。顾宗泰步韵和之。

《素余堂集》卷三四《赋得春服既成得鲜字八韵》："挟纩怜韦布,封题试诵弦。"自注云:"士子入试,各给绵氅御寒。"

顾宗泰《月满楼诗集》卷二十一有《赋得春服既成次相国于耐圃先生原韵此即戊戌春闱诗题》。

《素余堂集》卷二一另有《赋得春服既成》,系奉和御制之作。高宗原作见《御制诗四集》卷四六(戊戌)。

顾宗泰,字景岳,号星桥。江苏元和人。乾隆四十年进士。历官至高州知府。著有《月满楼诗文集》。传见《(同治)苏州府志》卷九〇、《国朝词综补》卷一四。

> 按:《赋得春服既成得鲜字》为本年会试题目,此诗于集中系于《定草榜日率尔成咏呈同事诸公》之前,当作于会试至出榜期间。

草榜既定,赋诗纪之。

《素余堂集》卷三四《定草榜日率尔成咏呈同事诸公》："朝来蕊榜待新题,都说文星可聚奎。只悔十年书未读,安能五色目无迷。个中辛苦深相忆,味外酸咸本不齐。怜彼青袍同鹄立,几人掩瑟尚凄凄。借诗题意作结。"

> 按:诗中云"朝来蕊榜待新题",蕊榜,又称进士榜(杨慎《升庵集》卷六八"蕊榜"条)。先生任四十三年会试之主考,故此诗当作于本年发榜前。

约三月下浣,高宗有《御制全韵诗》,为之跋。

国家图书馆藏乾隆间刻本《御制全韵诗》,有先生跋文,略云:"百廿卷御评选要,入冶而弥觉精深;五十篇乐府增吟,到海而真迷涯涘。……臣幸供笔札,叨侍禁廷。……非第形之胝沫,殚毕生之书诵忘疲;因思寿诸枣梨,俾寰寓之听瞻惬愿。臣曷胜踊跃欢忭之至。臣于敏中敬书恭跋。"印二:一曰"臣",一曰"敏中"。(善本号:A02993)

> 按:高宗《御制全韵诗》写作时间,据《清高宗实录》卷一〇六六:"乾隆四十三年戊戌九月丁亥朔……谕:……昨岁为《全韵诗》,于太祖、太宗大烈耿光,咸志述成什,端委毕该,洪纤具备。"似当在乾隆四十二年。然考《御制全韵诗》序:"既阅小祥,几政之暇,无所消遣,因以摛词。或一日一章,或一日两章,阅三月而成。""小祥"即亲丧一周

年祭礼。皇太后卒于乾隆四十二年正月二十三日,高宗此诗作于小祥之后,"阅三月而成",则当在四十三年三月至四月间。又,此诗见《御制诗四集》卷四七至卷四九,系于《微雨》(卷四六)之后、《斋居即事》(卷五〇)之前。《微雨》题下自注云:"三月十七日。"另据《实录》知是年斋戒为四月初四至初六日事。则《御制全韵诗》当成诗于乾隆四十三年三月下旬至四月初之间,与高宗诗序相合。《实录》高宗自述"昨岁为《全韵诗》"或系误记。

又按:陆锡熊《颐斋文稿》有《御制全韵诗跋》,题下自注云"代于文襄公作"。然与今本《全韵诗跋》文字差异颇大,未解其故,疑陆氏之文未被全采。

四月初十日,奏请殿试传胪仍照旧例举行,惟乐设而不作。

《奏议本年文武殿试传胪照旧进行事》:"大学士臣阿桂等谨奏:窃臣等于上年二月议准酌定仪注单,有'二十七月内传胪不升殿'一条。今臣等伏思殿试传胪系抡才巨典,并非元旦等令节升殿受贺可比。且较官员谢恩升殿典礼更大。臣等公同酌议,所有本年文武殿试传胪升殿自应照旧举行,惟乐设而不作。……乾隆四十三年四月初十日。臣阿桂、臣于敏中。臣英廉、臣程景伊、臣德福、臣曹秀先、臣景福、臣谢墉、臣阿肃、臣王杰。"(一史馆,03—0301—055号)

四月十一日,蒙询科场文风,对以"喜为长篇,冗蔓浮华"等语。高宗由是通谕全国作文以七百字为定格,务去肤词烂调。

《耐圃府君行述》:"戊戌……出闱后据实奏闻,蒙皇上特颁谕旨,训诫士子作文以七百字为定格。"

《乾隆朝上谕档》:"乾隆四十三年四月十一日内阁奉上谕:文以明道,自当以清真雅正为宗。……本年会试……放榜后询之大学士于敏中,据奏近年风气喜为长篇,又多沿用墨卷肤词烂调,遂尔冗蔓浮华,即能文者亦不免为趋向所累等语。士子平时当覃心经术,探讨古文及时文诸大家,以立其体。作文尤须体会儒先传说,以阐发圣贤精蕴,独出心裁,屏除习见语,其文自然合度。何必动辄千言,因陈不察耶?……嗣后乡、会两试及学臣取士,每篇俱以七百字为率,违者不录,其庸熟墨派悉行剔除。又或过为新奇,堕入牛鬼蛇神恶道,尤在所澄汰。……司衡者各宜示以正轨,务期风会蒸蒸日上,以副朕崇雅黜浮之至意。"

四月二十六日，同和珅、王杰等覆勘二甲第八名以下殿试卷。

《奏为奉旨覆勘殿试卷标识事》："臣于敏中、臣和珅、臣王杰、臣景福谨奏：臣等奉旨派令覆勘殿试卷标识，其前列十卷业蒙皇上钦定，毋庸校勘外，谨将二甲第八名以后及三甲各卷详细阅看。标识圈点俱不甚相悬，除三甲末违式九卷外，其余并无违式之卷。……乾隆四十三年四月二十六日奉旨：知道了，钦此。"（一史馆，03—1174—061 号）

五月初七日，以英廉出差，未能阅看朝考试卷。请旨是否另行简派阅卷大臣，为高宗所否。

《乾隆朝上谕档》："于敏中谨奏：本日翰林院奏请钦派朝考阅卷大臣，奉旨派出英廉、程景伊、嵇璜、王杰、阿肃、景福。今英廉现在出差，所有阅卷大臣应否另行简派一员之处，理合请旨。谨奏。乾隆四十三年五月初七日奉旨：不必添派，钦此。"

五月初八日，以迈拉逊违例更调拣选人员事，奉命向英廉、迈拉逊询明缘由覆奏。

《乾隆朝上谕档》："臣于敏中、臣梁国治谨奏：臣等遵旨询之英廉，据称：'我前日在奏事门内，迈拉逊来对我说吏部司员向其告诉昨日拣选知县内有陈圣准一员，具呈回避。因思额内既删去一人，即应移一人入。额若汉军三人连名俱在，额内未免迹涉嫌疑，意欲将原挑第九、第十之教习二人，与第七、第八之两汉军前后更调等语。我因其言及避嫌，即答云：既如此，凭你调换罢了。'臣等复询之迈拉逊，所言亦同。……臣等又诘之迈拉逊云：'你任吏部多年，岂不知吏部定例。'据云：'向来亦曾有更改者。'臣等因吏部现在检查十余年来，拣选之案通计三十余次，内迈拉逊奉旨拣选者共十一次，均无更改之事，复以此驳询迈拉逊，且诘之云：'你如以为汉军应行避嫌，拣选时即应少选汉军一、二人。今拣选排单既定，且已过两日，何必因回避一人，忽又违例更改。'迈拉逊云'我实未能见及于此'等语。理合将询问缘由据实覆奏。谨奏。乾隆四十三年五月初八日奉旨：迈拉逊着交部察议，钦此。"

五月二十五日，蒙赏《御制全韵诗》。

《乾隆朝上谕档》五月二十五日有"拟赏《御制全韵诗》名单"，内有军机大臣阿桂、于敏中、福隆安、梁国治、袁守侗、和珅。

六月初七日，以婿任嘉春签掣户部，先生为避嫌疑，请旨交部另掣。高宗

命将任事改掣刑部,并谕定议京官回避之例。翌日,具折谢恩。

《乾隆朝上谕档》:"乾隆四十三年六月初七日内阁奉上谕:本日据大学士于敏中面奏伊婿任嘉春捐纳分发主事,签掣户部,虽例不回避,但谊属至戚,理应避嫌,请交部另掣等语。任嘉春着分发刑部学习行走。至在京各部院堂司等官,虽非外任上司属员可比,亦有管辖考核之责,而外姻亲属中如翁婿、甥舅之类,戚谊最为亲近,向例概不回避,究未妥协。着该部另行定议具奏,钦此。"

《奏为恭谢将臣婿任嘉春令在刑部学习行走折》:"臣于敏中谨奏为恭谢天恩事。窃臣因臣婿任嘉春捐纳分发主事签掣户部,向例虽不回避,臣以谊属翁婿,理应避嫌,谨据实面奏,恳请另掣。仰荷圣恩,谕令在刑部学习行走。……为此缮折率臣婿任嘉春恭诣宫门,叩谢天恩。谨奏。乾隆四十三年六月初八日。"(台北故宫博物院,020103 号)

> 按:经部议,此后京官外姻亲属,"母之父及兄弟、妻之父及兄弟、己之女婿、嫡甥在同衙门,令官小者回避,同官者令后进者回避";而"妻之姊妹夫、本身儿女姻亲中表兄弟、子妇之亲兄弟",仍无需回避。详吏部《为在京各衙门现任官员应行回避条例抄单知照事致内务府等》(一史馆,05—13—002—000444—0055 号)。

六月中浣,奉命补书柳公权《兰亭诗帖》板缺画者,刻入《兰亭八柱帖》。

《耐圃府君行述》:"戊戌……是年奉命补书柳公权《兰亭诗帖》板缺画者,刻入《兰亭八柱帖》,蒙御制诗志事,府君依韵恭和。"

《御制诗四集》卷五一有《命大学士于敏中补书柳公权兰亭诗帖版缺书者诗以志事》。诗中自注云:"戏鸿堂帖所刻柳公权《兰亭诗》多有缺笔,兹命于敏中就刻本漫漶缺画者因其边旁补成全字,并仿董其昌临本意书之。其原刻本及董书所无之阙字、阙句则仍其旧,并以董临之卷及余所临卷钩摹上石,各为一册,亦艺林一段佳话也。"

《素余堂集》卷二一有奉和御制《命大学士于敏中补书柳公权兰亭诗帖版缺画者诗以志事》。诗中自注云:"臣奉敕摹补柳公权书《兰亭诗》刻本,已愧不能仿佛万一。今公权墨迹兰亭诗卷于《石渠宝笈》内披阅得之,缺笔与刻本无异,即《戏鸿堂帖》所摹本。臣展观至再,信如米芾所云'真者在前,气焰慑人'矣。"

又卷二三《己亥春帖子》"八柱兰亭丽藻鲜"句,自注云:"上以《石渠宝笈》所藏虞世南、褚遂良、冯承素临摹《兰亭》及柳公权书《兰亭诗》墨迹,又以董其昌临柳公权本并御摹柳本,并以戏鸿堂所刻柳公权本复命臣敏中临摹柳帖,补其缺笔,共为八册皆经题咏敕工钩摹上石,锡名《兰亭八柱帖》。……臣尤与有荣幸焉。"

> 按:高宗《命大学士于敏中补书柳公权兰亭诗帖版缺书者诗以志事》编次在《御制诗四集》卷五一(戊戌),则当为乾隆四十三年事。其又系于《夜雨六月初九日》之后,《雨六月十四日》之前,则奉命补书柳公权兰亭诗帖一事当在六月中旬。

六月二十一日,具折代新授右赞善王仲愚谢恩。

《奏为代新授右赞善王仲愚恭谢天恩折》:"大学士翰林院掌院学士世袭一等轻车都尉臣于敏中等谨奏为据情代奏恭谢天恩事。据新授右赞王仲愚呈称本月十九日奉旨:詹事府右春坊右赞善员缺,着王仲愚补授,钦此。窃仲愚邹鲁庸材,蓬茅下士。……乃仰沐夫隆慈,遂擢升于坊职。……所有感激下忱,请代奏等情,臣等理合据情代奏。……乾隆四十三年六月二十一日。臣于敏中、臣英廉。"(台北故宫博物院,020098 号)

王仲愚(1736—1782),字拙安,号荫台。山西太原人,后隶籍山东济宁。乾隆三十四年进士,选庶吉士。历官至翰林院侍讲,并先后充方略馆纂修、四库馆提调。传见《翰林院侍讲荫台王公墓志铭》(收《纪文达公遗集·文集》卷一六)。

闰六月初一日,前以高云从案革职留任,四年期满,蒙复衔职,并赏绿压缝靴一双。

《耐圃府君行述》:"戊戌……六月,以前次革职留任之案已届四年,蒙恩准其开复,并赏绿压缝靴一双。"

《乾隆朝上谕档》:"乾隆四十三年闰六月初一日内阁奉上谕:大学士于敏中前因太监高云从一案,革职留任,迄今已届四年期满,着加恩准其开复,钦此。"

> 按:此事《行述》载在六月,非。

闰六月二十一日,以顾宗泰、姚天成改辑《明纪纲目》,业已完竣,奏请将其带领引见。同日奉旨:授二人内阁中书。

《奏为请旨将改辑明纪纲目一书之进士顾宗泰姚天成带领引见折》:"臣于敏中、臣和珅、臣钱汝诚谨奏:窃照臣等前奉谕旨,改辑《明纪纲目》

一书,当经奏明请将朝考入选之进士顾宗泰、姚天成令其自备资斧,在馆效力纂辑。如果勤慎,书成后另行具奏请旨。……今《明纪纲目》四十卷陆续改辑,依限完竣。……臣等查该进士顾宗泰、姚天成二员在馆三年,行走勤慎,办书奋勉,今届书成,理合查照原奏旨应否带领引见,恭候皇上训示。谨奏。"乾隆四十三年闰六月二十一日奉旨:"顾宗泰、姚天成俱着以内阁中书即用,钦此。"(台北故宫博物院,020304号)

顾宗泰《月满楼文集》卷一四《诰授朝议大夫吏部郎中前封文林郎候补县丞显考存轩府君行述》:"不孝自乙未春闱幸第,金沙相国师特奏名充《明史纲目》纂修官。"

秦瀛《小岘山人文集》卷六《江西督粮道切斋张姚君诔》:君姓张氏。……袭姚姓,名天成。……其文稍异于时,磨勘几被黜。金坛于文襄公独才君,荐为《明纪纲目》纂修官。书成,授中书,在军机处行走。"

姚天成,原名张姚成,榜名作姚天成。字自东,号切轩,又号忍庵。浙江仁和人。乾隆四十年进士。历官至江西粮道。参修《通鉴纲目三编》。传见《两浙辅轩续录》卷一一。

七月初三日,以《老档》《舆图》业已办就,奏请将馆内承办之纂修、提调、收掌、翻译、誊录等官并额外帮办誊录及供事等分别等第,从优议叙。

《清国史馆奏稿》:"大学士公臣阿、大学士臣于谨奏为请旨事。臣等于乾隆四十年二月十三日奉旨办理无圈点老档,节经奏明,酌派国史馆官员敬谨办理,旋因篇页浩繁,请照恭修玉牒之例,于八旗候补中书、笔帖式、生监人员内拣选额外帮办誊录,自备资斧,帮同缮写在案。今查办就加圈点老档太祖丁未年至天命十一年八十一卷,太宗天聪元年至崇德元年九十九卷,照写无圈点册档一百八十卷,俱已陆续进呈。……请将进呈老档正本三百六十卷交武英殿,遵依实录黄绫本装潢成套,及誊出老档底本三百六十卷一并装订,恭送内阁敬谨尊藏,以昭慎重。再,臣等前经面奉谕旨另办加圈点老档一分,送阿哥书房,随时恭阅,遵即于乾隆四十一年六月二十三日奏请仍交原办八员办理。统俟完竣时应否议叙,再行请旨,仰蒙皇上俞允。今已办理完竣,请一并装潢恭送阿哥书房,敬谨存贮。再,臣等遵旨办理盛京、吉林、黑龙江舆图并即于办理老档熟练人员内捡派,敬谨办就,亦经进呈发下。查该承办人员自乾隆四十年在馆办理迄今已逾三年,共办老档九百本,舆图五排,均属小心奋勉,详细校录,可否量予从优议叙出自皇上天恩,如蒙俞允,臣等将承办老档舆图之纂修、提调、收掌、翻译、誊录等官并额外帮办誊录及供事等分别等第,造册咨部办理。至额外帮办誊录,在馆自备资斧,效力行走,已逾三年,今老档舆图既经完竣,则该员等并无接办事件,请照此次玉牒告成之例交部分别铨选,毋庸另扣到馆年限,是否有当,伏候睿鉴,为此谨奏。四十三年七月初三日进呈。"

同日,因吏部尚书永贵缘事革职,所遗满经筵讲官员缺,请旨派员充补。

《题为经筵讲官员缺开列礼部尚书钟音等员职名请旨简充事》:"臣于敏中等谨题为充补满经筵讲官事。该臣等查得原充经筵讲官吏部尚书永贵缘事革职,所遗经筵讲官一缺例应题请充补。……谨将各衙门送到各职名照例开列,恭请皇上简充一员。……乾隆四十三年七月初三日。得旨:钟音以原衔充经筵讲官,该部知道。"(一史馆,02—01—03—07173—010 号)

七月初九日,酌议闽商疲乏等事奏闻。

《乾隆朝上谕档》:"大学士臣于敏中等谨奏为遵旨会议具奏事闽浙总督杨景素奏闽商疲乏,酌筹调剂事宜一折,乾隆四十三年七月初五日奉旨:军机大臣会同该部议奏,钦此。……臣等公同酌议,是否有当,伏祈皇上睿鉴施行。谨奏。乾隆四十三年七月初九日奉旨:依议,钦此。"

杨景素(1711—1779),字朴园。江苏甘泉人。乾隆三年,授直隶蠡县县丞。历官两广、闽浙、直隶总督。卒,赠太子太保。著有《自春堂诗集》。传见《碑传集》卷七二、《国朝耆献类征初编》卷一七九等。

八月十二日,奉旨酌议修筑盛京城垣事,奏请将应修之十八处城垣分为三次修葺,其余地方僻小、无关紧要处则毋庸缮治。

《奏为遵旨会议修筑盛京城垣缘由折》:"大学士臣于敏中等谨奏为遵旨会议具奏事。本月初八日,奉上谕:盛京为本朝王迹肇基之地,朕恭谒祖陵,道出山海关经过各处,城垣多有坍塌,殊不足以壮观瞻而资捍卫,着军机大臣会同将军弘晌查明何处最为紧要,应行修筑,妥议具奏。……臣等伏查奉天各属惟盛京城垣……现在完固,毋庸修葺外,其余各属城垣俱久未缮治,实多坍塌。其必应修筑者,共有一十八处。……请就应修各城分为三次修葺。先将驻有官兵之锦州府、熊岳、凤凰城并大路经行之宁远州、广宁县、辽阳州六处较为紧要者为第一次。次将中前所、中后所、巨流河、义州、铁岭县、开原县六处为第二次。又次将抚顺、海城县、岫岩厅、盖州、复州、金州六处为第三次。其余屯卫堡驿虽旧有城垣而地方僻小、无关紧要者均毋庸修葺。……伏乞皇上睿鉴训示。谨奏。乾隆四十三年八月十二日。臣于敏中、臣福隆安、臣梁国治、臣和珅、臣弘晌。"(台北故宫博物院,020681号)

弘晌(1718—1781),爱新觉罗氏,允禩第十二子。满洲镶蓝旗人。袭奉恩将军,官至绥远城将军。卒,谥勤肃。传见《国朝耆献类征初编》卷二八九。

八月二十五日,奏请将睿亲王、豫亲王、肃亲王、克勤郡王四位入祀盛京贤王祠,得旨准行。

《奏为遵旨将睿亲豫亲王等四人入祀盛京贤良祠请旨折》:"大学士臣于敏中等谨奏:本日臣福隆安途次面奉谕旨,命于盛京贤良祠内将太庙配享之有功诸王一并崇祀。……伏查本年正月内睿亲王等蒙恩复还封号,并谕……配享太庙,而盛京贤王祠向未列入。谨拟遵旨将睿亲王、豫亲王、肃亲王、克勤郡王四位一并入祠崇祀,理合奏闻请旨,以便交将军弘晌等遵照办理。谨奏。"乾隆四十三年八月二十五日奉旨:"是,钦此。"(台北故宫博物院,020762号)

九月初三日,奉命将《盛京舆图》内东州、玛根丹二处粘签进呈,并据《舆图》改正国史馆传内之讹字。

《清国史馆奏稿》:"大学士臣于敏中等谨奏:前蒙发下李永芳传,谕令将东州、玛根丹二处于《盛京舆图》粘签呈览,臣等谨遵旨粘贴黄签进呈,但《舆图》内系'玛哈丹'而传作'玛根丹',交国史馆将'根'字更正。谨奏。四十三年九月初三日奉旨:知道了,钦此。"

九月十二日,以礼部侍郎钟音病故,奉命致函金简,令其接办缮录金元诸史等事。

《纂修四库全书档案》五三五《军机大臣于敏中等奏为遵旨派令缮录金元诸史事致金简函》:"径启者:十二日召见,面奉谕旨:钟音现在病故,其承办缮写三通馆金、元诸史,自应撤回。至应给纸张,如尚未发给,即不必发,若已发亦即收回。现在四库馆誊录内拔贡呈请效力者甚多,即将此项书籍派令缮录。尔等可寄信金简,令其遵照办理,毋庸再行提及。钦此。专此勒布,并候台祺不备。福、于、梁顿首。"

按：据《实录》，四十三年九月十二日高宗闻钟音之讣。此札既称"十二日召见，面奉谕旨：钟音现在病故"云云，则札中之"十二日"当为九月十二日。

同日，奉旨会同福隆安、梁国治、和珅等审拟金从善进递呈词一案。金从善以所进呈词内有"岂以不正之运自待"等诋斥当朝之语，处以凌迟。其胞兄金从辛、胞侄金德昌并其子金德盛皆坐以斩刑。妻女财产俱交刑部办理。所涉官员，亦交部严加议处。株连甚广。

《乾隆朝上谕档》："大学士臣于敏中等谨奏为遵旨严审定拟具奏事。窃照逆犯金从善进递呈词一案，奉旨行在：大学士、九卿会同严审定拟具奏，钦此。臣等当即公同研讯。……金从善呈递逆词，狂悖不法。……至所称'岂以不正之运自待'一语，胆敢诋斥本朝，尤为罪大恶极。……金从善应照律凌迟处死。……所有应行缘坐之胞兄金从辛及胞侄金德昌并拟斩立决，其子金德盛……应一并拟斩立决。其妻女财产俱交刑部，按律办理。……谨将臣等公同审讯缘由理合恭折具奏，伏乞皇上圣鉴。谨奏。乾隆四十三年九月十二日。臣于敏中、臣福隆安、臣梁国治、臣和珅、臣谢墉、臣金辉、臣颜希深、臣钱汝诚、臣徐绩、臣罗源汉、臣张若淳、臣江兰。乾隆四十三年九月十二日奉旨：金从善着从宽改为斩决，其缘坐之金从辛、金德昌、金德盛俱着改为应斩监后，秋后处决，余依议，钦此。"

九月中浣，展谒祖陵返驾途次经澄海楼，奉命同高宗、梁国治再叠前韵联句。

《御制诗四集》卷五四有《澄海楼联句》，其序云："乾隆四十三年秋，展谒祖陵跸途出入俱由山海关。回銮因登澄海楼，距甲戌之临虽越二纪，而登瀛胜概凭览依然，因命于敏中、梁国治再叠前韵联句，诗中禁体，亦循曩例也。"

按：此诗于《御制诗四集》卷五四中系于《题夷齐庙四景叠甲戌旧作韵》前。《清高宗实录》卷一〇六七："甲辰，谕：前已降旨，于山海关之澄海楼旁建立北海神庙。……是日，驻跸夷齐庙行宫，翼日如之。"语及澄海楼、夷齐庙，则联句之事当在九月十八日左右。

九月十九日，老档业经武英殿装潢完竣分送阿哥书房及内阁尊藏，奏闻于上。高宗谕令再行缮写，分贮盛京。

《清国史馆奏稿》："大学士公臣阿、大学士臣于谨奏为奏闻事。臣等遵旨办理无圈点老档于四十三年七月初三日完竣,遂经奏明交武英殿装潢,恭送内阁及阿哥书房存贮等因在案。今老档俱已装潢完竣,除遵旨将加圈点老档一百八十本恭送阿哥书房,随时恭阅外,谨将进呈过正本老档三百六十本并底本三百六十本恭送内阁敬谨尊藏,以昭慎重,为此谨奏。四十三年九月十九日奉旨:知道了,着再写一分送盛京尊藏,钦此。"

秋,跋《御制萨尔浒书事》。

《钦定盛京通志》卷一二八有先生《御制萨尔浒书事恭跋》,题下自注云:"戊戌。"其文略云:"洪惟我太祖高皇帝,受天明命,肇造区夏。时则有若萨尔浒之战……若林之旅罔有敌于我师。……爰绅金匮石室之书,亲御丹毫,胪详纪实。……俾天下后世咸知国家集勋垂统,震烁古今。……惟是鸿文副在秘阁,海内无由悉睹,臣不自揣量,辄盥录一通,刻诸贞珉,昭示无极。而臣区区钦服微忱,亦籍以抒写万一云。"

> 按:《御制诗四集》卷五三(戊戌)有《题萨尔浒十二韵》《萨尔浒再题》,均系四十三年秋盛京所作。先生此跋约在此时。

十月初四日,因承旨书谕,误将底稿内"事之所无"讹作"事之所有",交部察议。

《乾隆朝上谕档》:"臣等遵旨查昨日所递高朴一案,明发谕旨内错字二处。臣于敏中所写底稿,公同阅看。……'未必非事之所无'讹作'事之所有',实系臣于敏中昏聩糊涂,底稿错误。……请旨将臣于敏中交部严加议处。臣阿桂、臣福隆安、臣梁国治、臣和珅未能细加检点更正,均非寻常疏忽可比,应请一并交部严加议处。谨奏。十月初四日。乾隆四十三年十月初四日奉旨:军机大臣着交部察议。"

十一月初六日,奉旨将海清列传内岱豪事迹查明改正,粘签呈览。

《清国史馆奏稿》:"臣阿桂、臣于敏中、臣福隆安、臣程景伊、臣和珅谨奏为遵旨覆奏事。前臣等进呈海清列传,奉旨将传后附载伊子岱豪事迹查明改正。今恭查《实录》并乾隆二十年六月裁革岱豪等世职谕旨以及兵部原奏,详加核对,于列传内将岱豪事迹改正,谨粘贴黄签,恭呈御览。谨奏。四十三年十一月初六日奉旨:知道了,钦此。"

十一月初八日,此前因拟写上谕底稿内错误,经吏部察议,处以罚俸一年。

程景伊《题为遵旨察议内阁中书吴俊承办誊写谕旨错字降级留任大学士于敏中等照例罚俸事》:"至'无'字误写'有'字,系大学士于敏中底稿错误,应将大学士管理户部事务一等轻车都尉于敏中照表文舛错罚俸一年例罚俸一年。……乾隆四十三年十月初八日。"（一史馆,02—01—03—07210—011 号）

十一月,为孙德裕娶妇杨氏。

《耐圃府君行述》:"戊戌……十一月,为不孝德裕娶妇杨氏。"又:"杨氏,福建台湾县知县仲牧公讳耀曾孙女,现任河南祥符县知县勤圃公名墅女。"

《于氏家乘》:"杨恭人,乾隆庚辰二月廿二日生,嘉庆辛未二月十五日卒。"

十二月十八日,立春。有《己亥春帖子》。

《素余堂集》卷二三《己亥春帖子》:"除夕周辰待,_{自立春至岁除凡十二日。}嘉平浃日经。_{腊日至此适经旬日。}……七省再邀藏富惠,_{岁丙戌春曾降旨轮免天下漕粮,兹以万寿加恩再敕普蠲一周,亿兆更沾渥泽矣。}两科更拜作人恩。_{庚子春七旬万寿,先期宣谕:不举庆典,惟因多士望恩,诏于己亥八月、庚子三月开万寿恩科,俾皆忭慰。}……七厅芹泮奎章焕,_{升热河厅为承德府,余六厅皆为州县,并于热河设学,建立文庙,《御制碑记》亲书勒石以昭文治。}八柱兰亭丽藻鲜。"

　　按:据《近世中西史日对照表》,乾隆四十四年（己亥）立春在四十三年十二月十八日。

十二月,编校《钦定西清砚谱》告竣,具折奏进。

《钦定西清砚谱》卷首《凡例》,末署"乾隆四十三年,岁在戊戌嘉平月。臣于敏中、臣梁国治、臣王杰、臣董诰、臣钱汝诚、臣曹文埴、臣金士松、臣陈孝泳奉敕恭校订,臣门应兆奉敕恭绘"。

《西清砚谱》卷六"明制瓦砚"有先生识语:"古瓦浑然,质坚色粹。制为陶友,静用斯寄。未央非汉,铜雀殊魏。避赝存真,题示大意。敏中。"

又卷七"宋宣和梁苑雕龙砚"有先生及王际华识语:"懋勤殿旧庋砚,一圭角半刓矣。古色黝然,铭小篆文,语甚大。阴有'龙德膺符'四字,匣漆作蛇腹断,标名'梁苑雕龙研池',不载何代物也。考《宋史》徽宗由端藩入纂,改懿亲宅潜邸曰'龙德宫',用唐兴庆龙池故事。宋都汴京,梁苑在焉,其地两合,盖当时藩居故物,即位后镌石,以彰瑞应也。御定为宣和研,且系以诗,特命识于右。臣于敏中、臣王际华恭识。"下方侧面镌先生诗,其前半云:"梁苑雕纹古,端藩殿额沈。销磨一片石,挥洒万年箴。

　　卷八"宋苏轼从星砚"下方侧面镌先生诗。该诗复见《素余堂集》卷二三,题作《奉敕题宋端砚》,诗中注云:"石为蕉叶白。""砚右有苏轼铭'月之从星'云云""砚背长短柱凡六十有一,尚赢甲子之数。"

　　卷九"宋米芾兰亭砚"侧面镌先生诗。该诗复见《素余堂集》卷二三,题作《应制题宋砚》,题下注云:"左刻兰亭序,右刻兰亭图,后有米芾小印。"诗中注云:"砚有宣和、绍兴小玺及双龙圆玺。"

　　《四库全书总目》卷一一五:"《钦定西清砚谱》二十五卷。乾隆四十三年奉敕撰。每砚各图,其正面、背面间及侧面凡奉有御题、御铭、御玺及前人款识、印记,悉皆案体临摹,而详述其尺度、材质、形制及收藏、赏鉴姓名,系说于后,其旧人铭跋并附录宸章之后,下逮臣工奉敕所题,亦得备书。"

　　门应兆,字吉占。正黄旗汉军人。由工部主事派懋勤殿修书,充回库馆绘图分校官。补工部员外郎,升郎中,授宁国府知府。工绘人物、花卉。传见《国朝院画录》卷下。

是岁,有《奉敕题痕都斯坦玉羊头瓜瓣瓢》《奉敕咏灵珀》等诗。

　　诗俱见《素余堂集》卷二三。

　　《奉敕题痕都斯坦玉羊头瓜瓣瓢》诗中自注:"癸巳春得玉瓢一,与此制同,曾经御题藏箧。"

　　　　按:二诗于集中系于《丁酉春帖子词》之后、《己亥春帖子》之前,疑乾隆四十三(丁酉)年作。

是岁,张羲年、申甫、钟音、努三卒。

乾隆四十四年　　己亥(1779)　　六十六岁

正月初一日,高宗有《己亥元旦诗》《己亥元旦试笔》。为之跋。

　　《素余堂集》卷二五《恭跋御制己亥元旦诗》:"亥征仁寿,恰书绛县以登祺;纪协绥丰,共祝黄云之兆稔。"

　　同卷《恭跋御制己亥元旦试笔诗》:"两科亥子连开,征作人于椷朴;五载甲庚递免,裕藏富于仓箱。……展荤几以摘华元旦,宜成吉语;御丹豪而试采两章,欣听高吟。"

正月十六日,具折奏谢诏举恩科及豁免各省漕粮事。

《奏谢庚子年再免各省漕粮一事折》:"大学士臣于敏中等跪奏为恭谢天恩事。乾隆四十三年十月初三日,内阁奉上谕:着于己亥八月举行恩科乡试,庚子年三月举行恩科会试。……至各省漕粮……着于庚子年为始,复行普免天下漕粮一次。……臣等幸依魏阙,仰诵宸谟。……谨合词缮折,恭谢天恩。……乾隆四十四年正月十六日。"(台北故宫博物院,022473 号)

正月三十日,奉旨选派中书,分别以满、汉、蒙文缮录《开国实录》,并轮派懋勤殿行走翰林一人,入直照料收发。

《乾隆朝上谕档》:"大学士臣于敏中等谨奏:前奉谕旨,令主事门应兆恭绘《开国实录》一分,图内字迹应派员缮写。今臣等谨拟派内阁中书德宁、爱星阿、德成、常明缮写清字,军机处行走中书范鏊、程维岳、杜兆基、关槐缮写汉字,内阁中书三官保、和绅额、舒与阿、明善缮写蒙古字,俱在南书房敬谨缮写。……乾隆四十四年正月三十奉旨:知道了,钦此。"

《清高宗实录》卷一〇七五:"乙卯……大学士于敏中等奏前奉谕旨令主事门应兆恭绘《开国实录》,图内事迹应派员缮写。……并轮派懋勤殿行走翰林一人入直照料收发。报闻。"

二月初四日,经筵侍班。礼毕,高宗诣文渊阁赐茶。

《乾隆起居注·四十四年二月》:"初四日巳刻,上御文华殿。讲官德保、嵇璜进讲《论语》'先之,劳之,请益,曰无倦'四句,阿肃、董诰进讲《易经》'自上下下,其道大光'二句。……大学士于敏中等奏曰:皇上乾行不息,谦尊而光首,庶物而宵旰。……臣等幸聆御论,敬体宸衷,曷胜诚服之至。礼毕,上诣文渊阁,赐讲官及听讲诸臣茶。"

同日,奏进《开国实录》缮写之样片及译定之人地名,俟经阅定,即照此缮写正本。

《纂修四库全书档案》五九六《大学士于敏中奏呈开国实录样片恭候阅定以缮正本片》:"臣于谨奏:臣等选派中书十二员,在南书房缮写《开国实录》,因令各员先写样片呈览。至所有人地名,交国史馆查对现在译定字样改正,一并黏签进呈。恭候阅定,即交各员遵照敬缮正本。谨奏。乾隆四十四年二月初四日。"

二月初九日,奏进海清拉锡列传满文并汉文本。

《清国史馆奏稿》:"国史馆总裁大学士臣于敏中等谨奏:臣等今将进呈过新修海清拉锡汉字列传敬谨翻译,清文与汉字本一并恭呈御览。……四十四年二月初九日奉旨:知道了,钦此。"

三月十二日,奏进增修之姚启圣、吴英列传及新修之萨穆哈、阿山列传。

《清国史馆奏稿》:"国史馆总裁大学士于敏中等谨奏为恭进《国史列传》事。臣等现在增修旧书姚启圣、吴英二篇,添立新传萨穆哈、阿山二篇,分别缮写正本,有原传者粘签声明,恭呈御览。……四十四年三月十二日具奏。"

高宗作《赋得山夜闻钟》。步韵和之。

诗见《素余堂集》卷二一。

按:《御制诗四集》卷五八(己亥)有同题之作,系于《雨三月廿四日》之后、《夜雨三月廿六日》之前。

又按:《素余堂集》卷二一自《赋得山夜闻钟》以下为乾隆四十四年作。

三月二十六日,同梁国治、和珅等共阅试差考卷,于入选人员额外宽取三十名进呈。

《乾隆朝上谕档》:"臣于敏中、臣梁国治、臣和珅、臣德保、臣曹秀先、臣蔡新、臣董诰、臣阿肃谨奏:蒙发下试卷二百十六本,并面奉谕旨:明年南巡不能考试差,着于每次定额百名外宽取三十名备用,钦此。臣等公同阅看,谨将文理清顺之卷拟取入选者共一百三十本,遵旨仍照上届之例,不分等第,其余拟不入选者共八十六本,谨分束进呈。"

按:《清高宗实录》卷一〇七八:"壬辰……谕:今年恩科乡试届期,所有应行开列试差之进士出身人员,着于三月二十五日在正大光明殿考试。……于二十七日带领引见。"则阅卷时间约在三月二十六日。

三月二十八日,奏进新修之萨穆哈、阿山列传满文并汉文本。

《清国史馆奏稿》:"国史馆总裁大学士于敏中等谨奏:臣等今将进呈过新修萨穆哈、阿山汉字列传敬谨翻译,清文与汉字本一并恭呈御览。……四十四年三月二十八日奉旨:知道了,钦此。"

四月十一日,奉命随往泰陵、东陵,所有翰林院印钥暂交蔡新带管。

《乾隆朝上谕档》:"乾隆四十四年四月十一日内阁奉上谕:现在于敏中、德保俱随往泰、东陵,所有翰林院印钥着蔡新暂行带管,钦此。"

四月十二日,奏进增修之王熙、李辉祖、赵申乔三人列传及新修之噶礼

列传。

《清国史馆奏稿》:"国史馆总裁大学士于敏中等谨奏为恭进《国史列传》事。臣等现在增修旧传王熙、李辉祖、赵申乔三篇,添立新传噶礼一篇,分别缮写正本,有原传者粘签声明,恭呈御览。……四十四年四月十二日奉旨:知道了,钦此。"

四月二十九日,审拟智天豹编写妄诞逆书进献一案,奏请将智天豹处以凌迟、其徒张九霄斩立决。

《清代文字狱档》第四辑《奏审拟智天豹等折》:"大学士于敏中等谨奏为遵旨会同审拟具奏事。窃照逆犯智天豹编写妄诞逆书令伊徒张九霄持赴御道旁跪献一案,乾隆四十四年四月二十日奉旨:军机大臣会同刑部严审定拟具奏,钦此。臣等当将该犯等隔别研讯。……今智天豹……胆敢编造年号,妄称大清天定运数,并敢谎言遇见老主显圣传授,希图惑众。……至其书内有乾隆年数一条竟敢肆行咒诅,并于捏编年号内直书庙讳、御讳。……应照律凌迟处死。……张九霄应照知情隐藏大逆者斩律拟斩立决。至逆犯智天豹亲属,律应缘坐。……该犯等家内查出医方书本等项,应行销毁。智天豹家产行文直督查明入官。智天豹之徒靠山、殷成应令严缉,务获审明办理。……乾隆四十四年四月二十九日。……臣于敏中、臣福隆安、臣梁国治、臣和珅、臣德福、臣胡季堂、臣觉罗阿扬阿、臣钱汝诚、臣喀宁阿。"

胡季堂(1729—1800),字升夫,号云坡。河南光山人。兵部侍郎胡煦子。由荫生补顺天府通判。历官至直隶总督。卒,谥庄敏,赠太子太傅。著有《读史任子自镜录》。传见《国朝耆献类征初编》卷一八二、《清朝先正事略》卷一五等。

四月二十九日,以文渊阁直阁事金士松丁忧,所遗之员缺,请旨派员充补。

《奏为充补文渊阁直阁事折》:"臣于敏中等谨奏为请充补文渊阁直阁事事。……臣等伏查原充文渊阁直阁事、詹事府詹事金士松丁忧,所遗直阁事一缺……恭请皇上简派一员充补。……乾隆四十四年四月二十九日。大学士、文渊阁领阁事、翰林院掌院学士、世袭一等轻车都尉臣于敏中、礼部尚书署翰林院掌院学士臣德保。"(台北故宫博物院,023508号)

　　按:附折内朱笔圈出嵩贵。

撰《药王圣前公议老会碑》文。

国家图书馆"中华古籍资源库"收录有《药王圣前公议传膳老会感恩报德众善诚碣谁记》拓片两张。尺寸分别为 $102 \times 61 + 25 \times 19$(额)厘米、$102 \times 61 + 25 \times 22$(额)厘米。首题："药王圣前公议传膳老会感恩报德众善诚碣谁记",额题："传膳老会"。其文曰:"自炎帝味草木之性,作方书以疗民疾,而医道立焉。继此则岐伯内经、巫咸鸿术,其书既传,使天下后世得药物之效而人多寿考者,圣人之功也。厥后饮上池之水,抄肘后之方,代有传人,未可更仆以数考。《周礼·医师》所属有疾病医而其等分上中下,信哉医之道良不易,而活人之功当知所自也。方今圣人御宇,民物滋丰。登一世于春台,跻群生于寿域。系古盛时,海内平康,民无疾病夭札。兹何幸仰承覆育,食德饮和,寒暑不为灾,阴阳不为害,夫非帝利之普存,而即神功之默相耶!爰兴嘉会,敬献香花,众心罔斁,用修故事,勒石镌名并俾踵事者知所遵循云尔。钦赐内阁尚书于敏中撰,山东济南府济阳县邑庠生侯朝栋书。本庙住持明钟徒行福、柱宽、庆德。感次乾隆己亥四月念日合会人寺仝立。"(馆藏号:北京545)

　　按:此碑立于今北京市西城区旧鼓楼大街大觉寺。

　　又按:碑文末云"乾隆己亥四月念日合会人寺仝立",则该碑立于四十四年四月二十日,碑文撰写时间当在此稍前。

五月初七日,蒙赏《兰亭八柱帖》。

《乾隆朝上谕档》五月初七日有"拟赏《兰亭八柱帖》清单",内有军机大臣阿桂、于敏中、福隆安、梁国治、和珅诸人。

《清通志》卷一一六:"《御刻兰亭八柱帖》,乾隆四十四年。臣等谨按:《御刻兰亭八柱帖》,内前三册为虞世南、褚遂良、冯承素模本,四册为柳公权书兰亭诗,五册为戏鸿堂刻柳公权书兰亭诗,六册为御敕于敏中补柳公权书兰亭诗,七册为董其昌仿柳公权书兰亭诗,八册为御临董其昌仿柳公权书兰亭诗。卷首御题五言排律一首,卷中御题七言绝六首、七言律四首、御跋四,又于敏中恭和御制元韵七言律一首。"

五月初十日,奏进新修之噶礼列传满文并汉文本。

《清国史馆奏稿》:"国史馆总裁大学士于敏中等谨奏:臣等今将进呈过新修噶礼汉字列传敬谨翻译,清文与汉字本一并恭呈御览。……四十四年五月初十日奉旨:知道了,钦此。"

五月十一日,审拟殷成、靠山,查明二人实无拜认智天豹为师一事,奏请将

其交原籍地方官严加管束。

《清代文字狱档》第四辑《奏审拟殷成靠山折》："大学士臣于敏中等谨奏为奏闻事。窃照逆犯智天豹编写妄诞逆书一案。……该犯之妻李氏供有曾称智天豹为师父之殷成、靠山二犯缉获另结等因在案。旋据直隶布政使单功擢将殷成、靠山先后拿获,并在各犯家内搜出经卷及道服等件……臣等当即逐加审讯。……查殷成即郭应成、靠山即郭汝海虽严讯,并无拜认智天豹为师及别项为匪不法情事。……俱应照不应重律杖八十递交原籍地方官严加管束。……其搜获道服、经卷等物应即销毁,理合恭折具奏。……乾隆四十四年五月十一日奉旨:依议,钦此。"

五月十二日,随扈热河,自圆明园启跸。十八日,扈跸承德府行宫。

《耐圃府君行述》:"己亥五月,扈跸热河。"

《乾隆帝起居注·四十四年五月》:"十二日乙未,上秋狝木兰,自圆明园起銮。"又:"十八日辛丑……是日驻跸承德府行宫。"

五月中浣,高宗有《热河承德府纪事八韵》,纪承德府之设。为之跋。

《素余堂集》卷二七《恭跋御制承德府纪事诗》:"谨案:热河,辽、金虽置州军而规制未备,故其遗迹率不可考。……洪惟圣祖仁皇帝巡跸经行相度及此,缔构避暑山庄。……我皇上绍承家法,自乾隆壬申以来每岁必先驻山庄,至仲秋始幸木兰行狝典。……若夫热河,自圣祖至今百有余年,户口日以滋,田野日以辟,市廛日以密,隐赈骈廛,货别隧分,俨然一都会矣。上于是治河渠以保闾阎,祀城隍以佑民社,设义学以育俊秀,建文庙以励胶庠,立诚院以资考课。复诏曰:'是不可不核名实以重职守也。'遂升热河厅为承德府,余六厅则为州一,为县五,咸以隶焉。几暇制为七言长律以纪其盛,而溯原兴建山庄之由。"

按:《热河承德府纪事八韵》见《御制诗四集》卷六二(己亥),为乾隆四十四年作。此诗系于同卷《至避暑山庄得句》之后、《雨》之前。据《起居注》,驻跸避暑山庄事在五月十八日,又《雨》题下自注"五月廿一日",则《热河承德府纪事八韵》当作五月中旬左右。

又按:升热河厅为承德府,详乾隆四十三年二月十五日上谕:"京畿东北四百里热河地方。……自皇祖康熙四十二年肇建山庄,秋狝经行,往还驻跸。皇考……设立热河厅,寻改承德州。……今宜升为承德府。"

五月二十二日,蒙赏《久任诗》。

《乾隆朝上谕档》:"前发下御制《久任诗》五十分,命赏各省督抚及在京之尚书、侍郎。"后附五月二十二日"拟赏《久任诗》大臣、将军、督抚名单",内有军机大臣阿桂、于敏中、福康安、梁国治、和珅诸人。

五月二十五日,以热河新建文庙之释奠礼既成,前所续奉派出之汉讲官吴省钦先行回京,特奏闻于上。

《奏为汉讲官吴省钦先行回京情形折》:"臣于敏中谨奏……热河新建文庙落成,皇上亲诣行释奠礼。……兹五月二十四日释奠礼成,所有续奉派出之汉讲官吴省钦应令其先行回京,理合奏闻。……乾隆四十四年五月二十五日。"(台北故宫博物院,023708号)

吴省钦(1729—1803),字充之,号白华。江苏南汇人。乾隆二十八年进士,选庶吉士。历官至都察院左都御史。著有《白华前稿》《白华后稿》等。传见《国朝耆献类征初编》卷九七、《国朝诗人征略初编》卷四〇、《清史列传》卷二八。

六月初八日,国史馆《贰臣传》乙编之冯铨、孙之獬、房可壮、张缙彦四传纂就,进呈御览。

《清国史馆奏稿》:"国史馆总裁大学士臣于敏中等谨奏:臣等遵旨于国史内另立《贰臣传》一门,分为甲、乙二编,今谨将纂就应入乙编之冯铨、孙之獬、房可壮、张缙彦四传恭呈御览。……四十四年六月初八日奉旨:知道了,钦此。"

　　按:乾隆四十一年十二月初三日,高宗命于国史内另立《贰臣传》:"我朝开创之初,明末诸臣望风归附。……此辈在《明史》既不容阑入,若于我朝国史因其略有事迹,列名叙传。……非所以昭褒贬之公。……自应于国史内另立《贰臣传》一门。……着国史馆总裁……编列成传,陆续进呈朕裁定。"四十三年二月二十四日,复命将《贰臣传》分为甲、乙二编,用示区别:"兹念诸人立朝事迹既不相同,而品之贤否邪正亦判然各异,岂可不为之分辨?……着交国史馆总裁于应入《贰臣传》诸人详加考核,分为甲、乙二编,俾优者瑕瑜不掩,劣者斧钺凛然,于以传信简编而待天下后世之公论。"(《乾隆朝上谕档》)

六月上浣,高宗题钱陈群和韵书册。步韵和之。

《素余堂集》卷二一《题钱陈群和韵书仍用癸巳诗韵》诗中自注:"陈群

下世距今已六年矣。"

　　　　按:此诗并见《石渠宝笈三编》"《钱陈群自书恭和高宗纯皇帝御制
　　　巡幸天津诗》一册"(御款"己亥季夏上浣御笔")所附臣工之和章。

七月初五日,奏进增修之陈廷敬列传及新修之鄂善、赫寿、萨布素三人列传。

　　《清国史馆奏稿》:"国史馆总裁大学士臣于敏中等谨奏为恭进《国史列传》事。臣等现在增修旧传陈廷敬一篇,添立新传鄂善、赫寿、萨布素三篇,分别缮写正本,有原传者粘签声明,恭呈御览。……四十四年七月初五日具奏。"

七月初八日,查得钦点之山西副考官李镜图现丁母忧,请旨另行选派。

　　《乾隆朝上谕档》:"臣于敏中谨奏:查本日钦点山西副考官李镜图于五月内已丁母忧,应请旨另点一员,以便随报发京。谨奏。七月初八日。"

七月十六日,因未查明李英等顶名赴馆效力一事,而率行出结,为德保所参。十九日,以失察之咎处以罚俸一年。

　　德保《题为遵议光禄寺署正张九皋等失察李英改姓出结照例分别处分事》:"臣德保等谨题为遵旨查议事……英廉等奏称顺天府及户部四库全书处国子监等衙门具奏誊录监生蒋翰呈请改姓,查系两名重复,究出顶帽假照情弊一案。……其不行查明、率行出结及失察之该管承办各官,均应分别议处。……该管之大学士管理户部事务一等轻车都尉于敏中……照失于查察罚俸一年例罚俸一年。……乾隆四十四年七月十六日。"(一史馆,02—01—03—07272—004 号)

　　《乾隆帝起居注·四十四年七月》:"七月十九日吏部议大学士于敏中、户部尚书英廉奏描摹假印监照、冒名诓骗李英等顶名赴馆效力,并赴户部呈请换照、改籍、复姓,其不行查明率行出结,及失察之该管承办大学士于敏中等均应照例分别议处一疏,奉谕旨:于敏中、英廉、梁国治、和珅、董诰、萧际韶俱着罚俸一年。……余依议。"

七月二十八日,奏进新修之鄂善、赫寿列传满文并汉文本。

　　《清国史馆奏稿》:"国史馆总裁大学士于敏中等谨奏:臣等今将进呈过新修鄂善、赫寿汉字列传敬谨翻译,清文与汉字本一并恭呈御览。……四十四年七月二十八日具奏,八月初五日发回。奉旨:知道了,钦此。"

八月十一日,呈报高朴名下书籍之违碍情形。

《纂修四库全书档案》六四三《军机大臣于敏中奏阅看发下高朴名下书籍情形折》:"臣于谨奏:前蒙发下高朴名下书籍各种,令臣阅看有无违碍。臣逐加披阅,内尤恫《西堂余稿》恭载世祖章皇帝与僧人道忞问答语,非臣下所宜刊刻流传,其余记载亦多失实,又有引用钱谦益诗话,应行销毁。又《练川十二家诗》诸廷槐诗内,有题钱谦益《有学集》七律一首,应一并销毁。此外,《虞初新志》《寄园寄所寄》两部,各省解到应毁书内,亦有此二种,应汇总核办再奏。至《博古图》《米帖》二种,似尚可备陈设。其《清文鉴》《清字资治通鉴》《小学大全》等十二种,尚属有用之书,应交武英殿存留备用。其余小说杂记及残缺不全等书,应交何处收存,理合奏闻请旨。谨分别开单进呈,恭候钦定。谨奏。乾隆四十四年八月十一日。"后附"高朴名下书籍等物单"及"应请旨销毁书""应汇办书""可备陈设""应交武英殿备用书"诸清单。

八月上中浣,高宗有《赋得鸿雁来》。步韵和之。

诗见《素余堂集》卷二一。

> 按:《御制诗四集》卷六四(己亥)有同题之作,系于《雨八月初三日》之后、《中秋日作》之前。

九月初八日,奏进增修之刚阿泰、于成龙列传并新修之传舒恕、吉哈礼列传。

《清国史馆奏稿》:"国史馆总裁大学士臣于敏中等谨奏:臣等今将进呈过增修旧传刚阿泰、于成龙二篇,添立新传舒恕、吉哈礼二篇,分别缮写正本,有原传者粘签声明,恭呈御览。……四十四年九月初八日附本报具奏。九月十一日发回。奉旨:知道了,钦此。"

九月十五日,孙于德裕于顺天乡试中试第七十五名举人,随同赴行在叩头谢恩。

《耐圃府君行述》:"己亥……九月顺天乡试榜发,不孝德裕中式第七十五名举人,赴行在随府君叩头谢恩。"

《乾隆帝起居注·四十四年九月》:"十六日丁酉,大学士于等奉谕旨:昨大学士于敏中之孙于德裕中式举人,前赴行在谢恩。"

九月十六日,高宗指示于德裕试卷内认题不真及遣词不当处,并降旨诫谕士子务以清真雅正为宗。先生奏请将德裕照例停科,蒙恩宽免。

《耐圃府君行述》:"蒙宣阅德裕试卷及本科魁卷,仰承指示疵颣,仍降旨明切训谕。府君奏请将德裕照例停科,邀恩宽免。府君感念栽培成就之德下逮童孙,浃髓沦肌,倍深衔结,泣谕不孝读书上进,勉思自效,捐糜诚励甚至。"

《乾隆帝起居注·四十四年九月》:"十六日丁酉,大学士于等奉谕旨:昨大学士于敏中之孙于德裕中式举人,前赴行在谢恩,因令其将闱中诗文默出呈览。虽大致尚属清顺,但其首篇内'朝廷自有养贤之典,何臣子偏为过激之辞''小臣意为弃取,而大君驭富无权',又'今日之粟出之于国,非出之于家''国家无以报功,而群下适为多事'等句语意俱与传注不合。……又云夫子'行芳志洁','行芳'非六经所有,而以拟夫子,更觉不伦,此实认题不真及遣词不当之故。但恐通场类此者,或所不免。……兹闱中所取之文大率如此,自不能专治于德裕一人。若因于德裕而兼及众人,朕又不肯为已甚之举。总由近时文风日坏,习制义者只图速化,而不循正轨。无论经籍束之高阁,即先儒传注亦不暇究心。惟取浮词俗调揣撦求售。……前曾降旨,厘正文体,务以清真雅正为宗。着再明白晓谕,嗣后作文者各宜体认儒先传说,阐发题义,务去陈言,辞达理举,以求合乎古人立言之道。试官阅卷亦当严为甄别,讲究正解。一切肤词烂调,概摈不录。庶趋向益真,而文化可期蒸蒸日上。若再不能仰体朕意,仍复掉以轻心,必令此等庸陋词句悉行磨勘,以示惩儆。毋谓朕不戒视成也,将此通行传谕知之。"

九月十九日,自承德抵京。途次因感风寒,嗽喘复发,久之弗愈。

《耐圃府君行述》:"己亥……府君自热河回京,因感冒风寒,嗽喘复发,投以清解之剂,久之弗愈。"

《奏为恭谢恩赐人参折》:"伏念臣素禀屡羸,兼多疾病。每交冬令,辄易感寒发喘。今冬早发一月,势亦较剧,日渐委顿难支。"(台北故宫博物院,025654 号)

《乾隆帝起居注·四十四年九月》:"十九日庚子……驾至圆明园驻跸。"

病中致书孔宪培,报以平安。

孔宪培《凝绪堂诗稿》卷三《哭外父于文襄公》,诗中自注:"外父每作札,必书'余再悉',此次病中止书平安数语,独无此句,遂成凶谶。"

九月,奉命详勘刑部招册,审定各省应勾决狱犯。

　　据《起居注》,本月覆奏之秋审勾决诸省罪犯依次为:九月十四日,云南、贵州;十七日,四川、广西;二十二日,广东、福建;二十四日,奉天、陕西、浙江。

十月初二日,奏进新修之萨布素列传满文并汉文本。

　　《清国史馆奏稿》:"国史馆总裁大学士臣于敏中等谨奏:臣等今将进呈过新修萨布素汉字列传敬谨翻译,清文与汉字本一并恭呈御览。……四十四年十月初二日奉旨:知道了,钦此。"

十月初四日,奏请将武英殿承办各书之费振勋、丁履谦赏给内阁中书,仍令承办《荟要》面签等项,钱致纯、王元照、靖本谊、石养源、徐秉文等员赏给知县。

　　《奏为四库全书及荟要面签等项仍交费振勋丁履谦承办并请加恩鼓励折》:"臣于敏中、臣英廉、臣董诰、臣金简谨奏为请旨事。查乾隆四十年五月内经臣等奏明挑取新进士十二员赴武英殿缮写《古今图书集成》并《四库全书》及《荟要》面签。续又奏明凡《天禄琳琅》内所有应入四库之书,外间并无别本者并交该进士等先缮副本。嗣又奏明刊刻《皇清职贡图》即交该进士等缮说并司校对。又奏明摆印聚珍版各书,派令该进士等协同校阅各在案。该员等四年以来承办各书并极奋勉。现在《皇清职贡图》业已刊校全竣。其《荟要》两分面签、匣签亦将全完。《天禄琳琅》内各书底本缮校过一百八十余册,均无贻误。……臣等留心察看,量其材质所宜,请旨分别加恩,以示鼓励。可否将费振勋、丁履谦二员照进士姚天成等之例,以内阁中书即用,钱致纯、王元照、靖本谊、石养源、徐秉文五员照进士杨懋珦等之例以知县即用,出自皇上天恩。至所有现办之《荟要》面签等项仍交费振勋、丁履谦承办。为此谨奏请旨。乾隆四十四年十月初四日。"(台北故宫博物院,025005 号)

　　费振勋(1738—1816),字策云,又字鹤江、蒙士。江苏吴江人。乾隆四十年进士。乾隆五十一年以内阁中书升授户部四川司主事。历官至户部四川司员外郎。传见《(同治)苏州府志》卷一〇八。

　　丁履谦,榜名王履谦。山东长清人。乾隆四十年进士。官内阁中书。传见《(光绪)武进阳湖县志》卷一九。

同日,以吴绍溕、胡荣充《荟要》总校二年有余,卓有成效,奏请赏给其庶吉士,用示鼓励。

《奏为吴绍溱胡荣二员总校荟要将次完毕请赏庶吉士以示鼓励折》：
"臣于敏中、臣英廉、臣董诰、臣金简奏为请旨事。查乾隆四十二年七月内，臣等因缮办《荟要》第二分需员校勘，奏请将进士吴绍溱、胡荣二员充为总校。……所有第二分《荟要》书业经校得八千余册，陆续进呈御览。其余三千余册现在校勘将次完毕，本年冬底可以全行呈进。……该二员在馆自备资斧效力，实历二年有余。……合无仰恳皇上天恩将吴绍溱、胡荣二员赏给庶吉士，与明年新科庶吉士一同散馆，以示鼓励。……乾隆四十四年十月初四日。"（台北故宫博物院，025006 号）

十月初六日，宁寿宫庆成。同诸王大臣入殿观瞻，复蒙赐宴西配殿。

《乾隆帝起居注·四十四年十月》："初六日壬辰，宁寿宫庆成，上御皇极殿。……大学士于敏中、尚书公额驸福隆安、协办大学士英廉、尚书梁国治、侍郎和珅、金简、两江总督萨载入殿，赐坐赐茶毕。上御阅是楼，仍召诸王大臣入，同皇子、皇孙、皇曾孙及承办宁寿宫官员至西配殿赐宴。"

十月二十日，以瑚世泰病故、景福出差，二人所遗之满经筵讲官员缺，请旨派员充补。

《题为开列各衙门送到各职名请旨简员充补满经筵讲官事》："臣于敏中等谨题为充补满经筵讲官事。……原充经筵讲官吏部左侍郎瑚世泰病故，所遗经筵讲官一缺例应题请充补。……乾隆四十四年十月二十日。得旨：永贵着以原衔充经筵讲官。"（一史馆，02—01—03—07250—029 号）

《题为开列各衙门送到各职名请旨简署满经筵讲官事》："臣于敏中等谨题为请署满经筵讲官事。臣等查得兵部左侍郎景福奉旨派往阿克苏办事，所有经筵讲官一缺前经臣等奏请简署，奉旨：着德福署理。今德福业于本年四月充补迈拉逊所遗讲官之缺，其景福讲官原缺仍应题请简署。……乾隆四十四年十月二十日。得旨：阿扬阿署经筵讲官。"（一史馆，02—01—03—07250—030 号）

景福，字仰亭，一字介之。满洲镶白旗人。乾隆十七年进士，选庶吉士，授编修。官至兵部侍郎。传见《八旗诗话》。

十月二十二日，明岁南巡酌派德昌、陈崇本随营经理，照料书籍之往返收发，奏请赏给二人船只。

《奏为酌派德昌等随营照料四库全书往返收发事并请赏给船只折》：
"大学士翰林院掌院学士世袭一等轻车都尉臣于敏中等谨奏：明岁恭奉皇

上南巡,所有四库全书处书籍遵照巡幸热河之例,随报进呈,往返收发需员照料。臣等酌派办事翰林兼提调之检讨德昌、编修陈崇本随营经理。渡河后请赏给该二员船一只,随臣于敏中在前营第三拨行走。……乾隆四十四年十月二十二日。大学士翰林院掌院学士、世袭一等轻车都尉、臣于敏中、协办大学士事务、户部尚书兼管刑部事、翰林院掌院学士、臣英廉。"(台北故宫博物院,025156 号)

德昌,字容伯,一字树堂。满洲镶黄旗人。乾隆四十年进士。官侍读学士,后降国子监司业。传见《清秘述闻》卷一六、《清朝续文献通考》卷二六六。

陈崇本,字伯恭。河南商丘人。乾隆四十年进士。历官至宗人府丞。传见《清秘述闻》卷八、《辛丑销夏录》卷一。

十月二十四日,以内阁侍读孙永清明敏谙练,请旨将其留任军机处,襄理机务。

《乾隆朝上谕档》:"大学士臣于敏中等谨奏为请旨事。窃查军机处行走内阁侍读孙永清……应于本月签掣刑部陕西司郎中缺。伏查该员……实为军机处得力之员。今推升刑部郎中,该衙门案件繁多,不能专办本处事务,相应请旨将该员以郎中升衔,暂留内阁侍读之任,俾得专心仍办军机处之事,而臣等多一熟练之员,于公务亦有裨益,理合奏闻。……乾隆四十四年十月二十四日奉旨:知道了,钦此。"

十月,孔昭焕母何太夫人病故,特寄挽章。

孔宪培《凝绪堂诗稿》卷三《哭外父于文襄公》诗中自注:"今秋逢祖母大故,十月内,外父远寄挽章,读之哀感。"

> 按:《凝绪堂诗稿》卷八有《梦先祖母何太夫人》,《素余堂集》卷三三又有《衍圣公母何太夫人寿词》,知孔宪培祖母即何太夫人。

十月,奉命详勘刑部招册,审定各省及朝审应勾决狱犯。

据《起居注》,本月覆奏之秋审勾决诸省罪犯依次为:十月初四日,湖南、湖北;初七日,江西、安徽、江苏;十九日,山西、直隶。又二十九日,奉命审定朝审情实应勾决之罪犯。

十一月初一日,奏进增修之李光第列传。

《清国史馆奏稿》:"国史馆总裁大学士臣于敏中等谨奏为恭进《国史列传》事。臣等现在增修旧传李光第一篇,缮写正本,粘签声明,恭呈御览。……四十四年十一月初一日奏。"

十一月十六日,奉命详勘刑部招册,审定河南、山东两省应勾决狱犯。

　　见是日《起居注》。

十一月十七日,所奏四库馆所进书籍错误数次一疏,经吏部查核,分别议处。永璇、嵇璜、朱珪、张能照、戴衢亨、莫瞻菉、马启泰、汪镛等,或处以罚俸,或级纪相抵。

　　《乾隆帝起居注·四十四年十一月》:"十七日,是日吏部议大学士于敏中等奏四库馆所进书籍错误数次,业经按季详加查核,内有八阿哥抽阅书内错误一次,总裁嵇璜、总阅朱珪各记过一次,总校官归班进士杨懋珩、翰林院编修张能照、修撰戴衢亨、编修莫瞻菉、马启泰、汪镛等应各照例罚俸一疏。奉谕旨:皇八子永璇着罚尚书俸六个月。嵇璜、朱珪俱着罚俸六个月。张能照、戴衢亨俱着罚俸三个月。莫瞻菉着销去纪录一次,免其罚俸。马启泰、汪镛罚俸三个月之处,俱着注于纪录抵销。余依议。"

　　永璇(1746—1832),爱新觉罗氏。高宗第八子。乾隆四十二年,命管理雍和宫事务。四十四年,充四库馆总裁,晋封多罗仪郡王。道光十二年卒,谥曰慎。传见《清史稿》卷二二一。

　　汪镛(1729—1804),字东序,号芝田。山东历城人。乾隆四十年一甲第二名进士,授翰林院编修。历官至顺天府府丞。传见《(道光)济南府志》卷四二。

十一月中浣,取俸银交德裕,促其分寄族人,以佐饘粥。

　　《耐圃府君行述》:"府君……好善不倦。……每当岁暮,必辍俸镪以佐宗人饘粥,长幼各有数。今岁十一月即促不孝等缄封分寄,不孝等方私讶何早计如此,孰知才及两旬而遽伤易箦也。"

　　　　按:《行述》谓分寄俸银事距先生之卒"才及两旬",先生卒于四十四年十二月初七日,以此逆推之,则分寄俸银事在十一月中旬。

十一月二十八日,奏进新修之觉罗吉哈礼、舒恕列传满文及汉文本。

　　《清国史馆奏稿》:"国史馆总裁大学士臣于敏中等谨奏:臣等今将进呈过新修觉罗吉哈礼、舒恕汉字列传敬谨翻译,清文与汉字本一并恭呈御览……四十四年十一月二十八日奏。"

十一月,先生病势愈甚,气逆渐剧,行走竭蹶,仍入直如常,绝无怠色。

　　《耐圃府君行述》:"至十一月间疾势浸剧,气逆弥甚,行走竭蹶,难于自持。府君感念圣恩,矢怀尽瘁,不肯稍自旷懈,每晨犹早起入直如常。时遇有缮写事件,据案起草,绝无怠色。"

孔宪培《凝绪堂诗稿》卷三《哭外父于文襄公》:"寒疾较增去岁时,犹闻入直强支持。"

　　按:《乾隆帝起居注》本年十一月三十日尚有"于敏中等奉谕旨"之记录。知此前均入直如常。

十二月初一日,以病势渐剧,高宗特予假调治。先生还第自草奏折谢恩,字画端楷,无异平时。

《耐圃府君行述》:"十二月初一日荷蒙圣慈垂鉴,特谕予假调治。府君还第自草奏折谢恩,字画端楷,无异平日。"

《御制诗四集》卷六四《故大学士于敏中惜辞》内自注:"大学士于敏中常年冬月寒病举发,调治即痊。今年增甚,犹支持入直至十二月初一日。察其渐剧,因给假调理。"

十二月初二日,疾势忽增,喘逆不止,形容委顿。

《耐圃府君行述》:"初二日疾势忽增,喘逆不止,形神渐觉委顿。不孝等惊惶无措。"

十二月初三日,福长安奉命探视,并赏给人参一斤。午刻,侍郎和珅奉命探病,询问近日神气。申刻,太医陈世官等前往诊视,商酌用药。先生因急进补剂,神色稍定。

《耐圃府君行述》:"适署工部侍郎福公长安衔命看视,以状奏闻。特命医院堂官陈世官、武世倬商酌用药。复赐人参一斤。因急进补剂,神色稍定。"

《乾隆朝上谕档》:"乾隆四十四年十二月初三日奉旨:着加恩赏给大学士于敏中人参一斤,钦此。"

《奏为恭谢恩赐人参折》:"本月初三日,蒙恩命工部侍郎臣福长安至臣家传旨慰谕存问,并赏臣人参一斤。"(台北故宫博物院,025654号)

《奏为恭谢诏遣侍郎和珅慰问臣病折》:"本月初三午刻,特遣侍郎臣和珅至臣家传旨询问臣两日以来神气如何,臣以羸杇之躯,仰荷垂眷优渥。……随经详悉告知,和珅嘱其代为奏闻,以慰圣念。"(台北故宫博物院,025655号)

《奏为恭谢诏遣太医院使陈世官为臣诊病折》:"奏为恭谢天恩事。本

月初三日申刻,仰蒙皇上询问太医院堂官何人该班,随蒙恩遣院使陈世官至臣家诊视。"(台北故宫博物院,025656 号)

　　福长安(1760—1817),富察氏,字诚斋。满洲镶黄旗人。大学士傅恒子。乾隆四十年自蓝翎侍卫升授三等侍卫。历官户部、兵部、工部等部尚书,正蓝旗满洲副都统。传见《国朝耆献类征初编》卷九三、《清朝先正事略》卷一八、《清史稿》卷三〇一。

十二月初四日,具折奏谢诏遣大臣、太医诊视并赏给人参事。

　　《奏为恭谢恩赐人参折》:"本月初三日,蒙恩命工部侍郎臣福长安至臣家传旨慰谕存问,并赏臣人参一斤,臣叩头祇领讫。伏念臣素禀孱羸,兼多疾病。每交冬令,辄易感寒发喘。今冬早发一月,势亦较剧,日渐委顿难支。蒙皇上曲加体恤,令臣乞假调养,兹复特遣大臣看视,恩赐参斤。……自今宿疾渐蠲,皆出洪慈再造。……惟有遵旨安心调摄,得冀全痊,庶以余生勉酬高厚。所有臣感激下忱,理合缮折恭谢天恩。伏祈皇上圣鉴。谨奏。乾隆四十四年十二月初四日。"(台北故宫博物院,025654 号)

　　《奏为恭谢诏遣侍郎和珅慰问臣病折》:"奏为恭谢天恩事。窃臣仰蒙皇上天恩,给假调理。本月初三午刻,特遣侍郎臣和珅至臣家传旨询问臣两日以来神气如何。……随经详悉告知,和珅嘱其代为奏闻,以慰圣念。臣现仍上紧调治,冀速痊愈,即行销假供职。惟脾胃未调,饮食甚少。倘一两日未能即愈,当再行具折恭恳皇上格外仁慈展假数日,以资调治。所有感激微忱,理合缮折恭谢天恩,伏祈圣鉴。谨奏。乾隆四十四年十二月初四日。"(台北故宫博物院,025655 号)

　　《奏为恭谢诏遣太医院使陈世官为臣诊病折》:"奏为恭谢天恩事。本月初三日申刻,仰蒙皇上询问太医院堂官何人该班,随蒙恩遣院使陈世官至臣家诊视。圣恩高厚,感激难名。臣惟有嘱其上紧调治,冀速痊愈,以仰答圣主鸿慈于万一。所有感激微忱,理合缮折恭谢天恩,伏祈圣鉴。谨奏。乾隆四十四年十二月初四日。"(台北故宫博物院,025656 号)

福长安每日探视,并赍赐御膳珍糕,先生就枕叩领。

　　《耐圃府君行述》:"侍郎福公每日至第视疾,并赍赐御膳珍糕者两次。府君就枕叩领,犹尽一枚。"

久喘之后,气血积衰,病势危笃。高宗因命和珅赍赐陀罗经被一具。

　　《耐圃府君行述》:"久喘之后,气血积衰,滋补无及。……当疾革时,上即命户部侍郎今大司农和公赍赐陀罗被一具,屡询病势增减,令随时详悉入奏。"

昭梿《啸亭续录》卷一:"本朝王大臣有薨没者,上特赐它罗经被。被以白绫为之,刊金字番经于其上,时得赐者以为宠幸,盖即古人赐东园秘器类也。"

　　按:《清史稿》卷三一九:"高宗英毅,大臣有过失,不稍假借。世传敏中以高云从事失上意,有疾,令休沐,遽赐陀罗尼经被,遂以不起闻。观罢祠之诏,至引严嵩为类,传闻有无未可知矣。"疑先生因高云从事为高宗赐死。又李岳瑞《春冰室野乘》卷上:"金坛于文襄,在高宗朝为汉首揆,执政最久,恩礼优渥。辅臣不由军力而锡世爵者,桐城张文和廷玉而外,文襄一人而已。然世颇传其非考终者,云文襄晚年,偶有小疾,请假数日,上遽赐以陀罗经被,文襄悟旨,即饮鸩死。往者闻萍乡文道希学士谈此,方以为传闻之辞,绝无依据。顷者读武进管缄若侍御《韫山堂集》,有代九卿公祭文襄文,中四语云:'欲其速愈,载锡之参,欲其目睹,载赗之衾。'乃知陀罗经被之赏,固当时实录也。经被之为物,凡一二品大员,卒于京邸者,例皆有之,并非殊恩异数。以文襄眷之隆,身后奚虑不能得此,而必及其未死以前,冒豫凶事之戒,使其目睹以为快耶?此中殆必别有不可宣布之隐,故特藉两汉灾异策免三公故事,以曲全恩礼,如孝成之于翟方进耳。"特大张其词,认为先生饮鸩而死。上述说法依据在于高宗于先生未死以前,即以随葬之物陀罗被颁赐,因此疑其中"必别有不可宣布之隐"。然未死以前赐以陀罗经被,乾隆朝固有先例,非独先生一人。如鄂容安《襄勤伯鄂文端公年谱》内载鄂尔泰临终情形:"春三月初八日……至是疾极,上亲视榻前,公已不能言。上执其手,悲惨不胜,泪下不止。良久回官,赐上所常服四团龙补服一件、金字经被一床,命即以此殓。及公薨,遵遗命奉御赐补服藏之于笥。……夏四月,公薨。"知三月鄂尔泰病危之际,高宗即赐其陀罗经被(金字经被),命以之殓,时距鄂尔泰去世尚有月余。可见,未死以前赐以经被,用示荣宠,于例已有。先生蒙赐经被时,适当"疾革",势难疗救,故高宗预为之备,同鄂尔泰例。所谓"文襄悟旨,即饮鸩死",实出于后人之臆测。

病中呓语,皆机庭要务,无一言及家事。

《耐圃府君行述》："时不孝等环侍左右,无一言及家事,睡中呓吃,虽不甚可了,大抵皆机庭商榷之词。"

十二月初六日,呼于德裕口授遗疏。

《耐圃府君行述》："卒之前夕,呼不孝口授遗疏。"

十二月初七日戊时,终于赐第,年六十有六。

《耐圃府君行述》："至初七日遂以不起。……福公至时,气息渐弱,不能款曲,惟言'圣恩高厚,矢报来生'。因相对流涕呜咽,自此遂不复语。"又:"府君生于康熙五十三年甲午四月二十一日巳时,卒于乾隆四十四年己亥十二月初七日戊时,享年六十有六。"

按:章学诚《为座主梁尚书撰于文襄公墓志铭》称先生"乾隆四十四年己亥冬十有二月十七日终于赐第",误。其"十七日"当为"初七日"之讹。

先生妻俞氏,先卒。侧室张氏。子一:齐贤,历官刑部直隶清吏司郎中,俞氏出,先先生卒。女二:长适刑部河南司主事任嘉春,次适曲阜袭封衍圣孔公孔宪培,俱张氏出。孙三人:德裕、庆辰、长庚。孙女二人:长适工部营缮司主事蒋继焕,次许字候补中书科中书陈山纪。

《耐圃府君行述》："娶我祖母俞夫人,先府君卒,诰赠一品夫人。……生子一人,即我先考博宾公讳齐贤,字荀伯,历官刑部直隶清吏司郎中加二级,俞夫人出,先府君卒。……女二人:长适溧阳礼部尚书香谷任公讳兰枝孙,丁巳榜眼翰林院编修南屏公讳端书子,现任刑部河南司主事名嘉春。次适曲阜袭封衍圣孔公名昭焕长子,恩赐二品服名宪培,俱张淑人出。孙三人:长即不孝德裕,己亥科举人,娶杨氏,福建台湾县知县仲牧公讳耀曾孙女,现任河南祥符县知县勤圃公名墅女。次庆辰,聘钱氏太傅刑部尚书谥文端钱公曾孙女,刑部左侍郎东麓公讳汝诚孙女,直隶清苑县县丞履正公名端女。次长庚,未聘。孙女二人:长适常熟文渊阁大学士谥文恪蒋公孙,户部仓场侍郎戟门公名赐棨子,现任工部营缮司主事名继焕。次许字祁阳协办大学士吏部尚书两广总督文肃陈公孙,南河河道总督玉亭公名辉祖子,候补中书科中书名山纪。"

是岁,高晋、钱汝诚、陈德华、陈孝泳卒。

谱　　后

乾隆四十四年十二月初八日，予祀贤良祠。高宗特遣皇八子往奠茶酒。

　　《御制诗四集》卷六四《故大学士于敏中惜辞》内自注："时值腊八，几务鲜暇，未得临奠，因遣皇八子往奠茶酒。"

　　《乾隆朝上谕档》："乾隆四十四年十二月初八日内阁奉上谕：大学士于敏中品端才练，学识兼优。久直内廷，小心谨慎。历数十年如一日，自简畀纶扉。办理平定金川军务，承旨书谕，懋著勤劳。因加恩列入功臣，特予世职，并赏双眼孔雀翎、黄马褂，以彰优眷。恪恭匪懈，倚任方殷。前因其喘疾较甚，谕令乞假，加意调摄，即派太医院堂官前往诊视，并赐人参，俾资培益，用冀速痊。复屡遣大臣存问，昨闻病势沉重，倍增廑念。兹闻溘逝，深为悼惜。着加恩入祀贤良祠，并派皇八子带领侍卫十员往奠茶酒。所有应得恤典，仍着该部察例具奏，钦此。"

　　《太子太保原任大学士于敏中谕祭敕文一道》："制曰：掌丝纶以亮采，合阶资翊治之谟；参帷幄以论思，册府焕书庸之典。念一心之体国，委寄常谐；宜奕世之垂光，哀荣克备。爰隆嘉奠，用奖成劳。尔于敏中学有本原，行惟忠谨。冠蓬山而擢第，早储公辅之才；历芸馆而迁资，洊预禁廷之选。宫端升秩，凤池旋簉清华；兵辖分猷，鸠署重禧明允。朕嘉其练达，切是倚毗。农部钩稽，佐月要之会计；枢廷密勿，偕昼接之敷陈。象喉舌于三垣，乡班进擢；作股肱于两府，揆席延登。摛文综翰苑之才，领袖兼司秘笈；劝学表胄筵之望，品阶崇晋宫衔。当蜀徼之扬威，俾戎机之载笔。披邮章而顾问，能胪聚米之形；候砖影而书宣，悉契运筹之略。朕以肤功懋集，渥赉醲加。延世昭恩，掌禁中之颇牧；金名叙绩，画阁上之麒麟。耀叠翠以彰翎，华绶迈等；贲中黄以振采，殊服超荣。弥觇恪慎于在公，方赖劻襄于陈力。何期疾疢，渐滋霜露之忧；尚勉扶持，不懈凤宵之直。谕珍调而就第,上药遄颁;视增减而关心,大臣频遣。眷卅年之勤勚,趋朝犹望来咨;惊七日之沉绵,遗疏遽伤永逝。醻酹代申于皇子,馨香命展于贤良。仍优锡襚之仪式,举加笁之礼。于戏!鉴乃匪躬之素,实笃荩于始终;副子特达之知,倍怆怀于凋谢。想黼黻长传令誉,讵但推华国之文;看丹青空写遗容,忍更诵铭勋之赞。尔灵不昧,庶克歆承。”(《于氏家乘》)

乾隆四十四年十二月初九日,高宗赋哀辞悼之。

《耐圃府君行述》:“翼日军机大臣具奏,奉上谕:‘大学士于敏中……所有应得恤典,该部察例具奏。’越日复《御制故大学士于敏中惜词》一章。”

《御制诗四集》卷六四《故大学士于敏中惜辞》:“给假期犹愈,永辞遽切伤。所嘉资练达,宁讵论文章。近腊月之下,鲜几暇以忙。徒教问药裹,未得奠椒浆。遗疏不堪视,挽词那可忘。悲今如伯施,述古叹文皇。因识人生幻,曾谁身世常。永怀忠谨行,特与祀贤良。”内自注:“敏中才猷练达,学问该通,失此良佐,实堪轸悼。”

时人并有诗文怀之。

孔宪培《凝绪堂诗稿》卷三《哭外父于文襄公》:“寒疾较增去岁时,犹闻入直强支持。平安笺寄无余语,北望开函系远思。甫经哀挽诵遗章,凶耗随传倍切伤。今秋逢祖母大故,十月内,外父远寄挽章,读之哀感,转瞬间惊闻此变,弥增悲痛。一别谁知成永诀,今春回曲时将及九月,不意外父仙逝,竟成永诀。形容追忆痛难忘。兼程千里拜灵前,自曲阜兼程哭谒。薤露空教余恨传。八载恩深随逝水,蒙外父海育,计今八载,实多珍爱。每怀遗迹泪潸然。”

窦光鼐《省吾斋古文集》卷一二《祭大学士于文襄公夫子文》:“呜呼!自古圣主,必有良弼。当轴秉机,为之喉舌。……若由状头,而首揆席。功勒紫阁,庆袭来裔。兼是数者,惟公无匹。公始振羽,玉堂颀颁。再出视学,洊陟卿列。吾师文端,时推鸿笔。箕尾言归,公乃司契。总领地官,典掌王绎。肩差二刘,同参机密。文正岳岳,文定抑抑。公于其间,恧恧协力。相济迺和,蒸为卿霢。二公继徂,公独柄执。遂简纶扆,光翊宸极。维时金川,伐叛师出。上勤西顾,食忘中昳。公承天谋,书谕必悉。……事毕册勋,御赞标揭。……宠殊冠服,赏延以世。公直禁廷,积年如日。……公富文学,又多能艺。……兼掌翰院,词林烟烽。四库方开,遗书大集。公领文渊,铦钝并厉。公如山海,百货攸宅。士游公门,各厌欲获。故事褒耄,必以七秩。公始周甲,已膺特锡。公以积勤,冬喘示疾。每赐人参,屡资培益。兹焉罔效,命有所制。九重震悼,赐谥崇祀。命皇子奠,哀荣礼备。士夫相吊,咸悲萎哲。……鼐以薄陋,久蒙雕饰。忆岁涒滩,随公入直。……涕洟陈词,以侑奠醊。呜呼哀哉,尚飨!”

管世铭《韫山堂文集》卷六《公祭大学士于文襄公文代》:“呜呼!星坼台阶,峰摧衡柱。际我隆平,丧兹良辅。自忝同朝,襟裾接武。弹指七晨,永违矩宇。先生笃降,令族名邦。……年才甘项,誉即庭厖。科名第一,才藻无双。……视学三齐,观风两浙。周历六官,典农陈臬。达识精心,遂参机密。不言省树,能志亡书。高文燕许,名迹欧虞。帝心默契,眷礼优殊。纶扉特畀,克赞讦谟。……先生述旨,曲折亲经。……大功克葳,并焕丹青。曷图厥像,紫光之阁。曷延厥世,轻车之爵。孔翠在冠,双睛何灼。鹅黄被体,五花斯跃。凡兹异数,不逮文臣。因专帷幄,懋著其勤。叠加褒锡,破格申恩。……先生抚躬,益思自效。细及文词,大而机要。句必心经,字还手校。……臣精虽竭,力疾趋跄。宣室造请,声嘶气促。上悯尫羸,俾归休沐。遣使遣医,朝晡相属。遗表忽来,圣容为蹙。冀其速愈,载茹之参。欲其逮见,豫襚之衾。侍臣将事,皇子亲临。哀荣礼备,终始恩深。……不文之笔,略尽生平。骑箕大去,鉴此精诚。尚飨!”

又《韫山堂诗集》卷八《追挽座主大学士于文襄公》:“汉相图形在紫光,飘缨孔翠服鹅黄。”

沈叔埏《颐彩堂文集》卷一六《公祭大学士于文襄公文代》:“呜呼!台宿沉芒,文星掩曜。……秉国之钧,为臣之鹄。……公起廷魁,门才惟肖。接武词林,善承家学。……夙夜直庐,出纳典诰。遂掌丝纶,黼黻絺绣。……往者金川,治威征虢。蜂午军书,昃旦独召。参赞密勿,氛祲迅扫。……帝嘉远猷,俾同酬犒。世职赏延,天词褒劳。紫阁图形,黄扉写貌。稠叠便蕃,眷深恩浩。鹅黄赐褂,孔翠饰帽。……公昔庆辰,甲周大挠。额赐耆英,骊珠朗照。预祝添筹,用示恩好。新宫落成,公善颂祷。更阅廿年,臣齿已耄。愿陪燕间,长侍东朝。……嗽上为常,直无虚儤。力疾晨趋,未尝请告。昨再感寒,喘行踸踔。给假暂归,休闲稍稍。存问臣寮,相望于道。大药随颁,太医就疗。参术无功,俞跗鲜效。第正归终,室闻辟摽。奠醊增荣,襚衾有耀。亲洒宸章,制诗以吊。……追念平生,感增恋嫪。渍酒陈辞,歌些以招。”

阮葵生辑《七录斋文钞》卷九《于耐圃相国祭文》:"文昌夜薄,薇垣悼华国之臣;箕尾宵骑,朵殿轸亮工之佐。……惟公盛代元臣,清时耆宿。……直西清而视草,遍窥委宛之藏;入东观而簪毫,扬历清华之位。……集翻圣藻,三编灿藜阁之光;帖仿法书,八柱配兰亭之迹。……三台领阁,总西园东壁之奇;六馆裁书,搜玉海珠船之秘。会川番之申讨,大武用昭;禀庙算以宣威,运筹决胜。造膝则亲承指画,代言则诞布丝纶。七日至而捷报红旗,五等封而像图紫阁。……何陨火星于云汉,赤舄空留;缠璧月于寒霄,绣裳永逝。宸心震悼,礼备荣哀。天笔题诗,句怀忠谨。……昔亲模楷,谊属通家;近附丝萝,情敦姻娅。……过西州而腹痛,泪落莎厅;望东阁以神伤,奠陈絮酒。

管世铭(1738—1798),字缄若,号韫山。江苏阳湖人。乾隆四十三年进士,授户部主事。历官至广西道监察御史。工诗及古文,著有《韫山堂诗文集》。传见《清史列传》卷七二、《清史稿》卷三五六。

沈叔埏(1736—1803),字埴为,号带湖。浙江秀水人。乾隆五十二年进士。历官至官吏部主事。著有《颐彩堂集》。传见《晚晴簃诗汇》卷一〇五。

乾隆四十四年十二月初十日,高宗谕先生弟于易简来京主持料理家事。

《耐圃府君行述》:"逮府君见背后,蒙格外鸿恩,推府君手足之情,特谕春圃公星速来京料理丧事。春圃公在沂水差次遵旨奔赴,获展私情。"

《乾隆朝上谕档》:"办理军机处为知会事。乾隆四十四年十二月初十日尚书额驸公福奉旨:现在大学士于敏中病故,家内诸事须人主持料理。伊弟于易简着即来京为之照料一切。到京时不必驰赴宫门,可即至伊兄家内妥速经理。……着传谕国泰详悉告知于易简速行来京。"

于易简《奏为奉旨赴京为臣兄于敏中料理诸事谢恩事》:"臣遵旨由泗水县地方兼程进省,于十四日抵济南移交臬司印。务即于本日起程,星夜赴京。"(一史馆,04—01—12—0185—075号)

国泰(? —1782),富察氏。满洲镶白旗人。四川总督文绶子。乾隆三十二年,以刑部主事升授刑部员外郎。历官至山东巡抚。任内因贪纵营私而被赐自尽。传见《清史稿》卷三三九。

　　按:于易简时任山东按察使。

乾隆四十四年十二月初十日,先生生前所办《日下旧闻考》《音韵述微》二

书,分派于梁国治、德保接办。

《清高宗实录》卷一〇九六:"庚申,谕:《日下旧闻考》着派梁国治同办。《音韵述微》着派德保同办。"

乾隆四十四年十二月十六日,先生生前所办未尽之书,军机大臣请旨是否另行派员办理。

《纂修四库全书档案》六七〇《军机大臣奏遵查于敏中原办各书情形并进呈现办各书及总裁名单片》:"遵旨查原任大学士于敏中所办各书,除《日下旧闻考》奉旨添派臣梁国治,《音韵述微》奉旨添派德保外;尚有《明史》系于敏中与英廉同办,元、辽史系于敏中与金简同办,又《满洲源流考》系于敏中与阿桂、臣和珅、臣董诰同办。又查国史馆、三通馆,于敏中系总裁。谨将现在办理各书及各总裁名单进呈。……乾隆四十四年十二月十六日。"

乾隆四十五年二月,予谥文襄。

《耐圃府君行述》:"比礼部议恤疏上,蒙恩予祭葬如制,赐谥文襄。"

《清通志》卷五一:"太子太保文华殿大学士世袭一等轻车都尉于敏中谥文襄,乾隆四十五年二月谥。"

沈初《西清笔记》卷一:"于相国晚年尝言身后若得谥'文襄',方偿一生志愿,同直皆熟闻之。后梁文定相国拟谥时即以'文襄'首拟,上允焉。"

周嘉猷序先生《诗集》。

周嘉猷《两塍集》卷下《于文襄公诗序》:"维余府公春圃夫子,素余相国之介弟也。蝉联贵胄,世世相承;卓荦儒宗,人人有集。爰自有明中叶即鼎盛,以迄于今。……人门清峻,家有赐书;生计寒膒,田非负郭。……贤媛德母,贵而能贫;玉友金昆,清而且乐。……既而策名仕版,还从辇毂以驱驰;晋秩台阶,日向承明而儤直。……追忆分将之日,仅隔冬春;若论青冀之邦,仍连疆场。……难兄难弟,允堪模楷人伦;至性至情,讵比流连光景。嘉猷夙钦德望,景企良深;近列门墙,见闻更切。……无故即为真乐,曷禁情见乎辞;不文讵得无言,窃愿举以为法云尔。"

周嘉猷(?—1782),字辰告,号两塍。浙江钱塘人。乾隆二十二年进士。历官至益都知县。著有《两塍集》等。传见《两浙辅轩录》卷二三、《湖海诗传》卷二〇。

按:《两塍集》末有周嘉猷子周庆承跋,署作"乾隆四十七年九月"，则《于文襄公诗序》当作于此前。

乾隆四十五年二月至三月，先生堂侄于时和隐占遗产，于二月十七日、三月二十二日分批运往金坛。

阿桂《奏为查审于时和侵占于敏中原籍赀产案折》："……乾隆四十五年六月二十一日奉上谕：军机大臣奏据原任大学士于敏中之孙于德裕禀称伊堂叔于时和自于敏中殁后即挟制家产，不令与闻。于本年三月拥赀回籍，复留族侄于锡荣及家人赵喜在京。……着传谕阿桂、英廉即行严讯明确，办理具奏，钦此。……臣等因于锡荣等供称于时和运回物件俱在信茂茶叶行装车之语。复传讯茶叶行店主汪晓澄，据供'我向来原与于时和认识。本年正月内他说要由水路起身回南，有些箱笼行李要暂寄我处，以便装车。由张家湾上传。此后他们将箱笼陆续送来，都是于时和与伊姊夫杨子占自己经手收存。……二月十七日，杨子占装了四车箱笼，由广宁门起身去了。三月二十三日，于时和装了四车箱笼，连自己坐的车共五辆，也出广宁门去了。现在行中并无余存箱笼'等语。臣等又以于锡荣、赵喜既系于时和留在京师照应打听一切情事并随时寄信通知，所有于时和运回物件自必详细知道，且所带书信内系何言语，逐层诘问。……且据供，于时和陆续运送茶叶行大木板箱十余只、大小皮箱三十余只，装载大车八九辆，两次回南。是于德裕所控于时和拥赀回籍之处，亦属有据。"

又："再查于时和系刑部员外郎，于本年三月内具呈告病。……今臣等查各犯供词佥称于时和拥赀回南属实，是于时和显系觊觎财产，并无患病情事，相应请旨将于时和先行革职，俟江苏巡抚吴坛查讯明确，另行从重完结。"（台北故宫博物院，027756 号）

乾隆四十五年三月至五月，于时和将自京运回之平纹银一万两分批存入苏州铜栈生息。

吴坛《奏为遵旨于江苏查出于时和寄存银数事》："臣查本年五月内于时和自金坛来苏，曾与办铜官商范清济之子范棣往来，恐有寄顿物件，随密传范棣面加询问。据称：……今年三月于时和由范杜处会到京平纹银二千两。五月二十九日又交到京平纹银五千两。俱借入铜栈，一分二厘起息。……再范杜处会项尚有银三千两未经送到，俟到苏时即行呈缴。"（一史馆，04—01—01—0379—020 号）

乾隆四十五年六月初五日，于时和指使于锡荣、赵喜至先生兴化寺街故宅

搬取进剩贡物，为申氏及于德裕所斥。

阿桂《奏为查审于时和侵占于敏中原籍赀产案折》："据监生于锡荣供：我是于敏中无服族侄孙，于时和是我无服的族叔。……今年春间于时和回南时……临去时又面嘱我说：你打听贡物倘有发下者，若可以搬下园去也，就替我搬去。到了六月初五日，适值我叔祖的妾淑人张氏吩咐仆妇银庆同家人周保定进城搬取旧存钱文，我就叫赵喜跟进城去，心上原要替于时和搬取进剩贡物。……我进房去叫他们拧去了钱柜上的锁，取了六十余吊钱装在车上送往园去了。那时我大姊斥责我说你是我侄儿，不应如此无理。我所以写了伏罪的笔据，存在我兄弟处。"又："据赵喜供：……本月初五日……于锡荣说要进城向宅内取东西回明太太，叫带我去。……到了兴化寺街西厅后见上房堂屋门锁着。……因拧开了柜上的锁，取了六十三吊钱装在车上。……我小主儿斥责我们并不通知擅自拧锁开门，想要搬抢东西。……小主儿就把我送到宛平县了。"又："臣等复提讯同行之周保定，据供：……六月初五日，太太叫我同银庆进城取钱。于锡荣同赵喜一车，我同银庆一车，进了城，到了宅内见堂屋门关锁，于锡荣同赵喜将门推开了。……大奶奶同小主儿就走进来将我们诃叱。……赵喜拧去了钱柜上的锁，搬取钱六十余吊。……奶奶同小主儿诃叱我们，我没有敢挺撞。"（台北故宫博物院，027756 号）

乾隆四十五年六月二十一日，于德裕将于时和侵占先生遗产等事讼之于官，高宗着令彻查。

《乾隆朝上谕档》："乾隆四十五年六月二十一日奉上谕：军机大臣奏：据原任大学士于敏中之孙于德裕禀称伊堂叔于时和自敏中殁后即挟制家产，不令与闻。于本年三月拥赀回籍，复留族侄于锡荣及家人赵喜在京。于六月初五日自海淀进城抢夺贡件，业将赵喜呈送顺天府在案。又称伊庶祖母抱养内侄张招官，于时和欲令承祧于氏等语。于时和于于敏中身后既有挟制伊侄，把持家产情节，今复先行回籍，自必更有觊觎。于敏中原籍赀产侵吞隐占之事，著传谕吴垣即亲身前赴金坛，将于时和所占于敏中原籍赀产逐一查明，毋令伊家不肖族众致有隐匿。并查讯于时和如果有侵欺家产及欲令张招官承祧于氏情事即据实参奏，交部从重治罪。……至于锡荣、赵喜等如何抢夺贡件，据称业经呈明顺天府查办，着传谕阿桂、英廉即行严讯明确，办理具奏。"

乾隆四十五年六月二十八日,于时和隐占先生遗产并令张招官承祧于氏等事经阿桂、英廉查实,奏闻于上,并请旨交吴坛查办。

　　阿桂《奏为查审于时和侵占于敏中原籍赀产案折》:"臣等查于锡荣等所供各情节,其为听从于时和主使:自海淀进城乘机欲强取进贡未收物件,已属确实。且据供,于时和陆续运送茶叶行大木板箱十余只、大小皮箱三十余只,装载大车八九辆,两次回南。是于德裕所控于时和拥赀回籍之处,亦属有据。而其欲令张招官承祧一节,于时和亦曾向于锡荣言及。……但于时和业经回籍,现在奉旨令江苏巡抚吴坛前往金坛彻底查办,应请一并敕交吴坛……详晰酌量核办。……乾隆四十五年六月二十八日。"(台北故宫博物院,027756 号)

乾隆四十五年七月初一日,高宗命将于时和革职,于锡荣、赵喜等交部监禁。又令吴坛详查先生所遗财产细目,开单具奏,并酌分银二三万两予于德裕,以资养赡。

　　吴坛《奏为遵旨于江苏查出于时和寄存银数事》:"臣即于七月初一日起程乘赴睢宁勘灾,顺道亲至金坛县遵旨逐细确查妥办。"(一史馆,04—01—01—0379—020 号)

　　《清高宗实录》卷一一一〇:"乾隆四十五年庚子秋七月丁丑朔……又谕:前曾传谕吴坛,令其亲身前往金坛,将于时和所占于敏中原籍赀财逐一查明,毋令伊家不肖族众隐匿。并查于时和如果有侵欺家产及欲令张招官承祧于氏情事。……兹据大学士阿桂等查奏于时和留京族侄于锡荣并家人赵喜供称'于时和回南起身前,先后装车九辆,约有大小箱四十余只'等语,又据于锡荣供于时和在京时曾向说'将来要令张招官改姓于氏承祧',是于时和觊觎财产、托病拥赀回南属实,请旨将于时和革职等语。于时和着革职,于锡荣、赵喜等交部监禁,再行查讯外,着将此钞寄吴坛阅看。将折内所取供词情节逐一研讯,于时和如何拥赀回籍、觊觎财产、捏病告假各缘由秉公详悉确审定拟具奏。至于时和所有侵占于敏中财物,着吴坛分晰开单进呈,仍酌量分给于德裕银二三万两以资养赡。将此密谕吴坛一一遵照妥办,并令由驿奏覆。"

同日,高宗又因先生妾张氏欲以张招官继嗣于氏,且不在殡所守丧,有乖妇道,命追缴其诰命,押往曲阜孔氏交婿家管束。并谕于德裕护送先生灵柩回籍安葬。

国泰《奏为遵旨传谕藩司于易简保全胞兄于敏中家事并寄知孔宪培留心稽查张氏任意妄行事》:"本月初一日奉上谕:昨因大学士于敏中之妾张氏欲令伊侄张招官承祧于姓,又不在殡所守丧,有乖妇道。已令英廉传旨追缴张氏诰命,并派刑部司员押往山东曲阜,归伊女孔氏家,并令于德裕扶榇回籍安葬,免致别滋事端。此朕追念于敏中在官勤劳,加恩格外始终保全之意。至张氏往曲阜孔氏家,在国泰、于易简所辖境内,可以就近管束。若张氏自知悔罪,与伊女安静度日,自可全其末路,以养余年。倘仍任意妄行,国泰即应查察据实奏闻,朕必重治张氏之罪。至于易简乃于敏中亲弟,伊之家事朕如此曲意保全,妥为料理,尤应仰体朕恩,俾张氏守分安静,不致更启事端。以毋负朕始终眷念之意。着将朕传谕英廉之旨录寄国泰、于易简阅看。"(一史馆,04—01—01—0379—025 号)

于易简《奏为蒙恩保全故兄于敏中家事谢恩事》:"其妾张氏不知守分,有乖妇道。复蒙皇上垂念臣兄敏中颜面攸关,不即重治其罪,恩施逾格,谕令派员押至曲阜,交伊婿孔宪培收管。更蒙恩旨着大学士英廉理料臣兄敏中旅榇速行回籍,俾安首丘。"(一史馆,04—01—01—0379—023 号)

> 按:《正祖实录》卷一〇"正祖四年十一月初四日":"回还书状官赵鼎镇,进闻见事件。……阁老于敏中,素以廉直闻,皇帝信任之。入阁数十年,事业虽无可言,民誉亦颇不衰。身故之后,其妾张氏,私分家财,潜给敏中之从子士格,而其孙则所分甚少。其孙诉之福隆安。隆安以闻皇帝,使和珅查其家赀,并计第宅、田园及钗、钏、衣服之属,与士格之所藏金银,合为二百万。皇帝大怒曰:'朕任敏中数十年,知其为廉直,安得有许多赀?'命籍没其家产,夺张氏三品夫人诰命,为婢于曲阜夫子庙,使之观感云。"朝鲜"正祖四年"即乾隆四十五年,此即该年朝鲜使臣赵鼎镇在京之闻见。其中,"士格"为"时和"同音之讹。张氏发往曲阜系交其婿孔宪培管束,并非为婢于夫子庙,"使之观感"。赵鼎镇所纪源出传闻,故细节之处多有讹舛,然从中可窥时人之态度。

乾隆四十五年七月初二日,高宗为保全先生声名,不欲追究其生前财产之来源,谕将先生遗产酌分于德裕外,余皆留作地方公务开销之用。

《清高宗实录》卷一一一〇:"戊寅……又谕……此时吴坛现有交办于

时和侵占财产一案,自应一手迅速妥办。……至大学士于敏中所遗财产,若伊生前营私不法之事已显露,即将伊正法查抄入官皆所应得。今既完名而没,朕亦惟始终保全,以存大体,本无庸究治其生前之罪。至于敏中财产若干,昨已传谕吴坛令其开列清单具奏,并酌分银二三万两给予于德裕以资养赡。即于德裕,亦本非的确敏中之孙,在伊得此以奉其祀亦足矣。其余存贮财即系于时和与张氏侵占隐匿、应行归公之件,且亦非得之以正者。吴坛到金坛时,即行详查该县有无应行办理水利、堤田、城工、义学等地方公务,即将此项拨办酌派妥员经理其事核实折奏报销。俾于敏中所存遗产仍为本籍地方正用,不致他人侵饱私橐,亦甚平允也。其奏折内亦无庸声称'入官'字样,以副朕始终保全至意,将此传谕吴坛知之。"

乾隆四十五年七月初五日,吴坛查明于时和自京运回金坛之财产细目及与张氏商谋以张招官继嗣于氏等事,具折奏闻。

吴坛《奏为遵旨亲赴金坛查办于时和所占于敏中原籍资产情形事》:"于时和欲将张氏内侄张招官承祧于氏一节,讯据吴林等供称:张招官原是张氏母家之侄,久经张氏抚养。上年于敏中故后,张氏与于时和商议欲将张招官嗣于氏,改为于齐钧,在报讣帖内列名,已经送过亲戚后,闻有人说是使不得,故此官场报讣就没有于齐钧名字。是于时和与张氏商谋欲以张招官继嗣于氏之处亦属确实。……于时和所占于敏中赀产苏州、金坛二处已查出现银五万六千两,及金子、人参、铜玉、磁器田房等项,则其所占断不止此。……所有臣遵旨亲赴金坛查办情形,谨先恭折由驿奏闻,并将查出于时和所占于敏中银两物件另开清单恭呈御览。"

又:"据于时和家人杜喜、吴林供称,于时和于本年三月自京起身,四月抵家。现于六月二十八日雇牡丹头船一只、淌板船一只,自金坛起程进京,在扬州稍有耽搁。其自京运回财物另贮一室,自行封锁,即交杜喜、吴林看守,并未向伊父告知等语。臣当将于时和封锁之房开看,内有银四十六包,计四万六千两。皮箱二十二只,内有金一百两,人参十两,小玉器六匣,其余各色皮棉单夹衣服,种种皆备。另有整玉如意一枝,紫檀嵌玉如意七枝,铜器六件,磁器画片各一箱。并又查出典买田房契券三张,计田五十五亩,一分屋二十六间,共用价八百六十一两。至其自京运回财物实有若干及此外尚有隐匿之处,严讯杜喜、吴林。据供,今年二月于时和在京将银四万九千两交伊姊夫常州人杨鳌,同我们家人六名护送回籍。于三月到家。杨鳌将财物交下即回原籍。四月内于时和回来即于前项银内提出银三千两杂用,是以只存银四万六千两。伊等带回箱子十六只,于时和到家又添入六只,共系二十二只。……是于时和吞占于敏中财产之处已无疑义。……乾隆四十五年七月初五日。"(一史馆,04—01—01—0379—024 号)

吴坛《于时和自京运送回籍赀财物件清单》:"金银、人参项下:金一百两,京平色银四万六千两,人参八两。又二两。玉铜磁器字画素珠项下:全玉如意一枝,镶玉如意七枝,小玉器六匣,计七十七件。大小铜器六件,内铜器二件,珐琅四件。大小磁器四十三件,画三十七幅,手卷二十六卷,书画册页十四本,阁帖十本,沉香素珠一挂,小珊瑚佛头。蜜蜡素珠一挂,墨晶素珠一挂,伽南香素珠一挂,碧霞佛头珊瑚记念。磁素珠一挂,杂色素珠八挂,又新绿松石佛头一副,珊瑚记念一副。小自鸣钟一个。金银首饰杂件项下:淡金镯一对,淡金戒指耳环六件,银镯二对,银簪六枝,小珠二粒。又银簪十五件,银花三枝,上有小珠四十粒。小银荷叶十二个,小银碟四个,银茶匙四十个,小银壶一把,银酒杯四个。田房项下:买曹剑夫市房一所,计五间,价银六十一两。于芳借票一纸,银五百两。房契典押计房二十一间。毛彩明借票一纸,银三百两,田契典押计田五十五亩零。皮衣皮张项下:貂皮套三件,海龙皮套二件,乌云豹猞猁狐皮香鼠灰鼠硕鼠袍套共七十七件,种骨羊真珠皮袍套共二十三件,羊皮袍套共三十八件,吉祥豹皮统二件,真珠皮统二件,灰鼠皮统一件,天马皮统一件,貂皮帽沿一副,貂皮三张,又二块。海龙皮半张,黑白羊皮四十八张,紫缎羊皮被一条。绸缎衣服项下:大红呢一板,又三块。大红羽纱一件,天青羽缎三件,元青小呢套料一件,又杂色小呢四块。杂色绸缎共一百件,蟒袍料三件,绣补四副,毡袍料二件,洋锦六件,丝绵二包,氆氇四块,漳绒袍料二件。绣裙料一件,红、绿锦四段,程乡茧一匹,杂色哔吱六板,灰色羽绉袍料九件,各色棉夹单衣共二百零六件。"(台北故宫博物院,027623 号)

乾隆四十五年七月上浣,吴坛查明先生原籍现存之房屋、田产、典铺、银两等项,具折奏闻。

吴坛《奏为查明于敏中现存原籍典铺银数事》:"臣行抵金坛……该县知县章炯在任数年,必能知其大略,遂面加询问。据称于敏中有祖遗老房一所,系五大房、十六小房公共于敏中仅应分屋数间,久已给与族人。其自置新房一所，系先用银八百两买得王姓旧房，后又添银一千二百两买其周围从房，复自行改造修，整用银一万两，共一百六十一间，此房去岁修完，于敏中原拟今春回家看视，恐人作践将匙钥托交该县收存至今，并无家人回籍看守。又置买冯姓旧园一所，价银八百两，现作义学，并未修葺。又前后置买义田一千一百九十八亩零，共用价八千一百两零，赡养贫族报官有案，系其族侄于迪思、于天随，侄孙于涟掌管。又祖遗田三百九十八亩零。又续置田三百亩零，用价三千一百三十余两，系于敏中已产，交亲戚史明扬代管，以为修理坟墓房屋之用。又有存于本县他家典铺内银二千两，又存于丹徒县他家典铺内银五千两，俱系欲置义田之项，因一时无田可置，故存典一分起息，分给应试族人，以作考试盘费之资，皆该县所素知者。因于敏中久在京师，故本籍并无别项赀产。"折有硃批："风闻该县有为其盖造花园之事，何未留心究出。"（一史馆，04—01—01—0379—017 号）

　　按：折内称"查明于时和现存赀物后，即以于敏中业已身故，其原籍所有赀产恐为不肖族人乘机侵占，该县知县章炯在任数年，必能知其大略，遂面加询问"，知其事在吴坛查办于时和自京运回金坛财产之后，缮折时间当在七月初五日或稍后。又，七月十二日上谕："又据另折内开于敏中自置新房一所，用银一万两。别有花园，现作义学，并未修葺等语，朕从前即风闻该县有为于敏中盖造花园之事，何未留心究出？"该上谕所谓之"另折"即此折，则此折当作于七月十二日之前。

乾隆四十五年七月十二日，高宗谕令沿途截拏于时和，发往伊犁。并令详查当地官员为先生修盖房屋花园一事。

　　《乾隆朝上谕档》："乾隆四十五年七月十二日奉上谕：据吴坛奏前往金坛查办于时和所盗占于敏中原籍赀产一案。……是于时和串通张氏，隐占于敏中赀产。……至于时和前已降旨革职。……将来途次拏获确审定案时，竟将于时和发往伊犁充当苦差。……又据另折内开于敏中自置新房一所，用银一万两。别有花园，现作义学，并未修葺等语，朕从前即风闻该县有为于敏中盖造花园之事，何未留心究出？并闻有道员为之料理，此大有关系吏治。吴坛不应放过此事，已于折内详悉批谕。原籍地方官于本地显宦竟敢公然为之修盖房屋花园，此于吏治官方所关甚大。……此事吴坛何以不行查明据实具奏，乃佯为不知，欲轻描淡写希图完案。……吴坛着传旨申饬,令其遵照批谕各情节详悉覆奏。至另折所称于敏中前后置买义田一千一百余亩,用价八千余两,赡养贫族,报官有案。此系义举,不宜动,亦于折内批示。其余分给于德裕赀财二三万两,及于时和侵占银物留充该地方公用之处,俱着遵照节次所降谕旨妥协办理。"

乾隆四十五年七月二十七日,英廉查明妾张氏海淀家产、金银什物并于时和寄存福喜庵之什物,具折奏闻。

英廉《奏报查明于敏中之妾张氏海淀住处家产情形》:"臣英廉谨奏为奏闻事。窃臣奏明将于敏中之妾张氏海淀住处所存衣物等项逐一查点,另行开单呈览。令臣连日前往海淀张氏下处将所存各项什物逐细检点,查出金叶锭条一百三十三两六钱。金仙人、簪饰、金镯、如意等项共重二百三十七两五钱五分,银十万四千七百九十六两,洋钱四百八十个,银首饰七十六两五钱,金厢珠花大小八十九枝,银如意三柄,银仙人一件,银凤冠一顶,银器皿二百十四件,人参一百三十七两,零珠宝石珊瑚手串三挂,大珠五颗,小珠五颗,又三包玉器,大小二百一十九件,各样朝珠四十九盘,玉石如意九十七柄,男皮衣一百六十六件,男棉夹单衣四百二十一件,女皮衣裙四十九件,女棉夹单衣裙六百八十六件,各色皮袍褂筒六十四件,杂色羽绉、羽纱、锦呢、绒毡五百三十五件,各色缎绸纱衣料一千五百三件,并铜锡磁木器皿以及居家应用什物,另有细数印册。又查出于时和寄存崇文门外福喜庵庙内戏衣什物一并分晰开单呈览。恭候命下将金银人参交与内务府查收,其金银首饰、玉器、衣服各项什物器具请交与崇文门将堪备赏用者预备呈览。余俱照例变价入官。再张氏之婿任嘉春首报金二千两,色银五千两,并于德裕名下应缴还银四万一千两同程元鼎交出色银二百五十两亦交内务府查收。又查出借约二十七张,约计本银四万四千五百余两,此内即有汪丹生所借、候选知县李裕文所借银在内。其余有写有姓名者而开写店号堂名者居多,不知系属何人。现向于德裕及各家人查讯,俟查对清楚一并勒限追缴入官。再查出房地契纸三百余张。此内京中所置房屋无几,其余俱系本籍田房间,除京中房。臣另行查明细数,一并交内务府办理外,其原籍帐目房地契纸应请交与巡抚吴坛逐一查明奏闻办理。为此谨奏请旨。……乾隆四十五年七月二十七日。"

附一《于时和寄存福喜庵内什物清单》:"查出于时和寄存福喜庵内什物开后:戏绣衣袍裙裤一百八十二件,绣缎甲二十四件,戏行头旗伞帽带乐器等项一百四十六件,布戏台一分,钟二驾,玻璃破灯六对,羊角灯四对,玻璃小挂镜一面,玻璃大小十八块又一箱,铜灯镜四面,小铜镜二面,沉香二块又一包,杂书三夹板,木器三十五件,笺纸六卷又一匣,玉人一件,旧缎绅貉皮川鼠羊皮袍褂十二件,青绅羊绒袍褂二件,帽纬一匣,铜盆手炉三个,磁杯罐四个,荷包一匣又八个,石砚二方,墨六匣,笔六匣,扇一匣又七把。"

　　附二《供单》:"查张氏所存帐目契纸多有并无名姓只有店号堂名者,臣将于德裕及家人姚兴等逐一详加查问。……臣查张氏所存各宗帐目,详察于德裕及姚兴等供情,大约由于敏中借出者为数少,由张氏私自借出者居多,自必多系于时和经手。……查于时和现在吴坛处审讯,应俟吴坛审明定罪后,令其将该犯解交臣衙门讯明。"

　　附三《于敏中之妾张氏海淀下处内所存金银衣服什物清单》:"查出于敏中之妾张氏海淀下处内所存金银衣服什物开后:金叶金锭金条重一百三十三两六钱,银十万四千七百九十六两,内下处银七万五千三百三十三两,花局起出银二万九千四百六十三两,借出帐目银四万四千五百余两,金仙人二个重三十七两,金簪饰杯碟等项重四十八两一钱五分,金镯十四对,重六十六两五钱,金如意四柄,重八十三两三钱,金朝帽顶一个,连宝石一颗、珍珠一颗,共重二两六钱,金厢珠石簪花挑牌共八十九枝,金戒指结子共三十四件,珊瑚盆景一对金盆,珠子手串一挂,宝石手串一挂,珊瑚手串一挂,大珠五颗,小珠五颗,又小珠三小包,碎宝石一小包,碧霞玺坠子一副,碎珍珠坠子一副,人参一百三十七两四钱五分,又人参一大枝,银首饰重七十六两五钱,银如意三柄,银仙人一个,银凤冠一顶,小珠十一挂,共一千六百五十颗,银洋钱四百八十个,银火锅碗盘大小杯碟等项二百十四件,钟三架,又表四个,玉荷叶洗一件,玉佛手花插一件,玉玩器二十六件计七盒,厢玉帽架一对,嵌玉镇纸一对,玉仙人六件,玉方朔一件,玉瓶一件,玉五子一件,玉葫芦一件,玉鱼一件,玉山景一件,玉四喜一盒,玉扛头二件,玉杯盘一付,玉三喜暖手一件,玉墨床一件,玉杯一对,玉马一件,玉双喜璧一件,玉盒二个,玉双耳杯一对,玉珮三件,旧玉桃一件,玉磬一件,玉提梁卣一件,玉带板一匣计二十块,玉带板共二十六块,玉玩器大小一百三十七件,青玉盘碗碟六件,青玉子六块,玉簪四枝,玉鼻烟壶五个,水晶鼻烟壶一个,金嵌玉带头一个,碧霞洗带头二付计九块,玉朝珠四盘,碧霞洗朝珠二盘,珊瑚朝珠三盘,蜜蜡朝珠七盘,松石朝珠三盘,伽南朝珠八盘,椰子朝珠四盘,沉香朝珠三盘,紫晶朝珠一盘,象牙香木石朝珠十四盘,沉香手串二挂,伽南手串二挂,珊瑚镯一对,珊瑚顶二个又粘做二个,碧霞洗珊瑚松石佛头纪念七付,松石带板二付,计六块,小珊瑚子一百十三颗,玉如意十七柄,嵌玉石如意七十三柄,水晶如意一柄,芙蓉石如意一柄,金珀如意一柄,漆木如意四柄,元狐端罩一件,此系赏给,应缴还。黑狐肷褂一件,黑狐爪褂一件,海龙褂一件,貂皮褂三件,云狐爪褂一件,倭刀皮袍一件,乌云豹袍褂七件,元豹褂一件,元狼袍二件,麻叶皮袍三件,海龙马褂二件,猞猁狲马褂二件,倭刀皮马褂二件,元狐马褂一件,乌云豹马褂二件,银鼠马褂一件,天马狐皮蟒袍三件,狐皮袍褂二十三件,灰鼠羊皮袍褂马褂战裙共一百零三件,云狐爪马褂战裙三件,缎纱缂丝锦绣蟒袍十件,鸭脖褂筒一件,貂皮旧褂筒一件,貂皮九张,黑狐皮十八张,海龙皮大小六块,倭刀乌云豹皮大小十块,银鼠五把,灰鼠十二把,黑羊皮三十三张又四把,白羊皮一箱,染獭皮三张,汤皂皮鹿皮九张,貂尾帽沿二十三付,各色蟒袍料三十六件,各色羽绉羽纱五板又一百一十匹又九十三件,各色锦五十二匹又五块,各色呢十六板又七十一块,缎朝衣六件,缎绸棉夹单纱袍褂马褂战裙共四百零五件,貂皮女褂三件,天马乌云豹倭刀麻叶皮女褂七件,狐皮羊皮灰鼠女衣裙三十九件,缎绸纱棉夹单女衣裙六百八十六件,旧绸布衣服七箱又三十三件,海龙褂筒一件,倭刀爪袍褂筒二件,云狐爪褂筒一件,貂皮褂筒二件,天马皮袍褂筒二件,乌云豹袍褂筒三件,麻叶皮袍褂筒四件,狐皮袍褂筒六件,香鼠袍褂筒五件,猞猁狲马褂筒一件,灰鼠羊皮袍褂马褂筒三十五件,各色漳绒毡毯三板又一百七十八块,黄缎绸纱七十四件,杂色缎绸纱六十匹又九百件,绉绸四十匹,绵绸五十二匹,又零绸一箱又十二块,葛纱葛夏布一百五十四匹,程乡茧茧绸一百七十七匹,哔叽一板又一块,氆氇三十二块,绣缎妆缎女衣料十件,嵌玉石挂对一副,挂屏一对,冻青碗一个,古镜一面,翡翠盘一件,嘉窑罐盒四件,定窑碗碟八件,哥窑瓶碗三件,宣窑水盛一件,霁红瓶罇二件,仿古磁炉瓶四件,青绿龙凤鼎一件,旧窑器四件,青红花磁瓶罐水盛共三十五件,白磁炉三件,钧釉墩一件,磁猫一个,古铜瓶罐五件,珐琅盒一对,珐琅石榴一件,珐琅桃盒一件,珐琅杯一件,珐琅大小瓶三件,珐琅铜鼎一件,珐琅炉瓶三件,珐琅带板一副计四块,铜龟一个,小燻炉一对,犀角紫霞杯二对,雄晶杯碟瓶九对,雄晶斋戒牌一匣,玉石玛瑙香木斋戒牌二十三件,水晶人一件,水晶杯瓶三件,玛瑙小瓶花插三件,玻璃挂镜屏十七件,玻璃缸水盛等项十一件,玻璃二块,商银杯盘碗一百三十四件,金厢牙盘筷四件又牙筷六把,象牙人一个,象牙一对,孔雀翎一匣又八根,玉石翎管十四个,龙涎香二块又伽南香二块,沉香八匣,朱砂一匣,海龙领五条,倭刀帽二顶,貂尾帽二顶,旧皮帽二十六顶,女皮帽七顶,纬帽凉帽二顶,雨缨三头,缎带连荷包八副,帽纬一箱又二匣,缎绸帐幔三十七件,绸纱蚊帐三十二顶,绸布门帘十九件,竹帘八件,缎绸桌围椅搭垫四百九十六件,旧杂色彩绸一百四十六件,绸布皮棉被褥四十八件,绸布靠背兀垫九十六件,荷包扇套二匣又半箱,小刀八把,绣补十四副又二包,杂项香器一箱又八十七匣,夏布九匹,杂色布四百块,绸布手巾九匣又五十七条,铜器二十六件,铜镜二十七面,锡器七十一件,紫檀宝座四尊,紫檀宝椅四张,紫檀炕几三对,紫檀琴桌一张,紫檀绣纱灯八对,花梨厢牛角灯二对,玻璃灯二对,紫檀楠木围屏二驾,花梨炕屏一架,漆鱼灯一对,破玻璃羊角画纱灯六十六对,楠木花梨大柜二对,紫檀花梨桌凳椅书橱十五件,大理石桌一张,木器一百二十九件,洋琴一张,漆木盘碗盒五匣三十八包又三十件,玳瑁杯碟十六件,文竹盒三对,紫檀盒一对,竹如意十四柄,竹根人三个,香竹痰盒二对,竹磁鼻烟壶八个,竹木笔筒二个,石砚大小五十五方,古墨一匣,墨三十五匣,笔七十五匣,石图书二匣又二十三方,鼻烟六瓶,阿胶一小箱二匣,肉桂二十五匣,黄莲二匣,三七二匣,山羊血二瓶,云苓一篓,燕窝一箱,茶叶十箱,普洱茶一桶,丁香一包,杂药一箱,磁娃娃二个,洋磁片碗杯碟一百三十四件,磁器一桶,半匣又一百八十五件,宫扇十八柄,芭蕉扇二柄,扇一百十九匣又十把,栽绒绸布坐褥六十八件,栽绒毡五块,绒线半箱又一包,凉席三领,藏香八匣,朱砂二匣,梳篦二十三匣,绣对一副,绢笺二匣,字牌一匣,高丽纸一夹板又一包,唐寅《西山草堂》一轴,赵孟頫《双松平远图》手卷一轴,王蒙《修褉图》手卷一轴,董其昌书画一轴,楞严经二部,字画一箱又七轴,米友仁手卷一轴,汪由敦手卷一轴,手卷四轴,墨刻册页二十本,杂书一箱半又五十三套,眼镜一面,翠花一匣,红绸雨衣四件,帽罩四个,轿二顶连围,靴鞋袜六箱又二十五双,炕毡六条,车一辆,鞍毡二付,蒙古包一分,帐房三架,布戏台一分,铁锅大小四口,水缸四口。"(台北故宫博物院,027740 号)

乾隆四十五年八月初十日,苏松粮道章攀桂曾为先生雇匠经理,盖造花园,吴坛请旨将其革职发往军台,并以查办不力,自请交部议处。十六日,高宗以先生完名而殁,故不予深究。谕将章攀桂革职、吴坛交部议处。

吴坛《奏为遵旨讯明苏松粮道章攀桂为于敏中盖造花园一事请革职并自请议处事》:"查章攀桂身为方面大员,理宜恪守官箴,乃为本处显宦雇匠经理。……相应请旨将苏松粮道章攀桂革职发往军台效力赎罪。庶地方官触目警心,不敢稍有逾闲,共相勉惕。……臣查办此案,未能将地方大员为本处显宦修盖房屋一节及早查出。……相应请天恩仍将臣交部严加议处。……乾隆四十五年八月初十日。"(一史馆,04—01—01—0379—032 号)

《乾隆朝上谕档》:"乾隆四十五年八月十六日内阁奉上谕:各省吏治自皇考时严行整饬,纲纪肃清。至地方官与中朝显宦交结往来,尤干例禁。……昨闻得苏松粮道章攀桂有为原任大学士于敏中修造房屋花园之事,随即传谕吴坛查明覆奏。兹据奏到章攀桂曾为雇匠经理,尚未出赀帮助,请将章攀桂革职发往军台效力等语。于敏中受朕深恩,乃听本省地方官逢迎为之雇匠经理,修造房屋。若在生前,必当重治其罪。今已完名而殁,姑不深究,以示朕始终保全之意。至章攀桂逢迎乡宦,罔顾官箴。……着将章攀桂革职,免其发往军台效力。至吴坛身任巡抚,于属员中此等营私趋势之事不行查奏,经朕闻知饬谕,始行据实劾参,可见官官相护习以成风,不可不加惩儆。吴坛着交部严加议处。"

章攀桂(1736—1803),字淮树,一字华国。安徽桐城人。乾隆中,任甘肃知县,累擢江苏松太兵备道。因涉于敏中筑造房屋事而革职,晚居江宁。精于相度地形吉凶。著有《选择正宗》。传见《国朝耆献类征初编》卷三三、《清史稿》卷五〇二、《皇清书史》卷四。

乾隆四十五年十二月初四日,江苏巡抚闵鹗元奏报于敏中资产处理情形。

闵鹗元《奏为查出于时和侵占已故大学士于敏中资产银数分别办理事》:"江苏巡抚臣闵鹗元谨奏为恭折奏明事。窃查前抚臣吴坛查办于时和侵占已故大学士于敏中赀产一案,所有查出赀财遵旨赏给于德裕弟兄田房、衣服、器物等项约值银三万两,余银五万七千两留为金坛挑浚漕河之用。此外金玉、铜磁、人参、画片、素珠等项,又查获太监苏常为张氏押运回南船内查出物件,除应留江估变外,有挑出玻璃花梨等项物件。又于时和所送吴坛嵌玉如意一柄均系应解交崇文门查收办理之件。又刑部侍郎姜晟家属缴出借欠于时和银一千三百两,应解交内务府查收之件,均经吴坛先后奏明在案。此内除苏常船内查出应在外估变各物,速饬估变。其挑取解京之玻璃花梨器物等项现在行提来苏,候春融另行委员由水路搭解送京外,其余各件臣督同两司并原办之候补道冯廷丞、候补知县杨恪曾眼同委员镇江府理事同知庆禄逐一交点编号装箱,管解进京,分别赍交查收。再查先经议给于德裕、金坛等县已缴典本项下,臣查各典内尚有应交月息银一千四百两,折实库平纹银一千二百四十六两。又在苏铜商范棣借欠于时和已缴借本项下尚有应交月息银五百零四两,折实库平纹银四百八十三两八钱零,业经追齐提解,应一并交与委员庆禄,解交内务府查收。除分别造具细册移明崇文门内务府外,理合将现在解京及存留另解各件分别开列简明清单恭呈御览。"(一史馆,04—01—01—0379—034 号)

　　闵鹗元《于时和侵占于敏中赀产案内现在解京及存留另解物件清单》:"谨将于时和侵占于敏中赀产案内现在解京及存留另解物件开列清单恭呈御览。计开:解交崇文门项下:金子一百两,人参十两,金玉如意一枝,镶玉如意七枝,小玉器六匣,计七十七件。都盛盘一个,小玉器五件,大小铜器六件,内铜器二件,珐琅器四件。大小磁器四十三件,画三十七幅,手卷二十六卷,书画册页一十四本,阁帖十本,沉香素珠一挂,小珊瑚佛头。蜜蜡素珠一挂,墨晶素珠一挂,伽南香素珠一挂,碧霞玺佛头珊瑚记念。磁素珠一挂,杂素珠八挂,又新绿松石佛头一副、珊瑚记念一副。小自鸣钟一个,于时和所送吴坛紫檀嵌玉如意一枝。解交内务府项下:姜晟家属呈缴借欠于时和九八色京平银一千三百两,折实倾换库平纹银一千一百九十七两五钱六分。金坛丹徒典商已缴典本追出月息银一千四百两,折实倾换库平纹银一千二百四十六两。苏州铜商范棣追出借欠息银五百两,折实库平纹银四百八十三两八钱零。存俟春融由水路另解项下:苏常船内挑出玻璃穿衣镜一面,连架长二尺二寸,宽一尺二寸。玻璃挂屏二面,长二尺,宽一尺二寸。沉香素珠一串,蜜蜡素珠一串,兰亭石刻一小块,计一匣。小玻璃十块,铜寿星鹿一件,铜桃炉一件,方铜炉一件,连盖。铜瓶二件,铜洗二件,铜仙鹤一对,铜桃炉一件,连盖。珐琅盒一件,连座。珐琅葫芦一件,连座。珐琅痰盂一件,珐琅碟二件,珐琅鼎一件,连盖。又珐琅鼎一件,珐琅瓶盒各一件,花梨木纱帽椅六张,红木方椅四张,铁梨木小方马杌四张,红木大方马杌四

张,鸂鶒木马杌二张,铁梨木圆香几一张,红木炕桌一张,铁梨木炕条几一张。"(台北故宫博物院,029287 号)

闵鹗元(1720—1797),字少仪,一字峙亭。浙江归安人。乾隆十年进士。历官至江苏巡抚。传见《清史列传》卷二七、《清史稿》卷五九、《清史稿》卷三三七。

乾隆四十六年六月,归葬金坛周庄。

《太子太保原任大学士于敏中谕葬敕文一道》:"制曰:朕维职掌丝纶,政府重持钧之任;名垂鼎蕭,台阶传戴斗之辉。征历试之谟猷,久深委寄;举饰终之典礼,宜具哀荣。誉者镌珉,宠延表隧。尔太子太保原任大学士于敏中端庄植品练达呈材。上第初登,珥笔冠鳌峰之选;华资涉历,鸣珂趋凤掖之班。职递佐于兵刑,任久专于计会。参枢廷之密勿,效揆席之匡襄。秘籍兼司,宿望领承明之署;宫衔载晋,师资端谕教之筵。昨因蜀塞之申威,俾预戎机之书谕。备宵衣之顾问,恒觇给札之劳;承军匦之传宣,能合运筹之示。逮乎鸿勋既集,懋赏攸施。开杰阁以图形,特制叙功之赞;奉轻车而袭职,更昭延世之恩。加冠骈孔雀之翎,彩缨焕色;锡服贲鹅黄之褶,袭采增荣。庶几益励精诚,永矢匪躬于夙夜;何意潜滋凤疾,尚看力疾以趋跄。就邸第以珍调,用遣颁夫参药;遣大臣而慰视,仍预给夫襚衾。伤积痼之难回,遽遗章之上告。举奠觞于皇子,代行酹享之仪;启祠宇于贤良,丕秩馨香之祀。志挽动诗章之感,易名增碑碣之光。象厥生平,文襄为谥。於戏!帷幄之论思有素,征奉职之维虔;丹青之绘画犹存,怅委形之何速。缅毕生之笃茞,每怀侃直之勤;期奕世之垂徽,克副司勋之纪。昭兹休命,视尔后人。乾隆四十六年六月□日。"(《于氏家乘》)

《于氏家乘》:"敏中……俞夫人……合葬周庄。"

《(民国)重修金坛县志》卷一二:"宫保文华殿大学士于敏中墓,在县东周庄。"

乾隆四十六年六、七月间,王亶望、勒尔谨于甘省捐监冒赈,事觉,连引先生。

《清高宗实录》卷一一三七:"丁巳……谕军机大臣等:甘省收捐监粮改收折色一案,经阿桂等查明王亶望任内,改收折色,冒赈开销,上下通同一气,赃私累累。已将王亶望、勒尔谨、王廷赞等拏问治罪矣。"

《乾隆朝上谕档》:"于敏中于朕前力言甘省捐监应开。……设非于敏中为之主持,勒尔谨岂敢遵行奏请,即王亶望亦岂敢肆行无忌若此? 是于敏中拥有厚赀,亦必系王亶望等贿求赂谢。"

乾隆四十七年九月十二日,高宗仍命于德裕承袭一等轻车都尉之职。

《乾隆朝上谕档》:"乾隆四十七年九月十二日内阁奉上谕:原任大学士于敏中之孙于德裕着承袭一等轻车都尉,仍加恩以主事用。钦此。"

乾隆四十八年九月二十三日,因陈淮家中抄出御临册页内有先生字迹,高宗念其已故,免于治罪。

《乾隆朝上谕档》:"本日面奉谕旨:陈淮家内抄出御临册页四本,看系于敏中手迹,其所用之宝又太监董五经经管。伊二人若在,自应究问治罪。姑念伊二人俱已物故,所有阿桂等奏请敕交明兴就近传讯。陈淮之处竟毋庸查办,钦此。"

陈淮(1731—1810),字望之,号药洲。河南商丘人。拔贡生。捐员外郎。历官至江西巡抚。传见《清史列传》卷二七、《皇清书史》卷八。

乾隆五十一年二月初八日,高宗因览《严嵩传》,触动鉴戒,忆及先生曾涉甘肃捐监案,遂命将之撤出贤良祠,以昭儆戒。

《乾隆朝上谕档》:"乾隆五十一年二月初八日内阁奉上谕:朕因几余咏物,有嘉靖年间器皿,念及彼时严嵩专权煬蔽,以致国是日非,朝多秕政。复取阅严嵩原传,见其势焰薰灼,贿赂公行,甚至生杀予夺,皆可潜窃威柄。颠倒是非,实为前明奸佞之尤。本朝家法相承,纪纲整肃,太阿从不下移,本无大臣擅权之事。即原任大学士于敏中因任用日久,恩眷稍优。外间无识之徒未免心存依附,而于敏中亦遂暗为招引,潜受苞苴。然其时不过因军机大臣中无老成更事之人,而福隆安又年轻,未能历练,以致于敏中声势略张。朕非不知。而究之于敏中,亦止于侍直枢廷,承旨书谕,不特非前朝严嵩可比。其声势并不能如康熙年间明珠、徐乾学、高士奇等,即宠眷声势亦尚不及鄂尔泰、张廷玉,安能于朕前窃弄威福,淆乱是非耶! 朕因于敏中在内廷供职,尚属勤慎,且宣力年久,是以于其身故仍加恩饰终,并准入贤良祠,以全终始。迨四十六年甘肃捐监折收之事败露,王亶望等侵欺贪黩,罪不容诛,因忆及此事前经舒赫德奏请停止,而于敏中于朕前力言甘省捐监应开,部中既省拨解之烦,而间阎又得粜贩之利,实为一举两得。朕以其言尚属有理,是以准行。讵知勒尔谨竟如木偶,为王亶望所愚,遂通同一气,肥橐殃民,竟至酿成大案。设非于敏中为之主持,勒尔谨岂敢遽行奏请,即王亶望亦岂敢肆行无忌若此？是于敏中拥有厚赀,亦必系王亶望等贿求赂谢。种种弊混,难逃朕之洞鉴。若此案发觉时,设于敏中尚在,朕必严加惩治。虽不至如王亶望等之立置重典,亦不仅予以褫革而已也。因其时于敏中先已身故,不加深究,曲示矜全。但于敏中如此营私舞弊,朕不为已甚,不肯将其子孙治罪,已属格外恩施。若贤良祠,为国家风励有位,昭示来兹,盛典攸关,岂可以不慎廉隅之人滥行列入。朕久有此心,兹因览《严嵩传》,触动鉴戒,恐无知之人将以嘉靖为比,朕不受也。于敏中着撤出贤良祠,以昭儆戒。朕用人行政,一秉至正大公,从不稍涉偏私,亦岂肯意存回护。前明严嵩之营私植党,嘉靖非无闻见,第已用之于前,不免回护,遂以酿成其恶。朕宁受乏知人之鉴,断不使天下后世谓朕有为于敏中始终蒙蔽之名。刑赏黜陟,彰瘅所系。赏一人而天下知劝,罚一人而天下知惩。是以不得不明白训谕,俾天下后世咸知朕意,将此通谕知之。钦此。"

乾隆五十二年十月十五日,因校阅四库馆三阁书册,签出错谬甚多,遂迁怒于先生。

《乾隆朝上谕档》:"乾隆五十二年十月十五日内阁奉上谕:据御史莫瞻菉所奏'此次详校三阁书册,签出错谬甚多。……'等语。所奏甚是。从前办理《四库全书》时,朕因卷帙浩繁,编纂不易,原曾谕于敏中凡兴作大事,不能不缴幸数人。……今文渊等阁所贮《四库全书》偶经披阅,草率讹谬,比比皆是。……是办理此书并不实心校阅,竟以稽古右文之举,为若辈邀恩牟利之捷径,大负朕意。此事发端于于敏中,承办于陆费墀,其条款章程俱系伊二人酌定。今所缮书籍荒谬至此,使于敏中尚在,必当重治其罪。因伊业经身故,是以从宽止撤出贤良祠,不复追论,保全终始。陆费墀现已革职,亦不深究。所有业经议叙纂校各员,其已经升用应行议罚廉俸及未经升用将议叙注销之处,着该部核议,具奏折并发。钦此。"

　　按:《于文襄公手札》末附黄芳跋云:"文襄撤贤良祠在乾隆五十二年,总裁四库全书之罚也。"据上谱可知,先生撤出贤良祠与甘肃捐监冒赈案相关,其时为五十一年二月初八日,在校勘三阁书册错谬之前。五十二年十月十五日上谕称:"今所缮书籍荒谬至此,使于敏中尚在,必当重治其罪。因伊业经身故,是以从宽止撤出贤良祠,不复追论。"系陈述既有之事实,非谓撤祠始于此。

乾隆六十年五月二十一日,高宗因披阅国史馆进呈之《于敏中列传》,忆及先生此前曾涉高云从、王亶望等案,即命撤革其所有承袭轻车都尉世职,以示惩戒。

《乾隆朝上谕档》:"乾隆六十年五月二十一日内阁奉上谕:昨国史馆进呈《于敏中列传》,朕详加披阅。于敏中以大学士在军机处南书房行走有年,乃私向内监高云从探问记载。又于甘肃监粮一事,伊为之从中主持,怂恿开捐,以致酿成捏灾冒赈巨案。因此案发觉时于敏中先已身故,不加追究。但于敏中简任纶扉,不自检束,既向宦寺交接,复与外省官吏贪缘舞弊,即此二节实属辜恩,非大臣所应有。使其身尚存,必当从重治罪。今虽已身故,若仍令其滥邀世职,又将何以示惩!于敏中之孙于德裕现官直隶知府,已属格外施恩。所有承袭轻车都尉世职着即撤革,以为大臣营私玷职者戒。钦此。"

昭梿《啸亭杂录》卷七:"乾隆初军机大臣入参密勿,出览奏章,无不屏除奔竞,廉直自矢。……惟汪文端公由敦爱惜文才,延接后进,为世所訾议,然所拔取者皆寒畯之士,初无苞苴之议者。于文襄敏中承其衣钵,入调金鼎。初尚矫廉能以蒙上眷,继则广接外吏,颇有簠簋不饰之议,再当时傅文忠、刘文正诸公相继谢事,秉钧轴者惟公一人,故风气为之一变。其后和相继之,政府之事益坏,皆由公一人作俑,识者讥之。"又卷四:"于金坛相国敏中当权,时凡词林文士,无不奔竞其门,有某探花者……命其妻拜于妾某为母,情谊甚密。"

嘉庆九年十一月,王杰应于德裕之请,序先生《素余堂集》。

《素余堂集》卷首王杰序略云:"吾师文襄公,谟猷在帷幄,勤劳在殿廷。当其早岁登第,即掇大魁,入翰苑,直禁廷。《卷阿》矢音、《柏梁》应制,固已擅一代。……及夫跻台垣,首揆席,参赞密勿,撰拟训谕。内则应奉晏间之游艺,外则裁定英彦之编纂,常以一人兼数十百人之事。夙夜在公,勤劳匪懈。……今得公集读之,进御之作十居八九,言情揽景之什亦附焉。……公之孙益亭昆季政治之暇,手自编较,付梓以传,其嘉惠后学深矣!以杰出公之门,寄书嘱为之序。……谨斋沐盥手而识于后。时嘉庆九年岁次甲子仲冬。赐进士及第、予告经筵讲官太子太保、东阁大学士、门生王杰拜撰。"

嘉庆十一年七月,戴衢亨应于德裕之请,跋先生《素余堂集》。

《素余堂集》卷首戴衢亨跋云:"衢亨自成童侍先大夫官京师。其时金坛于文襄夫子以相国绾枢禁,直南斋,掌翰苑。……衢亨末学凡品,窃喜读公之文,慕公之书翰,而未敢轻于造谒。乾隆甲午因会稽梁文定夫子,始修进见之礼。……衢亨初侍坐隅,即蒙优异,叩以所业诗文,则期许备至,称道不绝口。犹忆追随文定公至避暑山庄,与公直庐邻近。公日接庶僚,咨禀百端,随宜可否,手拟诏旨千百言,披阅馆书卷帙丛积,殆无刻暇。遇有进奉文字,草创润饰,期于毫发无憾而后已。……迨丙申衢亨献赋津门预召试,公拔取进呈,列高等,官中书。戊戌会试,公为正总裁,衢亨猥荷鉴赏,幸魁同列,自是始得厕弟子行。所谓感恩又兼知已者矣! 夫文章遇合,自古为难。若衢亨始以文辱公之知私淑者,积有岁年乃幸出公之门,文字因缘,洵有数欤! 公以乾隆己亥捐馆舍。嘉庆丙寅,公之孙楚雄郡郡守惇甫刊成《素余堂集》,属衢亨为序。……特以受知之深不能自已,因纪从游所自,以志感慕。……嘉庆十一年岁在丙寅孟秋,门下士戴衢亨顿首拜跋。"

光绪十四年,徐士恺得先生《浙程备览》稿本,刻入《观自得斋丛书》。

《浙程备览》卷首题"于氏稿本",牌记"光绪戊子中秋观自得斋臧板"。又序云:"高宗纯皇帝南巡亦循禹巡之故道,南至于会稽,于是金坛于文襄公著为《浙程备览》,举传跸所经山川名胜、风俗物产,荟萃一编,以佐顾访之廑。……文襄此书诚有合乎古作者之谊,顾未有为之刊传者。石埭徐子静太守笃嗜典籍,觅得写本,亟付梓人。……太守之亟传是书,盖有见于此,遂书之以质太守且谂读者。光绪十有五年春王正月,华亭闵萃祥序。"

附　　录

一、于敏中传记

皇清诰授光禄大夫太子太保经筵日讲起居注官文渊阁领阁事文华殿大学士兼户部尚书管理户部事务翰林院掌院学士世袭一等轻车都尉入祀贤良祠赐谥文襄显祖考耐圃府君行述

于德裕

呜呼痛哉！不孝德裕，少遭闵凶，生十一龄而先考见背。赖我府君鞠育教诲，以迄于长成。不孝德裕既梼昧无知，而府君蒙国厚恩，出入禁闼，率以未明趋直，日昳还第。又于其间判部牒、阅馆书，未尝稍辍。不孝等承望颜色，日不过数刻。每见府君精神充密，虽体貌戍削而强力什倍常人，从不稍形劳郤。自丁亥冬始感寒喘之疾，其后间岁举发。荷蒙圣慈轸恤，国医上药，锡赉便蕃，不数日辄平复如常。不孝等方谓府君禀气素厚，又重以雨露滋培，从此凭藉宠光，晋跻上寿，幸侍奉之日正长，何天降割，遽罹大故，皆不孝等罪孽深重，殃及重闱，即速自殒灭，以从府君地下，亦无以稍赎于万一。顾念府君以清门素士受圣天子特达殊知，服官四十余年，勋绩在褒纶，猷为在府籍，文章在金匮石室，固非不孝等所能缕晰。而其他嘉言懿行，为家庭见闻所及者，犹多可纪述。若不及今哀缀，微惠当代立言君子，以垂不朽，则不孝等获戾滋大，用敢和泪濡墨，略陈梗概焉。

府君姓于氏，讳敏中，字叔子，号耐圃，世为金坛望族。始祖契元公讳镒，明成化甲午举人，官江西万载县知县，以理学政事显于时。二世祖素斋公讳湛，明正德辛未进士，历官户部侍郎。尝以都察院右副都御史总督河道治水，著有成绩，所筑堤人号曰"于公堤"。三世祖励庵公讳宋，以孝廉家居,敦尚气节。严分宜当国,欲招致之,不从。尝舍宅以建县仓,性好施予,有贷而不能偿者悉焚其券。殁祀忠义孝弟祠。四世祖景素公讳孔兼,明万历庚辰进士,历官礼部仪制司郎中。神宗诏并封三王,公上疏力争,又抗言救赵南星,坐谪。天启中恤赠光禄寺少卿,事迹详《明史》本传。五世祖清卿公讳玉班,无子。六世祖襄垣公讳嗣昌,以清卿公弟子为之后。顺治辛丑进士,官山西襄垣县知县,清介有惠政。高祖岸斋公讳汉翔,康熙壬戌进士,历官礼部仪制司郎中、提督山西学政、按察使司佥事。廉明公允,为晋人所尸祝。岸斋公生五子:长曾伯祖庠生宾旸公讳杲,次曾伯祖廪膳生映雪公讳棠,次先曾祖舫斋公讳树范,次曾叔祖雍正丙午举人南通州学正恬谷公讳杕,次嗣曾祖雍正甲辰进士翰林院编修午晴公讳枋。舫斋公博学能文,自为诸生即名噪大江南北。康熙乙酉圣祖仁皇帝南巡召试一等,命入直武英殿,纂修《佩文韵府》《子史精华》诸书,议叙授浙江宣平县知县。慈祥爱民,清洁自守,常俸外未尝名一钱,浙中有“典衣县令”之谣。岁饥,力请于上官,发廪赈之所,全活亿万计,事详府君所作《行述》中。曾祖妣吕太夫人、钱太夫人、袁太夫人,生祖妣张太夫人。自襄垣公以下三世皆以府君贵,累赠光禄大夫、文华殿大学士兼户部尚书,妣皆赠一品夫人。午晴公亦以府君陈情奏请貤赠光禄大夫、文华殿大学士兼户部尚书。妣史太夫人貤赠一品夫人。舫斋公生四子:长伯祖晓峰公讳大猷,雍正甲辰举人,内阁中书,山东登州府同知。次伯祖娄张公讳勉,太学生。次即府君。次叔祖春圃公名易简,现任山东布政使司布政使。

康熙五十三年甲午,舫斋公以修书挈家居京师,偕张太夫人祷于右安门外之普济宫,俗所称中顶者也。感异兆而生府君。髫龀时即颖异不凡,授以经书,皆能通晓大义。稍长,端重如成人。有族祖姑家贫守志,子嗣单弱,不能自达于有司,间与群从子弟相语而泣。府君方六七岁,闻之矍然曰:“姑勿悲,儿他日成名,当为姑阐扬苦节。”及府君贵显,卒为告于当事而旌之。人以知器识之凤成焉。年十三,从舫斋公于宣平。会有赈饥之役,舫斋公命遍历各厂。经画处置,井然有条,虽老胥猾吏皆悚息听命,不敢上下其手。舫斋公益奇之。稍长学为制艺及诗古文辞,辄为老辈所惊服。

雍正七年己酉,府君年十六。初以太学生应本省乡试,中式第七十二名,房考为举人萧山王公讳人雄,座主则大理寺卿历官刑部侍郎长汀黎公讳致远、编修历官礼部侍郎安溪李公讳清植也。府君公车北上舍午晴公邸第时，午晴公未有子，爱府君英特，因请于舫斋公嗣府君为子，教督甚至。刑部尚书嘉兴钱文端公方官翰林，尝从午晴公往来，尤器重府君。时先祖母俞夫人在室为文端公内侄女，凤知其贤淑，遂为府君议婚，以壬子三月来归焉。乾隆元年丙辰，大学士鄂文端公主春闱，得府君二场所试表，激赏不已。急索首场卷，则已缘他故乙置，惋惜久之。是年我先考生。丁巳会试，中式第三十三名，房师为编修历官副都御史吕公，座师为大学士张文和公、左都御史福文端公、吏部侍郎姚公、副都御史索公。殿试列十卷进呈，蒙恩擢置第一甲第一名，赐进士及第，授翰林院修撰。先是府君读书家祠。有芝二，本产庭下，光彩煜然，见者皆以为瑞。未几而府君登贤书，旋掇大魁，因颜其室曰"双芝书屋"。后凡简牍、款记及扈从行帐、旗帜、灯号皆绘双芝以志焉。

府君初入馆，分习国书，日夜讲贯。于谐音辨字皆能研彻其底蕴，以故剖析最精，虽凤谙翻译者，多自以为不及。戊午，充顺天乡试同考官。己未，散馆，钦定一等第一名。自是益肆力于古学，抽插架诸书自经史以逮唐宋人著作，皆为探撷菁要，辨别源流，务穷极其根柢乃已。时府君遣使迎舫斋公入京师，以乐乡园闲适，不果行，而令张太夫人视府君于邸第。府君承欢养志，暇即发箧研摩。每夕篝灯与叔祖春圃公共案诵读，张太夫人及俞夫人则各具针黹，分光操作，矻矻至丙夜不休。钱文端公见之，语府君曰："秀才家登上第，乃能攻苦至此，成就殆未可量，子其勉之！"翰林官冷，岁支双俸百二十金，率以其半寄归奉舫斋公，而留其半为膏火费。孳孳力学，靡间寒暑，无异诸生时寒虀况味也。寻充武英殿纂修。

辛酉，复充顺天乡试同考官。壬戌，充会试同考官。府君三预分校，虚公衡鉴，所得士如今户部尚书梁公、宗人府府丞窦公、前山东按察使孙公、翰林院侍讲学士边公、左春坊左庶子福公等，皆一时宿望。而梁公复以戊辰为大廷首对，继府君后武，当唱第时，府君赋诗戏赠有"十年更得传衣钵，合让君称小状元"之句，谈者皆美为科名佳话焉。癸亥，以原衔充日讲起居注官。甲子二月，升授左春坊左中允。八月，充山西正考官，得士李凌云等六十人。十一月，圣驾幸翰林院锡宴，府君随掌院学士恭迎乘舆。命以张说"东壁图书府"五律字为韵，上赋东字、音字二首，抡诸臣三十八人各分一字赋诗。侍宴时皆列席堂上，府君预其数，分得竭字，立成六韵以进。又赓御制首倡柏梁体诗一篇,府君分赋成"王多吉士咸对扬"句。又和御制七律四章。蒙赐《乐善堂全集》《性理精义》各一部及名茶、文绮、笺绢诸物。是年,奉命提督山东学政。丙寅四月,升授翰林院侍讲。丁卯,调任浙江学政。己巳五月,转补翰林院侍读。府君之由山左赴浙也,奏请便道归省,遂迎舫斋公就养官廨。岁时伏腊,鞠䐏拜庆,怡怡一堂,极家庭聚顺之乐。庚午正月,祖母俞夫人以疾终于官署。夫人明习诗礼,自来归之后,有无黾勉,相敬如宾,闺门以内从无间言,事迹具尚书梁公所作《行状》中。府君痛失贤助,哀悼殊深,因命我先考扶榇归里,府君旋亦报满候代。府君两持使节,首尾六年皆在文风极盛之地,而科场积弊亦多。前使者极力振刷,终弗能止。府君曰:"是皆有囊橐之者,多其人以察弊,乃益之弊也。"试日扃门毕,即坐堂皇,尽屏厮役、骈养,不令出,甬道空无一人。试题及覆试榜皆自书,不以假胥吏手。天未明则书题于灯,一卒擎下植楹际即退,左右号舍肃然。有纳卷者辄就坐甲乙之。候诸生出号毕,试卷已阅定十六七。以故,事无纷扰而内外诸弊自然肃清,诸生至今颂德,后来咸取法焉。是年十二月回京,以二月五日赴宫门复命,蒙召见垂询使事及地方情形,府君一一奏对,面奉谕旨:"在南书房行走。"府君久离阙廷,甫还朝列,即蒙恩命选直禁林,仰受圣主格外殊知,盖自是而眷注弥渥矣。

辛未三月,升授翰林院侍讲学士。九月,充武会试副总裁。壬申九月,转补翰林院侍读学士。十一月,升授詹事府少詹事兼翰林院侍讲学士。是年,为先考娶我先母徐恭人。癸酉二月,长姑母生。三月,升授詹事府詹事兼翰林院侍读学士。七月,升授内阁学士兼礼部侍郎,旋复奉命提督山东学政。府君履任后,尚未开棚考试,甲戌二月,奉旨:"擢授兵部右侍郎即来京供职。"府君遂束装还朝。九月,奉旨充武会试知贡举。是年,以先母徐恭人来归未久,得疾早世,因为先考继娶我母申恭人。乙亥二月,转补左侍郎,十月,次姑母生。丙子正月,舫斋公在籍捐馆舍,年八十有八。府君闻讣,擗踊号痛,勺饮不入口者三日。以舫斋公年跻大耋,定省久违,殁复不能亲视含敛,抢呼靡及。又张太夫人春秋已高,所生惟府君一子,而午晴公已有应嗣之人,因具折沥恳陈情,请归宗持服,且终太夫人养,得旨报允。府君见星而奔,奉张太夫人由水程南行。六月,张太夫人复寿终于夏镇舟次。府君连遭大故,毁瘠见骨,时橐中装萧然无余。

府君竭力捭挡,襄治丧礼,无不中节。丁丑六月,奉旨:"来京署理刑部左侍郎。"府君以八月到京供职。戊寅正月,奉旨:"赐海淀园房一所,同大学士刘文定公居住。"三月,恩赐兴化寺街宅一区。五月,得午晴公凶问。府君怀恩勤教诲之德,哀恸几绝,即具疏请回籍治丧百日,并请期年满日再行实授,蒙恩允准。府君星驰归里庀事,以九月假满还朝趋直。己卯六月,期服阕,实授刑部左侍郎。甫逾月,调补户部右侍郎。庚辰四月,充殿试读卷官。七月,扈跸秋狝木兰,于热河行在奉命在军机处行走。十一月,充方略馆副总裁。辛巳三月,充会试副总裁,得士陈步瀛等一百九十四人,中正榜汤大选等四十人。十一月,转补户部左侍郎。十二月,奉旨:"以原衔充经筵讲官。"壬午正月,扈跸南巡,奉命阅江浙召试诸生卷。是年,蒙赐御笔仿郭畀《雨梧烟柳图》一幅。府君于赐第之东偏买地筑室三楹,颜曰"雨梧书屋",恭藏宝绘,以志荣遇焉。

　　府君自擢任九列,感激知遇隆恩,矢竭悃忱,实心任事。在秋官时,尚书为无锡秦文恭,公明习律例。府君虚怀商榷,意有未安者必再四辨析,文恭公亦每为折服。在农部钩稽考核,倍极详慎,曹司白事者皆乐得府君一言为定。及入直枢府兼供奉内廷,诸务填委。府君夙兴夜寐,勤力匪懈,仰蒙圣明垂鉴,委寄益深。

　　乙酉正月,擢授户部尚书,扈跸南巡,复奉命阅江浙召试诸生卷。七月,充国史馆副总裁。九月,恭奉谕旨,以府君勤慎宣力,特恩给赏一品荫生。我先考幼禀庭训,循谨力学,极为府君所钟爱。应京兆试,屡荐不得售,及是获邀格外异数,入监读书。期满,考试引见,奉旨:"以部属用。"旋即补授刑部浙江司员外郎。丁亥正月立春日得辛,上祀祈谷坛礼成,召大学士、内廷翰林等入重华宫茶宴联句。府君即席赓和诗最先成,上嘉其工速,即彻所御三清茶瓯以赐。时御制集张照书《千文》为春帖子词,府君奉命临仿成什,装池成卷,藏于石渠宝笈。蒙《御制小序》有云:"唐自贞观集右军书为《圣教序》,遂为斯事权舆。右军字迹流传者,益以增重。照书即不能上掩右军,而精神结构实出唐宋以上,则以之拟右军也亦宜,而敏中之排次临仿,又岂远逊遂良下哉?"府君仰瞻丹笔,深愧褒许逾涯,惶恐感谢。是冬府君因冒寒感疾,喘嗽时作,行止稍艰,请假调治,蒙恩赐人参一斤,旋即痊愈。戊子八月,奉旨:"加太子太保。"己丑,我先考升授刑部直隶司郎中。庚寅元旦,上御太和殿筵宴群臣,府君蒙恩宣至御座,亲赐酒一卮。是冬,长姑母归于任氏。十二月,蒙赐《御临唐释怀素草书千文》一卷,府君成纪恩诗五言二十四韵进呈,复荷俯同原韵赐和一章,书金粟笺以赐,并令府君再赓成什。儒臣遭际,振古为荣。谨摹勒上石,永昭殊遇。自先考在比部,首尾五年。堂派总办秋审处及兼判他司事甚众,先考平允详决,判断无不中肯綮。大学士刘文正公方领部务,重其才,特加器许,将以考绩列名一等。会猝遘时疾,以是岁小除日弃世。府君哭之甚恸,刘文正公临吊亦流涕不已,语府君曰:"吾所悲非独君家父子间,特为朝廷惜此人耳。"后先考丧归,府君赋诗四章述哀,其第二首云:"失恃怜渠小,将劬属我任。隐忧一子险,珍爱廿年深。岂易晨昏慰,何期梦幻侵。新愁萦旧恨,追忆倍伤心。"其第四首云:"垂暮嗟亡子,承先赖有孙。待看若辈长,可及老夫存。缄恸持千里,含饴报九原。只期南店月,双照妥归魂。"盖先母徐恭人将与先考合殡于南店,故有末句。俯仰存殁,盎然伤怀,亦可知府君意绪之恶也。时以方届辛卯元辰令节,未敢陈奏,上闻之命予假五日。会重华宫曲宴,府君以在告未与。蒙特赉珍品,府君次日入直,恭和御制元韵二首进呈,复蒙赐文嘉《嵩云秋霁图》一幅。二月,扈跸东巡,奉旨:"以户部尚书协办大学士事务。"复奉命阅山东召试诸生卷。九月,扈跸热河,上以土尔扈特汗渥巴锡等率属归顺,朝于避暑山庄,特召画院西洋人艾启蒙往图其形。因命为府君写像,并以画幅装池颁赐焉。壬辰,《钦定重刻淳化阁法帖》成,分赐群僚。府君尝司排校,特加赐册本二部。是岁,次姑母将适孔氏。衍圣孔公率我姑夫来京师诣宫门请安,府君以姑夫命名未协,奏请更改,上特赐名曰"宪培"。十二月钦奉上谕:"于敏中之妾张氏于例原不应封,但于敏中现无正室,张氏本系伊家得力之人,且其所生次女已适衍圣公孔昭焕长子孔宪培,系应承袭公爵之人,将来伊女亦可并受荣封。张氏着加恩赏给三品淑人。"鸿施逾格,旷典非常。府君具折陈谢。时次姑母随命妇入觐慈宁,倍邀锡赉。后慈驾幸阙里,次姑母从公太夫人入见,独蒙圣母询问周详,曲垂温谕。一门光宠皆由府君仰承眷顾,推及家人,感激何可言喻。

癸巳闰三月,奉命充四库全书正总裁。四月二十一日为府君六旬初度辰,上命兵部尚书一等忠勇公和硕额驸福公先期传旨:"向来大臣中有年登七十者其生辰始加赏赉,今协办大学士于敏中虽年甫六十,但在内廷行走,颇为奋勉,此月中为伊生日,着加恩照七十大臣例赏赐。俟伊七十仍再行赏给。"届日特颁御书"耆瑞国华"匾额。上用冠一顶、绣纱蟒袍补服一袭、梵铜佛一尊、玉如意一柄、珊瑚朝珠一盘、大小荷包各一对,诏遣御前侍卫镶黄旗蒙古都统署理藩院侍郎积公福赍捧以赐,实从来罕觏之旷典。时叔祖春圃公为易州牧,适因公至京,率群从子侄罗拜谢恩,捧觞上寿,共谓阅旬称庆,当再沾渥泽。孰知古稀未届,竟不能仰副圣主期望之深仁,此尤不孝等所为椎心而泣血者也。八月,扈跸热河,奉旨:"实授文华殿大学士兼户部尚书,仍管理户部事务。"九月,充国史馆、三通馆正总裁,奉命以刘文定公海淀园屋并赐府君居住。十一月,兼管翰林院掌院学士,仍充日讲起居注官。又奉上谕:"在阿哥书房为总师傅,赐黑狐端罩一袭。"十二月,以寒疾暂假,奉旨:"赐人参一斤。"甲午七月,扈跸热河,因太监高云从一案狱词连引,荷蒙圣慈宽大,不加重谴,特降旨明白宣示,仅予交部严加议处。比部议革职,复蒙恩从宽留任。府君念覆载矜全,恩泽再造,宵分感涕,顶踵难酬,益悚仄不能自已。乙未十月,诏赐大学士舒文襄公及府君《古今图书集成》各一部。府君拓地筑集成阁三楹,列架恭贮,并录上谕中"传付子孙,守而弗失"二语,镌诸印章,分识卷端,以昭示来裔,永加宝弆。十二月,复以寒疾在告,蒙恩派御前侍卫两次就第存问,并赐梨膏一盘。

　　丙申正月,重华宫茶宴,以宁寿宫落成命题联句,府君即席和诗二章,上深奖许,特以雕漆盘贮梅朵颁赐,且蒙传谕:"汝此诗真不愧状元宰相,以此相赐,亦调梅之义也。"府君顿首谢,复成纪恩二章奏进焉。时两金川荡平,捷至京师,钦奉上谕:"大学士于敏中自办理军务以来,承旨书谕,夙夜殚心。且能巨细无遗,较众尤为劳勚。其前次过失尚可原恕,着赏给一等轻车都尉,以示格外恩眷。所有此次恩赏世爵世职,均着世袭罔替。"二月,奉旨:"大学士于敏中着加恩画入紫光阁五十功臣像。"会扈跸恭谒东陵、西陵途次,奉上谕:"文职汉臣由鼎甲出身者向无赏戴花翎及赏黄褂之事,大学士于敏中办理金川事务,承旨书谕,倍著勤劳。昨因大功告蒇,特沛恩纶,画入紫光阁功臣像,与其余词臣不同,着加恩赏戴孔雀翎并赏黄褂,以示优眷。"翼日又奉上谕:"于敏中既赏戴花翎并赏黄褂,伊现系大学士,且与大学士舒赫德、尚书公福隆安同列紫光阁功臣画像,三人翎帽自应画一。于敏中着加恩赏戴双眼翎。"是日蒙御制七言律诗一章以赐及。御制《紫光阁五十功臣像赞》,府君名在第五,蒙御笔赐赞曰:"内地土司,须用汉字。自始至终,勤劳弗替。相机拟谕,厥功懋焉。赐翎写像,儒臣孰肩。"仰惟天威远播,奸渠扫穴,诞奏肤功。府君傫直机廷,恪恭奉职,叨在圣主临鉴之中。褒锡奎章,光垂奕祀,而儒臣获邀武功懋赏,至于服章异等,延世图形,尤本朝故事所未有,旷代遭逢,于兹为极。府君感恩抚分,祗惧常殷。曾于退直闲宴时见不孝等侍侧,府君呼而告之曰:"吾以孤生入翰林十有余年,蒙皇上拔诸侪人之中,置之禁近之列,日承训迪,得以知所向方。迄今供奉笔墨,幸鲜陨越者,皆出自皇上教诲裁成之力。至金川军务,仰赖圣主炳烛几先,运筹独断,遂藏大功。吾备员机地,每跪聆圣训,周详指示,一室万里如在户庭,及退而敬谨缮写长篇短牍,悉禀睿裁,尚愧才识暗弱,无以发挥万一。乃庆成行赏,获受格外鸿慈,叨忝至此,实生平意计所不及料。正不知此生如何策励,始可以仰答隆恩。尔等世世子孙当共体我意,殚竭悃忱,庶冀稍酬高厚耳。"不孝等悚息领受,铭刻弗忘。三月,扈跸东巡,奉命阅山东、直隶召试诸生卷。五月,以暴得痰症,诏遣太医院堂官陈世官、罗衡胗治,复特颁九剂疗救。天使存问,一日五至。又间日遣侍郎和公珅看治。比疾稍间,蒙俯询所嗜饮食,命御厨烹饪以赐。时驾幸热河,府君职当扈从,蒙谕缓程前往,迨疾既平复,即趋行在谢恩,复蒙赐人参一斤。七月,上以文渊阁新建,特诏仿宋制设官,以重其职,府君奉命充文渊阁领阁事。

丁酉正月,襄理孝圣宪皇后丧仪,府君敬稽典礼,祗慎将事。二月,以寒疾较剧,给假调治,复颁赐人参一斤。至四月初销假入直,即扈驾恭送梓宫至泰东陵,奉命行点主礼。

戊戌三月,扈跸谒泰东陵,行次半壁店,奉旨:"充会试正总裁。"府君星驰回京,偕吏部侍郎王公、内阁学士嵩公入闱,校阅得士缪祖培等一百五十六人。府君念场屋风尚竞趋墨裁,其弊将渐流于庸廓,因力取义理醇正、笔力清刚者以为之式。凡阅卷数千,皆详加批点,再四审慎甲乙去取,不爽毫厘,虽被放者无不翕然心服。出闱后据实奏闻,蒙皇上特颁谕旨,训诫士子作文以七百字为定格。又闱中房考近例改用紫笔,府君以其非便,奏请仍用蓝笔,亦得旨允行。六月以前次革职留任之案已届四年,蒙恩准其开复,并赏绿压缝靴一双。十一月为不孝德裕娶妇杨氏。是年奉命补书柳公权《兰亭诗帖》板缺画者,刻入《兰亭八柱帖》,蒙御制诗志事,府君依韵恭和。

己亥五月，扈跸热河。九月，顺天乡试榜发，不孝德裕中式第七十五名举人，赴行在随府君叩头谢恩，蒙宣阅德裕试卷及本科魁卷，仰承指示疵颣，仍降旨明切训谕。府君奏请将德裕照例停科，邀恩宽免。府君感念栽培成就之德下逮童孙，浃髓沦肌，倍深衔结泣，谕不孝读书上进，勉思自效，捐縻诚励甚至。不孝方冀长承庭训，庶藉耳提面命，得以稍开知识，孰意音容如在，遽抱终天之恨耶！

府君自热河回京，因感冒风寒，嗽喘复发，投以清解之剂，久之弗愈。至十一月间疾势浸剧，气逆弥甚，行走竭蹶，难于自持。府君感念圣恩，矢怀尽瘁，不肯稍自旷懈，每晨犹早起入直如常。时遇有缮写事件，据案起草，绝无怠色。十二月初一日荷蒙圣慈垂鉴，特谕予假调治。府君还第自草奏折谢恩，字画端楷，无异平日。初二日疾势忽增，喘逆不止，形神渐觉委顿。不孝等惊惶无措，适署工部侍郎福公长安衔命看视，以状奏闻，特命医院堂官陈世官、武世倬商酌用药，复赐人参一斤。因急进补剂，神色稍定，而久喘之后，气血积衰，滋补无及，至初七日遂以不起。呜呼痛哉！当疾革时，上即命户部侍郎今大司农和公赍赐陀罗被一具，屡询病势增减，令随时详悉入奏。侍郎福公每日至第视疾，并赍赐御膳珍糕者两次。府君就枕叩领，犹尽一枚。时不孝等环侍左右，无一言及家事，睡中呓吃，虽不甚可了，大抵皆机庭商榷之词。卒之前夕，呼不孝口授遗疏，逮明而福公至时，气息渐弱，不能款曲，惟言"圣恩高厚，矢报来生"。因相对流涕呜咽，自此遂不复语。呜呼痛哉！

翼日，军机大臣具奏，奉上谕："大学士于敏中品端才练，学识兼优。久直内廷，小心谨慎。历数十年如一日，自简畀纶扉，办理平定金川军务，承旨书谕，懋著勤劳，因加恩列入功臣，特予世职，并赐双眼孔雀翎、黄马褂，以彰优眷，恪恭匪懈，倚任方殷。前因其喘疾较甚，谕令乞假加意调摄，即派太医院堂官前往诊视并赐人参，俾资培益，用冀速痊。复屡遣大臣存问，昨闻病势沉剧，倍增廑念。兹闻溘逝，深为悼惜。着加恩入祀贤良祠，并派皇八子带领侍卫十员往奠茶酒。所有应得恤典，该部察例具奏。"越日复《御制故大学士于敏中惜词》一章曰："给假期犹愈，永辞遽切伤。所嘉资练达，宁讵论文章。近腊月之下，鲜几暇以忙。徒教问药裹，未得奠椒浆。遗疏不堪视，挽章那可忘。悲今如伯施，述古叹文皇。因识人生幻，曾谁身世常。永怀忠谨行，特与祀贤良。"比礼部议恤疏上，蒙恩予祭葬如制,赐谥文襄。纶音睿什,光贲幽扃。奕世哀荣,迥逾常格。此府君九原知感所为,衔结无穷,而不孝等顽钝偷生,末由仰体先志于万一,其尚何以为人哉!

府君天性孝友,事先曾祖、考妣善伺色笑。夏𪴣冬褥,必躬自检视。既没,过时而哀,忌辰祭奠,辄呜呜作孺子泣。叔祖春圃公方十余岁,府君即挈以入京师,督课勤恳,推暖就寒,恩谊备至。叔祖亦事兄如师,相依者二十余载。及叔祖由礼器馆议叙作吏畿甸,府君示以居官牧民之方,训导谆切。叔祖受教而行,循声大起,连擢易州知州。府君虽相见较稀,而公事往来辄就邸第盘桓数日,对床风雨,光景依然,每为之喜动颜色。乙未十月,春圃公奉命特授山东青州府知府,将束装赴任。府君念山左道途稍远,从此会晤弥艰,握手惜别,至于恸哭不已。及春圃公蒙恩洊加拔擢,府君贻书诫励尤至。每搁管在手,未尝不泪承睫也。逮府君见背后,蒙格外鸿恩,推府君手足之情,特谕春圃公星速来京料理丧事。春圃公在沂水差次遵旨奔赴,获展私情,未及回任,遂有山东布政使之命,而府君已不及见矣。呜呼痛哉!

府君天性仁厚,好善不倦。乙未岁,吾邑偶遇歉收,特捐千金赈之。又尝以千金为宗人代偿绝户积欠。每念吾家族姓繁多,食贫者众,因仿宋范文正遗法,买田千有余亩,立为义庄,收其租息以资赡给,凡丧葬皆有所助。又买地立义学一所,延师训迪,其英秀者分内外课,各资以膏火,其赴江宁省试者亦伙助路费有差。张淑人又别捐千余金,以赒贫不能婚嫁者。规条义例皆手自经画,斟酌尽善,可垂久远。每当岁暮,必辍俸锾以佐宗人馈粥,长幼各有数。今岁十一月即促不孝等缄封分寄,不孝等方私讶何早计如此,孰知才及两旬而遽伤易箦也。

府君资性勤练,既久在台阁,益熟习掌故,其治官事无异家事。遇有措置稍涉艰棘者,晓夜图画,必得其当,而后即安。下笔工捷,洋洋洒洒,千言立就。旁观若不事营构,及详绎其词义,则曲折是非,反覆推阐,一一悉当,于理而绝无罅隙挂漏之处。虽拈髭腐毫者,终不能及焉。性尤强记绝人,案牍一过,终身不忘。御制诗集篇帙繁富,府君敬谨默识题目、年月,检阅应手可得,背诵亦略能上口。自初直内廷,即修辑《西清古鉴》《钱谱》诸书,其后所领自方略、国史、三通、四库外,如《御批通鉴辑览》《评鉴阐要》《蒙古源流》《大清一统志》《音韵述微》《重修明纪纲目》,重订辽、金、元、明四史，《日下旧闻考》，皆尝先后被命排纂。

府君博考覃思，精加点勘，公事稍暇，即手不停披，凡所稽核，往往出人意表。或有疑义，当与纂修诸君商确者，即延至公所，往复讨论至再至三，务蕲于斟酌尽善。纂修诸君见有未决者，亦乐就府君质问，以故户屦恒满焉。

为古文以气韵为宗，出入于庐陵、半山间，而得其神髓。诗格宗法少陵，以和平温厚为主，而不取噍杀凄飒之音，故所作气象闳丽，自成燕许手笔。四六诸作，鸿赡风华，隶事切当，尤为擅场。说者谓：表、笺、启、札，陆宣公之浑灏，李玉溪之工雅，兼而有之。所著有《素余堂集》若干卷，今藏于家。少时小楷法《乐毅论》，他书则学欧阳率更、颜鲁公。既入翰林，遍借名人法帖，日夜临摹，指为之茧。久而神明于规矩之外，大抵出入宋四家，而尤长于米老，纵横变化不名一格。晚年境地益进，所作无论擘窠大字及蝇头细书，必正襟危坐而后运笔，尝举柳常侍"心正笔正"之语以勖不孝等。呜呼！话言犹在，謦欬难追。草土余生，其尚何颜视息于人世哉！

府君儤直禁廷，拜赐稠叠，不可胜纪。如岁赉则有御书福字、宫灯、如意、荷包、葛纱、香囊、宫扇、药锭及鲜蔌珍羞之赐，筵宴则有御题名画、内府墨拓、笔墨纸砚、文玩文绮之赐，庆典则有朝珠、丰貂、妆缎之赐，特颁则有御制诗文集、御纂书籍、御制墨刻、御书、御画、御用貂冠貂褂、西洋时辰表、和阗贡玉、五色锭之赐。府君一一珍弄，传示子孙，迄今封识如新，而府君已不可复作矣。呜呼，尚忍言哉！

府君生于康熙五十三年甲午四月二十一日巳时，卒于乾隆四十四年己亥十二月初七日戌时，享年六十有六。娶我祖母俞夫人，先府君卒，诰赠一品夫人。户部侍郎颖园公讳兆晟孙女，翰林院侍讲则堂公女。生子一人，即我先考博宾公讳齐贤，字荀伯，历官刑部直隶清吏司郎中加二级，俞夫人出，先府君卒。娶我母徐恭人，诰赠恭人，吏部尚书谥文敬徐公曾孙女，巡抚陕西兵部侍郎静谷公讳杞孙女，光禄寺署正公讳翼燕女。继娶我母申恭人，诰封恭人，工部侍郎□□公讳大成孙女，直隶安州知州东溪公讳澍女。女二人：长适溧阳礼部尚书香谷任公讳兰枝孙，丁巳榜眼翰林院编修南屏公讳端书子，现任刑部河南司主事名嘉春。次适曲阜袭封衍圣孔公名昭焕长子，恩赐二品服名宪培，俱张淑人出。孙三人：长即不孝德裕，己亥科举人，娶杨氏，福建台湾县知县仲牧公讳耀曾孙女，现任河南祥符县知县勤圃公名墅女。次庆辰,聘钱氏太傅刑部尚书谥文端钱公曾孙女,刑部左侍郎东麓公讳汝诚孙女,直隶清苑县县丞履正公名端女。次长庚,未聘。孙女二人:长适常熟文渊阁大学士谥文恪蒋公孙,户部仓场侍郎戟门公名赐棨子,现任工部营缮司主事名继焕。次许字祁阳协办大学士吏部尚书两广总督文肃陈公孙,南河河道总督玉亭公名辉祖子,候补中书科中书名山纪。曾孙一人,九龄,不孝德裕出,以府君殁后七日始生者也。

不孝苫块荒迷,语无伦次,伏冀大人先生锡之铭诔志状,以光窀穸,以备太史氏之采择,则不孝等世世子孙感且不朽。

赐进士及第诰授光禄大夫经筵日讲起居注官、户部尚书、南书房供奉、军机大臣、受业梁国治顿首拜填讳。

为座主梁尚书撰于文襄公墓志铭

章学诚

天造昌运,圣人代兴,必有命世之才,应运卓起,云龙风虎为之辅佐。虽或质文异尚,创守殊时,要在用达于宜,功报其志,历稽载籍,后先同揆。若相国金坛于公,盖亦仅矣。公讳某,字叔子,号耐圃。九世祖镒,明万载知县,以理学政事显名于宪宗朝,始籍金坛,自是名卿清宦代有闻人。六传至讳嗣昌,为公曾祖,顺治辛丑进士,官襄垣知县,清介有惠政。祖讳汉翔,康熙壬戌进士,官山西提督金事,人诵公明。父讳树范,宣平知县,廉洁有守,人称"典衣县令"。岁饥,力请上官发廪赈之,全活者甚众。

公生康熙五十三年甲午,母张太夫人感异兆生。公髫龄颖异过人,方六七岁,有族姑苦节,家贫不能自达有司,与子姓言之而悲。公遽曰:"姑勿悲,儿他日成名,必显扬姑。"后公贵竟酬其志。年十三,从宣平公官舍,会赈饥,公已能经画部署,老吏巨猾悚息不敢为奸。雍正七年举于乡。乾隆二年擢进士第一,除翰林修撰。既夙殊受,又早岁登朝,强力锐志,潜记默识,以官为学,历阶著成,专司守器,世氏师传,人皆黾遑,公独优裕。分习国书,即究谐音辨字,洞彻精蕴。既入词苑,大肆力于诗古文词,讨论典籍,讲求古今沿革利病,熟研朝章国故,切磋久之,达于实用。乾隆三年戊午、六年辛酉分校顺天乡试。七年壬戌分校礼部会试。九年甲子典试山西。二十六年辛巳、四十三年戊戌主礼部试,别裁伪体,识拔多知名士。

九年视学山东。十二年视学浙江。衅涤士林,疏剔荒秽,并有成功。天子伟公才器,有意向用。十余年间,自春坊中允洊陟台阁,历试卿贰,襄理兵、刑,克允且明,遂佐地官,钩稽考校,曹司式宪。既直南书房,又为军机大臣,赞襄中枢,夙夜在公,有严有翼。三十年乙酉,擢户部尚书。越四年戊子,加太子太保。越四年辛卯,以原官协办大学士。越三年癸巳,即真文华殿大学士,仍兼户部尚书。

　　国家升平百余十年,天子神圣文武,缵承累朝,奕叶重光,地平天成,政举官修,先后四十余年。涵育甄陶,人才辈出。前公居揆席者,若诸城刘文正公,以镇重持大体;武进刘文定公,以清慎称仔倚。公于其间,损益刚柔,斟酌学术,张弛有度,咸能仰副圣天子倚任崇隆,论者以为一门之盛。是时典章大备,若五朝国史,平定准、回两部及大小金川《方略》,续纂杜佑《通典》、郑樵《通志》、马贵与《文献通考》,以次绍修,最后汇萃《四库全书》,公并董正其事。载籍繁博,簿书填委。珥笔执简之士,肩摩踵蹑,议簠见帜,铅墨纷挐,公为摘抉精微,冰释节解,各就识职。朝夕禁廷,应奉文字,随时捷给,儒臣莫克与京。御制诗篇富有日新,中间指事类情,或援旧事,或寓微旨,儒臣无由仰测津涯,惟公独喻尧舜忧勤至意,又炼达于掌故,拟注多中窾要。虽至官秩、姓氏、年甲、地名,信笔而书,覆检故事,不爽毫末。同列或羡公才,不知公之懋学于官,期实用也,固非一日云。

　　金川之役,首尾五年,耗户部帑七千余万。天子宵衣旰食,西顾增劳。公终始其间,仰体皇衷,俯察机要,拟为诏旨,纤悉周至,曲当无遗。上允裁出之,达于阃外,与疆场用武之臣,万里心谋,合如左契。四十一年丙申,大功告成,天子嘉公劳绩,特赐轻车都尉,世袭罔替,加赐黄褂、孔雀双眼翎冠,图像紫光之阁。儒臣际遇,百余年来无公比肩。

　　然公用是亦已惫矣。初公得寒疾,御医珍药络绎于道。病辄已,强入直。已而时作时已,入直如初。后遂剧。乾隆四十四年己亥冬十有二月十七日终于赐第,春秋六十六。事闻,天子震悼,命皇八子亲奠茶酒,特赐入贤良祠,追谥文襄,谕祭葬如制礼也。

　　公天性孝友,初为季父编修讳枋嗣。编修公后有子,公官兵部侍郎,遭宣平之丧,公疏请归宗持服。明年夺情,召署刑部侍郎。会编修公卒,公又疏请治丧,并乞墨衰终期年,署职不即真,示不忘本。遇先讳,终身孺慕不衰。于氏族姓繁衍,公既贵,仿宋范文正公立义庄赡族,建学以教宗之俊秀,岁暮必寄俸余归赈族人。与人交,申其诚款。为翰林掌院学士,衡鉴人才,不失铢黍。屈申荣辱,惟人自为,公无庸心,非久习之不察也。文章深厚,诗律闳壮,皆自成家。所著有《素余堂集》若干卷,待梓行世。

夫人俞氏,诰赠一品夫人,户部侍郎讳兆晟孙、翰林侍讲讳某女也。男子子一人:齐贤,以尚书荫授刑部员外郎,历本部郎中,先公卒。女子子二人:刑部主事溧阳任嘉春、袭封衍圣公长子赐二品服曲阜孔宪培其婿也。孙男子三人。德裕,乾隆四十四年己亥举人。

德裕将以四十五年某月之吉,葬公于某乡之原,俞夫人祔,使来征某为铭。某辱公门下,受知最深,谊不敢辞。忆戊辰登第,公遗某诗有"十年得传衣钵"之语,言犹在耳,杖履不复可追,言之伤心。

铭曰:紫微端拱,列星耀芒。喉舌之司,斗杓用章。猗欤于公,邦家之光。如彼霖雨,乘时泽滂。少穷丙穴,遂冠甲第。文尚绮縠,公求布币。学究典坟,公习故事。束发书生,相业有志。翔翱词苑,屡试衡文。崇实黜浮,后起彬彬。历跻卿贰,案牍横陈。仕优于学,章程可循。入直内庭,备承顾问。若响报谷,若泥受印。遂典枢机,同列输苞。剖疑析难,如竹迎刃。帝曰汝嘉,擢冠百僚。公感知遇,瘁不知劳。昌运生才,岳会崧高。公生其间,祥征庆霄。部牒纷披,军书旁午。编摩稠叠,曹司接武。入聆皇言,出告侪侣。五官交营,纷应弗忤。经筵进讲,前席称俞。为皇子师,敷道陈谟。才为名相,德故醇儒。惟公备体,罔有龃龉。儒臣入相,武功著效。金川底定,公功最劭。黄褂章身,双翎饰帽。图勋紫光,世爵永绍。方谓盛事,可占耆年。如何不吊,箕尾归全。九重轸悼,三事悲酸。溯风仰德,涕泗汍澜。谥著太常,传归史职。官守故程,家传遗集。水流潺湲,两峙崱屴。惟公千秋,铭石不勒。

于　敏　中　传

《国朝耆献类征初编》卷二七

于敏中,江苏金坛人。乾隆二年一甲一名进士,授修撰。八年,充日讲起居注官。九年二月迁左中允,七月充山西乡试正考官,十二月提督山东学政。十一年迁侍讲。十二年九月典山东武乡试,十一月调浙江学政。十四年八月转侍读,十一月,奏言:"浙省生员游幕在外欠三考者七十余人,请定限咨催回籍补考。"谕曰:"朕前降旨,生员欠考全三次以外者,皆行黜革,但念该省士子逾限尚系初次,且有七十余人之多,伊等向来读书入泮,亦非容易,若尽行除名,情有可悯。着加恩免其黜革,勒限催回原籍补考一次。若仍借端规避不赴考者,即行黜革。"十五年入直上书房。十六年三月迁侍讲学士,九月充武会试副考官。十七年九月转侍读学士,十一月迁少詹事。十八年二月迁詹事,七月授内阁学士,九月提督山东学政。十九年擢兵部右侍郎。二十年二月转左,七月充经筵讲官。二十一年丁本生父忧,奏请归宗持服。二十二年六月起署刑部左侍郎,十一月奏:"村庄道路设汛分防,或以阻远偷安,或以偏隅生玩,请令防兵昼则瞭望稽查,夜则支更巡逻,往来络绎,击柝相闻,俾征途倚以无虞,奸宄望而敛迹,并责成汛弁按季轮巡,统辖之副、参、游、都等员分年巡查。"下部议行。二十三年五月,以嗣父于枋在籍病故,奏请回籍治丧。二十四年正月,御史朱稽劾敏中两次亲丧蒙混为一,恝然赴任。谕曰:"于敏中守制回籍,陈请归宗,原为伊本身生母起见,若非归宗则于例不得受封,此亦人子至情。至回籍后复丁母忧,伊闻命暂署刑部侍郎时,未经具折奏明,此一节原未免启人訾议。但于敏中才力尚可造就。刑部侍郎缺出,一时未得其人,是以降旨起用。凡遇宴会不令预列,此正与从前用蒋炳、庄有恭为巡抚同一不得已之苦心,而该御史辄以侍郎、巡抚意为区别,岂外任封疆不妨从权而内任部务竟不必需人办理耶?"闰六月授刑部左侍郎,调户部右侍郎。二十五年命在军机处行走,充方略馆副总裁。二十六年二月充会试副考官,十一月转左侍郎,仍兼钱法堂事,充经筵讲官。二十七年命紫禁城内骑马。三十年擢户部尚书,七月充国史馆副总裁,九月谕曰:"于敏中之子齐贤屡应乡试,未能中式,因念于敏中侍直内廷有年,仅有一子,年已及壮,加恩照伊尚书品级赏给荫生。"三十三年加太子太保。三十六年协办大学士。三十八年闰三月充四库全书正总裁,八月晋文华殿大学士兼户部尚书,九月充国史馆、三通馆正总裁,十一月命在上书房为总师傅兼翰林院掌院学士。三十九年七月内监高云从漏泄硃批记载,事觉,词连敏中曾向讯观亮记载及伊买地受骗具控,曾恳敏中转托蒋赐棨办理等事。上亲诘敏中,敏中奏高云从面求转托,实无允从,并以未能据实劾奏引罪。谕曰:"内廷诸臣、内监等差使交涉,事所必有,若一言及私情即当据实奏闻,朕方嘉其持正,重治若辈之罪,又岂肯以语涉宦寺,转咎奏参者?即于敏中侍朕左右有年,岂尚不知朕之办事,而思为此隐忍耶!再,高云从供有于敏中曾问及观亮记载之语,于敏中以大学士在军机处行走,日蒙召对,朕何所不言,何至转向内监探问消息!即自川省用兵以来,于敏中书旨查办,终始是其经手。大功告竣在即,朕正欲加恩优叙,如大学士张廷玉之例,给以世职,乃事属垂成,而于敏中适有此事,实伊福泽有限,不能受朕深恩,于敏中宁不痛自愧悔耶!因有此事相抵,于敏中着从宽免其治罪,仍交部严加议处。"寻部议革职,诏从宽留任。四十一年正月金川平,谕曰:"大学士于敏中自办理军务以来,承旨书谕,夙夜殚心,且能巨细无遗,较众尤为劳勚。其前次过失尚可原恕,着赏给一等轻车都尉,以示格外恩眷,着世袭罔替。"七月充文渊阁领阁事。四十三年三月充会试正考官,奏言:"同考官评阅硃卷向用蓝笔,近科改用紫笔,紫与朱色近,设改易点乙数字,亦难辨别。内帘书吏缮写文移档案,并用紫笔,尤觉非宜,请仍旧例用蓝笔。"上从之。

四十四年十二月,故。谕曰:"于敏中才练学优,久直内廷,小心谨慎。自简界纶扉,办理平定金川军务,承旨书谕,懋著勤劳,因加恩列入功臣,特予世职,以彰优眷。恪恭匪懈,倚任方殷。前因其喘疾较甚,谕令乞假加意调摄,即派太医院堂官前往诊视,并赐人参,俾资培益,用冀速痊,复屡遣大臣存问。昨闻病势沉剧,倍增厪念。兹闻溘逝,深为悼惜。着加恩入祀贤良祠,应得恤典,该部察例具奏。"寻赐祭葬如例,谥文襄。

四十五年六月,敏中孙德裕讦堂叔时和挟制家产、拥赀回籍等事。上命大学士英廉严讯查办,并以时和先行回籍,或隐占敏中原籍赀产事,诏江苏巡抚吴坛查办。嗣吴坛奏时和吞占家产属实,请将时和发往伊犁充当苦差,其所侵银物酌给德裕三万余两,余留充金坛开河费,允之。复以苏松粮道章攀桂曾为敏中觅匠修盖花园,吴坛奏议革攀桂职,发军台效力。谕曰:"于敏中受朕深恩,乃听本省地方官逢迎,为之雇匠盖房。若在生前,必当重治其罪。今既完名而殁,姑不深究,以示朕终始保全之意。至章攀桂逢迎乡宦,罔顾官箴,即发往军台亦所应得。但尚未出赀帮助,亦姑不深究。章攀桂着革职,免其发往军台。"

四十七年,诏以敏中孙德裕承袭一等轻车都尉,并加恩以主事用。

五十一年,谕曰:"朕因几暇咏物,有嘉靖年间器皿,念及彼时严嵩专权炀蔽，以致国是日非，朝多秕政。复取阅严嵩原传，见其势焰薰灼，贿赂公行，甚至生杀予夺，皆可潜窃威柄。颠倒是非，实为前明奸佞之尤。本朝家法相承，纪纲整肃，太阿从不下移，本无大臣擅权之事。即原任大学士于敏中因任用日久，恩眷稍优。外间无识之徒未免心存依附，而于敏中亦遂暗为招引，潜受苞苴。然其时不过因军机大臣中无老成更事之人，而福康安又年轻，未能历练，以致于敏中声势略张。究之于敏中，亦止于侍直枢廷，承旨书谕，不特非前朝严嵩可比，实并不能如康熙年间明珠、徐乾学、高士奇等，即宠眷声势亦尚不及鄂尔泰、张廷玉，安能于朕前窃弄威福，淆乱是非耶！朕因于敏中在内廷供职，尚属勤慎，且宣力年久，是以于其身故仍加恩饰终，并准入贤良祠，以全终始。迨四十六年甘肃捐监折收之事败露，王亶望等侵欺贪黩，罪不容诛，因忆及此事前经舒赫德奏请停止，而于敏中于朕前力言甘省捐监应开，部中既免拨解之烦，而闾阎又得粜贩之利，实为一举两得。朕以其言尚属有理，是以准行。讵知勒尔谨竟如木偶，为王亶望所愚，遂通同一气，肥橐殃民，竟至酿成大案。设非于敏中为之主持，勒尔谨岂敢遽行奏请，即王亶望亦岂敢肆行无忌若此？是于敏中拥有厚赀，亦必系王亶望等贿求酬谢。种种弊混，难逃朕之洞鉴。若此案发觉时，设于敏中尚在，朕必严加惩治。虽不至如王亶望等之立置重典，亦不仅予以褫革而已也。因其时于敏中先已身故，不加深究，曲示矜全。但于敏中如此营私舞弊，朕不为已甚，不肯将其子孙治罪已属格外恩施。若贤良祠为国家风励有位，昭示来兹，盛典攸关，岂可以不慎廉隅之人滥行列入。朕久有此心，兹因览《严嵩传》触动鉴戒，恐无知之人将以嘉靖为比，朕不受也。于敏中着撤出贤良祠，以昭儆戒。"

六十年五月，谕曰："昨国史馆进呈《于敏中列传》，朕详加披阅。于敏中以大学士在军机处上书房行走有年，乃私向内监高云从探问记载。又于甘肃监粮一事，伊为之从中主持，怂恿开捐，以致酿成捏灾冒赈巨案。因此案发觉时于敏中先已身故，不加追究。但于敏中简任纶扉，不自检束，既向宦寺交接，复与外省官吏夤缘舞弊，即此二节实属辜恩，非大臣所应有。使其身尚存，必当从重治罪。今虽已身故，若仍令其滥邀世职，又将何以示惩！于敏中之孙德裕现官直隶知府，已属格外施恩。所有承袭轻车都尉世职着即撤革，以为大臣营私玷职者戒。"

《清史稿》本传

《清史稿》卷三一九

于敏中,字叔子,江苏金坛人。乾隆三年一甲一名进士,授翰林院修撰。以文翰受高宗知,直懋勤殿,敕书《华严》《楞严》两经。累迁侍讲,典山西乡试,督山东、浙江学政。十五年,直上书房。累迁内阁学士。十八年,复督山东学政。擢兵部侍郎。二十一年,丁本生父忧,归宗持服。逾年,起署刑部侍郎。二十三年,嗣父枋殁,回籍治丧。未几,丁本生母忧,未以上闻。御史朱嵇疏劾敏中"两次亲丧,蒙混为一,恝然赴官",并言:"部臣与疆臣异,不宜夺情任事。"诏原之。寻实授。调户部,管钱法堂事。二十五年,命为军机大臣。敏中敏捷过人,承旨得上意。三十年,擢户部尚书。子齐贤,乡试未中式。诏以敏中久直内廷,仅一子年已及壮,加恩依尚书品级予荫生。又以敏中正室前卒,特封其妾张为淑人。三十三年,加太子太保。三十六年,协办大学士。

三十八年,晋文华殿大学士,兼户部尚书如故。时下诏征遗书,安徽学政朱筠请开局搜辑《永乐大典》中古书。大学士刘统勋谓非政要,欲寝其议。敏中善筠奏,与统勋力争,于是特开四库全书馆,命敏中为正总裁,主其事。又充国史馆、三通馆正总裁。屡典会试,命为上书房总师傅,兼翰林院掌院学士。

敏中为军机大臣久,颇接外吏,通声气。三十九年,内监高云从漏泄朱批道府记载,下廷臣鞫治。云从言敏中尝向询问记载,及云从买地涉讼,尝乞敏中嘱托府尹蒋赐棨。上面诘,敏中引罪,诏切责之曰:"内廷诸臣与内监交涉,一言及私,即当据实奏闻。朕方嘉其持正,重治若辈之罪,岂肯转咎奏参者?于敏中侍朕左右有年,岂尚不知朕而为此隐忍耶?于敏中日蒙召对,朕何所不言?何至转向内监探询消息?自川省用兵以来,敏中承旨有劳。大功告竣,朕欲如张廷玉例,领以世职。今事垂成,敏中乃有此事,是其福泽有限,不能受朕深恩,宁不痛自愧悔?免其治罪,严加议处。"部议革职,诏从宽留任。四十一年,金川平,诏嘉其劳勚,过失可原,仍列功臣,给一等轻车都尉,世袭罔替。四十四年,病喘,遣医视,赐人参。卒,优诏赐恤,祭葬如例,祀贤良祠,谥文襄。

子齐贤,前卒。孙德裕,袭世职,以主事用。敏中从侄时和,拥其赀回籍,德裕讼之。江苏巡抚吴坛察治,罪时和,戍伊犁。所侵夺者,还德裕三万两,余充金坛开河用。

苏松粮道章攀桂为敏中营造花园,事觉,褫攀桂职。敏中受地方官逢迎,以已卒置不论。既而浙江巡抚王亶望以贪败,上追咎敏中。五十一年,诏曰:"朕几余咏物,有嘉靖年间器皿,念及严嵩专权炀蔽,以致国是日非,朝多秕政。取阅《严嵩传》,见其贿赂公行,生死予夺,潜窃威柄,实为前明奸佞之尤。本朝家法相承,纪纲整肃,太阿从不下移,本无大臣专权之事。原任大学士于敏中因任用日久,恩眷稍优。无识之徒,心存依附,敏中亦遂时相招引,潜受苞苴。其时军机大臣中无老成更事之人,福康安年轻,未能历练,以致敏中声势略张。究之亦止侍直承旨,不特非前朝严嵩可比,并不能如康熙年间明珠、徐乾学、高士奇等;即宠眷亦尚不及鄂尔泰、张廷玉,安能于朕前窃弄威福、淆乱是非耶?朕因其宣力年久,身故仍加恩饰终,准入贤良祠。迨四十六年甘肃捐监折收之事败露,王亶望等侵欺贪黩,罪不容诛。因忆此事前经舒赫德奏请停止,于敏中于朕前力言甘肃捐监应开,部中免拨解之烦,闾阎有粜贩之利,一举两得,是以准行。讵知勒尔谨为王亶望所愚,通同一气,肥橐殃民。非于敏中为之主持,勒尔谨岂敢遽行奏请?王亶望岂敢肆无忌惮?于敏中拥有厚赀,必出王亶望等贿求酬谢。使于敏中尚在,朕必严加惩治。今不将其子孙治罪,已为从宽;贤良祠为国家风励有位盛典,岂可以不慎廉隅之人滥行列入?朕久有此心,因览《严嵩传》,触动鉴戒。恐无知之人,将以明世宗比朕,朕不受也。于敏中着撤出贤良祠,以昭儆戒。"六十年,国史馆进呈《敏中列传》,诏曰:"于敏中简任纶扉,不自检束,既向宦寺交接,复与外省官吏夤缘舞弊。即此二节,实属辜恩,非大臣所应有。若仍令滥邀世职,何以示惩?其孙于德裕现官直隶知府,已属格外恩施,所袭轻车都尉世职即撤革,以为大臣营私玷职者戒。"

……

论曰:高宗英毅,大臣有过失,不稍假借。世传敏中以高云从事失上意,有疾,令休沐,遽赐陀罗尼经被,遂以不起闻。观罢祠之诏,至引严嵩为类,传闻有无未可知矣。

二、于敏中考卷

"无为小人儒"一句

辨儒于小人，必无为以专所为也。盖人亦孰愿为小人儒者，不明戒以无为，安知自以为君子者，不即小人之归乎？且千古有真儒，明非伪者之可托也，然世无伪儒，则真儒之名不至矣。盖人之共见者术，而莫辨者心，心难静而无营，故术难真而易伪也。则岂徒曰为君子儒已哉？

业自树于百家众技之上，宜不以他道而败其成，故以非儒夺儒，吾无虑于女也；乃既列于经明行修之中，抑或以有为而为其事，故即以儒貌儒，吾所惧于女也。是故言儒即有窃儒之似者，而君子外有小人；言君子儒即有窃君子之似者，而君子中有小人矣。

居平意志方赊，谓吾儒之贵于物者，正谊明道而外，无所动于私，迨徘徊道谊之途，或任大而力不能胜，或道远而势不暇及，遂沾沾于目前之所修，以为此亦可以自附于谊道而命为儒矣。命意卑而植业浅，欲以卒儒者毕生之事，是徒足为人之所矜而不足为己之所信也，安赖此儒为也？

居平望古遥集，谓吾儒之高于俗者，神圣贤人而外，无所希于世，迨逡巡圣贤之门，或孤高而无以率物，或磊落而无以亲人，遂兢兢于情理之所便，以为此亦可自托于圣贤而号为儒矣。用意拘而周旋胜，欲以毕儒生高世之模，是或足为人之所喜，而适足为人之所病也，安赖此儒为也？

此无论离群索居，而不自知为人之过也。但此学问之气，最足以匡希世度务之情，而精以辨之，有不能仗师友之攻者矣。此无论出见可悦，而不能绝为之诱也。但此闻道之胸，最足以集谋利计功之念，而严以拒之，有难于战纷华而胜者矣。女无为之哉？

天下稽古居今，戴仁抱义者皆是也。其真儒耶？抑伪儒耶？徒曰为君子儒而已，安知不有窃儒之似，即以窃君子之似者，是千古伪君子之名，自吾党开之，是吾惧也。（《大题观海初集·雍也》）

“庶民子来”一句

咏来者之情，则民犹子已，盖灵台之作，庶民争趋之矣。《诗》咏之曰“子来”，殆忘其为庶民矣哉。

昔者江汉之民颂君子也，曰“父母孔迩”，夫君子而何以父母之乎？当其时，化行俗美，而民居于室家，遵于《汝坟》，故歌舞之也。若闻君命而奔走焉，恐或不然。不知民之视上，犹父母也，则其自视亦犹子也，如灵台之成，庶民其来焉矣乎。

虽然，闻司徒之召而莫我肯来，何以为役也。然而惮人之伤，甚可畏也，小人感谓不堪命焉，则来之者怨矣。奉大君之令而职劳不来，自罹于罪也。然而民劳之叹，不可闻也，君子恕谓少休息焉，则来之者哀矣。其来也如此，则台之成，何能不日乎？我民方藉贻厥之谋，则望云物、占祲灾，其有以庇我也，我何为不来乎！播役书而趋事者，非兔置之野人也，直以为《麟趾》之公姓而已矣。我民方恃燕翼之泽，则陈鼓钟、立辟雍，其有以惠我也，我何为不来乎！执宫功而恐后者，非汉南之士女也，直以为《螽斯》之子孙而已矣。《诗》于是歌之曰“庶民子来”。

行之以仁，而有母之亲；率之以敬，而有父之尊。庶民之沐浴也久矣。乃君筑一台而避其役，谁则忍之，今而后毋谓我后之胥宇也，殆若考作室焉耳。被《驺虞》之风，知父母之育我；沾《棫朴》之化，知父母之教我。庶民之歌咏也深矣。乃君筑一台而惮其劳，其谁敢之，今而后毋谓愚百姓之奔命也，殆厥子肯堂焉耳。前此者俾立室家，遂有蓉鼓之应。民之来也，亦如是矣。然缩版作庙，犹与陶复陶穴之民相其居也。若灵台何与乎！吾侪小人，亟亟乎周爱执事也。后此者位于洛汭，亦有和会之风。民之来也，又如是矣。然卜宅土中，犹与庶殷丕作之民鸠其族也。若灵台何与乎！吾侪小人，欣欣然鼓舞以趋也。此则子来之情也。来之者，乐之也。
(《大题观海初集·梁惠王上》)

“人皆有不……”合下二句（丁巳科会试）

心同而用心不同，惟王政有以全其不忍焉。夫不忍之心，先王固与人所皆有也。而因心有政,则非先王不能。人可不思全其不忍欤?

且夫人各挟其一利物之心以生,固非仍贵乎有诸己。既有是心,必有以全其心之量,而后神明之用,始不至虑而无所凭,人奈何自弃其各足之心,而使吾慨然发怀古之思也。

今夫不忍人之心,岂非天地生物之理,而圣凡同出之原也哉?吾因恍然于人矣。仰于穆流行之始,凡生初知觉,罔非太和之气所流,而知心之受于天者,赋予维均,皆此不忍人者所相为肖也。天不能私人以独厚之衷,亦不能靳人以或亏之蕴。故俗尚虽殊,而此不忍之萌,独贯注于精神念虑之间,而初无缺略。

溯形生神发之先,凡内念渊涵,皆为元善之精所宅,而知心之裕于性者,秉彝同具,皆此不忍人者所隐为合也。性不能因人而忽有所增,亦不能为人而忽有所损。故贤愚虽别,而此不忍之势,终凝聚于幽独隐微之内,而不患偏陂。

是故静念夫乾父坤母之所生,而万物同原,于此心一体相关者,本是因人而给。乃深求乎推暨靡纶之所至,而庶政其举,与此心两相契合者,无弗即念而存。不观先王乎?想其哀矜固结于中者,夫有以善保其天,而鞠人谋人,即流于官府之际,则不忍以见之政,而心始有所丽也。府事修和,何一非慈惠之所孚,先王岂有异人之心哉?只一念之恳诚,裕万民之生养,而斯须立致,更无所用其顾瞻而旁皇。

其岂递曲致乎周详者,有以独全其性,而思明谊美。即根于乐易之诚,则不忍以存诸心,而政斯有所统也。恫瘝在抱,何往非笃挚之所敷,先王岂有异人之政哉?本至意而缠绵,谋万民之休息。而俄顷咸周,已无不觉其踌躇而满志。至是而益恍然于先王也,有不忍人之心,斯有不忍人之政矣。顾谁非皆有是心者,而独以政让之先王,岂其并此心而昧之也哉?(《大题观海初集·公孙下》)

于敏中殿试卷(丁巳科殿试)

臣对:臣闻帝王之承天立极,而锡福万年也,以诚敬之心,行诚敬之政,而宫廷之上,班联之间,百尔之众,兆民之繁,皆无私之志气流通贯注于其中,而堂陛自以交孚,朝野自以悉协,如天地之无不持载,无不覆帱,万物相生相育而不知谁为之运行焉,惟其诚敬而已。盖天地无心而成化者,天地之全体也。圣人有心而无为者,圣人之全体也。圣人之存心,廓然而大公;圣人之处事,物来而顺应。本之于中,无一毫私欲之累,诚敬之心,所以凛于明旦,其功固极精而极纯。达之于事,皆天理自然之宜,诚敬之政,所以流于寰区,其治亦最周而最溥。一人建极于上,而于以抚驭臣工,教养天下,万物之众,无不尽化其拘墟偏僻之私,归于包涵容纳之内,底于荡平正直之风,所谓惟天聪明,惟圣时宪,惟臣钦若,惟民从乂。明王之奉天以理民者,未有不法天以为治,而统天人上下,一出于诚敬者也。

钦惟皇帝陛下,学懋缉熙,功隆参赞,建一中以立政,寰宇同风;敷五福以诚民,会归有极。仁心锡类,显谟承烈,光四海而继述弥隆;敬德体乾,旰食宵衣,赦万几而明聪远烛。勤修典礼,准今酌古,凛陟降之小心,而有冯有翼有孝有德以咸集,吉人兴蔼蔼之多;叠沛恩纶,赦罪轻徭,致雍熙之大化,而自西自东自南自北以来归,至治仰巍巍之盛。固已世登上理,俗进敦庞,普天率土,沐膏泽而戴尊亲,异域遐陬,奉车书而通献见矣。乃圣德渊冲,畴咨弥切,进臣等于廷,而策之以保泰之道,荐举之公,说论之陈,民生之裕。以臣之愚陋,何足知此? 然恭承清问,敢不竭其管窥之末见乎!

伏读制策有曰:帝王建治于上,尤赖百职事辅治于下,君臣咨儆,始可迓麻和而绵泰运,大小臣工何以精白寅恭,恪襄至治。诚万世崇廉兢业之隆也。臣惟人君,代天子民,凡百尔臣工,如四时之运行而成岁焉。是臣固佐君以亮天工者也。故位则曰天位,职则曰天职。君奉天,而臣奉君,必有畏天之心,而后可尽其亮工之职。所以,虞廷喜起赓歌,必先之以时几之训,兢业之衷。一堂之君咨臣儆,动色相戒者,总不外诚敬之交修,此可以得圣世君臣致治之本矣。人君之心,本于诚敬,则上之以顾天命,下之以畏民碞,而严恭寅畏,不敢荒宁也。人臣之心,本于诚敬,则上之惟思报国,下之惟思裨民,自矜而不争,群而不党也。古之圣人,当重熙累洽之时,犹必切忧盛危明之惧者,保泰之道也。于是,三公论道,六卿分职,以为九牧之倡,其事则所掌各殊,其治则总归于阜成兆民焉耳。今诸臣果皆仰体皇上钦崇之至德,诚饬之深心,而精白自矢,公尔忘私。持盈保泰之休风,孰有逾于是哉!

制策有曰:以人事君者,大臣之职也。何以使膺荐举之任者举能其官,而无用匪其人之失。此诚知人任使之规也。臣惟致治之方,用人为要。苟得其人,则天下之事有不难从容以理者。然必求才全德备之人,而后用之,则天下之才,且将告乏,而一人之耳目,亦有所不周。于是,以其权分寄之部院、卿贰、督抚、提镇,而内外文武之材,乃可以一无所遗,岂非用人之良法哉?顾荐举一行,则登进之途以广,而侥幸之门亦易开。今日呈身自献之人,必非他日致身许国之人,今日识面求荣之人,必非他日铁面无私之人。自好之士不事于求,浮竞之中断无人品,此可一言决也。乃臣子为国荐贤,而顾惟年友、恩门之是狥,党援、请托之相仍,尚望其得人才而收实用乎?本至公之心,出以至明之识,是在诸臣之仰体圣主求贤图治之盛心矣。

制策有曰:言路开则见闻广,但言必衷于理,事必举其当,有志建白者何以无负悬鼗设铎之至意。诚万世献替之盛也。窃思虞廷致治,必先之以明四目,达四聪,所以广四方之观听,决天下之壅蔽也。盖以天下之大,为聪明者,圣人之大公也。天下之大,不能周知,于是以大臣为之股肱,而以谏臣为之耳目。此后世言官之所由设欤?三代以下,号称纳谏,无如汉之文帝、唐之太宗,故名臣迭起,直声著闻,用能布德施惠,治臻太平。外此,则水火之攸分,朋党之互立,附比者阴为之主持,立异者显肆其诋毁,辩论纷纭,攻击不已,驯至植党树援,分门列户,变易黑白,颠倒是非,而国政民生,均受其弊者。此宋明以来积习相仍,固结而不可解者也。今诸臣幸遭逢圣明,虚衷咨询,沿路广开,果实求夫吏治民生之得失,尽屏私心,竭诚入告,有不媲美于明目达聪之隆者哉!

制策有曰:国家休养生息,民物滋繁,而虑人多趋利逐末,食用奢靡,欲勤劝课而警游惰。诚敦本崇实之至意也。考之《周礼》所载,太宰以九职任万民,首于三农生九谷,而终于游民无常职,此可见重本抑末之意焉。又读《七月》之诗,而知圣人之爱养其民者,何委曲而详尽;民之遵守其教者,何风淳而俗厚也。其事不过农桑两大端,而自治蚕、织纴、场圃、田猎、烹葵、剥枣之事,无不至纤至悉,以为之谋,何其始于勤而归于俭也。意者田畯之劝,相有道耶?抑民俗之相习成风耶?是知三代盛时,其民之宽然有余。于以成康阜之休,致雍熙之盛者,殆教养兼隆之道欤?臣谓欲民之富,莫若使之敦本力田。欲民之敦本力田,莫若使之驱游惰而为力勤,抑兼并而归俭约,申逐末之禁,务崇本之风,化浮靡之俗,而长吏又以时巡行郊野,以宣布圣天子爱养生民,敦本重农之德意,与民休养生息。衣食足而礼义兴,化民成俗之道,宁有外于是乎？要皆我皇上以至敬之默成者主于中,而以至诚之无息者运于上,是以当盛明之世,深兢惕之衷,而至敬之心,与天合撰焉,至诚之德,法天行健焉,于以成万年永定之基,而绵国家巩固之隆,自与天无极矣。

臣草茅新进,罔识忌讳,干冒宸严,不胜战栗陨越之至。臣谨对。(《中国状元殿试卷大全》)

三、诰　　命

经筵日讲起居注官太子太保文渊阁领阁事文华殿大学士兼户部尚书管理户部事务掌翰林院事世袭一等轻车都尉加四级于敏中曾祖父母诰命一道

奉天承运皇帝制曰:国家钧衡之任,端赖儒修;臣子辅弼之功,聿求世德。每念承庥之道,必由积庆之余。尔于嗣昌乃经筵日讲起居注官、太子太保、文渊阁领阁事、文华殿大学士兼户部尚书、管理户部事务、掌翰林院事、世袭一等轻车都尉加四级于敏中之曾祖父。一经传世,四术诒谋。业启青箱,子姓云礽益密;瑞钟黄阁,高曾规矩犹存。溯积累之由基,广恩荣而锡类。用申茂典,以阐芳型。兹以覃恩赠尔为光禄大夫、经筵日讲起居注官、太子太保、文渊阁领阁事、文华殿大学士兼户部尚书、管理户部事务、掌翰林院事、世袭一等轻车都尉加四级锡之诰命。於戏! 朝章炳耀,登三事以无惭;家乘光昌,更四传而有赫。钦子宠命,佑尔后昆。制曰:宠加良弼,沃心允赖讦谟;恩逮重闱,涣污特昭异数。用表服休之绩,式推毓庆之源。尔王氏乃经筵日讲起居注官、太子太保、文渊阁领阁事、文华殿大学士兼户部尚书、管理户部事务、掌翰林院事、世袭一等轻车都尉加四级于敏中之曾祖母。性行淑均,德心敬慎。女宗可式,垂婉娩之嘉声;妇顺无违,秉柔嘉之令则。繁惟曾孙之庆,宣惟王母之贻。爰焕宠章,俾扬令誉。兹以覃恩赠尔为一品夫人。於戏! 流光奕叶,征懿范之丕彰;锡祉新纶,表徽音于勿替。钦承懋典,永播荣名。乾隆四十二年五月初二日。

经筵日讲起居注官太子太保文渊阁领阁事文华殿大学士兼户部尚书

管理户部事务掌翰林院事世袭一等轻车都尉加四级于敏中祖父母诰命
一道

　　奉天承运皇帝制曰：功隆赞化，颁爵赏于元僚。教始贻谋，溯恩勤于
大父。鸿猷益炳，宠渥仍加。尔于汉翔乃经筵日讲起居注官、太子太保、
文渊阁领阁事、文华殿大学士兼户部尚书、管理户部事务、掌翰林院事、世
袭一等轻车都尉加四级于敏中之祖父。文献开先，诗书裕后。溯祥源于
祖德，川渎钟奇；绵令绪于孙枝，栋梁笃庆。允资世美，实启家声。宜沛荣
褒，载昭殊典。兹以覃恩赠尔为光禄大夫、经筵日讲起居注官、太子太保、
文渊阁领阁事、文华殿大学士兼户部尚书、管理户部事务、掌翰林院事、世
袭一等轻车都尉加四级锡之诰命。於戏！紫阁彤纶，表箕裘之克绍；黄扉
丹诰，映衮鬶以增荣。涣号丕承，令名永劭。制曰：任秉钧衡，溯徽音而有
俶；庆流壸范，启世泽以弥新。嘉猷允属元臣，介福必归大母。尔王氏乃
经筵日讲起居注官、太子太保、文渊阁领阁事、文华殿大学士兼户部尚书、
管理户部事务、掌翰林院事、世袭一等轻车都尉加四级于敏中之祖母。幽
闲成性，柔顺凝祥。懿德丕闻，开有家之令绪；芳仪凤著，毓经国之良材。
惠问下流，荣恩上逮。鸾函式贲，象服攸宜。兹以覃恩赠尔为一品夫人。
於戏！蚕绩辛勤，用裕丝纶之业；翟衣璀璨，爰昭琬琰之光。佑尔后人，襄
子至化。乾隆四十二年五月初二日。

　　经筵日讲起居注官太子太保文渊阁领阁事文华殿大学士兼户部尚书
管理户部事务掌翰林院事世袭一等轻车都尉加四级于敏中父母诰命一道

　　奉天承运皇帝制曰：奋庸熙载，经纶阐报国之忱；锡类贻谋，诗礼识趋
庭之教。象贤昭于堂构，异命及乎台垣。尔于树范乃经筵日讲起居注官、
太子太保、文渊阁领阁事、文华殿大学士兼户部尚书、管理户部事务、掌翰
林院事、世袭一等轻车都尉加四级于敏中之父。令德凤闻，芳型早著。义
方式谷，聿生隆栋之才；善庆流徽，用启高门之祚。普休施于令绪，表淳德
以新纶。俾践崇阶，永彰宠渥。以覃恩赠尔为光禄大夫、经筵日讲起居注
官、太子太保、文渊阁领阁事、文华殿大学士兼户部尚书、管理户部事务、
掌翰林院事、世袭一等轻车都尉加四级锡之诰命。於戏！资敬事君，实本
一经之训；推恩逮父，聿登三事之荣。祗服国章，流光家乘。制曰：大臣燮
理之猷，端由母教；盛世褒崇之典，并重壸仪。彰惠问于闺闱，被宠光于纶

绖。尔吕氏乃经筵日讲起居注官、太子太保、文渊阁领阁事、文华殿大学士兼户部尚书、管理户部事务、掌翰林院事、世袭一等轻车都尉加四级于敏中之母。毓自名门,归于华阀。劳能将爱,和羹成鼎鼐之勋;贵不忘勤,补衮衍机丝之绪。宜邀殊渥,以播麻声。庆典欣承,恩施下逮。兹以覃恩赠尔为一品夫人。於戏! 大锡类于所生,酬庸黄阁;畀荣名于自出,沛泽紫泥。用佐嘉麻,尚期克佑。制曰:懿范聿彰,教始成于令子;隆恩广被,庆并锡于慈闱。麻渥洊膺,贤明益著。尔钱氏乃经筵日讲起居注官、太子太保、文渊阁领阁事、文华殿大学士兼户部尚书、管理户部事务、掌翰林院事、世袭一等轻车都尉加四级于敏中之继母。毓英华阀,作配高门。宜家多静好之风,育子有均平之德。凤昭慈训,储良器于卿材;克媲前徽,著芳型于妇职。特颁荣赉,俾示显扬。兹以覃恩赠尔为一品夫人。於戏! 纶扉申宠,载瞻翟茀之荣;兰阃流声,懋晋龙章之锡。承兹庆典,表乃遗麻。制曰:子克承家,祥始开于载育;道隆教孝,恩必逮于所生。惠泽旁流,荣施偕茂。尔张氏乃经筵日讲起居注官、太子太保、文渊阁领阁事、文华殿大学士兼户部尚书、管理户部事务、掌翰林院事、世袭一等轻车都尉加四级于敏中之生母。质秉柔嘉,行彰婉顺。娴女仪于内则,襄家政于中闺。夙著劬劳,毓亢宗之哲嗣;克昭令淑,启熙载之宏献。爰奖恩勤,聿昭宠渥。兹以覃恩赠尔为一品夫人。於戏! 母因数贵,均沾珈翟之辉;礼以义隆,弥焕丝纶之色。钦承麻命,永发潜芳。乾隆四十二年五月初二日。

经筵日讲起居注官太子太保文渊阁领阁事文华殿大学士兼户部尚书管理户部事务掌翰林院事世袭一等轻车都尉加四级于敏中本身妻室诰命一道

奉天承运皇帝制曰:翼亮天工,象协三台之列;宏敷帝载,位居庶职之先。惟懋丕绩以酬恩,乃沛新纶而锡爵。尔经筵日讲起居注官、太子太保、文渊阁领阁事、文华殿大学士兼户部尚书、管理户部事务、掌翰林院事、世袭一等轻车都尉加四级于敏中。凤阁清才,鸾台雅望。典章练达,服勤匪懈于寅恭;器识渊凝,顾问时资于靖献。属在论思之地,参机务之殷繁;每抒钦翼之忱,佐经猷于密勿。崇阶早涉,载晋公狐。茂奖申嘉,庸昭宠渥。兹以覃恩特授尔阶光禄大夫锡之诰命。於戏! 启乃心以沃朕心,尚嘉谟之时告;慎厥位以风有位,期庶绩之咸熙。永绍休声,祗膺荣命。初任翰林院修撰。二任充日讲起居注,三任詹事府中允,四任提督山东学政,五任翰林院侍讲,六任提督浙江学政,七任翰林院侍读,八任翰林院侍讲学士,九任翰林院侍读学士,十任詹事府少詹事,十一任詹事府詹事,十二任内阁学士,十三任提督山东学政,十四任兵部右侍郎,十五任兵部左侍郎,十六任充经筵讲官,十七任署理刑部左侍郎,十八任户部右侍郎,十九任在军机处行走,二十任充方略馆副总裁,二十一任户部左侍郎,二十二任户部尚书,二十三任充国史馆副总裁,二十四任加太子太保,二十五任协办大学士,二十六任四库全书处正总裁,二十七任文华殿大学士兼户部尚书,二十八任仍管理户部事务,二十九任充国史馆正总裁,三十任三通馆正总裁,三十一任充方略馆正总裁,三十二任阿哥书房总师傅,三十三任兼管翰林院掌院学士事务,三十四任充经筵日讲起居注官,三十五任赏给世袭一等轻车都尉,三十六任文渊阁领阁事,三十七任今职。制曰:职在钧衡,元宰树中朝之望;宜其家室,良臣资内助之贤。式播徽音,茂膺宠锡。尔经筵日讲起居注官、太子太保、文渊阁领阁事、文华殿大学士兼户部尚书、管理户部事务、掌翰林院事、世袭一等轻车都尉加四级于敏中之妻俞氏。柔嘉维则,淑慎共仪。言采蘋蘩,主馈佐和羹之节;克勤丝枲,相夫成补衮之勋。配令德于台司,表休声于阃则。崇奖用逮,懿轨斯扬。兹以覃恩赠尔为一品夫人。於戏! 象服是宜,聿著温恭之范;龙章载贲,克敷雍肃之风。祗服荣恩,永昭令善。乾隆四十二年五月初二日。

经筵日讲起居注官太子太保文渊阁领阁事文华殿大学士兼户部尚书管理户部事务掌翰林院事世袭一等轻车都尉加四级于敏中嗣父母诰命一道

奉天承运皇帝制曰:云霄官阀,式崇调鼎之勋;荣载家风,实赖亢宗之美。爰施宠奖,用贲徽章。尔于枋乃经筵日讲起居注官、太子太保、文渊阁领阁事、文华殿大学士兼户部尚书、管理户部事务、掌翰林院事、世袭一等轻车都尉加四级于敏中之嗣父。世授青箱,庭生玉树。贻之清白,蔚为盛世珪璋。教等义方,屹作熙朝柱石。兹以覃恩貤赠尔为光禄大夫经筵日讲起居注官、太子太保、文渊阁领阁事、文华殿大学士兼户部尚书、管理户部事务、掌翰林院事、世袭一等轻车都尉加四级锡之诰命。於戏! 称先则古,诗书蕴文武之谟;浴德澡身,忠孝立子臣之鹄。祗承渥典,永荷殊荣。制曰：功著赞襄，王臣有匪躬之义；恩均顾复，犹子无异视之情。克绍慈型，宜膺懋典。尔史氏乃经筵日讲起居注官、太子太保、文渊阁领阁事、文华殿大学士兼户部尚书、管理户部事务、掌翰林院事、世袭一等轻车都尉加四级于敏中之嗣母。顺以宜家，勤于抚幼。爱逾已出，雅多式谷之风；谊若所生，遂衍嗣徽之庆。兹以覃恩貤赠尔为一品夫人。於戏！劬劳无间，信德音之不瑕；褒锡维均，彰景命之有赫。朝章祗服，懿范永垂。乾隆四十一年五月初二日。"（以上俱见《于氏家乘》）

参 考 书 目

【说明】1. 古籍略依四部分列，现当代著述则以出版时间为次。2. 如征引不同版本、版次，主要者先列，次要者附见，正文中有相应提示。

古 籍 之 属

经部

《武英殿十三经注疏》，弘昼等奉敕编，齐鲁书社 2019 年版

《周易六十四卦辨疑》，李开先撰，《四库全书存目丛书》经部册 28，齐鲁书社 1996 年版

史部

《汉书》，班固撰，颜师古注，中华书局 1962 年版

《旧五代史》，薛居正撰，文渊阁《四库全书》本，上海古籍出版社 2003 年版（按：以下收入文渊阁《四库全书》者，不再另行注明出版单位及年份）

《清史稿》，赵尔巽等撰，中华书局 1977 年版

《乾隆帝起居注》（乾隆十年至二十年、二十六年、四十四年部分），中国第一历史档案馆编，广西师范大学出版社 2002 年版

《乾隆帝起居注》（乾隆元年至乾隆九年、乾隆二十一年至乾隆二十五年、乾隆二十七年至乾隆四十三年部分），清抄本，台北故宫博物院善本书室藏

《清高宗实录》，见《清实录》册 9—27，中华书局 2008 年版

《东华续录》，王先谦撰，上海古籍出版社 2007 年版

《御批历代通鉴辑览》，傅恒等奉敕编，上海古籍出版社 1990 年版

《钦定临清纪略》,于敏中等编,文渊阁《四库全书》本

《乾隆朝上谕档》,中国第一历史档案馆编,广西师范大学出版社2008年版

《清国史馆奏稿》,全国图书馆文献缩微复制中心,北京图书馆2004年版

《纂修四库全书档案》,张书才编,上海古籍出版社1997年版

《清代文字狱档》,上海书店出版社编,上海书店出版社2011年版

《清代官员履历档案全编》,秦国经编,华东师范大学出版社1997年版

《清宫热河档案》,中国第一历史档案馆、承德市文物局编,中国档案出版社2003年版

内阁档、宫中档、军机处录副折、军机处随手登记档,中国第一历史档案馆、台北故宫博物院善本书室、台湾"中研院"历史语言研究所藏

清史馆传稿,台北故宫博物院善本书室藏

《钦定胜朝殉节诸臣录》,舒赫德、于敏中等编,文渊阁《四库全书》本

《清代缙绅录集成》,清华大学图书馆科技史暨古文献研究所编,大象出版社2008年版

《清史列传》,王钟翰点校,中华书局1987年版

《汉名臣传》,清国史馆撰,《清代传记丛刊》册38—41,台北明文书局1985年版(按:以下收入《清代传记丛刊》者,不再另行注明出版单位及年份)

《满名臣传》,清国史馆撰,《清代传记丛刊》册42—47

《碑传集》,钱仪吉纂,靳斯校点,中华书局1993年版

《碑传集补》,闵尔昌纂录,《清代传记丛刊》册122

《广清碑传集》,钱仲联辑,苏州大学出版社1999年版

《国朝耆献类征初编》,李恒撰,光绪庚寅(1890)年刻本,《清代传记丛刊》册127—191

《大清畿辅先哲传》,徐世昌辑,《清代传记丛刊》册198—201

《清朝先正事略》,李元度撰,易孟醇点校,岳麓书社2008年版

《清儒学案小传》,徐世昌辑,《清代传记丛刊》册5—7

《文献征存录》,钱林辑,王藻编,《清代传记丛刊》册 10

《词林辑略》,朱汝珍辑,《清代传记丛刊》册 16

《国朝鼎甲征信录》,阎湘蕙编,张椿龄增订,《清代传记丛刊》册 17

《国朝诗人征略初编》,张维屏撰,《清代传记丛刊》册 21、22

《国朝诗人征略二编》,张维屏撰,《清代传记丛刊》册 23

《阙里文献考》,孔继汾撰,清乾隆二十七年刻本,《续修四库全书》册 512,上海古籍出版社 2002 年版(按:以下收入《续修四库全书》者,不再另行注明出版单位及年份)

《儒林传稿》,阮元撰,清嘉庆刻本,《续修四库全书》册 537

《畴人传汇编》,阮元撰,广陵书社 2009 年版

《桐城耆旧传》,马其昶撰,黄山书社 2015 年版

《词科掌录》,杭世骏辑,清乾隆道古堂刻本,《四库未收书辑刊》史部第一辑册 19,北京出版社 1997 年版(按:以下收入《四库未收书辑刊》者,不再另行注明出版单位及年份)

《国朝书人辑略》,震钧撰,清光绪三十四年刻本,《续修四库全书》册 1089

《历代画史汇传及补编》,彭蕴璨编,吴心谷补编,广陵书社 2016 年版

《飞鸿堂印人传》,汪启淑撰,华东师范大学出版社 2009 年版

《皇清诰授光禄大夫太子太保经筵日讲起居注官文渊阁领阁事文华殿大学士兼户部尚书管理户部事务翰林院掌院学士世袭一等轻车都尉入祀贤良祠赐谥文襄显祖考府君行述》,于德裕撰,乾隆四十四(1779)年刻本,北京大学古籍部藏

《襄勤伯鄂文端公年谱》,鄂容安等编,清抄本,国家图书馆藏

《戴东原先生年谱》,段玉裁撰,《丛书集成续编》册 191,台北市新文丰出版公司 1988 年版

《王文庄公日记》(乾隆三十五年、乾隆三十九年),王际华撰,《历代日记丛钞》册 30,李德龙、俞冰编,学苑出版社 2006 年版

《王文庄公日记》(乾隆三十七年),王际华撰,收《上海图书馆藏稿钞本日记丛刊》册 3,周德明、黄显功编,国家图书馆出版社 2017 年版

《扈从木兰行程日记》,胡季堂撰,《历代日记丛钞》册 31,李德龙、俞

冰编,学苑出版社 2006 年版

《讲筵日记》,钱大昕撰,稿本,北京大学图书馆藏

《爱新觉罗宗谱》,马文大编,学苑出版社 1998 年版

《于氏家乘》,于嘉树、于景章等,清光绪六年(1880)于氏福谦堂木活字本,南京大学古籍部藏

《(江苏如皋)任氏族谱》,蒋桥林等纂,清宣统三年木活字印本

《(嘉庆)大清一统志》,穆彰阿、潘锡恩等纂,上海古籍出版社 2008 年版

《钦定皇舆西域图志》,傅恒、刘统勋、于敏中等奉敕撰,文渊阁《四库全书》本

《钦定满洲源流考》,阿桂等纂,文渊阁《四库全书》本

《钦定日下旧闻考》,于敏中、英廉等编,北京古籍出版社 2001 年版

《钦定热河志》,和珅、梁国治奉敕撰,文渊阁《四库全书》本

《钦定盘山志》,蒋溥等奉敕编,文渊阁《四库全书》本

《钦定盛京通志》,乾隆官修,文渊阁《四库全书》本

《(雍正)浙江通志》,李卫修,沈翼机纂,清文渊阁《四库全书》本

《(嘉庆)湖南通志》,翁元圻修,黄本骥纂,清刻本

《(嘉庆)四川通志》,常明等修,杨芳灿等纂,清嘉庆二十一年刻本

《(光绪)江西通志》,刘坤一等修,赵之谦等纂,清光绪七年刻本

《(光绪)湖南通志》,卞宝第、李瀚章等修,曾国荃、郭嵩焘等纂,清光绪十一年刻本

《(光绪)重修安徽通志》,吴坤修等修,何绍基、杨沂孙等纂,清光绪四年刻本

《(乾隆)西安府志》,舒其绅等修,严长明等纂,清乾隆四十四年刻本

《(乾隆)太原府志》,沈树声等修,清乾隆四十八年刻本

《(乾隆)绍兴府志》,李亨特修,清乾隆五十七年刻本

《(乾隆)泉州府志》,怀荫布修,黄任纂,清乾隆二十八年刻光绪八年重修本

《(嘉庆)松江府志》,宋如林修,孙星衍、莫晋纂,清嘉庆松江府学刻本

《(道光)济南府志》,王赠芳、王镇等修,成瓘、冷烜等纂,清道光二十年刻本

《(道光)苏州府志》,宋如林、罗琦等修,石韫玉等纂,清道光四年刻本

《(道光)承德府志》,海忠纂修,清光绪十三年廷杰重订本

《(同治)苏州府志》,李铭皖、谭钧培修,冯桂芬纂,清光绪八年江苏书局刻本

《(同治)湖州府志》,宗源瀚等修,周学浚、丁宝书、陆心源等纂,清同治十三年刻本

《(同治)九江府志》,达春市修,黄凤楼纂,清同治十三年刊本

《(光绪)嘉兴府志》,许瑶光修,吴仰贤等纂,清光绪四年鸳湖书院刻本

《(光绪)严州府志》,吴世进修,吴世荣增修,清光绪九年增修重刊本

《(光绪)顺天府志》,万青黎、周家楣等修,张之洞、缪荃孙等纂,清光绪十五年重印本

《(光绪)重修天津府志》,沈家本、荣铨修,徐宗亮、蔡启盛纂,清光绪二十五年刻本

《(民国)杭州府志》,陈璚修,王棻纂,屈映光续修,陆懋勋续纂,齐耀珊重修,吴庆坻重纂,清光绪二十四年修民国五年续修十一年铅印本

《(民国)台州府志》,喻长霖纂修,民国二十五年铅印本

《(乾隆)通州志》,高天凤修,金梅纂,清乾隆四十八年刊本

《(乾隆)海宁州志》,战效曾修,高瀛洲纂,清乾隆修道光重刊本

《(民国)海宁州志稿》,朱锡恩续纂,民国十一年铅印本

《(康熙)龙游县志》,卢灿修,余恂纂,清康熙二十年刻本

《(乾隆)安阳县志》,陈锡铭修,朱煌纂,清乾隆三年刻本

《(乾隆)元氏县志》,王人雄等纂,清乾隆二十三年刻本

《(乾隆)娄县志》,谢庭薰修,陆锡熊纂,清乾隆五十三年刻本

《(乾隆)新昌县志》,杨文峰、徐炎修,万廷兰纂,清乾隆五十七年刻本

《(乾隆)濮镇纪闻》,胡琢修,清抄本

《(嘉庆)庐江县志》,魏绍源修,储嘉珩等纂,清嘉庆八年刊本

《(嘉庆)重修宜兴县志》,阮升基修,清光绪八年刻宜兴荆溪旧志五种本

《(嘉庆)甘泉县续志》,陈观国修,李保泰纂,清嘉庆十五年刻本

《(嘉庆)无锡金匮县志》,秦瀛纂,嘉庆十八年刻本

《(嘉庆)山阴县志》,徐元梅修,朱文翰等纂,民国二十五年绍兴县修志委员会校刊铅印本

《(道光)上元县志》,武念祖修,陈拭纂,清道光四年刻本

《(道光)吉水县志》,周树槐纂,清道光五年刻本

《(道光)续修桐城县志》,廖大闻等修,金鼎寿纂,清道光七年刻本

《(道光)章丘县志》,吴璋修,曹楙坚纂,清道光十三年刻本

《(道光)诸城县续志》,刘光斗修,朱学海纂,清道光十四年刊本

《(道光)重修仪征县志》,王检心修,刘文淇纂,清光绪十六年刻本

《(道光)重修泾阳县志》,胡元焕修,蒋相南纂,清道光二十二年刻本

《(咸丰)重修兴化县志》,梁园隶修,郑之侨纂,清咸丰二年刊本

《(同治)清江县志》,潘懿修,朱孙诒纂,清同治九年刊本

《(同治)赣县志》,黄德溥修,褚景昕纂,清同治十一年刻本

《(光绪)海盐县志》,王彬修,徐用仪纂,清光绪二年刻本

《(光绪)金山县志》,龚宝琦、崔廷镛修,黄厚本等纂,清光绪四年刻本

《(光绪)武进阳湖县志》,王其淦等修,清光绪五年刻本

《(光绪)无锡金匮县志》,裴大中修,秦湘业纂,清光绪七年刊本

《(光绪)归安县志》,李昱修,陆心源纂,清光绪八年刊本

《(光绪)金坛县志》,丁兆基修,清光绪十一年活字印本

《(光绪)平湖县志》,彭润章修,叶廉锷纂,清光绪十二年刊本

《(光绪)宣城县志》,李应泰修,章绶纂,清光绪十四年刊本

《(光绪)郓城县志》,赵翰銮纂,清光绪十九年刻本

《(光绪)慈溪县志》,杨泰亨修,冯可镛纂,清光绪二十五年刻本

《(光绪)上虞县志校续》,储家藻修,徐致靖纂,清光绪二十五年刊本

《(光绪)临桂县志》,吴征鳌、黄泌纂,清光绪三十一年刻本

《(光绪)於潜县志》,程兼善等纂,民国二年石印本

《(民国)无棣县志》,侯荫昌修,张方墀纂,民国十四年铅印本

《(民国)龙游县志》,余绍宋纂,民国十四年铅印本

《(民国)重修金坛县志》,冯煦修,民国十五年铅印本

《(民国)吴县志》,曹允源、吴荫培等纂,民国二十二年铅印本

《(民国)齐河县志》,杨豫修等修,民国二十二年铅印本

《(民国)萧山县志稿》,张宗海修,杨士龙纂,民国二十四年铅印本

《直隶河渠志》,陈仪撰,文渊阁《四库全书》本

《荆楚岁时记》,宗懔撰,杜公瞻注,中华书局 2018 年版

《扬州画舫录》,李斗撰,中华书局 1997 年版

《浙程备览》,于敏中撰,清光绪十四年观自得斋刻本,北京大学图书馆藏

《中书典故汇纪》,王正功撰,赵辑宁校补,民国五年刘氏刻嘉业堂丛书本,《续修四库全书》册 746

《钦定户部则例》,于敏中等编,乾隆四十六年武英殿刻本,故宫博物院藏

《钦定国子监志》,梁国治等奉敕撰,文渊阁《四库全书》本

《词林典故》,鄂尔泰、张廷玉等纂,文渊阁《四库全书》本

《国朝御史题名录》,苏树藩编,《近代中国史料丛刊》册 136,文海出版社 1989 年版(按:以下收入《近代中国史料丛刊》者,不再另行注明出版单位及年份)

《国朝御史题名》,黄叔璥撰,戴璐等续补,清光绪刻本,《续修四库全书》册 751

《清朝进士题名录》,江庆柏编,中华书局 2007 年版

《通志略》,郑樵撰,明嘉靖二十九年陈宗夔等刻、乾隆十三年于敏中金匮山房印本,北京大学图书馆藏

《清朝文献通考》,乾隆官修,浙江古籍出版社 1988 年版

《清通志》,乾隆官修,浙江古籍出版社 2000 年版

《清通典》,乾隆官修,浙江古籍出版社 2000 年版

《清朝续文献通考》,刘锦藻编,浙江古籍出版社 2000 年版

《钦定大清会典则例》,乾隆官修,文渊阁《四库全书》本

《钦定皇朝礼器图式》,允禄、蒋溥等编,文渊阁《四库全书》本

《吾学录初编》,吴荣光撰,清道光十二年吴氏筠清馆刻本,《续修四库全书》册 815

《钦定大清通礼》,来保等纂,文渊阁《四库全书》本

《国朝宫史》,张廷玉、鄂尔泰等纂,北京出版社 2018 年版

《国朝宫史续编》,庆桂等编,北京出版社 2018 年版

《钦定满洲祭神祭天典礼》,允禄等编,文渊阁《四库全书》本

《钦定八旗通志》,乾隆五十一年奉敕撰,文渊阁《四库全书》本

《钦定南巡盛典》,高晋等纂,文渊阁《四库全书》本

《四库全书总目》,永瑢等修,中华书局 1965 年版

《天禄琳琅书目》,于敏中等修,上海古籍出版社 2007 年版

《郑堂读书记》,周中孚撰,上海书店出版社 2008 年版

《藏园订补郘亭知见传本书目》,莫友芝撰,傅增湘订补,中华书局 2009 年版

"中国金石总录数据库",甘肃省古籍文献整理编译中心编,甘肃五凉古籍数字技术有限公司

"中国历代墓志数据库",浙江大学图书馆古籍碑帖研究与保护中心编,苏州龙唐信息科技有限公司

《御制评鉴阐要》,刘统勋等编,文渊阁《四库全书》本

子部

《御览经史讲义》,蒋溥、刘统勋等编,文渊阁《四库全书》本

《石渠宝笈·秘殿珠林》初编、续编、三编,台北故宫博物院编,东亚制本所 1971 年版

《石渠随笔》,阮元撰,阮亨扬州珠湖草堂刻本,《续修四库全书》册 1081

《历代画史汇传及补编》,彭蕴璨编,吴心谷补编,广陵书社 2016 年版

《墨香居画识》,冯金伯撰,《清代传记丛刊》册 72

《清代画史增编》,盛叔清辑,《清代传记丛刊》册 78

《国朝书画家笔录》,窦镇辑,《清代传记丛刊》册 82

《皇清书史》,李放辑,《清代传记丛刊》册 83、84

《国朝画识》,冯金伯撰,清道光十一年刻本,《续修四库全书》册 1081

《国朝院画录》,胡敬撰,清嘉庆刻本,《续修四库全书》册 1082

《红豆树馆书画记》,陶梁撰,清光绪八年吴趋潘氏辇园刻本,《续修四库全书》册 1082

《钦定西清古鉴》,梁诗正等编,文渊阁《四库全书》本

《钦定西清砚谱》,于敏中等编撰,文渊阁《四库全书》本

《钦定钱录》,梁诗正等纂辑,文渊阁《四库全书》本

《履园丛话》,钱泳撰,中华书局1997年版

《壬寅销夏录》,端方撰,稿本,《续修四库全书》册1089、1090

《枢垣记略》,梁章钜撰,中华书局1984年版

《清秘述闻》,法式善撰,中华书局1982年版

《槐厅载笔》,法式善撰,《近代中国史料丛刊》册315

《啸亭杂录》,昭梿撰,上海古籍出版社2012年版

《啸亭续录》,昭梿撰,上海古籍出版社2012年版

《恩福堂笔记》,英和撰,北京古籍出版社1991年版

《郎潜纪闻》,陈康祺撰,中华书局1997年版

《西清笔记》,沈初撰,《丛书集成新编》册89,新文丰出版社2008年版

《瞥记》,梁玉绳撰,清嘉庆刻清白士集本,《续修四库全书》册1157

《养吉斋丛录》,吴振棫撰,清光绪刻本,《续修四库全书》册1158

《思益堂日札》,周寿昌撰,清光绪十四年刻本,《续修四库全书》册1161

《南湑楛语》,蒋超伯撰,同治十年两罍山房刻本,《续修四库全书》册1161

《藤阴杂记》,戴璐撰,影印南京图书馆藏清嘉庆五年石鼓斋刻本,《续修四库全书》册1177

《霞外攟屑》,平步青撰,上海古籍出版社1982年版

《楹联丛话》,梁章钜撰,中华书局1987年版

《退庵笔记校注》,夏荃撰,徐进、周宏华等校注,凤凰出版社2011年版

《梦厂杂著》,俞蛟撰,上海古籍出版社1988年版

《春冰室野乘》,李岳瑞撰,《近代中国史料丛刊》册60

集部

《皇清文颖》,张廷玉、梁诗正等编,文渊阁《四库全书》本

《皇清文颖续编》,董诰等辑,嘉庆武英殿刻本,《续修四库全书》册1663—1667

《中国状元殿试卷大全》,邓洪波辑,上海教育出版社2006年版

《唐试帖笺林》,秦锡淳选评,清乾隆二十三年北京文茂斋邵铺刻本,

北京大学图书馆藏

《大题观海初集》,陈遹声辑,清光绪十四年上海点石斋石印本,北京大学图书馆藏

《晚晴簃诗汇》,徐世昌编,闻世点校,中华书局2018年版

《七录斋文钞》,阮葵生辑,稿本,《续修四库全书》册1446

《国朝诗铎》,张应昌辑,清同治八年秀芷堂刻本,《续修四库全书》册1627—1628

《国朝畿辅诗传》,陶梁辑,清道光十九年红豆树馆刻本,《续修四库全书》册1681

《淮海英灵集》,阮元辑,清嘉庆三年小琅嬛仙馆刻本,《续修四库全书》册1682

《两浙輶轩录》,阮元辑,夏勇等整理,浙江古籍出版社2012年版

《两浙輶轩续录》《两浙輶轩续录补遗》,潘衍桐编,浙江古籍出版社2014年版

《两浙輶轩录补遗》,阮元、杨秉初等辑,清嘉庆刻本,《续修四库全书》册1684

《江西诗征》,曾燠撰,清嘉庆九年赏雨茅屋刻本,《续修四库全书》册1688—1690

《沅湘耆旧集》,邓显鹤辑,清道光二十三年邓氏南村草堂刻本,《续修四库全书》册1690—1693

《湖海诗传》,王昶编,赵杏根、陆湘怀等整理,凤凰出版社2018年版

《炙砚琐谈》,汤大奎撰,清乾隆五十七年赵怀玉刻本,《四库未收书辑刊》集部第十辑册30

《随园诗话》,袁枚撰,人民文学出版社1982年版

《耄余诗话》,周春撰,影印上海图书馆藏清抄本,《续修四库全书》册1700

《八旗诗话》,法式善撰,稿本,《续修四库全书》册1705

《吴兴诗话》,戴璐撰,刘氏嘉业堂刻吴兴丛书本,《续修四库全书》册1705

《国朝词综》,王昶辑,清嘉庆七年王氏三泖渔庄刻增修本,《续修四库全书》册1731

《国朝词综补》,丁绍仪辑,清光绪刻前五十八卷本,《续修四库全书》册1732

《升庵集》,杨慎撰,上海古籍出版社1993年版

《郑板桥全集》,郑燮撰,卞孝萱、卞岐编,凤凰出版社2012年版

《潜研堂集》,钱大昕撰,上海古籍出版社2009年版

《章学诚遗书》,章学诚撰,文物出版社1985年版

《在璞堂续稿》,方芳佩撰,清乾隆刻本,《四库未收书辑刊》集部第十辑册20

《望溪先生全集》,方苞撰,咸丰二年戴钧衡刻本,《清代诗文集汇编》册222,上海古籍出版社2010年版(按:以下收入《清代诗文集汇编》者,不再另行注明出版单位及年份)

《香树斋诗集》《香树斋诗续集》,钱陈群撰,清乾隆刻同治光绪间递修本,《清代诗文集汇编》册261

《道古堂全集》,杭世骏撰,清乾隆四十一年刻光绪十四年汪曾唯增修本,《清代诗文集汇编》册282

《述本堂诗续集》,方观承撰,清乾隆十九年桐城方氏刻本,《清代诗文集汇编》册287

《隐拙斋集》,沈廷芳撰,清乾隆刻本,《清代诗文集汇编》册298

《静廉斋诗集》,金甡撰,清嘉庆二十五年姚祖恩刻本,《清代诗文集汇编》册299

《宝纶堂诗钞》,齐召南撰,清嘉庆刻本,《清代诗文集汇编》册300

《小安乐窝诗钞》,姚孔锒撰,清乾隆刻本,《清代诗文集汇编》册301

《兰藻堂集》,舒瞻撰,清乾隆十八年刻本,《清代诗文集汇编》册316

《绳庵内外集》,刘纶撰,清乾隆三十九年用拙堂刻本,《清代诗文集汇编》册318

《御制诗初集》《二集》《三集》《四集》《五集》,弘历撰,清武英殿刻本,《清代诗文集汇编》册319—329

《御制文初集》《二集》,弘历撰,清武英殿刻本,《清代诗文集汇编》册330

《乐善堂全集》,弘历撰,《清代诗文集汇编》册331

《御制全韵诗》,弘历撰,乾隆间刻本,国家图书馆藏

《御制白居易新乐府》，弘历撰，乾隆间刻本，华东师范大学图书馆藏

《裘文达公文集》，裘曰修撰，清嘉庆七年刻本，《清代诗文集汇编》册 332

《素余堂集》，于敏中撰，清嘉庆十一年刻本，《清代诗文集汇编》册 334

《泊鸥山房集》，陶元藻撰，清乾隆衡河草堂刻本，《清代诗文集汇编》册 341

《乐贤堂诗钞》，德保撰，清乾隆五十六年刻本，《清代诗文集汇编》册 344

《钱文敏公全集》，钱维城撰，清乾隆四十一年眉寿堂刻本，《清代诗文集汇编》册 346

《省吾斋古文集》，窦光鼐撰，清乾隆刻本，《清代诗文集汇编》册 347

《传经堂诗钞》，韦谦恒撰，清乾隆刻本，《清代诗文集汇编》册 348

《敬思堂文集》，梁国治撰，清嘉庆梁承云等刻本，《清代诗文集汇编》册 351

《纪文达公遗集》，纪昀撰，清嘉庆十七年纪树馨刻本，《清代诗文集汇编》册 354

《春融堂集》，王昶撰，清嘉庆十二年塾南书舍刻本，《清代诗文集汇编》册 358

《两朣集》，周嘉猷撰，清乾隆四十七年钱塘周氏刻本，《清代诗文集汇编》册 362

《兰韵堂诗文集》，沈初撰，清乾隆刻本，《清代诗文集汇编》册 367

《梧冈诗钞》，查虞昌撰，稿本，《清代诗文集汇编》册 368

《颐斋文稿》，陆锡熊撰，清抄本，《清代诗文集汇编》册 375

《知足斋文集》，朱珪撰，清嘉庆九年阮元刻增修本，《清代诗文集汇编》册 376

《惜抱轩诗集》《惜抱轩文集》，姚鼐撰，清嘉庆三年刻增修本，《清代诗文集汇编》册 377

《愚谷文存》，吴骞撰，清嘉庆十二年刻本，《清代诗文集汇编》册 380

《宝奎堂集》，陆锡熊撰，清道光二十九年陆成沅刻本，《清代诗文集汇编》册 383

《颐彩堂文集》，沈叔埏撰，清嘉庆二十三年沈维鐈刻本，《清代诗文集汇编》册 390

《韫山堂诗集》《韫山堂文集》，管世铭撰，清嘉庆六年读雪山房刻本，《清代诗文集汇编》册 393

《竹初诗钞》，钱维乔撰，清乾隆嘉庆递刻本，《清代诗文集汇编》册 396

《鹤泉文钞》，戚学标撰，清嘉庆五年刻本，《清代诗文集汇编》册 404

《小岘山人诗文集》，秦瀛撰，清嘉庆二十二年刻道光间补刻本，《清代诗文集汇编》册 407

《有正味斋集》，吴锡麒撰，清嘉庆十三年刻有正味斋全集增修本，《清代诗文集汇编》册 415

《亦有生斋集》，赵怀玉撰，清道光元年刻本，《清代诗文集汇编》册 419

《月满楼诗集》《月满楼文集》，顾宗泰撰，清嘉庆八年瞻园刻本，《清代诗文集汇编》册 425

《存素堂文集》，法式善撰，清嘉庆十二年程邦瑞扬州刻增修本，《清代诗文集汇编》册 435

《陶山文录》，唐仲冕撰，清道光二年刻本，《清代诗文集汇编》册 437

《凝绪堂诗稿》，孔宪培撰，清嘉庆刻本，《清代诗文集汇编》册 445

《鉴止水斋集》，许宗彦撰，清嘉庆二十四年德清许氏家刻本，《清代诗文集汇编》册 488

《校经庼文稿》，李富孙撰，清道光元年刻本，《清代诗文集汇编》册 544

《逊学斋文钞》，孙衣言撰，清同治十二年刻增修本，《清代诗文集汇编》册 662

《筍河文稿》，朱筠撰，稿本，日本京都大学人文科学研究所藏

《于文襄公手札》，于敏中撰，民国二十二(1933)年，国立北平图书馆影印本

今人著作

《近世中西史日对照表》，郑鹤声编，中华书局 1981 年版

《清代职官年表》，钱实甫撰，中华书局 1980 年版

《清人室名别称自号索引》，杨廷福、杨同甫编，上海古籍出版社 2001 年版

《陈垣四库学论著》，陈垣撰，商务印书馆 2012 年版

《胡适全集》，胡适撰，安徽教育出版社 2003 年版

《四库全书总目纂修考》，司马朝军撰，武汉大学出版社 2005 年版

《四库全书纂修考》，郭伯恭撰，岳麓书社 2010 年版

《四库全书馆研究》，张升撰，北京师范大学出版社 2012 年版

《天禄琳琅研究》，刘蔷撰，北京大学出版社 2012 年版

《四库全书荟要研究》，江庆柏撰，凤凰出版社 2018 年版

《于文襄公手札考释——并论于敏中与四库全书》，徐庆丰撰，北京师范大学硕士学位论文，2005 年

《于敏中与四库全书》，张晓芝撰，《读书》，2013 年第 11 期

《于敏中年谱》，杨雪撰，南京师范大学硕士学位论文，2014 年

《陆锡熊与四库全书编修》，张升撰，《史学史研究》，2014 年第 2 期

《国家图书馆藏"陆费墀〈颐斋文稿〉"考辨——兼论陆锡熊对〈四库全书〉的贡献》，苗润博撰，《中国典籍与文化》，2014 年第 3 期

《四库全书初次进呈存目再探——兼谈〈四库全书总目〉的早期编纂史》，刘浦江撰，《中华文史论丛》，2014 年第 3 期

《天津图书馆藏四库全书总目残稿研究》，刘浦江撰，《文史》，2014 年第 4 辑

《四库提要源流管窥——以陈思〈小字录〉为例》，刘浦江撰，《文献》，2014 年第 5 期

《日下旧闻考纂修考——兼谈新发现的四库稿本》，苗润博撰，《中华文史论丛》，2015 年第 4 期

《台北藏〈四库全书总目〉残稿考略》，苗润博撰，《文献》，2016 年第 1 期

《于文襄手札述要——兼论四库全书纂修的若干问题》，张晓芝撰，《中国四库学》，2019 年第 2 期

《于敏中与四库全书荟要纂修》，江庆柏撰，《天一阁文丛》第 17 辑，2019 年

《乾隆时期四库全书提要稿解析》,张升撰,《历史档案》,2020 年第 1 期

《于文襄手札的史料价值与整理说明》,张升、徐庆丰撰,《中国四库学》,2020 年第 1 期

《〈清代人物生卒年表〉订补(下)》,陈鸿森撰,《中国典籍与文化》,2020 年第 1 期

人名索引（按姓氏拼音排序）

后 记

2016年我考入南京大学文学院古典文献学专业,随张宗友老师读书。在宗友师的建议下,最终选择《于敏中年谱》作为硕士论文题目,希望通过年谱的编纂,来磨砺心性、厚植根基。如今呈现给读者的这部小书即是在当年硕士论文的基础上修订而成。

小书的顺利撰就,首先应感谢我的导师张宗友老师。从论题的选择,到体例的设计,乃至文字的润饰,处处都凝聚着宗友师的心血。个人生性愚钝,若无宗友师多年来的循循善诱以及不断的督促与鼓励,恐怕很难有勇气和心力去完成这一选题。

在论文开题、答辩环节,程章灿、曹虹、武秀成、赵益、徐雁平、巩本栋、冯乾、赵庶洋诸师先后提出诸多宝贵的意见。入读北大后,又承平秋师及廖可斌、杨海峥、顾永新、吴国武诸师指摘疵误、批谬正讹。在论文写作和修订过程中,台北故宫博物院庄吉发先生、台湾"中研院"陈鸿森先生、南京大学范金民先生、北京师范大学张升先生、清华大学刘蔷先生多有赐教,析疑解惑,海益殊深,在此谨致以诚挚的谢意!

此外,清华大学李成晴先生、华东师范大学张文先生慨然寄赠相关资料,清华大学唐铭鸿博士代为翻译满文档案。书稿初具,又荷北京大学童飞博士校读一过。诸君隆情厚谊,皆深铭于内。

近年于各地搜访资料,中国第一历史档案馆、北京大学图书馆、南京大学图书馆、台北故宫博物院、台湾"中研院"傅斯年图书馆等处工作人员多所襄助。金坛于氏后裔于欢、于汉先生亦予热情接待与帮助。特志于此,以申谢悃。

幸蒙复旦大学出版社胡春丽老师不弃,将小书收入"江南历史名人年谱丛刊"。全稿既成,胡老师又拨冗审读,于拙谱多有谠正。宗友师复赐序奖掖,俾得稍饰简陋。感激之余,不胜惶愧!

　　清代史料极为浩繁,个人学识谫陋,书中疏谬固所不免,敬祈方家不吝批评指正,以匡不逮。

刘贝嘉,辛丑除夕于家中。